KENIA

**Mit Nairobi, Mombasa, Mount Kenya,
Amboseli-Nationalpark, Maasai Mara
und den schönsten Stränden**

Tatjana Singh

TRESCHER VERLAG

1. Auflage 2024

Trescher Verlag
Reinhardtstr. 9
10117 Berlin
www.trescher-verlag.de

ISBN 978-3-89794-646-0

Herausgegeben von Bernd Schwenkros und
Detlev von Oppeln

Reihenentwurf und Gesamtgestaltung:
Bernd Chill
Gestaltung, Satz, Bildbearbeitung: Bernd Chill
Lektorat: Corinna Grulich
Stadtpläne und Karten: Henriette von
Bodecker, Dorit Hahnewald, Martin Kapp,
Bernd Chill, Ulla Nickl
unter Verwendung von Daten von
© OpenStreetMap-Mitwirkende/
www.openstreetmap.org
(Kartenregister → S. 436)

Alle Angaben in diesem Reiseführer wurden
sorgfältig recherchiert und überprüft. Dennoch
können Entwicklungen vor Ort dazu führen,
dass einzelne Informationen nicht mehr aktuell
sind. Gerne nehmen wir dazu Ihre Hinweise und
Anregungen entgegen. Bitte schreiben Sie an
post@trescher-verlag.de.

Titel: Löwe im Mugie Conservancy (→ S. 216)
Vordere Umschlagklappe: Diani Beach
(→ S. 323)
Hintere Umschlagklappe: Gepard im Maasai
Mara National Reserve (→ S. 258)

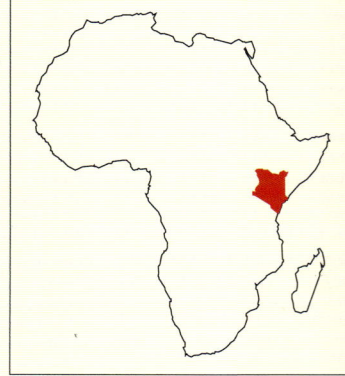

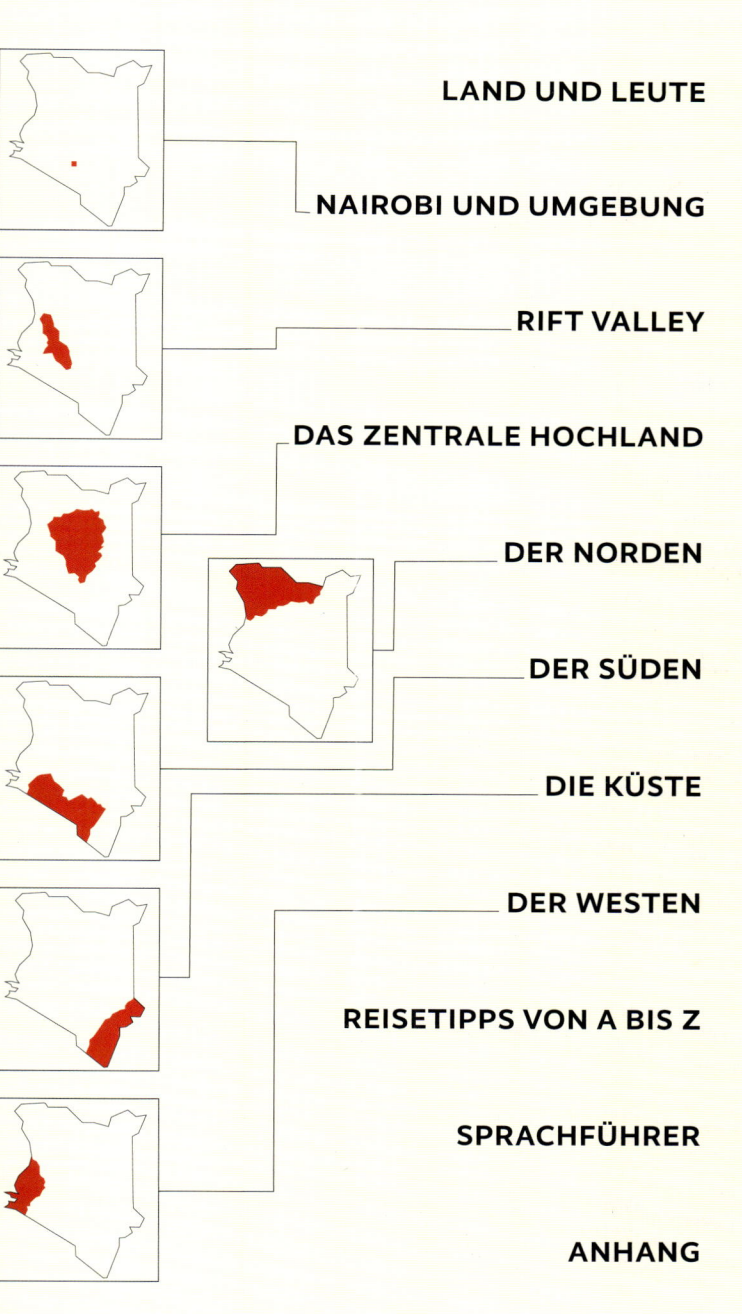

LAND UND LEUTE

NAIROBI UND UMGEBUNG

RIFT VALLEY

DAS ZENTRALE HOCHLAND

DER NORDEN

DER SÜDEN

DIE KÜSTE

DER WESTEN

REISETIPPS VON A BIS Z

SPRACHFÜHRER

ANHANG

Vorwort   13
Reisehöhepunkte   14
Das Wichtigste in Kürze   16

LAND UND LEUTE   18

Kenia: Zahlen und Fakten   20

Geographie und Umwelt   21
Der Große Grabenbruch   21
Berge und Täler   22
Küste   24
Klima und Reisezeit   24
Vegetation und Tierwelt   27
Naturschutzgebiete   29

KWS-Nationalparks und Safari   34
Nützliche Informationen   37
Guides und Ranger   37
Zelten und Bandas   37
Der Kenia-Safari-Kodex   38
Auf Safari   38
Kartenmaterial   39

Geschichte   40
Paläontologie und Frühgeschichte   41
Frühe Besiedlung
   und Migrationsbewegungen   43
Geschichte der Swahili-Küste   44
Die Kolonisierung Kenias   50
Erster Weltkrieg   52
Zweiter Weltkrieg   52
Unabhängigkeit   53
Die Republik Kenia   54

Politik und Wirtschaft   55
Bevölkerung   55
Staatsform   58
Innenpolitische Konflikte   58
Wirtschaft heute   59
Landwirtschaft   59
Energiesektor   61
Tourismus   62
Jua Kali – der informelle Sektor   63

Religion und Gesellschaft 64
Christliche Kirchen
   und Glaubensrichtungen 65
Ethnische Religionen 66
Islam 67
Hinduismus und andere
   indische Religionen 68
Die Ethnien Kenias 69
Die Sprachen Kenias 74

Kultur und Kunst 76
Literatur 76
Musik und Tanz 78
Festivalkalender 81
Sport 85

Speisen und Getränke 88
Swahili-Küche, Indische Küche 89
Getränke 90

**NAIROBI
UND UMGEBUNG** 92

Nairobi 94
Geschichte der Stadt 95
Orientierung 100
Sicherheit 101
Stadtzentrum 101
Langata und Karen 104
Kunstgalerien und Kulturzentren 108
Stadtbesichtigungs-Tipps 109

Nairobi-Informationen 112
Allgemeine Informationen 112
An- und Abreise 113
Unterwegs in Nairobi 116
Unterkünfte 118
Gastronomie 119
Sehenswürdigkeiten 124
Nairobi am Abend 125
Nairobi bei Nacht 126
Veranstaltungen und Feste 127
Einkaufen 128
Für Kinder, Sport und Freizeit 130
Ärztliche Hilfe 131

**Sehenswertes in der Umgebung
von Nairobi**　132
Nairobi National Park　132
Kaffeetouren　135
The Forest　135

RIFT VALLEY　136

Unterwegs im Ostafrikanischen
　Grabenbruch　138

Naivasha und Lake Naivasha　140
Lake Naivasha　140
Kilimandege Sanctuary und
　Kenya Bird of Prey Trust　144
Elsamere Conservation Centre　145

Hell's Gate National Park　150
Der Naturraum Hell's Gate　151
Tierwelt im Nationalpark　152
Vegetation und Klima　152
Unterwegs im Nationalpark　152

Mount Longonot National Park　155

Lake Elementaita　157

Nakuru　160

Lake Nakuru National Park　162
Tierwelt im Nationalpark　162
Vegetation und Klima　164
Unterwegs im Nationalpark　164

Lake Baringo　166
Tierwelt　166
Insel Ol Kokwe　167
Orte am Lake Baringo　167
Tagesausflug zum Lake Bogoria　167

DAS ZENTRALE HOCHLAND　170

Überblick　172

Nyeri   172

Aberdare National Park   175
Tierwelt   178
Vegetation   179
Klima   181
Im Park unterwegs   181
Naro Moru   185
Nanyuki   186
Chogoria   190

Mount Kenya National Park   191
Der Naturraum Mount Kenya   192
Tierwelt im Nationalpark   193
Vegetation   194
Klima   195
Trekking im Nationalpark   195

**Die Umgebung
vom Mount Kenya**   200
Olepangi Farm   200
Ragati Conservancy   200
Meru   202

Meru National Park   204
Tierwelt im Nationalpark   204
Vegetation, Klima   206
Unterwegs im Nationalpark   207

Nyahururu   210

Laikipia   211
Ol Pejeta Conservancy   212
Mugie Conservancy   216
El Karama Conservancy   219

DER NORDEN   222

Der Norden Kenias   225
Sicherheitslage   226
Isiolo   227

**Samburu und Buffalo Springs
National Reserves**   229
Tierwelt   229

Vegetation   232
Klima   232
Unterwegs
    in den Nationalreservaten   232
Umoja   233
Reteti Elephant Sanctuary   236

Marsabit   238

Marsabit National Park   241
Die Tierwelt   242
Vegetation   243
Klima   244
Im Park unterwegs   244

Über Laisamis zum Lake Turkana   247

Lake Turkana   248
Fauna   249
Wiege der Menschheit   249
Loyangalani   250
El Molo Bay   252
South Island National Park   253
Sibiloi National Park   253

DER SÜDEN   254

Überblick   257

Maasai Mara National Reserve   258
Der Naturraum Transmara   260
Die große Migration   260
Tierwelt im Nationalpark   262
Vegetation   263
Klima   264
Im Naturschutzgebiet unterwegs   264

Amboseli National Park   271
Mensch und Natur   272
Die Tierwelt   273
Vegetation, Klima   273
Im Park unterwegs   273

Tsavo National Park   277
Der Naturraum Tsavo   277

Die Tierwelt   278
Vegetation   281
Klima   281
Im Tsavo East unterwegs   281
In Tsavo West unterwegs   285
Voi   290

DIE KÜSTE   294

Überblick   296
Küstenklima und Besuchszeiten   297

Mombasa   301
Geschichte der Stadt   301
Orientierung   304
Sicherheit   305
Altstadt   305
Fort Jesus   307
Die Altstadtgasse Ndia Kuu   307
Shree Parshva Vallabh Jain Temple   307
Mackinnon Market   308
Die Tusks   308
Nyali und Bamburi   308
Mombasa Marine National Park
    & Reserve   311

Mombasa-Informationen   312
Allgemeine Informationen   312
An- und Abreise   312
Unterwegs in Mombasa   314
Unterkünfte   314
Gastronomie   316
Sehenswürdigkeiten   317
Mombasa am Abend   318
Mombasa bei Nacht   318
Einkaufen   318
Für Kinder   320
Sport und Freizeit   320
Ärztliche Hilfe   320

Südlich von Mombasa   321
Sicherheit   323
Ukunda   323
Diani Beach   323
Galu Beach   327

Msambweni   335
Die Umgebung von Msambweni   336
Kisite-Mpunguti Marine
    National Park   337

Nördlich von Mombasa   337
Sicherheit   338
Kilifi   338
Mnarani Ruins   339

Watamu   341
Watamu Marine National Park
    & Reserve   342
Arabuko Sokoke
    Forest Reserve   343
Die Ruinen von Gede   346
Watamu Snake Farm   347

Malindi   351
Geschichte der Stadt   351
Sehenswürdigkeiten   353
Malindi Marine National Park
& Reserve   354

Lamu-Archipel   358
Lamu Island   358

DER WESTEN   364

Überblick   366
Kakamega   366

**Kakamega Forest National
Reserve**   368
Die Tierwelt   368
Vegetation   370
Klima   370
Im Nationalreservat unterwegs   371

Lake Victoria   372
Flora und Fauna   374

Kisumu   376
Kisumu Museum   377

Impala Sanctuary 377
Hippo Point 378
Kibuye Market 378
Die Umgebung von Kisumu 382

REISETIPPS VON A BIS Z 384

ANHANG

Hilfsorganisationen und -projekte 413
Sprachführer Swahili 416
Informationen im Internet 425
Literatur und Film 425
Über die Autorin 428
Danksagung 429
Register 430
Bildnachweis 436
Kartenregister 436
Karten- und Zeichenlegende 444

EXTRA
Mama Miti
  – Die Mutter der Bäume 33
Afrikas geraubte Kunst 49
Volk, Stamm oder Ethnie? 57
Kenianische Rezepte 91
Das Elfenbein-Komplott 106
Konflikte zwischen Mensch
  und Nilpferd am Naivashasee 142
Die wechselhafte Geschichte
  der Aberdare-Berge 177
Die Ethnie der Samburu 235
Die Ethnie der Rendille 240
Die Ethnie der Somali 246
Die Ethnie der Maasai 269
Die Menschenfresser von Tsavo 280
Die Kulturen der Tsavo-Region 284
Die Ethnien
  der kenianischen Küste 299
Schildkröten-Schutz
  an der kenianischen Küste 326
Beachboys und Beachgirls 334
Die Ethnie der Luo 381

Tiere im Maasai-Mara-Nationalreservat

Vorwort

Karibu Kenya, willkommen in Kenia, einem bunten Mosaik grandioser Naturlandschaften, von der tropischen Küste des Indischen Ozeans mit ihren palmenbestandenen Sandstränden über den schneebedeckten zweithöchsten Berg Afrikas und die artenreichen Seen des Ostafrikanischen Grabenbruchs bis hin zu sanft gewellten Savannenebenen und weiten Wüsten. Ebenso vielfältig wie Kenias topografische Vielfalt sind die faszinierenden Menschen verschiedener Ethnien und Herkunft. Gleichzeitig birgt Kenia spannende UNESCO-Welterbestätten sowie einige der bedeutendsten archäologischen Schätze der Urgeschichte – viele vermuten hier die Wiege der Menschheit.

Kenia ist ein Land, das voller Möglichkeiten steckt und ein Land, das seit langem ein Synonym für Safaris ist. Erleben Sie die spektakuläre jährliche Wildtierwanderung in der Maasai Mara und genießen Sie eine Fahrt im Heißluftballon über die von Akazien gesprenkelten Ebenen der Savanne. Nach einer erlebnisreichen Safari, während derer man die kenianische Wildnis hautnah erlebt, gibt es nichts Schöneres, als an den tropischen Sandstränden der kenianischen Küste zu entspannen und im türkisblauen Wasser des Indischen Ozeans zu schwimmen. Abseits der beliebten Reiseziele sind weite Teile des Landes beinahe unberührt geblieben und bilden ein Paradies für Individualreisende. Zahlreiche Infrastrukturmaßnahmen haben das Reisen in Kenia in den letzten Jahren erheblich erleichtert.

Kenia nimmt eine Vorreiterrolle im nachhaltigen Tourismus ein: Zahlreiche Lodges und Zeltcamps werden mit Solarenergie betrieben und vermeiden den Gebrauch von Plastikflaschen; in Kenia herrscht seit 2017 außerdem ein striktes Plastiktütenverbot. Das Land ist auch ein Vorbild für gemeindebasierten Tourismus. In den letzten Jahren ist die Zahl der von lokalen Gemeinden verwalteten Naturschutzgebiete, Zeltcamps und Tourismusprojekte rapide gestiegen. Mit dem Besuch dieser Orte und Projekte unterstützen Reisende direkt die nachhaltige wirtschaftliche Entwicklung des Landes und den Schutz der kenianischen Naturschätze.

Einen besonderen Fokus lege ich auf nachhaltiges Reisen und eine ethnologische Perspektive. Es gibt in Kenia unzählige spannende Orte und Aktivitäten – all diese zu beschreiben, würde den Rahmen dieses Reiseführers sprengen. Daher finden Sie eine Auswahl der interessantesten Orte und beliebtesten Aktivitäten Kenias. In den letzten Jahren bin ich kreuz und quer durch das Land gereist, habe Informationen gesammelt und bin mit zahlreichen Menschen ins Gespräch gekommen.

Ich freue mich über Ihre Erfahrungen und Hinweise zur Aktualisierung der Informationen und zur Verbesserung künftiger Auflagen, die Sie mir über tatjana.t.singh@gmail.com zukommen lassen können.

Ich hoffe, dass dieser Reiseführer meine Faszination für das Land spürbar macht und Kenia auch Sie, liebe Leserinnen und Leser, in seinen Bann zieht.

Bleibt mir noch, Ihnen *Safari njema* – eine gute Reise – zu wünschen!

Viel Spaß bei der Lektüre und auf Ihrer Reise, Ihre Tatjana Singh

Reisehöhepunkte

❶ Nairobi ▲
Kenias Hauptstadt ist das wichtigste Wirtschaftszentrum Ostafrikas und die einzige Hauptstadt der Welt mit einem Nationalpark direkt vor ihren Toren. Entdecken Sie die verschiedenen Viertel Nairobis und begeben Sie sich auf eine historische und künstlerische Erkundungstour. → S. 94

❷ Der Große Afrikanische Grabenbruch
Im kenianischen Abschnitt des Großen Grabenbruchs befindet sich ein Seensystem, das zum UNESCO-Welterbe zählt. Das Gebiet weist eine der größten Vogelvielfalten der Welt auf. Es ist das wichtigste Futtergebiet für den Zwergflamingo überhaupt und ein bedeutender Nistplatz für Pelikane. → S. 138

❸ Das Land des »König der Löwen« ▼
Der Hell's Gate National Park lieferte die Inspiration für den Disneyfilm »König der Löwen«. Die spektakulären Landschaften des Parks können zu Fuß oder mit dem Fahrrad erkundet werden! Der geothermale Dampf, der hier in dicken weißen Wolken hervorstößt, macht dem Namen des Parks – Höllentor – alle Ehre. → S. 150

❹ Besteigung des Mount Kenya ◄
Der zweithöchste Berg Afrikas thront majestätisch im Herzen des Landes. Seine Kuppe ist schneebedeckt, seine Flanken sind reich an üppiger Vegetation. Hier gibt es eine phänomenale Vielfalt an Vögeln und endemischen Tierarten. Die Besteigung des Mount Kenya ist ein Highlight vieler Kenia-Reisender. → S. 191

❺ Der größte permanente Wüstensee der Erde ►
Der windumtoste Turkanasee befindet sich im äußersten Norden Kenias. Die Gegend um den See ist als »Wiege der Menschheit« bekannt, da hier unzählige bedeutende archäologische Funde gemacht wurden. Die Ufer dieses schimmernden Jademeers sind umgeben von Wüsten und uralten erloschenen Vulkanen. → S. 248

6 Die größte Wildtierwanderung der Erde ▾

Das Maasai Mara National Reserve ist Schauplatz einer gewaltigen Wildtierwanderung, die sich im zusammenhängenden Ökosystem der Serengeti und der Maasai Mara abspielt. Millionen Gnus, Gazellen und Zebras begeben sich jedes Jahr auf eine Rundreise von etwa 3000 Kilometern auf der Suche nach frischem Gras. → S. 258

7 Amboseli National Park

Dieser Nationalpark bietet das spektakuläre Panorama des höchsten Berges Afrikas. Das Bild des schneebedeckten Kilimandscharo mit Elefanten im Vordergrund ist eines der bekanntesten Bilder Afrikas. Beobachten Sie die riesigen Elefantenherden des Parks, wie sie in seiner reizvollen Landschaft aus offenen Ebenen, lichten Wäldern und Sumpfgebieten grasen. → S. 271

8 Die schönsten Strände Afrikas ▴

Die kenianische Küste bietet einige der schönsten Strände Afrikas und ist ein absolutes Badeparadies. Erkundet werden können die tropischen Küstenregenwälder und die Unterwasserwelt der Meeresnationalparks, die Teil des zweitgrößten Korallenriffs der Erde sind. Ab → S. 323

9 Küstenkultur der Swahili

Die atemberaubend schöne Küste Kenias ist nicht nur für ihre weißen Sandstrände bekannt, sondern auch für die charakteristische Swahili-Küstenkultur. Das Fort Jesus in Mombasa (→ S. 307) und die Altstadt von Lamu (→ S. 358) gehören zu den sieben Welterbestätten Kenias.

10 Der größte See Afrikas

Der Victoriasee ist der größte See Afrikas und der zweitgrößte Süßwassersee der Welt. Er erstreckt sich im wenig besuchten Westen Kenias, der jedoch allerlei Attraktionen zu bieten hat, von pittoresken Inseln über Nationalparks mit seltenen Tierarten bis zur drittgrößten Stadt Kenias, Kisumu, und tropischen Waldgebieten. → S. 372

Die vorangestellten Nummern beziehen sich auf die Verweise in der vorderen Umschlagkarte.

Das Wichtigste in Kürze

Einreise

Europäische Reisende benötigen für die touristische Einreise einen noch mindestens **sechs Monate gültigen Reisepass** und ein gebührenpflichtiges **Visum**, das bei der Ankunft am Flughafen von Nairobi oder online (www.evisa.go.ke) für 50 US-Dollar erhältlich ist. Für den Visumsantrag bei Ankunft in Nairobi liegen am Gate die Formulare aus.

Sicherheit

Kenia kann als recht sicheres Reiseland bezeichnet werden. Im Vergleich zu den nördlichen Nachbarländern, die von gewaltvollen Konflikten gezeichnet sind, gilt Kenia als ein Hafen des Friedens. Dennoch gibt es Kriminalität, und vor allem in der Hauptstadt muss man sich vor Taschendiebstählen in Acht nehmen.

Entlang der Grenzen zu Kenias Nachbarländern ist Vorsicht geboten. Auf einigen Überlandstrecken im Norden besteht die Gefahr von Überfällen, daher sollte man sich vor dem Aufbruch in diese Regionen nach der aktuellen Situation erkundigen, zum Beispiel beim Auswärtigen Amt (www.auswaertiges-amt.de). Auch eine Registrierung beim Auswärtigen Amt im ELEFAND-System kann sinnvoll sein (https://krisenvorsorgeliste.diplo.de/signin). Es ist empfehlenswert, vor Ort mit erfahrenen Reiseunternehmen unterwegs zu sein.

Am Diani Beach, dem bekanntesten Strand Kenias

Kleidung

Während viele Gebiete in West- und Südkenia sowie an der Küste tropisch heiß sind und leichte Kleidung und guten Moskitoschutz erfordern, liegen viele Hochlandregionen auf etwa 2000 Metern mit warmen Tagestemperaturen (bis 25 Grad Celsius), aber kühlen (unter 15 Grad) bis empfindlich kalten (unter 5 Grad) Nächten. Festes Schuhwerk sowie ein guter Regen- und Sonnenschutz sind zu empfehlen.

Geld

Die Währung ist der Kenia Schilling, der mit Ksh, KShs oder KES abgekürzt wird. Der Wechselkurs beträgt etwa 1 Euro = 156 Ksh beziehungsweise 100 Ksh = 0,64 Euro (Stand Oktober 2023). Man sollte besonders auf dem Land auf eine kleine Stückelung des Geldes achten, da oft wenig Wechselgeld vorhanden ist. **Bankautomaten** sind überall im Land in den Städten vorhanden und sowohl Visa- als auch Mastercard funktionieren. Besonders praktisch ist in Kenia die Zahlung mit dem mobilen Zahlservice **m-pesa** (→ S. 411).

Fotografieren

Das Fotografieren und Filmen des Präsidenten, der Nationalflagge, von militärischen Anlagen, Regierungsgebäuden und Polizeikräften ist in Kenia nicht gestattet. Ansonsten sollte man die allgemeinen Regeln der Höflichkeit einhalten. Viele Menschen lassen sich nicht gerne fotografieren und reagieren zu Recht verärgert, wenn sie ungefragt abgelichtet werden.

Verständigung

An allen touristischen Orten kommt man mit Englisch gut weiter. In weniger touristischen Orten sollte man lokale Guides engagieren, die die jeweilige lokale Sprache oder Swahili sprechen. Wer selbst einige Floskeln Swahili beherrscht, wird schnell das Eis brechen. Einige hilfreiche Sätze finden Sie im Sprachführer, → S. 416.

Unterwegs im Land

Alle großen Städte des Landes sind von Nairobi aus mit **Reisebussen** zu erreichen. Zudem verkehren zwischen Nairobi, Mombasa und Kisumu **Züge**. In den größeren Städten lassen sich Autos mieten. Der Verkehr auf Kenias Straßen kann jedoch sehr herausfordernd sein. Alternativ kann man über eine Reiseagentur ein Fahrzeug mit Fahrer bzw. Fahrerin buchen. Kürzere Strecken lassen sich mit privaten Sammeltaxis, sogenannten **Matatus**, zurücklegen. Diese Art des Reisens ist jedoch nicht sehr sicher. Innerhalb von Städten kann man sowohl mit **Taxis** als auch mit den Beförderungs-Apps **Uber** und **Bolt** von A nach B kommen. Eine Alternative bietet das Motorradtaxi (**Bodaboda**). Ein wichtiges innerstädtisches Verkehrsmittel vor allem an der Küste sind dreirädrige Roller, die **Tuk Tuks**. Für längere Strecken und bei knapper Zeit empfiehlt sich ein **Inlandsflug**.

Große Migration im Maasai-Mara-Nationalreservat

Unterkunft

Generell sollte man wissen, dass viele touristische Hotels in Kenia teuer sind. Kenia ist kein ideales Land für Backpacker, wobei es je nach Region durchaus gute preisgünstige Übernachtungsmöglichkeiten wie **Hostels** oder **Zeltplätze** gibt. In den Nationalparks befinden sich vielerorts **Lodges** und **Zeltcamps**, die mit Naturmaterialien erbaut wurden und ihren gesamten Strom aus Solarenergie beziehen. Einige dieser Unterkünfte unterstützen zudem lokale Gemeinden oder werden selbst von Mitgliedern der Gemeinden verwaltet. Äußerst beliebt ist außerdem die Buchung von Unterkünften durch **Airbnb**, wo man schöne Ferienhäuser und -wohnungen findet.

Gesundheit

Für Kenia sind keine gesonderten Vorsichtsmaßnahmen zu treffen. Reisestil, Reisezeit, Aufenthaltsdauer und -orte spielen eine große Rolle. Beispielsweise sind viele Hochlandregionen Kenias nicht von klassischen Tropenkrankheiten wie Malaria betroffen. Je nach Reiseroute wird daher eine Malariaprophylaxe empfohlen, sie ist aber nicht zwingend. **Impfungen** zur Einreise nach Kenia sind nicht vorgeschrieben. Eine reisemedizinische Beratung bei einem tropenmedizinischen Institut vor Abreise wird dringend befürwortet.

Die **medizinische Versorgung** in den großen Städten ist gut, es gibt kompetente Krankenhäuser, Ärzte und Ärztinnen. In den kleineren Städten können einfache Krankheitsfälle behandelt werden.

Abkürzungen

Rd	Road
Ave	Avenue
St	Street
DZ	Doppelzimmer
F	Frühstück
HP	Halbpension
VP	Vollverpflegung

Ausführliche reisepraktische Hinweise in den Reisetipps von A bis Z, → S. 384

Der schönste Moment im Leben eines Menschen ist der Aufbruch zu einer fernen Reise in ein unbekanntes Land.

Richard Burton (eigene Übersetzung)

Geparden in der Maasai Mara

LAND UND LEUTE

Kenia: Zahlen und Fakten

Die kenianische Flagge

Name: Republik Kenia
Staatsform: Präsidialrepublik
Gründung: 1963
Amtssprachen: Swahili, Englisch
Sonstige Sprachen: u.a. Kikuyu, Kamba, Luhya, Luo, Kalendjin, Turkana, Maa
Flagge: Maasai-Schild mit gekreuzten Speeren als Symbol der Verteidigung der Freiheit
Nationalhymne: Ee Mungu Nguvu Yetu (O Gott der gesamten Schöpfung), basierend auf einem traditionellen Lied der Pokomo
Fläche: 581 309 km² (etwa 1,5 mal größer als Deutschland)
Staatsgrenzen: mit Südsudan, Äthiopien, Somalia, Tansania, Uganda
Höchste Erhebung: Batian (5199 m) im Mount-Kenya-Massiv
Längster Fluss: Tana River, 708 km, mündet in den Indischen Ozean
Größter See: Victoriasee (68 800 km²), größter See Afrikas
Hauptstadt: Nairobi (etwa 4,4 Millionen Einwohner)
Weitere große Städte: Mombasa (1,2 Millionen), Nakuru (570 000), Ruiru (490 000), Eldoret (476 000), Kisumu (400 000)
Einwohnerzahl: 48,7 Millionen, davon sind fast 40 % unter 15 Jahre alt
Bevölkerungsdichte: 90 Einwohner/km²
Bevölkerungswachstum: 2,3 % jährlich
Ethnien: u.a. Kikuyu (ca. 17 % der Bevölkerung), Luhya (14 %), Kalendjin (13 %), Luo (11 %), Kamba (10 %), Kisii (6 %), Mijikenda (5 %), Meru (4 %), Maasai (2,5 %), Turkana (2 %), Samburu (0, 2 %)

Geburtenrate: 27,9 Geburten/1000 Personen im Jahr
Kindersterblichkeit: 27 je 1000 Geburten (2019; Deutschland: 6,5)
Lebenserwartung: 70 Jahre
Durchschnittsalter: 20 Jahre
Stadt-/Landbevölkerung: 27,5 : 72,5
Bevölkerung ohne Zugang zu Elektrizität: 12 Millionen
Religion: 85,5 % Christentum, 11 % Islam, 1,6 % Atheismus, 0,7 % afrikanische Religionen, 0,1 % Hinduismus, 1,1 % Sonstige
Präsident und Regierungschef: William Ruto (seit 2022)
Alphabetisierungsrate: 78 %
Landeswährung: Kenia-Schilling (Ksh), 1 Euro entspricht ca. 156 Ksh (2023)
Bruttoinlandsprodukt: 95,5 Milliarden US-Dollar, realer Zuwachs: 7,6 %
BIP pro Kopf: 2250 US-Dollar (2022)
Bevölkerung unterhalb der Armutsgrenze: 23 %
Inflationsrate: 9,6 % (2022)
Wichtigster Wirtschaftszweig: Landwirtschaft (34 %)
Importe: 21,6 Milliarden US-Dollar (2022)
Exporte: 7,5 Milliarden US-Dollar (2022)
Exportgüter: u.a. Kaffee, Tee, Gewürze (22 %); Pflanzen, Schnittblumen (12 %); Gemüse und Früchte (9 %)
Wichtigste Exportländer: Uganda, Pakistan, Niederlande, USA, Großbritannien
UNESCO-Welterbe: Altstadt von Lamu, heilige Kaya-Wälder der Mijikenda, Fort Jesus in Mombasa, Nationalpark und Naturwald Mount Kenya, Nationalparks am Turkanasee, kenianisches Seensystem im Ostafrikanischen Grabenbruch, archäologische Stätte Thimlich Ohinga am Victoriasee
Zeitzone: MEZ + 1 Stunde (+ 2 Stunden während der Winterzeit)
Nationalfeiertag: 12. Dezember (Jamhuri Day, Tag der Republik, Unabhängigkeit von Großbritannien 1963)
Autokennzeichen: EAK
Vorwahl: +254
Internet-Kennung: .ke

Geographie und Umwelt

Kenias facettenreiche Topographie ist im Wesentlichen durch mehrere Groß-landschaftsformen bestimmgeot. Der Grabenbruch, auch Rift Valley genannt, bildet eine von vier groben geographischen Zonen in Kenia. Die weiteren drei werden durch die tropischen Küstenebenen, das zentrale Hochland und das tro-ckene Buschland sowie die Wüsten im Norden Kenias bestimmt. Von tropischen Regenwäldern bis zu Wüstengebieten hat Kenia also alles zu bieten.

Der Große Grabenbruch

Der Große Grabenbruch wird von einer Reihe zusammenhängender geographi-scher Gräben mit einer Gesamtlänge von etwa 7000 Kilometern gebildet, die sich vom Libanon in Asien bis nach Mosambik in Südostafrika erstrecken. Er ist wahrscheinlich vor 20 Millionen Jahren infolge tektonischer Aktivitäten ent-standen, die von enormen vulkanischen Eruptionen begleitet wurden. In Kenia, Uganda und den Randgebieten des Südsudan verläuft der Große Grabenbruch in zwei getrennten Armen, die nur an ihrem südlichen Ende, im Süden Tansanias an der Grenze zu Sambia, miteinander verbunden sind. Der westliche Graben wird von einigen der höchsten Berge Afrikas begrenzt, darunter die Virunga-Berge und die Ruwenzori-Kette. Hier befinden sich die Seen des Rift Valleys. Der Victoriasee gilt als Teil des Grabenbruchs, obwohl er eigentlich zwischen den beiden Ausläufern liegt.

Der Große Grabenbruch ist Teil eines intrakontinentalen Rückensystems, das Kenia von Norden nach Süden durchzieht. Es entstand durch einen geographi-schen Auftrieb, der durch die Interaktion dreier großer tektonischer Platten ver-ursacht wurde: der Arabischen, der Nubischen und der Somalischen Platte. Im kenianischen Teil des Rift Valleys finden sich spektakuläre Landschaften – von schroffen Felswänden, die schier endlos in die Tiefe stürzen, über lang erloschene

Felswände im Hell's-Gate-Nationalpark

oder ruhende Vulkane bis zu weiten Grasebenen und wie an einer Perlenkette aufgereihten Sodaseen. Zu diesen gehören der Turkanasee im Norden Kenias, die Seen Baringo, Bogoria, Nakuru, Elementaita, Naivasha und Magadi an der Grenze zu Tansania.

Eine Reihe von vulkanischen Gipfeln und Kratern säumen das Tal. Während die meisten inzwischen erloschen sind, sind nicht weniger als 30 noch aktiv, und einer lokalen Legende zufolge brach der Mount Longonot, der südöstlich vom Naivashasee liegt, erst 1860 noch aus. Die unzähligen heißen Quellen, Geysire und Fumarole (vulkanische Dampfaustrittsstellen) in der Region zeugen davon, dass der Ostafrikanische Graben noch immer aktiv ist.

Berge und Täler

Der enorme Ostafrikanische Graben prägt die Geographie Ostafrikas maßgeblich. Der Grabenboden, der bis zu 300 Kilometer breit ist, liegt bis zu 1000 Meter unter dem oberen Grabenrand. Die Vulkane zu beiden Seiten des Grabens bilden die höchsten Gipfel Afrikas: Der Kilimandscharo ist mit 5895 Metern über dem Meeresspiegel das höchste Bergmassiv Afrikas und der Mount Kenya mit 5199 Metern das zweithöchste. Der Mount Kenya ist außerdem der höchste Berg des Landes, Namensgeber für die Republik Kenia sowie der einzige schneebedeckte Berg am Äquator. Durch den Vulkanismus entstanden auch die zweithöchste und dritthöchste Erhebung Kenias, der Mount Elgon (4321 Meter) im äußersten Westen Kenias auf der Grenze zu Uganda und die Aberdare-Bergkette (4001 Meter). Diese Berge sind von fruchtbaren, niederschlagsreichen Hochländern geprägt. Aufgrund des Regenreichtums eignen sie sich hervorragend für den Ackerbau und sind dicht besiedelt. Das Regenwasser speist zahlreiche

Krater des Longonot-Vulkans

Mangroven im Lamu-Archipel

kleinere Flüsse, die wiederum größere Flüsse wie den Ewaso-Ngiro-Fluss spei-sen. Dieser ist mit 330 Kilometern Länge der fünftlängste Fluss Kenias. Zusätz-lich entstanden zahlreiche kleinere Vulkane, darunter im kenianischen Teil des Grabenbruchs der Longonot-Vulkan. Die kenianischen Rift-Valley-Seen haben durch die vulkanischen und hydrothermalen Aktivitäten einen hohen Mineral-gehalt, der durch die Verdunstung noch erhöht wird. Der Turkanasee, Bogoria-see, Nakurusee und Elementaitasee sind stark alkalisch. Der Magadisee ist ein Sodasee mit einem hohen Natriumkarbonat-Gehalt. Im Gegensatz dazu sind der Baringo- und der Naivashasee die einzigen Süßwasserseen am Grabenboden, was vermutlich auf unterirdische Abflüsse zurückzuführen ist.

Die Ausformung des etwa 700 Kilometer langen kenianischen Rift Valleys verläuft sehr unregelmäßig. Dieser Teil des zerklüfteten tektonischen Risses bil-det im Norden eine 300 Kilometer breite Senke, in der der Turkanasee liegt. Hier ist das Land übersät mit vereinzelten Inselbergen und Hügelketten, deren Flanken von dichten Wäldern bedeckt sind. Die weiten Ebenen im Norden sind von der Kaisut-Wüste, der Koroli-Wüste und der Chalbi-Wüste geprägt. An anderer Stelle, zwischen Nairobi und Samburu, bestehen zwischen der Grabenkante und dem abgesunkenen Boden des Rift Valleys Höhenunterschiede von bis zu 1000 Me-tern. Auch die Höhenlagen des Grabenbodens variieren; vom Magadisee im Sü-den Kenias auf etwa 580 Metern über dem Meeresspiegel hebt sich der Boden stetig bis zum Naivashasee auf ungefähr 1900 Meter an und fällt in Richtung Turkanasee auf rund 430 Meter fast genauso stark wieder ab. Das Yatta-Plateau im Süden Kenias gilt mit etwa 240 Kilometern als einer der längsten Lavaflüsse der Erde. Es wurde von der Lava des Vulkans Ol Doinyo Sabuk (2145 Meter) geformt und erstreckt sich entlang des Athi-Flusses nach Südosten strebend. Das Lavaplateau ist durchschnittlich 90 Meter hoch und 3 bis 15 Kilometer breit.

Küste

Kenia grenzt im Osten mit einem etwa 500 Kilometer langen und flachen Küstenstreifen an den Indischen Ozean. Dieser stellt einen starken Kontrast zum trockenen und hügeligen Innenland dar, an das das Küstengebiet grenzt.

Viele Gebiete des küstennahen Landstrichs wurden vor Millionen von Jahren vom Meer bedeckt. Dadurch finden sich in diesen Regionen heute fossile Korallenkalkplatten, durch die sich etliche Flüsse ihren Weg zum Ozean hin bahnen. Die Flüsse münden oftmals in tiefen, verzweigten Meeresbuchten, sogenannten Creeks, in den Indischen Ozean. Sie werden an vielen Stellen von Mangroven umwachsen und reichen teilweise mehr als zehn Kilometer tief ins Landesinnere, beispielsweise im Falle der alten Häfen von Mombasa sowie der Bucht von Kilifi. An anderen Orten, wie im Lamu-Archipel an der Nordküste, haben sich im Mündungsgebiet der Flüsse Duldul und Dodori etliche Inselchen gebildet.

Auch der längste Fluss Kenias, der 708 Kilometer lange Tana, mündet in den Indischen Ozean und bildet dabei ein weitläufiges Delta mit tierreichen Sumpfgebieten und Lagunen. Charakteristisch für den kenianischen Küstenstreifen sind auch der Küste vorgelagerte Saumriffe. Hier werden bestimmte Flächen bei Ebbe – die bis zu drei Meter tiefer liegen kann als bei Flut – trockengelegt, wodurch großflächige Wattgebiete mit vereinzelten tieferen Korallenpools freigelegt werden. Zudem ist Kenia für seine feinweißen Sandstrände bekannt, die von Kokospalmen und dem türkisblauen Indischen Ozean gerahmt werden.

Klima und Reisezeit

Aufgrund der Größe des Landes und der gebirgigen Landschaft variiert das Klima in Kenia enorm. In den Hochlagen der Gebirge – wie etwa auf dem Mount Kenya – kann es vereinzelt zu Schneefällen kommen, während in der Chalbi-

Hochsaison an der Küste bei Watamu

Regenzeit im Tvavo-East-Nationalpark

Wüste Temperaturen von über 40 Grad Celsius keine Seltenheit sind. Das Klima in den Hochländern (über 2000 Meter) zeichnet sich durch moderate Temperaturen von durchschnittlich 15 Grad Celsius tagsüber aus. In den Tiefländern (bis 2000 Meter) sind es durchschnittlich etwa 25 Grad Celsius.

Alle folgenden Angaben sind als Richtwerte zu verstehen, denn in Zeiten des globalen Klimawandels verändert sich das Wetter immer wieder und weicht von langjährigen Erfahrungswerten ab. Der generelle Temperaturverlauf in Kenia ist das genaue Gegenteil von demjenigen in Europa: Die Temperaturen während des europäischen Sommers, etwa von Mai bis September, sind am Äquator moderat. Die höchsten Temperaturen herrschen in Kenia während des europäischen Winters, etwa von November bis März.

Regenzeiten

Das Wetter im Inland Kenias ist maßgeblich von zwei Regenzeiten geprägt: der kurzen Regenzeit im November, die bis in den Dezember hineinreichen kann, sowie der langen Regenzeit von Ende März und bis Ende Mai. In trockenen Jahren bleibt die kleine Regenzeit bisweilen aus. Während der Regenzeit regnet es jedoch nicht pausenlos Bindfäden, wie etwa im Monsun. Stattdessen gibt es tägliche heftige Wolkenbrüche am Spätnachmittag und abends. Den Rest des Tages über scheint meist die Sonne. Am Himmel lassen sich zu dieser Zeit beeindruckende Wolkentürme der tropischen Gewitter beobachten. Durch die erhöhte Feuchtigkeit erwacht die Vegetation zu neuem Leben und explodiert in einer bunten Pracht, selbst Savannen und Halbwüsten strahlen in leuchtendem Grün. Während der Regenzeiten muss man damit rechnen, dass einige Wege unpassierbar werden und man selbst mit einem Fahrzeug mit Allradantrieb stecken bleiben kann. In den Regenzeiten sollte man keine Bergtour planen, da der Schlamm jegliches Durchkommen verhindert und Bergnationalparks teilweise sogar geschlossen sind.

Das Küstenklima

An der Küste herrschen das ganze Jahr über schwül-heiße Temperaturen. Der Südostmonsun sorgt von April bis Juli für teilweise starke Regenfälle, wobei die Temperaturen mit mindestens 28 Grad Celsius heiß bleiben. Während der starke Wind zu dieser Zeit ideale Verhältnisse zum Windsurfen bietet, eignet sich das Wetter bis in den August hinein weniger für Schnorcheln und Tauchen, da die Sicht durch die aufgewühlte See sehr schlecht ist. Die beste Saison zum Tauchen ist von November bis April. Die Hochsaison an der Küste dauert von Dezember bis April, während dieser Zeit ist es sehr sonnig und warm.

Frühjahr (Anfang März bis Ende Mai)

Die Zeit der großen Regenzeit Kenias von Ende März bis Ende Mai ist in Kenia Nebensaison (low season), viele Lodges und Camps schließen während dieser Zeit. Die Vorteile dieser Jahreszeit sind, dass die Landschaft schön grün ist und die Preise häufig niedriger. Zu dieser Zeit werden zudem viele Tiere geboren, und man kann in den Nationalparks Tierbabies verschiedener Arten beobachten. Auch die Zugvögel, die im Winter unter anderem aus Europa in die wärmeren Gefilde am Äquator migrieren, sind noch bis April zu sehen.

Während das Wetter eher verregnet ist und nicht garantiert werden kann, dass Pisten in Nationalparks passierbar sind, kann es sich lohnen, die beliebtesten Parks des Landes während dieser Zeit zu besuchen. Das Maasai Mara National Reserve beispielsweise bietet das ganze Jahr über großartige Möglichkeiten zur Tierbeobachtung. Wenn man dieses Reserve während der Nebensaison besucht, kann man den Menschenmassen entgehen.

Sommer (Anfang Juni bis Ende August)

Eine der touristischen Hochsaisons in Kenia ist im Juli und August, und zu dieser Jahreszeit sind weite Teile des Landes einfach zu bereisen. Dies ist außerdem eine der besten Zeiten für Tierbeobachtungen, da die Tiere sich um die wenigen dauerhaften Wasserquellen versammeln und die Vegetation vergleichsweise übersichtlich ist. Dadurch sind Wildtiere relativ einfach aufzuspüren und zu beobachten. Es regnet kaum, die Tage sind sonnig und klar, und es gibt weniger Moskitos.

Ein weiterer Grund dafür, dass Kenia zu dieser Zeit so viel besucht wird, ist die weltberühmte Tierwanderung im Maasai Mara National Reserve. Entsprechend kann es in den beliebtesten Parks sehr voll werden. Wer dem Trubel der Safaribusse entgehen will, kann in die abgelegene nördliche Region Kenias reisen. Hier ist es das gesamte Jahr über trocken, heiß und sonnenreich. Schwül wird es nur nach vereinzelten Regenfällen, die teilweise sehr heftig ausfallen. In den Monaten des kenianischen Winters sind die Temperaturen niedriger, und daher ist dies die angenehmste Jahreszeit, um die Wüsten und Halbwüsten im Norden zu bereisen.

Herbst (Anfang September bis Ende November)

Die Hochsaison Kenias ab Juli reicht bis zum Beginn der kleinen Regenzeit Anfang November. Während die heißen Regionen Kenias in den »Wintermonaten« von Juni bis August gut zu bereisen sind, empfiehlt sich eine Reise in die kühleren Hochländer Kenias und das Rift Valley ab September, wenn es sonniger und wärmer ist. In der kleinen Regenzeit im November, dem ostafrikanischen »Frühling«, sind die Hochländer Kenias sowie die Hauptstadt Nairobi von einem bunten Blütenmeer bedeckt.

Bis Ende Oktober lassen sich in allen kenianischen Nationalparks wunderbare Wildtierbeobachtungen machen. Wie für die Reisezeit Sommer gilt, dass Wildtiere leichter zu sehen sind. Die Vegetation ist spärlich, und die Tiere versammeln sich um permanente Wasserquellen. Die Gnu-Wanderung erreicht die Maasai Mara in der Regel im August und dauert bis Oktober, bis die Tiere in die Serengeti in Tansania zurückwandern. Bis in den Oktober hinein können einige der Parks jedoch sehr überfüllt sein, vor allem die Maasai Mara, Amboseli und Lake Nakuru. Die ersten Zugvögel erreichen Kenia im September.

In den trockenen Monaten September und eingeschränkt Oktober kann man schöne Bergtouren machen, die ab November, wenn die Pisten matschig werden, nicht mehr möglich sind.

Winter (Anfang Dezember bis Ende Februar)

Die zweite Hochsaison in Kenia beginnt mit der Weihnachtszeit Ende Dezember und reicht bis in den Februar, wenn es sehr sonnig und warm ist. Auch diese Jahreszeit ist für Tierbeobachtungen in den Nationalparks und Reserves ideal. Man sieht atemberaubende Schwärme mit tausenden Zugvögeln sowie große Gruppen Weißstörche. Auch viele Tierbabies lassen sich beobachten.

Januar und Februar sind die heißen, trockenen Sommermonate, die Temperaturen liegen vielerorts über 25 Grad Celsius. Diese Monate sind optimal für die Besteigung der großen Berge, wenn man unverhüllte Blicke auf die hohen Berggipfel hat.

Vegetation und Tierwelt

Wer einmal in der kenianischen Savanne auf Safari war, die sich endlos vor dem weiten Himmel auszudehnen scheint, den zieht das Land unwiderruflich in seinen Bann. Der faszinierende Facettenreichtum der Landschaften reicht von Ebenen mit Dornenbüschen und Savannen über Flussläufe mit dichten Galeriewäldern, alkalischen Seen, kargen Wüsten, uralten Nebel- und Regenwäldern, schneegekrönten Bergen, erloschenen Vulkanen, Korallengärten, Mangrovenwäldern und palmengesäumten Sandstränden bis hin zu den archäologischen Stätten der Wiege der Menschheit – der Reichtum der Ökosysteme, der durch Nationalparks und Nationalreservate geschützt ist, macht Kenia zu einem so beliebten Reiseland. Das typische Bild Ostafrikas ist die schwarze Silhouette einer Schirmakazie vor einem orange-roten Sonnenuntergang. Die Schirmakazie mit ihrer charakteristischen abgeflachten Baumkrone, in der oft riesige Kolonien von Webervögeln nisten, wächst vor allem in der Grassavanne. Ostafrikas Natur ist in erster Linie

Geparden im Maasai-Mara-Nationalreservat

bekannt für das Ökosystem der Serengeti-Maasai-Mara-Ebenen, Schauplatz der jährlichen Wanderung von einer Million Gnus, 500000 Thomson-Gazellen, 250000 Zebras und mehreren zehntausend Topis. Die weiten Grasebenen bieten Nahrung für eine Vielzahl von pflanzenfressenden Tieren wie Zebras, Gnus und verschiedenen Antilopen-Arten. Diese ernähren wiederum Raubtiere wie Löwen, Hyänen, Leoparden und Geparden. In vielen der kenianischen Naturschutzgebiete lassen sich die Big Five – Löwe, Büffel, Elefant, Leopard und Nashorn – beobachten.

Die Vogelwelt ist ebenso vielfältig mit über 1100 registrierten Vogelarten, was Kenia zu einem der herausragendsten Ziele für Vogelbeobachtung weltweit macht. Die Avifauna Kenias umfasst so interessante Arten wie den schlangenjagenden Sekretärvogel, Nektarvögel mit bunt schillerndem Gefieder und den Schreiseeadler, dessen charakteristischen Ruf man im ganzen Land an Seen und Flüssen hören kann. In der Nähe von Gewässern können Sie Flamingos, Kraniche und Pelikane beobachten, während in den Wäldern Nashornvögel und scheue Arten wie der Trogon und der Turako zu Hause sind.

Aber auch Kenias Natur bleibt vom Klimawandel nicht verschont. Seit Jahren leidet das Land unter einer extremen Dürre, die das Leben der Menschen und Tiere vor Ort bedroht: Wasserstellen trocknen aus, Wälder brennen, und Weideflächen sind nur noch Erde und Staub. Der Norden Kenias ist von diesem extremen Klima besonders betroffen: Die meisten Menschen leben hier von Viehzucht und verloren durch die anhaltende Dürre den Großteil ihrer Nutztiere. Auch unzählige Wildtiere fielen der Dürre zum Opfer und verdursteten; die erschreckenden Bilder davon gingen um die Welt. Bereits im Jahr 2021 erklärte der damalige kenianische Präsident Uhuru Kenyatta die Dürre zur nationalen Katastrophe, bei der bisher kein Ende in Sicht ist. Abhilfe schaffen unter anderem Naturschutzorganisationen wie der WWF (→ S. 415).

Genauere Beschreibungen der Flora und Fauna finden sich in den jeweiligen Kapiteln der Nationalparks.

Naturschutzgebiete

Kenia ist zum Synonym für das Wort »Safari« geworden und ist weltbekannt für seine wildtierreichen und landschaftlich außergewöhnlichen Naturschutzgebiete. Das ostafrikanische Land ist seit zehn Jahren fast durchgehend Gewinner des von den World Travel Awards verliehenen Preises »Weltweit führende Safari-Destination« (2013, 2015–2022). Kenia nimmt eine Vorreiterrolle im Naturschutz in Afrika ein: Die ersten Schutzgebiete entstanden in Kenia bereits Ende der 1940er Jahre. Die Zahl der geschützten Gebiete stieg mit der Zeit immer weiter an, und mittlerweile verfügt Kenia über insgesamt 26 Nationalparks und 29 Nationalreservate. Sie nehmen eine Gesamtfläche von etwa 45000 Quadratkilometern oder 7,5 Prozent der Gesamtfläche der Republik ein – eine Fläche größer als die Schweiz!

Nationalparks und Nationalreservate

Es ist unmöglich, die kenianischen Nationalparks und Reservate in eine Reihenfolge zu bringen, die ihrer Attraktivität entspricht. Jeder Park und jedes Reservat ist einzigartig in seiner Vielfalt an Sehenswertem, und kein Park oder Reservat gleicht dem anderen. Der Unterschied zwischen einem Nationalpark und einem Nationalreservat besteht in den Naturschutzkategorien. Den höchsten Schutz-

Büffel im Nakuru-Nationalpark

Landschaft im Hell's-Gate-Nationalpark

status genießen die Nationalparks, in denen außer Tourismus keine anderen wirtschaftlichen Aktivitäten erlaubt sind. Die einzige Ausnahme diesbezüglich stellt der Hell's-Gate-Nationalpark in der Nähe von Naivasha dar, in dem geothermische Energie gewonnen wird.

Verwaltet werden Nationalparks von der Naturschutzbehörde KWS (Kenya Wildlife Service), die 1989 gegründet wurde. Sie kontrolliert die Einhaltung von Regeln und erhebt die Eintrittsgebühren. Die Gemeinden, die in direkter Nachbarschaft von Nationalparks leben, profitieren nur indirekt und in geringem Maße vom Tourismus, beispielsweise durch die Schaffung von Arbeitsplätzen im Wildtierschutz oder in einer der vielen touristischen Unterkünfte sowie durch Souvenirverkauf. Der KWS versucht, durch die Verbesserung der Infrastruktur wie den Bau von Schulen und Brunnen die einheimische Bevölkerung stärker an den Einnahmen durch den Tourismus teilhaben zu lassen.

Ein negatives Merkmal von Nationalparks ist, dass Ethnien, die die durch den Nationalparkstatus geschützten Landstriche seit Jahrhunderten genutzt haben, vom Zugang zu diesen abgeschnitten werden. Nomadisch und halbnomadisch lebende Ethnien wie die Maasai und Samburu, deren Lebensweise auf Viehhaltung ausgerichtet ist, können ihre traditionellen Weidegründe nicht mehr nutzen.

Dieses Problem besteht bei National Reserves nicht. Hier sind neben dem Tourismus auch andere Arten der Nutzung erlaubt, sofern diese nachhaltig sind. Was jedoch nachhaltig ist und was nicht, ist nicht einheitlich definiert. Als positiv kann angesehen werden, dass einheimische Ethnien das Land der Nationalreservate weiterhin nutzen können, es kann jedoch auch zu Problemen kommen, wenn beispielsweise weidende Viehherden Nahrungskonkurrenz für die Wildtiere darstellen oder Krankheiten domestizierter Tiere auf die Wildtiere übertragen.

Kenya Wildlife Service

Der Kenia Wildlife Service (KWS) ist eine staatliche Organisation, zu deren Aufgaben der Erhalt der Nationalparks und Nationalreservate zählt. Der KWS konzentriert sich auf die Erhaltung der kenianischen Tierwelt. Im Jahre 1977 wurde ein totales Jagdverbot im Land verhängt, da es in den 1970er und 1980er Jahren zu einem schockierenden Ausmaß an Wilderei kam. Die Wilderer schlachteten eine schwindelerregende Zahl Nashörner und Elefanten ab. Viele KWS-Angestellte arbeiteten mit Wilderern zusammen, bis der berühmte Paläontologe Dr. Richard Leakey in den 1980er und 90er Jahren die Leitung des KWS übernahm. Er führte mit großem Erfolg neue Anti-Wilderei- sowie Anti-Korruptions-Maßnahmen ein.

Der KWS fördert außerdem kommunale Naturschutzprojekte wie die Umformung von Ranches zu privaten Wildtierreservaten. Immer mehr Wildtierschutzgebiete befinden sich auf Privatland. Sie verfügen oft über die Ressourcen, um sich intensiver mit spezifischen Schutzfragen zu befassen, als dies in Nationalparks und Reservaten möglich ist.

Wälder

Der Kenya Forest Service (www.kenyaforestservice.org) ist die kenianische Forstbehörde, die für die Erhaltung und Bewirtschaftung der kenianischen Wälder zuständig ist.

Die Wälder Kenias haben mit starker Abholzung zu kämpfen. Große Waldflächen wurden während der Kolonialzeit abgeholzt, um im fruchtbaren Hochland Platz für Rinderranches, Farmen sowie Tee- und Kaffeeplantagen zu schaffen. Mehr als die Hälfte der afrikanischen Wälder wurde im letzten Jahrhundert zerstört. Auch nach der Unabhängigkeit bleibt Abholzung eines der größten Probleme für die kenianischen Wälder, denn die Waldzerstörung geht in Teilen des Landes in großem Umfang weiter – heute sind weniger als drei Prozent der ursprünglichen Waldfläche des Landes erhalten. Landraub, Köhlerei, landwirtschaftliche Übergriffe und illegaler Holzeinschlag haben im Laufe der Jahre ihren Tribut gefordert. Millionen von Menschen sind jedoch nach wie vor auf Holz und Holzkohle zum Kochen angewiesen.

Einige der schönsten durch Nationalparks und Nationalreservate geschützten Urwälder befinden sich an den höchsten Bergen des Landes. Dazu zählt der dicht bewaldete Mt. Kenya, die Aberdares, der Mt. Marsabit sowie der Kakamega-Wald. An der Küste befindet sich der Arabuko-Sokoke-Wald mit einer unglaublich artenreichen Flora und Fauna, der größte verbliebene Teil der einst gewaltigen Küstenregenwälder Ostafrikas.

Private Game Sanctuaries und Conservancies

Private Game Sanctuaries und Conservancies stellen die vierte Kategorie von Naturschutzgebieten dar. Oft handelt es sich dabei um Teile von ausgedehnten Privatranches, die dort Ökotourismus mit wenigen Besuchenden betreiben. Conservancies finden sich überall in Kenia verstreut, viele von ihnen befinden sich in der Region Laikipia im Herzen Kenias, darunter Ol Pejeta, Mugie und El Karama. Einige von ihnen nehmen seit den 1980er Jahren eine wichtige Rolle beim Schutz

Elefanten im El Karama Conservancy

von kenianischen Breit- und Spitzmaulnashörnern ein. Durch Zuchtprogramme und strenge Sicherheitsvorschriften steigen die Zahlen der Tiere stetig an, und viele Nashörner konnten mittlerweile in anderen Nationalparks des Landes ausgewildert werden. Das Laikipia Wildlife Forum (www.laikipia.org) ist eine Dachorganisation, die viele Lodges und Schutzgebiete in Laikipia vertritt und eine gute Quelle für aktuelle Informationen über Projekte und Unterkünfte in der Region darstellt. Die Unterstützung dieser Projekte ist eine großartige Möglichkeit für Reisende, lokale Gemeinden und gleichzeitig die Erhaltung der Wildtiere des Landes zu unterstützen.

Eine weitere Art von Conservancy sind Group Ranches, bei denen die Besitzer und Besitzerinnen ihre Ländereien zusammenlegen. Das können Mitglieder einer Ethnie oder Gemeinde sein, die ihr Land unter Schutz stellen und Einnahmen aus dem Tourismus generieren. Die beteiligten Gemeinden setzen sich mithilfe der Einnahmen für den Ausbau der Infrastruktur in der Umgebung der Group Ranches ein. Ein weiterer Vorteil von Conservancies, Game Sanctuaries und Group Ranches ist, dass sie neben der klassischen Safari im Auto auch viele weitere Aktivitäten erlauben, zum Beispiel Fußsafaris, Wandern, Klettern, Fahrradfahren, Reiten, Kajakfahren und Angeln. In Nationalparks und Reservaten sind viele dieser Aktivitäten nicht erlaubt. Generell sind Conservancies, Game Sanctuaries und Group Ranches vielversprechende Konzepte, durch die sich die steigenden Bevölkerungszahlen in Kenia mit dem Schutz von Naturräumen vereinbaren lassen.

Ein weiterer Ansatz, um vor allem Konflikten zwischen Mensch und Tier vorzubeugen, ist die Etablierung von Starkstromzäunen um die Naturschutzgebiete. Problematisch ist jedoch, dass sich bis zu 70 Prozent der kenianischen Wildtiere periodisch außerhalb von Naturschutzgebieten aufhalten. Dies macht die Schaffung von Wanderkorridoren nötig, die es Wildtieren ermöglichen, von Naturschutzgebiet zu Naturschutzgebiet zu wandern. Allgemein können diese Lösungsansätze nur erfolgreich sein, wenn die umliegenden Gemeinden an den durch den Tourismus erwirtschafteten Einnahmen beteiligt werden und so Wildtiere als schützenswert ansehen.

Mama Miti – Die Mutter der Bäume

Wangari Maathai (1940–2011) ist eine der bedeutendsten Persönlichkeiten der kenianischen Geschichte. Sie war nicht nur eine Sozial- und Umweltaktivistin und stellvertretende Ministerin für Umweltschutz, sondern auch die erste Afrikanerin, die den Friedensnobelpreis erhielt. Als erste Frau aus Kenia erwarb sie 1971 den Doktorgrad an der University of Nairobi und wurde Professorin für Veterinäre Anatomie.

Am Tag der Erde 1977 pflanzte Wangari Maathai sieben Bäume in ihrem Garten und setzte damit eine Umweltkampagne in Gang, die später als Green Belt Movement (www.greenbeltmovement.org) bekannt wurde. Seitdem wurden in ganz Kenia mehr als 51 Millionen Bäume gepflanzt, und die Bewegung hat sich auf mehr als 30 andere afrikanische Länder ausgeweitet.

Das Hauptziel dieser Kampagne besteht darin, Frauen, die etwa 70 Prozent der in der Landwirtschaft Tätigen in Kenia ausmachen, über den Zusammenhang zwischen Bodenerosion, Unterernährung und schlechter Gesundheit aufzuklären und sie zu ermutigen, ihre Felder zu schützen. Dieses Engagement brachte Maathai den Titel »Mama Miti« ein – Swahili für »Mutter der Bäume«.

Maathai wurde 2004 für ihren unermüdlichen Einsatz für die Umwelt mit dem Friedensnobelpreis ausgezeichnet. Sie erhielt daneben noch viele weitere Auszeichnungen, beispielsweise den Petra-Kelly-Preis für ihre mutige und weitsichtige Vorgehensweise in Sachen Politik und Frauenrechte. Das Leben dieser herausragenden Persönlichkeit lässt sich in ihrer Autobiografie *Unbowed: A Memoir* (2006) nachlesen, die bisher nur auf Englisch erhältlich ist (→ S. 426).

Möchten Sie selbst bei Ihrem Kenia-Besuch etwas Wiederaufforstung betreiben, so kaufen Sie sich eine Tüte Saatgut der Firma Seedballs Kenya (www.seedballs kenya.com) und verstreuen es nach Lust und Laune in der Natur (→ S. 414).

Wangari Maathai 2005 zu Besuch in Berlin

KWS-Nationalparks und Safari

Unter der neuen Regierung von William Ruto durchläuft der Kenya Wildlife Service KWS seit Mitte 2023 große Veränderungen. So wurde beispielsweise das Bezahl- und Ticketsystem für die KWS-Nationalparks und -reservate komplett auf die Regierungsplattform **ecitizen** umgestellt. Tickets für die Parks sind also nicht mehr direkt an den Parkeinfahrten, sondern ausschließlich vorab auf dieser Plattform erhältlich. Informationen zur Buchung finden Sie auf https://kws.ecitizen.go.ke, weitere Kontaktmöglichkeiten: Tel. +254/(0)800/597000, Mail: customerservice@kws.go.ke oder per WhatsApp: +254/(0)726/610509.

Auch die **KWS-Unterkünfte** wie Lodges, Bandas und Zeltplätze (in den jeweiligen Reisekapiteln beschrieben) müssen nun auf ecitizen bezahlt werden. 2024 sollen weitere Änderungen in Bezug auf die ecitizen-Plattform und die Eintrittsgebühren für Nationalparks und -reservate folgen. Andere Formen der Zahlung für die Nationalparks und -reservate werden nicht mehr akzeptiert. Bewahren Sie Ihre Eintrittskarte auf, da die Eintrittskarten stichprobenartig kontrolliert werden. Die Preise sind pro Person und 24 Stunden zu verstehen. Für die vom KWS geführten Nationalparks und Nationalreservate gelten die in der folgenden Tabelle angeführten Preise. Das vor allem zu Zeiten der großen Tierwanderung beliebte Maasai-Mara-Nationalreservat wird nicht vom KWS verwaltet, Gebühren → S. 265.

Naturschutzgebühren des KWS in US-Dollar		
	Erwachsene	Kinder (3–18), Studierende
Premium Parks		
Amboseli, Lake Nakuru	60	35
Wildnerness Parks (A)		
Tsavo East, Tsavo West	52	35
Wilderness Parks (B)		
Meru/Kora, Mt. Kenya (Kihari gate)	52	35
Aberdare	52	26
Mt. Kenya (Kihari gate)	43	26
Urban Safari		
Nairobi	43	22
Sanctuaries		
Nairobi Animal Orphanage, Kisumu Impala, Nairobi Safari Walk	22	13

Naturschutzgebühren des KWS in US-Dollar		
	Erwachsene	Kinder (3–18), Studierende
Hell's Gate, Elgon, El-Donyo-Sabuk, Mt. Longonot	26	17
Scenic/Special Interest (B)		
Alle anderen Parks	22	13
Marine Parks and Reserves		
Kisite Mpunguti, Malindi, Watamu, Mombasa, Kiunga	17	13
Bergsteigen (in US-Dollar)		
	Erwachsene	Kinder (3–18), Studierende
Mt. Kenya Tagestour	52	26
Mt. Kenya 3-Tage-Paket	156	78
Mt. Kenya 4-Tage-Paket	208	104
Mt. Kenya 5-Tage-Paket	260	130
Mt. Kenya 6-Tage-Paket	312	156

Die Mt.-Kenya-Pakete beinhalten nicht die Campinggebühren, diese sind gesondert zu zahlen.*
Die Preise für Einheimische und Einwohner anderer ostafrikanischer Staaten sind in der Regel niedriger und auf der Seite www.kenyatourism.in zu finden.

Camping (in US-Dollar)		
	Erwachsene	Kinder/Schüler
Special Campsites		
Premium Parks (Amboseli, Lake Nakuru)	50	25
Alle anderen Parks	35	20
Public Campsites		
Premium Parks (Amboseli, Lake Nakuru)	30	25
Alle anderen Parks	20	15

Fahrzeuggebühren pro Tag in Ksh	
Sitze	Ksh
Weniger als 6 Sitze	300
6–12 Sitze	1030
13–24 Sitze	2585
25–44 Sitze	4050
45 Sitze und mehr	5000

Aktivitäten in US-Dollar	
	Non-residents (US-$)
Wassersport in Marine Parks und Reserves (pro Pers.)	10
Lion oder Rhino Tracking in ausgewählten Parks (pro Pers.)	100
Geführte Flusspferdzählung in ausgewählten Parks (pro Pers.)	80
Reserves und Sanctuaries (pro Pers.)	10
Geführte Naturwanderungen und Vogelbeobachtung (Pers.)	15
Gebühren für Drohnen (Lizenz der Luftfahrtbehörde erforderlich, pro Tag)	350
Strafgebühren für Offroad-Fahrten	30 % der Gesamtkosten
Night Nature Walk beim Nairobi Safari Walk, Animal Orphanage, Kakamega National Reserve (pro Person)	20
Geführte Höhlenerkundung (Aberdare & Tsavo West & Mt. Kenya (pro Pers.)	20
Teilnahme an planmäßigen Forschungsaktivitäten zu bestimmten Tierarten (pro Pers.)	150

Weitere Aktivitäten	
	Ksh
Nacht-Pirschfahrt (pro Pers./Fahrt)	2155
Bootsfahrten auf dem See (pro Pers./Std.)	1290
Sicherheit/Führungen (pro Guide bis zu 4 Std.)	1720
Sicherheit/Führungen (pro Guide über 4 Std.)	3015
Fluss-Rafting (pro Pers.)	1720
Reiten auf einem KWS-Pferd (Tag)	2585
Reiten mit Privatpferden (Tag)	1030
Fahrradverleih (Tag)	500
Radfahren (pro Tag)	215
Fußsafaris (Pers./Tag)	1500

Nützliche Informationen

Tagesgebühr: Gebühr für den einmaligen Eintritt in einen Nationalpark, ein Nationalreservat oder ein Schutzgebiet, die nicht länger als 24 Stunden gültig sein darf.

Gebühren für besondere Aktivitäten: beinhalten keine Park-/Reservatseintrittsgebühren

Alle anderen Parks: Marsabit, Sibiloi, South Island und Kakamega

Alle KWS-Parks, -Reservate und -Schutzgebiete sind **einwegplastikfreie Zonen**.

Die Gebühren gelten für 2023. Eine komplette Liste der aktuellen Gebühren ist auf der Seite von Kenya Tourism zu finden (www.kenya tourism.in).

Guides und Ranger

In einigen Nationalparks und Nationalreservaten lohnt es sich, den Park in Begleitung von **KWS-Rangern** zu erkunden. Vor allem bieten Ranger Sicherheit. Egal, ob Sie zu Fuß oder im Fahrzeug unterwegs sind, die Kenntnisse der Guides werden das Safarierlebnis verbessern, da sie Sie mit ihrem Fachwissen und aktuellen Informationen zu Wildtierbeobachtungen am besten durch die vielen Lebensräume und Rundwege des Parks führen können. **Fußsafaris**, **Wanderungen** und **weitere Aktivitäten in Begleitung eines KWS-Rangers** sind seit Mitte 2023 über die Plattform ecitizen (www.ecitizen.go.ke). zu buchen. Wenden Sie sich bei Fragen frühzeitig an das Personal des KWS (www.kws.go.ke), denn noch nicht alle Funktionen der Buchungsplattform sind bisher eingerichtet. Wer einen Park zu Fuß erkunden möchte, benötigt eine Sondergenehmigung der Parkleitung (Warden), und wegen der hohen Dichte an potenziell gefährlichen Wildtieren in den meisten Nationalparks und Reservaten ist eine Begleitung notwendig.

Alternativ gibt es professionelle Reiseleiterinnen und Reiseleiter (Guides), die bei dem Besuch eines Naturschutzgebiets engagiert werden können. Die **Kenya Professional Safari Guides Association** (KPSGA) wurde in Zusammenarbeit mit dem KWS gegründet. Ihr Ziel ist es vor allem, den Standard der Reiseleiter zu erhöhen, die Qualität des Tourismus zu kontrollieren und das Umweltbewusstsein zu fördern. Um den KPSGA-Status zu erlangen, müssen alle Guides eine strenge Ausbildung absolvieren und für ihr Bronze-, Silber- oder Gold-Abzeichen einen Verhaltenskodex unterzeichnen.

Für Vorbestellungen der KWS-Wildhüter oder KPSGA-Guides wenden Sie sich an das KWS-Hauptquartier oder an KPSGA (Kontaktinformationen des KWS-Hauptquartiers und des KPSGA → S. 39).

Zelten und Bandas

In den meisten Naturschutzgebieten führt der KWS Zeltplätze und einfache Hüttenunterkünfte (Bandas), die über die Parkleitungen oder die Tourismusabteilung des KWS-Hauptquartiers reserviert werden können. Dabei sind Public Campsites und Special Campsites, also öffentliche und »spezielle« beziehungsweise private Zeltplätze zu unterscheiden.

Die Buchung von KWS-Zeltplätzen erfolgt über die Regierungsplattform ecitizen (www.ecitizen.go.ke).

Public Campsites sind allen Besuchenden zugängliche Zeltplätze; sie verfügen oftmals über einfache sanitäre Anlagen. Bei vielen dieser Zeltplätze muss Wasser und Feuerholz selbst organisiert werden. Sie stellen die preisgünstigste Unterkunftsoption in den Nationalparks dar und müssen am Eingangstor (Park Gate) pro Nacht bezahlt werden.

Special Campsites hingegen sind an besonders schönen oder landschaftlich reizvollen Stellen gelegen, verfügen aber in den meisten Fällen über keinerlei sanitäre Einrichtungen. Wasser, Feuerholz und alles Weitere muss selbst organisiert werden. Ein solcher Zeltplatz muss im Voraus über die KWS-Zentrale in Nairobi gegen eine Gebühr reserviert werden. Dafür steht Ihnen dieser private Campingplatz exklusiv zur Verfügung. Daneben werden die weiteren Gebühren täglich erhoben.

Campingplatz am Lake Naivasha

Auch die vom KWS geführten Hüttenunterkünfte, die **Bandas**, die es in einigen der Nationalparks gibt, müssen über die Regierungsplattform ecitizen gebucht werden. Auf den Seiten www.kws.go.ke und www.ecitizen.go.ke findet man eine Beschreibung der meisten Campingplätze und Bandas sowie Informationen zu den aktuellen Preisen.

Der Kenia-Safari-Kodex

Das Motto des kenianischen Safari-Kodex lautet: »Mach nichts als Fotos, hinterlasse nichts als Fußspuren«. Beachten Sie in diesem Sinne bitte die folgenden Regeln für verantwortungsvolles Reisen in Kenia und erstatten Sie den Rangern Bericht, wenn Sie grobes Fehlverhalten anderer Besucher, durch Schlingen verletzte oder gewilderte Tiere sowie sonstige verdächtige Dinge beobachten.

1. Reisen Sie mit **seriösen Reiseunternehmen und qualifizierten Guides**. Bestehen Sie darauf, dass Ihr Veranstalter nur geschulte und zertifizierte Safari-Guides einsetzt.
2. Unterstützen Sie **umweltfreundliche Unterkünfte**. Versuchen Sie, in Lodges und Safaricamps zu übernachten, die sich um ihre Umwelt kümmern und lokale Naturschutzprojekte unterstützen.
3. Respektieren Sie die lokale Kultur und fördern Sie das Gemeinwohl. Unterstützen Sie Projekte und Einrichtungen, die der lokalen Bevölkerung durch Beschäftigung, soziale Entwicklung und den Erhalt traditioneller Lebensgrundlagen zugutekommen. Dieser Reiseführer hilft Ihnen dabei, diese Tipps in die Praxis umzusetzen, indem er Ihnen gute Safari-Unternehmen, Lodges und Projekte vorstellt. Zusätzlich können Sie sich bei Eco Tourism Kenya (www.ecotourismkenya.org) informieren, einer Organisation, die sich für Tourismus im Einklang mit Naturschutz und Zusammenarbeit mit lokalen Gemeinden einsetzt.

Auf Safari

1. Bleiben Sie auf den ausgewiesenen Straßen. Achten Sie darauf, in Nationalparks oder Reservaten auf den ausgewiesenen Wegen zu bleiben. Das Fahren abseits der Straßen kann große Schäden an Gras- und Waldlebensräumen verursachen.
2. Minimieren Sie die Störung von Tieren. Viele Wildtiere, wie etwa Geparden, werden unruhig, wenn sie von mehreren

Fahrzeugen umgeben sind oder wenn Fahrzeuge ihnen zu nahe kommen. Bitte beschränken Sie den Lärm auf ein Minimum und versuchen Sie niemals, die Aufmerksamkeit der Tiere zu erregen.

3. Bleiben Sie immer in Ihrem Fahrzeug. Stehen Sie nicht auf dem Dach Ihres Fahrzeugs, hängen Sie nicht aus den Fenstern und steigen Sie nicht aus dem Fahrzeug aus, außer an den dafür vorgesehenen Bereichen wie Picknick- und Campingplätzen sowie Aussichtspunkten.

4. Halten Sie sich an die Geschwindigkeitsbegrenzung. In den meisten Parks und Reservaten gilt eine Geschwindigkeitsbegrenzung von 40 Kilometern pro Stunde. Tiere haben immer Vorfahrt.

5. Füttern Sie niemals ein Tier. Das Füttern von Wildtieren kann ihre Ernährung durcheinanderbringen und zu einer Abhängigkeit vom Menschen führen.

6. Achten Sie darauf, das ökologische Gleichgewicht nicht zu stören. Bitte kaufen, sammeln oder entfernen Sie keine Tierprodukte – in Meeresnationalparks zählen dazu Muscheln, Korallen und Ähnliches –, Steine, Pflanzen, Samen oder Vogelnester in der freien Natur und verändern Sie die natürliche Umgebung in keiner Weise. Nehmen Sie Ihren gesamten Abfall mit. Abfälle und Müll können für Wildtiere sehr gefährlich sein. Bitte seien Sie äußerst vorsichtig mit Zigaretten und Streichhölzern, die große Buschbrände verursachen können.

7. Melden Sie Wilderei oder andere verdächtige Aktivitäten über die Hotline +254/(0)800/722203.

Kartenmaterial

Übersichtskarten sind an den Gates vieler Nationalparks sowie im KWS-Hauptquartier in Nairobi und in einigen Buchläden der Hauptstadt erhältlich.

KWS-Hauptquartier
Tel. +254/(0)20/2379407
customerservice@kws.go.ke
www.kws.go.ke
Facebook: Kenya Wildlife Service
Instagram: @kenyawildlifeservice

Kenya Professional Safari Guides Association (KPSGA)
Tel. +254/(0)721/448428
kpsga@safariguides.org
https://safariguides.org
Facebook: Kpsga – Kenya Professional Safari Guides Association

Vorfahrt für Tiere: Schild im Nakuru-Nationalpark

Geschichte

Afrika südlich der Sahara wird vielfach eine eigene Geschichte vor der Kolonialzeit abgesprochen. Das Stereotyp von Afrika als geschichts- und kulturlosem Kontinent entstand, als die ersten weißen Forschenden und »Entdecker«, die nach Afrika reisten, feststellten, dass vorwiegend keine Schrift gebraucht wurde und es daher auch keine schriftlichen Aufzeichnungen gab. Sie wussten nicht, dass in vielen Kulturen Afrikas mündliche Überlieferungen verwendet werden, um Wissen von einer Generation zur nächsten weiterzugeben. Dieser Umstand wurde von den Kolonialmächten genutzt, um die europäische Herrschaft in Afrika zu legitimieren. Man nahm sich vor, der »primitiven« Bevölkerung nach europäischem Verständnis »Zivilisation« zu bringen. Ähnlich war das Denken auch bei der christlichen Missionierung der lokalen Bevölkerung in weiten Teilen Afrikas, die andere Religionen und Glaubensvorstellungen praktizierten. Die Menschen aus Europa sahen diese als »Heidentum« an und fühlten sich dazu verpflichtet, nicht-christliche Menschen zu bekehren. Diesen kolonialen und missionarischen Aktivitäten liegt eine lineare Denkweise zugrunde, die davon ausgeht, dass Europa die höchste Entwicklungsstufe und Afrika die niedrigste einnimmt. Die Auffassung, dass europäische Kolonialmächte Afrika dabei helfen müssen, sich hin zu ihrem eigenen Status zu »entwickeln«, stellt eine rassistische Ideologie dar. Leider hält sich diese Auffassung bis heute hartnäckig und ist unter anderem in der sogenannten Entwicklungshilfe weit verbreitet.

Heute aber ist in der Geschichtswissenschaft und der Sozialanthropologie gleichermaßen unbestritten, dass das Afrika südlich der Sahara über eine lange Geschichte vor der Ankunft der Kolonialmächte verfügt, deren Rückverfolgung sich lediglich aufgrund des Fehlens schriftlicher Zeugnisse problematisch ausnimmt. Für die Rekonstruktion der vergangenen Jahrhunderte bezieht man sich vor allem auf die reichen mündlichen Überlieferungen der lokalen Ethnien, auf archäologische Ausgrabungen, Felsmalereien sowie komparative Sprachforschung. Auf diese Art wird auch in Kenia vorgegangen, wobei noch immer viele Wissenslücken bestehen.

Hierbei unterschiedet sich das kenianische Festland stark von der Küste. An der Küste nämlich wurden Schriftstücke und archäologische Stätten, die Hinweise auf vergangene Handelsstädte liefern, gefunden. Diese zeichnen jahrhundertewährende Handelsbeziehungen sowie einen kulturellen Austausch über den Indischen Ozean hinweg nach, vor allem mit der Arabischen Halbinsel sowie Südasien, vor allem Indien. Seit der Ankunft des portugiesischen Seefahrers Vasco da Gama im Jahre 1498 und während der jahrhundertelangen Besetzung Ostafrikas durch Europäer bestehen zahlreiche schriftliche Überlieferungen, die einen Einblick in diese Zeit geben. Jedoch müssen diese Schriftstücke durchaus kritisch betrachtet werden, denn sie bieten eine spezifische Perspektive auf die damaligen Geschehnisse – sie erzählen nur eine Geschichte von vielen. Die Perspektiven der lokalen Bevölkerung sowie anderer Bevölkerungsgruppen werden in diesen Schriftstücken in den allermeisten Fällen vernachlässigt oder verzerrt dargestellt. In den folgenden Unterkapiteln wird die Geschichte Ostafrikas von seiner Frühgeschichte bis heute behandelt. Es ist selbstverständlich unmöglich, an dieser Stelle die lange Geschichte Ostafrikas erschöpfend darzustellen. Daher werden lediglich grobe Entwicklungen und einige zentrale Ereignisse zusammengefasst.

Paläontologie und Frühgeschichte

Kenia ist nicht nur alt, es ist uralt, und die Geschichte der Menschheit hat vielleicht sogar hier begonnen, weit zurück im Nebel der Evolution und der Zeit. Viele Forschende vermuten, dass im ostafrikanischen Graben die »Wiege der Menschheit« liegt. Dieser Ausdruck beschreibt die Region, in der die biologische Evolution der menschlichen Gattung »Homo« ihren Anfang nahm. Am Turkanasee im Norden Kenias und in der Olduvai-Schlucht in Tansania wurden zahlreiche Funde gemacht, die darauf hindeuten, dass diese Region die »Wiege der Menschheit« ist. Kenia verfügt über ein unübertroffenes Archiv der menschlichen Vorgeschichte und ein reiches fossiles Erbe, das über 100 Millionen Jahre bis in die Zeit der Dinosaurier zurückreicht. Die vor allem in der Kolonialzeit vorherrschende eurozentrische Sichtweise und Annahme eines geschichtslosen Afrika nimmt sich in diesem Licht fast schon zynisch aus.

Bahnbrechende Entdeckungen in der Enthüllung der Evolutionsgeschichte des Menschen wurden unter anderem in Koobi Fora am Ostufer des Turkanasees sowie an der westlichen Seite des Sees gemacht. Die Ablagerungen von Koobi Fora, die reich an Säugetieren, Mollusken und anderen fossilen Überresten sind, haben enorm zum Verständnis der menschlichen Evolution beigetragen. Viele der kenianischen Funde wurden von der kenianischen Archäologen-Familie mit schottischen Wurzeln, der Familie Leakey, gemacht. Das Ehepaar Mary und Louis Leakey nahm in den 1920er Jahren an unterschiedlichen Orten

So könnte es in der Prähistorie ausgesehen haben: Darstellung im Nationalmuseum Nairobi

Krieger der Turkana auf dem Kulturfest am Turkanasee

in Kenia und Tansania Ausgrabungen vor. Zu ihren bedeutendsten Funden zählt der Schädel eines 1,75 Millionen Jahre alten Australopithecus im Jahre 1959 in der Olduvai-Schlucht in Tansania. Zwei Jahre später barg das Ehepaar einen Homo-habilis-Schädel. Das meiste Aufsehen aber erregte die Entdeckung der Laetoli Footprints im Jahre 1978. Dabei handelt es sich um 3,7 Millionen Jahre alte versteinerte Fußabdrücke dreier aufrecht gehender Vormenschen der Gattung Australopithecus afarensis. Es wird vermutet, dass es sich um Vater, Mutter und Kind handelt. Auch einer der Söhne von Mary und Louis Leakey, Richard Leakey, war in der Archäologie tätig. Er entdeckte im Jahre 1984 am Turkanasee das fast vollständige Skelett eines Homo erectus. Dieser Fund wurde als das fehlende Glied (missing link) der menschlichen Evolution gefeiert.

Im Norden Kenias wurden aber nicht nur menschliche Fossilien gefunden, sondern auch einige Tier- und Pflanzenarten, die mit der Evolutionstheorie in Verbindung stehen. In dem 12,8 Millionen Jahre alten »versteinerten Wald« des Sibiloi-Nationalparks im Norden des Turkanasees wurde ein 1,7 Millionen Jahre altes Elefantenfossil sowie ein 1,6 Millionen Jahre altes Fossil einer ausgestorbenen Schildkröte entdeckt. Die ersten Schildkröten lebten vor über 200 Millionen Jahren und haben sich seither nur wenig verändert. Neben den Fossilienfunden gibt es auch eine lange Aufzeichnung der technologischen Entwicklung mit Werkzeugen, die bis zu 2,3 Millionen Jahre alt sind. Bis heute werden die Forschungen mit einem Team der National Museums of Kenya in über 100 archäologischen Stätten in verschiedenen Regionen des Landes fortgesetzt. Einige der in Kenia gemachten archäologischen Funde können im Nationalmuseum in Nairobi besichtigt werden.

Frühe Besiedlung und Migrationsbewegungen

Seit der menschlichen Frühgeschichte wurde Ostafrika von zahlreichen Ethnien aus allen Teilen des Kontinents besiedelt. Vor rund 2,5 Millionen Jahren lebten hier Homo rudolfensis und Homo habilis, die bereits Steinwerkzeuge anfertigten und verwendeten. Derartige Funde wurden beispielsweise nahe des Victoriasees gemacht. Ausgrabungen in Südafrika, wie die in den Pinnacle-Point-Höhlen, belegen, dass der Homo sapiens schon vor etwa 160000 Jahren in Afrika lebte und sich von dort über die anderen Kontinente ausbreitete.

Bis vor etwa 5000 Jahren lebten die Menschen im gesamten ostafrikanischen Gebiet vom Jagen und Sammeln. Gejagt wurden Tiere für ihr Fleisch, Häute und Hörner, gesammelt wurden Pflanzen, Körner, Knollen, Nüsse und Beeren. Aus diesen stellten die Menschen Stoffe, Färbemittel, Kosmetik, Weihrauch und Medikamente her. Ihre soziale und politische Organisation war egalitär: Nahrung und Besitz wurden geteilt, und bestimmte Personen, sowohl Männer als auch Frauen, konnten durch außergewöhnliche Fähigkeiten wie Redekunst, Weisheit, Jagd oder Heilkunst Ansehen und Einfluss innerhalb der Gruppe gewinnen. Ihr Lohn war der bevorzugte Zugang ihrer Familien zu Nahrungsmitteln und anderen Ressourcen aus dem Umverteilungssystem.

Die Geschichte Kenias lebt in seinen Menschen und Kulturen weiter. Gegenwärtig findet sich die Lebensweise des Jagens und Sammelns nur noch vereinzelt, beispielsweise bei den Okiek beziehungsweise Dorobo. Sie leben in weiten Teilen Kenias und in geringerem Umfang auch in Tansania in bewaldeten Gebieten in Höhenlagen von etwa 2580 bis 3050 Metern. Die Okiek kamen vor etwa 2500 Jahren während der südnilotischen Einwanderung in das kenianische Hochland. Es wird vermutet, dass ihre Lebensweise und vermutlich auch ein gewisser genetischer Einfluss auf die spätsteinzeitliche Eburran-Kultur zurückgehen, die vor etwa 9000 bis 3000 Jahren entstand. Die Angehörigen dieser Ethnie könnten eine Klicksprache gesprochen haben, die dem Hadzan ähnelt.

Ostafrika war zudem wiederholt Schauplatz großer Migrationsbewegungen. Diese zeigen sich auch heute noch in dem Sammelsurium an verschiedenen sprachlichen und kulturellen Elementen der kenianischen Ethnien. Zu diesen Ereignissen zählt die Migration der Kuschiten, die vermutlich um 2000 vor Christus aus Äthiopien nach Kenia kamen. Zu den gegenwärtig in Kenia lebenden kuschitischen Ethnien zählen die Rendille und Somali. Aus Westafrika, dem Gebiet des heutigen Kamerun und Nigeria, migrierten verschiedene Gruppen um 1000 nach Christus nach Ostafrika, deren Nachkommen heute unter anderem zu den Gusii, Kikuyu, Akamba, Mijikenda und Meru gehören. Man vermutet, dass südnilotische Ethnien etwa um das Jahr Null christlicher Zeitrechnung aus der Region des heutigen Sudan nach Kenia migrierten. Diese Ethnien, die heute übergreifend als Kalendjin bekannt sind, siedelten sich in den ertragreichen Hochländern Kenias an. In einer späteren Migrationswelle im 16. Jahrhundert folgten weitere nilotische Ethnien aus dem Gebiet des heutigen Sudan, unter anderem die Luo, die sich am kenianischen Ufer des Victoriasees niederließen. Man geht davon aus, dass Anfang des 17. Jahrhunderts die ersten Maa-sprechenden Ethnien – zu denen die Maasai und Samburu zählen – nach Kenia kamen.

Swahili-Haus in Mombasa

Während dieser Wanderungsbewegungen kam es häufig zu kulturellem Austausch zwischen lokalen und migrierenden Ethnien. Die Samburu haben erst in jüngerer Vergangenheit gewisse Elemente ihrer Kultur wie Kleidung und Schmuck an die Rendille übertragen. Nicht immer aber verlief der Austausch zwischen den verschiedenen Ethnien friedvoll. Es kam immer wieder zu gewaltvollen Auseinandersetzungen, die teilweise bis heute andauern. So kommt es ab und zu im Norden Kenias vor allem zwischen Turkana, Pokot und Samburu zu Konflikten.

Geschichte der Swahili-Küste

Die Vergangenheit der kenianischen Küste unterscheidet sich deutlich von derjenigen des Inlandes. Sie hat eine bewegte Geschichte, geprägt von der Begegnung verschiedener Kulturen und Religionen, einem maritimen Handel, der sich über den Indischen Ozean erstreckte, sowie Eroberungen durch Kolonialmächte. Auch heute noch unterscheidet sich die Küstenprovinz kulturell und sozial vom Rest des Landes.

Die Geschichte der kenianischen Küste ist in hohem Maße die Geschichte der Swahili-Kultur. Die Swahili (deutsch Suaheli) bewohnen die sogenannte Swahili-Küste, ein Küstengebiet am Indischen Ozean, das sich von Südsomalia über Kenia, Tansania und Nordmosambik sowie über zahlreiche Inseln wie Sansibar, die Komoren und Pemba erstreckt. Die Swahili-Küste war in der griechisch-römischen Ära als »Azania« bekannt. Das griechisch-römische Manuskript *Periplus des Erythreischen Meeres* aus dem 1. Jahrhundert nach Christus beschreibt Handelszentren an der ostafrikanischen Küste sowie eine seit langem bestehende Handelsroute über den Indischen Ozean. An der kenianischen Küste wurden zahlreiche antike Siedlungen identifiziert, von denen viele seit dem 17. Jahrhundert aufgegeben wurden. Andere existieren noch heute, dazu gehören unter anderem die Altstädte von Mombasa und Lamu. Obwohl diese Siedlungen Einflüsse der arabischen Welt sowie aus Indien und Europa aufweisen, die auf den jahrhundertelangen wirtschaftlichen Kontakt mit diesen Regionen und Ländern zurückzuführen sind, bleibt die Kultur der Siedlungen in ihren Wurzeln afrikanisch.

Die Küstenorte spielten eine wichtige Rolle in den florierenden Handelsnetzen, die Indien, die Arabische Halbinsel und Ostafrika miteinander verbanden. Die Swahili exportierten unter anderem Elfenbein, Sklavinnen und Sklaven, Schildpatt, Gold, das Horn von Nashörnern, Mangrovenholz und Amber. Importiert wurden Gewürze, Keramik, Textilien und Schmuck. Die Blütezeit dieses Handelssystems beläuft sich auf die Zeit vom 12. bis zum 15. Jahrhundert, während derer das Einflussgebiet der Swahili sogar bis nach China reichte. Seit jeher nutzten Seefahrer die Winde des Nordostmonsuns (Kaskazi) von November bis Mai und den Südostmonsun (Kuzi), der von Juli bis September bläst.

Verbreitung des Islam

Bereits im 1. Jahrhundert nach Christus begannen viele der Siedlungen – wie die in Mombasa, Malindi und Sansibar – Handelsbeziehungen mit omanischen und persischen Kaufleuten aufzubauen. Dies führte zu einem verstärkten wirtschaftlichen Wachstum der Swahilis, zu arabischen Einflüssen auf die Swahili-Bantu-Sprache und schließlich zur Verbreitung muslimischer Kultur. Zwischen 614 und 900 nach Christus verbreitete sich der Islam rasch in Ost-, Nord- und Westafrika.

Die ältesten erhaltenen Swahili-Texte stammen aus der Zeit zwischen 1000 und 1500 nach Christus. Sie wurden in der damals vorherrschenden swahili-arabischen Schrift verfasst, die auf arabischen Buchstaben basierte. Swahili, eine Bantusprache mit vielen arabischen Lehnwörtern, entwickelte sich als Verkehrssprache für den Handel zwischen den verschiedenen kulturellen Gruppen. Während dieser Zeit stieg der Wohlstand der Küstenstädte.

Portugiesische Herrschaft

Der erste Europäer, der seit den Griechen Fuß auf ostafrikanisches Land setzte, war der portugiesische Seefahrer Vasco da Gama, dessen Ankunft eine neue Ära hervorrief, unter der die ostafrikanische Küste 200 Jahre lang zu leiden hatte. Ende des 15. Jahrhunderts versuchten die Portugiesen, ihre Handelsrouten nach

Im Fort Jesus in Mombasa haben Portugiesen Zeichnungen hinterlassen

Land und Leute

Moschee in der Altstadt von Mombasa

Indien zu verbessern. Vasco da Gama wurde beauftragt, die Kontrolle über diesen Handel zu erlangen. 1498 kam er in Mombasa an, wo er von den Einwohnern angegriffen wurde. Er segelte weiter und ankerte in Malindi, wo er freundlich empfangen wurde. Das Interesse der Portugiesen an Mombasa blieb jedoch bestehen, und nach mehreren Kämpfen gegen die ansässigen arabischen Einwohner unterlag die Stadt.

Der Grundstein für die noch heute bestehende Festung Fort Jesus in Mombasa wurde 1593 gelegt, und das Fort wurde 1596 fertiggestellt. Bis 1696 reichte die von Brutalität gekennzeichnete Herrschaft Portugals an der ostafrikanischen Küste, als sieben omanische Schiffe mit einer Armee von 3000 Soldaten in den Hafen einliefen. Die große Belagerung von Fort Jesus hatte begonnen. Sie dauerte 33 Monate und endete mit dem Sieg der Omanis im Dezember 1698. Ein neues Kapitel der Geschichte war aufgeschlagen, und abgesehen von einer kurzen Zeitspanne in den Jahren 1728 bis 1729, in der die Portugiesen das Fort zurückerobern konnten, während die omanischen Streitkräfte anderswo kämpften, waren die Tage der portugiesischen Herrschaft in Mombasa gezählt.

Heute sind kaum Spuren dieser Zeit geblieben. Nur vereinzelte Überbleibsel finden sich noch, beispielsweise das Fort Jesus. Auch die Einführung verschiedener Nutzpflanzen, die Ostafrika kulinarisch stark beeinflussten, geht auf die Portugiesen zurück. Dabei handelt es sich um Mais, Maniok, Cashewnüsse und Tabak.

Omanische Herrschaft

Die Vormachtstellung im Indischen Ozean nahm fortan der Oman ein. Die Omanis kontrollierten die ostafrikanische Küste bis zur Ankunft der Briten und Deutschen im späten 19. Jahrhundert (und nominell bis zur Unabhängigkeit im Jahr 1963). Zu Beginn des 19. Jahrhunderts wurde Mombasa von den Mitgliedern der Mazrui-Familie regiert, die ursprünglich im 18. Jahrhundert vom Sultan von Oman als Gouverneure eingesetzt worden waren, sich aber vom Oman unabhängig machten.

Im gleichen Zeitraum übernahm die Busaidi-Dynastie die Kontrolle über Sansibar und Kilwa. Nach einem langen Kampf erlangten die Busaidi 1837 die Macht in Mombasa, und die Mazrui-Familie floh in den Süden und Norden von Mombasa, wo sie große Kokosnussplantagen anlegten, die heute auf dem Weg nach Shimoni und in Takaungu an der Straße nach Malindi zu sehen sind. Sultan Seyyid Said verlegte seinen Machtbereich von Maskat nach Sansibar, und um 1840 stand die gesamte ostafrikanische Küste unter omanischer Herrschaft. Während der Busaidi-Zeit wurden die Küste und die Inseln von Gouverneuren (*liwali*) regiert, die in ihren eigenen Gebieten fast absolute Macht innehatten, aber Sansibar gegenüber loyal waren. Sowohl die omanischen Busaidi als auch die Mazrui machten Fort Jesus zu ihrem Hauptquartier in Mombasa.

Unter dem omanischen Sultan Seyyid Said bauten die Omanis Fernhandelsrouten ins afrikanische Hinterland auf. Die ohnehin schon großen Nelken- und Gewürzplantagen wuchsen weiter und trieben die Nachfrage nach Sklaven und Sklavinnen in die Höhe. Die Sklavenkarawanenrouten ins Innere Kenias reichten bis zu den Ausläufern des Mount Kenya, zum Victoriasee und über den

Lamu gilt als Entstehungsort der Swahili-Kultur

Baringosee bis in die Heimat der Samburu. Obwohl die Einheimischen gegen die Schusswaffen der Omanis kaum eine Chance hatten, führten einige Ethnien einen heftigen Widerstandskrieg gegen die Eindringlinge.

Während dieser Zeit wuchs der Wohlstand in Mombasa. Um 1850 kamen indische Händler, vor allem aus Sansibar und Indien, und begannen, viele Häuser in der Altstadt zu bauen. Im Jahr 1859 wurde die Einwohnerzahl der Stadt auf etwa 10 000 geschätzt; 1897 war sie auf 25 000 angewachsen. Mombasa war damals eine kosmopolitische Stadt, in der sich Kaufleute aus Europa, Indien und der Arabischen Halbinsel trafen.

Britisches Protektorat

1856 starb Seyyid Said, und seine Söhne machten sich die Kontrolle über das Sultanat streitig und erzwangen eine Teilung. Ein Sohn erhielt Maskat und Oman, während der andere den ostafrikanischen Küstenstreifen an sich riss. Die Briten nutzten diese Schwäche aus, und 1887 verpachtete der Sultan Mombasa als Konzession an die British East Africa Company. Im Jahr 1895 wurde das Gebiet der Gesellschaft zu einem britischen Protektorat unter der nominellen Autorität des Sultans von Sansibar.

Ende des 19. Jahrhunderts wurde der Sklavenhandel abgeschafft. In dieser Zeit begann Großbritannien mit dem Bau der Eisenbahnlinie von Mombasa zum Victoriasee, die 1901 fertiggestellt wurde. Mombasa war das Zentrum der Verwaltung und des kolonialen Lebens zwischen 1900 und 1907, bis die Hauptstadt nach Nairobi verlegt wurde. Nach der Unabhängigkeit im Jahr 1963 schenkte der letzte Sultan von Sansibar das Land der neuen kenianischen Regierung.

Afrikas geraubte Kunst

In der zweiten Hälfte des 19. Jahrhunderts drangen einige wenige Personen aus Europa in das ostafrikanische Landesinnere ein. Der Bericht christlicher Missionare und Missionarinnen über schneebedeckte Berge in Ostafrika erregte in Europa großes Aufsehen, und obwohl die Maasai und andere Ethnien diese Regionen gegen Eindringlinge verteidigten, gelang es weiteren europäischen Reisenden, in diese Gebiete zu gelangen.

Christliche Missionsgesellschaften etablierten eine Reihe von Missionen, und europäische Wissenschaftler und Wissenschaftlerinnen begaben sich auf die Suche nach der Quelle des Nil, die seit Langem eine große Faszination ausübte. Bei diesen Reisen verließen sie sich auf lokale Guides, die über umfangreiches Wissen in diesen Regionen verfügten. Auf solchen Expeditionen wurden in vielen Fällen Objekte, Kulturgüter und Kunst gesammelt, die zu Forschungszwecken nach Europa geschickt wurden und die bis heute Teil von Sammlungen europäischer Museen sind. Diese Objekte wurden nicht immer durch Kauf erworben, sondern auch gestohlen und werden daher auch als »Raubkunst« bezeichnet.

Im Rahmen der Provenienzforschung widmen sich Museen immer mehr der Erschließung der Herkunft ihrer Objekte von der Entstehung bis hin zum aktuellen Aufbewahrungsort. Zu klären ist, unter welchen rechtlichen, politischen und kulturellen Umständen Objekte in die Museen gelangten. Dieses Vorgehen stellt einen ersten Schritt auf dem Weg zur Aufarbeitung historischen Unrechts und im Dekolonisierungsprozess dar.

Anstoß für die medial geführte Debatte zum kolonialen Unrechtskontext in Deutschland waren insbesondere das Berliner Humboldtforum und der Austritt der Kunsthistorikerin und Leibniz-Preisträgerin Bénédicte Savoy aus dem Expertenbeirat des Humboldtforums im Juli 2017. Gewaltkontexte und Restitutionen von Objekten stehen stark im Fokus dieser Debatte. Ausgehandelt wird, wie Museen und Herkunftsgesellschaften geschehenes Unrecht aufarbeiten können. Der Politikwissenschaftler und Theoretiker des Postkolonialismus, Achille Mbembe, argumentiert, dass das Ziel nicht uneingeschränkte Rückgaben sein sollten, sondern das Zirkulieren von Kunstgegenständen sowohl der geraubten Objekte aus Afrika als auch des gesamten Kulturschatzes der Menschheit.

Das Rautenstrauch-Joest-Museum (RJM) in Köln, eines der wichtigsten ethnologischen Museen Europas, ist Teil des interdisziplinären Forschungsprojekts International Inventories Programme, das mehr als 30 000 Objekte aus Kenia dokumentiert hat, die sich in Institutionen außerhalb des Landes befinden. Das Forschungs- und Ausstellungsprojekt Invisible Inventories geht der Frage nach, wie Objekte, die sich gegenwärtig im Besitz von Kulturinstitutionen im Globalen Norden befinden, für die heutige kenianische Gesellschaft zugänglich gemacht werden können.

Invisible Inventories will afrikanische Perspektiven und Positionen ins Zentrum der Provenienz- und Restitutionsdebatte stellen. Hierfür arbeiten zwei Kunstkollektive sowie Forscherinnen und Forscher aus Kenia und Deutschland mit den National Museums of Kenya (NMK), dem Rautenstrauch-Joest-Museum und dem Weltkulturen Museum in Frankfurt am Main zusammen.

EXTRA

Die Kolonisierung Kenias

Da sowohl Großbritannien als auch Deutschland daran interessiert waren, die Gebiete des heutigen Kenias zu kolonisieren, mussten die beiden Kolonialmächte ihre jeweiligen Ansprüche miteinander abstimmen. Dies geschah im Rahmen der sogenannten Berliner Kongokonferenz, die von November 1884 bis Februar 1885 auf Einladung des deutschen Reichskanzlers Otto von Bismarck stattfand. In Berlin-Mitte erinnert heute eine Gedenkstele an dieses Ereignis. Während der Konferenz wurde der afrikanische Kontinent am Verhandlungstisch aufgeteilt. Landesgrenzen wurden dabei teilweise mit dem Lineal gezeichnet, was noch heute an den schnurgeraden Umrissen etlicher afrikanischer Staaten zu sehen ist. Dabei wurde keinerlei Rücksicht auf die lokalen Bevölkerungen genommen. Innerhalb von drei Jahrzehnten wurde Afrika fast vollkommen europäischer Herrschaft unterworfen.

Aber auch noch nach der Kongokonferenz feilschten die Kolonialmächte weiter um Hoheitsgebiete. Schließlich wurde man sich im Jahre 1890 im sogenannten Helgoland-Sansibar-Vertrag handelseinig. Dieser legte fest, dass Deutschland die tansanische Küste und die Insel Helgoland erhalten sollte. Im Gegenzug erhielt Großbritannien die Insel Sansibar, Uganda und Kenia. Der Schotte William Mackinnon gründete im Verlauf dieser Ereignisse die Imperial British East African Company und erwarb die Handelslizenz für Kenia. Er gab die Erstellung einer Route, der Mackinnon Road, von der Küste ins kenianische Inland in Auftrag, an der Handelsdepots errichtet wurden. Der Mombasa Highway, der bis heute die Küste mit der Hauptstadt Nairobi verbindet, folgt in weiten Teilen der damaligen Mackinnon Road. Als das Unternehmen 1895 bankrott ging, kaufte es die briti-

Die Aufteilung eines Kontinents: Vertreter der Kolonialmächte auf der Kongokonferenz

Touristen und Einheimische auf einem Bahnhof der Ugandabahn 1912

sche Krone auf und erklärte Uganda und Kenia im gleichen Jahr zum Protektorat Britisch-Ostafrika. 1896 begann zudem der insgesamt fünfjährige Bau einer Eisenbahnlinie von Mombasa zum Victoriasee, die sogenannte Ugandabahn. Diese sollte das innerafrikanische Territorium für Großbritannien wirtschaftlich und politisch zugänglich machen. Das Projekt war umstritten und wurde von Kritikern »Lunatic Line«, die »Strecke des Irrsinns«, genannt. Der Bau der Eisenbahnlinie ging tatsächlich nicht unproblematisch vonstatten: Zahlreiche Menschenopfer waren zu verzeichnen, der Bau war immens kostspielig und verzögerte sich stark.

Die meisten der 32 000 Beschäftigten der Eisenbahn wurden in Indien rekrutiert, da sie bereits Erfahrungen im Eisenbahnbau unter der britischen Kolonialmacht gesammelt hatten. Obwohl die meisten von ihnen Kulis (einfache Arbeitskräfte) waren, gab es tausende Fachangestellte in der Mechanik, der Buchhaltung, im Ingenieurwesen sowie medizinische Fachkräfte. Generell war der indische Einfluss im Protektorat Britisch-Ostafrika sehr groß. Das Protektorat war de facto eine Provinz von Britisch-Indien, die von Bombay aus verwaltet wurde. Das indische Recht wurde als Rechtssystem und die indische Rupie als Landeswährung in der gesamten ostafrikanischen Region eingeführt. Den etwa 6000 indischen Angestellten der Eisenbahn, die nach der Beendigung des Baus der Ugandabahn in Kenia blieben, war es untersagt, Landwirtschaft zu betreiben. Aus diesem Grund ließ sich die Mehrheit in städtischen Gebieten nieder, viele eröffneten kleine Läden (*duka*). Zu den indischen Gemeinschaften in Kenia gehören verschiedene Hindu-, Jain-, Sikh-, muslimische und christliche Gemeinschaften, die nicht nur verschiedenen Religionen folgen, sondern auch verschiedene Sprachen sprechen. Im Laufe der Jahrzehnte entwickelten sich die indischen Gemeinschaften zu einigen der wirtschaftlich erfolgreichsten Bevölkerungsgruppen Ostafrikas.

Im Gegensatz dazu erging es der afrikanischen Bevölkerung weit schlimmer. Mit der Fertigstellung der Eisenbahn wurde der Sitz der Kolonialverwaltung von Mombasa nach Nairobi verlegt. Die Weißen begannen, vor allem das fruchtbarste Land nördlich von Nairobi, das auch White Highlands genannt wurde, zu besiedeln. Die Maasai und andere Ethnien wurden so ihres Landes beraubt, daraus vertrieben und in Reservate gezwungen, wo sie sich mit weniger fruchtbaren Gebieten zufriedengeben mussten. Zudem benötigte Großbritannien für den Aufbau seiner Kolonie billige Arbeitskräfte, und die Briten trieben die lokale Bevölkerung gezielt in die Abhängigkeit. Dies gelang ihnen, indem sie Steuern einführten und der Lokalbevölkerung gleichzeitig verboten, landwirtschaftliche Erzeugnisse zu verkaufen. Dementsprechend waren die meisten Einheimischen gezwungen, als sogenannte Squatter, Landlose, auf ihrem eigenen Land für Weiße zu arbeiten und von ihrem Lohn Steuern an die Kolonialverwaltung zu zahlen.

Erster Weltkrieg

Der koloniale Prozess wurde durch den Ersten Weltkrieg unterbrochen, denn der Krieg ging auch an den Kolonien nicht spurlos vorüber. Zwei Drittel der 3000 weißen Siedlerinnen und Siedler in Kenia bildeten improvisierte Kavallerieeinheiten und machten sich auf die Suche nach Deutschen im benachbarten Tanganjika, dem heutigen Tansania. Für die britischen Truppen wurden zudem Soldaten aus England, Indien, Süd- und Westafrika rekrutiert. Viele afrikanische Soldaten wurden dabei zwangsrekrutiert. Die Deutschen wiederum übten unter dem Kommando des Oberkommandanten Paul von Lettow-Vorbeck vereinzelte Überfälle und Sabotageakte auf strategisch wichtige Infrastruktur in Kenia aus, beispielsweise auf die Ugandabahn sowie die Tsavo-Brücke. Ziel der Deutschen war es, möglichst viele britische Streitkräfte in den Kolonien zu halten, sodass sie nicht an der europäischen Heimatfront eingesetzt werden konnten. Im Kampf zwischen den deutschen und britischen Truppen in Ostafrika siegten schließlich letztere. Kurz darauf wurde das Ende des Krieges verkündet. Deutsch-Ostafrika wurde zum britischen Protektorat Tanganjika. Insgesamt starben etwa 100 000 Einheimische, sowohl Soldaten als auch Zivilbevölkerung.

Zweiter Weltkrieg

Nach Ende des Ersten Weltkrieges wurde die Siedlungstätigkeit wieder aufgenommen, und zwar im Rahmen des sogenannten Soldier Settlement Scheme, bei dem europäischen Kriegsveteranen subventioniertes Land im Hochland um Nairobi angeboten wurde. Das Ergebnis war ein enormer Anstieg der weißen Bevölkerungsgruppe von 9000 im Jahr 1920 auf 80 000 in den 1950er Jahren. Afrikanische Veteranen wurden am Soldier Settlement Scheme nicht beteiligt, wodurch der Unmut der Einheimischen weiter anstieg.

In der Folge des Ersten Weltkrieges organisierte sich ab 1918 nach und nach der politische Kampf. Afrikanische Intellektuelle, die in Missionsschulen ausgebildet worden waren, bildeten mit afrikanischen Veteranen die ersten afrikanischen Parteien in Kenia. Geführt von Harry Thuku forderte die East African

Association eine Landreform, bessere Löhne, Bildung und medizinische Versorgung. Die Kolonialregierung reagierte auf diese Forderungen, indem sie Harry Thuku am 14. März 1922 verhaftete. Es kam zu einem Generalstreik der afrikanischen Angestellten sowie zu Demonstrationen, auf die die Kolonialregierung mit Gewalt reagierte. Thuku blieb elf Jahre im Gefängnis, die East African Association wurde verboten, wie auch generell die Gründung afrikanischer Parteien in Kenia. Dennoch entstand ab 1928 eine neue Organisation, die Kikuyu Central Association. 1928 wurde Jomo Kenyatta, der damals unter dem Namen Johnstone Kamau bekannt war, Generalsekretär der Partei. Kenyatta trat vehement für die Rechte der afrikanischen Bevölkerung ein sowie für einen friedlichen Übergang zur afrikanischen Mehrheitsherrschaft. Er studierte zwischen 1931 und 1946 an der London School of Economics Sozialanthropologie bei einem der wichtigsten Vertreter der Disziplin, Bronisław Malinowski. Bereits zu dieser Zeit galt Kenyatta als wichtiger politischer Hoffnungsträger für Kenia.

Auch der Zweite Weltkrieg zwischen 1939 und 1945 ging an Ostafrika nicht spurlos vorbei. Die allermeisten Kämpfe fanden nicht in Kenia statt, sondern im Gebiet des heutigen Äthiopien. Im Rahmen des Äthiopienfeldzuges wurde der Krieg in Ostafrika schnell beendet und insgesamt 40 000 Italiener kamen als Kriegsgefangene nach Kenia. Sie mussten den Arbeitskräftemangel ausgleichen, der dadurch entstanden war, dass etwa 75 000 afrikanische Soldaten im Mittleren Osten, Burma, Indien und Madagaskar kämpften.

Unabhängigkeit

Kenyatta kehrte 1946 zurück, um Präsident der 1944 gegründeten Kenya African Union (KAU) zu werden, einer Pro-Unabhängigkeitsgruppe, die von afrikanischen Kriegsveteranen unterstützt wurde. Jedoch gab es auch einige, die

Jomo Kenyatta (2. von links) mit Achieng Onekao, Makhan Singh und dem späteren Vizepräsidenten Oginga Odinga 1961

Präsident William Ruto

einen gewaltsamen Ansatz und die antikoloniale Unabhängigkeitsbewegung der Mau Mau unterstützten. Sie wurde 1952 von Mitgliedern der Kikuyu-Ethnie gegründet und verfolgte das Ziel, die Weißen aus Kenia zu vertreiben. Deren Angriffe auf weiße Farmer und Farmerinnen veranlassten die Kolonialregierung, den Ausnahmezustand auszurufen, einen großen Teil der afrikanischen Bevölkerung umzusiedeln und brutal zurückzuschlagen. Als der Aufstand 1956 mit der Niederlage der Mau Mau endete, waren auf afrikanischer Seite mehr als 13 500 Menschen umgekommen, auf europäischer Seite gab es etwa 100 Opfer. Kenyatta und seine Gefolgsleute wurden angeklagt, die Mau-Mau-Bewegung angeführt zu haben, und 1953 zu sieben Jahren Haft verurteilt.

Die KAU wurde im Jahre 1953 verboten, afrikanische politische Organisationen wurden erst 1960 wieder zugelassen. Die Kenya African National Union (KANU), die im Mai desselben Jahres gegründet wurde und eine starke Zentralregierung befürwortete, wurde um Kenyatta herum aufgebaut, der sich noch in Haft befand. Schließlich wurde Kenyatta freigelassen und 1963 zum Premierminister des vollständig von der britischen Kolonialbesatzung unabhängigen Kenia. Ein Jahr später wurde Kenia zu einer Republik mit Kenyatta als erstem Präsidenten und Oginga Odinga als Vizepräsidenten. Fast 70 Jahre britische Kolonialzeit gingen damit zu Ende.

Die Republik Kenia

Nach der Unabhängigkeit und der Gründung der Republik Kenia deklarierte Kenyatta, dass die Mau-Mau-Rebellion zu Ende sei, und verbot die Gruppe, um Racheakte auf beiden Seiten des Konflikts zu vermeiden. Während viele Weiße in Kenia Landenteignungen oder andere Vergeltungsmaßnahmen nach der Unabhängigkeit fürchteten, plädierte Kenyatta für die Versöhnung und Zusammenarbeit zwischen allen Bevölkerungsgruppen. Diese Politik fasste er mit »Harambee« zusammen, was mit »an einem Strang ziehen« übersetzt werden kann.

Jomo Kenyatta regierte von 1963 bis 1978, gefolgt von Daniel Arap Moi (1978–2002), Mwai Kibaki (2002–2013) und Uhuru Kenyatta (2013–2022). Jeder dieser Präsidenten stand vor einigen zentralen innenpolitischen Herausforderungen. Die erste Herausforderung für Jomo Kenyatta nach der Unabhängigkeit war die sogenannte »Landfrage«, die Forderung der kenianischen Bevölkerung, das enteignete Land an die rechtmäßigen Besitzer und Besitzerinnen zurückzugeben. Die Regierung löste das Problem, indem sie etwa zwei Drittel der europäischen Ländereien aufkaufte, diese in kleinere Parzellen aufteilte und an Einheimische verteilte. Diese Lösung hatte großen Erfolg, denn die Agrarproduktion stieg dadurch stark an. Weniger positiv wurde die Übertragung von großen Ländereien an Günstlinge des Präsidenten aufgefasst, darunter viele wohlhabende Kikuyu. Diese Aktion demonstriert zwei zentrale Probleme in der kenianischen Politik: Korruption und interethnische Konflikte. Immer wieder kam es in den vergangenen Jahrzehnten zu Gewalt zwischen Mitgliedern verschiedener Ethnien, allen voran zwischen den Kikuyu und Luo, beispielsweise als der einflussreiche kenianische Luo-Politiker Tom Mboya 1969 in Nairobi auf offener Straße von einem Kikuyu erschossen wurde. Im Jahre 1975 machte Kenia negative Schlagzeilen, die von weitreichender Korruption und illegalem Elfenbeinhandel berichteten, an dem mutmaßlich auch die Präsidentenfamilie Kenyatta beteiligt war.

Während Parlaments- und Präsidentschaftswahlen kam es immer wieder zu Unregelmäßigkeiten und zu Gewaltausschreitungen. Unmittelbar nach den Wahlen im Jahr 2008 beispielsweise begannen Gerüchte über einen massiven Wahlbetrug zu kursieren, was im ganzen Land zu schrecklichen Ausschreitungen führte. Die Auseinandersetzungen hielten über Wochen an, insgesamt wurden etwa 1500 Menschen getötet und über 600 000 vertrieben. Nach diesen Wahlunruhen war die Beziehung zwischen Kenias Ethnien tief zerrüttet, das Vertrauen der Menschen in die Demokratie war verloren, der Tourismus war zusammengebrochen, und die globale Wirtschaftskrise erschwerte die Situation noch weiter.

In den folgenden Jahren gab es große Bemühungen, solche Auseinandersetzungen zukünftig zu verhindern. Bei den letzten Präsidentschaftswahlen im Jahr 2022 wurde William Ruto zum Sieger gekürt. Er setzte sich mit einer knappen Mehrheit gegen seinen Herausforderer, den Oppositionellen Raila Odinga, durch. Einige Mitglieder der Wahlkommission wollten das Ergebnis nicht anerkennen und verwiesen zur Begründung auf einen »undurchsichtigen« Prozess. Der Oberste Gerichtshof wies die Anfechtung der Ergebnisse der Präsidentschaftswahlen durch Raila Odinga jedoch zurück und bestätigte William Ruto als den gewählten Präsidenten. So konnten größere Ausschreitungen verhindert werden und die Wahl verlief größtenteils gewaltfrei.

Politik und Wirtschaft

Bevölkerung

Kenia nimmt mit rund 54,5 Millionen Einwohnern Rang 26 der bevölkerungsreichsten Länder der Welt ein. Das Land hat eine große und schnell wachsende Bevölkerung. Mitte des 20. Jahrhunderts lebten nur etwa sechs Millionen Menschen im Land, bis 1970 hatte sich die Bevölkerung verdoppelt. Zwischen den Jahren 2000 und 2020 wuchs die Bevölkerung um 22 Millionen Menschen an, Ursache hierfür ist die schnell steigende Lebenserwartung bei gleichzeitig hohen Geburtenraten. Schätzungsweise wird die kenianische Bevölkerung bis ins Jahr 2050 auf etwa 91 Millionen ansteigen.

Dorfbewohnerinnen am Turkanasee

Aktuelle Geburtenraten geben Hoffnung für ein geringeres Wachstum. Während in den 1970er Jahren Frauen durchschnittlich acht Kinder bekamen, liegt die Fertilität derzeit bei etwa 3,3 Kindern pro Frau, was vor allem auf den erhöhten Zugang von Frauen zu modernen Verhütungsmitteln zurückgeht. Während die Anzahl der Kinder in den Städten stark zurückgegangen ist, ist sie allerdings auf dem Land nach wie vor hoch. Fast 40 Prozent der Bevölkerung sind unter 15 Jahren alt.

Das hohe Bevölkerungswachstum stellt das Land vor enorme Probleme. Obwohl die Bevölkerungsdichte mit etwa 93 Einwohnern pro Quadratkilometer noch verhältnismäßig gering ist (Deutschland: 233 Einwohner pro Quadratkilometer), wird die wirtschaftliche Entwicklung Kenias durch den Zuwachs an Menschen stark beeinträchtigt. Die sehr flächenintensive traditionelle Landwirtschaft und die Realerbteilung führen zu einem Schrumpfen an landwirtschaftlicher Fläche pro Person. Viele in der Landwirtschaft tätige Familien besitzen schon heute nicht mehr als einen halben Hektar, von dessen Erträgen nur schwer die gesamte Familie versorgt werden kann.

Auch die Stadtentwicklung wird an ihre Grenzen gebracht. Nicht nur Nairobi platzt aus allen Nähten, sondern auch andere Städte im Land. Die Infrastruktur ist die am besten ausgebaute in Ostafrika und wird stetig weiterentwickelt, beispielsweise werden im ganzen Land Straßen, Brücken und Krankenhäuser gebaut. Die Stadtplanung steht unter anderem vor der enormen Aufgabe, das höhere Verkehrsaufkommen in den großen Städten Kenias zu handhaben und so mit der enormen Geschwindigkeit des Wachstums mitzuhalten.

Die Universitäten und andere Bildungseinrichtungen entlassen hunderttausende gut ausgebildete junge Menschen jährlich, die relativ gut bezahlte Arbeitsplätze annehmen. Die Arbeitslosigkeit lag im Jahr 2022 mit 5,5 Prozent nur wenig höher als in Deutschland (5,3 Prozent). Zwar ist die Kluft zwischen Arm und Reich in Kenia noch immer groß, doch wachsen die Mittelschicht, der Wohlstand und die Wirtschaft des Landes stetig an.

Volk, Stamm oder Ethnie?

Wenn man über Afrika spricht, kommt zwangsläufig einer dieser Begriffe zur Sprache. Volk, Stamm und Ethnie bezeichnen jedoch ein und dieselbe Sache. Sie stehen für eine soziale Gruppe, die meist eine Sprache, Geschichte, Kultur, Brauchtum, Religion und Weiteres teilt. In Kenia unterscheidet man offiziell 44 solche Gruppen, von denen die bekannteste die Maasai darstellen. Aber auch die südasiatischen Bevölkerungsgruppen werden zusammenfassend unter dem Begriff »Wahindi« als fester Teil Kenias anerkannt.

Wichtig zu wissen ist, dass sich in Begriffen oftmals politische und gesellschaftliche Standpunkte widerspiegeln. Im afrikanischen Kontext gehen die Begriffe »Stamm«, »Volksstamm« und »Volk« auf die Kolonialzeit zurück. Sie wurden vor allem von den europäischen Kolonialmächten auf abwertende Art und Weise verwendet. Die Europäer verstanden die lokale Bevölkerung gegenüber der »westlichen Zivilisation« als »primitiv«. Diese Denkweise diente als zentrale Legitimationsgrundlage für die Kolonialisierung, aber auch für die christliche Missionierung Subsahara-Afrikas. Auch die Religionen und Glaubensvorstellungen, die vor der Ankunft der Kolonialmächte in verschiedenen afrikanischen Regionen praktiziert wurden, taten die europäischen Kolonialmächte als minderwertig ab. Diese proklamierten dementsprechend, sie hätten die Verpflichtung, die Einheimischen von ihrem Unwissen zu befreien und zu »zivilisieren«. Dieses Denkmuster ist kein Einzelfall und findet seine Entsprechung im Rahmen von Kolonisierungen in zahlreichen Regionen der Welt.

Die Begriffe »Stamm« und »Volk« tragen somit negative Konnotationen in sich und sind veraltet und obsolet. Sie wurden durch den Begriff »Ethnie« ersetzt, der sich von der damals vorherrschenden Ideologie distanziert. Der Begriff »ethnische Gruppe« kann synonym verwendet werden. Im vorliegenden Reiseführer werden ausschließlich die Begriffe »Ethnie« und »ethnische Gruppe« verwendet, wenn von den 44 offiziell anerkannten Bevölkerungsgruppen in Kenia gesprochen wird.

Auf dem Kulturfest der Turkana

Staatsform

Mit der Verabschiedung der neuen Verfassung im Jahr 2010 führte Kenia ein neues politisches und wirtschaftliches Regierungssystem ein, das eine Zweikammer-Legislative, dezentrale Bezirksverwaltungen, eine verfassungsmäßig verankerte Justiz und ein Wahlgremium vorsieht. Die ersten Wahlen nach diesem neuen System fanden 2013 statt. Neu gewählt wurden der Präsident, die Nationalversammlung, der Senat sowie Gouverneure und Repräsentanten der 47 Landkreise (Counties). Die jüngsten Präsidentschafts-, Parlaments- und Regionalwahlen fanden am 9. August 2022 statt. Der Vizepräsident William Ruto gewann die Präsidentschaftswahl gegen Raila Odinga mit knappen 50,5 Prozent.

Innenpolitische Konflikte

Innenpolitische Konflikte umfassen vor allem interethnische Auseinandersetzungen und Korruption. Im Norden Kenias kommt es immer wieder zu bewaffneten Konflikten zwischen den dort lebenden Ethnien der Rendille, Turkana, Gabbra und Samburu. Auslöser der Konflikte sind in den meisten Fällen Viehdiebstahl sowie Streitigkeiten um Weideland und Wasserrechte.

Korruption wiederum zieht sich wie ein roter Faden durch die Politik, Wirtschaft und Gesellschaft Kenias. Korruptionsfälle machen immer wieder Schlagzeilen, und die Regierung setzt sich stark mit dem flächendeckenden Problem auseinander. Für die Bekämpfung der Korruption ist die 2011 gegründete Ethics and Anti-Corruption Commission (www.eacc.go.ke) zuständig.

Parlamentsgebäude in Nairobi

Wirtschaft heute

Seit der Unabhängigkeit 1963 genießt Kenia Stabilität, eine gute Infrastruktur, ein positives Investitionsklima und ein gesundes Wirtschaftswachstum. Das Land profitiert von der inoffiziellen Rolle Nairobis als wirtschaftliche Hauptstadt ganz Ostafrikas. Gedämpft wurde diese positive Entwicklung durch überbordende Korruption in den 1980er Jahren, politische Unruhen, Dürreperioden und ein beschleunigtes Bevölkerungswachstum. Kenia hat jedoch bedeutende politische und wirtschaftliche Reformen durchgeführt, die in den letzten zehn Jahren zu nachhaltigem Wirtschaftswachstum, sozialer Entwicklung und politischer Stabilität beigetragen haben. Bis zur Covid-19-Pandemie war Kenia mit einem durchschnittlichen jährlichen Wachstum von fast sechs Prozent zwischen 2010 und 2018 eine der am schnellsten wachsenden Volkswirtschaften in Afrika. Im Human Development Index 2019 lag Kenia auf Platz 143 von insgesamt 189 Ländern. Im Jahr 2020 traf der Covid-19-Schock die Wirtschaft hart und beeinträchtigte insbesondere den internationalen Handel und den Verkehr, den Tourismus und die städtischen Dienstleistungen. Glücklicherweise blieb der Agrarsektor, ein Eckpfeiler der Wirtschaft, widerstandsfähig. Bis zum Jahr 2021 hat sich die Wirtschaft deutlich erholt. Kenia steht jedoch weiterhin vor erheblichen Herausforderungen für ein nachhaltiges und integratives Wirtschaftswachstum sowie vor langjährigen Problemen wie Korruption und wirtschaftlicher Ungleichheit.

Zwei Drittel der kenianischen Bevölkerung leben in Armut und verdienen weniger als 3,30 Euro pro Tag. Die Kluft zwischen Arm und Reich ist groß: Etwa 70 Prozent der kenianischen Familien sind aufgrund von schlechter Ernährung, unsicherer Lebensmittelversorgung und vermeidbaren Krankheiten chronisch gefährdet. Viele Menschen in Kenia leiden unter wirtschaftlicher Ungleichheit, während eine Minderheitenelite weiterhin ihre Arbeitskraft, Ressourcen und Möglichkeiten ausbeutet. Im Juli 2008 wurde das Regierungsprogramm Kenya Vision 2030 (www.vision2030.go.ke) ins Leben gerufen. Das Ziel dieser Entwicklungsvision ist es, Kenia bis 2030 in ein Schwellenland mit mittlerem Einkommen zu verwandeln, das allen seinen Bürgern und Bürgerinnen eine hohe Lebensqualität in einer sauberen und sicheren Umwelt bietet. Außerdem werden die sogenannten »Big Four« (www.big4.delivery.go.ke) der Entwicklungsprioritäten verfolgt: verarbeitende Industrie, allgemeine Gesundheitsversorgung, erschwinglicher Wohnraum und Ernährungssicherheit.

Landwirtschaft

Der Landwirtschaftssektor ist das Rückgrat der kenianischen Wirtschaft, trägt über ein Drittel des Bruttoinlandsprodukts bei und stellt den Großteil der Exporte. Fast die Hälfte der Gesamtbevölkerung ist im Agrarsektor beschäftigt. Die Produktivität der Landwirtschaft stagnierte jedoch in den letzten Jahren, viele Beschäftigte in der Landwirtschaft leben weiterhin in Armut und haben nur begrenzten Zugang zu wettbewerbsfähigen Märkten, Finanzmitteln und verbesserten Technologien.

Viehtränke im Marsabit-Nationalpark

Der Großteil der landwirtschaftlichen Produkte wird nach wie vor von Personen mit kleinen landwirtschaftlichen Betrieben erwirtschaftet, die vor allem Subsistenzwirtschaft betreiben.

Die Nutzpflanzen Kenias sind je nach Region sehr unterschiedlich. An der Küste etwa hat die Kokospalme eine zentrale Rolle, denn die gesamte Pflanze lässt sich verwerten: Das Kokoswasser lässt sich als Erfrischungsgetränk genießen, und das Fruchtfleisch wird auf vielerlei Art und Weise in der Swahili-Küche verarbeitet. Aus den Palmwedeln werden Körbe geflochten und die als Makuti bezeichnete traditionelle Dachbedeckung hergestellt.

Einer der größten Produktionsbereiche aber ist der Gartenbau. Dabei handelt es sich vorwiegend um Schnittblumen und Gemüse, die am Lake Naivasha und in den Hochländern produziert und dann per Flugzeug von Kenia nach Europa exportiert werden. Zudem ist Kenia einer der größten Schwarzteeproduzenten der Welt. Der kenianische Tee gilt als qualitativ besonders hochwertig. Die Produktionsmenge lag 2021 bei 334 000 Tonnen. Mit 604 Millionen US-Dollar ist Tee nach Tourismus und Gartenbau der drittgrößte Devisenbringer des Landes. Die nächstwichtigste Exportpflanze ist der kenianische Kaffee, der zu den besten Kaffeesorten der Welt zählt. Kaffee wird in einer Vielzahl von Regionen, Höhenlagen und Mikroklimata angebaut, die zu der Bandbreite an Aromen und unterschiedlichen Qualitäten beitragen. Zu den wichtigsten Kaffeeanbaugebieten in Kenia zählen die Hochebenen um den Mount Kenya, die Aberdare Range, das Rift Valley und Kericho.

Ebenfalls wichtig sind die Ausfuhren von Fruchtsäften, Dosenfrüchten und Sisal. Auf dem lokalen Markt wiederum sind in Kenia produzierter Zucker, Baumwolle, Tabak sowie die Grundnahrungsmittel Weizen, Maniok und Mais zentral.

Teefelder bei Nairobi

Auch die Viehwirtschaft ist ein wichtiger Industriezweig in Kenia. Besonders in den Regionen, die für Landwirtschaft nicht geeignet sind, stellen Ziegen, Schafe, Kamele, Esel und Rinder die Lebensgrundlage vieler Menschen dar. Das Vieh wird jedoch nicht auf dem Markt verkauft, sondern als Rücklage für Notzeiten gehalten. Geschlachtet wird nur zu besonderen Anlässen. Bei vielen nomadisch lebenden Ethnien wie den Maasai, Samburu, Turkana und Somali haben die Tiere einen wichtigen kulturellen Wert, denn unter anderem wird der Status an der Rinderzahl festgemacht. In den Hochländern Kenias und im Rift Valley gibt es jedoch auch Milch- und Fleischbetriebe, die Milchprodukte sowie Rind-, Schafs- und Ziegenfleisch für den kenianischen Markt produzieren.

Auch das Fischereiwesen ist ein wichtiger Wirtschaftsbereich in Kenia. Von besonderer Bedeutung ist der Victoria-Barsch aus dem Lake Victoria.

Energiesektor

In Kenia ist die Stromversorgung in manchen Regionen unzureichend. Daher investiert die kenianische Regierung große Summen in den Ausbau der Stromkapazitäten. Sie hat die Vision, den Zugang zu zuverlässiger, erschwinglicher und nachhaltiger Elektrizität stetig zu verbessern. Kenia verfügt über einen der am besten entwickelten Stromsektoren in Afrika südlich der Sahara und nimmt dabei eine Vorreiterrolle in Sachen nachhaltiger Energie in Ostafrika ein. Es gibt einen starken nationalen Stromversorger und reichlich erneuerbare Energieressourcen, insbesondere Erdwärme, Wind und Sonne.

Kenia ist das erste afrikanische Land, das geothermische Energiequellen erschlossen hat. Geothermische Kraftwerke erzeugen bereits jetzt mehr als die Hälfte des benötigten Stroms. Diese befinden sich an verschiedenen Stellen des

Windpark in der Kaisut-Wüste

ostafrikanischen Grabenbruchs, beispielsweise im Hell's Gate National Park in der Nähe des Naivashasees. In den windumtosten Wüstengebieten des kenianischen Nordens wurde 2017 das Lake Turkana Wind Power Project (LTWP) fertiggestellt, ein riesiger Windpark in der Nähe des Turkanasees. Solarenergie wird ebenfalls umfassend genutzt, überall im Land sieht man Sonnenkollektoren auf Hausdächern. Kenia besitzt auch einige Staudämme, von denen sich die meisten am Tana River befinden.

Tourismus

Das kenianische Tourismusamt, Kenya Tourism Board (www.magicalkenya. com), wurde 2021 von den World Travel Awards als Afrikas führendes Tourismusamt ausgezeichnet. Es setzt sich für nachhaltigen Tourismus und die Zusammenarbeit mit den örtlichen Gemeinden ein. Das Tourism Board hat zahlreiche Naturschutzgebiete und Schutzzonen eingerichtet, die von Stiftungen unterstützt werden und die Beteiligung der Gemeinden einschließen. Diese Naturschutzprojekte unterstützen auch soziale Einrichtungen wie Gesundheits- und Handwerkszentren sowie Bildungseinrichtungen. Das Tourismusamt fördert zudem die Bildung kenianischer Gemeinden in Bezug auf die Bedeutung von Wildtieren und anderen touristischen Aktivitäten, um das kenianische Natur- und Kulturerbe für künftige Generationen zu erhalten.

Tourismus und Agrarexporte sind nach wie vor die wichtigsten Devisenquellen des Landes. Die Covid-19-Pandemie traf die Tourismusbranche jedoch besonders hart. Während der Umsatz im Jahr 2019 noch 1,4 Milliarden US-Dollar betrug, fiel der Umsatz im Jahr 2020 auf 322 Millionen US-Dollar. Etwa ein Zehntel aller Beschäftigten in Kenia sind in der Tourismusbranche beschäftigt. Neben Hotelpersonal, Wildhütern und Safaribus-Fahrern bezieht dies auch Souvenirläden sowie Lebensmittel- und Getränkehersteller mit ein. Deutsche stellen eine der größten Besuchergruppen.

Die Tourismusindustrie hat jedoch auch ihre Schattenseiten. Sie ist die Ursache für einige der Umweltprobleme Kenias, vor allem für den hohen Verbrauch von Brennholz durch die Tourismusunterkünfte und die Erosion durch Safari-Minibusse. Diese entsteht dadurch, dass viele Fahrer und Fahrerinnen die ausgewiesenen Wege verlassen, den Wildtieren in den Busch folgen und somit die Grasnarbe schädigen. Der Kenya Wildlife Service (KWS) besteht nun darauf, dass jede neue Lodge und jedes neue Camp umweltfreundlich gestaltet sein muss. Infolgedessen gibt es in Kenia eine wachsende Zahl von »Ökolodges«, die ihre Auswirkungen auf die Umwelt durch Recycling, die Nutzung erneuerbarer Energiequellen und durch strenge Kontrollen der Müllentsorgung und der verwendeten Brennstoffe auf ein Minimum beschränken.

Als Reisende können Sie am besten dazu beitragen, diese Probleme zu bekämpfen, indem Sie Ihr Safari-Unternehmen und Ihre Unterkünfte durchdacht wählen. Obwohl Sie am Ende vielleicht mehr für eine umweltfreundliche Reise bezahlen, investieren Sie langfristig in eine nachhaltige Tourismusindustrie und den Erhalt der empfindlichen Umwelt Kenias. Weitere Informationen zu Safaris mit minimaler Umweltbelastung finden Sie auf → S. 38. Eine Liste mit umweltfreundlichen Reiseunternehmen und Unterkünften erhalten Sie bei Ecotourism Kenya (www.ecotourismkenya.org).

Jua Kali – der informelle Sektor

Als Jua Kali bezeichnet man die Menschen, die am Straßenrand unter freiem Himmel ihrer Arbeit nachgehen: im Verkauf, aber auch im Schmiede- oder sonstigem Metallhandwerk.

Menschen, die im informellen Sektor arbeiten, sind nicht als Gewerbetreibende angemeldet, haben weder eigene Grundstücke noch Gebäude, in denen sie arbeiten können. Daher gehen sie vor allem auf öffentlichen Flächen ihrer Arbeit nach. Dieser Umstand hat dem informellen Sektor seinen Namen gegeben, denn »Jua Kali« bedeutet auf Swahili so viel wie »sengende Sonne«.

Safari-Fahrzeuge im Maasai-Mara-Nationalpark

Die Dienstleistungen und Waren der »fundis« (Handwerker) sind preisgünstig und kreativ und versorgen vor allem die ärmere Bevölkerung. Der informelle Sektor bietet zahlreiche Arbeitsplätze. Laut dem kenianischen Wirtschaftsbericht gab es im Jahr 2019 mehr als 700 000 Beschäftigte im Jua-Kali-Sektor. Auf der Straße wird so ziemlich alles repariert, von Schuhen über Kraftfahrzeuge und Fahrräder bis hin zu Kleidung. Hergestellt werden auch allerlei Schweißarbeiten, darunter Türen, Fenster und Dächer. Die allseits beliebten Sandalen der Maasai werden aus Autoreifen hergestellt und »Tausend-Meiler« genannt.

Die kenianische Regierung und Nichtregierungsorganisationen (NGOs) haben das riesige Potenzial des Jua-Kali-Sektors erkannt und fördern ihn beispielsweise durch die Organisation von Messen und die Vergabe von Krediten. Es gibt weitere Initiativen wie Jua Kali Workforce (www.juakali.co.ke), die qualifizierte Arbeitskräfte aus dem informellen Sektor vermittelt, und Jua Kali Products (www.juakaliproducts.co.ke), ein Start-up-Unternehmen, das Produkte aus dem informellen Sektor online anbietet.

Religion und Gesellschaft

In Kenia leben Mitglieder unterschiedlicher Religionen überwiegend friedlich miteinander. Außer dem Christentum und dem Islam sind auch asiatische Religionen wie Hinduismus, Sikhismus, Jainismus und Buddhismus vetreten. Auch Glaubensvorstellungen, die vor der Kolonialisierung und Missionarisierung in Kenia vorherrschten, werden von den verschiedenen ethnischen Gemeinden praktiziert. Weniger als zwei Prozent der Bevölkerung gehören keiner Religionsgruppe an.

Während das kenianische Inland vor allem christlich geprägt ist, finden sich die meisten muslimischen Gemeinden an der Küste. Ihre Mitglieder machen etwa elf Prozent der Bevölkerung aus. Asiatische Religionen bilden mit unter einem Prozent eine absolute Minderheit in Kenia, sind aber dennoch im Stadtbild der großen Städte durch prachtvolle Tempel sehr prominent vertreten.

Die Religionsfreiheit ist in der kenianischen Verfassung festgelegt. Mehr als vier Fünftel der Bevölkerung gehören christlichen Kirchen an, hauptsächlich der protestantischen und der römisch-katholischen. Das Christentum kam erstmals im 15. Jahrhundert durch die Portugiesen nach Kenia und breitete sich über die folgenden Jahrhunderte flächendeckend in Kenia aus. Teilweise flossen Elemente lokaler Glaubensvorstellungen in das Christentum mit ein. Generell durchdringt Glauben und Spiritualität in Kenia – egal, ob afrikanische Religionen, Christentum, Islam oder Hinduismus – jeden Lebensbereich. In Nairobi sieht man an vielen Straßenecken Straßenpredigende, und oftmals versammelt sich eine kleine Menschenmenge, um sich die Bibelausführungen anzuhören oder ein Gebet zu sprechen.

Unter anderem für Hindus und Muslime prägt die Religion sowohl die Kleidung als auch Speisen und Getränke, die sie zu sich nehmen. Während die religiösen Vorschriften der einzelnen Religionsgemeinschaften sehr unterschiedlich sind, herrscht eine große, erfrischend positive religiöse Toleranz in Kenia.

Christliche Kirchen und Glaubensrichtungen

Infolge der intensiven Missionstätigkeit von der Kolonialzeit bis heute sind in Kenia so gut wie alle christlichen Konfessionen vertreten. Der protestantischen Kirche gehört etwa ein Drittel der kenianischen Bevölkerung an, der katholischen Kirche rund 20 Prozent. Ein großer Teil dieser Gruppen ist im National Council of Churches of Kenya (NCCK) organisiert.

Heute gibt es in Kenia etwa 4000 verschiedene religiöse Gemeinschaften. Während die meisten Glaubensgemeinschaften konfliktfrei miteinander leben und ihren Glauben friedlich ausüben, gibt es einige wenige, die extreme Glaubensvorstellungen haben und auch vor Gewalt nicht zurückschrecken. Im April 2023 wurden in der Nähe von Malindi an der kenianischen Küste Massengräber mit den Leichen von mehr als 425 Mitgliedern der Sekte »Internationale Kirche der guten Botschaft« entdeckt. Der selbsternannte Prediger der Sekte, Paul Makenzi, soll seine Mitglieder davon überzeugt haben, dass es nicht mehr lange dauern wird, bis Jesus zurückkehre, und sie schneller in den Himmel kommen, wenn sie sich zu Tode hungern. Einige Anhänger Makenzis sollen zum Hungern gewaltsam gezwungen worden sein, darunter auch Kinder. Diese schrecklichen Ereignisse haben in Kenia eine Debatte über Regeln zur Ausübung von Religionen entfacht. Zum Glück aber sind solche extremen Vorfälle die absolute Ausnahme in Kenia.

An der Missionierung Kenias waren auch Deutsche beteiligt. Im Jahre 1846 eröffneten die deutschen Missionare Johann Ludwig Krapf und Johannes Rebmann die Missionsstation von Rabai. Sie kamen im Auftrag der evangelischen Church Missionary Society of England nach Kenia. In den folgenden Jahrzehnten

Kirche bei Laisamis

entstanden zahllose Missionsstationen, die bis in die abgelegensten Ecken des Landes vordrangen. Teilweise sind sie bis heute tätig. Ihr Erfolg ist unter anderem darauf zurückzuführen, dass durch die Errichtung von Missionsschulen und Missionskrankenhäusern Bildung und Medizin mit dem Christentum verbunden wurde. Sie waren aber dadurch auch an der Unterwerfung des Landes durch die britische Kolonialmacht beteiligt. Zudem stülpten sie der lokalen Bevölkerung ihre Glaubensvorstellungen über und verdammten afrikanische Traditionen und Kulturen. Dennoch haben die verschiedenen christlichen Ausrichtungen in Kenia – wie in anderen Regionen der Welt auch – Elemente der vor der Missionierung vorherrschenden Glaubensrichtungen integriert.

Wer sich für die kenianischen Charakteristiken im Christentum interessiert, kann während des Kenia-Aufenthalts eine Kirche besuchen und an einem Gottesdienst teilnehmen. In den Großstädten finden auch immer wieder Massengottesdienste unter freiem Himmel statt.

Ethnische Religionen

Die Religionen und Glaubensvorstellungen, die von den verschiedenen kenianischen Ethnien vor der Kolonialisierung und Missionierung praktiziert wurden, werden in manchen Fällen als »Naturreligionen« bezeichnet. Dieser Begriff ist problematisch, da er oftmals der Bezeichnung »Kulturreligionen« gegenübergestellt wird. Bei diesem Begriffspaar schwingen Wertvorstellungen mit: Natur wird häufig mit »Primitivität« und »Zivilisationslosigkeit« gleichgesetzt, im Gegensatz zu »Kultur« und »Zivilisation«. Anstatt dieses veralteten Begriffs wird in dem vorliegenden Reiseführer die Bezeichnung »ethnische Religion« verwendet. In Kenia sind höchst unterschiedliche ethnische Religionen vertreten. Obwohl jede Kultur ihre eigenen Glaubensvorstellungen hat, können einige generelle Muster identifiziert werden. Die Mitglieder vieler kenianischer Ethnien glauben an einen übergeordneten, schöpferischen Gott (in Swahili »mungu«). Einige Ethnien Kenias haben konkrete Orte, die sie als Wohnstatt Gottes verehren. Für die Kikuyu residiert Gott (Ngai), auf dem Mt. Kenya, bei den Samburu ist es der Mt. Ngiro in Nordkenia, während die Maasai den Ol Doinyo Lengai in Tansania als heiligen Berg betrachten. Gott kann sich jedoch auch in der Sonne, dem Mond, Sternen, Donner, Blitzen und Bäumen, insbesondere dem wilden Feigenbaum, manifestieren.

Hexerei und Zauberei stellen ein weiteres Muster dar, das sich durch die Glaubensvorstellungen verschiedenster Ethnien in Kenia zieht. Frühere Geschichtsschreibung, die sich mit Hexerei im 16. und 17. Jahrhundert in Europa oder Nordamerika beschäftigte, fasste Hexerei weitestgehend als Teil destruktiver Glaubensvorstellungen auf, die eng mit Gewalt verbunden sind. Die Ethnologie der 1950er Jahre aber entwickelte Einblicke in verschiedene Funktionen von Hexerei, die für europäische Beispiele wenig relevant schienen.

Während Hexerei in Europa als gefährlich aufgefasst wurde, schienen destruktive Elemente in Afrika eine weit geringere Rolle zu spielen. Hexerei erfüllte vielmehr eine Reihe an Funktionen. In seinem Buch *Facing Mount Kenya* (1965) beschreibt Jomo Kenyatta die kulturellen Traditionen der Kikuyu auf Grundlage seiner eigenen Erfahrungen. Im Falle der Kikuyu wird Hexerei als übergreifendes Konzept für Praktiken verstanden, die bestimmte Funktionen für Individuen, Familien oder die gesamte Gemeinschaft erfüllen. Ein Beispiel für Hexerei, die positive Absichten hat, sind schützende Sprüche, die in einem kleinen Objekt ununterbrochen am Körper getragen werden. Diese Form der Magie wird von der Mehrheit der Kikuyu angewandt und dient als Symbol der Sicherheit im täglichen Leben eines Individuums. Eine weitere Form positiver Hexerei bezieht sich auf Liebe. Diese Hexerei kann verwendet werden, um romantische Liebe zu finden, aber auch, um die Liebe von mehreren Personen zu wecken. Sie wird auch in der Politik verwendet, um Stimmen für sich zu gewinnen. Heilende Magie hingegen behandelt diejenigen Krankheiten, die nicht durch ärztliche Behandlung kuriert werden können. Die gefährlichste Art der Hexerei bei den Kikuyu aber wird laut Kenyatta als »destruktive Magie« bezeichnet. Sie wird gefürchtet, da sie ausschließlich für schädliche Taten gebraucht wird. Aus diesem Grund verstößt das Ausüben dieser Magie gegen die moralischen Regeln der Gemeinschaft.

Während des Kolonialismus aber gingen die Unterscheidungen zwischen den einzelnen Arten von Hexerei verloren. Die Kolonialmächte verboten alle Arten der Hexerei gleichermaßen, auch diejenigen, die positive Funktionen erfüllten. Häuser wurden nach »Werken des Teufels« durchsucht. Menschen, bei denen Anzeichen solcher Werke gefunden wurden, verurteilte man zu Gefängnisstrafen. Jegliche Aktivität, die mit Hexerei in Verbindung gebracht wurde, wurde untersagt, da diese »traditionellen« Tätigkeiten als rückständig angesehen wurden.

In Teilen der ethnologischen Forschung wird argumentiert, dass Hexerei-Diskurse in ganz Afrika mit modernen Veränderungen verflochten sind. Gerüchte um Hexerei sowie Hexerei-Praktiken seien in modernen Bereichen von Gesellschaft im Überfluss vorhanden. Hexerei-Vorstellungen haben oftmals die Absicht, politische sowie ökonomische Veränderungen aufzuzeigen, sie zu erklären und mit ihnen umzugehen. Vielfach wird das Aufsteigen neuer Eliten oder einzelner Individuen als Anzeichen für die Verwendung von Hexerei angesehen.

Ein weiterer wichtiger Aspekt ethnischer Glaubensvorstellungen ist der sogenannte Ahnenkult. Dieser umfasst die Annahme, dass Ahnen nicht tot sind, sondern aktiv am Leben ihrer Nachkommen teilnehmen. Viele Menschen glauben, dass Ahnen ihr Leben zum Guten wie zum Schlechten stark beeinflussen können. Um Unglück vorzubeugen, werden sie daher mit Opfergaben versöhnlich gestimmt, beispielsweise, indem man den ersten Schluck eines Bieres für die Ahnen auf den Boden gießt.

Islam

Die meisten muslimischen Gläubigen in Kenia gehören dem sunnitischen Zweig des Glaubens an. Die muslimische Bevölkerung lebte über Jahrhunderte hinweg in den Handelsstädten an der kenianischen Küste. Eine Ausnahme stellt die überwiegend muslimische Ethnie der Somalis dar, die vor allem im Nordosten Kenias leben. Diese Provinz wurde während der Kolonialzeit aus der Region Jubaland im heutigen Süden Somalias herausgelöst. Nach dem 1991 ausgebrochenen Krieg in Somalia kamen von dort viele Asylsuchende in den Nordosten

Moschee in Lamu-Stadt

Kenias. Die Städte an der kenianischen Küste hingegen waren seit jeher die Zentren eines florierenden Überseehandels. Der Handel entlang der ostafrikanischen Küste unter anderem mit Südostasien und der arabischen Halbinsel begann bereits im 1. Jahrhundert nach Christus. Dieses Handelsnetz verband Menschen zahlreicher Nationen miteinander. Beteiligt waren an der Swahili-Küste viele verschiedene ethnische Gruppen, doch vor allem dominierten muslimische Handelstreibende die Geschäfte, da sie den Bau von Schiffen finanzieren konnten. Ihr Kontakt mit dem Hinterland beschränkte sich auf den Tausch von Waren.

Nur eine kleine Minderheit gehört dem schiitischen Zweig des Islams an. Viele Mitglieder dieser Glaubensrichtung stammen ursprünglich aus Südasien. Innerhalb der asiatischen Gemeinschaft gibt es Angehörige praktisch aller schiitischen Zweige, aber am einflussreichsten sind die Ismailiten. Sie sind eine kulturell vielfältige Gemeinschaft, die in verschiedenen Ländern auf der ganzen Welt lebt. Die Ismaili-Gemeinschaft genießt in Kenia durch das starke soziale Engagement ihres religiösen Führers, Aga Khan, großen Respekt.

Hinduismus und andere indische Religionen

Die südasiatische Gemeinschaft Kenias besteht aus vielen kleineren, vor allem religiös begründeten Gemeinschaften. Zu den indischen Gemeinschaften in Kenia gehören verschiedene Hindu-, Jain-, Sikh-, muslimische und christliche Gemeinschaften, die nicht nur verschiedenen Religionen folgen, sondern auch verschiedene Sprachen sprechen. Über 30 solcher Gemeinschaften gibt es in Kenia. Sie setzen sich aus den Nachkommen der etwa 6000 Inder, die nach dem Bau der

Ugandabahn Anfang des 20. Jahrhunderts in Kenia blieben, sowie den Nachkommen von Handelstreibenden, die an der Küste Kenias lebten, zusammen. In den größeren Städten Kenias gibt es eine beträchtliche Anzahl von Tempeln indischer Religionen, unter anderem in Nairobi, Mombasa, Nakuru und Kisumu. Einige dieser großartigen und kunstvollen Tempel wurden von Mitgliedern der Swaminarayan-Sekte gebaut. Diese Gemeinschaft, wie auch andere indische Religionsgemeinschaften, engagieren sich stark in sozialen und gemeinnützigen Projekten.

Wer sich für die südasiatischen Gemeinschaften in Kenia interessiert, sollte unbedingt einen der Tempel besuchen. Beachten Sie, dass man vor Eintritt in einen Hindu-, Jain- oder Sikh-Tempel seine Schuhe auszieht.

Die Ethnien Kenias

Unter dem Dach Kenias kommen offiziell 44 Ethnien zusammen, die in zahlreiche Untergruppen zergliedert sind und deren Größe von nur einigen hundert Mitgliedern bis zu mehreren Millionen reicht. Die größten ethnischen Gruppen sind die Kikuyu (etwa acht Millionen), die Luhya (etwa sieben Millionen), die Kalendjin (etwa sechs Millionen) sowie die Luo (etwa fünf Millionen). Neben diesen Hauptgruppen gibt es viele weitere Ethnien, wie die Somali, Kisii, Mijikenda, Meru, Maasai und Turkana, denen jeweils ein bis zwei Millionen Menschen angehören. Es gibt jedoch auch sehr kleine Gruppen; die kleinste Gruppe stellen die El Molo mit weniger als 100 Mitgliedern dar. Zu den Bevölkerungsgruppen mit ausländischen Wurzeln gehören unter anderem die arabischen, asiatischen und europäischen Minderheiten. Diese zahlreichen größeren und kleineren Ethnien machen die kulturelle Vielfalt Kenias aus.

Die kenianischen Ethnien haben eine komplexe Migrationsgeschichte. Seit jeher trafen in Ostafrika unterschiedlichste Kulturen aufeinander, die aus entfernten Regionen aller Himmelsrichtungen anreisten. Viele Ethnien Kenias können den Kategorien Bantu und Niloten zugewiesen werden. Die Bantu-Ethnien kamen ursprünglich aus Westafrika. Die erste Expansionsphase der Bantu begann gegen Ende des letzten Jahrtausends vor Christus in ihrer ursprünglichen Heimat im Hochland des heutigen Kamerun. Sie reisten mit dem Kanu entlang des Ubangi-Flusses in den Kongo und dann entlang des Kasai-Flusses in die nördlichen Shaba-Wälder der heutigen Demokratischen Republik Kongo, wo sie sich niederließen. Die ursprüngliche Bantu-Sprache wurde hier

Mädchen mit Einkauf in Nyeri

Land und Leute

gebildet, bevor eine größere Ausbreitung stattfand. Diese fand zwischen 400 und 1000 nach Christus statt. In dieser Zeit erreichten die damaligen Bantu die Küste des Indischen Ozeans. Die Niloten wanderten aus dem Gebiet des heutigen Südsudans nach Kenia ein. Einige ließen sich am Victoriasee nieder, während andere sich im Hochland von Kenia ansiedelten, daher die Bezeichnung See- beziehungsweise Hochland-Niloten. Zu dieser Gruppe gehören in Kenia die Luo und Kalendjin. Zu den Flachland-Niloten gehören die Maasai, Turkana, Samburu und Jemps, die in den Grasebenen von der Viehzucht leben.

Da sich diese Wanderungen in Kenia seit 3000 bis 4000 Jahren abspielen, gibt es so etwas wie eine »reine« Ethnie nicht. Mit Ausnahme der jüngsten Immigrationsgeschehnisse kann man mit Sicherheit sagen, dass alle Ethnien in Kenia eine Mischung aus Bantu-, Kalendjin-, ostnilotischen und ostkuschitischen Elementen enthalten, mit einem kleinen Anteil an südkuschitischen und Hadzan-Elementen. Die Hadza leben heute in Tansania nach wie vor als Jäger und Sammler.

Trotz der Tatsache, dass viele ethnische Gruppen Kenias eine gemeinsame Geschichte teilen und es keine »reine«, von anderen ethnischen Gruppen unabhängig zu sehende Ethnie gibt, hat die ethnische Vielfalt großen Einfluss auf die Politik des Landes, und es kommt immer wieder zu Spannungen und Konflikten durch Tribalismus, also der klaren Abgrenzung einer ethnischen Identität gegenüber anderen Gruppen.

Während hier nur die großen Ethnien vorgestellt werden, finden sich in den einzelnen Reisekapiteln Texte zu einigen kleineren Ethnien Kenias. Aufgrund der Vielzahl der ethnischen Gruppen und Untergruppen im Land kann nur eine

Kikuyu-Krieger bei den Thomson-Wasserfällen

knappe Übersicht gegeben werden. Die Hauptquelle für die Texte zu den Ethnien Kenias stellt dabei *Kenya's Ethnic Communities. Foundation of the Nation* von Dr. Wangũhũ wa Ng'ang'a (2006) dar.

Agĩkũyũ

Die Agĩkũyũ – im alltäglichen Sprachgebrauch Kiyuyu genannt – sind die größte Ethnie in Kenia und machen etwa 20 Prozent der Gesamtbevölkerung aus. Sie gehören mit den Aembu, Ambeere, Amiiru und Akamba den Zentralen Bantu an. Die Heimat der Kikuyu liegt im Herzen Kenias. Dieses Gebiet wird im Norden vom Mount Kenya und im Süden vom Berg Ol Doinyo Sabuk begrenzt. Das Gebiet ist geprägt von zahlreichen Flüssen sowie Hochebenen mit Bergrücken und Tälern. Es ist reich an Niederschlägen und die Temperaturen sind im Allgemeinen gemäßigt.

Die Kikuyu ließen sich im 16. Jahrhundert im Gebiet des Lake Nakuru nieder, wo sie Ackerbau und Viehzucht betrieben. Als sie zum ersten Mal in dieses Gebiet kamen, assimilierten sie Menschen anderer Gemeinschaften, die sie in der Gegend vorfanden. Es scheint, dass durch diesen Prozess der gegenseitigen Assimilierung ihre frühere Geschichte verwischt und schließlich in ihren Traditionen vergessen wurde. Man weiß nur noch, dass sie aus dem Norden Afrikas kamen. Anfang des 17. Jahrhunderts kamen die Maasai in das Gebiet und trafen unter anderem auf die Kalendjin und die Kikuyu, die bereits den größten Teil des kenianischen Hochlandes besiedelt hatten. Die Maasai reagierten auf diese Ethnien mit Gewalt und Viehdiebstählen. Dies zwang die Kikuyu und die mit ihnen verbundenen Ethnien vom Nakurusee nach Nordosten in das Gebiet des Mount Kenya.

Obwohl die Kikuyu erst Anfang des 17. Jahrhunderts in das Gebiet des Mount Kenya kamen, haben die Mitglieder der Ethnie einen Ursprungsmythos übernommen, der deren heutige Heimat in Zentralkenia als Entstehungsort der Ethnie festlegt. Der Mythos basiert auf dem Glauben, dass das Land der Kikuyu von Gott (Ngai) gestiftet wurde und für immer ihr Erbe ist. Mitglieder der Ethnie glauben, dass Ngai auf dem Mount Kenya lebt, den sie »Kirinyaga«, »Berg des Lichts«, nennen. Daher weisen die Eingänge der Kikuyu-Häuser vorzugsweise zum Berg hin. Es wird angenommen, dass diese Legende zum einen als Symbol der Einheit diente und so den Zusammenhalt und ihre ethnische Identität stärkte. Zum anderen berufen sich die Kikuyu auf diesen Mythos, um die Besiedlung ihrer heutigen Gebiete in den letzten Jahrhunderten zu legitimieren. Denn ab 1920 wurde Land zu einem Zankapfel zwischen der Regierung, den Kikuyu und europäischen Einwanderern, und die Kikuyu erhoben einen dauerhaften Anspruch auf ihr Kerngebiet in der Region des Mount Kenya. Sie lehnten die Besetzung ihres Hochlandes durch europäische Mächte ab und waren somit die erste Ethnie Kenias, die sich in den 1920er und 30er Jahren gegen die Kolonialherrschaft engagierte.

Ab der ersten Hälfte des 19. Jahrhunderts migrierten die Kikuyu in das Gebiet des heutigen Nairobi. Immer wieder kam es in dieser Zeit zu Auseinandersetzungen mit den Maasai. Als die ersten Angehörigen der Kikuyu in Nairobi ankamen, fanden sie im Landesinneren auch die Ethnie der Athi vor. Heute weiß man, dass einige Kikuyu-Familien, die große Landflächen von den Athi erwarben, dies durch freundschaftliche Käufe oder Eheschließungen mit den Athi taten. So entstanden auf dem heutigen Gebiet Nairobis erstmals einige befestigte Dörfer. 1887, als der erste Europäer das Siedlungsgebiet der Kikuyu betrat, hatten sie ihre Besiedlung bis an den Rand der Ngong-Hügel ausgedehnt.

Die Kultur der Kikuyu also hat sich – wie bei allen anderen kenianischen Ethnien auch – im Austausch mit anderen Gemeinschaften und gegenseitiger Absorption über lange Zeiträume hinweg entwickelt. Die Kolonialisierung wiederum hatte einschneidende Konsequenzen für viele Mitglieder der Ethnie. Die Kikuyu leisteten erbitterten Widerstand gegen die Briten und führten den Mau-Mau-Aufstand in den 1950er Jahren an. Damit bildeten sie die Speerspitze der kenianischen Unabhängigkeitsbewegung. Sie wurden die wirtschaftliche und politische Elite des unabhängigen Kenias. Jomo Kenyatta, ein Mitglied der Kikuyu-Ethnie, war Kenias erster Premierminister (1963–1964) und erster Präsident (1964–1978). Die dominierende Stellung der Kikuyu in der kenianischen Gesellschaft wird von einigen Mitgliedern anderer Ethnien kritisch betrachtet, vor allem wenn ethnische Zugehörigkeit politisch instrumentalisiert wird.

Abaluyia

Die Abaluyia (auch Luhya oder Luyia genannt) gehören zu den westlichen Bantu-Ethnien, die im Westen Kenias und verschiedenen Bezirken in Uganda beheimatet sind. Diese Gebiete liegen am Victoriasee sowie in der Mount-Elgon-Region an der Grenze zu Uganda. Zu der übergeordneten Gruppe der westlichen Bantu-Ethnien gehören zudem die Ethnien der Abagusii, Abakuria und Luo-Abasuba. Die Luhya sind die zweitgrößte Gruppe nach den Kikuyu.

Die Ethnie der Luhya setzt sich aus 18 Untergruppen zusammen. Diese haben einen gemeinsamen Hintergrund, gemeinsame Bräuche und sprechen eng verwandte Dialekte der gleichen Sprache, Luluyia.

Viele der bantusprachigen Gruppen Kenias erzählen in ihren mündlichen Überlieferungen, dass ihre Vorfahren aus dem Herkunftsland »Misiri« (Ägypten) stammen und verschiedene Ethnien zusammen nach Süden gezogen seien. Dies kann nicht als Mythos abgetan werden, da unterschiedliche Ethnien diese Überlieferung bestätigen. Die Luhya glauben, dass sie von der Urmutter Muka und ihrem Ehemann Kuru abstammen, die auch als Seera und Mwambu bekannt sind. Nach ihnen benannte Orte existierten bereits vor Christi Geburt und liegen in den Gebieten, die die Luhya mit ihrem Ursprung oder ihrer Migrationsroute von Misiri in Verbindung bringen – ein weiterer Hinweis darauf, dass die Ursprungslegende von Misiri auf einer historischen Erfahrung beruht. Zudem haben die Luhya und verwandte Ethnien Sprichwörter, die sich in irgendeiner Form auf den Namen Kuru beziehen. Diese lauten beispielsweise: »Das hat es seit Kuru noch nie gegeben!« oder »Das war schon immer so, seit Kuru!«

Die früheste Luhya-Migration fand vor 1000 nach Christus in das Gebiet des heutigen Westkenia statt, die letzten Einwanderungswellen kamen um 1700. Vom 14. bis 18. Jahrhundert kam es im östlichen Uganda zu enormen Wanderungsbewegungen, die dazu führten, dass sich die große Mehrheit der Bevölkerung im östlichen Uganda und im benachbarten westlichen Kenia niederließ. Diese

Wanderungen wurden durch verschiedene Faktoren ausgelöst, darunter Hungersnöte, Epidemien, häusliche und dynastische Streitigkeiten sowie Wohlstand und Abenteuerlust. All dies führte zur Zerstreuung und Vermischung von Menschen unterschiedlicher Herkunft, als sich die Gemeinschaften aufspalteten und weiter in die Ferne zu neuen Siedlungen wanderten.

Der Austausch verschiedener Kulturen entlang der Migrationsroute der Bantu-Ethnien zeigt sich unter anderem an Musik. Eine Route nämlich führte durch den Kongo, wo verschiedene kongolesische Kulturelemente von den migrierenden Ethnien aufgenommen wurden, darunter kongolesische Musik. Der Abaluyia-Isikuti-Tanz zum Beispiel hat ähnliche Rhythmen wie einige der beliebtesten kongolesischen Musikstücke. Zur Zeit dieser Bewegungen gab es keine kolonialen Grenzen, und die Gemeinschaften konnten sich frei bewegen und niederlassen. Der Mount Elgon liegt an der Grenze zwischen Kenia und Uganda, die von der britischen Regierung, die beide Länder kontrollierte, ohne Rücksicht auf die Gemeinschaften gezogen wurde, von denen einige auf beiden Seiten dieser Grenze leben.

Der Ursprung des Namens der Abaluyia ist nicht eindeutig. Manche sagen, dass der Name von der Tradition der Luhya stammt, an den Kreuzungen von Fußwegen Strafgerichte abzuhalten. Dieser Bereich war als Uluyia (Treffpunkt) bekannt, und es wird behauptet, dass der Name Abaluyia davon abgeleitet wurde. Eine andere Version behauptet, dass in einem polygamen Haus der Hof vor dem Haus des Hauptvaters Luyia genannt wurde. Alle Kinder wurden als Kinder eines Luyia bezeichnet, daher der Name Abaluyia. Polygamie war in der Vergangenheit weit verbreitet, wird aber heute nur noch von wenigen Menschen praktiziert.

Tänzer der Tiriki, einer Untergruppe der Abaluyia

Die meisten Luhya leben von der Landwirtschaft und bauen verschiedene Feldfrüchte wie Erdnüsse, Sesam, Mais, Baumwolle und Zuckerrohr an. Viele betreiben zudem Viehzucht.

Die Sprachen Kenias

Die Vielfalt der Bevölkerung Kenias spiegelt sich in den Sprachen wider, etwa 70 werden heute im Land gesprochen. Die sprachliche Diversität hat die Geschichte Kenias geprägt und die Kulturen bereichert, aber auch dazu geführt, dass die Sprachen politisch dominanter Gruppen andere Sprachen verdrängt haben. Die Bantu-Sprache Swahili und Englisch, letztere ein Erbe der Kolonialherrschaft, sind die beiden offiziellen Sprachen des Landes. Vor allem im urbanen Raum hat sich ein Slang aus beiden Sprachen etabliert, der »Sheng« genannt wird. In Kenia sind drei große Sprachfamilien vertreten: Bantu, nilotische und kuschitische Sprachen. Die jahrtausendelange Koexistenz der verschiedenen Sprachen hat dazu geführt, dass auch nicht verwandte Sprachen bestimmte Merkmale teilen, zum Beispiel Aussprache oder Vokabular.

Die zahlenmäßig größte Sprachfamilie ist mit etwa zwei Dritteln die Bantu-Gruppe. Im zentralen Hochland zählen die größte kenianische Ethnie der Kikuyu, die Kamba, die Meru sowie Mbere und Tharaka dazu. In Westkenia gehören ihr die Abaluyia, die Kisii und die Kuria an. An der Küste sind dieser Sprachgruppe die Mijikenda, Pokomo, Taita und Taveta zugehörig.

Die nilotischen Sprachen, die von etwa einem Drittel der kenianischen Gesamtbevölkerung gesprochen werden, stellen die zweitgrößte Sprachfamilie des Landes. Zu den nilotischen Ethnien gehören die Luo, die Kalendjin, die Kipsigis und viele kleinere Gemeinschaften, die im Westen Kenias leben. Auch die Maasai, die Samburu und die im trockenen Nordkenia beheimateten Turkana und El Molo sind nilotische Ethnien. Zusammen mit den Angehörigen der Bantu-Sprachen machen sie mehr als 90 Prozent der kenianischen Bevölkerung aus.

Zur dritten Sprachfamilie gehören die kuschitischen Sprachen. Sie werden von den nomadisch lebenden Ethnien der Somali, Rendille, Orma, Boran und Gabbra gesprochen, die nur einen Bruchteil der kenianischen Bevölkerung darstellen.

Swahili

Das Wissen über sprachliche Entwicklungen der Vergangenheit beruht zu einem großen Teil auf schriftlichen Quellen. Viele kenianische Sprachen wurden aber erst im 20. Jahrhundert verschriftlicht. Der Fall von Swahili, auch Kisuaheli oder Kiswahili geschrieben, das auch in einigen anderen Ländern der Ostafrikanischen Gemeinschaft (EAC) Amtssprache ist, ist ein spezieller. Verschiedene Kolonialmächte, die an der Küste Ostafrikas regierten, spielten eine Rolle für das Wachstum und die Verbreitung von Swahili.

Als Einwanderer von der Arabischen Halbinsel in Ostafrika ankamen, benutzten sie Swahili als Handelssprache und um den lokalen Bantu-Ethnien den Islam nahezubringen. Dies führte dazu, dass Swahili zuerst im arabischen Alphabet geschrieben wurde. Der spätere Kontakt mit dem Portugiesischen führte zu einer Erweiterung des Wortschatzes der Swahili-Sprache. Die Sprache wurde auf institutioneller Ebene formalisiert, als die Deutschen nach der Berliner Konferenz Ende des 19. Jahrhunderts die Macht übernahmen. Nachdem die Deutschen festgestellt hatten, dass es bereits eine weit verbreitete Sprache gab, formalisierten sie diese als Amtssprache für Schulen, in Regierung, Handel und Gerichtssystem. So heißen die Schulen auf Swahili Shule (Schule). Da die Deutschen die Swahili-Region in Ostafrika kontrollierten, änderten sie das Alphabetsystem von Arabisch auf Latein.

Nach dem Ersten Weltkrieg übernahm Großbritannien Deutsch-Ostafrika, wo Swahili in den meisten Gebieten und nicht in den Küstenregionen verwurzelt war. Die Briten beschlossen, Swahili als Sprache für die gesamte ostafrikanische Region zu formalisieren. Zu dieser Zeit wurden in Britisch-Ostafrika, also Kenia und Uganda, in den meisten Gebieten Englisch und verschiedene nilotische und andere Bantusprachen gesprochen, während Swahili vor allem auf die Küste beschränkt war. Im Juni 1928 fand in Mombasa eine interterritoriale Konferenz statt, an der Gesandte aus Kenia, Tanganjika, Uganda und Sansibar teilnahmen. Der Sansibar-Dialekt wurde als Standard-Swahili für diese Gebiete ausgewählt und die Standardorthographie für Swahili wurde angenommen.

Heute sprechen Schätzungen zufolge etwa 200 Millionen Menschen Swahili in verschiedenen Akzenten und Dialekten, die von lokalen Sprachen beeinflusst sind. Die Sprache enthält zudem Lehnworte aus dem Deutschen, Englischen, Portugiesischen, Arabischen und Hindi. »Bremse« heißt auf Swahili »breki« vom Englischen »brake«, Schule »Shule« und »Tisch« »mesa«wie im Portugiesischen.

In touristischen Gegenden ist Englisch Standard

Kultur und Kunst

Literatur

In Kenia wurde über Jahrhunderte eine orale Tradition gepflegt, das heißt, Geschichten wurden in mündlicher Form wiedergegeben. Durch diese hoch angesehene Erzählkunst wurden Weisheiten, moralische Werte und die Erzählungen verschiedener Ethnien von Generation zu Generation weitergegeben. Sie nahmen vielerlei Formen an, darunter Sagen, Lieder, Fabeln, Märchen, Rätsel und Redewendungen. Auch geschichtliche Daten und Ereignisse sowie Informationen über Ahnen wurden so über hunderte von Jahren tradiert. Ende des 19. Jahrhunderts ersetzte die Verschriftlichung von Geschichten mehr und mehr die mündliche Weitergabe von altem Wissen.

An der Küste sah die Lage etwas anders aus, denn dort wurde Swahili-Dichtung mit Hilfe arabischer Schriftzeichen zu Papier gebracht. Die ältesten erhaltenen literarischen Werke kann man nicht genau datieren; vermutet wird, dass das bis heute bekannte Heldenlied von Fumo Liyongo, einem Swahili-Schriftsteller und Dichter, auf das 13. Jahrhundert zurückgeht. Ein großer Teil der historischen Dichtung hat einen religiösen Charakter und setzt sich mit dem Propheten Mohammed auseinander. Manche Lieder beinhalten Navigationsanleitungen, die Seefahrer bei ihren Fahrten von der ostafrikanischen Küste über den Indischen Ozean leiteten.

Kenia ist das Geburtsland herausragender moderner Literatur. Viele der Romane, Sachbücher und Biografien kenianischer Autorinnen und Autoren werden von den afrikanischen Niederlassungen großer Verlage veröffentlicht. Die Heinemann's African Writers Series bietet eine umfangreiche Sammlung solcher Werke. Einige der bekanntesten kenianischen Autoren und Autorinnen werden im Folgenden vorgestellt.

Einer der bekanntesten kenianischen Autoren ist Ngũgĩ wa Thiong'o

Meja Mwangi befasst sich mit komplexen sozialen und politischen Themen wie Dürrekatastrophen und Hunger. Charakteristisch für den Autor ist ein bildreicher Stil und trocken bis zynischer Humor, der sich durch seine Bücher zieht. Bekannt wurde er durch den Roman *Kill me quick* (1973), für den er den Jomo-Kenyatta-Literaturpreis erhielt. Für seinen Roman *Kariuki und sein weißer Freund* (1992) wurde ihm der Deutsche Jugendbuchpreis verliehen.

Eine weitere Berühmtheit der kenianischen Literaturszene ist Binyavanga Wainaina. Im Juli 2002 gewann er den Caine Prize for African Writing. Das preisgekrönte Werk war die Kurzgeschichte *Discovering Home* über einen jungen Kenianer, der in Kapstadt arbeitet und für ein Jahr in das Dorf seiner Eltern in Kenia zurückkehrt. Wainaina war der Gründungsredakteur von *Kwani?*, einer führenden afrikanischen Literaturzeitschrift mit Sitz in Kenia (www.kwani.org).

Ngũgĩ wa Thiong'o

Ngũgĩ wa Thiong'o, 1938 in Limuru geboren, kritisiert in seinen Büchern, Theaterstücken, Kurzgeschichten und politischen Essays immer wieder kompromisslos die Missstände im kolonialen und postkolonialen Kenia. Mit seinem Roman *Verbrannte Blüten* (1977) wurde er weltberühmt. In diesem Werk beschreibt er, wie im Dorf Ilmorog mit den rapiden Veränderungen der Moderne umgegangen wird. Das Theaterstück *Ngaahika Ndeenda* (*Ich heirate, wann ich will*), das er in seiner Muttersprache Kikuyu verfasste, war erschütternde Kritik an der neokolonialistischen Politik des kenianischen Establishments. Er kritisierte unter anderem die schamlose Bereicherung der kenianischen Oberschicht auf Kosten der Armen, weswegen das Stück verboten und er für fast ein ganzes Jahr ins Gefängnis gesteckt wurde. In der Haft beschrieb er seine Erlebnisse in dem Werk *Caitaani Mutherabini* (*Kaltgestellt*), das erbarmungslos mit der kenianischen Oberschicht abrechnet. Nachdem Ngũgĩ wa Thiong'o freigelassen worden war, ging er ins englische und amerikanische Exil. Die weiteren Werke des Autors bieten aufschlussreiche Porträts des kenianischen Lebens und vermitteln einen Einblick in die täglichen Sorgen der Menschen in Kenia im 20. und 21. Jahrhundert.

Grace Ogot

Grace Ogot (1930–2015) war ein wahres Multitalent: Schriftstellerin, Krankenschwester, Journalistin, Politikerin und Diplomatin. Zusammen mit Charity Waciuma war sie die erste anglophone kenianische Schriftstellerin, die veröffentlicht wurde. Nach ihrer Ausbildung zur Krankenschwester in Uganda arbeitete sie in einem Krankenhaus in London. Später war sie unter anderem für den BBC Overseas Service als Drehbuchautorin und Sprecherin tätig, betrieb ein bekanntes Radioprogramm in der Luo-Sprache und wurde im Jahr 1976 Mitglied der kenianischen Delegation bei der UNESCO. Im selben Jahr war sie Vorsitzende und Mitbegründerin des kenianischen Schriftstellerverbands. 1983 wurde Ogot als eine von nur wenigen Frauen Mitglied des Parlaments und als einzige Frau stellvertretende Ministerin im Kabinett des damaligen Präsidenten Daniel arap Moi. Neben diesen zahlreichen Errungenschaften verfolgte Ogot zudem eine Karriere als Schriftstellerin. Sie veröffentlichte ihre Werke sowohl in der Luo-Sprache als auch in Englisch. Die erste veröffentlichte Kurzgeschichte war *A Year of*

Das ehemalige Farmhaus von Karen Blixen in Nairobi ist heute ein Museum

Sacrifice (1963). Ogots erster Roman *The Promised Land*, der in den 1930er Jahren spielt, wurde 1966 veröffentlicht und befasst sich mit der Auswanderung der Luo und den damit verbundenen Problemen. In der Geschichte geht es um ethnische Konflikte, Materialismus sowie traditionelle Vorstellungen von Weiblichkeit und ehelichen Pflichten. 1968 erschien *Land Without Thunder*, eine Sammlung von Kurzgeschichten, die in der Heimat der Luo spielen. Ogots Beschreibungen in diesem Buch bieten einen wertvollen Einblick in die Luo-Kultur im vorkolonialen Ostafrika. Viele ihrer Geschichten befassen sich mit traditioneller Luo-Folklore, der Mythologie und der mündlichen Überlieferung. Darüber hinaus stellt Ogot traditionelle und moderne weibliche Geschlechterrollen gegenüber.

Nicht-kenianische Werke

Weltberühmt ist Karen Blixen, deren Buch *Jenseits von Afrika* (1937) über ihr Leben in Kenia zum Bestseller wurde, die Verfilmung des Buches war ein Kassenschlager. Erwähnenswert ist auch Elspeth Huxleys Werk *The Flametrees of Thika* (1959), in dem sie ihre Jugend in Kenia schildert. Auch Ernest Hemingway beschreibt in verschiedenen Erzählungen seine Erfahrungen in Kenia, wo er mit seiner Frau in den 1930er und 1950er Jahren Jagd-Safaris unternahm, unter anderem in *Die grünen Hügel Afrikas* (1934). Der Roman *A Guide to the Birds of East Africa* (2008) von Nicholas Drayson ist ein neueres Werk, das auf humorvolle Weise das Leben von Mr. Malik und seine Liebe zu Vögeln porträtiert. Literaturempfehlungen sind ab Seite 425 zu finden. Viele dieser Bücher sind nur in der englischen Version erhältlich.

Musik und Tanz

Kenia verfügt über eine reiche Tradition an verschiedenen Arten traditioneller Musik und Tänze (*ngoma*), die sich von Ethnie zu Ethnie unterscheiden. Nach der Unabhängigkeit Kenias von der britischen Kolonialmacht wurden Tanz und

Musik genutzt, um eine postkoloniale nationale Kultur aufzubauen. Es sollten nicht mehr nur ethnische Identitäten, sondern eine geteilte nationale Zugehörigkeit ausgedrückt werden. »Einheit in der Vielfalt« ist das Mantra, das Kenias staatliche Kulturpolitik verfolgt.

Traditionelle kenianische Musik spielt vor allem bei sozialen Anlässen eine wichtige Rolle. Dies können verschiedene Festlichkeiten wie Hochzeiten und Initiationen sein, oder auch gemeinschaftliches Arbeiten wie die Ernte. Auch spirituelle und religiöse Versammlungen werden oftmals musikalisch begleitet. Einen Eindruck der Vielfalt traditioneller kenianischer Musik- und Tanzrichtungen bieten verschiedene Institute und Kunstzentren vor allem in Nairobi, beispielsweise das Goethe-Institut (www.goethe.de/ins/ke/de) und das kenianische Kulturzentrum Bomas of Kenya (www.bomasofkenya.co.ke). Dessen zweistündige Show besteht aus einem Dutzend Stücken verschiedener kenianischer Ethnien. Es werden Tänze, akrobatische Kunststücke und musikalische Einlagen aufgeführt. Das Repertoire umfasst auch einige Ausschnitte aus Beschneidungs- und Hochzeitszeremonien, deren »Original«-Versionen sich über Stunden, wenn nicht gar Monate hinziehen können. Bei solchen Aufführungen kann die tatsächliche Vielfalt der kenianischen Bevölkerung nicht abgedeckt werden, aber man bekommt einen kleinen Eindruck von der künstlerischen Diversität des Landes.

Darüber hinaus lassen sich in der Musik-Hauptstadt Nairobi auch allerlei andere Musikrichtungen genießen – von Bongo, Jazz und Afro-Fusion bis hin zu Hip-Hop, Rock, Blues, Reggae und Raga. Die Live-Musikszene in Nairobi ist sehr lebendig, mit einer Vielzahl an Clubs. Eine gute Referenz ist die Tageszeitung Daily Nation (www.nation.africa/kenya), die wöchentlich die Top 10 der afrikanischen, internationalen und Gospel-Charts und am Samstag eine Liste mit landesweiten Konzerten veröffentlicht. Veranstaltungsorte für Live-Musik sind in diesem Buch in den jeweiligen Reisekapiteln aufgeführt.

Tänzerinnen in Loyangalani

Instrumente

Das Spektrum der traditionellen Instrumente reicht von verschiedenen Trommeln über Blasinstrumente zu Streich- und Zupfinstrumenten. In ganz Afrika gibt es ein- oder zweisaitige Streichinstrumente, die unter verschiedenen Namen bekannt sind. Auch in Kenia selbst gibt es mehrere Namen für dieses Instrument. Die Luo-Variante mit einer Saite heißt Orutu. Die Kikuyu-Variante, bekannt als Wandini, hat zwei Saiten, ebenso wie die Ishiriri, eine der Luhya-Varianten. Manchmal werden sie von Schlaginstrumenten begleitet, wie der Siiriri, Chisasi oder Ikengere. Eines der schönsten Zupfinstrumente in Kenia ist die fünfsaitige Harfe aus dem Mount-Elgon-Distrikt, die Adeudeu.

Die Litungu aus dem Bezirk Bukusu hat sieben Saiten. Sie wird manchmal von einem Schlaginstrument begleitet, das aus drei großen, erbsenschalenförmigen Glocken besteht und als Ibiturani bezeichnet wird. Sie werden mit Lederbändern an die Enden langer Stöcke gebunden, die zwischen den Zehen der Musikerinnen und Musiker gehalten werden. Kayamba-Rasseln sind in der Küstenregion Kenias sehr verbreitet. Sie bestehen aus zwei Lagen Schilf, zwischen denen sich Samen befinden. Knöchelglocken gibt es in ganz Kenia. Daneben gibt es auch verschiedene Blasinstrumente, die von Antilopenhörnern über trompetenähnliche Instrumente bis hin zu Flöten reichen. An der Küste wird die Nzumari gespielt, ein Holzblasinstrument mit doppeltem Rohrblatt. Das Rohrblatt wird aus dem Blatt der Mvumo- oder Barassus-Palme hergestellt und verleiht dem Instrument eine bemerkenswerte Klangqualität, die dem Dudelsack ähnelt. Ein weiteres Holzinstrument aus dem Bezirk Digo ist die Chivoti, eine Querflöte aus Bambus.

Musikstile

Taarab, die Musik der ostafrikanischen Küste, ist bis heute sehr populär und wird beispielsweise bei Hochzeiten und politischen Ereignissen live gespielt. Sie vereint in sich die verschiedenen arabischen, indischen und afrikanischen Elemente, ähnlich wie bei der Swahili-Kultur selbst. Neben Tablas, indischen Handtrommeln, werden auch Tamburine gespielt, die unter anderem in türkischer und griechischer als auch persischer Volksmusik verwendet werden. Die Popsängerin Malika hat der Musikrichtung zu neuem Aufschwung verholfen. Weitere afrikanische Stile, die sich in Kenia großer Beliebtheit erfreuen, sind die Kongolesische Rumba (auch Rumba Lingala) und Soukous, die unter dem Namen Lingala bekannt sind. Sie wurden in den 1960er Jahren von Künstlerinnen und Künstlern wie Samba Mapangala in Kenia eingeführt und dominieren heute fast ganz Ostafrika. Kenianische Bands produzierten einige der populärsten Lieder Afrikas, darunter Fadhili Williams berühmtes Malaika (Engel) und Jambo Bwana, aufgenommen von der sehr einflussreichen Gruppe Them Mushrooms.

Benga ist eine weitere zeitgenössische Musikrichtung in Kenia. Sie wurde von der Ethnie der Luo im Westen Kenias geprägt und war ab den 1950er Jahren sehr populär. Seitdem hat sie sich im ganzen Land verbreitet. Bekannt dafür sind D.O. Misiani und seine Band Shirati Jazz. Viele Kikuyu-Lieder sind an den Benga angelehnt. Zu den kenianischen Berühmtheiten gehören Francis Rugwati, Sam Chege und Daniel »Councillor« Kamau. Viele zeitgenössische kenianische Bands sind zudem stark von Soukous und Musik aus den USA beeinflusst, wobei die Texte in der Regel auf Swahili geschrieben sind. Dazu gehören Bands wie Them Mushrooms und Safari Sound. Auch Sauti Sol ist beliebt, eine kenianische Afro-Pop-Band, die in Nairobi gegründet wurde.

Eine sehr lebendige Musikszene gibt es auch in der kenianischen Gospelmusik, deren Stars in ganz Kenia bekannt sind. Bekannte Interpretinnen und Interpreten sind Heart'n Soul, Hezeh Ndungu, Virtuos, Pete Odera und Izzo.

Nennenswert ist auch eine traditionelle afrikanische Aufführungsform namens Sigana. Sie enthält Elemente charakteristischer afrikanischer Kunstformen – Erzählung, Gesang, Musik, Tanz, Rituale, Masken und Poesie.

Bei den jüngeren urbanen Generationen sind vorwiegend tansanischer, kenianischer und amerikanischer, Rap, R'n'B und Hip Hop beliebt. In Nairobi sieht man immer wieder Matatus, die mit Bildern von Snoop Dogg, 50 Cent und anderen verziert sind. Bekannte Bands in Kenia sind Hardstone, Mercy Myra, Necessary Noize, Emmanuel Jal sowie das Kollektiv Nairobi Yetu. Ausgezeichnet werden kenianische Künstlerinnen und Künstler jährlich bei afrikanischen Musikpreisen wie den Kisima Music Awards. Kenia ist außerdem bekannt für eine afrikanische Version des Reggaetons, die sich weltweiter Beliebtheit erfreut. Auch Dancehall ist sehr beliebt, und die Dancehall-Stars Shaggy und Sean Paul kommen regelmäßig nach Kenia.

Festivalkalender

Jedes Jahr gibt es viele farbenfrohe und spannende Festivals, von denen viele die kulturelle, natürliche und historische Vielfalt des Landes zelebrieren. Diese Festlichkeiten bieten die Möglichkeit, mit Menschen in Kontakt zu treten und die kenianischen Kulturen zu erleben. Neben traditionellen und religiösen Festlichkeiten gibt es moderne Festivals mit zeitgenössischer Musik, Kunst und Sport. Einige der Feste sind im Folgenden aufgelistet; die Veranstaltungsdaten können variieren.

Februar

Magical Kenya Ladies Open: Dieses beliebte Frauen-Golfturnier wird vom Tourismusministerium Kenias veranstaltet und auf einigen der besten Golfplätze des Landes ausgetragen. www.magicalkenyaladiesopen.com
Shela Hat Contest: Bei diesem Wettbewerb in Lamu werden die ausgefallensten Kopfbedeckungen prämiert.
www.shela-hat-contest.com

April

Malindi Cultural Festival: Eine der größten kulturellen Veranstaltungen an der ostafrikanischen Küste, die zum Ziel hat, den Tourismus und das vielfältige afrikanische Kulturerbe zu fördern. Auf dem Programm stehen Musik, Tanz, Kunst und Kulinarisches der Küstenregion.
Nairobi Cultural Festival: Hippes Kulturfestival rund um den Museumshügel in Nairobi. Es gibt künstlerische Aufführungen, Musik, Workshops sowie traditionelle und zeitgenössische Ausstellungen.
www.museums.or.ke

Land und Leute

Auf dem Kulturfestival am Turkanasee

Nairobi City Marathon: Die Stadt Nairobi lädt jährlich zu einem Marathon durch die Hauptstadt ein. Die künftigen Marathonläufe werden eine Strecke über den neuen Nairobi Expressway nehmen. www.nairobicitymarathon.com

Mai

Lake Turkana Cultural Festival: Jährliches Festival an den Ufern des Turkanasees. Es gibt traditionelle Musik und Tänze der zwölf im Norden Kenias lebenden Ethnien, unter anderem Samburu, Turkana, Rendille, El Molo und Gabbra. Die Veranstaltung hat zum Ziel, das friedliche Miteinander zwischen den Kulturen im Norden zu fördern. www.visitturkanaland.com

Juni

Koroga Festival: Fest der afrikanischen Musik, des Essens, der Kunst und der Mode, das in Form eines Konzerts und eines offenen Boutiquenmarkts veranstaltet wird. Der Name stammt von dem Swahili-Wort für »Mischung«, und das Festival präsentiert Kenias vielfältige einheimische Talente und internationale Künstlerinnen und Künstler. Der Veranstaltungsort variiert. www.korogafestival.co.ke

Rhino Charge: Diese seit 1989 jährlich stattfindende Ralley wird zugunsten von Naturschutzprojekten mit Nashörnern veranstaltet. Der Ort wechselt jährlich und wird erst kurz vor der Ralley bekanntgegeben. www.rhinocharge.co.ke

September

Storymoja Festival: Dieses Literaturfestival des kenianischen Verlagshauses Storymoja präsentiert zeitgenössische Literatur aus Ostafrika. Auf dem Programm stehen Musik, Yoga, Tanz und natürlich Lesungen ostafrikanischer Literatur. www.storymojafestival.co.ke

FilmAid Kenya Film Festival: Das jährliche Filmfestival von FilmAid Kenya ist eine mehrtägige Veranstaltung, bei der die Arbeit junger Filmemacherinnen und Filmemacher aus Flüchtlings- und Aufnahmegemeinschaften im Mittelpunkt steht. www.filmaid.org

Oktober

Lamu Yoga Festival: Die Aktivitäten konzentrieren sich auf das bezaubernde Dorf Shela, umfassen aber auch die Insel Manda und die Altstadt von Lamu. Das Festival dauert fünf Tage, an denen an verschiedenen Orten Yogakurse und Meditationen veranstaltet werden. Vom Yoga am Strand bis zur Meditation im Mondlicht ist alles dabei. www.lamuyoga.org

Tusker Safari Sevens: Jährlich stattfindendes internationales Rugby-Turnier in Nairobi, das Rugby-Fans aus der ganzen Welt anzieht.

Seven Islands Festival: Musikfestival, das jedes Jahr in Watamu gefeiert wird. Es treten beliebte ostafrikanische Bands und DJs auf. Tickets kann man auf www.mtickets.com kaufen. Instagram: @sevenislandsfestival

November

Lamu Cultural Festival: Jährliches, einwöchiges Fest der verschiedenen Kulturen Lamus. Verschiedene Wettbewerbe und Veranstaltungen sollen jeweils lokale Fertigkeiten oder Praktiken fördern, die für das Leben in Lamu von zentraler

Teilnehmer der Rhino-Charge-Ralley

Bedeutung sind. Dazu gehören traditionelle Swahili-Poesie, Henna-Malerei, ein Bao-Wettbewerb, ein Dhau-Rennen, Schwimmen, ein Esel-Rennen sowie Musikaufführungen und Ausstellungen. www.museums.or.ke

Nairobi Fashion Week: Zur Nairobi Fashion Week kommen Designschaffende aus ganz Kenia und aus dem Ausland zusammen.
www.nairobifashionweek.org

Lamu Fishing Competition: Jährlicher Angelwettbewerb, der seit 2014 in Lamu veranstaltet wird. Der schwerste Fisch gewinnt.
www.lamu.go.ke/fishing-competition

Dezember

Beneath the Baobabs Festival: Festival für alternative und elektronische Musik, das jedes Jahr vom 30. Dezember bis zum 1. Januar in der Stadt Kilifi stattfindet und Auftritte afrikanischer Sängerinnen und Sänger sowie DJs bietet.
www.beneaththebaobabs.com

Rusinga Cultural Festival: Größte kulturelle Veranstaltung im Westen Kenias, zwei Tage lang gibt es nichts anderes als Musik, Mode, Film, Essen, Kunst, Literatur und Sport. Ziel des Festivals ist es, die Kluft zwischen den Kulturen zu überbrücken. Facebook: Rusinga Cultural Festival

East African Safari Classic Rally: Diese schon legendäre Ralley wurde 2003 zum ersten Mal ausgetragen. Sie führt in neun Tagen bis zu 5000 Kilometer durch die Region und hat den Ruf, die härteste Ralley der Welt zu sein.
Instagram: @safariclassic, Facebook: East African Safari Classic Rally

Tänzer auf dem Rusinga Cultural Festival

Maulid Festival: Anlässlich der Geburt des Propheten Mohammed wird dieses Fest seit über 100 Jahren auf der Insel Lamu gefeiert. Es gibt viel Gesang, Tanz und religiöse Zeremonien. Das Datum verschiebt sich nach dem islamischen Kalender. www.lamu.go.ke/maulid-festival

Sport

Leichtathletik

Kenia ist vor allem für seine talentierten Langstreckenläuferinnen und -läufer bekannt, die zur absoluten Weltspitze gehören. Kenia nahm 1956 zum ersten Mal an den Olympischen Spielen teil und hat seither bei den Olympischen Sommer- und Winterspielen mehr als 100 Medaillen gewonnen, unter anderem in den Disziplinen Leichtathletik, Langstreckenlauf und Boxen. Im Umkreis von 20 Kilometern um die westkenianische Stadt Iten befindet sich die größte Konzentration von Leichtathletik-Goldmedaillen der Welt!

Einer der bekanntesten Läufer Kenias, Hezekiah Kipchoge Keino, gewann 1968 in Mexico City über 5000 Meter die zweite jemals bei einer Olympiade für Kenia errungene Goldmedaille. Er wurde von Jomo Kenyatta für seine Verdienste mit dem höchsten Staatsorden, dem Order of the Burning Spear, ausgezeichnet und zierte eine Zeit lang sogar die Rückseite des 20-Shilling-Geldscheins. Seine Farm Kazi Mingi (»Viel Arbeit«) liegt wenige Kilometer vor Eldoret. Sie ist heute ein Heim für über 90 Waisenkinder und zugleich Trainingszentrum für begabte Läuferinnen und Läufer aus weniger begüterten Familien.

Zu den erfolgreichsten Läuferinnen Kenias gehört Brigid Jepcheschir Kosgei. Sie erzielte beim Chicago-Marathon am 13. Oktober 2019 eine Zeit von 2:14:04 Stunden und hielt damit den Marathon-Weltrekord der Frauen bis 2023, als die Äthiopierin Tigist Assefa in Berlin mit 2:11:53 einen neuen Rekord aufstellte. Die damals 25-jährige Kosgei war 2019 die jüngste Frau, die den London-Marathon je gewonnen hat.

Nur ein Jahr lang konnte sich Eliud Kipchoge über eine neue Bestzeit im September 2022 beim Berlin-Marathon freuen (2:01:09 Stunden), im Oktober 2023 lief der Kenianer Kelvin Kiptum in Chicago die Strecke in 2:00:35 Stunden. Pamela Jelimo ist eine weitere Wunderläuferin. Im Alter von nur 18 Jahren brach Jelimo den Weltrekord über 800 Meter und wurde die erste Kenianerin, die in Peking olympisches Gold gewann. In Kapsabet, der Hauptstadt des Bezirks Nandi, ist eine Straße nach Jelimo benannt. Beim New York City Marathon im November 2022 belegten Sharon Lokedi und Evans Chebet die ersten Plätze ihrer jeweiligen Kategorien.

Wer selbst an einem Rennen teilnehmen möchte, kann beim Nairobi Marathon (www.nairobicitymarathon.com) mitlaufen. Ein Triathlon findet jährlich in Kilifi statt (www.kilifigoldtriathlon.org).

Ballsport

Eine der beliebtesten Sportarten in Kenia ist Fußball. Der Besuch eines Spiels der Kenyan Premier League ist ein echtes Erlebnis für Fußballfans. Die Spielpläne lassen sich der Daily Nation (www.nation.africa/kenya) entnehmen. Viele

Puderweißer Sand am Diani Beach

Menschen in Kenia sind aber auch Fans der englischen Premier League sowie der deutschen Bundesliga. Weitere beliebte Sportarten sind Cricket (www.cricketkenya.co.ke) und Rugby (www.kru.co.ke).

Wassersport

An der kenianischen Küste kann man verschiedene Wassersportarten ausprobieren. Das warme Wasser des Indischen Ozeans eignet sich wunderbar zum Wind- und Kitesurfen. Zu bestimmten Jahreszeiten (→ S. 297) blasen die Passatwinde und schaffen geeignete Windverhältnisse für diese Sportarten. An manchen Stellen lässt sich auch surfen. Bei vielen Strandhotels lassen sich Boards und Zubehör ausleihen. Besonders reizvoll bei einem Besuch an der Küste ist auch Tauchen in einem der Korallenriffe in den Marine National Parks und Reserves. Eine ganz besondere Attraktion sind Walhaie, die größten Fische der Welt, sowie Mantarochen. In den touristischen Orten gibt es zahlreiche Tauchbasen und -schulen, bei denen man einen Tauchschein erwerben kann. Auch schnorchelnd lässt sich die prächtige Korallen- und Fischwelt erkunden. Bringen Sie am besten Ihren eigenen Schnorchel und eigene Flossen mit. Zum einen aus hygienischen Gründen; zum anderen kann man Flossen manchmal nicht vor Ort ausleihen. Informationen zu Tauchbasen und -plätzen finden Sie in den jeweiligen Reisekapiteln.

Klettern und Trekking

Sehr beliebt sind Klettern und Trekking in den Hochländern und Bergregionen des Landes. Es gibt viele Gebiete, die sich hervorragend zum Trekking eignen, sowie Klippen und Felsen zum Bouldern und Free Climbing. Zu den beliebtesten Plätzen gehören der Hell's Gate National Park, die Aberdares und das Mt.- Kenya-Massiv, dessen höchster Gipfel 5199 Metern über dem Meeresspiegel liegt. In Nairobi gibt es eine aktive Kletterszene, die an den Wochenenden regelmäßig Ausflüge organisiert. Viele Informationen zu abwechslungsreichen Trekking- und Klettertouren und Kontakt zu möglichen Kletterpartnerinnen und -partnern findet man beim 1948 gegründeten Mountain Club of Kenya (www.mck.or.ke, Instagram: @mountainclubke).

Wanderrouten am Mt. Kenya bieten schroffe, schneebedeckte Gipfel sowie Bergrücken, die von dichten, afroalpinen Wäldern bedeckt sind. Auch die 4001 Meter hohen Aberdares haben schöne Tageswanderungen und tolle Naturerlebnisse zu bieten. Vom pittoresken Longonot-Vulkan in der Nähe des Lake Naivasha eröffnen sich grandiose Ausblicke ins Rift Valley. Besonders interessant sind außerdem ge-

Reitsafari in Laikipia

führte Wanderungen in den Regenwäldern Kakamega und Arabuko Sokoke, wo eine große Vielfalt seltener und endemischer Tier- und Pflanzenarten zu Hause ist. In vielen Naturreservaten werden auch Game Walks, also Fußsafaris, angeboten. Zu Fuß lässt sich der afrikanische Busch authentischer und aufregender erleben als bei einer Safari im Auto. Detaillierte Informationen zu Wandergebieten, Bergtouren und Fußsafaris finden sich in den jeweiligen Reisekapiteln.

Reiten

Viele Lodges verfügen über Reitställe und bieten Reit-Safaris in privaten Naturschutzgebieten an. Dabei wird sich der Erfahrung der Gäste angepasst, und das Ausreiten unterscheidet sich in Dauer und Schwierigkeit.

Auch Pferderennen werden in Kenia organisiert. Der Race Course an der Ngong Road in Nairobi wurde im Jahre 1954 eröffnet. Dort finden regelmäßig traditionsreiche Rennen wie das Kenya Derby statt.

Motorsport

Die alljährlich stattfindende East African Safari Rally (www.eastafricansafari rally.com) ist eine 3000 Kilometer lange Ralley, die seit 1953 durch Kenia, Uganda und Tansania führt und eine internationale Gruppe von Teilnehmenden anzieht. Bei der jährlich stattfindenden Classic Rally, die als die härteste ihrer Art gilt, starten die Fahrerinnen und Fahrer mit ihren Oldtimern (vor 1971). Wenn Sie hier sind, sollten Sie sich dieses Spektakel nicht entgehen lassen.

Funsport

Für Adrenalinjunkies hat Kenia noch vieles mehr zu bieten. Ziplining und Paintball lässt sich beispielsweise beim The Forest (www.theforest.co.ke) ausprobieren und Sky Diving (www.skydivediani.com) am Diani Beach.

Speisen und Getränke

Kenia ist nicht nur religiös und kulturell divers – auch die Küche des Landes bietet eine bunte Mischung aus afrikanischer, indischer, nahöstlicher und internationaler Kost. Hierbei unterscheiden sich die Essgewohnheiten an der Swahili-Küste teils sehr von denjenigen im Inland. Wer Lust auf eine Abwechslung von der kenianischen Küche hat, findet in den größeren Städten an der Küste und im Inland eine große Auswahl an Alternativen. Die Zahl der Restaurants, die Speisen verschiedener Nationen anbieten, ist fast unüberschaubar. Auch die vegetarische oder vegane Küche bietet hier mehr Auswahl als die kenianische, die nur eine begrenzte Zahl an Gerichten ohne Tierprodukte hat.

Das Essen in Kenia wird meistens mit *Ugali* serviert, eine Art feste Polenta aus Mais. Aufgrund seiner Beliebtheit wird Ugali auch die »Kartoffel Ostafrikas« genannt. Klassischerweise wird Ugali mit *Maharagwe* (roten Bohnen), *Sukuma wiki* (Grünkohl) sowie *Nyama* (Fleisch), *Mchuzi* (eine Fleischsoße) oder *Samaki* (Fisch) gegessen.

Diese kenianische Hausmannskost findet man in einfachen Restaurants und Hoteli. Diese sind nicht zu verwechseln mit einer Unterkunft; vielmehr handelt es sich bei den Hoteli um Lokale mit sehr bescheidener Einrichtung, die ihre Speisen zu äußerst niedrigen Preisen anbieten. Sie sind sowohl in kleineren Dörfern als auch in allen größeren Städten in Hülle und Fülle zu finden. Neben Ugali stehen hier auch *Mtoke* (Kochbananen), *Wali* (gekochter Reis) und *Chipsi* (die ostafrikanische Version von Pommes) auf der Speisekarte, die mit Gemüse und gekochtem oder gebratenem Rind-, Ziegen- und Hühnerfleisch serviert werden. Schweinefleisch wird in der muslimisch geprägten Küstenregion nicht serviert, ist jedoch auch im hauptsächlich christlich bewohnten kenianischen Inland nicht sehr populär.

Fischtrocknung am Turkanasee

In der Küstenregion werden die der indischen Küche entlehnten *Chapati* (Fladenbrot aus Weizenmehl) angeboten. Eine beliebte Nachspeise sind *Mandazi* (ein süßes, in Fett gebackenes krapfenartiges Gebäck).

Diese alltäglichen Speisen werden ebenfalls bei besonderen Ereignissen wie großen Festen zubereitet, wobei mehr Fleisch als gewöhnlich angeboten wird. *Nyama Choma*, gegrilltes Fleisch, gilt als das Nationalgericht Kenias. Vor allem an den Wochenenden und zu Festlichkeiten trifft man sich zu einem Grillfest, wobei das Ziegen- oder Rindfleisch kiloweise auf den Holzkohlegrill kommt. Das verschieden marinierte Fleisch wird anschließend mit viel Bier genossen.

Typisches Gericht in Loyangalani

Land und Leute

Swahili-Küche

An der Küste hat sich durch den Einfluss von Handelstreibenden von der Arabischen Halbinsel und Indien eine vielfältige Küche entwickelt. Diese wird als Swahili-Küche bezeichnet. Die Swahili leben an der ostafrikanischen Küste und prägten durch ihre Handelsaktivitäten über den Indischen Ozean hinweg die Küstenregionen über Jahrhunderte maßgeblich. Handelsgüter wie Gewürze und Nutzpflanzen fanden ihren Weg in den Kochtopf der Küstenregionen. Charakteristisch sind verschiedene Gerichte mit fangfrischem Fisch aus dem Indischen Ozean, der mit Kokosmilch und -öl sowie einer Vielfalt an exotischen Gewürzen zubereitet wird. Ein beliebtes Gericht ist *Pilau*, Reis mit gebratenem Fleisch, der mit speziellen Gewürzmischungen – *Pilau Masala* oder *Garam Masala* – zubereitet wird. Diese Mischungen enthalten fein gemahlenen Koriander, Kümmel, Nelken, Lorbeer, Anis, schwarzen Pfeffer, Kardamom und Zimt.

Nicht nur nahe dem Ozean, sondern auch am Victoriasee findet man in Restaurants delikaten gebratenen und gekochten Fisch. Die Hummer und Krebse, die vor der kenianischen Küste gefangen werden, zählen zu den besten Schalentieren der Welt. Die Meeresfrüchte werden mit Knoblauch und Zitronenpfeffer oder auf indische Weise mit Ingwer oder als Curry zubereitet, was man sich keinesfalls entgehen lassen sollte.

In den nördlichen Gebieten der kenianischen Küste, in Kilifi, Watamu und Malindi, gibt es einige sehr gute italienische Restaurants, was auf die teilweise italienischstämmige Bevölkerung zurückzuführen ist.

Indische Küche

Der große indische Einfluss in Kenia macht sich unter anderem durch zahlreiche indische Restaurants in den größeren Städten Kenias bemerkbar. Eine typische Vorspeise sind *Samosas* (gefüllte Teigtaschen), die in indischen Restaurants meist vegetarisch zubereitet werden; die ostafrikanische Variante ist mit Hackfleisch gefüllt. Einige indische Restaurants bieten nur vegetarische Speisen an. Als Hauptgang gibt es hier *Masalas*, vegetarische Curries. Die nicht-vegetarischen Restaurants bieten auch Masalas mit Fleischeinlage an. Neben Reis kann man auch *Chapati* oder *Naan* (ein dünner Fladen, der mit Sesam und Ghee, indischem Butterschmalz, bestrichen wird) als Beilage ordern. Wer Schärfe gegenüber empfindlich ist, sollte sein Essen in der milden Variante bestellen. Ansonsten hilft ein Lassi, eine erfrischende Joghurtmilch, gegen die Schärfe. Der Lassi wird sowohl süß als auch salzig angeboten.

Getränke

Zu den üblichen Getränken zählt neben Wasser vor allen Dingen *Chai* (Tee) – ein weiteres Beispiel für den starken indischen Einfluss in Kenia. Typischerweise wird Schwarztee mit viel Milch (*Maziwa*) serviert, oft auch mit Ingwer, Kardamom und Zimt als *Chai masala*, was ihm einen einzigartigen Geschmack gibt. Der im kenianischen Hochland angebaute Tee ist eines der wichtigsten Exportgüter des Landes.

Auch *Kahawa* (Kaffee) ist ein wichtiges Exportgut Kenias und wird zumeist mit viel Milch und Zucker (*Sukari*) getrunken. Obwohl Kenias Kaffee unter den besten der Erde rangiert, wurde er lange Zeit über traditionellerweise nur an der Küste von der arabischstämmigen Bevölkerung getrunken. Die aufgrund der Globalisierung nach Kenia gelangte amerikanisch-europäische Kaffeekultur trug zur Popularität des Getränks in all seinen Varianten – vom Café Latte bis zum Espresso – bei. In den größeren Städten findet man daher inzwischen viele Cafés, die zum Verweilen einladen.

Pombe, lokal gebrautes Bananen-, Hirse- oder Maisbier, wird in vielen Lokalen auf dem Land ausgeschenkt. Der Genuss von Pombe ist bis heute vielerorts ein Teil wichtiger sozialer Ereignisse und Feiertage. Traditionell wird Pombe von den Mitgliedern des Ältestenrats eines Dorfes getrunken, wenn diese über Probleme und ihre Lösungen diskutieren. Dabei wird das Bier aus einer großen Kalebasse mit langen Strohhalmen getrunken.

Wein, der aus Trauben gewonnen wird, stammt hauptsächlich aus der Umgebung von Naivasha im fruchtbaren Hochland Kenias. Das Äquivalent zu Pombe, das vorwiegend im Inland getrunken wird, stellt der Palmwein an der kenianischen Küste dar. Er wird aus angezapften Blütenständen der Kokospalme gewonnen. Das Endprodukt wird *Tembo* (»Elefant«) genannt und ist hochprozentiger als Wein. Daher ist der mäßige Genuss des süffigen Getränks zu empfehlen.

Busch-Frühstück auf Safari

Kenianische Rezepte

Swahili Pilau

Zutaten für 4 Personen: 1 Tasse Basmatireis, 500 gr gewürfeltes Rindfleisch, in Brühe gekocht, 1 EL Kokosöl, 1 mittelgroße Zwiebel gehackt, 2 Knoblauchzehen fein gehackt, 1 TL geriebener Ingwer, 1 TL Pilau Masala oder Garam Masala, 1 TL ganzer Kümmel, eine Handvoll frisch gehackter Koriander

Zubereitung: Die fein gehackte Zwiebel mit etwas Kokosöl in einen Topf geben und etwa fünf Minuten anbraten. Anschließend Knoblauch, Ingwer und die gekochten Fleischwürfel zufügen und nochmals etwa fünf Minuten weiterbraten. Danach mit Kümmel und Pilau Masala oder Garam Masala würzen (diese Gewürzmischungen finden Sie auf kenianischen Märkten und in Supermärkten). Dann mit zwei bis drei Tassen der Rinderbrühe ablöschen, aufkochen lassen und den Reis zugeben. Lassen Sie das Gericht mit geschlossenem Deckel köcheln, bis der Reis weich ist und die Flüssigkeit aufgesogen hat. Abschließend mit Salz abschmecken, mit frischem Koriander dekorieren und heiß servieren.

Mandazi

Zutaten für 4 Personen: 1 geschlagenes Ei, 1/2 Tasse Zucker, 1/2 Tasse Milch, 2 EL geschmolzene Butter, 2 Tassen Weißmehl, 2 TL Backpulver

Zubereitung: Bevor Sie alle Zutaten mischen, nehmen Sie diese eine halbe Stunde zuvor aus dem Kühlschrank, sodass sie Raumtemperatur haben. Mischen Sie alle Zutaten und fügen Sie, falls der Teig zu flüssig ist, noch etwas Mehl hinzu. Der Teig sollte weich sein, jedoch nicht klebrig. Rollen Sie den Teig auf einer leicht mit Mehl bestreuten Fläche aus, bis er etwa fünf Millimeter dünn ist. Schneiden Sie den flachen Teig in Dreiecke (besonders Kinder lieben auch andere Formen wie Sterne und Herzen). Braten Sie die einzelnen Mandazi von beiden Seiten in Öl, bis sie goldbraun sind. Nehmen Sie die fertigen Mandazi aus dem Öl und legen Sie sie auf Küchenpapier, sodass das überschüssige Öl aufgesogen werden kann. Sie können die Mandazi auch im Ofen ohne Öl backen. Servieren Sie die Mandazi am besten warm mit etwas Puderzucker oder Zimt und Zucker. Dazu trinkt man in Kenia gerne Tee oder Kaffee.

Herstellung von Mandazi

Die einzige Person, die ich beneide, ist die, die noch nicht in Afrika war – denn sie hat so viel, worauf sie sich freuen kann.

Richard Mullin (eigene Übersetzung)

Blick vom Nairobi-Nationalpark auf die Stadt

NAIROBI UND UMGEBUNG

Nairobi

Die Hauptstadt Kenias liegt etwa 120 Kilometer südlich des Äquators und ist mit einer Lage auf 1795 Metern über dem Meeresspiegel eine der höchstgelegenen Hauptstädte der Welt. Nairobi ist die wichtigste Wirtschaftsmetropole in ganz Ostafrika; viele internationale Firmen haben ihren afrikanischen Firmensitz hier. Auch die Vereinten Nationen verfügen seit 1996 über eine Außenstelle in Nairobi. Der Name der Stadt stammt von dem Maasai-Ausdruck »Enkare Nyorobi«, der »Ort des kühlen Wassers« bedeutet und auf den Nairobi-Fluss hindeutet, der durch die Stadt fließt. Tagsüber herrschen warme und moderate Temperaturen, nachts wird es relativ frisch.

Die Hauptstadt hat ein kosmopolitisches Flair und ist ein Schmelztiegel verschiedener Kulturen und Religionen, die die vielen Viertel der Stadt prägen. Diese Einflüsse sind nicht nur an Gebäuden wie hinduistischen, christlichen und muslimischen Gotteshäusern zu erkennen, sondern auch an der unbeschreiblichen Auswahl an Restaurants zahlloser Landesküchen.

Nairobi ist ein urbaner Raum der Gegensätze. Wo sonst auf der Welt erlebt man eine hektische Geschäftswelt im Stadtzentrum, das geprägt ist von glänzenden Wolkenkratzern, und nur wenige Kilometer entfernt gemächlich grasende Nashörner so dicht beieinander? Tatsächlich ist Nairobi die einzige Hauptstadt weltweit, die direkt an einen Nationalpark grenzt. Der **Nairobi National Park** (→ S. 132) ist eines der meistbesuchten Naturschutzgebiete Kenias und ein absolutes Highlight bei einem Aufenthalt in Nairobi.

Erst 1899 gegründet, entwickelte sich Nairobi innerhalb weniger Jahrzehnte von einer Ansiedlung einfacher Hütten

Karte: hintere Umschlagklappe

▲ *Auf dem University Way in der Innenstadt*

Der Central Business District ist der Mittelpunkt Nairobis

zu einem urbanen Raum mit repräsentativen Gebäuden, imposanten Gotteshäusern und breiten Hauptstraßen. Das Gesicht Nairobis verändert sich stetig. Es wird viel gebaut, und zwischen fertigen Glasfassaden, hinter denen sich schicke Boutiquen und Büros verbergen, fährt man immer wieder an nackten Betongerippen vorbei. Der neuste Mega-Bau der Stadt ist der **Nairobi Expressway**, eine vierspurige Schnellstraße auf einer Überführung, die den Verkehr in der Innenstadt entlastet. Auch Stadtviertel verändern sich stetig durch moderne Bauten, die das wirtschaftliche Wachstum des Landes widerspiegeln. Doch abseits der geschäftigen Hauptstraßen prägen Wellblechhütten und einfache Behausungen ein konträres Bild der Stadt. Die Gegensätze zwischen den Lebensrealitäten der Menschen verschiedener Einkommensschichten sind in Nairobi extrem. Das Straßenbild ist geprägt von bettelnden Menschen, Straßenkindern und Kranken, die ihre Leiden offen zur Schau stellen. Wie viele Menschen genau im Stadtgebiet leben, lässt sich nur schätzen. Offiziell sind es etwa viereinhalb Millionen

Einwohner, während die Metropolregion eine Bevölkerung von über neun Millionen Menschen aufweist. Zwar kann es anstrengend sein, sich in der hektischen Großstadt zu bewegen, vor allem wegen des krassen Unterschieds zwischen Arm und Reich, des hohen Verkehrsaufkommens und der Verschmutzung; dennoch lohnt es sich, Nairobi zu erkunden. Die florierende Kulturszene bietet Kunstgalerien und Museen, allen voran das **Nationalmuseum** (→ S. 101) auf dem Museum Hill. Die Hauptstadt hat außerdem ein großes Angebot an Geschäften, Shoppingmalls mit Freizeitangeboten wie Kinos und Bowlingbahnen und ein pulsierendes Nachtleben. Die vielen grünen Flecken in Nairobi wie der **Karura Forest** (→ S. 104) sind kleine Naturidyllen, in denen man sich von dem geschäftigen Treiben auf Nairobis Straßen erholen kann.

Geschichte der Stadt

Die Wirtschaftsmetropole Nairobi nahm ihren Anfang als Versorgungsstation für den Bau der Ugandabahn. Der Ort war ursprünglich Teil eines unbewohnten

Sumpfes. Von hier aus plante und organisierte man die Überquerung des steilen Ostafrikanischen Grabenbruchs. Engare Nyarobi wurde aufgrund seiner Höhenlage, des gemäßigten Klimas, der ausreichenden Wasserversorgung und seiner Lage vor dem Anstieg der Limuru-Steilhänge als geeigneter Platz ausgewählt. Der erste Stadtplan für das Eisenbahndepot umfasste zwei Straßen, einige Alleen, Personalquartiere und ein indisches Geschäftsviertel. Es entstanden zudem Verwaltungsbüros, Holzhäuser mit Wellblechdächern für Eisenbahnangestellte sowie eine einfache Infrastruktur. Die Geburtsstunde von Nairobi hatte geschlagen. Zudem lebten in der Stadt indische Immigranten, die kleine Dukas, indische Läden, eröffneten. Daneben gab es eine Hand voll Siedler und Großwildjäger, die vor allem aus Europa kamen. Zwischen 1902 und 1910 stieg die Einwohnerzahl der Stadt von 5000 auf 16 000. Die Verwaltung und der Tourismus, zunächst in Form der Großwildjagd, zogen weitere Menschen an. Zu dieser Zeit wurden von der Kolonialregierung im Ausland verstärkt Siedler und Siedlerinnen angeworben. Kenia sollte weiter erschlossen, die Eisenbahnlinie ausgebaut und die britische Vormachtstellung im Land zementiert werden. 1907 löste Nairobi Mombasa als Hauptstadt des Protektorats Ostafrika ab. Wie in anderen ihrer Kolonien auch, verfolgte die britische Kolonialmacht in Kenia eine Politik der »Rassentrennung«. Dieser Begriff bezeichnet eine rassistisch begründete und zumeist wirtschaftlich motivierte räumliche und soziale Trennung von als »Rassen« definierten Menschengruppen im öffentlichen und privaten Leben. Der Begriff der »Rasse« unterscheidet die »eigene« soziale Gruppe von den »anderen«, oft mit der Überbetonung einer vermeintlichen Überlegenheit, die an biologischen Merkmalen festgemacht wird. So wurden schon früh Menschen verschiedener Hautfarben eigenen Wohn- und Handelsvierteln zugeteilt. Auch Gesundheits- und Bildungswesen waren von dieser Trennung betroffen. Der Zuzug von Einhei-

Viel Grün mitten in der Stadt

Karte: hintere Umschlagklappe

mischen aus der umliegenden Region wurde stark reglementiert, und Teile der afrikanischen Bevölkerung wurden darüber hinaus aus Nairobi in Reservate gezwungen, um Wohnraum für weiße Siedlerinnen und Siedler frei zu machen. Nairobi entwickelte sich schnell zu einem boomenden urbanen Raum und zu einem regionalen Verkehrsknotenpunkt, Industriestandort und Handelsplatz. Die damalige Hauptstraße der Stadt, die Government Road, existiert noch immer und trägt heute den Namen Moi Avenue. Anfang des 20. Jahrhunderts eröffnete die erste Bankfiliale, die National Bank of India. Die Briten übernahmen vieles aus ihrer älteren Kolonie, Indien, und bis 1920 zahlte man auch in Britisch Ostafrika mit indischen Rupien.

Im Jahr 1921 hatte Nairobi 24 000 Einwohner. Etwa die Hälfte davon waren afrikanischen Ursprungs. Die afrikanische Bevölkerungsgruppe wuchs im nächsten Jahrzehnt, sie stellten zu dieser Zeit zum ersten Mal die Bevölkerungsmehrheit in Nairobi. Jede neue Zuwanderungswelle ließ die Stadt weiter wachsen, und nach dem Ersten Weltkrieg zählte Nairobi bereits 110 000 Einwohner. Die Wirtschaft florierte in den 1940er und 1950er Jahren, was noch heute an vielen imposanten Gebäuden dieser Zeit erkennbar ist, beispielsweise dem Nationaltheater und dem Parlamentsgebäude. Mitte des 20. Jahrhunderts erhielt Nairobi den Status einer Großstadt. Der Nairobi-Nationalpark wurde 1946 gegründet.

■ Nairobi nach der Unabhängigkeit

Nairobi blieb auch nach der Erlangung der Unabhängigkeit 1963 die Hauptstadt Kenias. Die rassistische Segregation der Stadtviertel wurde aufgehoben, doch an ihre Stelle trat eine scharfe Trennung nach sozialen Klassen. In den vormals von Weißen bewohnten Gebieten leben nun überwiegend Familien der afrikanischen und indischen Oberschicht. Eine weitere Konsequenz der Unabhängigkeit war die Umbenennung der während der britischen Kolonialzeit getauften Straßen. Ersetzt wurden sie vorwiegend durch Namen wichtiger kenianischer Persönlichkeiten. Aus dem Elizabeth Way wurde der Uhuru Highway, benannt nach Uhuru Kenyatta, und der Queens Way wurde in Mama Ngina Street umbenannt, zu Ehren der ehemaligen First Lady, Mama Ngina Kenyatta. Ab den 1970er Jahren entstanden die ersten Hochhäuser, wie etwa das 28-stöckige Kenyatta International Convention Centre (KICC). Zudem wurde der damalige Flughafen Nairobis – heute der Jomo Kenyatta International Airport (JKIA) – ausgebaut.

Eine große Auswirkung hatte nach der Unabhängigkeit außerdem die Aufhebung der Zuzugskontrolle für die afrikanische Landbevölkerung. Viele tausend Menschen strömten auf der Suche nach Arbeit in die Hauptstadt. Nairobi war diesem Ansturm nicht gewachsen, und es bildeten sich informelle Stadtviertel (»Slums«), die weder über sanitäre Anlagen noch über Strom- oder Trinkwasserversorgung verfügten. Auch heute noch steigt die Bevölkerung Nairobis stetig an. Die Wachstumsrate liegt gegenwärtig bei rund vier Prozent pro Jahr, eine der höchsten Raten aller Städte in Afrika. Die Stadt leidet unter ungelösten Umweltproblemen wie Smog und unter infrastrukturellem Druck, der immer wieder zu Stromausfällen führt. Um diesem Wachstum standzuhalten, wird die Infrastruktur mit mehrspurigen Schnellstraßen, Kreisverkehren und Überführungen immer weiter ausgebaut.

Auch, um dem Beinamen Nairobis, »Grüne Stadt an der Sonne«, gerecht zu werden, werden verschiedene Projekte zur Verbesserung und Erweiterung der

Nairobi und Umgebung

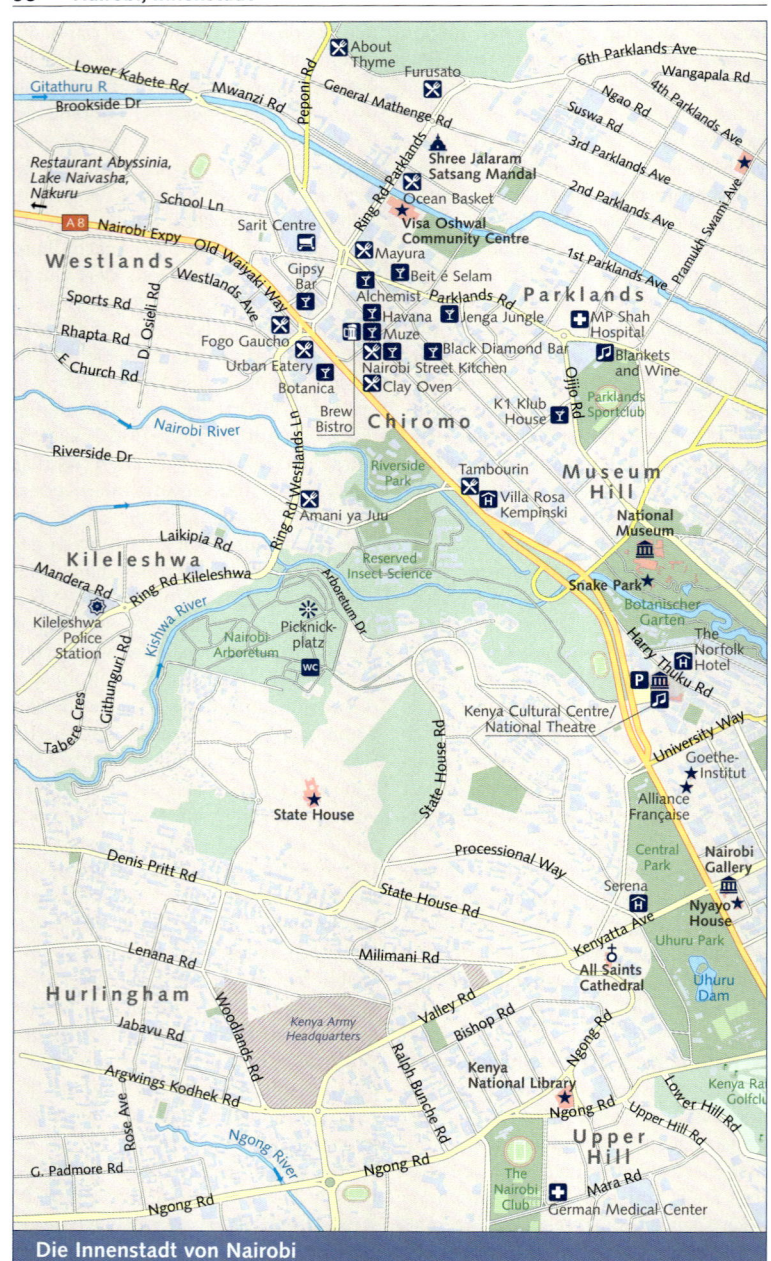

Die Innenstadt von Nairobi

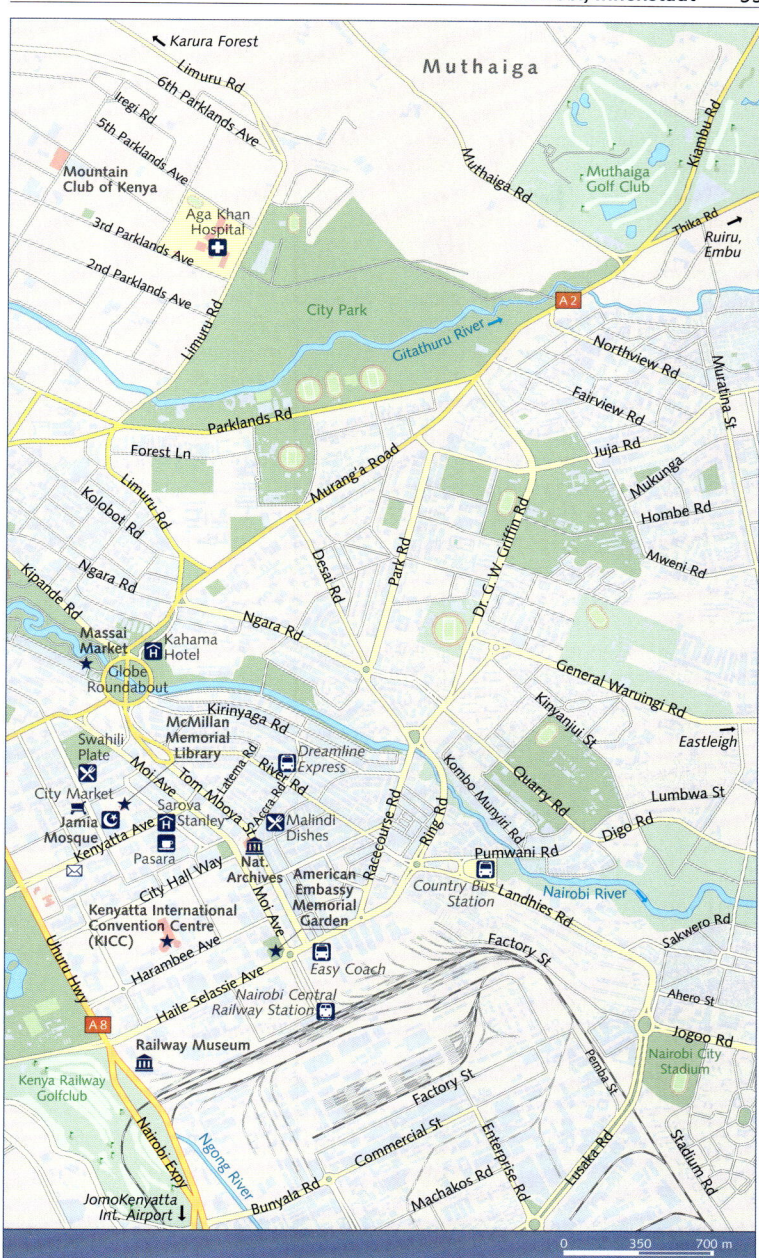

Nairobi und Umgebung

Grünflächen in der Hauptstadt angegangen. An den Fassaden von Parkhäusern und Shoppingmalls werden vertikale Gärten angelegt. Aus der Entstehungszeit der Hauptstadt sind zwar keine Gebäude erhalten geblieben, aber einige Bäume. Dazu zählt ein riesiger Feigenbaum, der über 100 Jahre alt ist. Dieser sollte ursprünglich entfernt werden, um Platz für eine neue Schnellstraße zu schaffen. Er wurde jedoch von engagierten Menschen gerettet und zum nationalen Symbol des Umweltschutzes gemacht.

Orientierung

Die Orientierung im Großstadt-Dschungel ist manchmal nicht ganz einfach. Natürlich kann man eine geführte Stadttour mitmachen, auf der Sie gekonnt durch das Straßengewirr geleitet werden; jedoch lohnt sich auch eine Erkundungstour auf eigene Faust. Je nach Vorliebe sind mobile Lösungen wie Google Maps oder OpenStreetMap, aber auch physische Stadtpläne nützlich.

Das Kenyatta Conference Centre ist ein guter Orientierungspunkt in Nairobi

Nairobi erstreckt sich über eine weite Fläche und verfügt über zahlreiche Vororte, die sich entlang der Hauptstraßen in die umliegenden Gegenden immer weiter ausbreiten. Im Süden ist die Stadtgrenze zum Nairobi National Park hin jedoch genau definiert.

Der Nairobi River teilt die Stadt von Nordwest nach Südost. Das Herz der Hauptstadt bildet der von Hochhäusern geprägte **Central Business District** (CBD) mit zahlreichen Verwaltungsgebäuden, Bürohäusern, Banken, teuren Einkaufsstraßen und Hotels. In der Mitte des Viertels befindet sich das **Kenyatta Conference Centre**, dessen auffälliger Turm das Wahrzeichen der Stadt ist.

Im Südwesten der Stadt erstrecken sich **Langata** und **Karen**, zwei vornehme Wohnviertel mit langen, von alten Bäumen gesäumten Alleen, üppigen Gärten und schönen Häusern. Letzteres ist benannt nach der Baronin und Schriftstellerin Karen Blixen, die Anfang des 20. Jahrhunderts auf dem heutigen Gebiet des Stadtviertels eine Kaffeefarm betrieb. Weitere vornehme Stadtviertel sind Runda, Muthaiga, Hurlingham, Kileleshwa und Lavington. **Muthaiga** liegt im Nordosten Nairobis und beherbergt die meisten Botschaften, die sich auf gepflegten Grünanlagen befinden.

In den Gegenden **Parklands** und **Westlands** nördlich der Innenstadt leben viele indische Einwohner. Mit zahlreichen Läden und beeindruckenden Tempeln verschiedener Glaubensgemeinschaften prägen sie das Stadtbild. Auch in **Kariokor**, einem der ältesten Viertel der Stadt, leben viele indische Einwohner.

Teil von Nairobi sind außerdem einige ärmere Wohnviertel und informelle Stadtviertel wie Mathare Valley, River Road District und Eastleigh. **Kibera** ist dabei das größte informelle Stadtviertel Nairobis, in der die meisten Einwohner in unzumutbaren Unterkünften ohne grundlegende Versorgungseinrichtungen wie Zugang zu sauberem Wasser und zu sanitären Einrichtungen leben.

Im Südosten Nairobis, in der Nähe des Jomo Kenyatta International Airports, befindet sich das riesige Industrie- und Gewerbegebiet Nairobis.

Sicherheit

Wie in allen Großstädten der Welt sollte man sich auch in Nairobi vor Taschendiebstahl und Trickbetrug in Acht nehmen. Auch wenn die Hauptstadt im Vergleich zu anderen afrikanischen Städten verhältnismäßig sicher ist, so gibt es doch Betrügereien. Besonders Reisende sind eine einfache Beute, weil sie oftmals unwissend und unsicher sind. Versuchen Sie daher selbstbewusst aufzutreten und reagieren Sie höflich-ablehnend, wenn Ihnen Menschen ungewollt zu nahe kommen. Möglicherweise wird man versuchen, Sie abzulenken, während man Ihnen unbemerkt den Rucksack leerräumt. Die Branche ist sehr innovativ im Erfinden neuer Tricks, und Sie sollten aufmerksam sein.

Am besten lassen Sie Wertsachen und Papiere im Hotelsafe und gehen nur mit dem Nötigsten auf Stadterkundungstour. Nehmen Sie nur so viel Geld mit, wie Sie für den Tag benötigen, und verstauen Sie es bestenfalls an verschiedenen Orten am Körper. Haben Sie das Tagesgeld in kleinen Scheinen und in der Landeswährung griffbereit. Wenn Sie Märkte besuchen, sollten Sie Schmuck, Uhren, Kameras und größere Rucksäcke im Hotel lassen.

Stadtzentrum

Die Innenstadt Nairobis setzt sich zusammen aus dem Central Business District (CBD), der sich vom Uhuru Highway und Uhuru Park bis hin zum Nairobi

Im Nationalmuseum

River erstreckt, sowie dem Museum Hill nördlich des CBD. Hier befinden sich viele der Sehenswürdigkeiten Nairobis.

■ National Museum

Das Nationalmuseum ist ein imposantes Gebäude inmitten eines üppig grünen Geländes. Es enthält eine **Dauerausstellung mit archäologischen Fundstücken** von Ausgrabungen am Lake Turkana sowie **ethnologische und naturkundliche Sammlungen**. Eine der Hauptattraktionen des Museums sind die von Joy Adamson (Autorin von *Born Free*, 1960) gemalten Portraits von Mitgliedern verschiedener kenianischer Ethnien. Im Innenhof steht ein lebensgroßes Glasfasermodell des berühmten Dickhäuters Ahmed, des riesigen Elefanten, der auf dem Höhepunkt der Wildereikrise in den 1980er Jahren zum Symbol Kenias wurde und den Jomo Kenyatta rund um die Uhr bewachen ließ.

Außerdem enthält das Museum eine **Galerie für zeitgenössische ostafrikanische Kunst**. Im **Leakey-Auditorium** werden regelmäßig Vorträge und andere kulturelle

Events veranstaltet. Louis Leakey war ein prominenter Anthropologe und Paläontologe und zudem Kurator des Museums von 1945 bis 1961. Außerhalb lädt ein nettes **Café** zum Verweilen ein.

Der **Snake Park**, ein Reptilienpark, kann auf dem Museumsgelände besucht werden. Er beherbergt verschiedene afrikanische Reptilien, darunter Krokodile, Schildkröten und Schlangen. Die Tiere sind jedoch eingepfercht in kleine Terrarien – ein trauriger Anblick und daher nicht zu empfehlen.

■ Kenyatta International Convention Centre (KICC)

Eines der imposantesten Gebäude in diesem modernen Geschäfts-, Restaurant- und Hotel-Viertel ist das im Jahre 1973 errichtete und hoch über dem City Square thronende KICC. Von der **Aussichtsplattform** des 105 Meter hohen Gebäudes genießt man atemberaubende Blicke über die Stadt und ihre Vorstädte. An klaren Tagen können Sie auch Flugzeuge im Landeanflug über dem Nairobi-Nationalpark sehen. Sie dürfen von der Aussichtsebene aus fotografieren, aber nicht an anderen Stellen im Gebäude.

■ National Archives

Das Nationalarchiv wurde 1965 etabliert. Dieses »Gedächtnis der Nation« umfasst eine umfangreiche Sammlung von Dokumenten und Referenzmaterial, die im schönen ehemaligen Gebäude der Bank of India untergebracht ist. Im Atrium und in der Galerie im Erdgeschoss ist eine eklektische Auswahl an zeitgenössischer Kunst, historischen Fotos von Nairobi, kulturellen Artefakten, Möbeln und Objekten verschiedener kenianischer Ethnien ausgestellt, die interessante Einblicke in die Geschichte Kenias und in die verschiedenen Kulturen des Landes ermöglicht.

■ Jamia Mosque

Die Jamia-Moschee ist die bekannteste Moschee Nairobis. Die mit zahlreichen weiß-grünen Kuppeln und Minaretten verzierte Moschee wurde Anfang des 20. Jahrhunderts erbaut. Von außen lässt sich die klassisch arabisch-islami-

Karte S. 98/99

▲ *Entspannung im Uhuru Park*

Auf dem Gelände des Railway Museums

sche Architektur mit viel Marmor und Inschriften aus dem Koran bewundern. Der Eintritt ist nur Musliminnen und Muslimen gestattet.

■ City Market

Im Stadtzentrum befindet sich die eiförmige Halle des City Market. Hier werden allerlei Waren angeboten – von Blumen, Fleisch und Fisch, Obst und Gemüse, Kunsthandwerk und Souvenirs bis hin zu Musikinstrumenten. Die Auswahl ist groß, die Preise jedoch deutlich höher als auf anderen Märkten. Hier ist Handeln angesagt!

■ Uhuru und Central Park

Direkt am Uhuru Highway im Zentrum der Stadt liegen der Uhuru und der Central Park, die durch die Kenyatta Avenue getrennt werden. Die Parks sind beliebte Rückzugsorte vom Lärm und Hektik der Innenstadt und wurden erst 2022 neu gestaltet. Tagsüber kommen viele Geschäftsleute in ihrer Mittagspause aus dem Büro in den Park sowie Familien zum Picknicken. Die Parkanlagen laden zu einem Spaziergang ein, vorbei am be-

kannten **Serena-Hotel** (→ S. 118) sowie der beeindruckenden neugotischen Kirche **All Saints Cathedral**. In den Parks finden immer wieder Open-Air-Veranstaltungen wie Konzerte und Gottesdienste statt. Nach Einbruch der Dunkelheit sollte man die Parks aus Sicherheitsgründen nicht besuchen.

■ Railway Museum

Die Sammlung des Railway Museums ist in einem alten Eisenbahngebäude untergebracht und besteht aus Objekten der East African Railway. Anhand von Zugmodellen, Fotografien, Karten und anderen Objekten lässt sich die Geschichte der Ugandabahn auf anschauliche Weise nachvollziehen. Auch Kuriositäten aus der Geschichte der Eisenbahn werden ausgestellt, der es beispielsweise den Engine Seat, der es Theodore Roosevelt und anderen prominenten Personen ermöglichte, vom Zug aus Wildtiere zu jagen. Auf dem Gelände befinden sich unzählige verfallene Dampflokomotiven und im hinteren Teil des Geländes der Dampfzug aus dem Film *Out of Africa*.

■ **American Embassy Memorial Garden**

Dieser gepflegte Garten der ehemaligen US-amerikanischen Botschaft soll an die terroristischen Bombenanschläge von 1998 erinnern, die die damalige Botschaft zerstörten. Die heutige Botschaft liegt in einem anderen Stadtviertel Nairobis, nahe dem Karura Forest.

■ **Arboretum**

Das etwa 30 Hektar große Arboretum, die »grüne Lunge der Stadt«, liegt zwischen Statehouse und Kileleshwa Police Station. Das Arboretum wurde 1907 als Versuchsfläche für schnell wachsende exotische Baumarten eingerichtet, um den hohen Bedarf an Brennholz für den Bau der Ugandabahn zu decken. Im Park leben allerlei Vogelarten, Meerkatzen, Affen und Dikdiks (Zwergantilopen). Darüber hinaus sind mehr als 350 Baumarten vertreten. Das Arboretum ist ein beliebter Picknickplatz, und sonntags treffen sich religiöse Gruppen zum Gottesdienst im Freien.

■ **Karura Forest**

Der Karura Forest liegt zwischen Muthaiga und Gigiri. Es ist ein geschütztes Waldgebiet im Herzen der kenianischen

Im Karura-Wald

Hauptstadt, das sich über beeindruckende 1000 Hektar erstreckt. Der Wald ist bei der einheimischen Bevölkerung und Reisenden gleichermaßen beliebt für Joggen, Mountainbiking und Spaziergänge. In dieser grünen Stadtoase leben mehr als 600 Vogelarten (!), Meerkatzen, Kleinantilopen und Affen. Besondere Attraktionen sind einige kleine Wasserfälle, Seen und Höhlen. Das **River Café** (→ S. 124) am westlichen Rand des Karura-Waldes lädt zum Verweilen ein.

Langata und Karen

Die Stadtviertel Langata und Karen im Süden von Nairobi haben nur wenig Ähnlichkeit mit den urbanen Ausläufern der Hauptstadt. In dieser grünen Umgebung befinden sich zahlreiche schöne Häuser und Villen, eingebettet in weitläufige Grundstücke mit gepflegten Gärten. Hier kann man dem Stadtleben entkommen und Attraktionen wie die Bomas of Kenya, das Elefantenwaisenhaus des David Sheldrick Wildlife Trusts, das Langata Giraffe Village sowie das Karen-Blixen-Museum besuchen.

Karte S. 98/99, 105

Rundweg im Arboretum

■ Bomas of Kenya

Bomas of Kenya ist ein Kulturzentrum in Langata in der Nähe des Haupttors des Nairobi-Nationalparks. Es wurde 1971 gegründet und hat zum Ziel, die kulturellen Werte der verschiedenen ethnischen Gruppen Kenias zu erhalten, zu fördern und darzustellen. Es bietet ein Freilichtmuseum mit mehr als 20 traditionellen Wohnstätten (bomas) sowie professionelle Tanzdarbietungen und lokale Speisen verschiedener kenianischer Ethnien. Fast 50 verschiedene traditionelle Tänze werden aufgeführt, unter anderem Kalendjin-Krieger-Tänze. Auch arabisch beeinflusste Swahili-Taarab-Musik ist zu hören. Das Programm bietet interessante Einblicke in die unterschiedlichen Kulturen des Landes.

■ David Sheldrick Elephant Orphanage

Der David Sheldrick Wildlife Trust betreibt ein Waisenhaus für verwaiste Elefanten- und Nashornbabies, die fachkundig und liebevoll vor Ort aufgezogen werden. Sobald sie ausreichend vorbereitet und alt genug sind, in der freien Wildbahn zu überleben, werden sie in einem der vielen kenianischen Nationalparks ausgewildert. Diese gemeinnützige Naturschutzstiftung, die ein Grundstück im Nairobi-Nationalpark nutzt, wurde 1977 von Dr. Daphne Sheldrick gegründet. Daphne und ihr Ehemann David leisteten Pionierarbeit bei der Aufzucht von verwaisten Spitzmaulnashörnern und Elefanten und ihrer Wiederauswilderung. Die mittägliche Fütterung der Elefantenwaisen von 11 bis 12 Uhr ist ein besonderes Spektakel: Zunächst erhält jeder Elefant eine riesige Nuckelflasche mit Milch, die sie in großer Eile herunterstürzen, gefolgt von einem genüsslichen Bad in einem Schlammloch mit wildem Spielen. Wer die Organisation unterstützen möchte, kann dies durch den Kauf eines Souvenirs oder durch eine Patenschaft für einen Elefanten tun (→ S. 125).

Nairobi und Umgebung

Die Viertel Karen und Langata

EXTRA

Das Elfenbein-Komplott

Afrikanische Elefantenpopulationen wurden im letzten Jahrhundert durch brutale Wilderei um etwa 97 Prozent reduziert. Auch heute noch werden jedes Jahr tausende Elefanten geschlachtet. Die unter anderem in Kenia gefilmte Dokumentation »The Ivory Game: Das Elfenbein-Komplott« (2016) veranschaulicht eindrücklich den anhaltenden Kampf gegen illegale Wilderei in Afrika.

Elefanten gehören zu den intelligentesten Lebewesen auf unserem Planeten. Ihre komplexen sozialen Beziehungen und verwandtschaftlichen Bindungen machen sie einzigartig im Tierreich. Sie sind die »Gärtner des Waldes und die Bewahrer der Savannen«. Ohne sie würde die Artenvielfalt in diesen Ökosystemen zusammenbrechen. Wenn ein Elefant stirbt, verlieren wir viel mehr als nur einen einzelnen Elefanten, denn Elefanten haben ein erstaunliches Gedächtnis. Sie können bis zu 70 Jahre alt werden und geben während ihres Lebens viel Wissen an jüngere Generationen weiter. Elefanten werden von einer Matriarchin geführt, die Entscheidungen für die Familie trifft. Wenn man diese Leitfigur verliert, hat man plötzlich nur noch junge Tiere, die ohne historisches Gedächtnis Entscheidungen treffen müssen, in einer Welt, die für die Tiere ungemein gefährlich ist.

Kenia nimmt beim Kampf gegen Wilderei eine Vorreiterrolle ein. Im April 2016 vernichtete die kenianische Regierung Lagerbestände von 105 Tonnen Elfenbein. In den letzten Jahrzehnten wurden zahlreiche Naturschutzgebiete mit Elektrozäunen begrenzt; nicht nur, um Wilderei einzudämmen, sondern auch, um Konflikte mit den in direkter Nachbarschaft zu den Nationalparks lebenden Menschen zu verhindern. China und Hongkong bilden den größten Elfenbeinmarkt der Welt. Seit Ende 2017 aber ist der Handel mit Elfenbein in China illegal – ein großer Schritt für den Schutz von Elefanten! Trotz dieser überaus positiven Entwicklungen wird weltweit noch immer etwa alle 15 Minuten ein Elefant getötet. Der Kampf geht weiter.

Weitere Informationen auf www.theivorygame.com.

Badende Elefanten im Tsavo-East-Nationalpark

Die Tiere im Giraffe Centre dürfen gefüttert werden

Nairobi und Umgebung

■ Giraffe Centre

Das Giraffe Centre, das vom African Fund for Endangered Wildlife betrieben wird, liegt etwa 18 Kilometer vom Zentrum Nairobis entfernt und ist über die Langata South Road zu erreichen. Hier kann man Rothschild-Giraffen von einer erhöhten Holzkonstruktion aus beobachten und füttern, was besonders für Kinder ein unvergessliches Erlebnis ist. Es gibt eine Ausstellung mit Informationen über Giraffen. In der Nähe befindet sich das Hotel **Giraffe Manor** (→ S. 118), in dessen Garten einige der seltenen Tiere leben und auch immer wieder zum Fenster hereinschauen. Wer möchte, kann im Gartenrestaurant des Hotels einen Kaffee trinken.

■ Karen-Blixen-Museum

Das alte Farmhaus der dänischen Baronin Karen Blixen, die hier von 1914 bis 1931 lebte und eine Kaffeeplantage betrieb, liegt in dem nach ihr benannten Stadtviertel Karen. Sie verließ es nach einer Reihe von persönlichen Tragödien, aber das schöne Haus ist als Museum erhalten geblieben. Es wurde der kenianischen Regierung bei der Unabhängigkeit von der dänischen Regierung zusammen mit der angrenzenden Landwirtschaftsschule geschenkt. Eine Führung durch das heutige Karen-Blixen-Museum und ein Spaziergang durch den gepflegten Garten bieten interessante Einblicke in das Leben der Baronin. Karen Blixen ist unter anderem bekannt für ihre Memoiren Out of Africa, die mit Meryl Streep, Robert Redford und einem der ausrangierten Züge des Eisenbahnmuseums von Nairobi verfilmt wurden. Ab und zu werden hier Filmabende veranstaltet.

Das ehemalige Farmhaus von Karen Blixen

Kunstgalerien und Kulturzentren

Über die ganze Stadt verstreut gibt es Kunstgalerien, in denen man Ausstellungen kenianischer und internationaler Kunstschaffender bestaunen kann. Kunstwerke lassen sich in vielen Ateliers und Geschäften erstehen. Nairobi hat jedoch nicht nur traditionelles Kunsthandwerk zu bieten, sondern auch Werke international anerkannter Künstlerinnen und Künstler, die von Gemälden, Skulpturen aus Holz, Metall und Glas bis hin zu Objekten aus recycelten Materialien reichen. Zudem gibt es einige Kulturzentren, die Raum bieten für die florierende Kulturszene der Hauptstadt.

■ Kenya Cultural Centre und National Theatre

Das Kenya Cultural Centre mit dem National Theatre bietet Musik-, Theater- und Tanzaufführungen sowie Ausstellung von Kunstwerken und Kunsthandwerk. Diese Kultureinrichtungen wurden im Jahr 1952 gegründet.

■ Nairobi Gallery

Auf der gegenüberliegenden Seite des Uhuru Highways liegt die Nairobi Gallery in einem imposanten Gebäude aus dem Jahr 1913. Vor der Unabhängigkeit war das Gebäude ein Gerichtsgebäude, in dem Einheimische, die beschuldigt wurden, Nairobi ohne Passierschein betreten zu haben, vor Gericht gestellt und verurteilt wurden. Nach der Unabhängigkeit wurde das Haus vom Provinzkommissar als Büro der Provinz Nairobi genutzt, bis er 1983 in das Nyayo-Haus umzog. Heute finden in der Nairobi Gallery äußerst sehenswerte Ausstellungen zeitgenössischer kenianischer Kunst statt.

■ Kuona Trust Art Centre

Der Kuona Trust ist eine gemeinnützige Organisation, die 1995 im National Museum of Kenya gegründet wurde. Die Galerie des Kuona Trust beherbergt thematische und konzeptionelle Ausstellungen, die von jungen experimentellen Kunstschaffenden kuratiert werden. Einer der Künstler des Kollektivs ist Patrick Karanja, der in seinen Vignetten das facettenreiche Leben in Nairobi meisterhaft einfängt.

■ **Kitengela Glass**

Kitengela Glass in der Nähe des Nairobi-Nationalparks stellt verschiedenste Skulpturen, Schmuck, Wohndekorationen, Mosaike und Kunstwerke aus Glas her. Dazu wird unter anderem recyceltes Glas und Altmetall berwendet. Kitengela Glass, 1981 von der deutschstämmigen Nani Croze gegründet, ist ein lebendiges Ausbildungszentrum für mehr als 50 Kunsthandwerkerinnen und -handwerker, die in verschiedenen künstlerischen Disziplinen geschult und beschäftigt werden. Kitengela Glass Art veranstaltet außerdem regelmäßig Workshops, bei denen man unter anderem Glasbläserei ausprobieren kann. Neben den Ateliers gibt es einen Laden und ein Café. Wenn man länger bleiben möchte, kann man in einem Haus mit Pool auf demselben Gelände übernachten (Selbstversorgung).

■ **Goethe-Institut**
  und Alliance Française

Im **Goethe-Institut** finden immer wieder spannende kulturelle Veranstaltungen wie Tanz, Theater und Kunstausstellungen statt.

Im französischen Kulturzentrum **Alliance Française** lassen sich interessante Ausstellungen besuchen, außerdem gibt es Kinofilme, Konzerte und Theaterstücke von kenianischen und internationalen Kulturschaffenden. Im gemütlichen Gartencafé werden Spezialitäten der französischen Küche angeboten.

Stadtbesichtigungs-Tipps

Die folgenden zwei Tagestouren ermöglichen es, Nairobi auf eigene Faust zu erkunden. Die Touren sind so angelegt,

dass sie auch ohne Führung machbar sind. Einige Strecken können zu Fuß zurückgelegt werden, bei anderen bietet es sich an, ein Taxi oder Uber zu nehmen. Die beiden Tagestouren geben außerdem Empfehlungen zum Einkehren und Geheimtipps zum Erkunden so manch besonderer Ecke der Stadt.

■ **Tour 1**

National Museum – Kenyatta International Convention Centre – Swahili Plate – City Market – Karura Forest – River Café – Mayura Restaurant – The Alchemist

Länge: ca. 12 Stunden inkl. Pausen und Besichtigungen

Diese Tagestour führt Sie durch die Innenstadt Nairobis und vereint Kultur und Geschichte, Shopping und Natur mit gutem Essen. Sie beginnt beim **Nationalmuseum** (→ S. 101). Hier lernen Sie im Rahmen einer Führung Interessantes über archäologische Funde in Kenia, über verschiedene ethnische Gruppen sowie über die kenianische Flora und Fauna.

Als Nächstes geht es mit einem Taxi oder Uber zum **Central Business District** (CBD), in dem sich das **Kenyatta International Convention Centre** (→ S. 102) befindet. Dieser Wolkenkratzer ist eines der höchsten Gebäude in Nairobi. Von der Aussichtsplattform hat man einen tollen Blick über die Stadt und ihre Vorstädte. Nachdem Sie die schöne Aussicht genossen haben, können Sie in einer Viertelstunde hinüber zum Restaurant **Swahili Plate** (→ S. 120) laufen und dort authentische Gerichte der kenianischen Küste genießen.

Auf dem **City Market** (→ S. 103), der sich direkt gegenüber dem Restaurant in der Muindi Mbingu Street befindet, können Sie Souvenirs und Kunsthandwerk einkaufen und Ihr Verhandlungsgeschick testen.

Nairobi und Umgebung

Vom City Market nehmen Sie am besten ein Taxi oder Uber zum Eingang des **Karura Forest** (→ S. 104) in der Limuru Road. In diesem riesigen Stadtpark können Sie die Ruhe genießen und entspannen – nach einem Vormittag in der hektischen Innenstadt Nairobis genau das Richtige. Gehen Sie zwischen den hoch aufragenden Eukalyptusbäumen spazieren und beobachten Sie Graureiher auf der Jagd nach Fischen an einem der kleinen Seen im Wald. Falls Sie einen Zwischenstopp einlegen wollen, bietet sich das **River Café** (→ S. 124) am westlichen Rand des Karura-Waldes an. Hier können Sie einen Kaffee trinken und einen der leckeren Kuchen probieren.

Mit dem Taxi fahren Sie zu einem der besten indischen Restaurants in Nairobi, dem **Mayura** (→ S. 120) in Westlands. Hier können Sie zum Abendessen einkehren und sowohl vegetarische als auch nicht-vegetarische indische Köstlichkeiten genießen. Sagen Sie bei Ihrer Bestellung Bescheid, welches Schärfelevel Ihr Essen haben soll. Keine Sorge – Ihr Essen kann mild zubereitet werden.

Wenn Sie danach noch Lust auf einen Drink und gute Musik haben, überqueren Sie vom Mayura einfach die Parklands Road, und Sie sind in weniger als fünf Minuten beim **Alchemist** (→ S. 126), einer der coolsten Bars im Ausgehviertel Westlands. Genießen Sie einen Cocktail oder ein eiskaltes kenianisches Bier – Tusker oder White Cap – auf einem der bunten Sofas im Freien. Ob unter der Woche oder am Wochenende – hier ist immer was los!

■ **Tour 2**
Giraffe Centre – David Sheldrick Elephant Orphanage – Karen Blixen Coffee Garden and Cottages – Karen-Blixen-Museum – Talisman (ca. 12 Stunden inkl. Pausen und Besichtigungen)

Diese Tagestour konzentriert sich auf die grünen Stadtviertel Langata und Karen nahe des Nairobi-Nationalparks. Arrangieren Sie hierfür am besten ein Taxi, das Sie den ganzen Tag über begleitet, bei Ihrer Unterkunft.

Ausgangspunkt ist das **Giraffe Centre** (→ S. 107). Hier können Sie seltene Rothschild-Giraffen von einer erhöhten Holzkonstruktion aus beobachten und aus der Hand füttern.

Von hier geht es in etwa 20 Minuten Fahrt zum **David Sheldrick Elephant Orphanage** (→ S. 105). Beachten Sie, dass Sie diesen Besuch am besten ein paar Wochen im Voraus online buchen müssen (→ S. 125) und dass Sie etwa um 10.45 Uhr vor Ort sind. Das Waisenhaus öffnet täglich zwischen 11 und 12 Uhr seine Tore, und man kann bei der mittäglichen Fütterung der Elefantenbabies mit anschließendem Schlammbad zuschauen. Nach der Fütterung haben Sie die Möglichkeit, eines der handgefertigten Souvenirs im Shop des Waisenhauses zu kaufen.

Zum Mittagessen können Sie in das etwa 20 Minuten entfernte **Karen Blixen Coffee Garden and Cottages** (→ S. 123) fahren, ein idyllisch gelegenes Gartenrestaurant.

Das Restaurant liegt ganz in der Nähe des nächsten Stopps, dem **Karen-Blixen-Museum** (→ S. 107). Bis 18 Uhr können Sie hier das ehemalige Farmhaus der Baronin Blixen sowie das weitläufige Gelände besichtigen.

Zum Abendessen können Sie im renommierten **Talisman-Restaurant** (→ S. 123) einkehren. Hier genießen Sie so unterschiedliche Speisen wie Entenbraten, Sushi, Thai Curries oder Burger. Nach dem Essen ruft die Cocktail-Bar – probieren Sie unbedingt den kenianischen Cocktail Dawa, was auf Swahili so viel bedeutet wie »Medizin«!

Schlammbad in der Sheldrick-Elefantenstation

Nairobi-Informationen

Allgemeine Informationen

Vorwahl: +254/(0)20

Zeitzone: MEZ +2 (Winterzeit), MEZ +1 (Sommerzeit)

Tourismusbüro: Trotz der vielen Safariunternehmen mit Schildern, auf denen »tourist information« steht, gibt es kein offizielles Tourismusbüro in Nairobi.

Für Veranstaltungen und andere Informationen können Sie die lokale Zeitung **Daily Nation** (www.nation.africa/kenya) konsultieren.

Weitere hilfreiche Websites sind **Visit Kenya** (www.visitkenya.com), **Go Places** (https://goplaceskenya.com), **Kenya Buzz** (https://kenyabuzz.com) und **Nairobi Now** (www.nairobinow.wordpress.com).

Eat Out (www.eatout.co.ke) gibt einen umfangreichen Überblick über Restaurants und Bars.

■ Wichtige Telefonnummern

Nächstgelegene Polizeistation: 112 oder 999

Krankenwagen: +254/(0)721/611555 (St. John's Ambulance, www.stjohnkenya.org)

Aussicht vom Kenyatta Conference Centre

Ruftaxi: Jatco Taxis & Tours (Tel. +254/(0)725/280000, www.jatcotaxis.com) oder **Kenatco Taxis** (Tel. +254/(0)709/642000, www.kenatco.co.ke)

■ Banken und Wechselstuben

Der Geldwechsel ist fast in allen Banken möglich. Am Jomo Kenyatta International Airport gibt es eine Wechselstube nach der Gepäckausgabe. Die meisten Banken verfügen auch über Geldautomaten (ATM). In der Regel werden VISA- und Mastercards problemlos akzeptiert. Prinzipiell lässt sich in allen Bankfilialen Geld abheben oder am Schalter wechseln.

Zu den renommierten Banken im Land zählen **Stanbic**, **Standard Chartered**, **KCB**, **Equity** und **Absa**. Weitere Informationen → S. 389

■ Post

Es gibt in Nairobi zahlreiche Postämter und DHL-Stationen. Hier seien drei Büros beispielhaft genannt.

Hauptpostamt, Kenyatta Ave (gegenüber Nyayo House); Mo–Fr 8–17, Sa 9–12 Uhr, So und feiertags geschlossen. https://posta.co.ke

Postamt Westlands, Westlands Mansion, Mpaka Rd; Mo–Fr 9–17 Uhr, Sa 9–13 Uhr, So und feiertags geschlossen. https://posta.co.ke

DHL, Yaya Centre, Kilimani, Tel. +254/(0)711/017130; Mo–Fr 9–19 Uhr, Sa 9–16 Uhr, So und feiertags geschlossen. www.logistics.dhl/ke-en

■ Internet und Mobilfunk

Sie können SIM-Karten und Internet- sowie Mobilfunk-Pakete bei einem der zahlreichen **Safaricom**- (www.safaricom.co.ke) und **Airtel-Shops** (www.airtelkenya.com) kaufen. Die Läden dieser Anbieter finden sich in den meisten der großen Shoppingmalls. Die Mobilfunk- und Internetnetze sind in Nairobi gut ausgebaut und bieten schnelle Geschwindigkeiten.

■ Meldestelle

Touristische Visa bis zu drei Monaten werden online (www.evisa.go.ke) oder bei Einreise am Flughafen ausgestellt. Für Verlängerungen bis zu drei Monaten ist die Einwanderungsbehörde im Nyayo House zuständig.

Nyayo House, Posta Rd, CBD, Tel. +254/(0)707/238319, Mo–Fr 8–17 Uhr, am Wochenende und feiertags geschlossen. www.immigration.go.ke

■ Karten, Bücher, Medien

Viele der Kulturzentren in Nairobi (→ S. 108) haben Bibliotheken, die der Öffentlichkeit zugänglich sind. Zudem gibt es einige öffentliche Bibliotheken. Zwei der besten sind:

Kenya National Library, Maktaba Kuu Building, Ngong Rd, Tel. +254/(0)722/860567; Mo–Fr 8–18.30 Uhr, Sa 8.30–17 Uhr, feiertags geschlossen. Karte → S. 98 www.knls.ac.ke

McMillan Memorial Library, Banda St (neben der Jamia-Moschee), CBD, Tel. +254/(0)733/227956; Mo–Fr 8–17 Uhr, Sa 8–12 Uhr, feiertags geschlossen. Karte → S. 99. www.bookbunk.org

Cheche Bookshop, Kauria Cl, Tel. +254/(0)702/712277; tgl. 10–18 Uhr. Dieser Buchladen verfügt über eine große Auswahl an afrikanischer feministischer Literatur. Die Mitarbeiterinnen sind äußerst sachkundig und helfen gerne bei der Auswahl. Die Buchhandlung bietet auch eine Reihe von kulturellen Veranstaltungen an. Verbinden Sie Ihren Besuch des Cafés der Buchhandlung (Instagram: @chekafe). Karte → hintere Umschlagklappe www.chechebooks.hustlesasa.shop Instagram: @chechebooks

Bookstop, Yaya Centre, Ring Rd, Kilimani, Tel. +254/(0)722/701782; Mo–Sa 10–18.30, So 11–17.30. Zwei Buchhandlungen mit einer großen Auswahl an englischsprachigen Büchern, Magazinen, ausländischen Zeitungen und Zeitschriften sowie Karten. Karte → hintere Umschlagklappe https://bookstop.co.ke

Die McMillan-Bibliothek

An- und Abreise
■ Mit dem Flugzeug

Jomo Kenyatta International Airport (NBO), südöstlich der Stadt. Regelmäßige Verbindungen nach Europa. Touristische Visa können am Flughafen unkompliziert von der Passkontrolle ausgestellt werden, falls kein eVisum vorhanden ist (www.evisa.go.ke). Geschäftsvisa müssen vom Heimatland aus beantragt werden.

Eine Fahrt mit den **gelben Flughafentaxis** in die Innenstadt kostet rund 1500 Ksh (12 Euro), nachts wird es teurer. Auch Fahrten über die Transport-Apps Uber oder Bolt können bestellt werden und sind günstiger als gewöhnliche Taxis. Viele Hotels bieten auch einen Hoteltransfer, der im Vorfeld bestellt werden muss. Die Fahrt mit öffentlichen Verkehrsmitteln in die Innenstadt ist kompliziert, umständlich und nicht zu empfehlen.

www.kaa.go.ke

Inlandsflughafen Wilson Airport (WILL), ca. 6 km südlich des Stadtzentrums an der Langata Road. Flüge zwischen Nairobi und einigen ostafrikanischen Städten, wie nach Mwanza in Tansania oder nach Sansibar, sowie Linien- und Charterflüge im Inland. Die Check-in-Zeit für Inlandsflüge beträgt mindestens eine Stunde vor dem Abflug.

Beachten Sie auch, dass das zulässige Gepäckgewicht weit unter demjenigen internationaler Flüge liegt.

Ein Taxi vom Wilson Airport ins Stadtzentrum kostet um die 1000 Ksh (etwa 8 Euro), Uber oder Bolt sind günstiger (ca. 500 Ksh bzw. 4 Euro). www.kaa.go.ke

■ Mit dem Auto

Es gibt einige Zubringerrouten in die Hauptstadt hinein. Dies gestaltet die Anreise einfach, wobei zu den Stoßzeiten bereits in den Vorstädten mit Staus zu rechnen ist. Von **Mombasa** kommend erreicht man Nairobi über die Mombasa Road. Von dieser aus kann man den neuen, mautpflichtigen **Nairobi Expressway** (www.nairobiexpressway.ke) nehmen – eine Überführung, die durch Nairobi führt und durch die man das Verkehrschaos in der Stadt vermeiden kann, sollte man nur auf der Durchreise sein.

Von **Naivasha** erreicht man Nairobi über die A104. Sie führt über Limuru in den Stadtteil Westlands. Alternativ kann man den Southern Bypass im Südwesten der Stadt nehmen, der einige Stadtviertel umfährt und somit das größere Verkehrsaufkommen innerhalb der Stadtteile vermeidet. Von **Thika** aus führt die A 2 über Ruiru in das Stadtzentrum.

■ Mit der Bahn

Die 2017 eröffnete Hochgeschwindigkeits-Eisenbahnlinie **Nairobi–Mombasa**, der **Madaraka Express** (https://metickets.krc.co.ke), revolutionierte das Reisen auf der anstrengenden Strecke zwischen den beiden größten Städten Kenias. Zuvor dauerte die Reise etwa 18 Stunden, durch den Madaraka Express wird sie auf rund 5 Stunden verkürzt. Die von Kenya Railways betriebene Strecke soll im Laufe der nächsten Jahre ausgebaut werden und auch andere Städte erreichen. Derzeit gibt es täglich eine Abfahrt um 15 Uhr von Nairobi nach Mombasa (Ankunft 20.08 Uhr) oder einen Nachtzug, der in Nairobi um 22 Uhr startet und um 3.45 Uhr in der Früh in Mombasa ankommt. Die gleichen Abfahrtszeiten und Fahrtdauern gelten auch in die entgegengesetzte Richtung von Mombasa nach Nairobi. Alternativ kann man auf dieser Strecke die Orte Voi, Mtito Andei, Mariakani, Miaseny, Kibwezi, Emali und Athi River anfahren.

Auch **Kisumu** ist per Zug zu erreichen. Es fährt ein Nachtzug jeden Freitag von Nairobi aus mit Zwischenstopps in Naivasha, Nakuru, Njoro, Molo, Elburgon, Fort Ternan, Londiani, Muhoroni, Miwani, Chemelil, Kibigori und Kibos. Der Zug fährt um 18.30 Uhr ab und kommt um 6.30 Uhr in Kisumu an. Die Rückfahrt findet jeden Sonntag statt, wobei der Zug den Bahnhof New Kisumu um 18.30 Uhr verlässt und um 6.35 Uhr in Nairobi ankommt. Eine Fahrkarte für die erste Klasse nach Kisumu kostet 2000 Ksh und eine Fahrkarte für die Economy-Klasse 600 Ksh. www.krc.co.ke/the-kisumu-safari-train

■ Überlandbusse

Mit Überlandbussen ist jeder Ort Kenias erreichbar. Für die An- und Abreise aus Nai-

Am alten Bahnhof von Nairobi

robi gibt es verschiedene Busbahnhöfe und Abfahrtsorte, je nachdem, in welche Landesteile man reisen und welchen Komfort man in Anspruch nehmen möchte. Wie auch bei den Matatus sollte man sich bei Überlandbussen über die Sicherheitsrisiken im Klaren sein: Fahrer fahren oft zu schnell und sind übermüdet, die Busse befinden sich teilweise in schlechtem technischen Zustand, und es kommt immer wieder zu Unfällen und Pannen. Im Falle einer Panne müssen die Reisenden häufig stundenlang am Straßenrand ausharren, bis das Problem gelöst ist oder ein Ersatzfahrzeug kommt. Taschendiebstähle im Bus sind häufig, und man sollte sein gesamtes Gepäck unter dem Sitz oder auf dem Schoß verstauen und Wertsachen am Körper tragen. Es gibt unterschiedliche Preiskategorien, je nach Komfort und Fahrtdauer.

Die meisten Büros der Fernbusunternehmen befinden sich in der **River Road**, rund um die Accra Road und die umliegenden Straßen, einige haben jedoch auch Büros in der **Monrovia Street** für ihre ausländischen Verbindungen. Reservieren Sie immer mindestens 24 Stunden im Voraus und vergewissern Sie sich über den Abfahrtsort des Busses. Die meisten Fernbusse fahren am frühen Morgen oder am späten Abend. Wenn Sie die Wahl haben, entscheiden Sie sich für Ersteres, denn wenn Sie nach Einbruch der Dunkelheit auf Kenias Straßen unterwegs sind, steigt das Risiko, in einen Unfall verwickelt zu werden.

Country Bus Station, zwischen Landhies Road und Pumwani Road in der Nähe des Central Business District (CBD). Hektischer Busbahnhof mit Bussen, die ins ganze Land fahren. Er bedient Unternehmen ohne eigenen Abfahrtsort. Falls Sie an diesem Busbahnhof abfahren, seien Sie aufmerksam, denn Diebstähle sind hier leider an der Tagesordnung.

Busabfahrt im River-Road-Viertel: Im River-Road-Viertel inmitten der Innenstadt Nairobis befinden sich die meisten Büros von Fernbusunternehmen im Bereich der River Road, die sich um die Accra Road und

Ein Regentag in Nairobi

die umliegenden Straßen gruppieren. Auch Matatus fahren von diesen chaotischen Straßen ab. Die Fahrpreise der Matatus sind ähnlich wie die der Busse.

Hier eine Auswahl zuverlässiger Busunternehmen:

Mash Poa, Accra Rd, Tel. +254/(0)730/ 889000. Fährt zahlreiche Orte Kenias und ostafrikanische Städte an.
www.mashpoa.com

Easy Coach, Haile Selassie Rd, Tel. +254/ (0)738/200301. Langjähriges Unternehmen, das Ziele in ganz Kenia bedient und auch in Orte im ostafrikanischen Ausland fährt. Die Abfahrt ist am Easy Coach Busbahnhof in der Haile Selassie Rd.
https://easycoachkenya.com

Dreamline Express, Duruma Rd, Tel. +254/ (0)721/966000. Zuverlässiges Unternehmen, das Nairobi mit zahlreichen kenianischen und ostafrikanischen Städten verbindet.
www.dreamline.co.ke

Modern Coast Express, Accra Rd, Tel. +254/ (0)709/897000. Fährt in der Accra Rd Kreuzung Cross Ln ab. Die Busse von Modern Coast sind zuverlässig und verbinden Nairobi mit den größeren kenianischen und ostafrikanischen Städten.
www.modern.co.ke

Mololine Prestige Shuttle, Latema Rd, Tel. +254/(0)790/491749. Verbindet

Nairobi mit Nakuru und weiteren großen Städten.
www.prestigeshuttle.co.ke
Busabfahrt im Viertel Eastleigh:
Vom Viertel Eastleigh in der Innenstadt fahren zwei empfehlenswerte Busunternehmen ab, die Nairobi mit Nordkenia verbinden.
Liban Bus Services, Ninth St, Tel. +254/(0)724/906002. Verbindet Nairobi mit den nordkenianischen Städten Isiolo, Marsabit und Moyale.
Facebook: Liban Bus Services
Moyale Star Executive Bus, Tenth St, Tel. +254/(0)706/060696. Verbindet Nairobi mit Isiolo, Moyale und anderen nordkenianischen Städten.
Facebook: Moyale Star Executive Bus

Unterwegs in Nairobi
■ Mit öffentlichen Verkehrsmitteln
Der öffentliche Nahverkehr in Nairobi ist nicht unbedingt für Neuankömmlinge zu empfehlen. Die meisten Linien sind überlastet und voll und definitiv keine gute Idee, wenn man schnell von A nach B muss. Hier gibt es **Taxis**, die Transport-Apps Uber und Bolt sowie Mietwagen als Alternative. Mit Minibussen, den so genannten **Matatus**, lässt sich jeder Ort in Nairobi und in den Vorstädten der Hauptstadt erreichen, und sie sind das günstigste Transportmittel Kenias. Die Fahrt mit einem Matatu kann aufregend sein – viele sind kreativ bemalt, bestückt mit bunten Lichtern und spielen oft laute Musik. Jedoch sollte man sich auch der Sicherheitsrisiken bewusst sein: Die meisten Verkehrsunfälle werden in Kenia durch Matatus verursacht, die für den halsbrecherischen Fahrstil der Fahrer bekannt sind. Nicholas Drayson beschreibt deren Ruf in seinem Roman *A Guide to the Birds of East Africa* (2008) wie folgt: »[D]iese überfüllten Minibusse, [...] von denen man allgemein annimmt, dass sie mehr der Hexerei als den Gesetzen der Physik zu verdanken haben.« (eigene Übersetzung). Oftmals sind die Fahrzeuge in technisch fragwürdigem Zustand, und Taschendiebstahl ist an der Tagesordnung. Für Matatus gibt

es feste Bushaltepunkte, doch das Ein- und Aussteigen ist überall möglich. Besonders zu den Stoßzeiten ist das Netz aber so überlastet, dass man besser zu den Haltepunkten geht und sich in die oft dutzende Meter langen Warteschlangen einreiht. Möchte man abseits einer Haltestelle mitfahren, signalisiert man dies durch ein kurzes Winken. Gibt es noch einen Platz im Matatu, kann man zusteigen. Zahlen muss man beim Personal im Bus, dem man auch jederzeit signalisieren kann, dass man wieder aussteigen möchte. Die Fahrtkosten variieren je nach Distanz, Tageszeit und Wetter. Um das richtige Matatu sowie geeignete Haltepunkte zu finden, fragen Sie am besten in Ihrer Unterkunft nach.
Alternativ zu den Matatus verkehren in Nairobi **Stadtbusse** von Kenya Bus Service (KBS) und Citi Hoppa. Routen und Preise für Citi Hoppa sind auf deren Website (www.citihoppa.co.ke) verzeichnet.
Die **Abfahrtsstellen** von Matatus und Bussen (Citi Hoppa, KBS) richten sich in der Regel nach dem Fahrtziel; erkundigen Sie sich auch hier bei Einheimischen. Im Zweifelsfall sollte man direkt im Bus nachfragen. Teilweise verfügen die neuen Busse über Anzeigen, bei alten Bussen und Matatus ist oftmals ein Papier mit dem Zielort des Busses hinter die Windschutzscheibe geklemmt.

■ Taxi
In Nairobi gibt es verschiedene Arten von Taxis. Aus Sicherheitsgründen sollte man nur die **gekennzeichneten Taxis** (gelber Streifen oder Firmenlogo) nehmen. Die Fahrpreise sind verhandelbar, liegen aber auf einem ziemlich normalen Niveau. Eine Fahrt innerhalb des Stadtzentrums kostet rund 500 Ksh, und für längere Strecken in eines der Stadtviertel wie Westlands liegen die Preise zwischen 750 Ksh und 1000 Ksh. Vom Stadtzentrum in die Vorstädte Karen und Langata kostet eine einfache Fahrt etwa 1200 Ksh.
Es kann billiger sein, ein Taxi für den gesamten Tag zu mieten, wenn Sie vorhaben,

sich viel in der Stadt zu bewegen. Bitten Sie das Personal Ihres Hotels, Ihnen ein Taxi zu organisieren. Ansonsten sind **Jatco Taxis & Tours** (Tel. +254/(0)725/280000, www.jatcotaxis.com) und **Kenatco Taxis** (Tel. +254/(0)709/642000, www.kenatco.co.ke) vertrauenswürdige Taxi-Unternehmen. Darüber hinaus sind die Transport-Apps **Uber** und **Bolt** zu empfehlen, die etwas preisgünstiger sind als reguläre Taxis.

Um Streitigkeiten zu vermeiden, sollte man die Fahrpreise vor dem Beginn jeder Fahrt fest ausmachen. Auch wenn das Fahrpersonal versichert, einen Ort zu kennen, sollte man sich nicht darauf verlassen. Dies kann zu Irrfahrten durch die Stadt führen. Am besten ist es immer, einen markanten Ort in der Nähe des Ziels zu nennen. Dafür eignen sich Hotels oder prägnante Gebäude sowie der Name des Stadtteils, in dem sich das Ziel befindet.

■ **Autoverleiher**

In Nairobi gibt es verschiedene gute Autoverleiher. Dazu zählen **Avis** (Aspire Centre, Tel. +254/(0)703/046517, www.avis.co.ke), **Market Car Hire** (Tel. +254/(0)20/2225797, www.marketcarhire.com), **Budget** (Tel. +254/(0)20/2386420, www.budget.co.ke) und **Adventure Upgrade Safaris** (Tel. +254/(0)722/529228, www.adventureupgradesafaris.co.ke).

Wenn Sie sich ein Auto mieten und selbst fahren, sollten Sie sich der hohen Kosten bewusst sein – und der Risiken, denen Sie sich aussetzen (→ auch S. 387).

Alle Reiseagenturen in der Hauptstadt vermieten **Fahrzeuge mit Fahrer**. Dies kostet je nach Fahrzeugtyp und -alter zwischen 50 und 150 Euro pro Tag (inkl. Fahrer und Versicherung, aber zzgl. Benzin).

Minibusse sind wesentlich günstiger als Geländewagen mit Allradantrieb und auf vielen Straßen auch komfortabel.

Nairobi-Informationen

Rush hour in der Innenstadt

Unterkünfte

■ Obere Preisklasse (ab 200 Euro)

Giraffe Manor, Mukoma Rd, Langata, Tel. +254/(0)11/1033900; DZ/F 1074 Euro. Das Giraffe Manor wird oft als eines der meist geposteten Hotels der Welt bezeichnet. Es befindet sich auf einem 12 ha großen Privatgrundstück inmitten von 140 ha Wald im Vorort Langata. Die Attraktion des Giraffe Manor ist die dort ansässige Herde an Rothschild-Giraffen, die morgens und abends zu Besuch kommen und ihre langen Hälse in der Hoffnung auf ein Leckerli in die Fenster stecken, bevor sie sich in ihr Waldrefugium zurückziehen. Karte → S. 105
www.thesafaricollection.com/properties/giraffe-manor
Instagram: @safaricollection

Villa Rosa Kempinski, Chiromo Rd, Westlands, Tel. +254/(0)703/049000; DZ/F ab 280 Euro. In diesem mehrfach ausgezeichneten Luxushotel hat auch schon Barack Obama bei einem Besuch in Nairobi übernachtet. Es verfügt über mehrere exzellente Restaurants und Bars, ein Luxus-Spa, einen Swimmingpool sowie ein Fitnessstudio. Karte → S. 98
www.kempinski.com/en/nairobi/hotel-villa-rosa, Instagram: @villarosakempinski

The Norfolk Hotel, Harry Thuku Rd, CBD, Tel. +254/(0)20/2265000; DZ/F ab 213 Euro. Das traditionsreiche Norfolk ist das älteste Hotel der Stadt. Es wurde 1904 eröffnet, hier übernachteten schon Ernest Hemingway, Winston Churchill und Karen Blixen. Die Lord Delamere Terrace sowie die schöne Gartenanlage des Hotels sind besonders beliebt. Karte → S. 98/99
www.fairmont.com/norfolk-hotel-nairobi
Instagram: @fairmonthotels

■ Mittlere Preisklasse (100–199 Euro)

Nairobi Serena Hotel, Central Park, CBD, Tel. +254/(0)20/282000; DZ/F ab 170 Euro. Mitglied der erstklassigen Serena-Kette, eines der feinsten Hotels in Nairobi. Hervorragendes Restaurant mit internationaler Küche, wunderschön gelegen im Central Park, state-of-the-art Maisha Health Spa, Fitnessstudio und beheizter Swimmingpool. Karte → S. 98. www.serenahotels.com
Instagram: @nairobi.serena

Ole Sereni Hotel, Mombasa Rd, Tel. +254/(0)732/191000; DZ/F ab 170 Euro. Elegantes Hotel, das durch seine günstige Lage zwischen Innenstadt und Flughafen sowie der Sicht direkt in den Nairobi-Nationalpark besticht. Das gute Restaurant, das Spa und der Swimmingpool runden das Angebot ab. Karte → hintere Umschlagklappe
www.ole-sereni.com
Facebook: 2.5.4. - Ole Sereni

Sarova Stanley Hotel, Kreuzung Kenyatta Ave u. Kimathi St, CBD, Tel. +254/(0)719/048000; DZ/F ab 140 Euro. Gilt als eines der besten Fünf-Sterne-Hotels in Nairobi. Das Hotel verfügt über mehrere Restaurants, einen Swimmingpool auf dem Dach sowie eine Jazz-Bar. Karte → S. 99
www.sarovahotels.com/stanley-nairobi
Instagram: @sarova_stanley

King Post, Rhapta Rd, Westlands, Tel. +254/(0)734/261182; DZ/F ab 115 Euro. Charmantes Hotel in traditioneller Swahili-Architektur, es verfügt über schöne Zimmer mit kunstvoll geschnitzten Mahagonimöbeln sowie über ein gutes Restaurant und einen Swimmingpool. Karte → hintere Umschlagklappe
www.thekingpost.co.ke
Instagram: @thekingpostnairobi

■ Untere Preisklasse (40–99 Euro)

Acacia Tree Lodge, Marula Ln, Karen, Tel. +254/(0)702/360360; DZ/F ab 99 Euro. Besonders empfehlenswert ist dieses Boutique-Hotel aufgrund seiner stilvollen Einrichtung, seiner ruhigen Lage im Vorort Karen und weil es den Großteil seiner Einnahmen an die internationale Arbeit der New Hope Initiative (NHI) spendet. In Kenia arbeitet NHI (www.newhopeinitiative.org, Instagram: @newhopeinitiative) im Slum von Kibera in Nairobi. Karte → S. 105
www.acaciatreelodgekenya.com
Instagram: @acaciatreelodge

Edaala Comfort, Ndovu Cresent, Langata, Tel. +254/(0)701/693366; DZ/F ab 60 Euro. Schönes Bed & Breakfast im ruhigen Vorort Langata, eingebettet in eine gepflegte Gartenanlage. Es gibt ein Fitnesscenter und einen Fahrradverleih. Die Einrichtung ist charmant, und die Doppelzimmer verfügen über eine voll ausgestattete Küche, in der man eigenständig kochen kann. Das B & B kann über Airbnb und Instagram gebucht werden. Karte → S. 105
Instagram: @edaala_comfort_bnb

■ **Backpacker-Unterkünfte (bis 40 Euro)**
Kitengela Glass Art & Eco Cottages, Glass Ln, Tel. +254/(0)727/450925; DZ ab 32 Euro. Die berühmte Glasbläserei Kitengela betreibt etwas südlich vom Nairobi-Nationalpark ein paar schöne Eco Cottages. Die Unterkünfte sind mit bunten Glasdekorationen kreativ verziert. Es gibt einen Swimmingpool und allerlei Wildtiere, die vom Nairobi-Nationalpark in den schönen Garten der Unterkunft herüberkommen. Auf Anfrage können Speisen zubereitet werden, ansonsten muss man sich selbst versorgen.
www.kitengelaglassart.com
Kahama Hotel, Murang'a Rd, Ngara, Tel. +254/(0)712/379780; DZ/F ab 27 Euro. In der Nähe des Stadtzentrums, gutes Preis-Leistungs-Verhältnis, angenehme Zimmer und bequeme Betten. Es kann in dieser Gegend etwas lauter werden, daher am besten nach einem Zimmer auf der Rückseite des Hotels fragen. Karte → S. 99
www.kahamahotels.co.ke
Facebook: Kahama Nairobi Hotel
Nairobi Transit Lounge, Mwananchi Rd, Syokimau, Tel. +254/(0)732/908174; DZ ab 24 Euro. Gästehaus nahe dem Flughafen Jomo Kenyatta (6 km) sowie dem Bahnhof Nairobi Terminus (8 km). Saubere und einfache Zimmer, hervorragendes Preis-Leistungs-Verhältnis. Karte → hintere Umschlagklappe
www.nairobitransitlounge.co.ke
Facebook: Nairobi Transit Lounge

Wildebeest Eco Camp, Mokoyeti Rd West, Langata, Tel. +254/(0)20/2103505; eigenes Zelt/F ab 10, Safarizelt/F ab 110 Euro. Nairobis bestes permanentes Zeltcamp. Man kann im eigenen Zelt, in komfortablen Safarizelten, Cottages oder im Schlafsaal übernachten. Die schöne Gartenanlage mit einer Vielzahl an Vögeln, die Nähe zum Nairobi-Nationalpark, der Swimmingpool sowie das Restaurant mit Bar überzeugen. Karte → S. 105
www.wildebeestecocamp.com
Facebook: Wildebeest Eco Camp – Nairobi
Milimani Backpackers & Safari Centre, St. Hellen Ln, Karen, Tel. +254/(0)722/347616; Mehrbettzimmer/F ab 13 Euro. Erschwingliche und freundliche Herberge, in der man viele Rucksackreisende trifft, mit denen man abends am Lagerfeuer Tipps austauschen kann. Karte → S. 105
www.milimanibackpackers.com
Instagram: @milimanibackpackers

Gastronomie
Die schiere Vielfalt an Landesküchen aus der ganzen Welt, die in Nairobi angeboten werden, macht die Stadt zu einer der kulinarischen Hauptstädte Afrikas. Coole Cafés und originelle Restaurants, teilweise mit schönen Gärten, machen das Entdecken zu einem wahren Vergnügen. Weitere Informationen zu Restaurants und Cafés auf www.eatout.co.ke; Take Away lässt sich über die Apps Jumia und Uber Eats bestellen.

■ **Kenianische Küche**
Mama Oliech Restaurant, Marcus Garvey Rd, Kilimani, Tel. +254/(0)723/925604. Dieses Restaurant ist bei Einheimischen wie Reisenden sehr beliebt und gilt als eines der besten in Nairobi. Vor allem der ganze gebratene Tilapia aus dem Nakurusee mit Ugali (Maisbrei) und Kachumbari (Tomaten-Zwiebel-Salsa) ist zu empfehlen. Auch der Facebook-Gründer Mark Zuckerberg aß hier bei einem Besuch im Jahr 2016 schon. Karte → hintere Umschlagklappe
Facebook: MAMA Oliech Restaurant

Malindi Dishes, Gaberone Rd, CBD, Tel. +254/(0)722/292525. Kleines Swahili-Lokal mitten im Stadtzentrum, serviert werden großartige und preisgünstige Speisen der Küste. Zu den Klassikern zählen Pilau mit Ziegenfleisch und Kokosnussfisch mit Beilagen wie Ugali und Naan. Karte → S. 99

Swahili Plate, Muindi Mbingu St, CBD, Tel. +254/(0)772/435765. Sympathisches Restaurant mit authentischen Gerichte der Swahili-Küche. Probieren Sie unbedingt das Reisgericht Swahili Pilau! Einen Ableger des Restaurants gibt es im Sarit Centre. Karte → S. 98/99. Instagram: @swahiliplate
Facebook: swahiliplate

Amaica, Peponi Rd, Westlands, Tel. +254/(0)716/687248. Amaica ist ein Zentrum der kulturellen Vielfalt, das ein buntes Mosaik afrikanischer Speisen anbietet. Von der Terrasse aus hat man einen Blick auf den üppigen Karura-Wald. Es werden exotische Köstlichkeiten wie Wildpilze, Bambara-Nüsse, kenianisches Gemüse (kienyeji) und Tsiswa (weiße Ameisen) serviert. Karte → hintere Umschlagklappe
www.amaica.co.ke
Instagram: @amaicakenya

■ Indische Küche

Clay Oven, Fuji Plaza, Waiyaki Way, Westlands, Tel. +254/(0)708/778877. Für viele Einheimische ist Clay Oven das bevorzugte indische Restaurant. Der Service ist freundlich und das Essen hervorragend, vom unverwechselbaren Chili Paneer bis zum Klassiker Butter Chicken. Es werden vegetarische und nicht-vegetarische Speisen serviert, und man kann den Schärfegrad des Essens wählen. Karte → S. 98
www.clayoven.co.ke
Instagram: @clayovenrestaurant

Mayura Restaurant, Kenrail Towers, Westlands, Tel. +254/(0)737/224444. Das beliebte indische Restaurant hat drei Filialen in Nairobi: in den Kenrail Towers im Viertel Westlands, im Shopping Centre The Hub in Karen und im Bahnhof SGR Terminus. Es bietet sowohl leckere vegetarische als auch nicht-vegetarische Curries an. Karte → S. 98
www.themayura.com
Instagram: @themayura

■ Äthiopische Küche

Abyssinia, Brookside Grove, Westlands, Tel. +254/(0)710/341362. Stimmungsvolles Restaurant mit köstlichen äthiopischen Gerichten, die mit hochwertigen Zutaten frisch zubereitet werden. Teilen Sie in der Gruppe ein Injera (äthiopisches gesäuertes Fladenbrot aus Teffmehl) mit vegetarischen oder nicht-vegetarischen Hauptgerichten. Stilecht mit den Händen essen! Besonders empfehlenswert ist auch der äthiopische Kaffee. Karte → hintere Umschlagklappe
www.abyssiniarestaurantnairobi.com

■ Westafrikanische Küche

Mama Ashanti, Muthangari Gardens, Kilimani, Tel. +254/(0)736/222324. Westafrikanische Küche, die mit frischen Zutaten und kräftigen Gewürzen zubereitet wird. Gekocht wird nach Originalrezepten, die von Generation zu Generation weitergegeben wurden. Die Goat Pepper Soup, eine Suppe mit Ziegenfleisch nach nigerianischer Art, ist hervorragend. Karte → hintere Umschlagklappe
www.mamaashanti.co.ke
Instagram: @mamaashantikenya

■ Japanische Küche

Furusato Japanese Restaurant, Ring Rd, Parklands, Tel. +254/(0)722/488706. Eines der besten japanischen Restaurants in Nairobi. Auf der heißen Tischplatte werden am Tisch Gemüse,t Fisch, Garnelen, Straußenfilet und weitere Köstlichkeiten zubereitet. Außerdem wird eine große Auswahl an Sushi aus fangfrischem Fisch geboten. Am Wochenende sollte man reservieren. Karte → S. 98
Facebook: @furusatojapanese
Instagram: @furusatonairobi

Zen Garden, Lower Kabete Rd, Spring Valley, Tel. +254/(0)20/803445. Wunderbares japanisches Restaurant, das eingebettet

Restaurants in der City

in einem asiatisch inspirierten Garten liegt. Frühlingsrollen und Sushi sind erstklassig. Probieren Sie auch den Sake! Das elegante Ambiente und der hervorragende Service runden das Erlebnis ab. Karte → hintere Umschlagklappe
www.zengarden.co.ke
Instagram: @zengardenkenya

■ Italienische Küche

La Cascina, The Hub, Dagoretti Rd, Karen, Tel. +254/(0)705/469427. Gemütliches italienisches Restaurant im Shopping Centre The Hub im Stadtviertel Karen. Es hat von frischen Austern über gebratenen Lachs mit selbstgemachter Dillsauce und Knoblauchmajo und Desserts wie La Torta Della Nonna bis hin zu den hervorragenden Weinen alles zu bieten – einfach perfekt! Karte → S. 105
www.lacascinarestaurant.com
Instagram: @lacascinakaren

La Villa Restaurant & Wine Bar, Kitisuru Rd, Kitisuru, Tel. +254/(0)706/880688. Das neue italienische Restaurant erfreut sich großer Beliebtheit. Auf der Speisekarte stehen Steinofenpizzen, selbst gemachte Pasta, Salate sowie italienische Fisch- und Fleischspezialitäten. Die Auswahl an Wei-

nen ist exquisit. Karte → hintere Umschlagklappe, www.lavilla.co.ke
Instagram: @lavilla.ke

■ Grillrestaurants

Carnivore Restaurant, Langata Rd, Nairobi West, Tel. +254/(0)20/5141300. Das Restaurant, das zur Tamarind-Kette gehört, ist das berühmteste Nyama-Choma-Restaurant in Kenia und seit 25 Jahren beliebt. Es wurde zweimal unter die 50 besten Restaurants der Welt gewählt. Früher standen hier Zebra, Kuhantilope, Kudu und andere Wildtiere auf der Speisekarte – das ist mittlerweile verboten. Das brutzelnde Fleisch wird direkt am Tisch tranchiert. Karte → hintere Umschlagklappe
www.tamarind.co.ke
Facebook: Tamarind Group

Fogo Gaucho, Viking House, Waiyaki Way, Westlands, Tel. +254/(0)712/123456. Dieses brasilianische Steakhouse ist ein Paradies für alle, die Fleisch lieben. Von Lammhaxe über Rinderfilet bis zu Garnelen und Krokodilfleisch wird hier alles auf dem Holzkohlegrill zubereitet. An Ihrem Platz finden Sie einen grün-roten Zettel. Drehen Sie ihn auf grün, wenn Sie mehr Fleisch möchten, und auf rot, wenn Sie eine

Pause einlegen möchten. Sollten Sie noch Platz für ein Dessert haben, probieren Sie die gegrillte Ananas mit Zimt und Zucker. Karte → S. 98. www.fogogaucho.co.ke Instagram: @fogogaucho

Opa's Traditional Delicacies, Organic Farmer's Market, Marula Ln 16, Karen, Tel. +254/(0)722/874271. Opa's Spezialitäten umfassen deutsche Würstchen, Hackbraten, gegrilltes Fleisch, Pommes frites, Bier vom Fass, Bioweine und vieles mehr. Dieser neue Biergarten ist unter Einheimischen wie Reisenden sehr beliebt. Jeden 1. Samstag im Monat wird ein ganzes Schwein am Spieß gebraten, es gibt Live-Musik und Live-Streaming von Sportveranstaltungen. Karte → S. 105
Facebook: Opa's Traditional Delicacies

■ Fisch und Meeresfrüchte

Ocean Basket, Westgate Shopping Mall, Mwanzi Rd, Spring Valley, Tel. +254/(0)11/4018785. Mediterrane Fischspezialitäten; empfehlenswert sind das Forellenfilet mit gebratenem Gemüse und die frittierten Calamari. Karte → hintere Umschlagklappe.www.kenya.oceanbasket.com Instagram: @oceanbasket_ke

■ Sonstige internationale Küche

Urban Eatery, Chiromo Rd, Westlands, Tel. +254/(0)790/999149. Diese hippe Location vereint mehrere Restaurants unter einem Dach. Das riesige Angebot reicht von Pizza über Salate und Burger bis Sushi. Der Service ist aufmerksam und höflich, und es werden leckere Cocktails serviert. Karte → S. 98. www.urbaneatery.co.ke Instagram: @urbaneaterynbo

Amani ya Juu, Ring Rd, Kileleshwa, Tel. +254/(0)708/594698. Die Gründung von Amani ya Juu geht auf eine ostafrikanische Initiative von Flüchtlingsfrauen und Gewaltopfern zurück. Neben dem Café, das unter anderem knackig-frische Salate, Burger, Sandwiches und Wraps anbietet, gibt es einen Fairtrade-Shop mit qualitativ hochwertigem Kunsthandwerk. Karte → S. 98 www.amanigardencafe.org Instagram: @amanigardencafe

About Thyme, Eldama Ravine Rd, Westlands, Tel. +254/(0)721/850026. Restaurant mit schönem Garten, grandiosem Essen und entspanntem Ambiente. Zu den internationalen Gerichten des Restaurants zählen Thunfisch-Tartar, gebackener Camembert und griechisches Moussaka. Eine

Obststand beim Eisenbahnmuseum

umfangreiche Wein- und Cocktailkarte runden das Angebot ab. Karte → hintere Umschlagklappe

www.about-thyme.com

Instagram: @about.thyme

Talisman, 320 Ngong Rd, Karen, Tel. +254/(0)705/999997. Talisman begann in den 1990er Jahren in einem kleinen Haus in Karen, das ursprünglich von dem berühmten Tierfotografen und Autor Alan Root in seiner Jugend bewohnt wurde. Seitdem hat sich das stilvolle Café-Bar-Restaurant zu einem bekannten Namen mit einer der besten Küchen des Landes entwickelt und bietet einfallsreiche internationale Gerichte. Klassiker sind die Samosas mit Feta und Koriander sowie Steak von Rindern aus Nanyuki. Karte → S. 105

www.thetalismanrestaurant.com

Instagram: @talisman.nairobi

Tamambo Karen Blixen Coffee Garden, Karen Rd, Karen, Tel. +254/(0)20/882138. Gäste des Coffee Gardens können die abwechslungsreichen Speisen im Freien genießen, umgeben von einer schönen und gepflegten Gartenanlage. Die servierten Gerichte reichen von Salaten und Burgern bis zu Swahili-Currys von der Küste. Karte → S. 105

www.karenblixencoffeegardens.com

Instagram: @karenblixencoffeegarden

Tambourin, Villa Rosa Kempinski, Chiromo Rd, Westlands, Tel. +254/(0)703/049000. Lounge und Restaurant auf der Dachterrasse. Der syrisch-griechische Chefkoch Rami und sein Team bieten libanesische, iranische und indische Köstlichkeiten an. Unterhaltung wird durch Bauchtänzerinnen Donnerstag, Freitag und Samstag von 19 bis 22 Uhr geboten. Unbedingt vorher reservieren. Karte → S. 98

www.kempinski.com/en/hotel-villa-rosa

Thorn Tree Café, Sarova Stanley Hotel, Kimathi St, CBD, Tel. +254/(0)20/316377. Das Thorn Tree Café ist ein legendäres Café im Bistro-Stil, das vor allem für seinen hoch aufragenden Akazienbaum und die Nachrichtentafel in der Mitte des Restaurants bekannt ist. Diese Akazie soll Reisenden in weit vergangenen Zeiten als eine Art Informationstafel gedient haben. Sie musste 1998 durch einen jungen Baum ersetzt werden, der vom Paläontologen Richard Leakey gepflanzt wurde. Das Café bietet ein außergewöhnliches gastronomisches Erlebnis im zentralen Geschäftsviertel mit einer Delikatessentheke, Pizzen aus dem Holzofen und einer Speisekarte mit beliebten internationalen Gerichten. Karte → S. 99

www.sarovahotels.com

Cultiva Farm Kenya, Pofu Rd, Karen, Tel. +254/(0)701/579902. Beliebter Treffpunkt am Wochenende. Die schöne Einrichtung wird durch das köstliche Essen und die Cocktails ergänzt und ist der perfekte Ort für einen langen Tag mit Freunden und Freundinnen. Karte → S. 105

Instagram: @cultivakenya

■ Cafés

The German Bakehouse Coffeeshop, Angel's Nest, Fifth Parklands Ave, Spring Valley, Tel. +254/(0)720/331700. Handwerkliche Bäckerei, die sich auf Sauerteigbrot, Brezeln, Brötchen und Gebäck nach deutschen Rezepten spezialisiert hat und eine große Auswahl an veganen und glutenfreien Produkten bietet. Man kann die leckeren Backwaren entweder in der gemütlichen Bäckerei selbst, beim Organic Farmer's Market in Karen oder beim Spinners Web food market genießen. Karte → hintere Umschlagklappe

www.thegermanbakehouse.com

Instagram: @thegermanbakehouse

Pasara Café & Bar, Lonrho House, Kaunda St, CBD, Tel. +254/(0)20/343696. Cooles Café inmitten des Stadtzentrums, immer gut besucht und ein idealer Zwischenstopp auf einer Besichtigungstour. Karte → S. 99

The Arbor, 101 Manyani East Rd, Kileleshwa, Tel. +254/(0)729/400291. Stylisches Café im grünen Vorort Kileleshwa, das auch über ein Gartencenter verfügt. Der Geschenkeladen ist in einen hübschen Garten eingebettet. Das Café ist ein beliebter Treffpunkt zum Wochenend-Brunch. Es gibt

eine große Auswahl an Frühstücksoptionen, mittags stehen Burger und asiatische Nudelgerichte auf der Speisekarte. Karte → hintere Umschlagklappe
Facebook: The Arbor

Java Coffee House, Valley Arcade/Waiyaki Way/Parklands Rd/Sarit Centre etc. Java Coffee House ist eine afrikanische Café-Kette, die zahlreiche Standorte in Nairobi hat. Es werden Kaffeespezialitäten, Kuchen und andere Backwaren, Burger, Wraps und vieles mehr angeboten.
www.javahouseafrica.com
Instagram: javahouseafrica

Wasp & Sprout, Loresho Ridge, Kibagare Estate, Tel. +254/(0)799/873422. Möbelgeschäft und Café in einem. In dem schönen Laden werden fair gehandelte und ökologische Haushaltswaren sowie Möbel aus Afrika angeboten. Das Café genießt bei den Einheimischen einen sehr guten Ruf. Es gibt deftiges Frühstück, frische Säfte und aromatischen Kaffee. Abends werden immer wieder Open-Mic- und Quiz-Abende veranstaltet. Karte → hintere Umschlagklappe
www.waspandsprout.com
Facebook: Wasp & Sprout

Tiramisu Bakery, Village Market, Limuru Rd, Gigiri, Tel. +254/(0)748/027315. Schöne Bäckerei im Shopping Centre Village Market mit einer großen Auswahl an Broten, Kuchen, Muffins, Croissants und anderen Leckereien. Kuchen und Torten können auch für Feiern gestaltet und vorbestellt werden. Karte → hintere Umschlagklappe
www.tiramisubakery.co.ke
Instagram: @tiramisubakery.ke

Artcaffé, Mwanzi Rd/The Junction Mall/Galleria Mall/Yaya Centre/Lavington Mall etc. Artcaffé ist eine afrikanische Café-Kette mit cooler, urbaner Einrichtung und einem großen kulinarischen Angebot. Das Frühstück ist überragend. Auf der Speisekarte stehen internationale Gerichte wie Burger, Falafel, Lasagne und Linsencurry. Es gibt köstliche vegetarische und vegane Optionen.
www.artcaffe.co.ke
Instagram: artcaffekenya

Tin Roof Café, Langata South Rd, Langata u. Dagoretti Rd, Karen. Das Tin Roof Café gibt es in Nairobi zweimal – in den Stadtvierteln Karen und Langata. Auf der Speisekarte stehen Salate, Wraps, Burger und Crêpes, viele glutenfreie und vegane Optionen, Smoothies und frische Säfte. Genießen können Sie diese Köstlichkeiten im grünen Außenbereich des Cafés. Karte → S. 105.
www.tinroof.cafe
Instagram: tinroof.cafes

River Café, Karura Forest, Tel. +254/(0)725/969891. Das Café liegt idyllisch inmitten des Karura Forest und eröffnet einen Panoramablick auf den Wald. Von der Terrasse aus lassen sich Vögel oder mit etwas Glück auch Colobus-Affen beobachten. Auf der Speisekarte des Cafés stehen internationale Gerichte wie Couscous-Salat, Quesadillas und Ravioli. Frühstück wird ganztägig serviert. Karte → hintere Umschlagklappe
www.therivercafekenya.com
Instagram: rivercafenairobi

Pallet Café, James Gichuru Rd, Lavington, Tel. +254/(0)741/851685. Das Pallet Café beschäftigt ausschließlich taubstummes Servicepersonal, das sich durch Handzeichen verständigt. Der Service ist hervorragend, das Essen ist lecker, und neben dem Gartencafé gibt es einen Co-Working-Bereich, ein Yoga-Zentrum und ein Kunststudio. Karte → hintere Umschlagklappe
www.palletcafe.co.ke
Instagram: palletcafe_ke

Sehenswürdigkeiten

National Museum, Kipande Rd, Museum Hill, Tel. +254/(0)20/3742131; tgl. 8.30–18 Uhr, 1200 Ksh, Tickets über https://nmk.ecitizen.go.ke. Karte → S. 98
www.museums.or.ke/nairobi-national-museum
Instagram: @museumsofkenya

Kenyatta International Convention Centre, Harambee Ave, Tel. +254/(0)20/3261000; tgl. 9–18 Uhr, 500 Ksh. Karte → S. 99. www.kicc.co.ke

National Archives, Moi Ave, CBD, Tel. +254/(0)20/2224666; Mo–Fr 8–17, Sa 8–12 Uhr, 200 Ksh. Karte → S. 99

Railway Museum, Station Rd, CBD, Tel. +254/(0)709/907411; Mo–Fr 8–17, Sa 8–12 Uhr, 600 Ksh. Karte → S. 99

American Embassy Memorial Garden, Haile Selassie Ave, CBD, Tel. +254/(0)722/323302; tgl. 6–18 Uhr, 30 Ksh. Karte → S. 99

Arboretum, Arboretum Dr, Kileleshwa, Tel. +254/(0)728/790518; tgl. 6–18.30 Uhr, 65 Ksh. Karte → S. 98

Karura Forest, Limuru Rd, Gigiri, Tel. +254/(0)791/398371; tgl. 6–18 Uhr, 600 Ksh. Karte → hintere Umschlagklappe www.friendsofkarura.org Instagram: @karurafriends

Bomas of Kenya, Forest Edge Rd, Langata, Tel. +254/(0)20/8891802; Mo–Sa 8–17 Uhr, 1000 Ksh. Karte → S. 105 www.bomasofkenya.co.ke Instagram: @bomaskenya

David Sheldrick Elephant Orphanage, Magadi Rd, Langata, Tel. +254/(0)20/2301396; tgl. 11–12 Uhr, eine Voranmeldung und Buchung über die Website ist zwingend erforderlich, 1500 Ksh. Karte → S. 105 www.sheldrickwildlifetrust.org Instagram: @sheldricktrust

Giraffe Centre, Bogani Rd, Langata, Tel. +254/(0)20/8070804; tgl. 9–17 Uhr, 1500 Ksh. Karte → S. 105 www.giraffecentre.org Instagram: @giraffecentre_

Karen-Blixen-Museum, Karen Rd, Tel. +254/(0)20/8002139; tgl. 8.30–18 Uhr, 1200 Ksh, Tickets sind ausschließlich über https://nmk.ecitizen.go.ke erhältlich. Karte → S. 105 www.museums.or.ke/karen-blixen Instagram: @karen_blixen_museum

Nairobi Gallery, Kenyatta Ave, CBD, Tel. +254/(0)721/309576; tgl. 8.30–18 Uhr, 1000 Ksh, Tickets über https://nmk.ecitizen.go.ke. Karte → S. 98/99 www.museums.or.ke/nairobi-gallery Instagram: @nairobigallerymuseum

Im Karen-Blixen-Museum

Kuona Trust Art Centre, Likoni Cl, Kilimani, Tel. +254/(0)733/742752; tgl. 9–20 Uhr. Karte → hintere Umschlagklappe www.kuonatrust.org Instagram: @kuonaartistcollective

Kitengela Glass, 5 Glass Ln, Tuala, Tel. +254/(0)11/0001499; Mo–Sa 8–16.30, So 9–16.30 Uhr. Karte → hintere Umschlagklappe www.kitengelaglassart.com

Nairobi am Abend
■ Theater, Konzert

Kenya Cultural Centre & National Theatre, Harry Thuku Rd, CBD, Tel. +254/(0)20/2672843. Lyrik, Theater und Musik-Veranstaltungen auf Swahili und Englisch. Karte → S. 98. www.kenyaculturalcentre.go.ke Instagram: @kenya.culturalcentre

Goethe-Institut, Monrovia St, CBD, Tel. +254/(0)20/2211381. Konzerte, Tanz, Theater, Buchlesungen und Ausstellungen afrikanischer Kunst. Karte → S. 98/99 www.goethe.de/ins/ke/en Instagram: @goethe_kenya

Alliance Française, Utalii Ln, CBD, Tel. +254/(0)20/4917110, Musikveranstaltungen, Kunstausstellungen, Theater und Filmvorführungen afrikanischer Kunstschaffender. Karte → S. 98/99

www.afkenya.org
Instagram: @afnairobi
Nairobi Music Society: veranstaltet regelmäßig Liederabende und Konzerte mit Chören, dem Nairobi Orchestra (www.nairobiorchestra.org), kleinen Ensembles sowie lokalen und internationalen Musikerinnen und Musikern. Die Nairobi Music Society wurde 1938 gegründet.
www.nairobimusicsociety.org
Instagram: @nairobimusicsociety

■ Kinos

Century Cinemax, Junction Mall, Ngong Rd/Garden City Mall, Thika Rd/Sarit Centre, Westlands, Tel. +254/(0)700/326726. Die drei modernen Cinemax-Kinos haben ein großes englischsprachiges Filmangebot von Hollywood bis Bollywood.
https://centurycinemax.co.ke
Instagram: @centurycinemaxke
In der **Bar Unseen** werden internationale Filme gezeigt. → Bars

■ Tanz und Musik

Bomas of Kenya, Forest Edge Rd, Langata, Tel. +254/(0)20/8891802; Mo–Sa 8–17 Uhr, 1000 Ksh. Professionelle Tanzdarbietungen verschiedener kenianischer Ethnien, fast 50 verschiedene traditionelle Tänze werden aufgeführt. Karte → S. 105
www.bomasofkenya.co.ke
Instagram: @bomaskenya
Goethe-Institut, Monrovia St, CBD, Tel. +254/(0)20/2211381. Regelmäßig Konzerte und Tanzauftritte. Karte → S. 98/99. www.goethe.de/ins/ke/en
Instagram: @goethe_kenya
Alliance Française, Utalii Ln, CBD, Tel. +254/(0)20/4917110. Musik- und Tanzveranstaltungen. Karte → S. 98/99
www.afkenya.org
Instagram: @afnairobi

■ Live-Musik

Blankets and Wine, Parklands Rd, Parklands, Tel. +254/(0)720/801333. Dieses monatliche Picknick-Konzert ist eine der beliebtesten Veranstaltungen in Nairobis

Live-Musikszene. Verschiedene lokale und ostafrikanische Bands spielen Reggae, Rock und viele weitere Musikrichtungen. Der Veranstaltungsort befindet sich in der Langata Road. Karte → S. 98
www.blanketsandwine.com
Instagram: @blanketsandwine
Live at the Elephant, Kanjata Rd, Lavington, Tel. +254/(0)711/981908. Monatlich stattfindende Musikveranstaltung, bei der einige der besten kenianischen Live-Acts sowie aufstrebende Künstlerinnen und Künstler auftreten. Karte → hintere Umschlagklappe
Facebook: Live At The Elephant

Nairobi bei Nacht

Das lebendige Nachtleben von Nairobi spielt sich in coolen Clubs und trendigen Bars ab. Die Hauptstadt bietet reichlich Möglichkeiten für hedonistische Nächte. Im Stadtviertel **Westlands** gibt es besonders viele gute Party-Locations. Nehmen Sie ein Taxi oder Uber von Tür zu Tür – nachts sollte man in der Stadt nicht zu Fuß unterwegs sein.

■ Clubs

The Alchemist, Parklands Rd, Westlands. Einer der besten Nightclubs im Stadtviertel Westlands. Neben einem Club gibt es hier auch eine Bar und Streetfood. Es legen die besten DJs der Stadt auf, und auf den gemütlichen Palettenbänken im Lounge-Bereich im Freien trifft sich die junge, hippe Szene Nairobis. Karte → S. 98
www.alchemist254.com
Instagram: @ alchemist254
Muze, Woodvale Grove, Westlands. Dieser Club ist am Wochenende immer randvoll mit Techno-Begeisterten. Regelmäßig Konzerte und Live-Musik. Karte → S. 98
www.muzeclub.com
Instagram: @muzeclub
Nairobi Street Kitchen, Mpaka Rd, Westlands. Dieser beliebte Club ist freitags besonders voll. Oben im Club wird getanzt, unten im Food Court wird gegessen. Karte → S. 98

www.nairobistreetkitchen.com
Instagram: @nairobi_street_kitchen
Black Diamond Club, Mpaka Rd, West-lands. Club in Westlands, am Wochenen-de immer voll. Hier treffen sich Expats und Einheimische zum Tanzen, die Stimmung ist gut. Ab und zu werden Karaoke-Aben-de veranstaltet. Karte → S. 98
Facebook: Black Diamond
K1 Klub House, Ojijo Rd, Parklands. Hier feiern Nachtschwärmer bis in die frühen Morgenstunden. Es gibt leckere Cocktails, gutes Essen und eine Sportbar mit Billardti-schen. Die DJs legen bis spät in die Nacht Reggae, Dancehall, Hip-Hop und R'n'B auf. Karte → S. 98
Facebook: K1 Klub House
Brew Bistro, Piedmont Plaza, Ngong Rd. Coole Partylocation mit gutem Essen, super Stimmung und Bieren aus der hauseigenen Brauerei. Ab und zu gibt es Live-Musik. Karte → hintere Umschlagklappe
www.thebigfivebreweries.com
Instagram: @brewbistrokenya_official

■ Bars

Jenga Jungle, Mpesi Ln, Westlands. Coole Rooftop-Bar, gut bestückte Bar mit lecke-ren Cocktails. Zu essen gibt es Sandwiches, Fleischbällchen und andere Snacks. Karte → S. 98
www.jengaleo.co.ke
Instagram: @jengajungle
Botanica – Kitchen & Gin Bar, One Africa Place, Waiyaki Way, Westlands. Mit Blick auf Nairobi und ausgezeichneten Cocktails ist dies der perfekte Ort, um das Wochen-ende einzuläuten. Das Essen ist köstlich – versäumen Sie nicht das Entencarpaccio. Karte → S. 98
www.thefoodlibrary.co.ke/botanica-2
Instagram: @botanica.nairobi
Beit é Selam, 4 Maua Cl, Westlands. Diese Bar mit äthiopischem Namen besteht aus einer schicken Bar und einem Gartenlo-kal. Die Einrichtung ist eine verrückte Mi-schung aus moderner Kunst, antiken Mö-beln, Lichterketten und Kronleuchtern. Karte → S. 98. Instagram: @beiteselam

Unseen, Wood Ave, Kilimani. Rooftop-Bar, in der köstliche Cocktails serviert werden. Es gibt auch ein privates Kino, das eine er-staunliche Auswahl an internationalen Fil-men zeigt. Karte → hintere Umschlagklappe
www.unseen-nairobi.com
Instagram: @unseen.nairobi
Que Pasa Bar & Bistro, Karen Cl, Karen. Coole Bar im Vorort Karen mit einer gro-ßen Auswahl an internationalen Gerich-ten und entspannter Lounge-Musik. Kar-te → S. 105
www.quepasa.co.ke
Instagram: @quepasakenya
Havana Bar, Woodvale Gr, Westlands. Ein Dauerbrenner in Nairobi, die Bar bietet ei-ne berauschende Mischung aus Weinen, Cocktails und spanischer Musik, die oft in von DJs aufgelegten House übergeht. Karte → S. 98
www.havana.co.ke
Instagram: @havanabarnairobi

Veranstaltungen und Feste

Nairobi Cultural Festival: Dieses hippe Kulturfestival findet jeden April rund um den Museumshügel in Nairobi statt. Es gibt künstlerische Aufführungen, Musik, Work-shops sowie traditionelle und zeitgenössi-sche Ausstellungen.
www.museums.or.ke
Nairobi City Marathon: Die Stadt Nairo-bi lädt jährlich Läuferinnen und Läufer zu einem Marathon durch die Hauptstadt ein. Die Marathonstrecke soll in Zukunft über den neuen Nairobi Expressway mit Blick auf die Metropole führen.
www.nairobicitymarathon.com
Instagram: @nairobicitymarathon
Nairobi Fashion Week: Zur Nairobi Fa-shion Week im Juni kommen Designerin-nen und Designer aus ganz Kenia und aus dem Ausland zusammen, um der Welt ihr Talent zu präsentieren.
www.nairobifashionweek.org
Instagram: @nairobi.fashion.week
Storymoja Festival: Das Literaturfestival des kenianischen Verlagshauses Storymoja präsentiert jedes Jahr im September zeitge-

nössische Literatur aus Ostafrika. Auf dem Programm stehen Musik, Yoga, Tanz und natürlich Lesungen ostafrikanischer Schriftstellerinnen und Schriftsteller.
www.storymojafestival.co.ke
Instagram: @storymoja
FilmAid Kenya Film Festival: Das jährliche Filmfestival von FilmAid Kenya ist eine mehrtägige Veranstaltung, bei der die Arbeit junger Filmschaffender aus Flüchtlings- und Aufnahmegemeinschaften gefeiert wird. www.filmaid.org
Instagram: @filmaid
Tusker Safari Sevens: Jährlich im Oktober stattfindendes internationales Rugby-Turnier, das Fans aus der ganzen Welt anzieht.

Einkaufen
■ Märkte
City Market, Muindi Mbingu St, CBD. Überdachter Marktplatz im Stadtzentrum mit einer großen Auswahl an Waren. An dutzenden Ständen werden Souvenirs verkauft, darunter Holzschnitzereien, Figuren aus Speckstein, Maasai-Schmuck und Kleidung. Es gibt auch Blumen, Obst und Gemüse. Auf dem Markt geht es hektisch zu, und man muss hart feilschen. Karte → S. 98/99
Maasai Market, wechselnde Orte. Die geschäftigen, beliebten Maasai-Märkte finden je nach Wochentag an einem anderen Ort in Nairobi statt. Zum Zeitpunkt der Recherche für dieses Buch fanden die Märkte jeden Dienstag in der Westgate Shopping Mall in Westlands statt, am Mittwoch im Capital Centre (Mombasa Rd), am Donnerstag in der Junction Mall (Ngong Rd), am Freitag im Village Market (Limuru Rd), am Samstag auf dem High Court Parking (Ngong Rd) und am Sonntag im Yaya Centre (Valley Rd). Angeboten werden unter anderem Perlenschmuck, Maasai-Decken und -Schmuck sowie Körbe und Flechtwaren.
Facebook: Maasai Market Nairobi
Karen Flea Market, wechselnde Orte. Flohmarkt, jeden 1. Samstag im Monat, Infos auf der Facebook-Seite.
Instagram: @karenfleamarket

■ Einkaufszentren
Village Market, Limuru Rd, Gigiri. Riesiges, schön gestaltetes Einkaufszentrum mit allerlei Läden, einer Bowlingbahn, Restaurants und vielem mehr. Karte → hintere Umschlagklappe
www.villagemarket-kenya.com
Instagram: @the_village_market
Yaya Centre, Argwings Kodhek Rd, Kilimani. Großes Shopping Centre mit zahlreichen Läden, Geldautomaten, der französischen Bäckerei Alexandre und zahlreichen Restaurants. Besonders zu empfehlen ist der Buchladen Bookstop mit einer guten Auswahl an englischsprachigen Büchern und Magazinen. Karte → hintere Umschlagklappe. www.yaya-centre.com
Instagram: @yayacentre
The Hub Karen, Dagoretti Rd, Karen. Schönes Shoppingcentre mit guter Auswahl an Lebensmittel- und Bekleidungsgeschäften sowie Restaurants. The Hub liegt eingebettet in eine gepflegte Gartenanlage. Karte → S. 105
www.thehubkaren.com
Instagram: @hubkaren
Sarit Centre, Parklands Rd, Westlands. Riesiges, modernes Einkaufszentrum mit allem, was das Herz begehrt von Kleidung über Elektrowaren bis zu Lebensmitteln und Kosmetika. Karte → S. 98
www.sarityourcity.com
Two Rivers Mall, Limuru Rd, Kitisuru. Die größte Shoppingmall in Ostafrika, mit zahlreichen Einkaufsmöglichkeiten, Spieleparadies für Kinder und Go-Kart-Bahn. Karte → hintere Umschlagklappe
www.tworiversmall.com

■ Landestypisches, Handwerkliches, Andenken
Kazuri Beads, Langata Rd, Langata, Tel. +254/(0)11/5214750; tgl. 8.30–17 Uhr. Kazuri, was auf Swahili »klein und schön« bedeutet, ist ein 1975 gegründetes kunsthandwerkliches Projekt für alleinerziehende Frauen. Heute beschäftigt Kazuri mehr als 340 Frauen, die in der Herstellung von Keramikperlen aus-

gebildet sind, die zu wunderschönem und kunstvollem Schmuck aufgereiht werden. Auch einzigartige Töpferwaren, die die Kultur und die Tierwelt Kenias widerspiegeln, werden hergestellt. Jedes Stück ist, wie die Perlen, handgefertigt und in satten Farben handbemalt. Der Schmuck ist nicht nur in der Manufaktur zu kaufen, sondern auch in einigen Läden der großen Einkaufszentren Nairobis. Karte → S. 105

https://kazuri.com

Instagram: @kazuribeadske

Banana Box, Sarit Centre, Parklands Rd, Westlands, Tel. +254/(0)790/569985; Mo–Sa 9.30–19 Uhr, So 10–16 Uhr. Banana Box verkauft Kunsthandwerk und Souvenirs und arbeitet mit Gemeindeprojekten und Flüchtlingsgruppen zusammen. Karte → S. 98. https://bananabox.shop

Facebook: Banana Box

Ocean Sole, Ngong Rd, Karen, Tel. +254/(0)727/541301, Mo–Fr 8–17 Uhr, Sa 8–12 Uhr. Ocean Sole verwandelt Flip-Flops, die an den Stränden und in den Gewässern Kenias gefunden werden, zu Spielzeugen, Kunst und Schmuck. Die Organisation recycelt hunderttausende Flip-Flops pro Jahr, spendet einen Teil ihrer Einnahmen für Strandsäuberungen sowie Naturschutzmaßnahmen und schafft zahlreiche Arbeitsplätze für einheimische Fachangestellte. Sie können Ocean Sole durch Ihren Einkauf oder durch eine Spende unterstützen (→ S. 414). Karte → S. 105

https://oceansole.com

Instagram: @oceansole

Spinners Web, Kitisuru Rd, Kitisuru, Tel. +254/(0)705/896246; Di–Sa 9.30–18 Uhr. Spinners Web verkauft allerlei handwerkliche Waren, von Teppichen, Keramik und Körben bis zu Kleidung und Holzwaren. Dieser Laden arbeitet mit Werkstätten und Selbsthilfegruppen in ganz Kenia zusammen. Karte → hintere Umschlagklappe

https://spinnerswebkenya.com

Instagram: @spinnerswebke

Langata Link Shops, Langata South Rd, Karen, Tel. +254/(0)738/651042; Mo–Fr 8–17, Sa 8.30–17, So 8.30–16 Uhr. In diesen Läden gibt es allerlei Schönes aus Kenia zu kaufen – von Picknickdecken im bunten Kanga-Stil über elegante Designerkleidung Made in Kenya bis hin zu Bio-Lebensmitteln, die von kenianischen Farmen produziert wurden. Die qualitativ hochwertigen Produkte sind relativ teuer. Karte → S. 105

www.langatalinkshops.com

Instagram: @langatalinkshops

Kikoy, Village Market, Limuru Rd, Gigiri, Tel. +254/(0)721/306144; Mo–Sa 9–18 Uhr. Strandmode und Accessoires aus den bunten Kikoy-Stoffen. Die Artikel, die aus 100 % Baumwolle bestehen, sind typisch für die kenianische Küste. Karte → hintere Umschlagklappe

www.kikoy.com

Instagram: @thekikoyco

Natural Lamu, Village Market, Gigiri. Kosmetikmarke, die Produkte von Seifen über Körperpeelings bis zu Gesichtsmasken anbietet, alle aus lokal bezogenen Zutaten hergestellt. Die Marke hat auch ein Spa im Banana House in Shela an der kenianischen Küste (→ S. 361). Karte → hintere Umschlagklappe. www.natural-lamu.com

Instagram: @natural.lamu

■ **Lebensmittel**

Carrefour, Sarit Centre/Galleria/The Hub/Junction Mall/Two Rivers Mall. Großer Supermarkt mit sehr guter Auswahl an Lebensmitteln, Obst und Gemüse, Kosmetik und vielem mehr. Zu finden in den meisten großen Einkaufszentren in Nairobi.

www.carrefour.ke

Chandarana Foodplus, Adlife Plaza/ABC Place/Lavington Mall/Mobil Plaza/Signature Mall. Kenianische Supermarktkette mit einer breiten Auswahl an Lebensmitteln und Haushaltswaren. In Nairobi gibt es viele Filialen an wichtigen Straßen und in Einkaufszentren.

www.foodplus.co.ke

Naivas, Capital Centre/Mountain Mall/Prestige Plaza/Waterfront Mall. Naivas ist eine in der kenianischen Stadt Nakuru ge-

gründete Supermarktkette. In Nairobi sowie im ganzen Land gibt es etliche Filialen. Gute Auswahl an Lebensmitteln, vor allem frisches Obst und Gemüse, vieles davon stammt vom Lake Naivasha.
https://naivas.online

Für Kinder
Nairobi ist eine kinderfreundliche Stadt mit einem großen Angebot für die Kleinen. Viele Lodges und Hotels verfügen über Swimmingpools und schöne Gärten, in denen gespielt werden kann. In den meisten Einkaufszentren gibt es Spielplätze, Hüpfburgen oder andere Angebote für Kinder.
Das **Elefanten-Waisenhaus** (→ S. 105), das **Langata Giraffe Centre** (→ S. 107) und besonders der **Nairobi-Nationalpark** (→ S. 132) sind Orte, an denen Kinder Tieren nahekommen können. Im **New Muthaiga Horse Riding Stables** gibt es neben Pferden auch andere Tiere.

Fütterung im Elefanten-Waisenhaus

Sport und Freizeit
Viele Hotels und Lodges verfügen über Swimmingpools; öffentliche Schwimmbäder sind weniger zu empfehlen. Viele teurere Unterkünfte verfügen außerdem über ihre eigenen Fitnessstudios und Spas, wobei es auch viele weitere in der Stadt gibt. Außerdem gibt es in Nairobi eine Vielzahl an Freizeitaktivitäten, von Bowling über Reiten bis Golf.

■ Fitnessstudios
Smart Gyms, Junction Mall/Diamond Plaza/The Hub Karen, Tel. +254/(0)712/ 404040; tgl. 5.30–22 Uhr. Gut ausgestattete Fitnessstudios mit Sportkursen.
www.smartgyms.co.ke
VMX Fitness, Village Market, Limuru Rd, Gigiri, Tel. +254/(0)708/000621; Mo–Fr 5–22, Sa/So 7–19 Uhr. Modernes Fitnessstudio im Einkaufszentrum Village Market mit zahlreichen Sportkursen.
www.vmx-fitness.com

■ Spa und Wellness
Angsana Spa, Sankara Hotel, Woodvale Grove, Westlands, Tel. +254/(0)20/ 4208000. Sankara bedeutet in Sanskrit »Quelle der Ruhe«, das perfekte Motto für den Sankara Nairobi Health Club. Dieser bietet ein Fitnessstudio, ein türkisches Dampfbad, eine Sauna sowie einen Swimmingpool auf dem Dach.
www.sankara.com
Serenity Spa, 412 UN Crescent Gigiri, Village Market, Tel. +254/(0)708/202020. 2013 eröffnetes Spa, viele Anwendungen möglich. www.serenityspa.co.ke
Instagram: @serenityspakenya

■ Bowling
Village Bowl, Village Market, Limuru Rd, Gigiri, Tel. +254/(0)20/7122476. Moderne Bowlingbahn im Einkaufszentrum Village Market mit Bar, Billardtischen und Tischkicker.
www.villagemarket-kenya.com
Strikez Bowling, Westgate Shopping Mall, Mwanzi Rd, Highridge, Tel. +254/

(0)716/274798. Coole Bowlingbahn mit gutem Essen, Bar, Billardtischen und Tischkicker. www.strikez.co.ke
Instagram: @strikezke

■ Reiten

Malo Stables, Mudodo Ln, Karen, Tel. +254/(0)704/494464. Professionelles Reittraining auf ausgebildeten Pferden. Unterrichtet wird Dressur, Springen und Vielseitigkeit. Es werden außerdem Reittouren vom Vorort Karen in den Dagoretti Forest angeboten. www.malostables.com
Instagram: @malostables

New Muthaiga Horse Riding Stables, Manga Cl, Kitisuru, Tel. +254/(0)721/421728. In diesem Reitzentrum gibt es Kurse für Personen mit und ohne Vorkenntnisse. Neben Pferden und Ponys gibt es hier auch Kaninchen, Katzen und Enten. Besonders Kindern macht ein Ausflug hierher Spaß. Karte → hintere Umschlagklappe
Facebook: @NewMuthaigaStables

■ Golf

Karen Country Club, Karen Rd, Karen, Tel. +254/(0)733/606950. Der 1937 gegründete Club ist einer der ältesten in Kenia. Hier kann man Golf, Tennis, Squash und vieles mehr spielen. Wer will, kann hier auch übernachten. Karte → S. 105
www.karencountryclub.org
Instagram: @karencountryclub

Muthaiga Golf Club, Mua Park Rd, Muthaiga, Tel. +254/(0)722/168720. Der Muthaiga Golf Club ist einer der bekanntesten in Kenia und verfügt über einen schönen 18-Loch-Golfplatz, eine Sportbar, ein Fitnessstudio und ein Spa. Karte → hintere Umschlagklappe
www.muthaigagolfclub.com
Instagram: @muthaigagolfclub

■ Wandern, Klettern, Bergsteigen

Mountain Club of Kenya, Fourth Parklands Ave, Muthaiga, Tel. +254/(0)727/093388. Gemeinnütziger Verein für Menschen, die sich für Wandern, Klettern und Bergsteigen in Kenia interessieren. Sie können mit dem Club auf Ausflüge in die Natur gehen oder Informationen zu Routen, Guides und Touren einholen. Karte → S. 98/99
www.mck.or.ke
Instagram: @mountainclubke

Ärztliche Hilfe

In Nairobi gibt es Gesundheitseinrichtungen in jedem Stadtteil. Die Angestellten sprechen Englisch und sind den Umgang mit Reisenden gewöhnt. Hier eine Auswahl besonders empfehlenswerter Krankenhäuser in Nairobi.

Aga Khan Hospital, Third Parklands Ave, Westlands, Tel. +254/(0)11/1011888. Universitätsklinikum mit zuverlässigem Service und 24-Stunden-Notfalldienst. Karte → S. 99
https://hospitals.aku.edu

Nairobi West Hospital, Gandhi Ave, Nairobi West, Tel. +254/(0)730/600000. Gut ausgestattetes Krankenhaus mit 24-Stunden-Notfalldienst. Karte → hintere Umschlagklappe
https://nairobiwesthospital.com

MP Shah Hospital, Shivaji Rd, Parklands, Tel. +254/(0)20/4291000. Privates Klinikum, gilt als eines der besten in Nairobi und verfügt über einen 24-Stunden-Notfalldienst. Karte → S. 98
www.mpshahhosp.org

■ Apotheken

Apotheken gibt es überall in der Stadt. Normalerweise sind sie gut bestückt und haben neben billigeren Medikamenten auch teurere Importware aus Europa. Einige Krankenhäuser und Kliniken haben auch Hausapotheken, wo man Medikamente direkt beziehen kann.
Eine besonders empfehlenswerte Apothekenkette ist **Good Life.** Sie ist gut ausgestattet und hat zahlreiche Filialen in Nairobi sowie im Rest des Landes. Die Apotheken sind vor allem in Einkaufszentren (z.B. Sarit Centre, Lavington Mall, Junction Mall, Village Market), aber auch teilweise an Tankstellen zu finden.
www.goodlife.co.ke

Nairobi-Informationen

Sehenswertes in der Umgebung von Nairobi

Nairobi National Park

Unmittelbar südlich von Nairobi und eng an die Stadt angrenzend liegt der Nairobi National Park. Wildtiere können hier vor einer Kulisse aus Wolkenkratzern, rasenden Matatus und Flugzeugen im Anflug auf den Jomo Kenyatta International Airport beobachtet werden. Trotz seiner Nähe zur Stadt und seiner relativ geringen Größe verfügt der Nationalpark über eine große und vielfältige Wildtierpopulation und ist eines der erfolgreichsten Nashorn-Schutzgebiete Kenias.

Der Nairobi Nationalpark ist mit seinen 117 Quadratkilometern Fläche einer der kleinsten kenianischen Nationalparks und zugleich der älteste – er wurde 1946 ausgewiesen. Gegründet wurde er, da Mitte des 20. Jahrhunderts durch das Wachstum der Stadt Konflikte zwischen Mensch und Tier zunahmen. Die Maasai, die hier ihr Vieh weiden ließen, wurden bei der Gründung des Nationalparks gezwungen, ihr Weideland aufzugeben. Einige der Menschen, die dort ihr Land verloren, wurden in das Gebiet von Kitengela umgesiedelt. Viele Maasai-Grundbesitzerinnen und Grundbesitzer haben sich in der Kitengela Landowners Association zusammengeschlossen, die mit dem Kenya Wildlife Service zusammenarbeitet, um sowohl die Wildtiere zu schützen als auch Vorteile für die Einheimischen zu erzielen.

Der Nationalpark ist an drei Seiten durch einen elektrischen Zaun begrenzt. Die südliche Grenze wird durch den Mbagathi-Fluss gebildet. So wird es den Wildtieren ermöglicht, zwischen dem Park und den angrenzenden Kitengela-Ebenen hin und her zu wandern. Die Ebenen im Süden des Parks sind während der Regenzeit wichtige Futtergebiete. Vor der Gründung der Stadt folgten die Tierherden den Regenfällen und zogen über die Ebenen vom Kilimandscharo zum Mount Kenya – eine Wanderung, die so lang ist wie die in der Serengeti stattfindende Migration (→ S. 260). Als die Stadt jedoch wuchs, wurde der Park zur nördlichsten Grenze der Tierwanderung.

Karte: vordere Umschlagklappe

▲ *Diese Löwin ist Safaribusse offenbar gewohnt*

■ Tierwelt im Nationalpark

Der Nairobi-Nationalpark beherbergt eine große Vielfalt an Wildtieren mit über hundert Säugetierarten, darunter vier der Big Five (Löwe, Büffel, Leopard und Nashorn) sowie eine vielfältige Vogelwelt mit über 550 Arten – das ist mehr als in ganz Deutschland!

Der Artenreichtum des Parkes ist erstaunlich. Zu den im Park vorkommenden Tierarten gehören Löwe, Leopard, Afrikanischer Büffel, Spitzmaulnashorn, Giraffe, Flusspferd, Tüpfelhyäne, Streifengnu, Steppenzebra, Gepard, Elenantilope, Impala, Wasserbock, Warzenschwein, Schakal, Strauß und Nilkrokodil.

Pflanzenfresser, darunter Gnus und Zebras, nutzen das Kitengela-Schutzgebiet und den Wanderkorridor im Süden des Parks, um die Athi-Kapiti-Ebenen zu erreichen. Sie verteilen sich in der Regenzeit über die Ebenen und kehren in der Trockenzeit in den Park zurück.

Die Konzentration der Wildtiere im Park ist in der Trockenzeit am größten, wenn die Gebiete außerhalb des Parks ausgetrocknet sind. Kleine Dämme, die entlang des Mbagathi-Flusses gebaut wurden, verleihen dem Park mehr Wasserressourcen als den Gebieten außerhalb des Parks.

■ Vegetation

Die Landschaft ist eine Mischung aus Savanne mit weiten, offenen Grasebenen mit vereinzelten Akazienbüschen und Sumpfland. Das westliche Hochland des Parks besteht aus Hochland-Trockenwald. Die unteren Hänge dieser Gebiete sind Grasland. Außerdem gibt es vereinzelt Gelbrinden-Akazien (Acacia xanthophloea). Entlang des permanenten Flusses im Süden des Parks gibt es einen Auwald. Innerhalb des Parks gibt es Gebiete mit zerklüftetem Buschwerk und tiefen felsigen Tälern und Schluch-

Tiere im Nationalpark

ten. In den Tälern wachsen vor allem Akazien und Wolfsmilchgewächse (Euphorbia candelabrum).

■ Klima

Nairobi sowie der an die Hauptstadt anschließende Nationalpark haben ein subtropisches Hochlandklima. Auf einer Höhe von 1795 Metern über dem Meeresspiegel können die Abende kühl sein, und die Temperaturen fallen auf etwa zehn Grad Celsius. Die sonnigste und wärmste Zeit des Jahres ist von Dezember bis März, wenn die Tagestemperaturen im Durchschnitt bei 24 Grad Celsius liegen. Die Regenzeiten belaufen sich auf März bis Mai und Oktober bis November.

■ Unterwegs im Nationalpark

Die Orientierung im Nairobi National Park ist relativ einfach, wenn man sich eine Karte des Parkes am Main Gate kauft. Die Straßenkreuzungen sind durch Ziffern gekennzeichnet. Zwar sind viele der Hauptpisten innerhalb des Parkes asphaltiert, um den Park für Stadtautos zugänglich zu machen; doch viele der kleineren Wege sind in schlechtem Zustand, und ein Fahrzeug mit Allradantrieb ist sehr zu empfehlen.

Das **Main Gate** des Parks liegt auf der Langata Road und ist sowohl mit öffentlichen als auch privaten Verkehrsmitteln sehr einfach erreichbar. Direkt am Tor gibt es ein kleines **Bildungszentrum** und das **Ranger's Restaurant** sowie nahe am Eingang das **Hauptquartier des Kenya Wildlife Service** (KWS).

In der Nähe des Haupteingangs kann man auf dem **Nairobi Safari Walk** auf Holzbrücken in luftiger Höhe über ein kleines Teilgebiet des Nationalparks wandern und Tiere aus der Vogelperspektive beobachten. Das ist vor allem für Kinder ein schönes Erlebnis.

Etwas südöstlich vom Eingang befindet sich die **Ivory Burning Site**, eine Erinnerungsstätte an den Kampf gegen die brutale Wilderei von Elefanten und Nashörnern. Hier wurden von der Regierung unter Moi 1989 öffentlich etwa zwölf Tonnen Elfenbein verbrannt. Ziel war es, das Image Kenias als Land zu verbessern, das sowohl Naturlandschaften als auch Wildtiere streng schützt.

Von hier aus kann man zum **Nagolomon-Damm** fahren, an dem sich immer allerlei Wasser- und Watvögel sowie einige Nilpferde tummeln. Weiter südlich befindet sich der **Impala Observation Point**, ein schöner, überdachter Picknickplatz mit einem sagenhaften Ausblick über die Savanne. Achten Sie beim Verlassen Ihres Fahrzeug immer auf Ihre Umgebung, denn es kam schon vor, dass sich eine Löwenfamilie zum Picknick gesellte! Es lohnt sich außerdem eine Fahrt entlang des **Mbagathi-Flusses**, der den Nationalpark im Süden begrenzt. An den wenigen verbleibenden Wasserstellen halten sich vor allem in den Trockenzeiten viele Wildtiere auf.

Im Osten des Parks wurde vor einigen Jahren eine **Eisenbahnbrücke** gebaut, in deren Schatten sich viele Wildtiere vor der Mittagshitze schützen.

Das **Bush Valley** im Norden wiederum ist der bevorzugte Aufenthaltsort vieler Nashörner. Im ebenfalls nördlich gelegenen **Hyena Dam** leben einige Krokodile, und auch viele verschiedene Wasservögel können beobachtet werden.

ℹ Nairobi National Park

Park- und weitere Gebühren → S. 34. **Tickets** nur online auf www.ecitizen.go.ke. **Weitere Informationen**: www.kws.go.ke. **Öffnungszeiten**: tgl. 6–18 Uhr.

Das **Main Gate** befindet sich in der Nähe des Wilson Airport und ist über die Langata Road zu erreichen.

Zum Main Gate fahren verschiedene Matatus und Busse von verschiedenen Punkten in Nairobi aus. Erkundigen Sie sich bei Ihrer Unterkunft, welcher Bus für Sie der richtige ist. Weitere Informationen: Friends of Nairobi National Park (www.fonnap.org) und KWS (www.kws.go.ke).

In der Regel übernachtet man in Nairobi und unternimmt Tagesausflüge in den Park. Die meisten Unterkünfte können einen Transport zum Nationalpark oder auch eine Safari innerhalb des Parkes organisieren.

Übernachtungsmöglichkeiten direkt im oder am Nationalpark:

The Emakoko, Uhuru Gardens, Tel. +254/(0)724/156044; Cottage/VP 1420 Euro. Boutique-Lodge am Rande des National-

parks. Elegant-rustikale Einrichtung, hervorragendes Restaurant und Swimmingpool. www.emakoko.com
Instagram: @theemakoko
Nairobi Tented Camp, Nairobi National Park, Tel. +254/(0)726/982701; DZ/F ab 230 Euro. Idyllisch in einem Wald an einem Fluss gelegenes Zeltcamp innerhalb des Nationalparks. Trotz der Nähe zur Hauptstadt bietet es ein wahres Wildnis-erlebnis. Die Safarizelte sind geschmackvoll eingerichtet und gemütlich. www.nairobitentedcamp.com
Facebook: Nairobi Tented Camp

Der KWS betreibt einen schönen Campingplatz am Rande des Parks in der Nähe des New East Gates, zu buchen über https://kws.ecitizen.go.ke.

Kaffeetouren

In der Hochlandregion Kenias werden einige der besten Kaffeesorten der Welt angebaut. Im Umland von Nairobi gibt es riesige Kaffeefarmen, die man besuchen kann. Dazu zählen die **Karunguru Farm** (www.karungurucoffee.com), rund 45 Kilometer von Nairobi entfernt, und das **Fairview Coffee Estate** (www.fairviewestate.co.ke, Instagram: @fairviewestate) im nördlich gelegenen Kiambu. Beide Farmen liegen auf einer Höhe von 1700 bis 1800 Metern über dem Meeresspiegel. Seit der Gründung der Kaffeefarmen wurde die Kunst des Anbaus, der Ernte, des Trocknens, des Röstens, des Mahlens und des Verpackens des Kaffees perfektioniert. Bei einer geführten Tour durch die Kaffeefarmen lernt man viel über Kaffee und seine Produktion.

The Forest

Das Sport- und Freizeitzentrum The Forest liegt im Kereita-Wald zwischen Nairobi und Naivasha. Hier kann man Ziplining, Paintball, Mountainbiking und Bogenschießen ausprobieren, außerdem auf geführte Wanderungen gehen und campen. Das Restaurant serviert internationale Speisen. www.theforest.co.ke Instagram: @theforestke

Besuch auf der Kaffeefarm

Nairobi und Umgebung

Es gab keinen Morgen in Afrika, an dem ich aufwachte und nicht glücklich war.

Ernest Hemingway, Die Wahrheit im Morgenlicht, 1999 (eigene Übersetzung)

Blick auf das Rift Valley von einem Aussichtspunkt bei Naivasha

Unterwegs im Ostafrikanischen Grabenbruch

Der Große Grabenbruch (Great Rift Valley) ist eine Reihe von zusammenhängenden geographischen Gräben in der Erdkruste mit einer Gesamtlänge von etwa 7000 Kilometern, die sich vom libanesischen Beqaa-Tal über Kenia bis nach Mosambik erstrecken. Das intrakontinentale Rückensystem entstand durch den Auftrieb, der durch die nubische, somalische und arabische Platte verursacht wurde. In diesem riesigen Tal befinden sich einige der größten Seen, Ebenen und Berge der Erde.

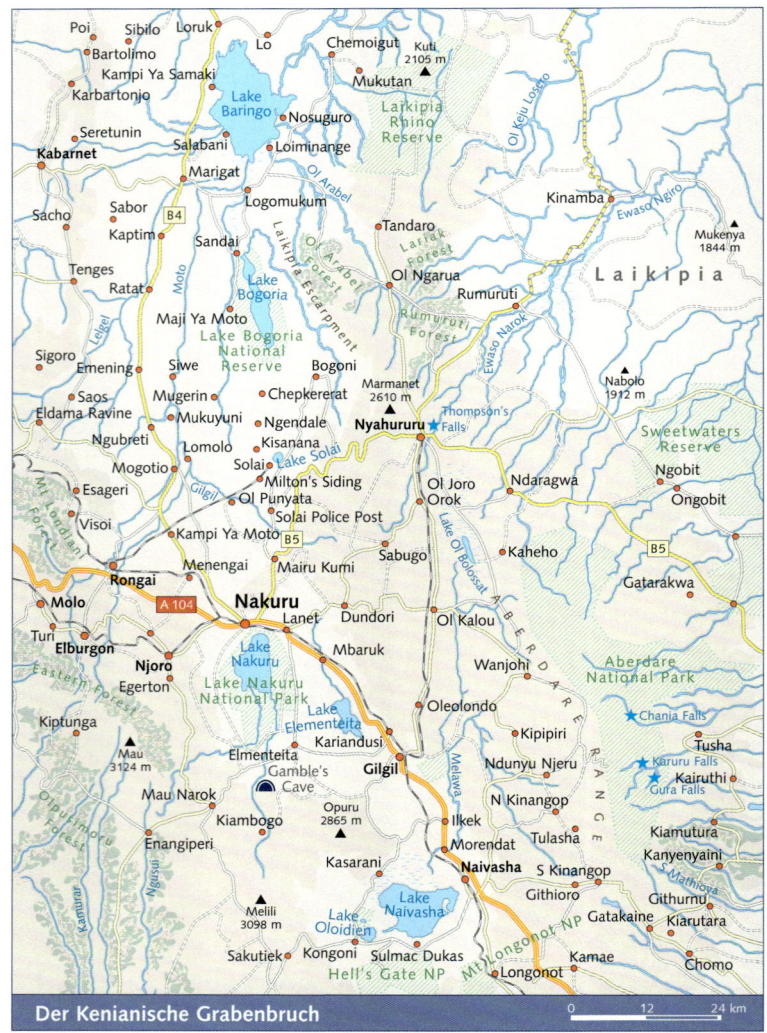

Der Kenianische Grabenbruch

Der Felsen Fischer's Tower im Hell's Gate National Park

Rift Valley

Der Große Grabenbruch teilt Kenia buchstäblich in zwei Hälften. Dieser Abschnitt des Grabens wird als Kenianischer Grabenbruch (Kenyan Rift Valley) bezeichnet und verläuft von Norden nach Süden. Hier finden sich spektakuläre Landschaften – von schroffen Felswänden, die schier endlos in die Tiefe stürzen, bis zu weiten Grasebenen und wie an einer Perlenkette aufgereihten Seen. Zu diesen gehören der Turkanasee im Norden Kenias, die Seen Baringo, Bogoria, Nakuru, Elementaita, Naivasha und Magadi an der Grenze zu Tansania. Eine Reihe von erloschenen, aber auch einigen noch aktiven Vulkanen säumen das Tal. Einer lokalen Legende zufolge brach der Mt. Longonot erst 1860 noch aus. Diese anhaltende Aktivität bietet ideale Bedingungen für geothermische Kraftwerke, die für die Energieversorgung Kenias immer wichtiger werden.

Die vulkanischen Ablagerungen sorgen nicht nur für fruchtbare Böden, sondern haben auch alkalisches Wasser in den meisten Seen des Rift Valleys entstehen lassen. Diese flachen Sodaseen, die durch das Fehlen einer Drainage im Tal entstanden sind, weisen eine hohe Verdunstungsrate auf, wodurch sich die Alkalität weiter konzentriert. Diese Eigenschaften des Wassers bieten die perfekte Umgebung für das Wachstum mikroskopisch kleiner Blaualgen, die wiederum Nahrung für Zwergflamingos, winzige Krebstiere (Nahrung für Rosaflamingos) und Insektenlarven (Nahrung für natriumresistente Fische) bieten. Auch für viele weitere Vogelarten ist das kenianische Seensystem eine Schlüsselstelle auf ihrer jährlichen Wanderroute von den Brutgebieten im Norden zu den Überwinterungsgebieten in Afrika. Im Kenianischen Grabenbruch befinden sich daher artenreiche Nationalparks und Reservate. Dazu zählt der **Lake Nakuru National Park** (→ S. 162), der einen flachen Sodasee und eine große Anzahl an Flamingos beherbergt, was den Nationalpark zu einem der beliebtesten Parks in Kenia macht. Der **Hell's Gate National Park** (→ S. 150) bietet die einmalige Gelegenheit, ohne Führung durch beeindruckende Landschaften zu wandern und afrikanische Steppentiere in ihrer ganzen natürlichen Pracht zu erleben. In atemberaubendem Kontrast zu diesen beiden Nationalparks steht die raue und trostlose Schönheit des Lake Bogoria. Der **Bogoriasee** (→ S. 167) ist ein flacher Sodasee und wird häufig von riesigen Schwärmen Zwergflamingos bewohnt. Er enthält mehr Geysire als jedes andere Gebiet gleicher Größe auf der Welt. Im Graben herrscht ein mildes Klima mit Temperaturen von häufig unter 28 Grad Celsius. Die Niederschläge fallen in den Monaten Oktober bis November und März bis Juni.

Naivasha und Lake Naivasha

Die Einwohnerzahlen des zu Beginn des 21. Jahrhunderts noch verschlafenen Provinzstädtchens mit rund 30 000 Einwohnern sind in den letzten Jahrzehnten unbeschreiblich schnell angestiegen, auf sage und schreibe 200 000 Einwohner. Die Stadt ist mittlerweile eine der zehn größten Städte in Kenia. Sie wurde 1896 als Versorgungsstation an der Verkehrsroute nach Westkenia und Uganda gegründet. Der Ort Naivasha selbst hat für Reisende kaum etwas zu bieten und ist eher praktischer Ausgangspunkt und Versorgungsstation für Ausflüge in die vielen Naturattraktionen der Gegend. Naivasha liegt im Hochland Kenias, das aufgrund des angenehmen Klimas und der Fruchtbarkeit der Böden für die Landwirtschaft hervorragend geeignet ist. In dieser Region ließen die Maasai jahrhundertelang ihre Viehherden weiden, bis das Gebiet während der Kolonialzeit zu

einem bevorzugten Siedlungsgebiet der Weißen wurde. Die Briten vertrieben sowohl die einheimische bäuerliche Bevölkerung sowie die Maasai, die sich mit weniger fruchtbarem Land zufriedengeben mussten. Die meisten der riesigen Gemüse- und Blumenfarmen rund um den Lake Naivasha sind mittlerweile jedoch nicht mehr in europäischen, sondern in kenianischen Händen.

Naivasha ist ein wichtiges wirtschaftliches Zentrum der Region, denn der See liefert das Wasser für die umliegenden Farmen und sorgt für einen regen Fremdenverkehr.

Lake Naivasha

Mit seinen von Papyrus und Gelbrindenakazien gesäumten Ufern, den Flusspferdpopulationen, Schreiseeadlern und einer blühenden Gartenbauindustrie ist die Schönheit des Naivashasees ebenso

Naivasha und Lake Naivasha

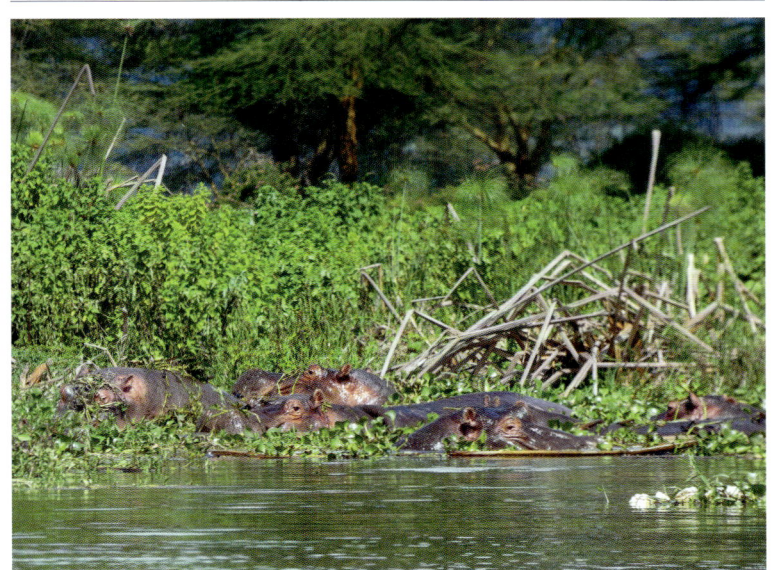

Nilpferde im Lake Naivasha

unbestreitbar wie seine Bedeutung für die Region. Mit etwa 1800 Höhenmetern ist er der höchstgelegene der kenianischen Rift-Valley-Seen.

Der See stellt ein einzigartiges Ökosystem dar, vor allem wegen seiner ausgedehnten Ufervegetation. Sein Wasserspiegel schwankt massiv je nach Regenfall, was in seinem Maasai-Namen »En-Naiposha«, »großes, bewegtes Wasser«, ausgedrückt ist. Der Wasserspiegel des Sees stieg Ende 2019 um mehrere Meter an, da im Einzugsgebiet des Naivashasees das Dreifache der üblichen Niederschlagsmenge fiel. Dies führte dazu, dass Teile des Ufergebiets rund um den See mitsamt Wiesen, Blumenfarmen sowie Campingplätzen und Gebäuden unter Wasser gesetzt wurden. Auch die Regenzeiten 2020 waren feuchter als üblich, so dass der Naivashasee auf die größte Ausdehnung seit fast einem Jahrhundert anwuchs. Hunderte von abgestorbenen Akazien ragen aus dem ufernahen Wasser und zeugen von den vergangenen Ufergrenzen. Außerdem wurde der schmale Landstrich zwischen dem Lake Naivasha und dem westlich gelegenen kleinen Lake Oloidien überschwemmt, wodurch die zwei Seen sich zu einem vereinten.

Das Süßwasser des Naivashasees verleiht ihm aber nicht nur ein einzigartiges Ökosystem im Vergleich zu den meisten Seen im Rift Valley, die stark alkalisch sind, sondern es bedeutet auch, dass der See für Bewässerungszwecke genutzt werden kann. Der Naivashasee ist das Zentrum der kenianischen Blumenindustrie, die über 500 Millionen Dollar pro Jahr umsetzt. Damit ist Kenia einer der größten Blumenexporteure der Welt. Zwar schafft diese Industrie viele Arbeitsplätze, doch sie bedroht auch das Ökosystem des Sees durch Einsickern von Pestiziden und Düngemittel.

Konflikte zwischen Mensch und Nilpferd am Naivashasee

Der Lake Naivasha ist bekannt für seine sehr hohe Population an Nilpferden. Schätzungen des KWS zufolge leben im See etwa 700 der gefährlichen Tiere. Die langanhaltenden Regenfälle in den Jahren 2019 und 2020 führten dazu, dass der See Gebiete überflutete, die von Flusspferden frequentiert werden. Dadurch teilen sich Fischerboote und Flusspferde die sumpfigen Uferlinien, was zu einer Zunahme von Flusspferdangriffen führt, die oft tödlich enden. Schätzungen zufolge wurden im Jahr 2020 etwa 40 Menschen – vor allem Fischer und Fischerinnen – von Flusspferden am Naivashasee angegriffen, 14 von ihnen starben. Jedes Jahr töten Flusspferde in ganz Afrika schätzungsweise 500 Menschen. Damit sind sie die gefährlichsten Tiere Afrikas.

Trotz der Gefahren, die von Flusspferden ausgehen, ist das Ausmaß der Tragödie, die sich am Naivashasee abspielt, ungewöhnlich und geht auf Ereignisse zurück, die das Verhältnis zwischen Menschen und Flusspferden verändert haben. Kenia ist einer der größten Blumenexporteure der Welt, aber als die Covid-19-Pandemie ausbrach, wurden in Europa kaum noch Schnittblumen gekauft. Tausende Angestellte rund um den Naivashasee wurden entlassen. Da es kaum andere Einkommensquellen gab, wandten sich viele dem Fischfang zu. Die Zahl der Fischer und Fischerinnen stieg von ursprünglich ein paar Dutzend auf Tausende an. Das Ergebnis ist eine tödliche Mischung: Menschen und Nilpferde konkurrieren um einen schmalen Streifen Territorium. Das Verschwinden des trockenen Landes, auf dem die Flusspferde grasen können, ist nicht nur auf das steigende Wasser des Naivashasees zurückzuführen, das um zwölf Meter in die Höhe geklettert ist, sondern auch auf das illegale Eindringen von Menschen in den geschützten Uferbereich. Die Menschen bauten Häuser, touristische Unterkünfte und Gewächshäuser auf diesem Land, aber jetzt steht vieles unter Wasser. Viele Fischerinnen und Fischer haben es sich angewöhnt, von den Stämmen umgefallener Bäume in den seichten Ufergewässern ihre Leinen auszuwerfen. Von Zeit zu Zeit grunzen die Nilpferde und erinnern sie daran, dass die Gefahr nur einen Ausrutscher entfernt ist. Mittlerweile hat sich die Covid-19-Pandemie entspannt, und die kenianische Blumenindustrie floriert wieder.

Die einzige Möglichkeit, dem Fischen sicher nachzugehen, ist es, ein Boot zu verwenden, anstatt barfuß in das trübe Wasser des Sees zu waten. Da sich die meisten jedoch kein Boot leisten können, fehlt noch immer eine realistische Lösung für den Konflikt zwischen Mensch und Nilpferd am Lake Naivasha.

Nilpferd im Naivashasee

■ Flora und Fauna

Der Lake Naivasha ist Heimat für mehr als 350 Vogelarten. Viele von ihnen ernähren sich von Fischen und Insekten, die im flachen Uferbereich des Sees und unter dem Papyrus leben. Andere, wie der majestätische Schreiseeadler, bauen ihre Nester auf den hohen Akazienbäumen. Der Ruf des Schreiseeadlers hat einen unverwechselbaren Charme, der jeden Tag den Sonnenaufgang in Naivasha begleitet. Der Lake Naivasha dient zudem als Zufluchtsort für eine Vielzahl von überwinternden Vogelpopulationen; deshalb wurde er im Rahmen der Ramsar-Konvention (www.ramsar.org) zum Schutz von Feuchtgebieten als Ort von internationaler Bedeutung ausgewiesen. Auffällig sind die riesigen schwimmenden Inseln der Wasserhyazinthe. Diese wuchernde Pflanze wurde ursprünglich in den 1970er Jahren von Südamerika in den See eingeschleppt. Die Wasserhyazinthe hat einen schlechten Ruf, da sie die ursprünglich im Lake Naivasha vorherrschende Vegetation verdrängt. Vor allem der Papyrusgürtel rings um den See, der die »Kinderstube« für die Fische darstellt, leidet unter den dichten Matten der Wasserhyazinthe. Dennoch werden der Pflanze zunehmend positive Eigenschaften zugeschrieben. Im See nimmt sie Nährstoffe auf und trägt zur Wasserreinigung bei. Ihr ausgeklügeltes schwimmendes Wurzelsystem bietet ein Substrat für das Wachstum zahlreicher Würmer, Insekten, Spinnen, Schnecken und Krebse, die wiederum Nahrung für Fische bieten. Die Fische selbst verstecken sich unter den Wasserhyazinthen, um Schutz vor Fressfeinden zu finden. In den letzten Jahren wurden Wasserböcke und andere Wildtiere beim Verzehr von Wasserhyazinthenblättern beobachtet, was darauf hindeuten könnte, dass sie

Schreiseeadler am Seeufer

sich nach und nach an diese neue Ressource gewöhnen.

Nicht nur für Personen, die gerne Vögel beobachten, sondern auch für diejenigen, die gerne angeln, ist der Lake Naivasha ein schönes Ausflugsziel. Hier können Tilapia, Welse, verschiedene Arten von Barschen und Karpfen gefangen werden. Die kommerzielle Fischerei in Naivasha begann vor Jahrzehnten eher zufällig, als eine Regenflut eine Fischfarm flussaufwärts am Malewa River überschwemmte. Ein Schwarm Karpfen entkam in den See, wo sie die meisten Flusskrebse auffraßen und die Eier von Tilapia, Schwarzbarsch und anderen Arten vertilgten. Die Karpfen vermehrten sich, und das Fischen wurde zur Lebensgrundlage vieler Einheimischer.

■ Crescent Island Game Sanctuary

Im Naivashasee liegt eine sichelförmige Insel, die von einem vorspringenden Rand eines kleinen, überfluteten Vulkankraters gebildet wird. Crescent Island

Aloe Vera am Lake Naivasha

ist je nach Wasserstand eine Halbinsel und mit dem Festland verbunden oder wie zur Zeit der Recherche für diesen Reiseführer eine Insel und nur mit dem Boot zugänglich. Dieses kleine Wildschutzgebiet bietet einen Lebensraum für Wasserböcke, Zebras, Grantgazellen, Elenantilopen, Gnus und Giraffen. Wenn man Glück hat, kann man bei einem Spaziergang im lichten Akazienwald auch eine der hier lebenden mächtigen afrikanischen Felspythons entdecken. Das Eiland ist außerdem Heimat einer unglaublichen Artenvielfalt an Vögeln, darunter zahlreiche Wasservögel wie Kormorane, Seeadler, Pelikane, Reiher, Enten und Eisvögel. Im See um die Insel leben einige Nilpferdfamilien.

Kilimandege Sanctuary und Kenya Bird of Prey Trust

Das kleine private Tierschutzgebiet **Kilimandege Sanctuary** erstreckt sich über 88 Hektar und liegt an der Moi South Lake Road. Erst im März 2021 hat es seine Türen für Besuchende geöffnet und gilt daher noch als Geheimtipp in Naivasha. Kilimandege bedeutet auf Swahili so viel wie »Hügel der Vögel«. Es beher-

bergt etwa 250 Vogelarten, Giraffen, Zebras, Wasserböcke und Gazellen, die frei über das Grasland streifen.

Das weitläufige Grundstück gehörte ursprünglich den Pionieren des Dokumentarfilms über Wildtiere, Joan Root (1936–2006) und ihrem Ehemann Alan (1937–2017). Beide sind international bekannt für ihre bahnbrechende Arbeit für *National Geographic*, die 40 Jahre laufende Naturdokumentationsserie *Survival* und zahlreiche unabhängige Wildtierfilme (Film- und Buchempfehlungen → S. 425). Das Paar war auch gut mit dem weltbekannten Naturfilmer David Attenborough befreundet.

Im Kilimandege Sanctuary können Gruppen entweder im **Otter Cottage** oder im **Kilimandege House** direkt am Ufer des Lake Naivasha übernachten (→ S. 146). Das Kilimandege House ist das ehemalige Wohnhaus des Paares Root und fast schon ein Museum: An den Wänden hängen allerlei historische Fotografien und Karten, die Einblick in das Leben der beiden während der Kolonialzeit in Kenia geben. Auch Jackie Kennedy hat hier einmal übernachtet. Interessant ist, dass die Türen des Hauses etwas breiter gebaut sind, da Joan und Alan von einem zahmen Hippo besucht wurden. Die Hippo-Dame Sally lebt noch heute im Haller Park in Mombasa (→ S. 310). Besonders empfehlenswert ist ein Sundowner am See. Nachts kann man von den Fenstern Nilpferde beobachten, die zum Weiden in den Garten vor dem Haus kommen.

Das Kilimandege-Schutzgebiet beheimatet zudem den **Kenya Bird of Prey Trust**. Hier bietet sich die Gelegenheit, einige von Kenias wunderbaren Raubvögeln aus nächster Nähe zu sehen. Guides führen durch die Gehege, in denen verschiedene Raubvogelarten gehalten werden. Sogar ein Weißstorch aus Leipzig wurde hier aufgenommen! Er wurde 2014 als Küken in einem Nest auf einem Schornstein in Leipzig mit einem Beinring ausgestattet. Dann wurde er flügge, flog nach Kenia und wurde auf der Mai-Mahiu-Narok-Straße von einem Matatu angefahren. Er brach einen seiner Flügel, der amputiert werden musste. Seitdem lebt der Storch beim Kenya Bird of Prey Trust in Naivasha.

Sie erfahren bei einer Führung auch viel über die Rettung, Rehabilitation und den Schutz von Raubvögeln in Kenia. Verletzte oder vergiftete Vögel werden vom Kenya Bird of Prey Trust geheilt und wenn möglich wieder in die Natur entlassen. Im Falle von Eulen ist der Aberglaube in Kenia verbreitet, dass Eulen schlechte Omen sind. Daher werden sie oft von Menschen verletzt oder getötet. Euleneier hingegen gelten paradoxerweise als besonders glückverheißend, daher werden Euleneier oftmals aus Nestern gestohlen und zu hohen Preisen verkauft.

Elsamere Conservation Centre

Südwestlich des Lake Naivasha liegt inmitten eines Grundstücks direkt am Ufer des Sees das Elsamere Conservation

Milchuhu Phil im Greifvogelzentrum

Centre mit einem liebevoll angelegten Garten. Dieses besteht aus dem ehemaligen Wohnhaus der Tierschützerin Joy Adamson, die 1910 im damaligen Gebiet Österreich-Ungarn geboren wurde. Das Haus ist heute ein Forschungszentrum mit einem kleinen Museum. Adamson lebte dort mit ihrem Ehemann George, mit dem sie drei Löwenbabies aufzog. Das Ehepaar wurde durch seine Arbeit mit Löwen in den 1960er Jahren weltweit berühmt. Adamson beschrieb das Leben einer der Löwinnen, die sie »Elsa« taufte, in ihrem 1960 erschienenen Bestseller *Frei geboren. Eine Löwin in zwei Welten* (Auswahl von Adamson-Büchern und deren Verfilmungen → S. 425). Das Geld, das Joy Adamson mit Büchern und Filmen unter anderem über die Löwin Elsa verdiente, stiftete sie zum größten Teil für den Naturschutz – ohne ihre Unterstützung wäre der Hell's Gate National Park (→ S. 150) niemals entstanden. Im Garten von Elsamere befinden sich **Naturlehrpfade**, die zu einem Spaziergang einladen. In den Bäumen leben nicht nur mehr als 200 Vogelarten, sondern auch schwarz-weiße Colobus-Affen, die durch die Baumkronen turnen.

Rift Valley

Naivasha und Lake Naivasha

Fahrzeit Nairobi–Naivasha: A104 (Upper Rd) oder C88 (Lower Rd), ca. 2 Std. **Nakuru–Naivasha**: knapp 1,5 Std.

Die guten Straßenverhältnisse sorgen dafür, dass Naivasha und der Naivashasee in alle Richtungen gut vernetzt sind. Vom zentralen Busbahnhof im Stadtzentrum von Naivasha in der Nähe vom Naivas-Supermarkt verkehren ganztägig Busse nach Nairobi (2,5 Std). Es ist nicht empfehlenswert, Verbindungen über Nacht zu nehmen, da hier häufig Unfälle passieren. Private Busanbieter wie **NNUS Bus Service** pendeln mehrmals täglich zwischen Nairobi und Naivasha. Die Abfahrt in Nairobi ist an der Kreuzung von Ronald Ngala St und River Rd und Ankunft in Naivasha ist am zentralen Busbahnhof im Stadtzentrum. Fahrkarten werden im jeweiligen Büro von NNUS am Busbahnhof verkauft.

Entlang der Nationalstraße nach Norden verkehren **Überlandbusse** und **Matatus** nach **Nakuru** oder weiter in Richtung **Mount Kenya** oder **Laikipia** in regelmäßigen Abständen.

Loldia Airstrip, am Nordufer des Sees. Wird von Safarilink (www.flysafarilink.com) und Yellow Wings (www.yellowwings.com) angeflogen.

Wer von Naivasha zum Lake Naivasha möchte, kann entweder ein **Matatu** vom zentralen Busbahnhof nehmen (fragen Sie vor Ort, welches das richtige ist) oder ein Taxi über **Wasili Taxi Service** (+254/(0)722/761940) buchen. Auch Uber und Bolt werden in Naivasha angeboten.

Hippo Point, Abzweigung Moi South Lake Rd, Tel. +254/(0)733/333014; DZ/VP ab 963 Euro. Hippo Point ist ein exklusives privates Naturschutzgebiet, das zwischen Lake Naivasha und Lake Oloidien liegt. Es eignet sich hervorragend für Spaziergänge am Seeufer und Vogelbeobachtungen – am Hippo Point wurden mehr als 350 Vogelarten verzeichnet. Besonders beeindruckend ist der außergewöhnliche 27 m hohe Dodo Tower. Die Unterkunft wurde im Jahre 1932 errichtet. www.hippopointkenya.com Instagram: @hippo_point_kenya

Elsamere Lodge, Moi South Lake Rd, Tel. +254/(0)722/648123; DZ/VP ab 270 Euro. Das Naturschutzzentrum im ehemaligen Haus von Joy Adamson liegt in einem schönen Garten mit Colobus-Affen und allerlei Vögeln direkt am Ufer des Lake Naivasha. Abends können Hippos, die zum Grasen in den Garten kommen, vom Speisesaal aus beobachtet werden. Man kann auch nur zum Mittagsbuffet (16 Euro) vorbeikommen. www.elsaconservationtrust.org Facebook: Elsamere Naivasha

Otter Cottage, Moi South Lake Rd, Tel. +254/(0)712/119849; Cottage 180 Euro. Das kleine Ferienhaus, das bis zu 8 Personen aufnehmen kann, liegt im Kilimandege Sanctuary direkt am Ufer des Sees. Auch das ehemalige Wohnhaus von Joan Root kann gebucht werden. Im **Kilimandege House** können bis zu 12 Personen schlafen (270 Euro pro Nacht). Die Ferienhäuser werden nur komplett vermietet, daher sind sie besonders gut für Gruppen geeignet. Ein Koch oder eine Köchin kann organisiert werden. Beide Selbstversorgungs-Unterkünfte sind gut ausgestattet und kinderfreundlich. Der Erlös aus den Buchungen fließt direkt in die Schutzprojekte des Kilimandege Sanctuary. www.kilimandege.com Instagram: @kilimandegenaivasha

Crescent Camp, Crescent Island, Tel. +254/(0)20/2321135; Luxuszelt/VP ab 168 Euro. Das Camp besteht aus 20 komfortablen Luxuszelten am Ufer nahe der wildtierreichen Halbinsel Crescent Island. Die ruhige Lage in diesem Naturparadies, der freundliche Service und das erstklassige

Restaurant machen dieses Zeltcamp zu einem Geheimtipp. Drei der Zelte sind rollstuhlgerecht. www.crescentcamp.co.ke Facebook: Lake Naivasha Crescent Camp
Naivasha Kongoni Lodge, Moi North Lake Rd, Tel. +254/(0)702/993131; DZ/F ab 127 Euro. Schöne rustikale Lodge mit riesigem Pool. Verfügt über ein gutes Restaurant und kann Bootstouren organisieren.
https://naivashakongonilodge.com
Instagram: @naivashakongonilodge
Sanctuary Farm, Moi South Lake Rd, Tel. +254/(0)722/761940; Farmhütte ab 120 Euro. Inmitten eines privaten Naturschutzgebiets liegen einige Farmhütten (Mabati House, Rose Cottage, Clock Tower) und zwei voll ausgestattete Campingplätze (ab 1000 Ksh pro Pers. u. Nacht). Sanctuary Farm besticht durch seinen Tierreichtum, den schönen Blick auf den See und den lichten Akazienwald. Alle Cottages (Selbstversorgung) sind gut ausgestattet. Es gibt auch ein gutes Restaurant, das auf Anfrage öffnet. Naturschutzgebühr, zahlbar am Eingang: 200 Ksh.
www.sanctuaryfarmkenya.com
Instagram: @sanctuaryfarm_naivasha
Camp Carnelley's, Moi South Lake Rd, Tel. +254/(0)796/841149; DZ ab 40 Euro, Zelten ab 12 Euro. Direkt am Seeufer gelegene Anlage mit gemütlichem Haupthaus, Campingplatz und komfortablen Bandas. Besuchen Sie am Abend die entspannte Bar und das Lazybones-Restaurant. In der Abenddämmerung können Sie von Ihrem Zelt aus Flusspferde beim Grasen beobachten – keine Sorge, ein elektrischer Zaun hält sie davon ab, sich ins Hauptcamp zu wagen! Bei den Überschwemmungen 2019 und 2020 hat der Zeltplatz viele seiner schönen Akazien eingebüßt, was ihm etwas von seinem Charme genommen hat.
www.campcarnelleys.com
Instagram: @campcarnelleys
Fisherman's Camp, Moi South Lake Rd, Tel. +254/(0)718/880634; Camping 7 Euro pro Nacht, Banda ab 32 Euro. Direkt

neben dem Camp Carnelley's gelegener Campingplatz mit einigen rustikalen Bandas und einem Cottage am Seeufer. Hier genießt man einen atemberaubenden Blick auf den See und kann eine Vielzahl von Tieren beobachten, wie die im Garten ansässigen Colobus-Affen und majestätische Schreiseeadler. Auf Anfrage können auch Zelte gemietet werden.
www.fishermanscamp.com
Instagram: @fishermanscamp1

✖️🍴

Fast alle Lodges und Campingplätze haben ihre eigenen Restaurants, in denen man auch speisen kann, wenn man nicht bei der jeweiligen Unterkunft nächtigt. Zusätzlich gibt es eine Handvoll guter Cafés und Restaurants in Naivasha und am See.
Matteo's Italian Restaurant & Bar, Moi South Lake Rd, Karagita, Tel. +254/(0)791/371607. Das italienische Restaurant am Lake Naivasha bietet Pizza aus dem Steinofen und leckere Pastagerichte.
Instagram: @matteosrestaurantnaivasha
Pizza Base, Moi Ave., Naivasha, Tel. +254/(0)706/839399. Diese kleine, aber feine Pizzeria eröffnete 2023 und wird von dem Deutschen Francis Schumacher geführt. Es werden leckere Pizzen aus dem Steinofen und sogar Döner Kebap serviert. Rustikal gemütlich.
Lazybones, Moi South Lake Rd, Camp Carnelley's, Tel. +254/(0)796/841149. Lazybones ist das Open-Air-Restaurant des Camp Carnelley's. Genießen Sie auf entspannten Couches mit bunten Kissen leckere Burger, Salate, Pizza oder Curries. An der Bar ist am Wochenende immer was los. Nach dem Essen können Sie eine Partie Tischtennis spielen.
www.campcarnelleys.com
Instagram: @campcarnelleys
Ranch House Bistro, Moi South Lake Rd, Kongoni, Tel. +254/(0)700/488475. Idyllisch gelegen am Ufer des Oloidiensees. Von den Tischen auf dem Rasen vor dem Restaurant hat man einen schönen Blick auf den See und hört immer wieder das

laute Grunzen der Nilpferde. Die internationale Küche reicht von Pizza bis Tilapia. Die Bar bietet eine große Auswahl an Cocktails, Bier und Weinen.
www.oseriantwolakes.com/the-restaurant
Instagram: @ranchhousebistro

Mbuzi Munch Naivasha, Buffalo Mall, Moi Ave, Tel. +254/(0)798/084248. Wahrscheinlich der beste Ort in Naivasha, das kenianische Nationalgericht Nyama Choma mit Ugali, Kachumbari und Sukuma Wiki (Grünkohl) zu probieren. Die Musik ist gut und die Stimmung entspannt.
Instagram: @mbuzi_munch

Artcaffé, Safari Centre, Nakuru-Nairobi Rd, Tel. +254/(0)709/828282. Beim Artcaffé ist für alle etwas dabei: aromatischer Kaffee und leckere Backwaren, üppige Frühstücksoptionen von spanisch bis vegan, gesunde Smoothies und internationale Hauptgerichte.
www.artcaffe.co.ke
Instagram: @artcaffekenya

Java House, Buffalo Mall, Moi Ave, Tel. +254/(0)708/406005. Filiale der Café-Kette. Hier gibt es alles, von kreativen Kaffees, Milchshakes und Gebäck bis hin zu Wraps und Burgern. Das Café ist ein beliebter Treffpunkt und unter den Einheimischen äußerst populär.
www.javahouseafrica.com
Instagram: @javahouseafrica

Pantry Café, Shell-Tankstelle, Karagita, Moi South Lake Rd, Tel. +254/(0)794/764449. An der Shell-Tankstelle im Örtchen Karagita an der Moi South Lake Rd befindet sich der kleine Laden Pantry, wo man frisches Gemüse und Obst, Kosmetikartikel und frisches Brot kaufen kann. Direkt daneben lädt ein Café bzw. eine Bar zu Kaffee und Kuchen oder Bier und Nyama Choma ein. Ein idealer Zwischenstopp auf der Durchreise.

Naivasha Bakehouse, Moi South Lake Rd, Abzweigung gegenüber Shell-Tankstelle, Tel. +254/(0)741/791897. Die leckeren Vollkorn- und Sauerteigbrote vom Naivasha Bakehouse werden sowohl im Einkaufsladen Pantry an der Tankstelle als auch im Café des Backhauses verkauft. Hier lassen sich inmitten eines schönen Gartens Kaffeespezialitäten und Sandwiches genießen.
www.naivashabakehouse.com
Instagram: @naivashabakehouse

Empfehlenswert sind die **Bars im Lazybones Restaurant** und im **Ranch House Bistro**. Die meisten Lodges am See verfügen ebenfalls über gute Bars.

Crescent Island Game Sanctuary, Moi South Lake Rd, Tel. +254/(0)759/636468; tgl. 9–17 Uhr; Eintritt 30 Euro. Das Naturschutzgebiet auf der Crescent-Insel lädt ein zu einer geführten Fußsafari oder einem entspannten Picknick. Hunde sind nicht erlaubt. www.crescentisland.co
Instagram: @crescentislandgamesanctuary

Kilimandege Sanctuary & Kenya Bird of Prey Trust, Moi South Lake Rd, Tel. +254/(0)712/119849; tgl. 11 Uhr und 15 Uhr; Führung 1000 Ksh. Geführte Spaziergänge können organisiert werden. Besuche im Kenya Bird of Prey Trust Greifvogelzentrum sind nur nach Vereinbarung möglich. Um einen Besuch zu planen, senden Sie eine Nachricht an +254/(0)700/522659 oder über die Facebook-Seite des Kenya Bird of Prey Trust.
www.kilimandege.com
Instagram: @kilimandegenaivasha
www.kenyabirdofpreytrust.org
Facebook: The Kenya Bird of Prey Trust

Elsamere Convervation Centre, Moi South Lake Rd, Tel. +254/(0)722/648123; tgl. 8–17 Uhr; Tagesbesuch 8 Euro. Im Elsamere Conservation Centre können Sie nicht nur übernachten (→ S. 146), sondern auch viel Spannendes über das Leben von Joy und George Adamson und deren Arbeit mit Raubkatzen lernen.
www.elsaconservationtrust.org
Facebook: Elsamere Naivasha

Bootssafaris auf dem Lake Naivasha werden von den meisten Lodges und Campingplätzen am See angeboten. Diese bieten eine schöne Möglichkeit, die großartige Natur des Sees zu erleben und die vielen Wasservögel zu beobachten.

Sanctuary Farm, Moi South Lake Rd, Tel. +254/(0)717/449113. Reiten für Menschen mit und ohne Vorkenntnisse, Anmeldung telefonisch.
www.sanctuaryfarmkenya.com
Instagram: @sanctuaryfarm_naivasha

In der **Buffalo Mall** in Naivasha finden sich der Supermarkt Foodplus, die Apotheke GoodLife, ein Schuhgeschäft, ein Optiker, ein Spirituosenladen, ein Safaricom-Shop sowie Cafés und Restaurants.
Wer Plastik, Blechdosen oder Glas recyclen möchte, kann das bei den Containern neben dem Parkplatz des Einkaufszentrums tun.

Im Stadtzentrum von Naivasha gibt es den Supermarkt **Naivas**. Diese kenianische Supermarktkette wurde in der nicht weit entfernten Stadt Nakuru gegründet. Ein zweiter Naivas befindet sich im **Safari Centre** an der Nakuru-Nairobi Rd. In diesem 2022 eröffneten Shopping Centre befinden sich auch ein Artcaffé, ein Farmladen und eine Apotheke.

Elementaita Weavers, Abzweigung gegenüber der Shell-Tankstelle, Moi South Lake Rd, Karagita, Tel. +254/(0)714/519573. In diesem kleinen Textilladen neben dem Naivasha Bakehouse kann man handgefertigte Teppiche, Kissen und Decken kaufen. Diese werden in der Weberei direkt hinter dem Laden von Hand und individuell gefertigt. Im Laden werden außerdem andere Souvenirs wie Holzgeschirr und Tierfiguren verkauft.

Nairobi Women's Hospital, Prema Plaza, Moi Ave, Tel. +254/(0)709/667000. Im Stadtzentrum, mit 24/7-Notfalldienst. www.nwh.co.ke

Rift Valley

Papyrus im Lake Naivasha

Hell's Gate National Park

Der Hell's Gate National Park beherbergt spektakuläre Landschaften mit schroffen Gesteinstürmen, von Wasser ausgehöhlten Schluchten, dicht bewachsenen Vulkanen und riesigen geothermischen Dampfwolken, die bereits von weitem zu sehen sind. Dieser Park ist mit einer Fläche von etwa 68 Quadratkilometern klein, aber fein. Er ist im Süden des Lake Naivasha gelegen und für seine artenreiche Flora und Fauna bekannt.

Gegründet wurde der Nationalpark 1984 auf Initiative von Joy Adamson, die den Großteil des Vermögens, das sie mit den Büchern und Filmen über die Löwin Elsa verdiente, in den Naturschutz investierte. Das Tor des Parks, **Elsa Gate**, ist nach der Löwin benannt.

Der Park selbst ist benannt nach der geothermalen Energie, die durch zahlreiche Dampflöcher und Krater an die Erdoberfläche kommt. Der Dampf, der hier in dicken weißen Wolken hervorstößt, erreicht höllische Temperaturen von 230 Grad Celsius und riecht stark nach Schwefel. Der Park macht damit seinem Namen »Höllentor« alle Ehre.

Mit seinen dramatischen Landschaften lieferte der Park die Inspiration für zwei sehr bekannte Filme: Die Animationscrew des Disney-Films *Der König der Löwen* (1994) reiste in den Park, um ein Gefühl für den, wie der Löwe Mufasa im Film es ausdrückt, »großen Kreis des Lebens« zu bekommen. Wenn man im Hell's Gate National Park die geschwungenen Klippen erreicht, die von einem prähistorischen See geformt wurden, wird man feststellen, dass die Inspiration des **Pride Rock** im echten Leben nicht weniger majestätisch ist. Die Tatsache, dass Sie Simba (was auf Swahili »Löwe« bedeutet) nicht sehen werden, bedeutet, dass Sie die spektakulären Landschaften des Parkes zu Fuß oder mit dem Fahrrad erkunden können – ein unvergleichliches Erlebnis!

Der zweite Film, für den der Hell's Gate National Park für einige Szenen als Drehort fungierte, ist *Lara Croft: Tomb Rai-*

Landschaft im Nationalpark Hell's Gate

Die geothermischen Aktivitäten im Nationalpark sind nicht zu übersehen

der – *Die Wiege des Lebens* (2003). Die aufregenden Schluchten, Klippen und Felsen der Njorowa-Schlucht boten die perfekte Kulisse für die Kernszenen in der »Gruft«. Diese Schlucht kann man auf eigene Faust durchwandern.

Der Naturraum Hell's Gate

Der Hell's Gate Nationalpark bietet einen Querschnitt durch Landschaft, Geologie, Flora und Fauna des Rift Valleys. Er liegt 1900 Meter über dem Meeresspiegel und hat ein warmes und trockenes Klima. Der westliche Teil des Parks, **Ol Karia**, ist geprägt von geothermischer Energie. Hier befinden sich Erdwärmekraftwerke, die die gesamte Region mit Strom versorgen. Geothermische Kraftwerke produzieren mittlerweile mehr als die Hälfte des kenianischen Stroms. Benannt ist diese Region nach dem Maasai-Wort für den roten Ocker, Oloor Karian, den man oftmals an natürlichen Dampflöchern vorfindet. Dieser Parkteil, der von dem 2434 Meter hohen erloschenen Vulkan Ol Karia dominiert wird, ist touristisch

weniger interessant, da sich kaum Tiere hierher verirren.

Der östliche, touristische Teil des Parks ist geprägt von hoch aufragenden erkalteten Lava-Schloten. Der **Fischer's Tower** ist benannt nach dem deutschen Forscher Dr. Gustav Adolf Fischer, der im 19. Jahrhundert mit Unterstützung der Geographischen Gesellschaft Hamburg die Region um den Naivashasee erkunden sollte. Die hier lebenden Maasai hinderten ihn jedoch am Fuß des Fischer's Tower daran, weiter vorzudringen, und er musste kehrtmachen. Den Fischer's Tower kann man mit professioneller Unterstützung erklettern. Die Gruppe zutraulicher Klippschliefer, die hier lebt, schaut einem gern beim Klettern zu.

Ein weiterer Gesteinsturm, der **Central Tower** oder **Ol Basta**, markiert den Beginn der unteren **Njorowa-Schlucht**. Dieser Einschnitt zwischen zwei Klippen war einst der Zufluss eines prähistorischen Sees, der die Lebensader der frühen Menschen im Rift Valley darstellte.

Warzenschweine werden zu den »Ugly Five« gezählt

Tierwelt im Nationalpark

Die vielfältige Flora im Nationalpark ernährt zahlreiche Tierarten. Man trifft überall im Park auf verschiedene Antilopen- und Gazellenarten, darunter Impalas, Kuhantilopen, Elenantilopen, Dikdiks, Thomson-Gazellen und Buschböcke. Auch kleinere Tiere wie Mangusten und Warzenschweine sind im Park in großen Zahlen anzutreffen. Zudem lassen sich Zebras, Maasai-Giraffen und Wildbüffel häufig beobachten. Seien Sie vorsichtig in der Nähe der großen Büffelherden. Diese Tiere können, wenn man ihnen zu nahe kommt, sehr aggressiv werden. Verlassen Sie auf keinen Fall die ausgewiesenen Pfade.

Die vielen Pflanzenfresser stellen die Nahrungsgrundlage für verschiedene Raubtiere dar, zum Beispiel für Leoparden, Löffelhunde, Zibetkatzen, Servale, Erdwölfe, Tüpfelhyänen und Schakale. Die Abwesenheit von Löwen sowie Nashörnern und Elefanten ermöglicht es, den Park zu Fuß oder mit dem Fahrrad zu erkunden. Der Park ist neben seiner landschaftlichen Schönheit außerdem für seine reiche Vogelwelt bekannt. Die steilen Basaltfelsen der **Vulture Cliffs** beherbergen riesige Nistkolonien von Greifvögeln. Bei einem Ausflug in den Park lassen sich außerdem ohne Weiteres mehrere Arten an Greifvögeln identifizieren und beim Jagen beobachten, unter anderem der Augurbussard, der Schopfadler, der Wüstenfalke sowie der Sperbergeier. Auch Sekretäre, die das Gras nach ihrer Lieblingsbeute, Schlangen, durchsuchen, sieht man oft. Von den kleineren Singvögeln sind beispielsweise der Samtweber und der Weißstirnspint vertreten.

Vegetation und Klima

Im Park besteht mit insgesamt 360 Pflanzenarten eine große botanische Vielfalt. Diese Vielfalt ist auf die felsige und verwinkelte Topografie des Gebietes zurückzuführen. Man findet offenes Grasland vor, das mit der pink blühenden Dissotis gesprenkelt ist, sowie Hügel mit aschehaltigem Boden. Weit verbreitet ist der Leleshwa- beziehungsweise Kampferbusch. Auf den vielen Felsklippen sieht man kleinere Büsche und Bäume, die sich mit ihren Wurzeln an den steilen Wänden festkrallen.

Aufgrund der Höhenlage des Nationalparks ist das Klima das ganze Jahr über mild. Die Tagestemperaturen liegen bei angenehmen 25 bis 30 Grad Celsius, während es nachts abkühlt. Die Hauptregenzeit ist von März bis Mai, während es eine kürzere Regenzeit gibt, die im November ihren Höhepunkt erreicht. In den Trockenzeiten ist es meist sonnig und heiß mit Temperaturen von bis zu 30 Grad Celsius.

Unterwegs im Nationalpark

Das Haupttor des Nationalparks ist das **Elsa Gate**, zu dem man über die Moi South Lake Road und eine Abzweigung beim Sulmac Village gelangt. Viele gehen im Nationalpark joggen oder fahren Fahrrad. Letzteres ist jedoch wegen eini-

Karte S. 138

ger sandiger Passagen teils mühsam. Fahrräder ausleihen kann man am Elsa Gate, die Begleitung durch Ranger ist nicht notwendig.

Im Park können Sie verschiedenen Rundwegen, den so genannten Circuits, folgen. Der mit etwa 14 Kilometern längste Circuit des Parks ist der **Buffalo Circuit**. Er beginnt direkt neben dem **Fischer's Tower**, der rund einen Kilometer hinter dem Elsa Gate gelegen ist. Die Rundstrecke beschreibt einen weiten Bogen im südöstlichen Parkteil. Er verläuft über die vielen Hügel in diesem Bereich, die mit weißer Vulkanasche bedeckt sind, einem Überbleibsel vom letzten Ausbruch des Longonot-Vulkans. Am höchsten Punkt des Buffalo Circuit befindet sich ein Aussichtspunkt, und hier, sowie auf dem Weg hinab in die Ebene, hat man grandiose Aussichten auf die umliegenden, spektakulär geformten Hügel, die Wolken, die aus den vielen Dampflöchern des Parks emporsteigen, die geothermalen Kraftwerke sowie den Lake Naivasha. Vom Buffalo Circuit zweigt der

Twiga Circuit ab, eine kleinere Rundstrecke innerhalb des Buffalo Circuit. Hier befindet sich der idyllisch gelegene **Ol-Dubai-Zeltplatz** (→ S. 155).

Es gibt eine weitere Strecke, über die man zur anderen Seite des Tals gelangt und die dortigen Hügel erkunden kann. Hier befinden sich die Zeltplätze **Endachata** und **Naiburta** (→ S. 154). Auf einem Picknickplatz kann man hier während der Fahrrad- oder Wandertour eine Pause einlegen. Danach kann man einen Abstecher zum Bird Hide machen. Hier handelt es sich nicht, wie der Name verspricht, um einen besonderen Ort zur Vogelbeobachtung, sondern um einen kleinen Wanderweg, der erst über Geröll, dann über einen Trampelpfad den Hügel hinaufführt. Oben genießt man schöne Aussichten auf die umliegende Landschaft mitsamt Fischer's Tower und dem oberen Teil der Njorowa-Schlucht. Der **Bird Hide** ist kein Rundweg, und man muss auf dem gleichen Weg wieder zurückgehen. Die Rundfahrten und Wanderungen sind gut an einem Tag zu

Rift Valley

Kapbüffel

schaffen, sofern man ausreichend Trinkwasser, festes Schuhwerk und guten Sonnenschutz mit sich führt.

Picknicken kann man auch bei der **Ranger's Station**. Passen Sie jedoch gut auf Ihre Wertgegenstände sowie Essen und Trinken auf, denn die vielen Grünen Meerkatzen und Paviane stehlen alles, was ihnen in die Finger kommt. Hier wird Ihnen wahrscheinlich von den Rangern oder Maasai eine Begleitung auf Ihrer Tour gegen ein kleines Entgelt angeboten. Da der Park relativ klein ist, ist die Orientierung einfach und eine Begleitung nicht unbedingt nötig.

■ **Aktivitäten**

Neben Wandern und Fahrradfahren bietet der Hell's Gate Nationalpark noch weitere Aktivitäten wie das Erklettern des Fischer's Tower oder den Besuch des **Mvuke Geothermal Spa** am nördlichen Rand des Nationalparks. In diesem Thermalbad kann man im warmen, mineralreichen Wasser baden, das aus kondensiertem geothermalem Dampf gewonnen wird. Das schwefelhaltige Wasser soll gut für die Haut sein.

In die schmale **Njorowa-Schlucht**, das Herzstück des Parks, kann man zu Fuß hinuntersteigen, auf einem Pfad, der zu heißen Quellen hinabführt. Die Felsen an den Quellen sowie das schwefelhaltige Wasser sind so heiß, dass sie Verbrennungen verursachen können. Steigen Sie nur in die Schlucht hinab, wenn es in der Region in den Tagen vor der Wanderung trocken war. Denn nach starken Regenfällen bildet sich hier ein reißender Wildbach, der alles mit sich fortschwemmt!

ℹ️ 🚗 🕐 Hell's Gate National Park

Park- und weitere Gebühren → S. 34.
Tickets nur online auf www.ecitizen.go.ke.
Weitere Informationen: www.kws.go.ke.
Öffnungszeiten: tgl. 6–18 Uhr.
Das **Elsa Gate** erreicht man über die Moi South Lake Rd und eine Abzweigung beim Sulmac Village.

Fuß- und Fahrradsafaris: Die Begleitung durch Ranger ist für Safaris zu Fuß und mit dem Fahrrad nicht erforderlich. Die Orientierung im Park ist durch seine überschaubare Größe und die gute Beschilderung einfach. An der Zufahrtsstraße zum Elsa Gate sowie am Elsa Gate selbst kann man sich Fahrräder ausleihen.

Felsklettern: Die Gesteinssäule Fischer's Tower kann erklettert werden. Am Fuße des Felsens sind spezielle Guides jeden Tag ab 10 Uhr zur Stelle. Sie verfügen über die nötige Ausrüstung (Helm, Schuhe, Klettergurt, etc.). Den Fischer's Tower bis zur Spitze zu erklimmen kostet 1200 Ksh, die kürzere Tour bis zur Hälfte kostet 700 Ksh.

Mvuke Geothermal Spa: Gegen eine kleine Eintrittsgebühr können Sie in dem großen Pool des Thermalbads schwimmen.

⚠️

Für einen Besuch im Hell's Gate Nationalparks übernachtet man in der Regel in einer der Unterkünfte am nahegelegenen **Lake Naivasha** (→ S. 140) und unternimmt einen Tagesausflug in den Park. Die meisten Unterkünfte können einen Transportorganisieren. Wer direkt im Nationalpark übernachten möchte, hat die Wahl zwischen drei idyllisch gelegenen **Zeltplätzen**. Alle werden vom KWS verwaltet und müssen über https//kws.ecitizen.go.ke gebucht werden. Eine Lodge innerhalb des Nationalparks gibt es nicht. Die nächsten Versorgungsmöglichkeiten sind in Naivasha.

Naiburta Public Campsite: Auf einer sanften Anhöhe an der Nordseite der Hell's Gate Gorge mit herrlichem Blick über den Park. Er verfügt über einfache Toiletten, Wasser, eine offene Banda zum Kochen und eine Feuerstelle mit Bänken.

Endachata Public Campsite: Nicht weit von dem Naiburta-Zeltplatz liegt Endachata auf einem Hügel, von dem aus man sagenhafte Aussichten über die Landschaften des Parkes genießt. Es gibt Sitzbänke, Wasser, einen Unterstand, einfache Toiletten und Feuerstellen. **Ol Dubai Public Campsite**: Ol Dubai liegt an der Südseite der Hell's Gate Gorge und ist vom Buffalo Circuit aus erreichbar. Verfügt über einfache Toiletten, eine Kochstelle, Unterstände, Bänke und Wasser. Von hier aus hat man einen schönen Ausblick auf die orangefarbenen Klippen des Parks und auf die Dampfschwaden des geothermischen Kraftwerks in Ol Karia.

Mount Longonot National Park

Nur wenige Orte bieten eine bessere Aussicht auf das Rift Valley als der gezackte Kraterrand des erloschenen Vulkans Mt. Longonot, der sich südlich des Lake Naivasha 1000 Meter über den glühenden Talboden des Ostafrikanischen Grabens erhebt und eine Gesamthöhe von 2276 Metern hat. Der mit etwa 52 Quadratkilometern sehr kleine Nationalpark wurde 1983 ausgewiesen. Geologisch gesehen ist er mit 400 000 Jahren ein relativ junger Vulkan. Er soll um 1860 zuletzt ausgebrochen sein. Seinen Namen hat der Vulkan vom Maasai-Wort »oloonong'ot«, was so viel bedeutet wie »Berg der vielen Gebirgskämme«. Diese Bezeichnung bezieht sich auf die vielen Erosionsrinnen an den Hängen des Vulkans. Charakteristisch sind auch die weiß-grauen Streifen, die man an einigen Stellen am Kraterrand sehen kann. Hierbei handelt es sich nicht etwa um Schnee, sondern Vulkanasche. An der nördlichen Flanke des Mt. Longonot befindet sich der kleinere Krater eines Flankenvulkans, der von dichter grüner Vegetation bedeckt ist. Diese auch »Parasitärvulkan« genannten kleineren Vulkane entstehen oftmals bei heftigen Ausbrüchen des Hauptvulkans. Der Kraterrand bietet ein grandioses Gipfelpanorama in alle Himmelsrichtungen: auf den nordwestlich gelegenen Lake Naivasha und den Hell's Gate National Park, den südlich gelegenen Suswa-Vulkan, und nordöstlich auf die Aberdares. Der Kraterrand ist nur zu Fuß zu erreichen. Der steile Aufstieg ist in einer bis

Rift Valley

Blick in den Vulkankrater

eineinhalb Stunden gut zu bewältigen. Die Wanderung führt entlang gewundener Pfade über Vulkanasche vorbei an Leleshwa-Büschen und Flötenakazien. Diese kleine Akazienart, manchmal auch Pfeifdorn genannt, erhielt ihren Namen von den großen knolligen Blasen, die sich an vielen seiner Stacheln ausgebildet haben. Diese Blasen sind hohl und werden von symbiotischen Ameisenarten bewohnt, die Ein- und Austrittslöcher anlegen. Die Ameisen ernähren sich von einer süßen, zuckerhaltigen Lösung, die der Baum produziert, und schützen im Gegenzug die Akazie, indem sie Tiere angreifen, die die Akazienblätter fressen wollen. Wenn der Wind über die knolligen Stacheln weht, erzeugen diese ein pfeifendes Geräusch. Zwischen den Leleshwa-Büschen und Flötenakazien grasen Giraffen, Gazellen und Zebras.

Für die Umrundung des Kraterrands – ein wunderschönes Landschaftserlebnis – sollte man etwa zweieinhalb bis drei Stunden einkalkulieren. Neben der umwerfenden Aussicht auf die Landschaften des Rift Valleys ist auch der Blick in den Krater hinein nicht uninteressant. Inmitten des Vulkans entstand über die Zeit eine kleine verborgene Welt mit einem völlig anderen Ökosystem. Am Kraterboden wächst ein dichter Buschwald, aus dem zahlreiche Vogelstimmen zu hören sind und in dem Büffel und Antilopen grasen. Auch ein Leopard soll hier zu Hause sein. Vor letzterem müssen Sie keine Angst haben – die Tiere sind sehr scheu, und man wird sie mit größter Wahrscheinlichkeit nicht zu Gesicht bekommen. Weder der Abstieg in den etwa 200 Meter breiten Flankenvulkan noch in den größeren Krater des Mt. Longonot ist möglich.

Für die insgesamt elf Kilometer lange Wanderung sollten Sie sechs Stunden einplanen, um genug Zeit zu haben, immer wieder zu verweilen, die Aussicht zu genießen oder am Picknickplatz am Kraterrand eine Pause einzulegen.

Am besten beginnen Sie Ihre Wanderung früh am Morgen, denn um die Mittagszeit kann es sehr heiß werden. Nachmittags regnet es je nach Jahreszeit, was die Wanderung erheblich erschwert. Prüfen Sie vor Antritt Ihrer Wanderung die Wettervorhersage für Mt. Longonot. Nehmen Sie außerdem festes Schuhwerk, Sonnenschutz und genügend Wasser mit. Für Ihre Wanderung benötigen Sie keine Begleitung durch Ranger des KWS. Da auch Büffel, die gefährlich werden können, wenn man ihnen zu nahe kommt, am Vulkan leben, sollten Sie stets auf den ausgewiesenen Pfaden bleiben.

▲ *Unterwegs auf dem Krater-Wanderweg*

Mount Longonot National Park

Park- und weitere Gebühren → S. 34

Tickets sind ausschließlich online auf www.ecitizen.go.ke zu buchen. Das **Park Gate** wird über die Old Naivasha Rd und die Abzweigung zum Park im Dorf Longonot erreicht. www.kws.go.ke

Öffnungszeiten: tgl. 6–18 Uhr.

Fußsafaris: Die Begleitung durch Ranger ist für Safaris zu Fuß nicht erforderlich. Die Orientierung im Park ist durch seine überschaubare Größe und die gute Beschilderung einfach.

Naivasha–Mount Longonot National Park: Über die C 88 zum Dorf Longonot. Hier geht rechts eine Abzweigung zum Parkgate ab (rund 45 Min.).

Nairobi–Mount Longonot National Park: Die meisten Unterkünfte können einen Transport zum Nationalpark organisieren (rund 2 Std. Fahrzeit).

Man übernachtet meist in einer der Unterkünfte am nahegelegenen **Lake Naivasha** (→ S. 140). Direkt im Nationalpark übernachten kann man auf dem Oloonong'ot-Zeltplatz. Eine Lodge gibt es nicht. Die nächsten Versorgungsmöglichkeiten finden Sie in Naivasha.

Oloonong'ot Campsite; muss über https//kws.ecitizen.go.ke gebucht werden. Der einfache Platz befindet sich direkt hinter dem Parkgate. Er verfügt über Unterstände, Sitzbänke und einfache sanitäre Anlagen.

Rift Valley

Lake Elementaita

Fährt man von Naivasha über die A 104 nach Norden in Richtung Nakuru, gelangt man zunächst zum Lake Elementeita, einem weiteren kleinen Sodasee im Rift Valley, etwa 120 Kilometer nordwestlich von Nairobi. In der von Süden nach Norden verlaufenden Reihe der Rift-Valley-Seen liegt Elementeita zwischen dem Naivashasee und dem Nakurusee. Elementeita leitet sich von dem Maasai-Wort muteita ab, was so viel wie »staubiger Platz« bedeutet und auf die Trockenheit der Gegend hinweist.

Der Lake Elementaita und die ihn umgebende Landschaft, insgesamt eine Fläche von 194 Quadratkilometern, werden seit 2007 vom **Soysambu Conservancy** geschützt. Das miteinander verbundene Seensystem von Lake Elementaita und den nördlich gelegenen Seen Nakuru und Bogoria erstreckt sich über eine Gesamtfläche von 320 Quadratkilometern. Das Gebiet beherbergt 13 weltweit bedrohte Vogelarten und weist eine der höchsten

Vogelvielfalten der Welt auf. Es ist das wichtigste Futtergebiet für den Zwergflamingo weltweit und ein wichtiges Nist- und Brutgebiet für Rosapelikane. Das Gebiet beherbergt große Säugetierpopulationen, darunter Spitzmaulnashörner, Rothschild-Giraffen, Große Kudus, Löwen, Geparden und Wildhunde. Aus diesem Grund wurde das Seensystem 2011 von der UNESCO zum Weltnaturerbe erklärt. Im Einzugsgebiet des Nakurusees und des Elementeitasees wurden über 400 Vogelarten gezählt. Der Elementeitasee zieht sowohl Rosaflamingos (Phoenicopterus roseus) als auch Zwergflamingos (Phoenicopterus minor) an, die sich von Salinenkrebsen und Blaualgen sowie von Insektenlarven, Insekten, Weichtieren und Krustentieren ernähren. Ihre Schnäbel sind speziell angepasst, um Schlamm und Schlick von der Nahrung zu trennen. Die rosafarbene oder rötliche Färbung der Flamingos rührt von den Carotinoiden in ihrer Nahrung her. In den Schilf-

Der Elementaita-See

gebieten in der Nähe des Sees stolzieren verschiedene Arten von Reihern und zahlreiche weitere Wasservögel umher. In den Uferbereichen des Sees grasen Zebras, Gazellen, Elenantilopen und Warzenschweinfamilien.

ℹ️ Lake Elementaita

Parkgebühren: Erwachsene 47, Kinder und Studierende 24 US-Dollar,
Öffnungszeiten: tgl. 6–18 Uhr
Weitere Informationen: www.soysambu conservancy.org

Der Lake Elementaita ist durch die **Nakuru–Nairobi Road** (A 104) gut vernetzt.
Fahrzeit von Nairobi: ca. 3 Std.
Von Naivasha: rund 1,5 Std.
Matatus oder **Taxis** (z.B. Wasili-Taxi, Tel. +254/(0)722/761940) können Sie am Gate des Soysambu Conservancies oder in der Nähe der unten genannten Unterkünfte absetzen. Das ist jedoch eine etwas umständliche Form der Anreise, da der Transport innerhalb des Conservancies zusätzlich organisiert werden muss. Praktischer ist es, die Safari über ein Safariunternehmen, bei der Unterkunft oder über das Soysambu Conservancy zu buchen. Alternativ können Sie mit dem eigenen Fahrzeug anreisen. Ein Allradantrieb ist lediglich in der Regenzeit notwendig.

Lake Elementaita Serena Camp, Lake Elementaita, Tel. +254/(0)732/123400; DZ/F ab 514 Euro. Das elegante Safari-Zeltcamp liegt im Schatten von Akazienbäumen direkt am Ufer des Lake Elementaita und verfügt über ein exzellentes Restaurant, eine gut bestückte Bar, einen Swimmingpool und ein Spa. Die Flamingo Suite ist besonders schön und eröffnet unvergleichliche Blicke auf den See und seine Heerscharen an Flamingos.
www.serenahotels.com/elmenteita
Instagram: @lakeelmenteitaserenacamp
Pelican Lodge, Lake Elementaita, Tel. +254/(0)751/388305; DZ/F ab 103 Euro. Das Hotel liegt auf einem 10 ha großen Gelände mit hohen Gelbfieberakazien am Seeufer. Die Räume sind gemütlich und hell, und man genießt schöne Ausblicke auf den See. Es gibt einen Swimmingpool

▲ Karte S. 138

sowie ein Restaurant, das leckeres Nyama choma (gegrilltes Fleisch) serviert.
www.thepelicanlodge.com
Instagram: @thepelicanlodge
Eagles Point Camp, Lake Elementaita, Tel. +254/(0)736/535553; DZ/F 47 Euro. Eingebettet in eine schöne Gartenanlage direkt am Lake Elementaita. Das Camp verfügt über ein Restaurant, eine Bar, einen Billardtisch, einen Kinderspielplatz und eine Sonnenterrasse. Man kann entweder in einem der gemütlich-rustikalen Zimmer schlafen oder zelten.
Instagram: @eaglespointcamp
Punda Milias Nakuru Camp, zwischen Lake Elementaita und Nakuru, Tel. +254/(0)733/245915; DZ/F ab 35 Euro. Etwa eine halbe Stunde nördlich von Lake Elementaita liegt Punda Milias Nakuru Camp an der Autobahn zwischen Nairobi und Nakuru. Man kann entweder in geräumigen Zelten, gemütlichen Bandas oder Cottages übernachten. Es gibt ein Restaurant, einen Swimmingpool und einen schönen Garten. www.pundamiliasnakurucamp.com
Instagram: @pundamiliasnakurucamp

Im Soysambu Conservancy liegen fünf schöne Campingplätze – **Simon's**, **Monkey Bridge**, **Waterbuck**, **Sugonoi** und **Lakeview** (22 Euro Pers./Nacht, bei privaten Zeltplätzen kommt eine einmalige Buchungsgebühr von 32 Euro hinzu). Sie verfügen teilweise über ein Plumpsklo, fließendes Wasser, eine Feuerstelle und Feuerholz. Alles Weitere muss mitgebracht werden. Die Zeltplätze lassen sich über www.soysambuconservancy.org buchen.

Die meisten Lodges und Hotels am Lake Elementaita verfügen über ihr eigenes Restaurant, und bei einigen können auch Nicht-Gäste speisen.

Am See selbst gibt es keine Versorgungsmöglichkeiten. Es empfiehlt sich, vor Anreise entweder in Naivasha oder Nakuru einzukaufen.

Die Unterkünfte am Lake Elementaita organisieren auf Anfrage klassische Safaris, Fußsafaris, Vogelbeobachtungen, Reitsafaris und weitere Aktivitäten für Sie.

Die nächstgelegenen Krankenhäuser befinden sich entweder in Naivasha (→ S. 149) oder Nakuru (→ S. 162).

Pharaonenibis

Map

B5

Solai Road

B4

Nakuru

Golden
Life Mall

Sarova Woodlands
Hotel and Spa

West
side
Mall

Origin
Coffee
Nakuru

Ipiz

Matatu- und
Busbahnhof

Eagle Palace

Nairobi
Women Hospital

Jamia Food Mart

Kivu Resort

Flamingo
Hill

Nakuru-Nairobi Road

Wildlife Club
of Kenya

Nakuru

Airstrip
Nakuru

Lanet
Gate

A 109

LAKE NAKURU

NATIONAL PARK

Lake Nakuru

Naivasha ↘

Nakuru

0   1,4   2,8 km

Nakuru

Nakuru, mit etwa 570 000 Einwohnern
die drittgrößte Stadt des Landes, liegt
auf 1850 Metern Höhe etwa 100 Kilometer nördlich von Nairobi. Nakuru
ist das größte städtische Zentrum im
Rift Valley und ist umgeben von einer
landwirtschaftlichen Region mit gutem
Niederschlag und fruchtbarem vulkanischen Boden, die vor allem für Milch-
viehhaltung, Getreideanbau sowie die
Produktion von Pyrethrum (Insektizid)
bekannt ist. Der Name der Stadt geht
auf das Maasai-Wort »En-Akuro« (Ort
des tanzenden Staubs) zurück.
Gegründet wurde Nakuru, wie auch
Nairobi und Kisumu, während des Baus
der Ugandabahn. Im Jahre 1900 wurde hier zunächst ein Arbeitslager für
die Beschäftigten der Eisenbahn und
eine kleine Bahnstation erbaut, die sich
später zu einer Siedlung entwickelten.
1904 wurde Nakuru offiziell zur Stadt
erklärt. Die Eisenbahn sorgte für einen

effizienten Transport von landwirtschaftlichen Produkten, und so florierte die
Landwirtschaft in der Region. Bekannt
ist Nakuru neben seiner landwirtschaftlichen Bedeutung aber vor allem für den
Lake Nakuru National Park, der riesige
Populationen an Flamingos und zahlreiche Nashörner beherbergt.

Flamingos am Lake Nakuru

Nakuru

Nakuru ist über die gut ausgebaute Nakuru-Nairobi Road mit **Naivasha** (A 109, 1,5 Std) und **Nairobi** (3,5 Std.) verbunden. Von Nakuru fährt man weiter nach **Nyahururu** in etwa 1,5 Std.

Zahlreiche Busunternehmen, darunter **Mash Poa** (www.mashpoa.com), **Easy Coach** (www.easycoachltd.co.ke) und **Dreamline Express** (www.dreamline.co.ke) fahren Nakuru in regelmäßigen Abständen an. Die Fahrt dauert etwa 3 Std. und kostet zwischen 1500 und 3000 Ksh. Nakuru ist mit den Nachbarstädten mit **Matatus** verbunden. Die meisten fahren vom **Matatu- und Busbahnhof** im Zentrum Nakurus ab.

Es gibt regelmäßige Flugverbindungen zwischen der **Landebahn in Nakuru** und weiteren kenianischen Inlandsflughäfen, zu buchen über Yellow Wings. www.yellowwings.com

Die meisten Reisenden, die den Nakuru National Park besuchen möchten, legen in der Stadt Nakuru lediglich einen kurzen Zwischenstopp ein und übernachten in einer der Unterkünfte im Park selbst (→ S. 165). Dennoch hat Nakuru einige gute Unterkünfte zu bieten.

Sarova Woodlands Hotel and Spa, Nairobi-Nakuru Hwy, Tel. +254/(0)709/111000; DZ/F ab 140 Euro. Schönes Hotel inmitten von Nakuru, mit Spa, Swimmingpool und einem hervorragenden Restaurant. Sarova kann Ausflüge in die Umgebung sowie Safaris in die Lake Nakuru National Park organisieren. www.sarovahotels.com/woodlands-nakuru Instagram: @sarova_hotels

Eagle Palace Hotel, Ogingo Ogingo Ave, Tel. +254/(0)711/761182; DZ/F ab 75 Euro. Zentral gelegenes Hotel mit ordentlichen Zimmern und einem guten Restaurant.

www.eaglepalacehotel.com Instagram: @hoteleaglepalace

Kivu Resort, Flamingo Rd, Tel. +254/(0)726/026894; DZ/F ab 62 Euro. Nur 1,5 km vom Haupttor des Lake Nakuru National Parks entfernt, Preis und Lage sind unschlagbar. Das Kivu Resort verfügt über einen Swimmingpool, ein Fitnessstudio und einfache, saubere Zimmer. www.kivuresort.co.ke Instagram: @kivuresort

Ipiz Restaurant, Kenyatta Ave, Tel. +254/(0)701/675897. Wer Lust auf typische kenianische Speisen wie Ugali, Sukuma Wiki (Grünkohl), Samosas und Chipsis hat, ist hier genau richtig. Das preisgünstige Restaurant ist vor allem bei Einheimischen beliebt.

Jamia Food Mart, Mburu Gichua Rd, Tel. +254/(0)713/619202. Schnellrestaurant, viele Gerichte verschiedener Landesküchen, von kenianisch über indisch bis italienisch.

Origin Coffee Nakuru, Golden Life Mall, Nakuru-Kisumu Rd, Tel. +254/(0)795/100000. Das Origin Coffee liegt an einer der Hauptstraßen Nakurus und lockt mit Kaffeespezialitäten, süßem Gebäck und internationalen Gerichten. www.origincoffee.co.ke Instagram: @origincoffeeke

Java House, Westside Mall, Kenyatta Ave. Die Nakuru-Filiale der beliebten Café-Kette befindet sich auf der Terrasse des Erdgeschosses der Westside Mall. Hier gibt es leckere Sandwiches und Burger, aber auch Kaffee und Kuchen. Perfekt für einen Zwischenstopp auf der Durchreise zum Nationalpark! www.javahouseafrica.com Instagram: @javahouseafrica

Westside Mall, Kenyatta Ave. Mit Naivas Supermarkt, Schuhladen, Java Coffee

Rift Valley

House, Bankautomaten, Souvenirläden, Optiker und vielem mehr.
Golden Life Mall, Nakuru-Kisumu Rd. Kleines Shoppingcentre, beliebt wegen des gut ausgestatteten Supermarktes Chandarana Foodplus und des Cafés Origin Coffee.
www.goldenlifemallnakuru.com

Nairobi Women Hospital, Abzweigung A104, Tel. +254/(0)709/667000. Gutes Krankenhaus mit einem 24/7 Notfalldienst.
www.nwh.co.ke/hospital

Lake Nakuru National Park

Der Lake Nakuru National Park ist einer der beliebtesten Naturschutzgebiete Kenias. Wenn man den Namen Nakuru hört, denken viele an das breite, rosafarbene Band, das sich am Ufer des Sodasees entlangzieht und aus Millionen dicht gedrängter Flamingos besteht. Um den Lebensraum der Flamingos zu schützen, wurden der Lake Nakuru und die umliegenden Ebenen im Jahre 1961 zunächst als Vogelschutzgebiet und 1968 als Nationalpark ausgewiesen. Er umfasst 188 Quadratkilometer und ist damit ein relativ kleiner Nationalpark.

Der Wasserspiegel des Lake Nakuru schwankt – wie bei den anderen Rift-Valley-Seen auch – enorm. Während des 20. Jahrhunderts trocknete der See mehrere Male komplett aus. Zu anderen Zeiten stieg er beträchtlich an. Die verstärkten Regenfälle 2019 und 2020 führten bei den Rift-Valley-Seen und auch beim Lake Nakuru zu Überschwemmungen, die die Gelbrindenakazien am Seeufer absterben ließen. Der Nakurusee ist ein Sodasee und hat keinen Abfluss. Er liegt in der Nähe des Menengai-Vulkans, dessen vulkanische Aktivität den hohen Alkaligehalt des Sees begründet. Der Vulkan brach mehrmals aus und warf mineralienreiches Material in Form von Asche und Lava aus. Durch Regen wurde es von der umliegenden Landschaft in den See gespült, wo sich Soda beziehungsweise Natriumcarbonat über Jahrmillionen anreicherte.

Der Lake Nakuru National Park ist ein wichtiges Schutzgebiet für unzählige Vögel sowie bedrohte Tierarten wie die Rothschild-Giraffe und Nashörner. Bedroht wird der Park vor allem durch das Bevölkerungswachstum der Region – die Stadt Nakuru hat sich mittlerweile fast bis an die Parkgrenzen ausgedehnt.

Tierwelt im Nationalpark

Das wohl beeindruckendste Naturschauspiel im Nationalpark ist, wenn die unzähligen Flamingos, die am Seeufer auf Nahrungssuche umherstolzieren, plötzlich wie auf ein geheimes Zeichen hin gemeinsam losfliegen und sich in eine lebende Wolke verwandeln. Die Flamingoschwärme mit sowohl Rosaflamingos als auch Zwergflamingos umfassen beizeiten bis zu 1,5 Millionen Tiere und können fast den gesamten See bedecken! Für ornitologisch Interessierte ist das Seeufer ein Paradies – nicht nur wegen der spektakulären Show der Flamingos, sondern auch, weil man eine unglaubliche Vielfalt an Wasservögeln in den Uferbereichen des Sees beobachten kann. Darunter sind Goliathreiher, Rotgesichtlöffler, Pharaonenibis, Nimmersatt, Stelzenläufer und der winzige Hirtenregenpfeifer. Besonders beeindruckend sind die imposanten Rosa- und Rötelpelikane mit bis zu drei Metern Flügelspannweite. Oft sieht man sie zu hunderten immer höher gleiten. Auf den Grasebenen nahe des

▲ Karte S. 160

Flamingos, Büffel und Pelikane am Ufer des Lake Nakuru

Sees sieht man Sekretärvögel und Südliche Hornraben mit ihren großen Schnäbeln, dem schwarzen Gefieder und den charakteristischen roten Gesichts- und Halspartien. Insgesamt wurden im Lake Nakuru National Park beeindruckende 450 Vogelarten registriert, darunter 90 Wasservögel sowie viele saisonale Zugvögel aus Europa und Asien.

Auffallend sind im Park die vielen alten Büffel und zahlreiche Kadaver von Büffeln, die eines natürlichen Todes gestorben sind. Dieser Umstand weist auf eine niedrige Raubtierzahl hin. Wenn man Glück hat, kann man jedoch Löwen beobachten, die es am Lake Nakuru ungewöhnlicherweise bevorzugen, in den Bäumen zu schlafen. Eine weitere Attraktion des Lake Nakuru National Parks sind die seltenen Rothschild-Giraffen, die sich vorzugsweise im Baumsavannengebiet im Süden des Parks aufhalten. Durch langjährige Schutzmaßnahmen wächst die Population der bedrohten Tiere stetig an. Auch der Artenschutz für die Nashörner, die im Park zu Hause sind, ist von Erfolg gekrönt. Diese zwei Arten litten besonders stark unter der hemmungslosen Wilderei in den 1970er und -80er Jahren.

Im Park sind außerdem die üblichen Savannentiere wie Zebras, Buschböcke, Elenantilopen, Thomson- und Grantgazellen sowie Warzenschweine vertreten. An Felsen sieht man oft Klippschliefer und Klippspringer. Auch einige riesige Exemplare der größten Schlange Afrikas, des Felsenpythons, sind im Lake Nakuru National Park zu Hause. Für Elefanten ist der Park jedoch zu klein.

Vegetation

Die Landschaften des Lake Nakuru National Parks sind sehr vielfältig mit klassischen Kurzgrassavannen, Fieberakazienwäldern, Wasserfällen und Sumpf-gebieten. Am Ostufer des Sees erstreckt sich einer der größten Euphorbienwälder Afrikas. Hier wächst vor allem die Kandelaber-Euphorbie, eine baumgroße Sukkulente, die an einen riesigen Kaktus erinnert. Wenn deren Rinde verletzt wird, tritt eine milchige Flüssigkeit aus, die Hautreizungen verursacht, und wenn sie ins Auge kommt, kann sie sogar zur Erblindung führen. Direkt am Ufer befinden sich teilweise weite Salzebenen, die in Baum- und Buschsavanne übergehen. Große Flächen sind außerdem mit Kampferbüschen bedeckt. Entlang der Flüsse, die den See speisen, haben sich Sumpflandschaften gebildet.

Klima

Das Klima am Lake Nakuru ist mild, die Temperaturen hängen von den Trocken- und Regenzeiten ab. Januar und Februar sind mit um die 30 Grad Celsius die wärmsten Monate. In der Regenzeit von März bis Mai gibt es viele bedeckte, bewölkte Tage, aber es regnet selten den ganzen Tag. Die Temperaturen am Nachmittag sind angenehm, und die frühen Morgenstunden sind kalt. Von Juni bis Dezember ist es sonnig mit gelegentlichen Schauern. Die Temperaturen klettern am Nachmittag auf etwa 25 Grad Celsius, aber zu Beginn und am Ende des Tages ist es kalt mit Temperaturen um die neun Grad Celsius.

Unterwegs im Nationalpark

Von Naivasha kommend gelangt man in etwa zwei Stunden zum **Nderit Gate** des Nationalparks. Das Lanet Gate war zur Zeit der Recherche für diesen Reiseführer wegen Überschwemmung gesperrt. Erkundigen Sie sich am besten vor Ihrer Safari, welche Wege befahrbar sind.
Die Orientierung ist wegen der Größe des Parks und der guten Ausschilderung kein Problem. Ein Tag reicht für die Er-

Karte S. 160

kundung gut aus. Es empfiehlt sich, früh am Morgen loszufahren und den See zu umrunden. Für ein Picknick oder einen Sundowner bieten sich die Aussichtspunkte **Out of Africa Picknick Site** und der **Baboon Cliff View Point** an, die schöne Ausblicke auf den See bieten. Hier können Sie Ihr Fahrzeug verlassen, hüten Sie sich jedoch vor allem vor den Pavianen, die immer auf der Suche nach einer Zwischenmahlzeit sind.

Ganz im Süden des Parks befinden sich die **Makalia Falls**. An diesem vor allem während der Regenzeit imposanten Wasserfall wachsen einige Feigenbäume direkt an den Felsklippen, in denen verschiedene Vögel wie die Rotnasen-Grüntaube gesichtet werden können. Im Norden des Parks befindet sich ein schöner **Fieberakazienwald**.

Die Makalia-Wasserfälle

 Lake Nakuru National Park

Park- und weitere Gebühren → S. 34.
Tickets nur online auf www.ecitizen.go.ke.
Öffnungszeiten: tgl. 6–18 Uhr
Weitere Informationen: www.kws.go.ke
Zur Zeit der Recherche waren außer dem **Nderit Gate** alle Tore wegen Überschwemmung geschlossen.

Fahrzeit von Nairobi zum Nderit Gate: ca. 3 Std. über die Nakuru–Nairobi Rd
Von Naivasha: ca. 1,5 Std.   **Überlandbusse** und **Matatus** verbinden Nakuru mit anderen Städten Kenias (→ S. 161). Der Nationalpark selbst kann nicht mit öffentlichen Verkehrsmitteln erreicht werden.

Lake Nakuru Lodge, im Nationalpark, Tel. +254/(0)720/404485; DZ/VP ab 302 Euro. Die Lodge verfügt über ein gutes Restaurant und eine Terrasse mit Blick auf ein Wasserloch, an dem sich oft Vögel und Paviane versammeln. Eingebettet in die schöne Gartenanlage liegt ein Swimmingpool. Bitten Sie bei der Buchung um ein Zimmer mit Aussicht in den Park. www.lakenakurulodge.com
Instagram: @lakenakurulodge
Flamingo Hill Tented Camp, im Nationalpark, Tel. +254/(0)729/329488; DZ/VP ab 264 Euro. Inmitten des Nationalparks und gut über Nakuru zu erreichen. In der schicken Lounge oder am Lagerfeuer im Garten können Sie einen Drink genießen. Übernachtet wird in einem komfortablen, wobei etwas dunklen Zelt. Es gibt ein Spa, einen Swimmingpool sowie ein exzellentes Restaurant mit Bar.
Facebook: Flamingohillcamp
Instagram: @flamingohillcamp
Sarova Lion Hill Game Lodge, im Nationalpark, Tel. +254/(0)709/111000; DZ/F ab 174 Euro. Auf einer Hügelkette am östlichen Rand des Sees in einem schönen, begrünten Gelände. Helle und gemütliche Zimmer, Swimmingpool und ein ausgezeichnetes Restaurant; der Empfang ist herzlich. www.sarovahotels.com
Instagram: @sarova_hotels
Lake Nakuru Sopa Lodge, im Nationalpark, Tel. +254/(0)20/3750235; DZ/VP ab 240 Euro. Auf einem schönen Anwesen

auf einer Hügelkette, spektakulärer Blick über den See. Lichtdurchflutete Zimmer, zwei davon rollstuhlgerecht; Swimmingpool. www.sopalodges.com
Instagram: @sopa_lodges
Naishi KWS Guest House, im Nationalpark, Tel. +254/(0)20/2671687; ganzes Gästehaus 241 Euro. Einfaches Steinhäuschen im südlichen Teil des Nationalparks, nur komplett buchbar (bis zu 8 Pers.), muss über https//kws.ecitizen.go.ke reserviert werden. www.kws.go.ke
Wildlife Club of Kenya Guesthouse, im Nationalpark, Tel. +254/(0)20/2671742; Banda ab 10 Euro. Charmante Bandas (einfache Hütten) mit Blick auf den See. Zweifellos die günstigste Unterkunft in Nakuru (nur Selbstversorgung).
www.wildlifeclubsofkenya.or.ke
Instagram: @wildlifeclubsofkenya_

Im Park gibt es zahlreiche Zeltplätze, darunter die KWS-Plätze **Naishi**, **Reedbuck**, **Rhino**, **Chui** und **Makalia Falls**. Die meisten Plätze verfügen über einfache sanitäre Anlagen. Letztgenannter Platz befindet sich in der Nähe der Makalia Falls, zu denen man in ein paar Minuten hinüberspazieren kann.
Alle genannten Plätze müssen über die Plattform https//kws.ecitizen.go.ke gebucht werden.

Innerhalb des Nationalparks gibt es lediglich die Restaurants der jeweiligen Lodges. Für die Selbstversorgungs-Unterkünfte sowie Zeltplätze muss Proviant und Trinkwasser in Nakuru gekauft (→ S. 161) und mitgebracht werden.

Lake Baringo

Der Baringosee liegt in einer heißen und rauen Region, die an die staubigen Wüstengebiete Nordkenias grenzt. Er ist nach dem Turkanasee der nördlichste der kenianischen Rift-Valley-Seen sowie neben dem Naivashasee der einzige Süßwassersee des Rift Valleys. Er liegt eingebettet zwischen den dramatischen Tugen Hills im Westen und dem Laikipia Escarpment im Osten.
Der Lake Baringo umfasst eine Fläche von 130 Quadratkilometern, wobei seine Größe immer wieder schwankt. Das Wasser schimmert, je nach Tageszeit, in unterschiedlichen Farben – rot, gelb, braun und sogar lila sind Teil dieses Farbenspiels.
Der See besitzt wie der Lake Naivasha auch keinen sichtbaren Abfluss, es wird ein unterirdischer Abfluss vermutet. Der See wird von mehreren Flüssen gespeist: dem Molo, dem Perkerra und dem Ol Arabel.

Tierwelt

Der See ist ein wichtiger Lebensraum und Zufluchtsort für mehr als 500 Vogel- und andere Tierarten. Zu den hier lebenden Vögeln zählen Wasservogelarten, und auf der sogenannten Gibraltar-Insel lebt die größte Nistkolonie von Goliathreihern in Ostafrika. Der See bietet auch Lebensraum für sieben Süßwasserfischarten. Eine davon, Oreochromis niloticus baringoensis, eine Unterart des Nilbuntbarschs, ist endemisch. Der Fischreichtum ernährt nicht nur die am See lebenden Menschen, sondern auch eine große Zahl an Krokodilen und Vögeln.
Auch Flusspferden und vielen anderen Säugetieren, Amphibien und Reptilien bietet der Baringosee einen Lebensraum. Aufgrund von Überschwemmungen mussten 2021 eine Gruppe der vom Aussterben bedrohten Rothschild-Giraffen von der Longicharo-Insel, einer felsigen Lavazunge inmitten des Sees,

▲ Karte S. 138

gerettet werden. Der steigende Seespiegel schloss die Giraffen auf einer immer kleiner werdenden Insel ein. In einer dramatischen Rettungsaktion wurden sie von Save the Giraffes Now (www.savegiraffesnow.org, Instagram: @savethegiraffesnow) und dem KWS auf einem Floß über den See in ein nahegelegenes Schutzgebiet gebracht.

Fachleute sind der Überzeugung, dass die übermäßig starken Regenfälle der letzten Jahre in der Rift-Valley-Region Kenias eine direkte Folge des Klimawandels sind.

Insel Ol Kokwe

Der See hat mehrere kleine Inseln, von denen die größte Ol Kokwe ist. Ol Kokwe, ein erloschenes vulkanisches Zentrum, das mit dem Vulkan Korosi nördlich des Sees verbunden ist, hat mehrere heiße Quellen und vulkanische Dampfaustrittsstellen. Eine Gruppe heißer Quellen entspringt entlang der Küstenlinie bei Soro in der Nähe der nordöstlichen Ecke der Insel und am 50 Kilometer nördlich gelegenen Silai-Vulkan.

Orte am Lake Baringo

Der wichtigste Ort in der Nähe des Sees ist **Marigat**, kleinere Siedlungen sind **Kampi ya Samaki** und **Loruk**. Hier leben hauptsächlich die ethnischen Gruppen der Il Chamus, Rendille, Turkana und Kalendjin.

Die Il Chamus leben traditionell vom Ackerbau und Fischfang. Sie nutzen ein ausgeklügeltes Bewässerungssystem im Süden des Sees, das auf einem Kanalsystem basiert, mithilfe dessen sie das fruchtbare Schwemmland des Sees für ihre landwirtschaftliche Produktion nutzen. Die traditionellen Kanus, die zum Fischfang genutzt werden, heißen Lkadich und werden aus Ästen des Ambatch-Baumes gefertigt.

Tagesausflug zum Lake Bogoria

Dieser Rift-Valley-See beherbergt regelmäßig eine der weltweit größten Populationen an Zwergflamingos, die bis zu zwei Millionen Tiere betragen kann. Der See ist ein Ramsar-Gebiet, ein nach der 1971 geschlossenen Ramsar-Konvention

Rift Valley

Aussicht auf den Baringosee von einer der Inseln

(www.ramsar.org) geschütztes Feuchtgebiet von internationaler Bedeutung,
das besonders für Wasser- und Watvögel zentral ist.
Zu den Besonderheiten des Sees zählen die brodelnden Geysire und heißen
Schwefeldämpfe der kochenden Quel-

len, die auf die seit Urzeiten anhaltende
geothermische Aktivität dieses Gebietes
hindeuten.
Das Umland des Sees lässt sich zu Fuß
erkunden. Einen Tagesausflug an den
Lake Bogoria können die meisten Unterkünfte am See organisieren.

 Lake Baringo
Der Lake Baringo ist durch ein gut ausge-
bautes Straßennetz mit den umliegenden
Städten verbunden.
Fahrzeit von Nairobi: ca. 5,5 Std.
Von Nakuru: 2,5 Std.

Mit öffentlichen Verkehrsmitteln kommt
man in die in der Nähe des Sees gelegenen Städte **Marigat** und **Loruk**. Erkundigen Sie sich bei Ihrer Unterkunft, welcher
Überlandbus bzw. welches Matatu dazu
geeignet ist.

Es gibt regelmäßige Flugverbindungen
zwischen der **Landebahn in Baringo** und
weiteren kenianischen Inlandsflughäfen,
zu buchen über Yellow Wings (www.yel-
lowwings.com).

Island Camp Baringo, Ol Kokwe Island,
Tel. +254/(0)724/874661; 53 Euro Pers./
Nacht. Im Süden der Ol-Kokwe-Insel, fried-
liche Lage mit Blick auf den See. Das
Camp liegt eingebettet in wilde Gärten,
die zur Vogelbeobachtung einladen. Am
Swimmingpool wächst eine wunderschöne
Wüstenrose. Das Camp ist auf Selbstver-
sorgungs-Basis und kann insg. 6 Personen
aufnehmen. Es können verschiedene Ak-
tivitäten organisiert werden.
Facebook: Island Camp Baringo
Samatian Island Lodge, Samatien Island,
Tel. +254/(0)700/888646; Lodge 205
Euro/Nacht. Wunderschöne Lodge, idyllisch gelegen auf einer privaten Insel (ca.
20 Min. Bootsfahrt ab Kampi ya Samaki). Sie kann nur als Ganzes gemietet wer-

den (bis 12 Erwachsene). Der Preis ist
auf Selbstversorgungs-Basis, gegen einen
Aufpreis können Mahlzeiten dazugebucht
werden. Die strohgedeckten Bandas sind
elegant eingerichtet, und es können verschiedene Aktivitäten organisiert werden.
www.samatianisland.com
Facebook: Samatien Island

Aufgrund von Überflutungen in den letzten Jahren sind einige Zeltplätze um den
See geschlossen. Wer zelten möchte, kann
das hier tun:
Bush Baby, Abzweigung B4, Tel. +254/
(0)720/322113; Zelten ab 1000 Ksh.
Im Garten von Bush Baby kann man zelten. Zusätzlich gibt es ein Restaurant
und eine Bar.
Facebook: Bush Baby Campsite & Bar

Zu empfehlen sind die Restaurants in
den oben genannten Unterkünften, in
denen man auf Anfrage auch dann speisen kann, wenn man selbst woanders
untergebracht ist.
Wer sich selbst versorgen möchte, deckt
sich am besten noch vorher in Nakuru (→
S. 161) mit Lebensmitteln und Trinkwasser ein.

Bootstrips zu den vielen Inseln im See,
beispielsweise zur vogelreichen **Gibraltar-
Insel** oder zur **Devil's Island**, oder auch
zum **Mündungsgebiet des Molo**, wo man
große Krokodile beobachten kann, sind ein
wunderbares Naturerlebnis. Einen solchen
Ausflug können die meisten Unterkünfte
am See organisieren.

Bootsfahrt auf dem Baringosee

Und dort waren Gärten, blinkend mit gewundenen Bächen,
wo zahlreich ein weihrauchträchtiger Baum blühte;
und hier waren Wälder, alt wie die Hügel,
die sonnige Flecken grüner Lichtungen in sich bargen.
Aber ach, diese tiefe romantische Kluft, die schräg abfiel
den grünen Hügel hinab, quer durch ein Zederndach!
Ein wilder Ort, so heilig und verwunschen, wie er je
unter einem abnehmenden Mond ward heimgesucht.

Kubla Khan, 1860, Samuel T. Coleridge

Landschaft auf dem Laikipia-Plateau

DAS ZENTRALE HOCHLAND

Überblick

Das zentrale Hochland von Kenia beherbergt eine große Vielfalt an Landschaften – von den schneebedeckten Gipfeln des zweithöchsten Berges Afrikas, dem **Mount Kenya** (→ S. 191), über die weiten artenreichen Wildtierreservate des **Laikipia-Plateaus** (→ S. 211) bis zu den dichten Urwäldern der **Aberdares** (→ S. 175). Das zentrale Hochland ist außerdem eine sehr fruchtbare Region, landwirtschaftlich intensiv bewirtschaftet und dicht besiedelt. Das Hochland bildet die östliche Wand des Rift Valleys und erhebt sich aus der Hitze der nördlichen Ebenen. Im Westen der Region liegt die **Aberdare Range** (→ S. 175), der Welt vor allem als der Ort bekannt, an dem die britische Prinzessin Elizabeth zur Königin wurde.

Dieser Park bietet atemberaubende Trekkingmöglichkeiten, eine vielfältige Waldlandschaft sowie die höchsten Wasserfälle Kenias. Den östlichen Rand des kenianischen Hochlandes formt der **Meru National Park** (→ S. 204), ein Naturjuwel ohnegleichen und eines der bestgehüteten Geheimnisse Kenias. Im Zentrum des Hochlandes thront der höchste Berg des Landes, der Mount Kenya, dessen mehrtägige Besteigung für viele der sprichwörtliche Höhepunkt ihrer Keniareise ist. Am Mount Kenya entspringen etliche Flüsse, die das Umland in Berge, Täler und Ebenen aufgliedern.

Das zentrale Hochland Kenias ist unter anderem die Heimat der Kikuyu, der größten Ethnie Kenias, sowie der Meru und Embu. Während der Kolonialzeit vertrieben weiße Einwanderer die lokale Bevölkerung von ihrem fruchtbaren Land, auf dem diese seit Jahrhunderten Ackerbau und Viehzucht betrieben hatten, um selbst weitläufige Kaffee- und Teeplantagen, Weizenfelder und Rinderfarmen anzulegen. Die Region wurde ab 1920 zu den sogenannten »White Highlands«. Der heftige Protest gegen diese Ungerechtigkeiten war einer der Hauptfaktoren für die Entstehung des Mau-Mau-Widerstandes (1950–1957), der Kenia in die Unabhängigkeit führte. Heute haben fast alle Weißen das zentrale Hochland verlassen, und das Land ist wieder in kenianischen Händen.

Das zentrale Hochland ist jedoch nicht nur für seine landwirtschaftliche Bedeutung bekannt, sondern auch für die zahlreichen nachhaltigen Naturschutzprojekte auf dem **Laikipia-Plateau** (→ S. 211). In dieser Region des Hochlandes befinden sich Conservancies, die teilweise von Gemeinden verwaltet werden und mit Ranches zusammenarbeiten, um Wildtiere in- und außerhalb der Naturreservate zu schützen. In Laikipia sind die Conservancies nicht umzäunt, außer, wenn Nashörner geschützt werden. Somit können die Wildtiere in einem riesigen Gebiet frei umherziehen. Das Laikipia-Plateau bietet eine große Palette an Aktivitäten, von klassischen Safaris über Kajakfahrten zu Elefanten, Klettern und Reiten. Viele der Lodges und Camps nutzen erneuerbare Energien wie Solar. Somit gilt die Laikipia-Region als Vorreiterin im nachhaltigen sowie gemeindebasierten Ökotourismus.

Nyeri

Die Straße von Nairobi nach Nyeri ist hinter Thika von kilometerlangen Ananasplantagen der amerikanischen Firma Del Monte gesäumt. Je näher man Nyeri kommt, desto fruchtbarer und grüner wird die Landschaft. Die ertragreichen Böden sowie das gemäßigte und regenreiche Klima der Region sind ideal für den Anbau von Ananas, Kaffee, Tee, Zuckerrohr und Pyrethrum (einer Margeritenart, aus der ein Insektengift gewonnen wird). Nyeri selbst liegt am Fuße der Aber-

▲ Karte S. 173

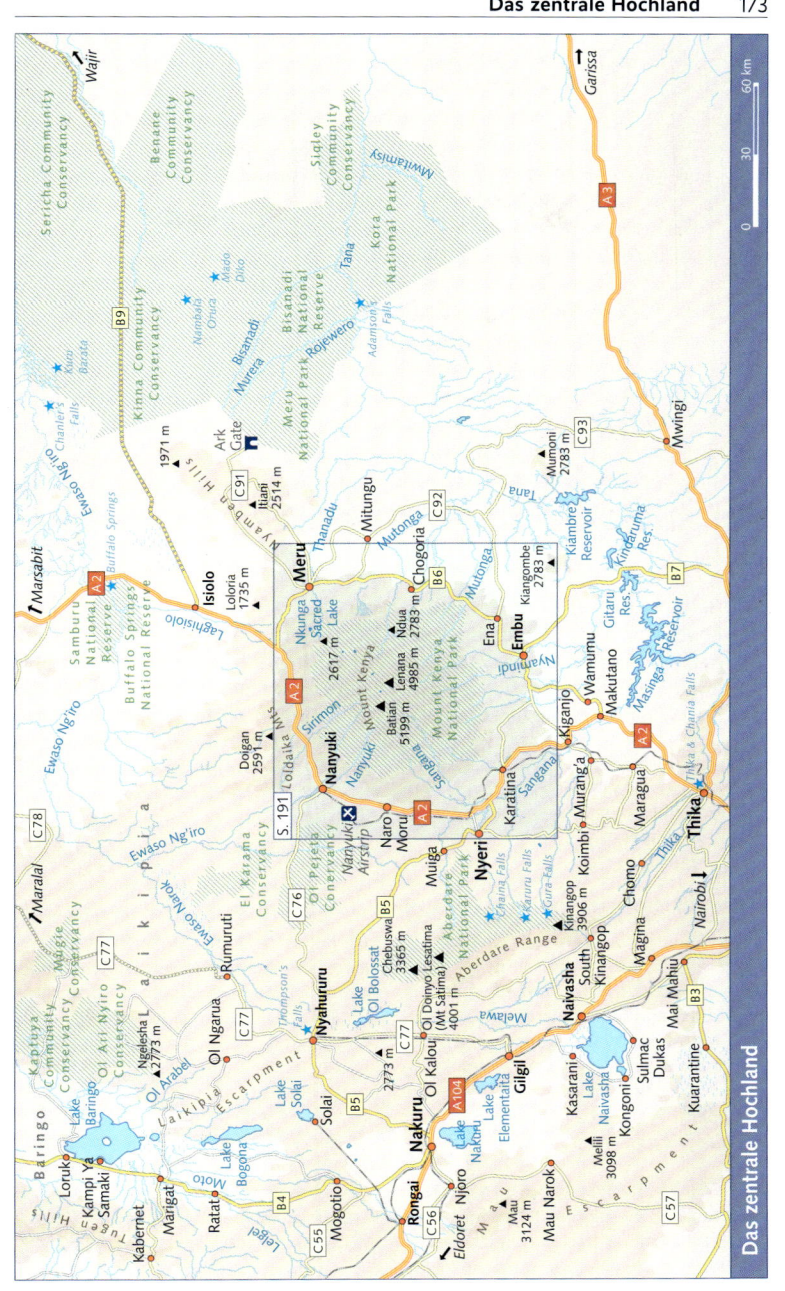

Markt in Nyeri

dare-Berge und zählt um die 130 000 Einwohner, von denen die meisten der Kikuyu-Ethnie angehören. Nyeri ist eine der größten Städte im zentralen Hochland, Verwaltungssitz der Zentralprovinz

und Tor zum Aberdare-Nationalpark. Über Nyeri gelangt man zum **Ark Gate** des Aberdare National Parks, über das man Zugang zur bekannten Lodge **The Ark** (→ S. 184) hat.

 Nyeri

Nyeri ist in alle Richtungen durch ein gut ausgebautes Straßennetz verbunden. **Fahrzeit von Nairobi:** ca. 3 Std. **Nach Nanyuki**: 1 Std.

Nyeri kann per **Matatu** von Nairobi und anderen Städten in der Umgebung aus erreicht werden. In Nyeri selbst fahren vom **Busbahnhof** im Stadtzentrum ständig Matatus zu zahlreichen Zielen ab, unter anderem Nanyuki, Nyahururu, Nakuru, Thika und Nairobi. Erkundigen Sie sich beim Personal Ihrer Unterkunft, wo Sie das richtige Matatu finden können.

Die meisten Reisenden passieren Nyeri lediglich auf ihrer Reise in den Aberdare National Park. Wer dennoch in Nyeri

übernachten möchte, der hat die Wahl zwischen einigen guten Hotels.
Aberdare Country Club, Abzweigung Nyeri-Nyahururu Rd, Mweiga, Tel. +254/ (0)20/2101333; DZ/VP ab 433 Euro. Der preisgekrönte Club liegt in einer prächtigen Gartenanlage nördlich von Nyeri und bietet einen Swimmingpool, Tennisplätze, einen Golfplatz, Reitmöglichkeiten, Wandersafaris und Forellenangeln. Die Zimmer sind luxuriös, mit Parkettböden und teilweise mit eigenem Kamin. Eine zeitlich begrenzte Mitgliedschaft im Aberdare Country Club für den Aufenthalt oder ein Tagesbesuch sind möglich. Das Ein- und Auschecken für The Ark findet im Aberdare Country Club statt.
www.aberdarecountryclub.com
Facebook: Aberdare Country Club Kenya
White Rhino Hotel, Kenyatta Rd, Tel. +254/ (0)726/967315; DZ/F ab 165 Euro. Mo-

dernes Hotel mit großen Zimmern, Bar, Restaurant und Swimmingpool. Das Personal ist hilfsbereit.
www.whiterhinohotel.com
Instagram: @thewhiterhinohotel
Sandai Farm, Abzweigung Nyeri-Nyahururu Rd, Mweiga, Tel. +254/(0)721/656699; DZ/VP ab 85 Euro. 15 km nordwestlich der Stadt, wird von der Deutschen Petra Allmendinger geführt. Übernachten kann man entweder in stilvoll und komfortabel eingerichteten Cottages oder in Bandas mit Küche für Selbstversorgung. Die familiäre Atmosphäre, die leckere Hausmannskost und die zahlreichen Aktivitäten, die angeboten werden (Wandern, Vogelbeobachtungen, Reitsafaris etc.), machen diese Farm zu einem wahren Geheimtipp.
www.africanfootprints.de
Facebook: Sandai – African Footprints Ltd.
Sun Guest House, Abzweigung Chania Bridge, Tel. +254/(0)727/526717; DZ/F ab 24 Euro. Zentral gelegenes Gästehaus

mit einfachen und sauberen Zimmern, eine gute Budget-Option.

Stardust Restaurant, Kenyatta Rd. Einfaches Restaurant, bietet eine Mischung aus kenianischer und indischer Küche an und ist bei Einheimischen sehr beliebt.
Betty's Place, Kimathi Way. Schönes, kleines Restaurant mit einer großen Auswahl an kenianischen Gerichten. Auch Pizza wird serviert.

Naivas Supermarket, Gakere Rd. Gut ausgestatteter Supermarkt direkt in der lebendigen Innenstadt. Mit Bäckerei, Metzgerei und einem kleinen Café.

The Karen Hospital, Kenyatta Rd, Tel. +254/(0)727/547214. Gut ausgestattetes Krankenhaus mit Notfalldienst und Apotheke. www.karenhospital.org

Aberdare National Park

In diesem stimmungsvollen Park, der den dritthöchsten Gebirgszug in Kenia schützt, streifen Elefanten durch nebelumhüllte und flechtenbewachsene Wälder. Spektakuläre Wasserfälle stürzen in brodelnde Becken, und klare Gebirgsbäche fließen durch moosbewachsene Täler. Die **Aberdare Range** ist ein 70 Kilometer langes, schmales Massiv, das sich am östlichen Rand des Rift Valleys erstreckt und dessen südliches Ende nur 40 Kilometer nördlich von Nairobi liegt. Sie befindet sich in einer Höhenlage von 1829 bis 4001 Meter über dem Meeresspiegel und bedeckt eine Fläche von insgesamt 767 Quadratkilometer. Die höchsten Gipfel der Aberdare-Bergkette sind **Ol Doinyo Lesatima** (4001 Meter) im Norden und **Kinangop** (3906 Meter) im Süden.

Die wilden und wunderschönen Moorlandschaften der Aberdares bieten unvergleichliche Ausblicke auf die glitzernde Krone des Mount Kenya, umgeben von den funkelnden Seen des Great Rift Valley. Der Aberdare National Park wurde im Jahre 1950 ausgewiesen und ist somit nach Nairobi, Tsavo und Mount Kenya der viertälteste Park des Landes. Die Aberdares sind ein Paradies für Menschen, die gerne wandern, angeln und die Einsamkeit genießen.
Die Wälder der Aberdare Range sind weltweit für ihren botanischen Reichtum sowie ihre vielfältige Tierwelt bekannt. Man schätzt, dass mehr als 2000 Elefanten die bewölkten Hügel und nebligen Lichtungen durchstreifen. Dies ist einer der wenigen verbliebenen Lebensräume der vom Aussterben bedrohten

Das zentrale Hochland

Flechtenbehangene Bäume im Nationalpark

Bongoantilope und des seltenen Riesenwaldschweins. Auch Spitzmaulnashörner sowie einige endemische Tierarten sind im Park zu finden. Eine reiche Vogelwelt begrüßt die Morgenstunden, wenn ein Chor von Vogelstimmen aus den Wäldern dringt. Mehr als 290 Arten wurden gezählt, darunter der vom Aussterben bedrohte Aberdare-Cistensänger und das in der Region endemische Jackson's Francolin.

Die Süd- und Osthänge der Aberdare-Kette sind von unzähligen Bächen durchzogen, die zwei der wichtigsten Flusssysteme Kenias speisen: Tsavo-Tana und Athi-Sabaki. Der größte Teil der Wasserversorgung Nairobis und vieler angrenzender Bezirke stammt aus diesem Gebiet, und der Großteil der kenianischen Wasserkraftwerke am Tana-Fluss wird mit Wasser aus den Aberdares und vom Mount Kenya betrieben.

Angesichts der wilden Schönheit und der stimmungsvollen Landschaft ist es kaum verwunderlich, dass der Aberdare-Nationalpark auch in Hollywood berühmt geworden ist. Sowohl die Gura Falls als auch die Karuru Falls wurden in dem Oscar-prämierten Film *Out of Africa* (1985) mit Meryl Streep und Robert Redford in den Hauptrollen gezeigt. Der Film basiert auf dem Buch *Out of Africa* von Karen Blixen aus dem Jahr 1937. Das Aberdare-Gebirge wurde auch für die Dreharbeiten zu *Gorillas im Nebel* (1988) genutzt.

Die wechselhafte Geschichte der Aberdare-Berge

Wie alle Gebirge Ostafrikas verdankt das Aberdare-Gebirge seine Existenz den tektonischen Kräften, die zur Entstehung des Großen Grabenbruchs führten. Vor fünf bis sechs Millionen Jahren hob und senkte sich die Erdkruste durch Vulkan-ausbrüche, die sich durch Spalten bohrten und sowohl die Aberdare- als auch die Mau-Bergkette entstehen ließen. Bei den Kikuyu, die seit Jahrhunderten die Hän-ge des Aberdare-Gebirges bewirtschaften, sind die geschwungenen Formen des Gebirges seit jeher unter dem Namen Nyandarua bekannt, was so viel bedeutet wie »die trocknende Haut«. Wenn Sie die Berge aus der Ferne betrachten, sehen Sie, warum: Sie ähneln der Form einer Tierhaut, die zum Trocknen aufgespannt wurde. Die Kikuyu kennen das Gebirge auch unter dem Namen Thimbara, was so viel wie »Ort des Nebels und der Finsternis« bedeutet – die alternative Ruhe-stätte von Ngai (Gott), dessen Hauptsitz sich auf dem Mount Kenya befindet.

Die Maasai im Rift Valley nannten den Gipfel des Aberdare-Gebirges Ol Doinyo Lesatima oder »den Berg des Stierkalbs«. Sowohl die Maasai als auch die Kikuyu leben seit Jahrhunderten an den Hängen des Aberdare-Gebirges.

Das Gebirge wurde 1884 von dem schottischen Forscher Joseph Thomson nach Lord Aberdare benannt, dem damaligen Präsidenten der Royal Geographical So-ciety. Europäische Einwanderer – die meisten von ihnen aus Großbritannien – kamen relativ spät in die Aberdares. Sie enteigneten die einheimische bäuerliche Bevölkerung und besetzten einige der fruchtbarsten Gebiete Kenias. Ein Großteil dieses Landes befand sich in den sogenannten »White Highlands« in der Region Aberdare. Die einheimische Bevölkerung wehrte sich gegen diese Ungerech-tigkeiten durch die Gründung der von den Kikuyu dominierten Mau-Mau-Or-ganisation im Jahre 1948, einer Unter-grundbewegung, die sich für die Rück-gewinnung des afrikanischen Landes und die Vertreibung der Kolonialmacht einsetzte. In der Folge strömten die Ki-kuyu aus den White Highlands in die Wälder der Aberdares und des Mount Kenya, von wo aus sie unter der Füh-rung des charismatischen Generals De-dan Kimathi einen Guerillakrieg gegen die Briten führten. Noch immer steht in den Aberdares ein uralter Mugumo-Baum (Feigenbaum), in dessen Stamm sich eine Spalte befindet. Dieser Baum diente als Briefkasten der Mau Mau, in dem Nachrichten über die Bewegun-gen der britischen Truppen für andere Guerilla-Einheiten hinterlassen wurden. Die Bemühungen der Mau Mau führten schließlich zur Unabhängigkeit Kenias.

Brücke im Aberdare-Nationalpark

Tierwelt

■ Säugetiere

Die schattigen Wälder und windgepeitschten Moorlandschaften des Aberdare-Nationalparks bieten einer großen Anzahl von Säugetierarten Schutz und Nahrung. Die größten Tiere des Waldes sind die Elefanten. Bei Wanderungen durch das Moorland sieht man oft einzelne Bullen, die in der Ferne friedlich grasen. Die Farbe der Elefanten in den Aberdares reicht von ziegelrot bis schwarzbraun, je nachdem, in welchem Schlamm sie sich gesuhlt haben oder welchen Staub sie auf ihrem Rücken haben. Spitzmaulnashörner, die nach jahrelanger Wilderei ein Comeback feiern, sind in den Wäldern anzutreffen, sind jedoch noch immer selten und scheu. Kapbüffel sind weit verbreitet, große Herden ziehen durch den Salient (Regenwald im Osten des Parks) und die Moorgebiete. Riesenwaldschweine leben im Dickicht, sind aber selten zu sehen. Das Riesenwaldschwein ist ein großes, behaartes Wildschwein, das in den Hochwäldern Ostafrikas und im tropischen Tiefland Zentralafrikas vorkommt.

Zu den Antilopen der Aberdares gehören Blauducker, Buschducker, Riedbock

Kongopapageien

und Buschbock. Eine der seltensten und schönsten Kreaturen der Aberdares ist der Bongo. Die Aberdare-Berge sind einer der wenigen Orte in Kenia, wo diese riesige Waldantilope mit ihrem rotbraunen Fell mit weißen Streifen noch zu finden ist. Die Waldantilope ist extrem selten und vom Aussterben bedroht, in den Aberdares wächst die Population aber langsam und beständig an.

Primaten gibt es in Hülle und Fülle, darunter die beeindruckenden schwarz-weißen Colobus-Affen mit ihren wallenden Mänteln, Weißkehlmeerkatzen und Olivenpaviane. Fruchttragende Bäume, vor allem Feigen und wilde Oliven, sind ein guter Ort, um Affen zu beobachten. Achten Sie nachts auf die klagenden Schreie des Großen Galagos oder Buschbabies. Zu den Raubtieren gehören der Leopard, der zwar nicht selten ist, aber nicht oft gesehen wird, die Afrikanische Wildkatze, die Tüpfelhyäne und die Afrikanische Zibetkatze. Auch die seltene Goldkatze wurde in den Aberdares gesichtet. Ein besonderes Erlebnis in den Moorgebieten ist es, einen Serval zu entdecken – halten Sie Ausschau nach einer schlanken, gefleckten Katze. Viele dieser Katzen kommen in den Aberdares in melanistischer Form vor, also mit schwarzem Fell. Dies ist vermutlich eine Anpassung an das Überleben in höheren Lagen – schwarz absorbiert die Wärme besser und hält das Tier warm. Löwen gibt es in den Aberdare-Bergen nicht.

■ Vögel

Die Wälder und Moorlandschaften des Aberdare-Nationalparks beherbergen und ernähren eine vielfältige Avifauna. Der Reichtum an Vögeln ist vor allem in der Morgendämmerung zu hören, wenn die ersten wärmenden Sonnenstrahlen über den Horizont kriechen und ein Vogelchor aus den Bäumen dringt.

Landschaft im Nationalpark

Das zentrale Hochland

Viele Wasser- und Watvögel halten sich in den Sümpfen und an Wasserlöchern auf. Dazu gehören häufige Arten wie der Schwarzkopfreiher, der Hamerkop, der Gelbschnabelstorch und der lärmende Hadada-Ibis. Auffällig und typischerweise in den Wäldern anzutreffen ist der laute Silberwangen-Hornvogel. Männliche Silberwangen-Hornvögel tragen eine massive Kappe an der Spitze des Schnabels. Der Hartlaubturako ist ein hübscher Vogel mit grünem und violettem Gefieder, karminroten Flügeln und einem auffälligen dunkelblauen Gesicht mit rotem Augenring und weißen Flecken. Zu den weiteren Schönheiten des Waldes gehören Narinatrogon, Bindenschwanztrogone, Zimtbrust-Bienenfresser, afrikanische Paradiesschnäpper sowie der smaragdgrüne Malachit-Sonnenvogel.

Raubvögel gibt es sowohl im Wald als auch im Moor reichlich, darunter einige der auffälligsten Arten Kenias. Der afrikanische Kronenadler, eine prächtige Waldart, jagt Affen, Perlhühner und Hyraxe und hat sogar schon Ducker erbeutet. Zu den Eulen gehören der Fleckenuhu, dessen sanfte Rufe nachts oft durch den Wald schallen, und der Sumpfkauz, der die nebligen Moorlandschaften heimsucht.

■ Fische

Bach- und Regenbogenforellen bewohnen die zahlreichen glasklaren Flüsse und Bäche der Aberdares. Die schöne Regenbogenforelle wurde Anfang des 20. Jahrhunderts in die Aberdare-Flüsse eingeführt. Sie macht ihrem Namen alle Ehre: Sie hat einen blaugrünen bis olivfarbenen Rücken, rosa gestreifte Flanken und eine silberweiße Unterseite. Zarte schwarze Flecken auf dem Rücken, den Flossen und der Schwanzflosse tragen zum auffälligen Erscheinungsbild der Forelle bei. Die Farbintensität variiert je nach Alter, Reifegrad und Ernährung. Der afrikanische Klauenotter ernährt sich von dieser Fülle an Fischen.

Vegetation

Die Wälder der Aberdare Range sind für ihren botanischen Reichtum bekannt. Die Kombination aus Hochmooren, Gipfeln

Wald im Nationalpark

und Wasserfällen, dichtem Bambus und fruchtbaren Wäldern macht diesen Park zu einem der vielfältigsten und artenreichsten Kenias. Die Moorlandschaften des Aberdare-Nationalparks sind typisch afro-alpin, ein Begriff, der die charakteristische Pflanzenwelt der Hochgebirge Afrikas beschreibt. Das Aberdare-Gebirge ist zudem seit vielen Millionen Jahren isoliert. Auf dieser »biologischen Insel« hat sich in den Moorgebieten eine Pflanzenwelt entwickelt, die viele Ähnlichkeiten mit den Moorgebieten des Mount Kenya (→ S. 191) aufweist.

Der Aberdare-Nationalpark umfasst immergrüne Hochlandwälder sowie Bambus- und Tussock-bewachsene Moorgebiete. Der größte Teil dieser Wälder liegt westlich der höher gelegenen alpinen Moorgebiete, einem Gebiet, das als »Salient« bekannt ist. Auch in den geschützteren Tälern, in den Bambus- und Heidezonen, sind Waldgebiete zu finden. Der Wald ist typisch für das Hochland von Zentralkenia, mit Kroton- und Feigenarten in den tieferen Lagen und Wacholder- und Podobeständen in den höheren Lagen.

Karte S. 173

■ Wälder

In den Wäldern der tieferen Lagen finden sich einige der spektakulärsten Blütenbäume Kenias. Die Kapkastanie, Calodendrum capense, färbt den Wald in der Regenzeit mit ihren üppigen, gesprenkelten Blütenbüscheln rosa. Oft sieht man die zarten Glocken von Cordia und Dombeya über den Waldwegen baumeln. Sträucher, darunter der nach Seife duftende Trichocladus ellipticus, bilden ein dichtes Unterholz, vor allem dort, wo der Wald stark von Elefanten zertrampelt wurde.

Mit zunehmender Höhe wird der Wald von Olivenbäumen und der afrikanischen Bleistiftzeder dominiert. Die essbaren Früchte der wilden Oliven sind bei Vögeln besonders beliebt, und ein fruchttragender Baum ist ein ausgezeichneter Ort, um Nashornvögel und Turakos zu beobachten. Zu den Waldblumen gehören zarte Impatiens, die häufig entlang der Wege zu finden sind, blaue Plectranthus und die kurzlebige Commelina. Unmittelbar unterhalb der Wälder, die den Rand der Moor- und Heidezone markieren, befinden sich dichte Bambusdickichte. Bambus wächst in allen ostafrikanischen Hochgebirgen und bildet ein unregelmäßiges Band auf den feuchteren Seiten der Berge. Die Bambuszone wird fast vollständig von der Bambusart Arudinaria alpina dominiert, etwa zwischen 2400 Meter und 3000 Meter über dem Meeresspiegel. Jenseits des Bambus wachsen knorrige ostafrikanische Rosenholzbäume und Protea-Büsche in den Wäldern.

■ Blumen

In dieser Zone und in den Moorgebieten findet man eine erstaunliche Vielfalt an Wildblumen. Zwischen den Gräsern an den Rändern der Waldheide ist die blutrote Gladiole, Gladiolus watsonoides, zu sehen. Zu den Orchideen, die in diesen Hochmooren zu finden sind, gehören mehrere Arten von Satyrium.

Ein typischer Strauch der Moorlandschaft ist die Alchemilla (Alchemilla argyrophylla), eine Pflanze, die sowohl von der Wuchsform als auch vom Aussehen her an die Moorlandschaft angepasst ist und die zum Schutz vor Kälte mit schönen silbrigen Haaren bedeckt ist. Andere Alchemilla-Arten bilden in den höher gelegenen Teilen der Moorlandschaft federnde Matten oder schlängeln sich zwischen den dünneren Büscheln der Rohrglanzgräser.

Die beste Zeit für Wildblumen ist nach den Regenfällen und später im Jahr.

Klima

Die Höhenlage in den Aberdares variiert stark, daher gibt es selbst innerhalb des Parks große klimatische Unterschiede. Das Klima ist in der Regel kühl und neblig. Es regnet das ganze Jahr über, in den südöstlichen Gebieten durchschnittlich bis zu 3000 Millimeter pro Jahr. Warme und wasserdichte Kleidung ist unerlässlich.

Auch in der Trockenzeit von Juni bis September regnet es noch viel. Dies ist die kälteste Zeit des Jahres mit Nachmittagstemperaturen um 15 Grad Celsius. Nachts und am frühen Morgen ist es kalt – nur ein paar Grad über dem Gefrierpunkt –, und Camping ist nicht zu empfehlen.

Die Regenzeit dauert von Oktober bis Dezember und wird abgelöst durch eine trockenere Periode von Dezember bis Februar. Dies sind die wärmsten Monate mit Nachmittagstemperaturen von bis zu 25 Grad Celsius. Von März bis Mai finden die langen Regenzeiten statt, und ein Besuch im Park ist wegen der rutschigen und schwer befahrbaren Wege nicht empfehlenswert.

Im Park unterwegs

Für einen Aufenthalt im Aberdare National Park, der meist in dramatische Wolkenmassen gehüllt ist, sollten Sie mindestens zwei Nächte einplanen.

Am besten lassen sich die beeindruckenden Landschaften zu Fuß erkunden. Sie teilen sich in zwei Hauptumgebungen. Im Osten befindet sich ein dichter Regenwald mit einigen spektakulären Wasserfällen. Diese Region wird als **Salient** bezeichnet. Das **Kinangop-Plateau** wiederum ist ein offenes Hochplateau mit weiten Mooren.

Für die Anreise in den Park und Zufahrt zu den Unterkünften ist ein Fahrzeug mit Allradantrieb nötig, da die Wege zu jeder Jahreszeit matschig sein können und die Gefahr, stecken zu bleiben, immer besteht. Da es in den Aberdares vor allem nachts sehr kalt, klamm und nass werden kann, sollten Sie warme Kleidung sowie Regenschutz nicht vergessen. Durch den Park können verschiedene Wanderungen gemacht sowie die höchsten Erhebungen der Bergkette erstiegen werden. Die Begleitung durch KWS-Ranger ist dabei ein Muss.

Wanderung zu den Karuru-Wasserfällen

Das zentrale Hochland

An den Magura Falls

■ **Wandern**

Die nebelverhangenen Berggipfel der Aberdare Range – **Ol Doinyo Lesatima** (4001 Meter), **Kinangop Peak** (3906 Meter), **Table Mountain** (3791 Meter), **Maratini Hill** (3698 Meter), **Elephant Hill** (3591 Meter), **Chebuswa** (3364 Meter) und **Kipipiri** (3340 Meter) – sind relativ leicht zugänglich und können zu Fuß erklommen werden. Je nachdem, wie fit sie sind, sollten Sie einen ganzen Tag für den Auf- und Abstieg einplanen. Wer eine entspanntere Wanderung bevorzugt, kann eine geführte Wanderung zu einem der spektakulären Wasserfälle machen, für die die Aberdares so berühmt sind.

■ **Wasserfälle**

Die imposanten **Karuru Falls**, mit fast 280 Meter die höchsten Wasserfälle des Landes, sind von der Fishing Lodge aus in einer fünfstündigen Wanderung durch dichten Dschungel, Bambuswälder und sanft gewellte Moorlandschaften zu erreichen. Die reißenden Karuru-Wasserfälle, die sich aus wolkenverhangenen Höhen in gischtgefüllte Schluchten stürzen, können vom **Karuru Falls Lookout** (Aussichtspunkt) genossen werden. Dieser besteht aus zwei hölzernen Aussichtsplattformen mit Sicherheitsgeländern und Holzbänken. Der Blick von hier ist wirklich atemberaubend!

Mit einem Fahrzeug kann man wiederum die romantischen, 25 Meter hohen **Chania Falls** ohne Weiteres erreichen. Von dem kleinen Parkplatz an der Hauptpiste aus kann man auf eigene Faust über einen schmalen Weg und eine lange Treppe in etwa zehn Minuten zu den Wasserfällen spazieren. Im Becken des Wasserfalls kann man auch baden – falls einen die niedrigen Wassertemperaturen nicht abschrecken!

Auch die malerischen **Magura Falls**, deren nasse Felsen von Moos und Farnen bewachsen sind, sowie die **Queen's Cave** sind beliebte Ausflugsziele. An diesen Plätzen finden sich idyllische Picknickplätze.

■ **Fischen**

Eine weitere beliebte Aktivität in den Aberdare-Bergen ist **Forellenfischen**. Mit seinen klaren, plätschernden Bächen bietet der Nationalpark ausgezeichnete Möglichkeiten zum Angeln von Regenbogen- und Bachforellen. Alles, was man dazu braucht, ist ein wenig Glück, die nötige Angelausrüstung und einen Angelschein, der an den Toren des Parks gegen eine geringe Gebühr erhältlich ist. Die kenianischen Gesetze erlauben nur das Fliegenfischen. Die besten Angelgebiete befinden sich den Flüssen Amboni, Chania und Gura. Eine selbst gefangene, in Butter gebratene und mit Zitrone gewürzte Flussforelle ist nicht zu übertreffen!

Das zentrale Hochland

ℹ️ 🚗 **Aberdare National Park**

Park- und weitere Gebühren → S. 34
Tickets nur online auf www.ecitizen.go.ke.
Öffnungszeiten: tgl. 6–18 Uhr
Weitere Informationen: www.kws.go.ke
Der Aberdare-Nationalpark liegt nordwestlich von Nairobi. Der Park hat 8 **Gates**: Ark, Kiandongoro, Mutubio, Rhino, Ruhuruini, Shamata, Treetops und Wandare. Je nachdem, über welches Gate Sie den Park betreten möchten, sind unterschiedliche Routen zu wählen.

Über **Nyeri** sind die Gates Treetops, Ruhuruini, Kiandongoro, Wandare und The Ark zu erreichen. Über **Naivasha** gibt es eine Zufahrt zum Mutubio Gate, und über **Nyahururu** gelangt man zu den Gates Shamata und Rhino.
Es kann vorkommen, dass manche Gates wegen schlechten Zustands von Pisten oder Ähnlichem zeitweise geschlossen sind. Erkundigen Sie sich daher vor Ihrer Reise beim KWS (www.kws.go.ke) über Anreisemöglichkeiten.

Von allen Städten der Region gibt es regelmäßige Bus- und Matatu-Verbindungen zu den Städten, die in der Nähe der Parkgates liegen. Es gibt jedoch keine Verbindung direkt in den Park. Daher muss man sich, wenn man kein eigenes Fahrzeug besitzt oder einen Transport über ein Safariunternehmen organisiert, auf gehörige Umstände einstellen. Diese Art der Anreise ist daher nicht zu empfehlen.

Die Auswahl an Unterkünften in den Aberdares ist momentan nicht groß, da einige Unterkünfte wie das Treetops und Sapper Hut in den letzten Jahren geschlossen wurden. Nur das renommierte Hotel The Ark und die Selbstversorgungs-Unterkunft Fishing Lodge sind zu empfehlen. Ansonsten gibt es eine große Auswahl an Zeltplätzen, die man jedoch lediglich in den wärmeren und trockeneren Jahreszeiten besuchen sollte.

The Ark Lodge, Nähe Ark Gate, Tel. +254/(0)737/799990; DZ/VP ab 280 Euro. Das traditionsreiche Hotel ist eines der bekanntesten in Kenia. Die Gestaltung des Hotels erinnert – wie im Namen angedeutet – an eine Arche. Vor dem Hotel lockt ein Wasserloch mit Salzlecke zahlreiche Tiere an, darunter große Elefanten- und Büffelherden, scheue Riesenwaldschweine und unzählige Wasser- und Watvögel. Diese Tiere kann man von verschiedenen Plattformen aus beobachten. Man kann sich nachts auch wecken lassen, sollte ein seltenes Tier, wie der Bergbongo, gesichtet werden. Kinder unter sieben Jahren sind im Hotel nicht erwünscht, da sie das Wild stören könnten. www.thearkkenya.com Instagram: @thearklodge

Fishing Lodge, Nähe Kiandongoro Gate, Tel. +254/(0)722/403665; gesamte Hütte 190 Euro pro Nacht; muss über https//kws.ecitizen.go.ke gebucht werden. Die Fishing Lodge besteht aus 2 rustikalen Hütten (Selbstversorgung, bis 7 Pers.), die man jeweils im Ganzen bucht. Diese liegen idyllisch auf einer Lichtung, die einen gurgelnden Bach überblickt, in dem man Forellen fischen kann. Die Moor- und Sumpfgebiete um die Lodge kann man zu Fuß auf eigene Faust erkunden. Seien Sie jedoch vorsichtig – im Gebüsch könnten Büffel grasen. www.kws.go.ke

In den Aberdares gibt es zahlreiche private und Public Campsites, darunter **Reedbuck**, **Shamata**, **Bongo**, **Nyati**, **Kiguru** und **Kifaru**; alle diese Plätze werden vom KWS verwaltet und müssen über https//kws.ecitizen.go.ke gebucht werden. Einige der Special Campsites liegen wunderschön in der Nähe der beeindruckenden Wasserfälle.

Der Public Campsite **Reedbuck** liegt in der Nähe der Fishing Lodge und überblickt ein schönes, nebelumhülltes Tal. Er verfügt über Feuerholz, ein Plumpsklo Weitere Informationen: www.kws.go.ke und einen Unterstand als Regenschutz.

Der **Ruhuruini-Zeltplatz** befindet sich unmittelbar neben dem Ruhuruini Gate an einem Flussufer.

Im Nationalpark gibt es keinerlei Versorgungsmöglichkeiten. Wer campen oder in der Fishing Lodge übernachten möchte, sollte sich in einer der Städte in der Umgebung des Parks mit Proviant und reichlich Trinkwasser eindecken, beispielsweise in **Naivasha** (→ S. 140), **Nyeri** (→ S. 172) oder **Nyahururu** (→ S. 210). Füllen Sie auch Ihren Tank auf.

Der Aberdare National Park ist am besten auf Wanderungen zu erkunden. Die Begleitung durch KWS-Ranger ist dabei unerlässlich – nicht nur zum eigenen Schutz, da im Park Elefanten und Büffel leben, sondern auch, weil die Wege kaum ausgeschildert sind. Kontaktieren Sie den KWS unbedingt mindestens 24 Std. im Voraus und organisieren Sie eine geführte Tour.

▲ Karte S. 173

Naro Moru

Etwas nördlich von Nyeri liegt Naro Moru, eine kleine Stadt an der Westseite des Mount Kenya. Naro Moru bietet eine ideale Ausgangsbasis für die beliebteste und kürzeste Route zur Besteigung des Mt. Kenya, die Naro-Moru-Route. Diese beginnt man am gleichnamigen Parktor. Die Stadt an sich hat wenig zu bieten, die Bevölkerung lebt vor allem von der Landwirtschaft und dem Tourismus. Informationen zur Besteigung des Mount Kenya und detaillierte Informationen zur **Naro-Moru-Route** → S. 195

Markt in Naro Moru

 Naro Moru

Die kleine Stadt am Mount Kenya ist über die Mount Kenya Ring Road wunderbar vernetzt. **Fahrzeit von Nairobi**: 3,5 Std. **Fahrzeit nach Nanyuki**: 25 Min.

Es gibt eine Vielzahl von Bussen und Matatus, die unter anderem nach Nanyuki, Nyeri und Nairobi entweder vom Busparkplatz in Richtung Norden oder in Richtung Süden abfahren. Erkundigen Sie sich vor Ort, welcher Bus bzw. welches Matatu für Sie passt.

Es gibt in der Stadt einige Unterkünfte, die man als Ausgangsbasis für die Besteigung des Mt. Kenya nutzen kann.
Creaky Cottage, Nyeri-Nanyuki Rd, Tel. +254/(0)726/281704; Cottage ab 120 Euro. Nur etwa 200 m vom berühmten Trout Tree Restaurant entfernt, bietet dieses rustikal-elegante Holzhaus Platz für 6 Personen und muss als Ganzes gebucht werden. Es gibt eine Küche, aber Mahlzeiten können auch im Restaurant bestellt werden. Sie können Ihre Forellen auch selbst im nahe gelegenen Burguret River fangen. www.trout-tree.com Instagram: @trouttreekenya
Misty Mountain Lodge, Abzweigung Nyeri-Nanyuki Rd, Tel. +254/(0)718/191919; DZ/F ab 104 Euro. Diese neue

Lodge bietet eine gute Basis für den Antritt der Naro-Moru-Route. Sie bietet Komfort, einen Swimmingpool, ein Fitnessstudio, eine Bar und eine gepflegte Gartenanlage. Von der Terrasse aus hat man einen schönen Blick auf den Mount Kenya. www.mistymountainlodgekenya.com
Bantu Mountain Lodge, Abzweigung Nyeri-Nanyuki Rd, Tel. +254/(0)721/990385; DZ/F ab 96 Euro. Diese bekannte Lodge liegt etwas außerhalb von Naro Moru in schöner Lage am Burguret River und ist ein wichtiger Stützpunkt für Bergsteigende. Das Management der Lodge verwaltet außerdem die Old Moses Hut und Shipton's Camp (→ S. 199) auf dem Mt. Kenya. Man kann in einem der gemütlichen Zimmer übernachten oder im schönen Garten campen (10 Euro Pers./Nacht). Die Lodge ist ein etablierter Anbieter von Mt.-Kenya-Touren, vermietet Ausrüstung und organisiert verschiedene Aktivitäten wie Forellenfischen und Wanderungen. www.mountainrockkenya.com
Naro Moru River Lodge, Abzweigung Nyeri-Nanyuki Rd, Tel. +254/(0)724/082754; DZ/F ab 93 Euro. Die alteingesessene, rustikale Lodge ist eine absolute Institution am Mount Kenya und eine beliebte Zwischenstation für Bergsteigende. Das Personal organisiert kompetente Guides, Träger und Ausrüstung. Auf Anfrage kann man im Garten der Lodge

campen (1000 Ksh pro Pers.). Die Lodge liegt am Naro Moru River, in dem man Forellen fischen kann.

www.naromoruriverlodge.com
Instagram: @nmriverlodge

Trout Tree Restaurant, Nyeri-Nanyuki Rd, Tel. +254/0)726/281704. Das berühmte Trout Tree Restaurant auf halber Strecke nach Nanyuki ist eine kulinarische Institution in der Region. Das Restaurant, das um einen riesigen Feigenbaum am Burguret-Fluss unterhalb des Mount Kenya gebaut wurde, bietet ein wirklich einzigartiges kulinarisches Erlebnis. Die Spezialität des Restaurants ist Forelle in allen möglichen Variationen. Im Garten tummeln sich Colobus-Affen und eine große Vielfalt an Vögeln und Schmetterlingen.

www.trout-tree.com
Instagram: @trouttreekenya

Bundu Café, Abzweigung Nyeri-Nanyuki Rd, Tel. +254/(0)792/717846. Die Terrasse dieses schönen Cafés liegt inmitten von Grün. Es bietet Kaffeespezialitäten, leckere Kuchen und Gebäck und für den großen Hunger indische Curries. Im Café werden auch immer wieder besondere Thementage und Aktivitäten wie Yoga organisiert. Instagram: @bunducafe

Die nächsten Einkaufsmöglichkeiten, Tankstellen und Banken finden Sie im nahe gelegenen Nanyuki.

Nanyuki

Von Naro Moru aus sind es nur 25 Minuten nach Nanyuki. Diese kurze Strecke ist von der Laikipia-Ebene geprägt und relativ trocken. Kurz vor dem Ortseingang von Nanyuki überquert man den **Äquator**. An diesem Punkt befinden sich zahlreiche Souvenirbuden, und viele Reisende halten kurz an, um ein Bild mit den Äquatorschild zu machen.

Nanyuki-Rumuruti Road

A 2 → Timau

Nyeri-Nanyuki Road

🏨 Kongoni Camp

The Cedar Mall
Bus- und Matatu-Station

Nanyuki Mall

Kimathi Rd

⭐ Downtown Nanyuki

Batian Guest House

Bara Burritos

Le Rustique

Kirimara Springs Hotel

Dorman's Coffee Shop

Vivo Energy

Nanyuki

Likii

Mount Kenya Rd

Nanyuki Cottage Hospital

Nanyuki-Matura Rd

G53X

Nyeri-Nanyuki Road

The Nook

Cape Chestnut

Acacia Villas

D488

D488A

A 2

Nanyuki

Nanyuki Airstrip, Hotel One Stop/ Frontiers Coffee Bar, ↓ Barney's Bar

Laikipia Army Base

Fairmont Mount Kenya Safari Club ↘

Nanyuki

0   0,6   1,2 km

Nanyuki liegt auf 1930 Metern über dem Meeresspiegel inmitten einer herrlichen Landschaft und ist eine rasant wachsende Stadt. Die Markt- und Handelsstadt mit kosmopolitischem Flair wurde 1907 gegründet. Hier leben Menschen aus allen Teilen Kenias sowie aus Europa und Südasien. In Nanyuki befindet sich der wichtigste Luftwaffenstützpunkt des Landes sowie eine Ausbildungseinrichtung der britischen Armee, und so sieht man in der Stadt überall Angestellte der kenianischen Luftwaffe sowie britische Militärkräfte.

Nanyuki gilt als Tor zum **Mount Kenya** (→ S. 191) sowie zum **Laikipia-Plateau** (→ S. 211), zwei der wichtigsten Wildtierschutzgebiete ganz Afrikas. Ganz in der Nähe beginnt die beliebte **Sirimon-Route** (→ S. 197), die auf den Mount Kenya führt. Man kann sich in einem der Einkaufszentren Proviant für die Bergtour anlegen und den Tank noch einmal auffüllen.

Breitengrad Null

 **Nanyuki**

Nanyuki liegt an der Mount Kenya Ring Road und bildet einen Verkehrsknotenpunkt zwischen den Regionen Mount Kenya, Laikipia und Samburu.
Fahrzeit von Nairobi: ca. 4 Std.
Fahrzeit von Nyahururu: ca. 2,5 Std.
Von Isiolo: rund 1,5 Std.

Nanyuki ist auch über öffentliche Verkehrsmittel gut vernetzt. Matatus und Busse fahren von der **Nanyuki Bus- und Matatu-Station** ab. Erkundigen Sie sich vor Ort, welcher Bus der richtige ist.

Der **Flughafen von Nanyuki** wird von vielen Inlands- und ostafrikanischen Flughäfen angeflogen. Zu buchen über AirKenya (www.airkenya.com) und Safarilink (www.flysafarilink.com).

Fairmont Mount Kenya Safari Club, Abzweigung Mt Kenya Rd, Tel. +254/ (0)62/2036000; DZ/F ab 265 Euro. Die luxuriöseste Unterkunft in Nanyuki, sie wurde von den World Travel Awards in den Jahren 2020, 2021 und 2022 zu Afrikas führendem Hotel gekürt. Das Gebäude aus den 1950er Jahren ist umgeben von einer gepflegten Gartenanlage. Es gibt einen großen Swimmingpool, ein Spa und ein hervorragendes Restaurant (→ S. 189). Übernachtet wird in schön eingerichteten Zimmern oder in malerischen Cottages. Fairmont bietet zahlreiche Aktivitäten wie Fischen, Golf, Ausritte und Wanderungen.
www.fairmont.com/mount-kenya-safari
Instagram: @fairmonthotels
Le Rustique Hotel, Mount Kenya Rd, Tel. +254/(0)721/609601; DZ/F ab 157 Euro. Eingebettet in eine schöne

Gartenanlage, mit Kinderspielplatz und Swimmingpool. Das Hotel verfügt über ein hervorragendes Restaurant und eine Bar. Das kontinentale Frühstück ist besonders gut. Das Hotel organisiert zahlreiche Aktivitäten wie Ausflüge in den Mt. Kenya National Park und die Conservancies in Laikipia sowie Radfahren in der Umgebung. www.lerustique.co.ke
Instagram: @lerustiquenanyuki

Kongoni Camp, A 2, Tel. +254/(0)702/868888; DZ/F ab 90 Euro. Das in einem kleinen Waldstück gelegene Camp verfügt über einige Bandas mit rustikalem Charme sowie gemütliche Zimmer. Neben einem exzellenten Restaurant bietet Kongoni eine elegante Bar, ein Spa, einen Swimmingpool und ein Café.
www.kongonicamp.com
Facebook: @KongoniCampNanyuki

Acacia Villas, Kenyatta Hwy, Tel. +254/(0)722/312300; DZ ab 40 Euro. Apartments mit Selbstversorgung, gute Budget-Option. Jedes Apartment verfügt über 2 Schlafzimmer mit eigenem Bad, eine voll ausgestattete Küche, einen Balkon und ein Wohnzimmer. Es werden außerdem Fahrräder verliehen.

One Stop, Nyeri-Nanyuki Rd, Tel. +254/(0)700/888646; Hütte ab 37 Euro/ Pers. Direkt gegenüber der Landebahn von Nanyuki, mit herrlichem Blick auf den Mount Kenya und eingebettet in einen gepflegten Garten. Es gibt verschiedene rustikale Hütten und alte Häuser zur Auswahl.
www.onestopnanyuki.com
Instagram: @onestopnanyuki

Ken Trout Grill and Campsite, Timau, Tel. +254/(0)720/147195; Cottage/Frühstück ab 32 Euro. Schöne Unterkunft etwas außerhalb von Nanyuki, am Timau River, in dem man frischen Fisch fangen kann. Auf dem Gelände gibt es Cottages, einige Doppelzimmer in einem alten Farmhaus und die Möglichkeit, auf dem ruhigen Campingplatz zu zelten (1000 Ksh).
Instagram: @kentrout_lodge_and_grill

Kirimara Springs Hotel, Irura Rd, Tel. +254/(0)62/2032568; DZ/F ab 26 Euro.

Schlichtes Hotel mit ordentlichen Zimmern, von denen einige einen Blick auf den Mount Kenya haben. Das Personal ist freundlich.
www.kirimaraspringshotel.com
Facebook: Kirimara Springs Hotel Nanyuki

Batian Guest House, Nyeri-Nanyuki Rd, Tel. +254/(0)718/635577; Gästehaus 24 Euro (muss als Ganzes gebucht werden, nur über https//kws.ecitizen.go.ke). Schlicht, praktisch in einer Seitenstraße der Nyeri-Nanyuki Rd und nur etwa 1 km vom Naro Moru Gate entfernt.
www.kws.go.ke

Le Rustique Restaurant, Mount Kenya Rd, Tel. +254/(0)721/609601. Das charmante und allseits beliebte Gartenlokal serviert eine moderne Mischung kenianischer und mediterraner Küche. Es gibt auch leckere vegane Speiseoptionen. Lassen Sie sich nicht die Blumenkohl-Samosas mit Mango Pickle entgehen!
www.lerustique.co.ke
Instagram: @lerustiquenanyuki

Barney's Bar & Restaurant, Airstrip Nanyuki, Tel. +254/(0)723/310064. Charaktervolles Gartenrestaurant direkt neben der Landebahn des Inlandflughafens von Nanyuki. Der perfekte Ort, eine Pizza aus dem Holzofen, einen gesunden Salat oder eine süße Panna Cotta zu genießen, während man auf einen Flug wartet.
https://barneys-restaurant-nanyuki.business.site, Instagram: @barneys.nanyuki

Bara Burritos, Downtown Nanyuki, Tel. +254/(0)759/674748. Cooler neuer Streetfood-Stand, der Burritos, Tacos, Burger und mehr verkauft.
Instagram: @baraburritos

Kongoni Restaurant, A 2, Tel. +254/(0)702/868888. Das zum Kongoni Camp gehörige Restaurant ist bekannt für seine leckeren Burger und saftigen Steaks.
www.kongonicamp.com
Instagram: @kongoninanyuki

Cape Chestnut, Hospital Rd, Tel. +254/(0)705/250650. Gemütliches Gartenrestaurant und Café mit einer großen Auswahl internationaler Gerichte, die mit Zutaten aus der Umgebung zubereitet wurden. Neben Kaffee und Kuchen werden Burger, indische Curries und spanische Tapas serviert. www.capechestnut.com Instagram: @cape_chestnut

Tusks Restaurant, Fairmont Mount Kenya Safari Club, Tel. +254/(0)62/2036000. Mit Blick auf den schneebedeckten Mount Kenya und das wunderschön gepflegte Gelände, große Vielfalt an Speisen mit Zutaten aus Kenia. Frühstück, Mittag- und Abendessen werden in diesem eleganten Ambiente auf der Terrasse und im Innenbereich an einem großen Kamin serviert. Das Abendessen, ein Vier-Gänge-Menü mit vegetarischen Optionen, ist überragend. www.fairmont.com/mount-kenya-safari Instagram: @fairmonthotels

Dorman's Coffee Shop, Nyeri-Nanyuki Rd. In diesem coolen, amerikanisch inspirierten Café gibt es allerlei Kaffeespezialitäten, Gebäck, Sandwiches und frische Smoothies.

Frontiers Coffee Bar, Nyeri-Nanyuki Rd, Tel. +254/(0)727/433069. Schönes Gartencafé im One Stop gegenüber der Landebahn von Nanyuki. Hier kommen frische Salate, Samosas, Steak und Pizza auf den Tisch. Außerdem gibt es einen kleinen Hofladen mit vielen Grundbedarfsartikeln, Obst, Gemüse und frischen Säften. Instagram: @frontiers_kenya

Java Coffee House, The Cedar Mall, Tel. +254/(0)711/361522. Filiale der Café-Kette, es werden Kaffeespezialitäten, Kuchen und andere Backwaren, Burger, Wraps und vieles mehr angeboten. www.javahouseafrica.com Instagram: @javahouseafrica

The Nook, Haile Selassie Rd. Tagsüber ein entspanntes Café, verwandelt sich The Nook abends in eine hippe Bar. Es liegt etwas außerhalb von Nanyuki und ist ein beliebter Treffpunkt für Einheimische und Reisende gleicherma-

ßen. Das Essen ist hervorragend – probieren Sie unbedingt die chinesischen Dumplings mit Hoisin-Sauce und Frühlingszwiebeln! An der Bar gibt es eine große Auswahl an Cocktails, die Stimmung ist locker und die Musik gut. www.thenook.co.ke Instagram: @nook_kenya

Downtown Nanyuki, Lenana Rd. Hipper Treffpunkt mit Cafés, Bars, Streetfood, Kunst-, Kleidungs- und Möbelläden und sogar einem Tattoo-Studio. Am Wochenende ist hier immer etwas los! Instagram: @downtown.nanyuki

The Cedar Mall, Nanyuki-Rumuruti Rd. Shoppingmall unter anderem mit Chandarana Foodplus Supermarkt, Optiker, Apotheke, dem Fleisch-Delikatessen-Laden Morendat, Schuhgeschäft, Bankautomaten, Java Coffee House und Kentucky Fried Chicken. www.cedarmallnanyuki.co.ke

Nanyuki Mall, A 2. Mit Safaricom-Laden, Supermarkt Quickmart, Bankautomaten, Spirituosenladen, Frisiersalon und vielem mehr.

Souvenir Shop in Barney's Restaurant, am Nanyuki Airstrip. In dem kleinen Souvenirgeschäft werden lokal hergestellte Handwerkserzeugnisse, Souvenirs und Biokosmetik der Marke Cinnabar Green angeboten.

Downtown Nanyuki, Lenana Rd. Coole Kunst-, Kleidungs- und Möbelläden. Instagram: @downtown.nanyuki

Informationen zur Besteigung des Mount Kenya und detaillierte Informationen zur Sirimon-Route → S. 195

Nanyuki Cottage Hospital, Tel. +254/(0)66/0000000. In den 1920er Jahren gegründetes Krankenhaus, gut ausgestattet und mit 24/7-Notfalldienst. www.nanyukicotthosp.org

Chogoria

Der einzige Grund für Reisende, diese kleine Stadt an der östlichen Flanke des Mt. Kenya zu besuchen, ist, dass hier die landschaftlich reizvolle **Chogoria-Route** (→ S. 196) beginnt, die auf den Gipfel des Mount Kenya führt. In Chogoria müssen Sie damit rechnen, dass sich Ihnen unzählige Menschen als Guide anbieten. Organisieren Sie lieber im Vorfeld Ihre Bergbesteigung mit einem etablierten Reiseunternehmen (→ S. 403) oder über Ihre Unterkunft in Chogoria.

Verkäuferinnen auf dem Markt in Chogoria

 Chogoria

Chogoria ist über die Mount Kenya Ring Road gut mit den Städten der Region vernetzt.

Fahrzeit von Nairobi: ca. 4 Std.
Von Nanyuki: ca. 2,5 Std. auf guter Straße.

Von allen Städten der Region, unter anderem Meru, Embu und Nanyuki, gibt es regelmäßige Bus- und Matatu-Verbindungen nach Chogoria. Öffentliche Busse fahren jedoch nur die Stadt Chogoria an, nicht den Mount Kenya National Park selbst. Die Anreise mit öffentlichen Verkehrsmitteln ist daher nur zu empfehlen, wenn man über ein Reiseunternehmen eine organisierte Besteigung des Mount Kenya plant. Das Reiseunternehmen kümmert sich in diesem Fall um den Transport zum Parkgate und innerhalb des Parks.

Snow Peak Hotel, Abzweigung Meru-Nairobi Hwy, Tel. +254/(0)722/659198; DZ/F ab 30 Euro. Einfache, saubere Zimmer, das Hotel ist umgeben von einem schönen Garten. Das Restaurant ist gut und das Personal freundlich. Neben Mt.-Kenya-Touren werden auch Ausflüge zu den Teefeldern und -fabriken der Region angeboten. www.snowpeakhotel.co.ke
Facebook: Snow Peak Hotel
Transit Motel, Abzweigung Meru–Nairobi Hwy, Tel. +254/(0)725/609151; DZ/F

ab 25 Euro. Das gut ausgeschilderte Motel 2 km südlich der Stadt ist eine gute Basis für die Besteigung des Mount Kenya über die Chogoria-Route. Die große Lodge verfügt über angenehme Zimmer, von denen einige kleine Balkone haben, und über ein gutes und günstiges Restaurant. Sie können Ihre Tour über die hier ansässige Mt. Kenya Chogoria Guides & Porters Association organisieren lassen. Am Transit Motel darf man auch campen.
Facebook: Transit Motel, Chogoria – Kenya
Meru Mt Kenya Lodge, am Chogoria Gate, Tel. +254/(0)726/061434; 16 Euro/Pers. Die einzige Möglichkeit neben dem Camping auf der Chogoria-Route sind diese komfortablen Hütten direkt neben dem Chogoria Park Gate, die vom Meru South County Council verwaltet werden. Reservieren Sie diese im Voraus über die obige Telefonnummer, da sie in der Hochsaison ausgebucht sein können.

Empfehlenswert sind die **Restaurants des Transit Motels** und des **Snow Peak Hotels**.

In Chogoria gibt es keine gut ausgestatteten Supermärkte. Daher empfiehlt es sich, sich bei der Anreise in einer größeren Stadt mit Proviant einzudecken. Füllen Sie auch Ihren Tank vor Ankunft in Chogoria auf.

Mount Kenya National Park

Mit einer Höhe von 5199 Metern ist der Mount Kenya der zweithöchste Berg in Afrika, direkt nach dem Kilimandscharo mit 5895 Metern, der auf tansanischem Boden liegt. Das Mount-Kenya-Massiv ist eingeteilt in das **Mount Kenya Forest Reserve** (1995 Quadratkilometer) und den **Mount Kenya National Park** (715 Quadratkilometer). Das Waldreservat wurde 1943 gegründet, der Nationalpark 1949. Die Landschaft, die dieses zum UNESCO-Weltnaturerbe erklärte Gebiet umgibt, ist atemberaubend. Es ist eine reiche Wildnis mit Seen, Tümpeln, Gletschern, dichten Wäldern, natürlichen Quellen und einigen seltenen und gefährdeten Tierarten. Das Waldreservat und der Nationalpark weisen eine einzigartige Bergvegetation mit einer großen Vielfalt an Lebensräumen auf, die

über 1000 Pflanzenarten sowie mehrere endemische Pflanzen, Säugetiere, Reptilien und Chamäleons beherbergt. Das Mount-Kenya-Massiv gilt zudem als Important Bird and Biodiversity Area (IBA), da das Gebiet wichtig für den Arten- und Biotopschutz ist, speziell für Vögel. Der Mount Kenya ist nicht nur wegen seiner Biodiversität signifikant, sondern auch kulturell. Seit mehreren Jahrhunderten leben die Ethnien der Kikuyu und Meru an seinen Berghängen. Zu Beginn des 19. Jahrhunderts lebten auch die Maasai hier, sie wurden jedoch während der Kolonialzeit von den Briten in die südlichen Teile Kenias verdrängt. Besonders für die Kikuyu hat der Mount Kenya eine zentrale Bedeutung, denn sie glauben, dass der Berg von Ngai erschaffen und bewohnt

Das zentrale Hochland

Der Mount Kenya National Park

0   11   22 km

Der Gipfel des Mount Kenya im Abendlicht

wird. Ngai ist der allmächtige Gott in der Spiritualität der Kikuyu, der als Schöpfer des Universums verehrt wird. Zeremonien der Kikuyu werden daher mit Blick auf den Mount Kenya durchgeführt. Der kenianische Anthropologe und erste Präsident des Landes, Jomo Kenyatta, beschreibt dies in seiner Monographie aus dem Jahre 1962, *Facing Mount Kenya* (→ S. 66). Die Kikuyu glauben, dass Ngai den Berg »Kere Nyaga« nannte. Der heutige Name des Berges leitet sich von diesem Begriff ab, der später zu »Kenya« wurde und somit der Namensträger des heutigen Staates ist.

Der Mount Kenya ist ein besonders beliebtes Reiseziel. Hier kann man Wanderungen unternehmen, bergsteigen, klettern, campen und Höhlen erforschen, wobei die schroffen, von Gletschern bedeckten Berggipfel die perfekte Kulisse bilden.

Der Naturraum Mount Kenya

Im frühen Tertiär, vor 30 bis 40 Millionen Jahren, erlebten Teile Ostafrikas große geologische Umwälzungen, die zum Abdriften der Arabischen Halbinsel, zur Entstehung des Roten Meeres und des Golfs von Aden führten. Dieser Prozess führte zu wiederholten Vulkanaus-

brüchen, der Aufspaltung der Erdkruste und der Entstehung hoher vulkanischer Plateaus in Zentral-Äthiopien, Zentral-Kenia und West-Uganda, die vom Afrikanischen Grabenbruch durchschnitten werden. Die Entstehung der hohen Berge in Ostafrika ist daher eine Kombination aus vulkanischer Aktivität und der Bildung des Grabenbruchs.

Der Mount Kenya ist ein Schlotvulkan, der durch Ausbrüche entstand, die hauptsächlich vor zweieinhalb bis drei Millionen Jahren stattfanden. Der Gipfel erreichte ursprünglich eine Höhe von weit über 6500 Metern, doch mit der Zeit ist ein Großteil durch Gletschererosion abgetragen worden. Die heutigen höchsten Gipfel sind benannt nach Maasai-Ältesten: Point Lenana (4985 Meter), Nelion (5188 Meter) und Batian (5199 Meter). Betrachtet man den Mount Kenya aus der Ferne, so erkennt man zwei Zonen. Die untere, bewaldete und kultivierte Zone besteht aus sanften Bergrücken, einigen Flüssen und einem allmählichen Gefälle. Hier wird seit 1912 intensive Forstwirtschaft betrieben, die einst zur Deckung des Holzbedarfs für den Bau der Uganda-Eisenbahn angelegt wurde. Die obere, aus Moorland und alpiner Vegetation bestehende Zone, die sich

Karte S. 191

auf einer Höhe von etwa 3300 Metern befindet, ist durch zahlreiche Flüsse und Bäche, schmale Bergrücken und ein steiles Gefälle gekennzeichnet. Die Gletscher des Berges reichten einst bis an die untere Grenze der Moorlandschaft heran und haben Moränen, Tümpel und Täler sowie glatte Felsoberflächen hinterlassen. Die alpine Zone auf 4000 Metern Höhe ist durch vom Eis abgetragene Klippen, Felsen und Geröllhalden, Gipfel und fehlende Vegetation gekennzeichnet.

Tierwelt im Nationalpark

In den fruchtbaren Wäldern des Mount Kenya ist eine große Artenvielfalt zuhause. Hier leben Elefanten, Büffel, Buschböcke, Wasserböcke und Zebras. Tüpfelhyänen, Schakale und Leoparden sind häufig, und sogar Löwen kommen in den unteren Regionen der Wald- und Savannengebiete vor. Neben verschiedenen Affenarten findet sich in den Wäldern auch das Riesenwaldschwein, die Afrikanische Zibetkatze und die Servalkatze.

Besonders erwähnenswert ist eine vom Aussterben bedrohte Antilope, die in den dichten Wäldern des Mount Kenya lebt: Der Bergbongo. Sowohl männliche als auch weibliche Tiere tragen elegant gewundene Hörner, die bis zu einem Meter lang werden. Besonders schön ist ihr leuchtend kastanienbraunes Fell mit 10 bis 16 weißen Streifen an den Flanken. Man unterscheidet zwei Unterarten, den Westlichen Bongo und den Östlichen Bongo oder Kenia-Bongo. Der Westliche Bongo lebt in den großen Regenwäldern West- und Zentralafrikas, wo er in höheren Zahlen vorkommt. Der Östliche Bongo ist eine endemische Antilope der Bergwälder Kenias. Um die 120 Tiere leben hauptsächlich im Mount-Kenya-Massiv und den Aberdares (→ S. 175). Die Bongo-Population wurde durch illegale Jagd, Krankheiten, Zerstörung des Lebensraums und menschliche Eingriffe dezimiert.

Während noch Hoffnung besteht, die Zahlen dieser vom Aussterben bedrohten Antilopenart durch Zucht und Auswilderung zu erhöhen, wurde das Spitzmaulnashorn am Mount Kenya in den 1970er-Jahren ausgerottet.

Das zentrale Hochland

Hochmoor im Nationalpark

Buschböcke lassen sich häufig blicken

Der Mount Kenya ist ein wahres Vogelparadies. Neben zahlreichen Raubvogelarten wie dem Lämmergeier, dem Verreaux-Adler und dem Kuckucksfalken leben in den Wäldern auch einige auffällige Vögel wie Hartlaubturako, Veilchenstar, Silberwangenhornvogel und Schwarzkopftrupial. Außerdem gibt es zahlreiche Sonnenvögel wie den Malachit-Nektarvogel und den Tacazze-Nektarvogel. Schwarzenten, Gebirgsstelze und Eisvögel sind an den Waldflüssen und Bächen zu sehen. Im Mount-Kenya-Massiv leben außerdem verschiedene endemische Arten wie die Kenia-Buschviper und das hornlose Mount-Kenya-Chamäleon. In den Flüssen sind neben einheimischen Arten Regenbogenforellen häufig, die hier im Jahr 1905 eingeführt wurden.

Vegetation

Die Vegetation des Mt. Kenya kann je nach Höhenlage und nach charakteristischer Zusammensetzung der Flora in Zonen eingeteilt werden. Zahlreiche Flüsse haben geschützte Flusstäler geschaffen, die ein günstiges Mikroklima für Pflanzen bieten, die normalerweise unter Waldbedingungen gedeihen. Die Zonierung des Mount Kenya ist daher sehr variabel und

Karte S. 191

hängt von der Ausrichtung, dem Mikroklima und den engen Tälern ab, die allesamt ein vielfältiges Vegetationsmosaik ergeben. Oberhalb von 4350 Metern wird die Landschaft von Geröllfeldern, Gletscherzungen, Schnee und Eis beherrscht. Vegetation ist nur an den geschütztesten Stellen wie unter Felsen und in Felsspalten vorhanden. Bunte Flechten sind die häufigsten Pflanzen in dieser unwirtlichen Umgebung. Unter dieser Zone, von 3300 bis 4350 Metern, findet sich Tussockgras- und Moorland, durchsetzt mit vereinzelten Farbtupfern der silbrig glänzenden Strohblumen (Helichrysum) und der rosa Protea-Blume. Auch riesige Lobelien und bis zu zwei Meter hohe Heidekrautbüsche kommen hier vor. Etwas tiefer folgt eine sattgrüne Buschlandschaft mit Wacholder, Koniferen und Lobelien. Darunter folgen von 1600 bis 3000 Metern Wälder mit Bambus, Laub- und Nadelbäumen, deren Kronen ein dichtes Dach bilden und von einer Fülle von Lianen und Epiphyten bedeckt sind. Dieses Kronendach wird bis zu 40 Meter hoch. Die dichten Wälder am Fuße des Mount Kenya bieten einer Vielzahl an bedrohten und endemischen Tierarten einen Lebensraum.

Flechtenbehangene Bäume

Klima

Das Klima am Mount Kenya ist wie im Rest von Ostafrika durch Trockenzeiten (Dezember bis Februar, Juli bis Oktober) und Regenzeit (März bis Juni, November) gekennzeichnet. Am schönsten ist die Besteigung des Mount Kenya während der Trockenzeiten. Auf dem Mount Kenya liegt der feuchteste Sektor mit 2500 Millimetern Regen pro Jahr im Südosten, während im nördlichen Sektor weniger als 1000 Millimeter pro Jahr fallen. Um den Berg bildet sich oft eine Wolkendecke, die ihn für gewöhnlich zwischen 11 und 17 Uhr einhüllt. Über 4500 Metern fällt der meiste Niederschlag in Form von Schnee.

Am Fuße des Berges kann es tagsüber durch die Sonneneinstrahlung sehr warm werden, wohingegen es nachts kühl ist. In den höheren Lagen ist es auch tagsüber kühl, nachts kann es zu Frost und Schnee kommen.

Trekking im Nationalpark

Der Nationalpark ist über mehrere Gates zu erreichen und für Wanderungen und Bergbesteigungen gibt es verschiedene Routen mit jeweils unterschiedlichem Schwierigkeitsgrad. In diesem Kapitel werden die drei beliebtesten Routen, die **Naro-Moru-** (→ S. 196), die **Chogoria-** (→ S. 196) und die **Sirimon-Route** (→ S. 197) beschrieben. Auf allen drei Routen lässt sich früh morgens der grandiose Sonnenaufgang auf etwa 5000 Metern Höhe genießen, eine überwältigende Belohnung für die durchlittenen Strapazen des Gipfelsturms. Für den Abstieg sind verschiedene Pfade möglich, und die Orientierung ist durch Ausschilderung einfach. Dennoch ist es auch für Bergerfahrene durchaus hilfreich, einheimische und qualifizierte Guides und Träger zu engagieren.

Wald im Nationalpark

■ Camping und Versorgung

Campingmöglichkeiten gibt es bei allen Routen. Man kann zwar ein eigenes Zelt mitnehmen, jedoch werden Zelte von den meisten Reiseunternehmen auch gestellt. Ansonsten verfügt der Berg über mehrere Hüttenunterkünfte, die im Voraus reserviert werden müssen.

Auf dem Berg gibt es **keinerlei Versorgungsmöglichkeiten**, daher muss man genügend Proviant mitnehmen. Für die Besteigung des **Point Lenana** sollten drei bis fünf Tage eingeplant werden. Jedoch wird empfohlen, mindestens eine Nacht am Ausgangspunkt der Wanderung zu verbringen, um sich zu akklimatisieren. Übereifrige Bergbegeisterte laufen Gefahr, die Höhenkrankheit zu bekommen, deren Symptome ernst genommen und nicht mit Medikamenten unterdrückt werden sollten.

■ Wandern, Bergsteigen, Klettern

Generell sollte man immer früh am Morgen mit der **Wanderung** beginnen und für den Abstieg mindestens die Hälfte der Zeit einplanen, die man für den Aufstieg benötigt. Da der Mount Kenya so nahe am Äquator liegt, bricht die Nacht schnell herein, nur etwa eine halbe Stunde nach Sonnenuntergang. Der Mount Kenya

Das zentrale Hochland

Wildblumen am Wegesrand

ist zudem, wie die meisten Berge, ein gefährlicher Ort, der nur dann bestiegen werden sollte, wenn man nicht unter gesundheitlichen Problemen leidet und nur, wenn man über die entsprechende Ausrüstung verfügt. Bergbesteigungen sollten am besten außerhalb der Regenzeiten geplant werden.

Das Gipfelgebiet besteht aus dem harten Kern oder Pfropfen des Vulkans, dessen Krater längst abgetragen ist, und erhebt sich auf allen Seiten steil etwa 450 Meter über die Gletscher und Geröllhänge. Es gibt ausgezeichnete **Fels- und Eiskletter-Möglichkeiten** zu den Zwillingsgipfeln **Batian** und **Nelion**. Der dritthöchste Gipfel, **Point Lenana**, kann von fitten Bergsteigenden mit entsprechender Ausrüstung auf eigene Faust erreicht werden. Aufgrund der Klimaerwärmung und des Rückgangs der Gletscher auf dem Mt. Kenya hat der Lewis-Gletscher jetzt oft eine harte Schnee- oder Eisdecke, die das Begehen ohne die richtige Ausrüstung (Steigeisen, Eispickel) gefährlich macht. Bergsteigende sollten besonders auf die Änderungen der Kletterrouten aufgrund der schwindenden Gletscherdecke achten.

■ **Naro-Moru-Route**

Die Naro-Moru-Route ist der kürzeste Weg zu den Gipfeln und eine der beliebtesten Routen. Vom Parkeingang führt eine asphaltierte Straße zum Ausgangspunkt, der **Meteorologischen Station** (Met-Station) auf 3050 Metern, wo Autos geparkt werden können. Ein betonierter Wanderweg steigt dann steiler an, führt an der Met-Station vorbei und verengt sich zu einem Fußweg, der durch offenes Moor führt. Etwa vier Stunden von der Met-Station entfernt erreicht man den **Kamm des Bergrückens**, der das Teleki-Tal (4000 Meter) überragt. Dann folgt er ins Tal bis zum **Mackinder's Camp** (4200 Meter) mit spektakulären Ausblicken auf die Südseite des Berges. Von der Met-Station bis zu diesem Punkt sind es etwa fünf bis sechs Stunden.

Die **Austrian Hut** (4790 Meter) kann in weiteren drei bis vier Stunden erreicht werden, aber es ist nicht ratsam, dies von der Met-Station aus an einem Tag zu versuchen. Die Austrian Hut war der übliche Ausgangspunkt für diejenigen, die die Südostwand des Nelion begehen wollten, aber es ist auch möglich, die Route vom Mackinder's Camp aus in etwa drei Stunden zu erreichen.

■ **Chogoria-Route**

Die Chogoria-Route gilt als der malerischste Weg zum Mt. Kenya. Sie hat keine Hütten und verlangt von Bergsteigenden, dass sie sich selbst versorgen können. Die Route beginnt in **Chogoria**. Von hier aus ist ein Fahrzeug mit Allradantrieb erforderlich, um die 29 Kilometer lange Strecke bis zum Parktor auf 3000 Meter zu bewältigen. Vom Tor aus führt der Weg weiter bis zum **Chogoria Roadhead** und entlang der Nordseite des Gorges Valley nach **Hall Tarns** (4230 Meter), das auf einem Plateau oberhalb des **Lake Michaelson** liegt. Um Hall Tarns zu erreichen, benötigt man zwischen sechs und neun Stunden ab dem Chogoria Gate.

Der Weg von Hall Tarns teilt sich schließlich. Der rechte Weg führt weiter zum **Simba Col** (4620 Meter), von wo aus man zum Shipton's Camp und zum Mackinder Valley absteigen oder den Kamm hinauf zum Harris Tarn und dann zum Point Lenana gehen kann. Der linke Weg führt steil hinauf zum **Tooth Col** und umrundet den Point Lenana in südlicher Richtung, um die **Austrian Hut** zu erreichen.

■ **Sirimon-Route**

Die Sirimon-Route bietet den einfachsten Zugang zur Nordseite der Hauptgipfel und einen schönen Weg mit spektakulären Aussichten. Etwa 15 Kilometer von **Nanyuki** entfernt auf der Timau-Straße, kurz bevor die Straße sich nach unten windet, um den Sirimon-Fluss zu überqueren, führt ein ausgeschilderter Weg nach rechts zehn Kilometer zum **Parktor**. Vom Tor aus führt eine asphaltierte Straße zur **Old Moses Hut** am Straßenende auf 3350 Metern.

Auf der Sirimon-Route gibt es zwei Routenoptionen: Die eine führt direkt zum **Mackinder Valley** und die andere über die Liki North Hut. Erstere überquert den Liki North River (mit einer Brücke und einem Picknickplatz) und führt dann in das Mackinder Valley sowie zu den Klippen unterhalb von Shipton's Cave sowie zur Shipton's-Camp-Hütte (4250 Meter). Von Old Moses bis zu diesem Punkt benötigt man etwa sechs bis sieben Stunden.

Die zweite Route über die Liki-North-Hütte ist anstrengender (acht bis neun Stunden bis zum Shipton's Camp). Der Weg führt hinauf zur **Liki North Hut** (3990 Meter). Die Hütte gibt es nicht mehr, aber einen Campingplatz. Er ist ein beliebter Ausgangspunkt für die Besteigung der Gipfel **Sendeo** und **Terere.**

Wanderung im Nationalpark

Das zentrale Hochland

Mount Kenya National Park

Park- und weitere Gebühren → S. 34
Tickets nur online auf www.ecitizen.go.ke.
Öffnungszeiten: tgl. 6–18 Uhr
Weitere Informationen: www.kws.go.ke
Guides und Ausrüstungsmiete: Gute, lizensierte Guides kann man beim **Mountain Club of Kenya** (www.mck.or.ke) anfragen. Die **Naro Moru River Lodge** (www.naro moruriverlodge.com, → S. 185) sowie die **Bantu Mountain Lodge** (www.mountain rockkenya.com, → S. 185) sind etablierte Anbieter von Mt.-Kenya-Touren und organisieren Guides, Träger und Ausrüstung. Ein weiteres empfehlenswertes Tourunternehmen ist **Kenya Expeditions** (www.kenya expeditions.com).
Alle Guides und anderes Personal müssen im Besitz eines gültigen KWS-Ausweises sein. Hüten Sie sich vor unseriösen Anbietern. Sie sollten sich Quittungen für die im Park geleisteten Zahlungen ausstellen lassen, die beim Verlassen des Parks vorgelegt werden müssen.
Publikationen: Der Mountain Club of Kenya (www.mck.or.ke) hat einige gute Publikationen zum Mt. Kenya. Verschiedene touristische Karten des Nationalparks, herausgegeben vom Survey of Kenya, sind in manchen Buchhandlungen in Nairobi erhältlich, beispielsweise im Bookstop (→ S. 113). Weitere Informationen: www.mountkenya-nationalpark.com

Der Mount Kenya und die Park Gates sind über die Mount Kenya Ring Road mit dem Auto gut zu erreichen. Die Sftraßen sind in sehr gutem Zustand, die Pisten innerhalb des Parks machen allerdings ein Fahrzeug mit Allradantrieb nötig.
Sirimon-Route: Zugang über **Nanyuki** (→ S. 186); von Nairobi ca. 4 Std. Fahrzeit.
Naro-Moru-Route: Zugang über **Naro Moru** (→ S. 185); von Nairobi ca. 3,5 Std. Fahrzeit.
Chogoria-Route: Zugang über **Chogoria** (→ S. 190); von Nairobi ca. 4 Std. Fahrzeit.

Von allen Städten der Region gibt es regelmäßige Bus- und Matatu-Verbindungen zu den Städten, die in der Nähe der Park Gates liegen, nicht jedoch in den Park. Die Anreise mit öffentlichen Verkehrsmitteln ist daher nur zu empfehlen, wenn man über ein Reiseunternehmen eine organisierte Besteigung des Mount Kenya plant. Das Reiseunternehmen kümmert sich in diesem Fall um den Transport zum Gate und innerhalb des Parks.

 Naro-Moru-Route

Unterkünfte in Naro Moru → S. 185
Met Station Bandas; Pers./Nacht 26 Euro. Einfache Selbstversorgungs-Unterkünfte und Campingplätze am Ausgangspunkt der Naro-Moru-Route auf 3000 m, über eine asphaltierte Straße erreichbar. Betten können schnell belegt sein, daher frühzeitig buchen (über die Naro Moru River Lodge, → S. 185).
www.naromoruriverlodge.com
Mackinder's Camp; Pers./Nacht 36 Euro. In dieser Hütte im Teleki-Tal werden Sie wahrscheinlich die zweite Nacht verbringen. Mackinder's befindet sich auf 4300 m und bietet spektakuläre Ausblicke auf die verschiedenen Gipfel. Buchung über die Naro Moru River Lodge (→ S. 185).
www.naromoruriverlodge.com
Austrian Hut; Pers./Nacht 16 Euro; muss über https//kws.ecitizen.go.ke gebucht werden. Die Austrian Hut ist die zweithöchste Hütte auf 4790 m und ein guter Stützpunkt vor dem letzten Aufstieg zum Point Lenana. Sie wurde 1973 eröffnet und wird vom KWS verwaltet. Die Schlafsäle sind einfach, und man braucht einen guten Schlafsack.
www.kws.go.ke

 Sirimon-Route

Unterkünfte in Nanyuki → S. 187
Sirimon Bandas; Banda/Nacht 80 Euro, Buchung nur über https//kws.ecitizen. go.ke. Rund 9 km vom Sirimon Gate entfernt. Die ausgezeichneten Bandas sind ein

komfortabler Ort, um sich an die Höhe zu gewöhnen. Jede Hütte bietet Platz für 4 Personen, eine Dusche mit Warmwasser und eine Küche zur Selbstversorgung. www.kws.go.ke

Old Moses Hut; Pers./Nacht 20 Euro. Die Hütte am Straßenende der Sirimon-Route bietet eine Selbstversorgungs-Unterkunft auf 3300 m. Sie ist normalerweise der erste Übernachtungsort auf der Sirimon-Route. Lagerfeuer sind erlaubt, aber eigenes Brennholz muss mitgebracht werden. Buchung über die Bantu Mountain Lodge (→ S. 185). www.mountainrockkenya.com

Liki North Campsite; muss über https// kws.ecitizen.go.ke gebucht werden. Verfügt über fließendes Wasser und eine Toilette. Hier, auf 3993 m in der Nähe des Liki North River und Liki River, akklimatisieren sich die meisten in der zweiten Nacht ihrer Tour. Es wird nachts sehr kalt. Zu buchen über den KWS. www.kws.go.ke

Shipton's Hut; Pers./Nacht 23 Euro. Hütte im Mackinder Valley auf 4200 Meter. Hier verbringt man normalerweise die dritte Nacht. Es gibt einen Wasserhahn und eine Grubenlatrine, aber Feuer ist nicht erlaubt. Buchung über die Bantu Mountain Lodge (→ S. 185). www.mountainrockkenya.com

🛏 Chogoria-Route

Unterkünfte in Chogoria → S. 190
Die Chogoria-Route ist nur für Gruppen geeignet, die für Camping ausgerüstet sind. Zelte müssen am Tor des Parks vorgezeigt werden, bevor sie betreten werden kann. An der Chogoria-Route innerhalb des Parkes gibt es lediglich die folgende Unterkunft:

Meru Mt. Kenya Lodge, nahe Chogoria-Straßenende, Tel. +254/(0)726/061434; Pers./Nacht 16 Euro. Gruppe von komfortablen Hütten, die vom Meru South County Council verwaltet werden. In der Hochsaison können die Hütten ausgebucht sein, rechtzeitig reservieren.

Entlang der drei Routen gibt es eine Handvoll **Zeltplätze**, die über die Plattform https//kws.ecitizen.go.ke gebucht werden müssen.

Ein **Campingkocher** muss mitgebracht werden, Lagerfeuer sind oberhalb des Waldrandes im Mt. Kenya National Park & National Reserve nicht erlaubt. Auch wenn es den Anschein hat, dass Holz zum Feuermachen zur Verfügung steht, ist die geringe Menge, die hier vorhanden ist, eine wichtige Nährstoffquelle für den Boden und das zukünftige Pflanzenwachstum.

Campen Sie nicht wild und lassen Sie keinen Abfall zurück! www.kws.go.ke

Bei einer geführten Bergbesteigung lohnt es sich, jemanden zu engagieren, der für die Gruppe kocht. Zusätzlich ist zu empfehlen, Snacks wie Schokolade, Früchte oder Chips sowie Saft oder Soda-Getränke separat mitzunehmen.

Wer eigenständig unterwegs ist, sollte sich in den größeren Städten um den Mt. Kenya mit genügend Proviant eindecken, da keine der Lodges oder Camps auf der Route Mahlzeiten anbieten.

⏱

Wenn Sie Ihr Gepäck tragen lassen, nehmen Sie am besten zusätzlich einen **Tagesrucksack**. Dieser sollte Trinkwasser, Snacks, Regenzeug, Sonnenschutz, ein Erste-Hilfe-Kit und eine Taschenlampe beinhalten.

Auch ein **Kompass** und eine **Karte** können nicht schaden. Achten Sie außerdem auf gutes, eingelaufenes Schuhwerk.

Falls es noch Platz im Gepäck gibt, können Sie eine **Kamerafalle** mitbringen und diese nachts außerhalb Ihres Camps oder Ihrer Hütte platzieren. So können Sie am nächsten Morgen prüfen, welche Tiere sich in der Dunkelheit in der Nähe Ihres Lagers aufgehalten haben.

Das zentrale Hochland

Die Umgebung vom Mount Kenya

Olepangi Farm

Eingebettet in die bewaldeten Ausläufer des Mount Kenya liegt diese 2014 gegründete Farm auf 120 Hektar nachhaltigem Farmland. Das familiengeführte Gehöft liegt in der Nähe des Örtchens **Timau**, etwa 45 Minuten nördlich von Nanyuki, und bietet einen atemberaubenden Blick auf den Mount Kenya und seine Umgebung. Auf dem wunderschön gestalteten Gelände kann man im Pool entspannen, spazieren gehen, ausreiten oder einen Ausflug in eines der naheliegenden Naturreservate wie das **Ol Pejeta Conservancy** (→ S. 212) machen. Wer das Leben auf einer kenianischen Farm kennenlernen möchte, kann beim Melken, beim Brotbacken oder Gemüsepflücken helfen. Gekocht wird mit Zutaten aus dem eigenen Gemüsegarten.

> 🛏 **Olepangi Farm**
> Timau, Tel. +254/(0)742/148815; DZ/ VP ab 400 Euro. Hütten unterschiedlicher Größe, mit Reise-Antiquitäten der Gründerin von Olepangi, Elizabeth Loker, eingerichtet. Das Haupthaus mit Bar, intimem Restaurant, einer mit Blumen umrahmten Terrasse und Swimmingpool hat eine sagenhafte Aussicht auf die umliegenden Hügel. Das Essen und der Service sind hervorragend. www.olepangifarm.com Instagram: @olepangifarm

Ragati Conservancy

Das Ragati Conservancy liegt innerhalb des Mount-Kenya-Naturreservats und gehört teilweise zur Mount-Kenya-UNESCO-Welterbestätte sowie der Mt. Kenya Important Bird Area (IBA). Ragati umfasst 50 Quadratkilometer unberührte afro-montane Wälder, alpine Heide, Sümpfe, Bambusdickichte und Waldgebiete sowie den **Ragati-Fluss** und seine Nebenflüsse. Das Conservancy liegt auf einer Höhe zwischen 2200 und 3000 Metern. Man setzt sich für den Schutz der Wälder und der Wildtiere, die Bewirtschaftung der Regenbogen- und Bachforellen, die Bekämpfung der Wilderei und die Wiedereinführung und Erhaltung der Bergbongos ein. Das Ragati-Schutzgebiet beherbergt eine kleine Population dieser Antilopen. Der Bongo lebt in dichten Wäldern und Bambusdickicht so verborgen, dass man ihn kaum jemals zu Gesicht bekommt. Neben der In-situ-Erhaltung ist geplant, die vorhandenen Bestände mit in Gefangenschaft gezüchteten Bergbongos aufzustocken. Solche Zuchtherden sollen in großen Gehegen im Schutzgebiet gehalten und schließlich ausgewildert werden.

■ Trekking im Naturschutzgebiet

An den dicht bewaldeten Südhängen des Mount Kenya gelegen, lockt der üppige Regenwald des Ragati Conservancy mit langen Wanderungen entlang des Ragati-Flusses, zwischen hoch aufragenden Bäu-

Am Ragati-Fluss

men, über leuchtend grünes Moos und
Wiesen mit Wildblumen. Neben Wanderungen ist das Forellenfischen im glasklaren Wasser des Ragati-Flusses eine
beliebte Beschäftigung. Der Ragati River
wurde in den 1920er Jahren mit Regenbogenforellen bestückt. Eine lange Hose
und Gummistiefel sind angeraten, denn
bis zu einem Meter hohe Brennnesseln
säumen überall die Wege entlang des flachen Flusses, den man ab und zu überquert, und man watet bisweilen durch
schlammigen Sumpf, wo die Stiefel bei
jedem Schritt wadentief einsinken. Vor
allem, wenn die Temperaturen mittags
ansteigen, macht eine Flussüberquerung
des Ragati oder einer seiner zahlreichen
Nebenflüsse Spaß, denn das glasklare
Wasser kühlt die Füße durch die Gummistiefel ab. Das Wasser des Flusses fällt
immer wieder über kleine Wasserfälle,
die kalte Felsenpools speisen, in denen
man ein erfrischendes Bad nehmen kann.
Der afro-montane Wald im Ragati Conservancy ist atemberaubend. Schmale
Bäume ragen hoch über den Boden, und
die Äste laufen oben in einem Blätterdach zusammen, das das grelle Sonnen-
licht abhält. In diesem Gebiet wimmelt es
nur so von Wildtieren: Büffel, Elefanten,
Leoparden und Buschböcke. Die Tiere
sind sehr scheu, und man sieht nur gele-
gentlich einen Buschbock erschrocken ins
Gebüsch huschen. Die erfahrenen Guides
werden jedoch auf die Spuren der Tiere
aufmerksam machen. Die Baumkronen
beherbergen hunderte von Vogelarten.
So hört man vielfältige Vogelstimmen,
sieht ab und zu Fußstapfen von Elefanten im Schlamm, die in diesen teils einen
Meter tief eingesunken sind, oder einen
Antilopenkadaver, den ein Leopard vor
Tagen auf einem Baum zurückgelassen
haben muss. Besonders faszinierend aber
sind die bunten Federn, die man auf
dem Boden findet, wie die des Hartlaub-

Silberwangenhornvogel

turakos, die von magentarot bis grasgrün
gefärbt sind. Dieser eigentlich recht seltene Vogel ist im Ragati Conservancy
häufig anzutreffen. Vor allem, wer in der
Ndongoro Log Cabin (→ S. 202) übernachtet, kann auf den hohen Bäumen,
die die Lichtung vor der Hütte säumen,
Ausschau nach ihm halten. Häufig sind
hier auch die nicht zu überhörenden Sil-
berwangenhornvögel. Besonders aufregend aber ist es, wenn man einen der
eher seltenen Vögel im Geäst der Bäume
erspäht, wie das Schopfperlhuhn, den
Graupapagei oder gar den bunt-gefie-
derten Bergtrogon, der den Ragati-Wald
saisonal besucht. Auch schwarz-weiße
Colobus-Affen sieht man durch die hohen Äste springen.
Für einen Aufenthalt im Ragati Conservancy sollten Sonnenschutz und warme
Kleidung für die empfindlich kühlen
Abende und Nächte im Gepäck sein.
Für Wanderungen werden Gummistiefel
als Schutz vor den vielen Brennnesseln
und ein Fernglas für die Vogelbeobachtung empfohlen.

Das zentrale Hochland

Ragati Conservancy

Gebühren sind zu entrichten bei der Buchung der Ndongoro Log Cabin oder des Kichachu Camps.

Aufgrund der abgelegenen Lage des Naturschutzgebietes und des langen Anfahrtswegs zu den beiden Unterkünften ist die Anfahrt mit öffentlichen Verkehrsmitteln nicht möglich.
Einzige Anreiseoption ist ein **Fahrzeug mit Allradantrieb**. Die Wege im Wald können aufgrund des hohen Niederschlags am Mount Kenya rutschig und matschig werden. Auch einige Bergbäche müssen durchquert werden. Eine holprige Fahrt, die sich aber allemal lohnt!
Informationen: www.ragati.com.

Ndongoro Log Cabin, Tel. +254/(0)799/ 489399; 30–100 Euro Pers./Nacht, die Hütte muss im Ganzen gebucht werden. Rustikale Selbstversorgungs-Hütte mitten auf einer Waldlichtung, umgeben von einem kleinen Sumpf. Nachts wird in der Hütte ein Kaminfeuer entzündet, und Solarlampen sind die einzigen weiteren Lichtquellen. Die 4 komfortablen Schlafzimmer bieten Platz für 8–10 Personen. Die Küche ist voll ausgestattet. Die Ndongoro

Log Cabin ist ein absoluter Geheimtipp und ein verborgenes touristisches Juwel!
www.ragati.com
Instagram: @ragaticonservancy

Kichachu Camp, Tel. +254/(0)799/ 489399; Camping ab 46 Euro Pers./ Nacht. Idyllisch am Fluss gelegener Campingplatz, der regelmäßig von Buschböcken besucht wird. Er verfügt über 4 Zelte mit bequemen Feldbetten, in denen 8 Personen unterkommen können. Verpflegung, Schlafsäcke und Wanderausrüstung müssen mitgebracht werden. Es gibt ein komfortables Essenszelt und eine voll ausgestattete Open-Air-Küche.
www.ragati.com
Instagram: @ragaticonservancy

Auf einer Wanderung entlang der Bergbäche kann man die Flora und Fauna dieses faszinierenden Ökosystems besser kennenlernen. Zwei kompetente Guides helfen, die scheuen Waldtiere zu erspähen.

Für das Fischen von Forellen in den glasklaren Bergbächen ist eine Angellizenz nötig, die man beim Personal des Naturschutzgebietes erhält.

Meru

Von Nanyuki aus fährt man in etwa eineinhalb Stunden gen Osten nach Meru. Diese Strecke führt entlang der deutlich trockeneren Nordflanke des Mt. Kenya, vorbei an vereinzelten Dörfern und großen Vieh- und Weizenfarmen. Die Stadt ist ein bunter Marktflecken, auf dem geschäftiges Treiben herrscht. Meru ist ein wichtiges Produktionszentrum von **Miraa** (Kath), das Produkt eines immergrünen Baumes, der in Ost- und Südafrika, Afghanistan und im Jemen heimisch ist. Miraa ist ein mildes Aufputschmittel, das sich in Kenia zunehmender Beliebtheit erfreut. Insbesondere in muslimischen Ländern ist das Kauen von Miraa tief in den Traditionen verwurzelt. In Kenia wird Miraa in kleinen Mengen verkauft, und Meru ist ein guter Ort für neugierige Reisende, Miraa zu probieren. Die Produktion und der Export von Miraa erwirtschaften etwa 250 Millionen US-Dollar jährlich. Meru ist die Heimat der gleichnamigen Ethnie.
Wer sich für die Meru interessiert, kann das 1974 eröffnete **Meru-Museum** besuchen. Es stellt verschiedene Aspekte der kulturellen und vielfältigen Geschich-

Karte S. 191

te der Meru-Ethnie vor und beherbergt zudem einen Garten mit einheimischen Heilsträuchern und Kräutern. Auf dem Gelände wurde ein Komplex traditioneller Hütten errichtet, die in die Führungen durch das Museum einbezogen werden. Eine Freiluftbühne für Tanz- und Musikprogramme sowie Verkaufskioske vervollständigen die Außenanlagen.

Die Stadt Meru dient jedoch vor allem aus Ausgangspunkt für Safaris im nahegelegenen **Meru-Nationalpark**.

Die »Goldene Stunde« im Meru-Nationalpark

 Meru

Meru liegt an der gut ausgebauten Mount Kenya Ring Road im Nordosten des Mount Kenya und ist somit gut vernetzt.
Fahrzeit von Nanyuki: ca. 1,5 Std.
Von Nairobi: rund 5 Std.
Fahrzeit nach Isiolo: 1 Std.

Die meisten Überlandbusse und Matatus starten in dem **Bereich zwischen der Hauptmoschee und dem Markt** am östlichen Rand des Stadtzentrums. Es gibt täglich Busverbindungen nach Nanyuki, Isiolo, Embu, Thika, Nairobi und viele weitere Städte.

Die meisten Reisenden passieren Meru lediglich auf ihrer Reise in den Meru-Nationalpark. Wer hier übernachten möchte, der hat die Wahl zwischen den folgenden Hotels:
Alba Hotel, Abzweigung B6, Tel. +254/(0)702/902192; DZ/F ab 134 Euro. Dieses moderne Hotel hat mit Abstand die schönsten Zimmer in Meru, hell, sauber und schön eingerichtet. Es gibt einen Swimmingpool und ein gutes Restaurant. www.albahotels.co.ke
Instagram: @albahotelmeru
Meru Slopes Hotel, Abzweigung B6, Tel. +254/(0)711/620219; DZ/F ab 70 Euro. Eine gute Wahl im Stadtzentrum. Die Zimmer sind einfach und komfortabel, es gibt einen Swimmingpool,

einen gepflegten Garten und ein gutes Restaurant. www.meruslopeshotel.com

Empfehlenswert sind die Restaurants in den beiden Hotels. Zudem gibt es einige einfache und günstige Restaurants.
Dukes Restaurant, Bar & Lounge, Abzweigung B6, Tel. +254/(0)711/188188. Mitten in der Stadt, serviert werden einfache kenianische Gerichte. Die Bar bietet eine große Auswahl an Cocktails und Bieren. Abends treffen sich hier viele Einheimische, um Live-Übertragungen von Fußballspielen anzuschauen.
Meru Legends Restaurant, B6, Tel. +254/(0)723/800388. Gute traditionelle Küche zu günstigen Preisen, bei Einheimischen beliebt. Zu den Klassikern gehören Samosas, Ugali mit Sukuma Wiki (Grünkohl) oder Rindereintopf sowie kenianischer Tee.

Meru Museum, Meru-Nairobi Hwy, Tel. +254/(0)722/828201; tgl. 8.30–18 Uhr, Eintritt 500 Ksh, Tickets über http://nmk.ecitizen.go.ke.
www.museums.or.ke
Instagram: @museumsofkenya

In Meru gibt es keine gut ausgestatteten Supermärkte, daher empfiehlt es sich, sich bei der Anreise in einer größeren Stadt mit Proviant einzudecken. Auch der Tank sollte vor Ankunft in Meru aufgefüllt werden.

Meru National Park

Es gibt nur wenige Orte, an denen die Wildnis so ursprünglich ist wie im abgelegenen und zerklüfteten Meru-Nationalpark. Der 870 Quadratkilometer große Park ist der Eckpfeiler des Meru-Schutzgebiets, das sich entlang des Tana-Flusses und im Tiefland östlich der Stadt Meru erstreckt. Das Schutzgebiet bedeckt eine Fläche von etwa 5000 Quadratkilometern, die auch die angrenzenden Nationalreservate enthält (die jedoch während der Zeit der Recherche geschlossen waren). Dieses weitläufige Gebiet ergibt ein wichtiges Naturschutzgebiet, das nach dem Tsavo East und Tsavo West das zweitgrößte Schutzgebiet in Kenia darstellt.

Der 1966 ausgewiesene Meru-Nationalpark ist einer der ältesten in Kenia. Er wird nur wenig besucht, obwohl er einer der geographisch vielfältigsten Parks in Kenia ist. Von vielen Flüssen durchzogen, mit unzähligen Feuchtgebieten, weiten Grassavannen und bewaldeten Hügeln voller Dornbuschhaine, bietet er eine vielfältige Flora und einen großen Tierreichtum. Gerade seine große Ausdehnung und die Abgeschiedenheit von menschlichen Einflüssen ermöglichen eine einzigartige Wildniserfahrung.

In den 1970er Jahren lockte Meru mit seinen Nashorn- und Elefantenpopulationen bis zu 40 000 Menschen pro Jahr an. Doch Wilderei in den 1980er Jahren setzte dem Tourismus hier ein Ende. Die Breitmaulnashörner wurden ausgerottet, und auch viele Menschen fielen der Wilderei zum Opfer. Darunter war unter anderem George Adamson, der mit seiner Ehefrau Joy Adamson für seine Arbeit mit Löwen bekannt ist. George Adamson entließ in der Region Löwen, die verwaist und in Gefangenschaft aufgewachsen waren, wieder in die Wildnis.

Joy Adamson ist bekannt für ihr 1960 erschienenes Buch und den gleichnamigen mit einem Oscar ausgezeichneten Film *Born Free* (→ S. 427). *Born Free* ist das Werk über das verwaiste Löwenjunge Elsa, das Joy Adamson und ihr Ehemann im Meru-Nationalpark aufzogen. Aufgrund der ausufernden Wilderei und Gewalt war das Gebiet bis Ende der 1990er Jahre nahezu verlassen. Heute haben umfangreiche Investitionen eine Reihe von Rehabilitationsprojekten ermöglicht, unter anderem das 48 Quadratkilometer große **Meru Rhino Sanctuary**, ein wichtiges Nashornschutzgebiet mit inzwischen etwa 270 Nashörnern. Wie viele davon Breitmaul- und wie viele Spitzmaulnashörner sind, wird nicht preisgegeben, um den Schutz der Tiere zu erhöhen. Die Sicherheitslage hat sich längst stabilisiert, und die Besucherzahlen steigen stetig an.

Tierwelt im Nationalpark

Die meisten Besucher schätzen den Meru-Nationalpark für die Northern Five – die Netzgiraffe, das Grevyzebra, den Beisaoryx, den Somalistrauß und das Gerenuk. Doch nicht nur die Northern Five, sondern auch die Big Five sind hier beheimatet. Obwohl die Zahl der Wildtiere zunimmt, ist sie hier immer noch nicht so groß wie in anderen Parks. Erschwerend kommt hinzu, dass die begrenzte Zahl der Elefanten zu einer Zunahme der Vegetation geführt hat, was es schwierig macht, die vorhandenen Tiere zu entdecken. Elefanten trifft man zumeist in den sumpfigen Ebenen des Parks an. Auch Kudus, Elenantilopen, Wasserböcke, Gazellen und Büffel sind häufig zu sehen, während Flusspferde und Nilkrokodile entlang der etlichen Wasserläufe zu finden sind. Sichtungen

Karte S. 173

Elefant im Meru-Nationalpark

Reiche Tierwelt im Meru-Nationalpark

von Leoparden, Löwen und Geparden gestalten sich schwierig.

Mit mehr als 300 registrierten Arten ist Meru ein hervorragendes Ziel für Menschen, die gerne Vögel beobachten. Unter anderem kann man hier den Blaunacken-Mausvogel, den Rotbauchpapagei und eine Vogelart mit dem skurrilen Namen »Baumhopf« beobachten.

Vegetation

Meru steht im völligen Gegensatz zu den nahe gelegenen Savannenreservaten Samburu und Buffalo Springs (→ S. 229). Reichliche Niederschläge und zahlreiche Wasserläufe, die vom Mt.-Kenya-Massiv herabfließen, bilden die Grundlage für einen üppigen Dschungel aus Wäldern, Büschen, grünen Sümpfen und hohen Gräsern. Das macht Meru landschaftlich sehr reizvoll. Während der nordwestliche Sektor feuchter und hügeliger ist und reiche vulkanische Böden aufweist, flacht das Land nach Osten hin ab. Dieses Gebiet wird von zahlreichen permanenten Bächen durchzogen, die von hohen Doumpalmen gesäumt sind. Sie kommen von den Nyambene-Hügeln und fließen parallel zwischen Lavazun-

gen nach Südosten zum Tana-Fluss. Es gibt mehrere markante Inselberge, vor allem **Mughwango** und **Leopard Rock**. Die Vegetation auf den Bergrücken besteht aus bewaldetem Combretum-Grasland. Im Osten geht der Bewuchs in Akazienwald über, mit Acacia tortilis und Acacia senegal auf den felsigen Bergkämmen, im Dickicht der Flüsse und auf dem offenen Land sowie Doumpalmen in den zahlreichen Sumpfgebieten in der Nähe der Flüsse. Im Süden und Südosten eröffnet sich eine halbtrockene Ebene mit roten Lateritböden. Dieses Gebiet ist mit Akazien-Commiphora-Buschland bedeckt, einem heißen, dichten und dornigen Lebensraum. Mehrere Flüsse durchqueren das Gebiet, der Tana, der Ura im Südwesten und der Rojeweru im Osten. Entlang des Tana-Flusses wächst die Tana-Fluss-Pappel.

Klima

Die Temperaturen im Nationalpark sind das ganze Jahr über relativ gleichmäßig. Die Tagestemperaturen liegen bei etwa 32 Grad Celsius, nachts sinken die Temperaturen auf etwa 17 Grad Celsius. Das Klima im Nationalpark ist durch zwei Regenperioden gekennzeichnet: die »kurzen Regenfälle« erreichen ihren Höhepunkt im November und die »langen Regenfälle« im April. Von Juni bis September hingegen ist es meist sonnig und regnet überhaupt nicht. Die Nachmittage sind heiß, aber die Abende und die frühen Morgenstunden sind kühler. Im Oktober steigen die Temperaturen, und es wird extrem heiß, bevor der Regen nach der langen Trockenzeit Erleichterung bringt.

Unterwegs im Nationalpark

Man sollte mindestens zwei Tage im Schutzgebiet verbringen, um den Facettenreichtum des Parks zu erfassen. Direkt hinter dem **Murera Gate** befindet sich das **Meru Rhino Sanctuary**, wo man gute Chancen hat, in der dichten Vegetation ein Breitmaul- oder Spitzmaulnashorn zu erspähen. Möchte man von hier aus in den Meru-Nationalpark weiter, muss man einen niedrigen Elektrozaun passieren, der speziell zum Schutz der Nashörner angefertigt wurde. Im Park fährt man an zahlreichen aus der Landschaft ragenden Hügeln vorbei, die in der Sprache der Meru »Kopje« genannt werden. Urwüchsige, teilweise überwucherte Wege führen durch den Park. Die Stille und Abgeschiedenheit macht Meru zum einen reizvoll, zum anderen aber schwierig, sich auf eigene Faust im Park zurecht-

Ein Netzgiraffenjunges mit seiner Mutter

zufinden. Da die Wege im Park und im Sanctuary sehr verzweigt, Karten in vielen Fällen nicht vollständig sind und die Kreuzungen meist nur Zahlen führen, fällt die Orientierung schwer. Es ist deshalb unbedingt zu empfehlen, einen Guide bei der Unterkunft zu engagieren. Allein schon die Fahrt entlang des Murera- oder Tana-Flusses lohnt einen Besuch in Meru. An deren Zusammenfluss stürzen die **Adamson's Falls** 15 Meter in die Tiefe.

 Meru National Park

Park- und weitere Gebühren → S. 34
Tickets nur online auf www.ecitizen.go.ke.
Öffnungszeiten: tgl. 6–18 Uhr
Seien Sie bis Punkt 18 Uhr wieder bei Ihrer Unterkunft; aufgrund des Nashorn-Schutzgebietes sind die Kontrollen hier besonders streng. www.kws.go.ke

Die Anreise erfolgt in den meisten Fällen über die Mount Kenya Ring Road, die bei Meru nach Osten auf die Straße ab-

zweigt, die zum **Murera Gate** führt. Ein Straßenabschnitt dieser Piste ist in sehr schlechtem Zustand, voller Löcher und Fahrrinnen. Von Meru gelangt man in etwa 2 Std. zum Murera Gate.
Fahrzeit von Nanyuki: ca. 3 Std.
Fahrzeit ab Nairobi: ca. 6,5 Std. bis Meru.

Von Meru aus gibt es regelmäßige Bus- und Matatu-Verbindungen zu den Dörfern in der Umgebung des Murera Gates. Es gibt keine Verbindung direkt in den Park.

Das zentrale Hochland

Daher muss man sich auf gehörige Umstände einstellen, wenn man kein eigenes Fahrzeug besitzt oder den Transport über ein Safariunternehmen organisiert. Diese Art der Anreise ist daher nicht zu empfehlen.

AirKenya (www.airkenya.com) und Yellow Wings (www.yellowwings.com) bieten regelmäßig Flüge zwischen der **Landebahn Kinna Meru** und weiteren kenianischen und ostafrikanischen Landebahnen an.

Im Meru-Nationalpark gibt es einige wunderschöne und ruhige Unterkünfte. Zu empfehlen sind die Unterkünfte, die direkt im Park oder am Rhino Sanctuary liegen, da man durch die kürzere Anfahrtszeit wertvolle Safarizeit spart.

Elsa's Kopje, im Nationalpark, Tel. +254/(0)730/127000; Cottage/VP ab 580 Euro. Wunderschön auf einem Hügel inmitten des Parkes gelegene Ökolodge, die bekannteste und teuerste Unterkunft in Meru. Der Blick über die Savannenlandschaften ist atemberaubend. Benannt ist die Lodge nach der Löwin Elsa, die hier ausgewildert wurde. Die aus Naturmaterialien gebauten Cottages sind schön gestaltet. www.elewanacollection.com Instagram: @elewanacollection

Rhino River Camp, im Meru Rhino Sanctuary, Tel. +254/(0)726/982701; Safarizelt/VP ab 337 Euro. Schönes Camp, eingebettet in einen dichten Wald, der sich an einem Bach erstreckt. Es liegt direkt am Nashornreservat und verfügt über einige Luxus-Safarizelte. Vom etwas erhöhten Swimmingpool kann man riesige Warane und Krokodile aus nächster Nähe beobachten. In den Bäumen um den Pool tummeln sich allerlei Vögel wie die majestätischen Riesenfischer oder die weiß gefiederten Afrikanischen Paradiesschnäpper. www.rhinorivercamp.com Instagram: @rhinorivercamp

Ikweta Safari Camp, Meru National Park Rd, nahe Murera Gate, Tel. +254/(0)722/863579; DZ/VP ab 163 Euro. Dieses schöne Zeltcamp, dessen Swahili-Name »Äquator« bedeutet, liegt direkt außerhalb des Nationalparks, etwa 2,5 km vom Murera Gate entfernt; der Vorteil ist der günstigere Preis. Es gibt einen schön angelegten Garten mit vielen einheimischen Pflanzen und einen großen Swimmingpool. Die Zutaten für das hervorragende Essen kommen aus dem eigenen Öko-Garten. www.ikwetasafaricamp.com Instagram: @ikwetasafaricamp

Die folgenden drei Gästehäuser/Cottages werden vom KWS verwaltet und müssen über http://kws.ecitizen.go.ke gebucht werden. Alle sind Selbstversorgungsunterkünfte mit voll ausgestatteter Küche. www.kws.go.ke

Kinna Guest House, im Nationalpark; ganzes Gästehaus 241 Euro (10 Pers.).

Murera Cottages, am Murera Gate; ganzes Cottage 77 Euro, jeweils 3 Pers.

Meru Guest House, im Nationalpark; ganzes Gästehaus 145 Euro, 5 Pers., kann nur im Ganzen gebucht werden.

Es gibt einige wunderschön an Flussläufen gelegene **Public** und **Private Campsites**. Bandas und Zeltplätze, zu buchen über http://kws.ecitizen.go.ke. www.kws.go.ke

Alle Lodges verfügen über gute **Restaurants**, in denen man teilweise auf Anfrage speisen kann, auch wenn man woanders übernachtet.

Es gibt keinerlei Versorgungsmöglichkeiten im Nationalpark und sehr wenige im direkten Umfeld des Parks. Übernachten Sie in einer der Selbstversorgungs-Unterkünfte oder auf einem der Campingplätze des KWS, so sollten Sie sich vor der Anreise in einer der größeren Städte mit genügend Proviant, Trinkwasser und Feuerholz eindecken.

▲ Karte S. 173

Am Rojewerufluss im Meru National Park

Nyahururu

Von Nyeri fährt man in etwa zwei Stunden auf gut ausgebauter Straße nach Nyahururu. Zunächst führt die Fahrt vorbei an üppig grünen Kaffeeplantagen und zahlreichen kleinbäuerlichen Gärten, die Shambas genannt werden. Bei gutem Wetter kann man rechts der Straße den Mt. Kenya erspähen. Links der Straße erstrecken sich die weitläufigen Aberdares, deren Umgebung so dicht besiedelt ist, dass die Felder bis direkt an den Elektrozaun des Parkes reichen. Je näher man dem Laikipia-Plateau kommt, an dessen südlichem Rand Nyahururu liegt, desto trockener und karger wird die Landschaft. Die sengende Savannenlandschaft mit versprengten Akazien und Euphorbienbäumen steht in krassem Gegensatz zum satten Grün der Gegend um Nyeri. Statt Kaffeeplantagen sieht man hier riesige Rinder-Ranches, die sich seitlich der Straße ausbreiten. Achten Sie auf die großen Schaf- und Ziegenherden, die am Straßenrand gehütet werden – oftmals rennen die Tiere ohne Ankündigung über die Straße.

Nyahururu zählt etwa 37 000 Einwohner, liegt auf einer Höhe von 2300 Metern und ist somit eine der höchstgelegenen Städte Kenias. Der Name der Stadt leitet sich von dem Maasai-Wort »Naiurru-ur« ab, was unter anderem Wasserfall bedeutet. Benannt ist die Stadt nach den Thomson's Falls, den 74 Meter hohen Wasserfällen am Ewaso Narok River, einem Nebenfluss des Ewaso Ngiro River, der aus den Aberdare-Gebirgszügen fließt. Der Wasserfall selbst trägt den Namen des Schotten Joseph Thomas, der 1883 in das Gebiet reiste und von den Wasserfällen so beeindruckt war, dass er sie prompt nach sich selbst benannte. Nyahururu wuchs rund um die 1929 eröffnete Eisenbahnlinie Nairobi-Kisumu nach Thomson's Falls, die heute jedoch lediglich von Güterzügen befahren wird. Ursprünglich lebten in der Stadt viele Europäer, die Farmen in der Gegend anlegten. Heute sind die Farmen wieder in kenianischen Händen, und das Hochplateau in der Umgebung der Stadt wird intensiv bewirtschaftet. Nyahururu ist ein bunter Marktflecken für allerlei landwirtschaftliche Produkte. Vor allem lohnt sich der Besuch der **Thomson's Falls**. Hier gibt es einen Aussichtspunkt, an dem Kikuyu in ihrer charakteristischen Kriegskleidung gegen ein kleines Entgelt für Fotos posieren. Es gibt einen Spazierweg, über den man sich etwas näher an die tosenden Wasserfälle heranwagen kann. In den dichten Galeriewäldern entlang des Flusslaufes lassen sich eine vielfältige Vogelwelt und Colobus-Affen beobachten.

An den Thomson's Falls

Karte S. 173

Nyahururu

Nyahururu stellt einen wichtigen Verkehrs-knotenpunkt in der Region dar.
Fahrzeit von Nairobi: ca. 3,5 Std.
Von Nanyuki: ca. 2 Std.

Nyahururu ist über Bus- und Matatu-Verbindungen sehr gut mit der Region und den anderen großen Städten Kenias verbunden. Die meisten Busse starten von der **Nyahururu Bus Station** in der Ol Kalou Rd. Es gibt täglich mehrere Verbindungen nach Nakuru, Nyeri, Naivasha, Nanyuki und Nairobi. Letztere fahren meist frühmorgens los.
Erkundigen Sie sich vor Ort, welcher Bus bzw. welches Matatu das richtige ist.

Die meisten Reisenden passieren Nyahururu lediglich auf ihrer Reise nach Laikipia. Wer doch einen längeren Zwischenstopp in Nyahururu einlegen möchte, dem sei diese traditionsreiche Lodge empfohlen: **Thomson's Falls Lodge**, Abzweigung B5, Tel. +254/(0)716/108833; DZ/F ab 118 Euro. Direkt an den Thomson's Falls und eingebettet in eine schöne Gartenanlage. Es gibt ein gutes Restaurant mit Bar, und im Garten der Lodge kann man auf Anfrage campen.
www.thomsonsfallslodge.co.ke
Facebook: Thomsonsfalls Lodge

Zu empfehlen ist das Mittags- und Abendbuffet in der Thomson's Falls Lodge. Der schöne Garten der Lodge bietet sich außerdem für ein Picknick an.

In Nyahururu gibt es keine gut ausgestatteten Supermärkte und in den kleineren Läden nur eine limitierte Auswahl an Waren. Daher lohnt es, sich bei der Anreise in einer der größeren Städte mit Proviant und Trinkwasser einzudecken.

Laikipia

Das wildtierreiche Laikipia-Plateau erstreckt sich zwischen den Aberdares im Südwesten und dem Mt.-Kenya-Massiv im Südosten. Im Norden grenzt das Plateau an die staubigen Ebenen des heißen Nordens Kenias. Laikipia liegt etwa zwischen 1700 und 2000 Meter über dem Meeresspiegel im zentralkenianischen Hochland. Diese Region hat sich in den letzten Jahren an die Spitze der Naturschutzbemühungen und des Ökotourismus in Kenia gesetzt. Riesige Landstriche, die sich früher in Privatbesitz befanden, wurden auf nachhaltige Praktiken und Kooperationen umgestellt. Laikipia ist zudem einzigartig, weil es weitgehend nicht eingezäunt ist. Das bedeutet, dass Wildtiere auf der Suche nach Weideflächen und Wasser durch Wanderkorridore auf- und abwandern können. Sie können sich unbehindert zwischen dem Mount Kenya, Laikipia und Nordkenia bewegen. Nur, wenn ein Conservancy Nashörner beherbergt, ist es eingezäunt.
Der Bezirk Laikipia liegt auf der Höhe des Äquators und bietet aufgrund der unterschiedlichen Höhenlagen und Niederschläge sowohl Savannen als auch Regenwälder. Weite Akaziensavannen, Olivenwälder und Buschland sind ein Zufluchtsort für eine Vielzahl von Wildtieren, darunter wichtige endemische Arten des nördlichen Kenias wie Grevyzebra, Jackson-Kuhantilope und Netzgiraffe, deren Populationen seit den 1980er Jahren aufgrund des Verlusts von Lebensraum und Krankheiten stark dezimiert wurden. Neben der facettenreichen Flora und Fauna bieten die privaten Naturschutzgebiete verschie-

Das zentrale Hochland

Unterwegs auf dem Laikipia-Plateau

dene Aktivitäten, die in Nationalparks und öffentlichen Schutzgebieten nicht möglich sind (→ S. 29), etwa ein- bis mehrtägige Reit-, Fuß- und Kamelsafaris, Kajakfahrten zu Elefanten sowie Übernachtungen unter dem Sternenhimmel. Informationen zu Naturschutz- und Community-Projekten sowie zu Unterkünften und zu touristischen Aktivitäten sind beim Laikipia Wildlife Forum zu finden (www.laikipia.org, Facebook: @Laikipia Forum).

Ol Pejeta Conservancy

Das Ol Pejeta Conservancy umfasst etwa 362 Quadratkilometer. Bekannt ist das private Naturschutzgebiet vor allem für seine Nashörner, die es durch innovative Zauntechniken schützt. Diese Zäune erlauben es gleichzeitig anderen Tierarten wie Elefanten und Wildhunden, durch Ol Pejeta zu den benachbarten Ranches und Naturschutzgebieten zu wandern. Das Naturschutzgebiet ist zudem bekannt für sein integriertes 45 Hektar großes Sweetwaters Chimpanzee Sanctuary. Dieses Schimpansen-Schutzgebiet wird mit dem Jane-Goodall-Institut gemeinsam geführt. Während des Bürgerkriegs in Burundi 1993 wurde eine

Gruppe von Tieren in das Reservat umgesiedelt. Das Refugium bietet zudem einen Zufluchtsort für Schimpansen, die vor dem Schwarzmarkt gerettet wurden. Das natürliche Verbreitungsgebiet der Schimpansen erstreckt sich vom Senegal an der westafrikanischen Küste über den zentralen Waldgürtel Afrikas bis nach Uganda. Sie sind nicht in Kenia beheimatet, und das Sweetwaters Chimpanzee Sanctuary ist der einzige Ort in Kenia, an dem diese faszinierenden Tiere beobachtet werden können.

Ol Pejeta hat sich neben dem Schutz von Spitzmaulnashörnern und Schimpansen auch dem Schutz anderer gefährdeter und bedrohter Arten verschrieben. Im Naturschutzgebiet leben außerdem Elefanten, Afrikanische Wildhunde, Geparden, Löwen, Leoparden, Grevyzebras und die örtlich bedrohte Jackson-Kuhantilope. All diese Tiere können während klassischen Autosafaris zu Tag und zu Nacht oder auf Fußsafaris beobachtet werden.

■ Tierwelt im Conservancy

Die Region Laikipia verfügt über die größte Vielfalt an Wildtieren in Kenia außerhalb der Maasai Mara, und das Ol Pejeta Conservancy weist eine der höchsten Raubtierdichten in Kenia auf. Neben rund 80 Löwen beherbergt das Reservat etwa 30 Geparden und 20 selten zu sehende Leoparden. Auch um die 100 Tüpfelhyänen, Schakale, Karakale und Löffelhunde sind hier zu finden. Seit 2011 werden auf Ol Pejeta regelmäßig zwei Rudel Afrikanischer Wildhunde gesichtet, die etwa 35 Tiere umfassen. Dies ist ein vielversprechendes Zeichen, da die Bestände dieser gefährdeten Art weiter zurückgehen.

Ol Pejeta beherbergt die zwei letzten verbliebenen Nördlichen Breitmaulnashörner (Ceratotherium simum cottoni) der Welt: Najin, ein Weibchen, wurde

▲ Karte S. 173

Sudan, das mittlerweile verstorbene letzte männliche Nördliche Breitmaulnashorn

1989 in Gefangenschaft geboren. Sie ist die Mutter von Fatu. Fatu, ebenfalls weiblich, wurde im Jahr 2000 in Gefangenschaft geboren. Das Nördliche Breitmaulnashorn ist eine Unterart des Breitmaulnashorns, das früher in Teilen von Uganda, Tschad, Sudan, der Zentralafrikanischen Republik und der Demokratischen Republik Kongo vorkam. Jahrelange Wilderei und Bürgerkriege in ihrem Verbreitungsgebiet haben die Populationen der Nördlichen Breitmaulnashörner zerstört, so dass sie heute in freier Wildbahn als ausgestorben gelten. Die zwei letzten lebenden Nördlichen Breitmaulnashörner werden rund um die Uhr von bewaffneten Sicherheitskräften bewacht. Ihnen wird ein 700 Hektar großes Gehege und eine mit frischem Gemüse angereicherte Ernährung bereitgestellt. Da es kein männliches Nördliches Breitmaulnashorn mehr gibt, wurde in den letzten Jahren die Möglichkeit einer künstlichen Befruchtung der zwei weiblichen Nashörner ausgelotet. Die Zukunft dieser Unterart liegt nun in der Entwicklung von In-vitro-Fertilisationstechniken und Stammzellentechnologie – kostspielige und komplizierte Verfahren, die noch nie zuvor bei Nashörnern angewandt wurden. Ol Pejeta ist zudem Schutzgebiet für über 140 vom Aussterben bedrohte Spitzmaulnashörner. Das Spitzmaulnashorn (Diceros bicornis) wird von der International Union for Conservation of Nature (IUCN) als stark gefährdet eingestuft. Nach Angaben der IUCN ist die Population des Spitzmaulnashorns von 1960 bis in die 1990er Jahre um 97,6 Prozent zurückgegangen, was vor allem auf die Wilderei zurückzuführen ist. Die größte Nachfrage für das Horn des Nashorns kommt aus Asien und dem Nahen Osten, wo es fälschlicherweise für medizinisch wertvoll gehalten und für die Herstellung von Dolchgriffen verwendet wird. Ein Kilo Horn kann auf dem Schwarzmarkt bis zu 60000 US-Dollar einbringen. Ironischerweise besteht das Horn von Nashörnern aus der gleichen Substanz wie menschliche Fingernägel – Keratin. Ende des letzten Jahrhunderts standen Spitzmaulnashörner am Rande der Ausrottung, doch dank einer erfolgreichen kollektiven Erhaltungsmaßnahme gibt es heute wieder wachsende Populationen im östlichen und südlichen Afrika – insgesamt über 20000 Tiere. Ol Pejeta ist das größte Schutzgebiet für Spitzmaulnashörner in Ost- und Zentralafrika.

Elefantenherde

Während im Jahre 1993 nur 20 Spitzmaulnashörner in Ol Pejeta lebten, ist deren Zahl dank erfolgreicher Zucht und harter Anti-Wilderei-Einsätze heute auf über 140 angewachsen.

■ Vegetation

In Ol Pejeta finden sich vielfätige Landschaftsformen, von weiten Grasebenen über hügeliges Buschland, Felsschluchten und reißende Flüsse bis hin zu ausgedehnten Sumpfgebieten. Das offene Buschland, durchsetzt mit Akazienhainen und zahlreichen Exemplaren des Pfeifdorns, bedeckt mehr als die Hälfte des Schutzgebietes. Es ist eines der wichtigsten Lebensräume für die Spitzmaulnashörner von Ol Pejeta, da der Pfeifdorn ihre Hauptnahrungsquelle darstellt. Auch Giraffen und Elefanten dient diese Akazienart als Nahrungsquelle. Das dichte Buschland ist überwiegend mit Euclea divinorum bewachsen, das sich auch auf andere Landflächen auszubreiten beginnt. Der feuerfeste Busch bedeckt bereits etwa ein Drittel der Gesamtfläche von Ol Pejeta. Die Verwaltung von Ol Pejeta prüft derzeit Methoden zur Bekämpfung der Ausbreitung von Euclea, das für Pflanzenfresser ungenießbar ist.

Ebenen mit Grassavanne dienen sowohl Vieherden als auch Wildtieren, einschließlich des Breitmaulnashorns, als Weideflächen. Die Flusslandschaften von Ol Pejeta machen nur einen Bruchteil des Lebensraums im Schutzgebiet aus, beherbergen jedoch eine große Vielfalt an Tieren. Hier wachsen prächtige Exemplare des Gelbfieberbaums, der Giraffen, Elefanten, Affen und Vögeln Nahrung und Schutz bietet. In den Moor- und Sumpfgebieten sind zahlreiche Vögel, Wasserböcke und Elefanten zu Hause.

■ Klima

Aufgrund der Lage von Ol Pejeta im Hochland Kenias herrscht in diesem Naturschutzgebiet ein mildes Klima. Die Temperaturen sind das ganze Jahr über relativ konstant – tagsüber liegen sie um 25 Grad Celsius, während die Nächte kühler sind. Warme Kleidung für Pirschfahrten ist unerlässlich. Die lange Regenzeit dauert von März bis Mai, die kürzere Regenzeit erreicht im November ihren Höhepunkt.

Zebras und Kuhantilopen

■ Unterwegs im Conservancy

Ol Pejeta lädt zu vielen Aktivitäten ein, daher lohnt sich ein Aufenthalt von mindestens zwei Nächten im Schutzgebiet. Neben Tages- und Nachtpirschfahrten, Fußsafaris und Vogelbeobachtung können auch Mountainbiketouren und Felsklettern geplant werden. Ein besonderes Angebot in Ol Pejeta bietet Naturschutz zum Anfassen, man kann mit den Rangern auf **Löwensuche** gehen. Die Löwen werden mithilfe von Empfängern in Halsbändern aufgespürt. Sie können dabei helfen, Informationen über jedes einzelne Rudelmitglied zu sammeln. Zudem können die letzten beiden Nördlichen Breitmaulnashörner der Welt aus nächster Nähe beobachtet werden.

Ein halber Tag sollte für den Besuch des des **Sweetwaters Chimpanzee Sanctuary** eingeplant werden. Wir Menschen teilen 98,6 Prozent unserer genetischen DNA mit Schimpansen, und im Sanctuary lernen Sie mehr über das Leben dieser faszinierenden Primaten. Mehr als 40 Individuen, die aus traumatischen

Wasserböcke und Perlhühner

Situationen gerettet wurden, leben momentan in Sweetwaters. Viele der Schimpansen haben Verletzungen erlitten und werden mit tierärztlicher Unterstützung wieder gesund gepflegt. Sobald die Neuankömmlinge genesen sind, werden sie in eine der beiden Gruppen der Rettungsstation integriert, die in zwei großen natürlichen Gehegen leben, getrennt durch den Ewaso-Ngiro-Fluss.

 Ol Pejeta Conservancy

Die **Gebühren** für den Besuch des Conservancies werden bei der Buchung einer Unterkunft mit einbezogen.

Die Region Laikipia ist durch ein gutes Straßennetz mit Nairobi und anderen großen Städten verbunden. Innerhalb des Conservancies können die Pisten mit einem normalen Fahrzeug befahren werden. Nur in der Regenzeit ist ein Fahrzeug mit Allradantrieb nötig.

Die Anreise mit öffentlichen Verkehrsmitteln ist nicht möglich.

Es gibt regelmäßige Flugverbindungen zwischen der **Landebahn in Ol Pejeta** und anderen kenianischen Inlandsflughäfen. Zu buchen über Yellow Wings (www.yellowwings.com).

Weitere Informationen unter www.olpejetaconservancy.org.

Ol Pejeta Safari Cottages, im Conservancy, Tel. +254/(0)729/937546; Cottage/VP ab 395 Euro. Die schönen, mit Naturmaterialien gestalteten Cottages verfügen über große Veranden, von denen aus man einen Blick auf den Fluss und die Ebenen dahinter hat. Jedes Cottage verfügt über einen privaten Guide und ein Fahrzeug. Die Mahlzeiten werden nach den Wünschen der Reisenden zubereitet und die Aktivitäten nach ihrem Zeitplan durchgeführt. Die Safari Cottages nutzen Solarstrom. www.thesafaricottages.com Instagram: @thesafaricottages

Porini Rhino Camp, im Conservancy, Tel. +254/(0)774/136523; DZ/VP ab 385 Euro. Das schöne Zeltcamp mit Blick auf einen kleinen Bach liegt etwas abseits und bietet viel Ruhe. Die Zelte sind komfortabel, der Service freundlich und das Essen ausgezeichnet. Das Camp unterstützt lokale Naturschutzprojekte und wird ökologisch geführt. www.porini.com/kenya/porini-camps/porini-rhino-camp Instagram: @porinicamps

Sweetwaters Serena Camp, im Conservancy, Tel. +254/(0)732/123333; DZ/VP ab 320 Euro. Im Herzen von Ol Pejeta gelegen, bietet das Camp gemütliche Doppelzimmer und luxuriöse Safarizelte. Es liegt an einem Wasserloch, das regelmäßig von Nashörnern und vielen weiteren Savannentieren besucht wird. Das Restaurant serviert leckere Gerichte und der Service ist einmalig. In diesem großen Safaricamp kann es durchaus geschäftig zugehen. www.serenahotels.c Instagram: @serenahotels

Das Ol Pejeta Conservancy verfügt über 5 herrliche Campingplätze mit einfacher Infrastruktur: **Ewaso**, **Hippo Hide**, **Murera Donga**, **Ol Lera** und **Mbogo Campsite**. Buchung über: www.olpejetaconservancy.org

Mugie Conservancy

Ein weiteres Beispiel für den vorbildhaften nachhaltigen Tourismus, für den das Laikipia-Plateau bekannt ist, ist das Mugie Conservancy. Die 490 Quadratkilometer große Ranch beherbergt mehrere gefährdete Tierarten und ist Teil des wichtigen Korridors, der West-Laikipia mit dem Hochland des Mount Kenya verbindet.

Im Conservancy setzt man sich dafür ein, die regionalen landwirtschaftlichen Gemeinschaften durch produktives Weidelandmanagement zu fördern, um das

Die Lodges und Camps in Ol Pejeta verfügen über exzellente Restaurants, in denen teilweise auf Anfrage auch Nicht-Gäste speisen können. Wer sich selbst versorgt, sollte sich in **Nanyuki** (→ S. 186) mit genügend Proviant und Trinkwasser eindecken. Ansonsten ist das Morani's Restaurant zu empfehlen, das zwischen Nanyuki und dem Eingang zum Ol Pejeta Conservancy gelegen ist.

Morani's Restaurant, nahe des Parkgates, Tel. +254/(0)706/160114. Das tolle kleine Café mit Tischen im Freien ist ungemein beliebt und serviert hervorragende Gerichte, die vom Morani-Burger aus erstklassigem Ol-Pejeta-Rindfleisch bis zum kenianischen Rindereintopf oder einem mediterranen Wrap reichen. Es gibt auch vegane, vegetarische und glutenfreie Gerichte sowie frische Säfte und kenianischen Kaffee. www.olpejetaconservancy.org

Die Unterkünfte in Ol Pejeta organisieren zahlreiche Aktivitäten im Naturschutzgebiet. Dazu zählen Fuß- und Reitsafaris, Klettern, Mountainbiking, Ausflüge in das **Chimpanzee Sanctuary** und Naturschutzaktivitäten. **Nachtsafaris** sind ein besonderes Erlebnis. Achten Sie auf die Reflektion von Tieraugen: gelb bedeutet Pflanzenfresser, rot hingegen Raubtier!

größere Ökosystem, gefährdete Arten und die biologische Vielfalt zu schützen. Auch wird Aufklärung betrieben, um Konflikte zwischen Menschen und Wildtieren zu verhindern. Da die Verbreitungsgebiete für Wildtiere aufgrund der zunehmenden Zersiedelung immer kleiner werden, ist die Aufklärung über Wildtiere und die Bedeutung einer harmonischen Koexistenz zentral.

Zudem engagiert man sich im Mugie Conservancy im Klimaschutz, unter anderem durch die Nutzung erneuerbarer Energien.

▲ Karte S. 173

■ **Tierwelt im Conservancy**

Die reiche Tierwelt des Naturschutzgebietes umfasst rund 70 Säugetierarten, darunter Löwe, Gepard, Leopard, Büffel, Elefant, Impala, Eland, Warzenschwein und Hyäne. Neben der weit verbreiteten Tüpfelhyäne lebt hier auch die äußerst seltene Streifenhyäne. Das Conservancy ist geprägt vom Mugie-Damm im Zentrum des Schutzgebiets, der 2009 fertiggestellt wurde. Er ist der drittgrößte private Damm Kenias und fasst rund 1,3 Milliarden Liter Wasser. Der Damm spielt eine wichtige Rolle bei der Wasserversorgung der Region in Zeiten der Trockenheit. Im Stausee finden sich vor allem Barsche und Welse.

Mehr als 280 Vogelarten gibt es im Conservancy. Zu sehen sind unter anderem Strichelracke, Schweifglanzstar, Südafrika-Kronenkranich, Weißbauch-Lärmvogel, Graukopfwürger sowie Rallenreiher. Aber auch Zugvögel aus Europa und anderen Gebieten, wie etwa der Weißstorch, werden von dem Damm des Naturschutzgebietes angezogen. Außerdem wurde Mugie vom NABU zu einem wichtigen Brutgebiet für Kronenkraniche erklärt.

Mugie bietet vielen vom Aussterben bedrohten Tierarten, unter anderem dem Grevyzebra, der Netzgiraffe und der Jackson-Kuhantilope (Alcelaphus buselaphus lelwel, auch Lelwel-Kuhantilope) ein Zuhause. Die Populationen dieser Antilopenart sind klein und meist rückläufig. Die weltweite Population der Jackson-Kuhantilope ist nicht bekannt, aber in Laikipia wird ihr Bestand auf 700 bis 1000 Tiere geschätzt. Mugie beherbergt einige Dutzend dieser scheuen Tiere.

Das Mugie Conservancy ist Schauplatz mehrerer Raubtierprojekte, das Löwen, Geparden und Wildhunde erforscht. Die Verwaltung des Schutzgebietes überwacht die Bewegungen, Aktivitäten und das Verhalten der Raubtiere mit Funkhalsbändern. Die erhobenen Informa-

Das zentrale Hochland

Löwenrudel im Mugie Conservancy

tionen sollen dazu beitragen, Konflikte zwischen Mensch, Vieh und Wildtieren zu entschärfen.

■ Vegetation

Das Mugie Conservancy ist geprägt von offener Savanne mit ihren typischen verstreuten Akazienbäumen, Buschwerk und Olivenwäldern, die sich bis zu den Ausläufern des Larogi-Plateaus erstrecken. Diese abwechslungsreiche Landschaft bietet einen Rückzugsort für einige bedrohte und gefährdete Tierarten. Eine der größten Herausforderungen stellt sich dem Schutzgebiet durch die vielen Elefantenherden, die weitestgehend für die Zerstörung und Verschlechterung der Gelbfieberwälder verantwortlich sind. Auf der Suche nach Nahrung knicken Elefanten reife Bäume um und können schwere Schäden verursachen. Durch das Abziehen der Rinde wird das Holzgewebe des Baumes freigelegt, so dass der Baum anfällig für Angriffe von Bohrkäfern und anderen Insekten ist, was schließlich zum Absterben der Gelbfieberbäume

▲ *Pool im Ekorian's Camp*

führen kann. In Mugie lotet man gegenwärtig Strategien aus, diese Zerstörung einzudämmen.

■ Klima

Wie auch bei den anderen Conservancies im Hochland Kenias herrscht in Mugie ein mildes Klima. Die Temperaturen sind das ganze Jahr über relativ konstant – tagsüber liegen sie in den mittleren Zwanzigern, während die Nächte kühler sind. Warme Kleidung für Pirschfahrten ist unerlässlich. Die lange Regenzeit dauert von März bis Mai, die kürzere erreicht im November ihren Höhepunkt.

■ Unterwegs im Conservancy

Safaris auf eigene Faust im Mugie Conservancy sind nicht möglich, sie müssen über die Unterkunft im Schutzgebiet organisiert werden. Neben der klassischen Autosafari hat Mugie viele weitere Aktivitäten zu bieten, zum Beispiel geführte Wanderungen oder Kamel-Spaziergänge. Im Mugie-Stausee kann man angeln. Besonders bekannt aber ist das Mugie Conservancy für sein einzigartiges Angebot, auf dem See **Kajak** zu fahren und die an den Ufergebieten und im seichten Gewässer grasenden Elefanten zu beobachten. Die Tiere sind die Präsenz von Menschen im Wasser gewöhnt, und wenn man sich ruhig verhält, kann man sich den Tieren bis auf wenige Meter nähern. So kann man den Elefanten dabei zusehen, wie sie mit ihrem Rüssel das Gras aus dem Wasser ziehen und an ihren Stoßzähnen in bissfertige Stücke zerteilen sowie deren Kommunikation miteinander durch niederfrequentes Grollen hören – eine atemberaubende Erfahrung!

Wer gerne Golf spielt, kann dies auf dem **Mugie-Golfplatz** tun, dem nördlichsten Golfplatz Kenias. Er liegt inmitten von wunderschönen einheimischen Aloe-Gärten.

Mugie Conservancy

Conservancy Gebühren: Werden bei der Buchung einer Unterkunft mit einbezogen. Weitere Informationen: www.mugie.org

Die Region Laikipia ist durch ein gutes Straßennetz mit Nairobi und anderen großen Städten verbunden. Innerhalb des Conservancies können die Pisten mit einem normalen Fahrzeug befahren werden. Nur in der Regenzeit wird ein Fahrzeug mit Allradantrieb nötig.

Die Anreise mit öffentlichen Verkehrsmitteln ist nicht möglich.

Es gibt regelmäßige Flugverbindungen zwischen der **Landebahn in Mugie** und anderen kenianischen Inlandsflughäfen. Zu buchen über Yellow Wings (www.yellowwings.com).

Ekorian's Mugie Camp, im Conservancy, Tel. +254/(0)704/909355; DZ/VP ab 1060 Euro. Das ökologisch geführte Safaricamp besteht aus 6 geräumigen Zelten und dem einladenden Ess- und Wohnbereich, einer gepflegten Gartenanlage und einem Swimmingpool.
www.ekorian.com
Instagram: @mugiecamp

Governor's Mugie House, im Conservancy, Tel. +254/(0)20/2734000; DZ/VP ab 605 Euro. Von den 8 Steinhäuschen auf einem Hügel bietet sich ein weite Blick auf die Landschaft von Laikipia. Es gibt einen Infinitypool und ein Wasserloch vor dem Mugie House, das eine Vielzahl von Wildtieren anlockt.
www.governorscamp.com
Instagram: @governorscampcollection

Im Mugie Conservancy gibt es einige Campingplätze mit Feuerholz und Wasser sowie Sanitärgebäuden. Diese können über enquiries@mugie.org reserviert werden.

Die beiden Camps verfügen über exzellente Restaurants, in denen jedoch nur Übernachtungsgäste speisen können.

Wer campen möchte, sollte sich vor der Ankunft in Mugie mit genügend Proviant und Trinkwasser eindecken.

Die beiden Unterkünfte in Mugie organisieren zahlreiche Aktivitäten im Naturschutzgebiet: Fuß-, Kamel- und Reitsafaris, Klettern, Mountainbiking, Naturschutzaktivitäten und natürlich Kajak-Touren auf dem Stausee zu Elefanten – ein unvergleichliches Erlebnis!

El Karama Conservancy

Das private Naturschutzgebiet mit Ranch erstreckt sich auf 140 Quadratkilometern. Es ist bekannt für den Reichtum und die Vielfalt seiner Tierwelt: vier der Big Five – Löwe, Leopard, Büffel und Elefant – sind hier heimisch. In El Karama leben auch nördliche Tierarten wie Gerenuks, Grevyzebras, Netzgiraffen, Afrikanische Jagdhunde und die Jackson-Kuhantilope. Nachts können selten anzutreffende Tiere wie der Erdwolf, Streifenhyänen und mit Adleraugen sogar Erdferkel erspäht werden.

Bekannt ist das Naturschutzgebiet auch für sein Konzept des nachhaltigen Tourismus. Die Einnahmen aus dem Ökotourismus kommen dem Schutz der Tierwelt in El Karama zugute. Die Unterkunft des Conservancies arbeitet mit einheimischen Fachkräften zusammen und nutzt ausschließlich erneuerbare Energien. El Karama unterstützt eine Reihe von Forschungs- und Überwachungsprojekten

Elefantenkuh mit Nachwuchs

lokaler Tierarten wie Grevyzebra und Löwe. Außerdem startete im Januar 2020 ein Wiederaufforstungsprojekt, um die durch Elefanten und den Klimawandel verursachten Schäden in diesem Gebiet zu beheben.

■ Tierwelt im Conservancy

El Karama ist ein idealer Ort für Vogelbeobachtungen: 432 Arten, darunter auch Zugvögel aus Europa und anderen Teilen der Welt, wurden hier dokumentiert. 2018 wurde das Schutzgebiet als wichtiges Vogelgebiet ausgewiesen. Zu sehen sind unter anderem das weiß gepunktete Geierperlhuhn, der blaugrün schillernde Baumhopf, die Afrikanische Binsenralle und der Kaptriel.

El Karama verfügt über eine hohe Dichte an Raubtieren. Die Streifenhyäne ist eine der am stärksten bedrohten Tierarten auf El Karama, und obwohl man manchmal Spuren findet, sind Sichtungen äußerst selten. Löwen hingegen sieht man häufiger. Obwohl Löwen in der Hierarchie der Großkatzen ganz oben stehen, werden sie aufgrund von Lebensraumverlust, Jagd und Vergiftung als gefährdet eingestuft. Es wird vermutet, dass die Population in den letzten 20 Jahren um 30 bis 50 Prozent zurückgegangen ist, sodass die geschätzte Zahl der Löwen in Afrika heute zwischen 23 000 und 39 000 liegt. Die kenianische Löwenpopulation wird auf 2280 Tiere geschätzt, von denen etwas mehr als 15 Prozent im Ökosystem Laikipia-Samburu leben. Löwen sind die geselligsten unter den Großkatzen und bilden ihre Rudel um verwandte Weibchen, die gemeinsam jagen und Nachwuchs aufziehen. Männchen werden im Alter von zwei bis drei Jahren aus dem Rudel verstoßen und schließen sich dann oft zusammen, da Löwen in Teams effektiver jagen.

Die dichte Vegetation, die Flüsse und die vielen Boscia-Bäume (kleine, immergrüne Bäume) bilden die Grundlage für eine der größten Leopardenpopulationen in Kenia. Obwohl Leoparden aufgrund ihrer sehr geheimnisvollen Gewohnheiten nicht häufig gesichtet werden, haben Gäste die Chance, diese Großkatze in der Morgen- und Abenddämmerung zu sehen.

■ Vegetation

Über weite Teile des El Karama Wildlife Conservancies erstreckt sich Kurzgrassavanne, die von Büschen, Boscia coriacea, Akazien und Felsen durchsetzt ist. An den Flüssen und Luggas, die nur während der Regenzeiten Wasser führen, wächst dichte Vegetation mit hohen Gelbfieberakazien. In El Karama gibt es zudem fünf Dämme. Diese vielen Wasserquellen und Feuchtgebiete sind für die Vogelwelt äußerst attraktiv, und in den Trockenzeiten versammeln sich hier zahlreiche Wildtiere.

■ Klima

In El Karama herrscht ein mildes Klima. Die Temperaturen sind das ganze Jahr über relativ konstant – tagsüber liegen sie in den mittleren Zwanzigern, die Nächte sind kühler. Warme Kleidung für Pirsch-

Karte S. 173

fahrten ist unerlässlich. Die lange Regenzeit dauert von März bis Mai, während die kürzere Regenzeit im November ihren Höhepunkt erreicht.

■ Im Conservancy unterwegs

Safaris auf eigene Faust im El Karama Conservancy sind nicht möglich, sie müssen über die Unterkunft organisiert werden. Das Schutzgebiet kann zu Fuß, mit dem Auto, auf Pferden oder mit dem Hubschrauber erkundet werden. Bei diesen unvergesslichen Erlebnissen werden Sie von Guides begleitet, die hier aufgewachsen sind und die Landschaft genau kennen. Wanderungen können je nach Wunsch ein paar Stunden oder den ganzen Tag dauern und bieten Einblicke in die Geologie, Botanik und Ornithologie von El Karama.

Die Wildnis des Schutzgebietes reitend zu erleben, bietet eine andere Perspektive und Nervenkitzel, da man den Tieren näher kommen kann als mit dem

Am Karamafluss

Auto oder zu Fuß. Heli-Trips dagegen stellen ein ultimatives Luxus-Safari-Erlebnis dar. Die atemberaubende Landschaft zeigt sich völlig anders aus der Vogelperspektive.

Conservancy-Gebühren: Werden bei der Buchung der Unterkunft mit einbezogen.

Die Region Laikipia ist durch ein gutes Straßennetz mit Nairobi und anderen großen Städten verbunden. Innerhalb des Conservancies können die Pisten mit einem normalen Fahrzeug befahren werden. Nur in der Regenzeit wird ein Fahrzeug mit Allradantrieb nötig.

Die Anreise mit öffentlichen Verkehrsmitteln ist nicht möglich.

El Karama Lodge, im Conservancy, Tel. +254/(0)702/996902; DZ/VP 1332 Euro. Schöne Lodge, idyllisch in einer malerischen Flusslandschaft gelegen. Die luftigen Cottages sind aus Naturstein, ge-

schnitztem Fallholz, Stroh und Segeltuch gebaut, liebevoll eingerichtet und verfügen über Solarstrom. Die exzellenten Mahlzeiten werden mit Zutaten aus dem eigenen Bio-Garten zubereitet. Zudem gibt es ein Spa und einen Swimmingpool. El Karama bietet zahlreiche Aktivitäten für Kinder an und ist eine der führenden Ökolodges in Kenia. www.elkaramalodge.com Instagram: @elkaramalodge

Die El Karama Lodge organisiert zahlreiche Aktivitäten im Naturschutzgebiet. Dazu zählen Fuß-, Kamel-, Nacht- und Reitsafaris, Sundowners in der Natur, Angeln und Naturschutzaktivitäten. Pirschfahrten mit dem eigenen Fahrzeug sind nicht möglich. Zu den Aktivitäten für Kinder gehören eine Spurensuche mit Gipsabdrücken, Malen und Bildhauerei in der Galerie. Auch der landwirtschaftliche Betrieb, der Garten und die Molkerei können besucht werden.

Das zentrale Hochland

Die Atmosphäre ist feucht und kühl. Am frühen Morgen werden die dichten Wolken von einem belebenden Strom kalter Luft weggefegt, der zusammen mit dem Tau der Nacht die Pflanzen und Bäume erfrischt.

Donaldson Smith über den Marsabit-Berg, 1893
(eigene Übersetzung)

Elefanten im Buffalo-Springs-Nationalreservat

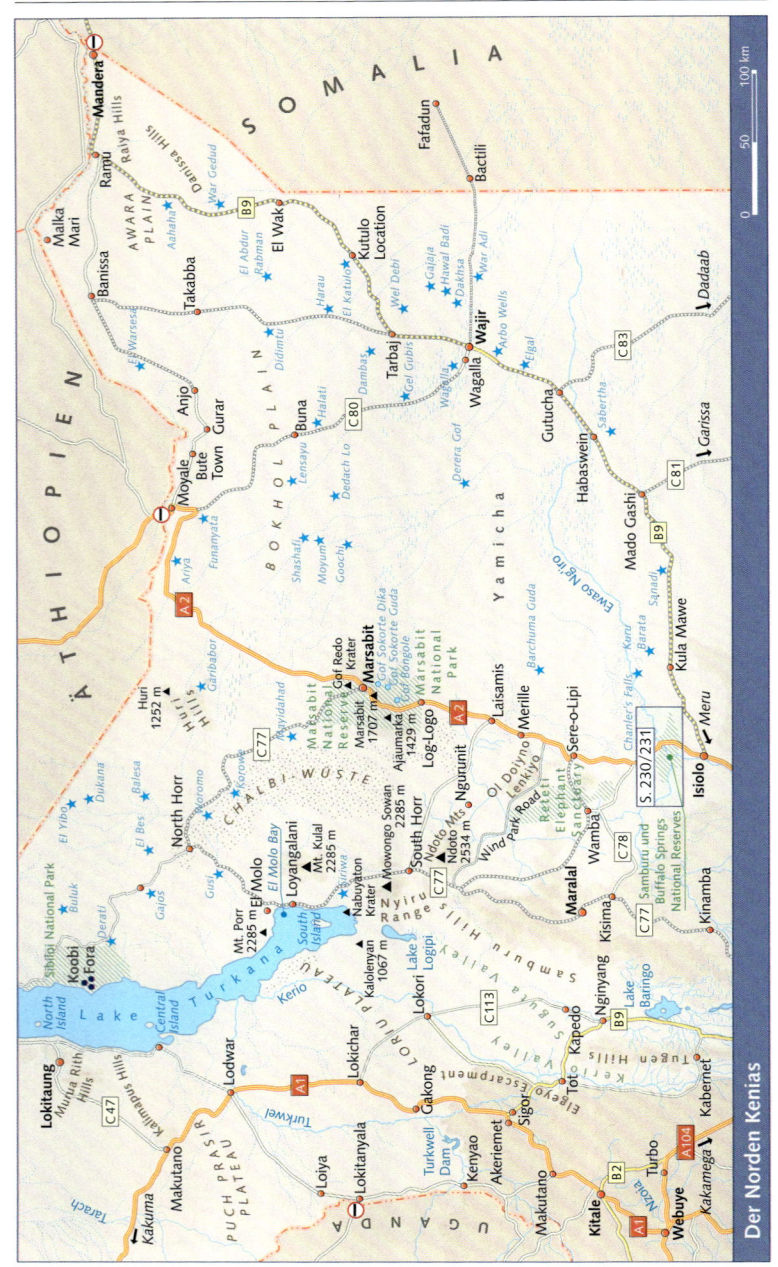

Der Norden Kenias

Wer in den Norden reist, betritt die touristisch weitgehend unbekannte Hälfte Kenias. Hier erstrecken sich weitläufige Buschlandschaften, Wüsten und Halbwüsten, die etwa ein Drittel der kenianischen Landesfläche bedecken. Diese sind von Luggas durchzogen – trockenen Flussbetten, die nach heftigen Regenfällen zum Leben erwachen, das Land überfluten und die Pisten verändern. Die schier unendlichen windigen Ebenen Nordkenias werden von kleinen Inselbergen durchbrochen.

Eine Reise in den Norden birgt viele Höhepunkte. Man fährt über achsenbrecherische Pisten durch raue Landschaften und flimmernde Wüsten mit Fata Morganas und Sandteufeln. Man holpert vorbei an erloschenen Vulkanen und uralten Lavafeldern. In diesen Gegenden begegnet man nur wenigen Menschen der verschiedenen Ethnien, die ihre Kühe, Ziegen oder Kamele hüten. Kinder ziehen an Schnüren befestigte Wasserkanister hinter sich her, die sie von den wenigen Brunnen dieser Region nach Hause bringen.

■ **Ethnien im Norden**

Der Norden ist das Land nomadischer Ethnien, vor allem Samburu, Rendille, Turkana, Borana, Gabbra und Somali. Viele pflegen bis heute einen nomadischen Lebensstil und errichten an ihren Zwischenstationen nur provisorische Hütten, die mit Pappe bedeckt werden. Langfristig angelegte Hütten dagegen werden mit Kuhfladen verkleidet. Die meisten Menschen, denen man hier begegnet, sprechen kaum Englisch.

■ **Sehenswertes**

Die Fahrt führt zu Bergen, die von uralten Wäldern bedeckt sind. In diesen grünen Oasen finden sich paradiesisch anmutende Kraterseen und ein großer Tierreichtum mit vielen Arten, die man nur in Nordkenia findet. Einer dieser Berge ist der gewaltige Schildvulkan **Mt. Marsabit** (→ S. 241).

Vielleicht die größte Attraktion im Norden ist der türkisblau schimmernde **Turkanasee** (→ S. 248), der größte permanente Wüstensee der Erde, der den poetischen Beinamen »Jademeer« trägt. Der See erstreckt sich mit seinen kargen Ufern bis zum nördlichen Nachbarland Äthiopien. Zahllose steile Stratovulkane brechen aus den Lavafeldern und den Gewässern des Turkanasees hervor und bilden eine marsähnliche Landschaft. Hier, wie auch in den Wäldern der bewaldeten Berge, findet man eine reiche Vogelwelt vor. Während des Aufenthalts am Turkanasee sind Begegnungen mit verschiedenen Ethnien möglich, unter anderem mit der kleinsten Ethnie Kenias, den El Molo.

Am Turkanasee liegt auch der **Sibiloi-Nationalpark** (→ S. 253), der als bedeutende Fundstätte versteinerter Zeugnisse früher Menschen und prähistorischer Tiere bekannt geworden ist. Zu den bedeutendsten Entdeckungen zählen ein etwa 2,5 Millionen Jahre alter Homo rudolfensis und etwa 3,5 Millionen alter Kenyanthropus platyops. Der Sibiloi-Nationalpark gehört, zusammen mit den dramatischen Vulkanlandschaften des Turkanasees, zum UNESCO-Weltnaturerbe.

■ **Anreise**

Obwohl es im Norden nicht an spektakulären Landschaften, interessanten Aktivitäten und einer ganz eigenen Tier- und Pflanzenwelt mangelt, kommen Reisende oftmals nur bis zu den tierreichen **National Reserves von Samburu und Buffalo Springs** (→ S. 229). Grund dafür ist, dass der Norden vom Staat im Vergleich

Der Norden

zu anderen Regionen eher vernachlässigt wird, was vor allem an der schlechten Infrastruktur zu sehen ist. Diese wird jedoch Stück für Stück verbessert, etwa durch den Bau der Teerstraße nach Marsabit. Autopannen, Hitze und Staub sowie lückenhafte Handy- und Internetverbindungen gehören bei einer Reise nach Nordkenia dazu.

Fahrten in den Norden Kenias müssen gut geplant werden, und es gibt nur einige wenige Routen, die empfehlenswert sind. Möchte man von Kenia über den Landweg nach Äthiopien reisen, so bietet sich die gut ausgebaute Strecke von **Isiolo** (→ S. 227) über **Marsabit** (→ S. 238) nach Moyale, der Grenzstadt zu Äthiopien, an. Möchte man nach **Loyangalani** (→ S. 250) am Ostufer des Lake Turkana, fährt man über **Laisamis** und **South Horr** (→ S. 247).

Für Fahrten in den Norden ist ein Fahrzeug mit Allradantrieb unerlässlich. Generell gilt außerdem, dass Sie nur in den größeren Städten Tankstellen finden und dort Ihren Tank auffüllen sollten. Die Strecken zwischen den Städten sind lang, und die nächste Tankstelle ist möglicherweise hunderte Kilometer entfernt. Weitere Informationen auf www.the bignorth.travel.

Sicherheitslage

Zwischen den Ethnien im Norden Kenias kommt es seit Jahren vereinzelt zu bewaffneten Konflikten, wodurch die Sicherheitslage in der Region immer wieder instabil ist. Diese Konflikte drehen sich in den meisten Fällen um Weiderechte und Viehdiebstähle. So sieht man oftmals, wie Viehhirten ihre Tiere mit Maschinengewehren bewachen. Reisende bekamen aber davon in der Vergangenheit wenig mit.

In bestimmten Gegenden finden immer wieder Überfälle statt. Dies führte dazu, dass auf den meisten Hauptstraßen Konvois oder bewaffnete Eskorten erforderlich waren. Die kenianische Regierung geht hart gegen die Gesetzlosigkeit vor, und die Sicherheit im Norden hat sich verbessert. Wie dem auch sei, die Sicherheit in dieser Region ist ein dynamisches Gebilde, und Reisende sollten sich vor ihrer Reise vor Ort über die neuesten Entwicklungen informieren und keine unnötigen Risiken eingehen. Informieren Sie sich auch über den Zustand der Straßen sowie die Notwendigkeit, in einem Konvoi zu fahren. Aktuelle Infos erhält man auf den Websites der Botschaften und während der Reise an den vielen Polizei-Checkpoints, die zumeist an den Ortsausgängen der Städte platziert sind. Für Reisende mit eigenem Fahrzeug ist eine gute Ausrüstung erforderlich. Dazu zählen mindestens zwei Ersatzreifen

Karte S. 224

▲ *Viehhirte im Marsabit-Nationalpark*

Der Wasserspiegel des Turkanasees ist in den letzten Jahren gestiegen

und Werkzeug. Zu empfehlen ist auch, den Tank sowie einen Reservekanister in den größeren Städten immer aufzufüllen. Um sich diese Organisationsarbeit zu sparen, können Sie Ihre Reise auch mit einem erfahrenen und spezialisierten Reiseunternehmen durchführen (→ S. 403).

Isiolo

Einen extremen Landschaftswechsel kann man beobachten, wenn man von Nanyuki über die A 2 nach Isiolo fährt. Man kommt aus dem kühlen, fruchtbaren Hochland im Umland des Mt. Kenya und fährt in steilem Winkel hinab in die heiße und trockene Ebene um Isiolo. Mit jeder Minute wird die Luft wärmer; in Isiolo kommt man bereits aus allen Poren schwitzend an. Aber nicht nur die Landschaft verändert sich,

sondern auch die Kulturen, die man in der 30 000-Einwohner-Stadt vorfindet. Während die Städte im Hochland vor allem durch die Kikuyu geprägt sind, findet sich in Isiolo ein buntes Mosaik an Kulturen. Isiolo liegt nämlich genau an der Grenze zwischen dem zentralen Hochland und Nordkenia.

Besonders an den Tagen, an denen der **Viehmarkt** stattfindet, herrscht in der Stadt ein reges Treiben mit Mitgliedern der Samburu, Borana, Kikuyu, Meru und Somali. Auf dem Markt werden unter anderem Vieh, Kamelfleisch, Lebensmittel aus dem Hochland, der schöne Schmuck aus Messing, Kupfer und Aluminium der Samburu und Somali sowie Waren aus Nairobi und Mombasa verkauft. Isiolo ist zudem ein zentraler Absatzmarkt für Miraa aus Meru, das man viele Menschen in der Stadt kauen sieht.

Der Norden

🚗 **Isiolo**

Isiolo ist durch gut ausgebaute Straßen sowohl mit dem Süden als auch mit dem Norden verbunden.

Fahrzeit von Nanyuki: ca. 1,5 Std.

Wer selbst fährt, sollte unbedingt in Isiolo den **Reifendruck** prüfen! Dieser steigt durch den Temperaturunterschied zwi-

schen Nanyuki und Isiolo stark. Das Fahrzeug sollte einen **Allradantrieb** haben und über große Bodenfreiheit, einen Unterfahrschutz für das Fahrwerk, einen Wagenheber, Sandleitern, eine Schaufel, ein langes, starkes Seil oder eine Kette (zum Ankoppeln an andere Fahrzeuge) sowie genügend Kraftstoff, Wasser und Ersatzreifen (einer reicht selten aus) verfügen. Ein Kompass und eine gute Karte sind ebenfalls von unschätzbarem Wert.

Die meisten Busunternehmen bedienen Nairobi täglich mit Abfahrt frühmorgens vor den jeweiligen Büros an der **Hauptstraße von Isiolo**. Sie halten auch am **Bus Stand südlich des Marktes**. Empfehlenswerte Busunternehmen (auch Fahrten in andere Städte Nordkenias) → S. 116.
Auch Matatus verbinden Isiolo mit Nordkenia und der Umgebung und fahren regelmäßig von einem chaotischen Stand rund um den Markt ab.

Die meisten Reisenden passieren Isiolo lediglich auf ihrer Reise in die Naturschutzgebiete Samburu und Buffalo Springs. In Isiolo ist das Bomen-Hotel zu empfehlen.

Hotel Bomen, Abzweigung A 2, Tel. +254/ (0)700/858882; DZ/F ab 40 Euro. Einfaches Hotel in der Stadtmitte mit sauberen Zimmern und guten kenianischen und indischen Speisen. Das Personal ist freundlich und hilfsbereit. Alles in allem eine gute Budget-Option.

Es gibt zahlreiche kleine Esslokale, und einige Unterkünfte verfügen über kleine Restaurants. Hier kann man für wenig Geld typische kenianische Speisen probieren. Im Restaurant des Bomen-Hotels können auch Nicht-Gäste essen.

In Isiolo gibt es kaum gute Einkaufsmöglichkeiten. Bei Anreise über Nanyuki sollte man sich in den dortigen Supermärkten mit Proviant und Trinkwasser eindecken (→ S. 186).

Karte S. 224, 230/231

Achtung, Elefanten!

Am Ewaso-Ngiro-Fluss

Samburu und Buffalo Springs National Reserves

Das 131 Quadratkilometer große Buffalo Springs National Reserve und das 165 Quadratkilometer große Samburu National Reserve, die seit 1948 unter Schutz stehen, liegen direkt nebeneinander und werden durch den Ewaso-Ngiro-Fluss geteilt. Die zwei Reservate sind nicht umzäunt und bilden einen zusammenhängenden Naturraum, was für die Wanderungsbewegungen der Wildtiere von zentraler Bedeutung ist. Aus diesem Grund werden sie hier zusammen beschrieben. Das Samburu National Reserve erstreckt sich am nördlichen Ufer des Ewaso Ngiro, und das Buffalo Springs National Reserve am südlichen. Die oasenhafte Flusslandschaft und der Tierreichtum machen sie zu zwei der meistbesuchten Naturschutzgebiete Kenias. Die meisten Camps und liegen an den Ufern des Ewaso-Ngiro-Flusses.

Die Sicherheitslage in der gesamten Region war in den 1980er Jahren prekär, über etliche Jahre konnte man weder Samburu noch Buffalo Springs besuchen. Durch den starken Einsatz gegen Wilderei Anfang der 1990er Jahre stabilisierte sich die Lage. Nashörner konnten aber in keinem der Schutzgebiete überleben.

Tierwelt

Die Tierwelt ist geprägt von den Tieren der ariden Zone Nordkenias, den so genannten Northern Five: Grevyzebra, Beisa-Spießbock, Somali-Strauß, Netzgiraffe und Gerenuk. Das Grevyzebra (Equus grevyi) wird als gefährdet eingestuft, wobei die aktuellen Schätzungen der weltweiten Population zwischen 1900 und 2450 liegen. Nach Angaben des Grevy's Zebra Trust (→ S. 413) ist der Bestand in den letzten vier Jahrzehnten weltweit um 80 Prozent zurückgegangen. Im Gegensatz zum Steppenzebra, das in fast ganz Afrika südlich der Sahara verbreitet ist, kommt das Grevyzebra nur in Äthiopien und Kenia vor; in Somalia gilt es als ausgerottet. Das Laikipia-Samburu-Ökosystem ist nach wie vor ein wichtiges Gebiet für die Erhaltung dieser

Der Norden

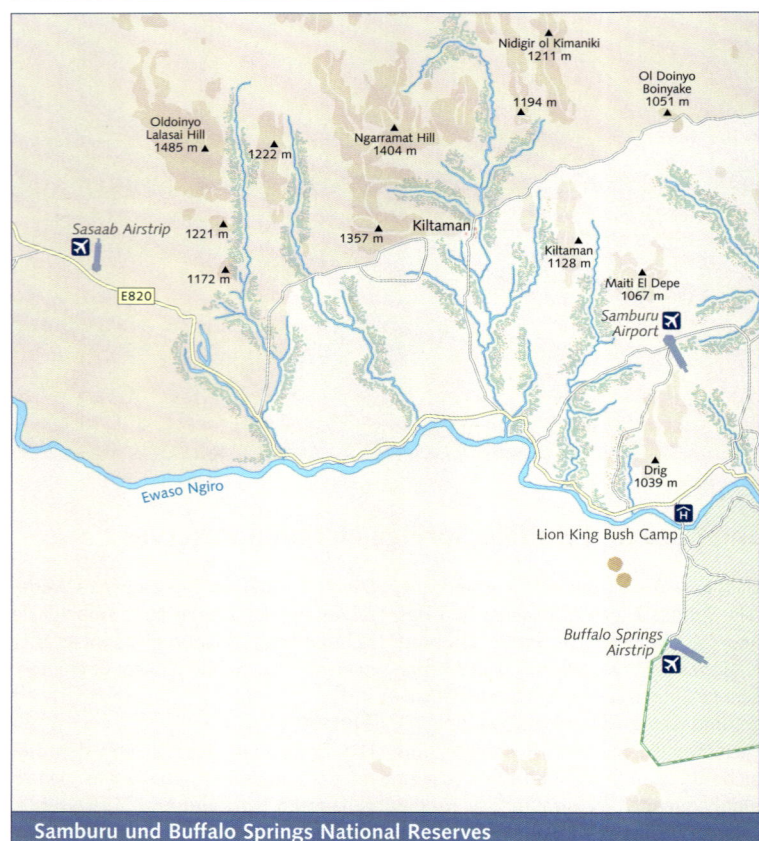

Samburu und Buffalo Springs National Reserves

Art. Auch weitere Arten wie Elenantilopen, Buschböcke, Elefanten, Wildbüffel, Wasserböcke, Kleine Kudus und Grantgazellen kommen vor. Leoparden jagen in den Galeriewäldern des Ewaso Ngiro und Geparden in den Grassavannen. Die Population an Löwen ist dagegen vergleichsweise gering. Neben Tüpfelhyänen kommen auch die äußerst seltenen Streifenhyänen vor.

Am Ewaso Ngiro kann man Elefantenherden beim Trinken oder bei der Überquerung des Flusses beobachten. In Trockenzeiten graben Elefanten mit ihren Rüsseln tiefe Löcher ins ausgetrocknete Flussbett, um an unter der Erde liegendes Wasser zu gelangen. Im braun-grauen Wasser des Flusses leben unzählige Nilpferde und gewaltige Krokodile, die sich hie und da auf den Sandbänken sonnen. Auch der bis zu zwei Meter lange Nilwaran lässt sich beobachten.

Abkühlung von der Mittagshitze außerhalb der Ufergebiete der Flüsse bieten in den Schutzgebieten lediglich die Bäume und Büsche, in deren Schatten sich Geierperlhühner und Antilopen vor der gleißenden Sonne schützen.

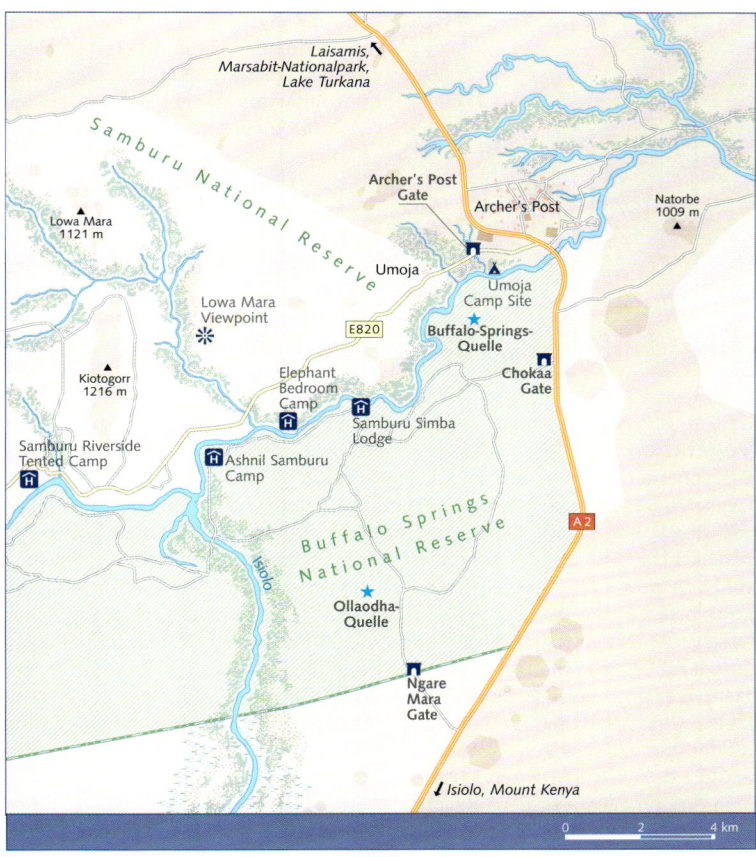

In den Reservaten leben über 450 Vogelarten. In den Galeriewäldern des Ewaso Ngiro sieht man unter anderem den selten anzutreffenden Flammenkopf-Bartvogel sowie allerlei Bienenfresser und Greifvögel. Häufig sieht man Kampfadler, die größten Adler Afrikas, in den hohen Bäumen sitzen, wo sie entweder nach Perlhühnern und Dikdiks Ausschau halten oder diese nach erfolgreicher Jagd verspeisen. Von der Uferlandschaft hat man immer wieder schöne Ausblicke auf den Ewaso Ngiro, wo man Goliathreiher und zahlreiche Wasservögel beobachten kann.

Die Quellen von Buffalo Springs ziehen vor allem in der Trockenzeit tausende von Vögeln an, etwa Gelbkehl-Flughühner und Tauben, aber auch verschiedene Arten von Staren wie den orange-weißen Starweber und den Büffelweber. Es lohnt sich, an einer Stelle im Schatten an diesen Wasserstellen zu verweilen und das Treiben der Tiere zu beobachten. Denn in der Trockenzeit konzentrieren sich die Wildtiere auf die Uferbereiche und Galeriewälder des Ewaso-Ngiro-Flusses. Während der Regenzeiten aber findet man die Tiere in der weitläufigen Savanne verstreut.

Geierperlhuhn

Vegetation

Die Lebensader der Reservate ist der **Ewaso Ngiro**, der mächtig und ockergelb strömt. Jenseits des Flusses erstreckt sich eine trockene Einöde, die am Horizont von einer Kette dunkler Berge abgeschlossen wird.

Entlang des Ewaso Ngiro befinden sich Galeriewälder, die vor allem in der Trockenzeit einen Zufluchtsort für Wildtiere bilden. Charakteristisch für die Galeriewälder sind verschiedene Akazienarten und die hohen, verzweigten Doumpalmen. In den Galeriewäldern ist immer viel los – hinter jedem zweiten Baum stößt man auf eine Netzgiraffe oder einen Elefanten, und zwischen den Bäumen flattern allerlei Vögel umher.

Der Ewaso-Ngiro-Fluss stellt aber nicht nur für die Wildtiere, sondern auch für die in der Region lebenden Menschen eine Lebensader dar. Vor allem die Viehherden der Samburu- und Borana-Ethnien werden hier getränkt. Jedes Jahr lassen heftige Regenfälle den Fluss über die Ufer treten, wobei regelmäßig Brücken und Camps weggespült werden.

Auf der Südseite des Ewaso Ngiro in Buffalo Springs befinden sich drei Flüsse – der Isiolo River, der Ngare Mara River und der Maji ya Chumvi –, die an ihren Mündungen in den Ewaso Ngiro weitläufige Sümpfe bilden. Der Name des Reservats stammt von den großen Wildbüffelherden, die sich in diesen Sümpfen aufhalten.

Die zwei Schutzgebiete sind geprägt von Grassavannen und Trockenbusch, der vor allem aus Commiphora- (Myrrhe-) und Combretum- (Langfäden-) Bäumen besteht. Die flachen Ebenen sind gesprenkelt mit einzelnen Kopjes und einsamen Bäumen und durchzogen von sandigen Luggas. Einige Kopjes lassen sich besteigen und eröffnen sagenhafte Ausblicke auf das Umland.

Klima

Die Naturreservate Samburu und Buffalo Springs liegen im trockenen Nordkenia, das von halbwüstenartigen Landschaften und einem jährlichen Niederschlag von rund 300 Millimeter geprägt ist. Durchschnittlich ist es in der Samburu-Region tagsüber 30 Grad Celsius warm. In der Nacht liegt der Durchschnitt bei 22 Grad Celsius. Es ist zu empfehlen, die Naturschutzgebiete während der Trockenzeiten von Januar bis Februar sowie von Juni bis September zu besuchen. Zu diesen Zeiten sind die Pisten besser zu befahren, und die Tierwelt konzentriert sich auf die Flussläufe und deren Ufergebiete, Tierbeobachtungen sind somit leichter.

Unterwegs in den Nationalreservaten

Von Archer's Post kommend, empfiehlt es sich, für das Samburu National Reserve das mit Netzgiraffenmuster bemalte **Archer's Post Gate** zu verwenden. Das Buffalo Springs National Reserve betritt man durch das mit Grevyzebra-Streifen bemalte **Chokaa Gate**. In beiden Reservies gibt es einige Hauptwege und eine Vielzahl an Abzweigungen. Orientieren

▲ Karte S. 230/231

kann man sich hierbei – sofern in Sichtweite – am Ewaso Ngiro. Zudem stehen an den wichtigen Abzweigungen Wegweiser. Die Strecken sind teils holprig, teils sandig, aber in der Trockenzeit generell gut und ohne Allrad-Fahrzeug zu befahren. Zu Regenzeiten ist ein Fahrzeug mit Allradantrieb zu empfehlen.

Beide Reservate kann man an einem Tag nacheinander erkunden. Man könnte beispielsweise im Samburu National Reserve früh am Morgen starten und den **Ewaso-Ngiro-Fluss** entlangfahren, insgesamt besitzt Samburu 32 Kilometer Uferlinie. Dort lassen sich die meisten Tiere beobachten. Um die Mittagszeit könnte man den Park über das Archer's Post Gate verlassen, und über das Chokaa Gate in das Buffalo Springs Reserve. Hier könnte man zunächst zur Süßwasserquelle **Buffalo Springs** fahren, in der man baden kann. Nach einer Siesta bietet es sich an, das Gebiet entlang der kleinen Flussläufe in Richtung **Ngare Mara Gate** zu erkunden, wo sich allerlei Wildtiere tummeln. Auch im Buffalo Springs Reserve lohnt es sich, die 16 Kilometer lange Uferlinie des **Ewaso Ngiro** entlang zu fahren.

Umoja

In der Nähe von Archer's Post liegt das berühmte Dorf Umoja (Swahili für »Einheit«), in dem ausschließlich Samburu-Frauen mit ihren Kindern leben. Das Dorf wurde 1990 von einer Gruppe Samburu-

Das Archer's Post Gate

Frauen gegründet, die sich damit gegen die diskriminierende Behandlung innerhalb ihrer Ethnie wehrten. Frauen haben bei den Samburu nur wenige Rechte, sie haben fast keinen Zugang zu Bildung, werden der Zwangsheirat sowie der Genitalverstümmelung unterzogen. Sie leiden oft unter häuslicher Gewalt, haben kein Recht auf Grundbesitz sowie kaum politisches Mitspracherecht.

Die Samburu-Frauen betreiben Umoja mit wirtschaftlichem Erfolg. Sie leiten einen **Zeltplatz** (→ S. 234) und verkaufen wunderschönen, handgefertigten Schmuck. Die Männer, die in den umliegenden Dörfern leben, versuchen regelmäßig, Umoja zu sabotieren und erzählen manchen Reisenden, das Dorf liege woanders oder andere Lügen. Hören Sie nicht auf solche Behauptungen, besuchen Sie das Dorf und unterstützen Sie es durch den Kauf eines Schmuckstücks oder die Übernachtung auf dem Zeltplatz.

Der Norden

ℹ️ Samburu und Buffalo Springs

Es gibt für jedes Naturschutzgebiet verschiedene Gates, Reisende verwenden in den meisten Fällen das **Archer's Post Gate** für das Samburu National Reserve und das **Chokaa Gate** für das Buffalo Springs National Reserve.
Parkgebühren: Zu entrichten an den Gates der Nationalreservate. Die Parkgebühren betragen 70 US-Dollar pro Person. Tickets sind für beide Reservate gültig. Camping

kostet innerhalb der Reservate 30 US-Dollar Pers./Nacht. Tgl. 6–18.30 Uhr offen.

****

Die Naturschutzgebiete sind durch die gut ausgebaute A 2 zu erreichen. Die Strecken innerhalb der Reserves sind teils holprig, teils sandig, aber in der Trockenzeit generell gut und ohne Allrad-Fahrzeug zu befahren. Zu Regenzeiten ist ein Fahrzeug mit Allradantrieb zu empfehlen.

Fahrzeit von Nairobi: ca. 6 Std.
Von Nanyuki: rund 2 Std.

Überlandbusse und Matatus fahren den in der Nähe des Parkgates gelegenen Ort **Archer's Post** an. Verbindungen zu den Naturschutzgebieten selbst gibt es nicht.

Regelmäßige Flugverbindungen zwischen der **Sasaab-Landebahn** im Samburu National Reserve und weiteren kenianischen Inlandsflughäfen. Zu buchen über Safarilink (www.flysafarilink.com), AirKenya (www.airkenya.com) und Yellow Wings (www.yellowwings.com). AirKenya und Yellow Wings fliegen zudem die **Landebahn in Buffalo Springs** an.
Weitere Informationen:
www.samburureserve.com

 Samburu National Reserve

Elephant Bedroom Camp, am Ewaso-Ngiro-Fluss, Tel. +254/(0)704/418651; DZ/VP ab 1440 Euro. Rustikal-schickes Camp am malerischen Ufer des Ewaso Ngiro. Die Unterkunft bietet luxuriöse Zelte, ein Spa und einen Swimmingpool. Das Restaurant serviert internationale Köstlichkeiten. www.atua-enkop.com/elephant-bedroom-camp
Instagram: @elephantbedroomcamp
Lion King Bush Camp, am Ewaso Ngiro, Tel. +254/(0)710/350782; DZ/VP 180 Euro. Dieses schlichte Safaricamp liegt in einem schattigen Wäldchen am Ewaso-Ngiro-Fluss und ist nicht umzäunt. Daher kommen regelmäßig allerlei Wildtiere in das Camp, was Beobachtungen aus nächster Nähe möglich macht. Das Camp organisiert außerdem Ausflüge in die Umgebung. www.lionkingsafari.com
Instagram: @lionkingbushcamp
Samburu Riverside Tented Camp, am Ewaso Ngiro, Tel. +254/(0)710/699789; Safarizelt/VP ab 90 Euro. Kleines, umweltfreundliches Camp in der Nähe des Ewaso Ngiro. Drei Luxuszelte und drei Standard-

zelte, jeweils mit eigenem Bad, Umkleideraum und Außensitzbereich. Das Camp verwendet Solarenergie.
www.sambururiversidecamp.com
Facebook: Samburu Riverside Camp & Safaris

 Buffalo Springs National Reserve

Ashnil Samburu Camp, am Ewaso Ngiro, Tel. +254/(0)717/612499; DZ/F ab 240 Euro. Schönes Camp im Galeriewald des Ewaso Ngiro, verfügt über gemütliche Luxus-Safarizelte, Swimmingpool und ein hervorragendes Restaurant.
www.ashnilhotels.com/samburu
Instagram: @ashnillodges
Samburu Simba Lodge, am Ewaso Ngiro, Tel. +254/(0)722/788830; DZ/VP ab 220 Euro. Große Lodge mit geräumigen Zimmern, Swimmingpool und einem guten Restaurant.
www.simbalodges.com
Instagram: @simbalodges

Umoja Camp Site, Abzweigung A 2, Archer's Post, Tel. +254/(0)721/659717; ganze Banda ab 24 Euro, Camping ab 10 Euro Pers./Nacht. Schöne Bandas und Zeltplatz auf einem 14 ha großen Grundstück direkt am Ufer des Ewaso Ngiro, in der Nähe des Archer's Post Gates. Es gibt ein kleines Café, das Mahlzeiten auf Anfrage serviert. Ab und zu wird der Zeltplatz von Elefanten und Zebras besucht. www.umojawomen.or.ke

Die Lodges in den Nationalreservaten haben gute Restaurants, in denen man teilweise auch essen kann, wenn man woanders übernachtet.

In und um die Nationalreservate gibt es kaum gute Einkaufsmöglichkeiten. Bei Anreise über Nanyuki sollte man sich dort mit Proviant und Trinkwasser eindecken (→ S. 186).

Karte S. 230/231

Die Ethnie der Samburu

Die Samburu sind eine nilotische Ethnie im Norden und Zentrum Kenias. Sie leben halbnomadisch, hauptsächlich von der Viehzucht und halten Rinder, aber auch Schafe, Ziegen und Kamele. Die Samburu-Familien wohnen in Hütten aus Ästen, Lehm und Dung, die gruppenweise von einem Zaun aus Dornenbüschen umgeben sind. Die Nutztiere verbringen die Nächte innerhalb des Dorfzaunes, um sie vor Raubkatzen zu schützen. Sie werden vor allem zur Milchgewinnung und nicht zur Fleischproduktion gehalten. Die Samburu sprechen den Samburu-Dialekt der Maa-Sprache, die auch von den Maasai im Süden und den Njemps im Norden Kenias gesprochen wird. Manche sehen die Samburu als eigenständige Ethnie an, andere definieren sie als Untergruppe der Maasai. Ihre enge Verbindung mit den Maasai ist unter anderem an ihrer Kleidung und ihrem Schmuck zu erkennen. Sambu-ru-Frauen beispielsweise tragen ähnliche bunte Perlenketten wie die Maasai. Die Vorfahren der Samburu wanderten aus einem Gebiet östlich des heutigen Juba im Südsudan ein. Diese Wanderung begann Anfang des ersten Jahrtausends nach Christus. Maa-sprechende Menschen erreichten das Gebiet des Rift Valleys gegen Ende des 9. Jahrhunderts und die südlich gelegenen Gebiete Tansanias wahrschein-lich Mitte des 16. Jahrhunderts. Vom Land westlich des Turkanasees wurden die Samburu von den Turkana, die zusammen mit den Pokot ihre westlichen Nachbarn wurden, vertrieben. Im Norden und Nordosten leben die Rendille, mit denen die Samburu eine friedliche und für beide Seiten vorteilhafte Beziehung pflegen. Wie die Rendille färben die Samburu-Krieger ihr Haar oft mit rotem Ocker, um sich vor der gleißenden Sonne Nordkenias zu schützen. Die Samburu stehen seit langem wegen der Diskriminierung der Frauen in der Kritik von kenianischen wie auch internationalen Menschenrechtsorganisationen. Nicht nur haben Frauen weniger Rechte und mehr Zwänge als Männer; sie haben auch einen stark eingeschränkten Zugang zu Bildung, und viele Frauen werden bis heute zur Genitalverstümmelung gezwungen. Dagegen spricht sich unter anderem die kenianische Aktivistin Rebecca Lolosoli aus, die mit einer Gruppe Samburu-Frauen in den 1990er Jahren das Dorf Umoja (→ S. 233) gründete.

Samburu-Frauen in traditioneller Kleidung

Reteti Elephant Sanctuary

Nördlich der Nationalreservate Samburu und Buffalo Springs liegt das Reteti Elephant Sanctuary. Man fährt zunächst auf dem gut ausgebauten Highway und biegt dann links auf eine sandig-felsige Piste ab, die einen durch das wildreiche Akazienbuschland des **Namunyak Wildlife Conservancies** führt. Dieses 1955 gegründete Conservancy ist zugleich das älteste und größte in Kenia. In den Büschen lassen sich allerlei Singvögel, Gerenuks, Dikdiks und Perlhühner erspähen. Gerenuks haben den Spitznamen »Giraffengazelle« und verlassen sich auf Akrobatik und ihre langen Hälse, um saftige Blätter zu erreichen, die andere Weidetiere nicht erreichen können. Man sieht sie oft auf Zehenspitzen an einem Busch stehen und die weit oben hängenden Blätter essen. Sie sind hervorragend an das trockene Klima Nordkenias angepasst: Sie beziehen die gesamte benötigte Flüssigkeit aus ihrer Nahrung und können ihr ganzes Leben lang ohne Wasser auskommen.

▲ *Gerenuks auf Futtersuche*

Kurz vor dem Elefanten-Waisenhaus kommt man zum **Elephant Rock**. Hier malte der französische Künstler Youri Cansell (Instagram: @mantrarea) 2021 einen riesigen Elefanten an einen Felsen. Felsmalereien sind die älteste Form des Geschichtenerzählens. Die Samburu-Ältesten bezeichnen diesen Felsen als Ort mit starker Symbolkraft. Er wurde einst von Elefantenwilderern als Versteck genutzt und ist jetzt ein Ort, an dem sich Mitglieder der Gemeinschaft, die Dorfältesten und Reisende versammeln. Hier plante die lokale Gemeinde die Errichtung des Reteti Elephant Orphanage.

Reteti ist die Heimat der ersten von Einheimischen betriebenen Elefantenauffangstation in Afrika. Das Schutzgebiet verwandelte eine weltweite Krise in einen Gewinn für die Elefanten, die Gemeinschaft und das Land. Jahrelang lebten die Elefantenbabies von Milchpulver, wie es auch für menschliche Säuglinge verwendet wird. Doch als die globalen Lieferketten durch die Corona-Pandemie schwer gestört wurden, musste das Schutzgebiet eine zuverlässigere Nahrungsquelle für seine Kälber finden, die entweder verwaist oder ausgesetzt worden waren. Glücklicherweise befand sich die Antwort direkt in ihrem Hinterhof. Die Auffangstation experimentierte mit lokaler Ziegenmilch anstelle der teuren, importierten Säuglingsnahrung. Nach eingehender Prüfung der neuen Rezeptur wurden die Elefantenbabies mit Ziegenmilch gefüttert, und schnell stellte man fest, dass die jungen Elefanten gesünder wurden. Die Milch ist nicht nur nahrhafter für die Elefanten, sondern auch nachhaltiger, und es stärkt die Frauen in der Gemeinschaft, die von dieser neuen Einkommensquelle profitieren.

Eine der Elefantenwaisen ist Hamsini, die im Mai 2019 aus einem Brunnen gerettet wurde, als sie ein Jahr alt war.

Fütterungszeit im Reteti Sanctuary

Durch die anhaltende Dürre und den sinkenden Grundwasserspiegel im Norden werden die Wasserlöcher immer tiefer. Für die Elefanten wird es immer schwieriger, an das Wasser zu gelangen, und es ist wahrscheinlicher, dass Babyelefanten wie Hamsini hineinfallen.

Bei einem Besuch im Waisenhaus erhalten Sie eine Führung und können von einer Aussichtsplattform aus beobachten, wie die Elefanten von ihrem Spaziergang zurückkommen, um ihre Flasche Milch zu erhalten und dann in einem Schlammloch spielen. Im Garten des Sanctuary huschen bunte Agamen über die Steine, und eine riesige Kolonie Schwarzkappen-Sozialweber bevölkert die Akazienbäume.

Die bekannte Naturfotografin Ami Vitale (Instagram: @amivitale) unterstützt das Reteti Elephant Orphanage durch ihre mehrfach ausgezeichnete Dokumentation Shaba (2021). Auf → S. 414 erfahren Sie, wie Sie dieses wunderbare Projekt unterstützen können.

> ℹ️ **Reteti Elephant Orphanage**
>
> Für einen Besuch des Reteti Elephant Orphanage übernachtet man in der Regel in einer der Unterkünfte im Samburu oder Buffalo Springs National Reserve (→ S. 234) und unternimmt Tagesausflüge zum Elefantenwaisenhaus. Die meisten Unterkünfte können einen Transport nach Reteti organisieren.
>
> **Reteti Elephant Orphanage**, Namunyak Wildlife Conservancy, Tel. +254/(0)728/297788; tgl. 8.30–10 und 11.30–13 Uhr, 20 US-Dollar. Teilen Sie der Verwaltung mindestens eine Woche im Voraus mit, wann Sie kommen.
> www.reteti.org
> Instagram: @r.e.s.c.u.e

Marsabit

Von Archer's Post fährt man auf der A 2 durch windgepeitschte Landschaft nach Marsabit, vorbei an dramatischen Vulkankegeln und staubtrockenen Ebenen, bis sich die Gelb- und Brauntöne der Landschaft in der Umgebung von Marsabit in satte Grüntöne verwandeln. Der **Mt. Marsabit** ragt mit seiner üppigen Vegetation wie eine Fata Morgana aus einem Meer staubtrockener Wüste empor.

Ein Gefühl der Isolation vom Rest der Welt macht sich in der 30 000-Seelen-Stadt Marsabit breit, die auf etwa 1400 Metern Höhe liegt. Sie vereint eine Fülle an Kulturen, was auch darauf zurückzuführen ist, dass Marsabit als eine der sichereren nördlichen Städte eine große Zahl an Flüchtlingen aus Kenias weniger stabilen Nachbarländern aufgenommen hat. Neben der zunehmenden Zahl an Menschen aus Äthiopien gibt es auch eine gut etablierte somalische Bevölkerung, deren Einfluss auf das Stadtbild sofort spürbar ist. Man sieht viele Somali-Frauen, gekleidet in bunte, lange Kleider, und hört regelmäßig den Ruf des Muezzins der örtlichen Moschee. Neben Somalis leben hier unter anderem auch Rendille, Gabbra und Borana. Auf dem Markt werden allerlei Handelswaren feilgeboten.

Die Stadt hat Reisenden nicht viel zu bieten, und die meisten kommen in diese Gegend, um den **Marsabit-Nationalpark** (→ S. 241) südlich der Stadt zu besuchen. Er ist bekannt für seine dichten Nebelwälder und malerischen Kraterseen.

 **Marsabit**

Marsabit ist durch die gut ausgebaute Schnellstraße A 2 sowohl mit dem Norden als auch mit dem Süden verbunden. **Fahrzeit von Nanyuki**: ca. 5 Std. **Von Isiolo**: rund 3 Std.

Informieren Sie sich vor Ihrer Reise nach Marsabit über die aktuelle Sicherheitslage bei Einheimischen oder dem Personal Ihrer Unterkunft. Während Ihrer Reise können Sie sich bei den lokalen Polizei-Checkpoints entlang der Straße erkundigen. Generell hat sich die Sicherheitslage in Nordkenia stark verbessert und weder Konvois noch bewaffnete Wachen sind auf den in diesem Reiseführer beschriebenen Strecken nötig.

Marsabit wird durch verschiedene **Busunternehmen von Nairobi und Isiolo** aus angefahren (→ S. 116, 228). Nach **Moyale** an der Grenze zu Äthiopien fahren Busse des Unternehmens **Liban Express** (Tel. +254/0)715/099446) von dessen Bushaltestelle im Stadtzentrum ab.

Die meisten Reisenden kommen nach Marsabit, um den Marsabit National Park zu besuchen. Momentan gibt es im Park selbst nur eine vom KWS verwaltete Selbstversorgungsunterkunft (Marsabit Lodge) und einige Zeltplätze (→ S. 245, zu buchen über http://kws.ecitizen.go.ke). Aufgrund der Nähe der Stadt Marsabit zum Nationalpark können Reisende ohne Weiteres auch hier übernachten, wobei die Auswahl auch in der Stadt limitiert ist. **Nomads Trail Hotel**, an der A 2, Tel. +254/(0)724/163289; DZ/F ab 55 Euro. Einfaches Hotel in der Stadtmitte, bietet saubere Zimmer und gute kenianische und indische Speisen. Das Personal ist freundlich und hilfsbereit. Eine gute Budget-Option. Facebook: Nomads Trail Hotel-Marsabit **Chicho Hotel**, Abzweigung A 2, Tel. +254/(0)706/153827; DZ/F ab 24 Euro. Kleines Hotel in der Innenstadt von Marsabit mit einfachen, bunten Zimmern und einem gepflegten Garten. Das Restaurant serviert frische Säfte und typisches kenianisches Essen. Der Service ist gut und das Personal freundlich. Das Hotel nimmt nur verheiratete Paare auf. Facebook: Chicho Hotel **Ebisa Hotel**, Abzweigung A 2, Tel. +254/(0)722/532296; DZ/F ab 20 Euro. Kleines Hotel nur etwa 1 km vom Ahmed Gate

entfernt. Es verfügt über ein gutes Restaurant und ordentliche Räume.
Facebook: Ebisa Hotel Marsabit
Jeyjey Centre, Abzweigung A 2, Tel. +254/(0)728/808802; DZ ab 12 Euro. Bei Reisenden beliebt aufgrund seiner Nähe zum Ahmed Gate und seines guten Restaurants mit einer großen Auswahl an kenianischen Speisen. Die Betten der sehr einfachen Räume verfügen über Moskitonetze.

Es gibt zahlreiche **kleine Esslokale** in Marsabit, und einige Unterkünfte verfügen über Restaurants. Hier kann man für wenig Geld typische kenianische Speisen probieren. In den Restaurants verschiedener Hotels, wie dem **Saku Guest House**, dem **Nomad Trail Hotel** und dem **JeyJey Centre** können auch Nicht-Gäste essen.

Marsabit Cultural Museum, am Ahmed Gate; tgl. 8–18 Uhr; Eintritt 10 Euro. Das 2021 eröffnete Museum stellt interessante Artefakte der im Norden Kenias lebenden Ethnien aus. Anhand zahlreicher Fotografien und Objekte werden bei einer Führung die Lebensweisen der ethnischen Gruppen erläutert.

In Marsabit gibt es einige kleine Supermärkte, in denen man Wesentliches erhält, zum Beispiel im **Alfaris** und **Basmart Supermarket.** Frisches Obst und Gemüse gibt es auf dem **Markt**.
Wer eine größere Auswahl an Lebensmitteln möchte, sollte sich vorab in einer der größeren Städte, etwa Nanyuki (→ S. 186), eindecken.

Der Norden

Kamele sind die Lebensgrundlage der Rendille im Norden Kenias

Die Ethnie der Rendille

EXTRA

Die Rendille leben in kleinen nomadischen Gemeinschaften in den Ebenen des nördlichen Kenias. Ursprünglich sollen sie rund um den Berg Marsabit gelebt haben, heute durchstreifen sie die Region zwischen dem Turkanasee im Westen und dem Marsabit-Berg im Osten, zwischen dem Merille-Fluss und den Ndoto-Bergen im Süden und der Chalbi-Wüste im Norden, ein Gebiet von etwa 22 000 Quadratkilometern.

Die Rendille sind eine kuschitische Ethnie, deren Kultur und Sprache einige Ähnlichkeiten mit den weiter östlich lebenden Somali aufweist. Den mündlichen Überlieferungen zufolge stammen sowohl die Rendille als auch die Gabbra und Sakuye von derselben Ethnie ab, den Afmadu.

Die Rendille leben hauptsächlich von der Kamelzucht. Das Hüten der Tiere ist eine anspruchsvolle und mühsame Tätigkeit, denn ein Kamel kann sich bis zu 80 Kilometer von der Herde entfernen, und es kann eine Woche oder länger dauern, es wiederzufinden. Jeder Verlust ist eine kleine Katastrophe, denn eine Herde Rendille-Kamele ist in der Lage, eine Milchmenge zu produzieren, die der einer viermal so großen Herde der benachbarten Samburu-Rinder entspricht. Auch das Blut der Kamele gilt als nahrhaft und gesund. Täglich wird den Kamelen Blut abgezapft, indem man ihnen mit einem stumpfen Pfeil oder einem Messer eine Vene im Nacken öffnet. Das Blut wird dann pur oder mit Milch vermischt getrunken. Die Rendille sind auch für andere Bedürfnisse wie Kleidung, Handel und Transport stark auf ihre Kamele angewiesen.

Bei der Betrachtung der Wirtschaft im Norden Kenias ist das Niederschlagsmuster von entscheidender Bedeutung. Im westlichen Teil des Gebiets, der sich bis zum Leroghi-Plateau und zur Westseite des Mount Ngiro erstreckt, regnet es in den warmen und heißen Monaten stark und im Allgemeinen zuverlässig. Im östlichen Rest, dem Tiefland, regnet es in den kühleren Monaten stark, aber unzuverlässig. Die Gesellschaften, die diese Regionen bewohnen, sind entweder sesshaft oder leben in mobilen Lagern, abhängig von der Verfügbarkeit natürlicher Ressourcen, insbesondere von Wasser. Die Rendille leben den größten Teil des Jahres in Siedlungen und Lagern, insbesondere während der Trockenzeit. In der Siedlung leben die Frauen, die kleinen Kinder und die meisten verheirateten Männer, und sie halten genügend Milchkamele für ihren unmittelbaren Bedarf. Rendille-Frauen tragen typischerweise bunten Perlenschmuck, der mehrere Kilogramm wiegen kann. Die Hirten im Alter von etwa 14 bis 30 Jahren hüten den Rest der Familienherden. Die jungen Rendille-Männer färben sich ihr Haar mit rotem Ocker ein.

Wasser ist oft weit von den bevorzugten Kamelweideplätzen entfernt. Die Fähigkeit der Kamele, in einem zweitägigen Treck bis zu 50 Kilometer oder mehr pro Tag zur Wasserstelle zu überwinden, macht einen großen Teil des Distrikts während der Trockenzeit für Lager zugänglich. Diese Wanderungen können aber sehr beschwerlich sein. Und auch an den Wasserstellen ist das Tränken des Viehs mühsam, da die Kamele schwindelerregende Mengen an Wasser benötigen. Die Hirten müssen aus tiefen Brunnen Behälter für Behälter von Hand zu Hand weiterreichen, um die hölzernen Tränken aufzufüllen, bis der Durst aller Kamele gestillt ist. Dieses Wasserschöpfen wird von rhythmischen Gesängen begleitet.

Marsabit National Park

Der 1962 eröffnete Marsabit-Nationalpark ist ein abgelegenes Bergparadies in der Wüste Nordkenias und umgibt den gewaltigen erloschenen Basaltschildvulkan **Marsabit**. Basaltlava, die sich durch ihre außergewöhnlich niedrige Viskosität auszeichnet, kann über weite Strecken fließen, bevor sie abkühlt und aushärtet; sie bildet daher einen sanft abfallenden Vulkankegel, der im Verhältnis zu seiner Höhe außergewöhnlich breit ist. Der Marsabit-Nationalpark liegt auf einer Höhe von 420 bis 1700 Metern über dem Meeresspiegel und bedeckt 360 Quadratkilometer. Er schließt an das Marsabit-Nationalreservat an, das sich über etwa 1550 Quadratkilometer erstreckt. Dieses Gebiet ist mit nicht weniger als 180 beeindruckenden Schlackenkegeln und 22 Vulkankratern übersät.

In zwei dieser Krater befinden sich besonders schöne, malerische Seen, deren Flanken von dichten Wäldern bedeckt sind. Im **Gof Sokorte Dika** gibt es einen kleinen See, der als **Elephant Pool** bezeichnet wird, weil man am Nachmittag beobachten kann, wie große Gruppen von Elefanten zum Trinken an den See kommen. Im **Gof Sokorte Guda** liegt der wohl bekannteste See des Parks, der den treffenden Namen **Lake Paradise** trägt. Er ist auf einer Seite umgeben von 150 Meter hohen Felswänden, von denen man einen wunderbaren Ausblick über den See und seine Umgebung hat. Der größte Krater ist der **Gof Bongole**, der bereits außerhalb des Nationalparks im trockenen Marsabit National Reserve liegt. Vom höchsten Gipfel des Marsabit, dem **Karantin** (1707 Meter), ist die Aussicht atemberaubend.

Marsabit bedeutet »Ort der Kälte«, und mit seinen wirbelnden Nebeln und moosbewachsenen Wolkenwäldern trägt er diesen Namen zu Recht. In den zerklüfteten Ausläufern der Vulkankrater und den flechtenbehangenen Regenwäldern leben nicht nur unzählige bunte Schmetterlingsarten und Vögel, sondern auch eine alte Elefantendynastie, die für ihre riesigen Stoßzähne bekannt ist. Der berühmteste unter ihnen hieß Ahmed, ein Elefantenbulle mit überaus langen Stoßzähnen. Mit einer Schulterhöhe von drei

Der Norden

Der Elephant Pool im Marsabit-Nationalpark

Neugierige Kapbüffel

Metern und drei Meter langen Stoßzähnen, die je 62 Kilogramm wogen, war er so bekannt, dass er in seinen letzten Lebensjahren durch ein Dekret des Präsidenten Jomo Kenyatta rund um die Uhr von einer bewaffneten Leibgarde geschützt wurde. Ahmed starb 1974 im geschätzten Alter von 55 Jahren eines natürlichen Todes. Sein Skelett ist im Nationalmuseum in Nairobi ausgestellt. In Ahmeds gewichtige Fußstapfen trat Mohammed, dessen Stoßzähne auf 45 Kilogramm pro Seite geschätzt wurden.

Ende des 19. Jahrhunderts lebten am Mt. Marsabit Maasai und Samburu. Die grüne Oase diente als einer der wenigen Orte, die in der rauen nördlichen Region Kenias Wasser und andere Vorräte boten, arabischen und Swahili-Sklavenkarawanen als Rastplatz. Diese Karawanen zogen auf der Suche nach Sklaven und Elfenbein weit ins Landesinnere von Kenia. Auch heute noch besitzt der Mt. Marsabit für die Viehherden der Rendille, Gabbra, Borana und Samburu vor allem während der Trockenzeit als Wasserquelle eine große Bedeutung. Die Weidegründe der verschiedenen Ethnien erstrecken sich in der kargen Umgebung

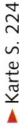

Karte S. 224

des Nationalparks. Die Ressourcen des Nationalreservats dürfen als Weidegründe genutzt werden, nicht aber die des Nationalparks. Da sich jedoch das fruchtbarste Land innerhalb der Parkgrenzen befindet, treiben einige ihre Tiere immer wieder in den Park hinein, wodurch es vermehrt zu Konflikten zwischen Menschen und Wildtieren kommt.

Im Laufe der Jahrhunderte bestiegen viele Einheimische den Berg, die erste schriftliche Beschreibung einer Besteigung stammt jedoch von Donaldson Smith aus dem Jahr 1893. In den 1920er Jahren drehten das amerikanische Filmemacherpaar Osa und Martin Johnson hier mehrere Jahre Dokumentationen über die Kulturen und die Tierwelt der Region (→ S. 425). Das Ehepaar veröffentlichte verschiedene Bücher über ihre Kenia-Erfahrungen.

Der Marsabit-Nationalpark liegt weit abgelegen von den gewöhnlichen Reiserouten und wird trotz seiner landschaftlichen Schönheit nur wenig besucht. In den letzten Jahren wurden jedoch neue Zeltplätze eröffnet und das Schutzgebiet durch zusätzliche Wege besser erschlossen. Die Hauptstraße im Park besteht an manchen schwer zu befahrenden Stellen aus Beton, da es vor allem in der Regenzeit unmöglich war, die glitschigen Stellen zu passieren. Außerdem wurde erst 2021 das **Marsabit National Museum** eröffnet.

Die Tierwelt

Großwildjagden Anfang des 20. Jahrhunderts und Wilderei vor allem in den 1970er Jahren dezimierten die Zahl der Elefanten im Park von etwa 900 auf 400 Tiere. Die Elefantenbestände haben sich mit der Zeit erholt, und die beeindruckenden Tiere patrouillieren noch immer durch den Park, ziehen es aber vor, sich im Schutz der Nebelwälder aufzuhalten. Die Spuren der Tiere, vor allem Dunghaufen sowie abgerindete und umgestoßene Bäume, sind an vielen Stellen zu finden. Gut zu beobachten sind die Elefanten, wenn sie zum Trinken an einen der Seen wandern.

Die dichten Bergwälder sind außerdem Heimat von großen Büffelherden und dem scheuen Buschbock. Auch der Große Kudu ist hier vertreten. Die Bestände dieser schönen Antilopenart verringerten sich bis 1960 durch einen Ausbruch der Rinderpest stark, erholten sich aber wieder, so dass man heute fast garantiert Kudus zu Gesicht bekommt. Charakteristisch sind ihre prächtigen, spiralförmigen Hörner, die im Durchschnitt 130 Zentimeter lang werden. Diese werden von den Maasai sehr geschätzt und wurden in der Vergangenheit zu Flöten verarbeitet. Der Große Kudu zeichnet sich durch sechs bis acht auffällige vertikale weiße Streifen auf jeder Flanke aus.

Zu den Lebewesen der Nebelwälder gehören auch Raubtiere. So lassen sich mit Glück am Mount Marsabit Leoparden, Tüpfel- und Streifenhyänen sowie der kleinere Verwandte der Hyänen, der insektenfressende Erdwolf, beobachten. An den unteren Berghängen, wo sich der Wald zu dornigem Buschland und Savanne ausdünnt, können Olivpaviane und Grüne Meerkatzen gesichtet werden. Die Savannen- und Halbwüstengebiete der Ebenen weisen die typischen Tiere der nordkenianischen Fauna auf, etwa die Netzgiraffe, das Grevyzebra und den Somali-Strauß.

Der Reichtum an Schmetterlingen im Walddickicht ist überwältigend. Durch die verschiedenen Lebensräume ist auch die Zahl der Vögel im Marsabit-Nationalpark außergewöhnlich groß. Neben 52 Raubvogelarten sind hier auch Bartgeier heimisch. Insgesamt sind im Schutzgebiet über 400 Vogelarten vertreten.

Afrikanischer Paradiesschnäpper

Immer wieder sieht man Graubülbüls und Kapdrosseln durch das Gebüsch flattern. Zu den seltenen Vögeln der trockenen Zone zählen die Heuglintrappe, der Schwalbenschwanzbussard, der Somalispint und die Maskenlerche. Besonders bezaubernd ist der Afrikanische Paradiesschnäpper mit seinen langen Schwanzfedern.

Vegetation

Am Mt. Marsabit sind die Übergänge zwischen verschiedenen Vegetationsarten besonders interessant. Diese reichen von immergrünen Urwäldern in den höheren Lagen bis zu Gras- und Buschsavannen, Akaziengrasland und Trockensavannen im Tiefland. Die Feuchtigkeit der Bergwälder macht den Nationalpark zur wichtigsten permanenten Wasserquelle in der Region und hat eine üppige Oase mit reicher Flora entstehen lassen. Die obere Zone des Berges wird von braunem Olivenwald beherrscht, die mittlere Zone unter anderem von Olea capensis (ein Ölbaumgewächs) und Diospyros abyssinica (Ebenholzbaum). Die Urwälder sind überzogen mit Moospolstern und Lianen. Besonders auffällig sind die fili-

Der Norden

Feuerball-Lilien am Wegesrand

granen Flechtenbärte. Diese hängenden Girlanden aus blassgrünem »Bart des alten Mannes« oder Spanischem Moos, die die Bäume überziehen, geben dem Wald ein urtümliches Flair.

In den Wäldern des Mount Marsabit gedeihen zahllose Blumenarten, wie zum Beispiel Orchideen, die sich auf den Bäumen drapieren und mit ihren speziell angepassten dünnwandigen Wurzeln Wasser direkt aus der Luftfeuchtigkeit aufnehmen. Auffallend ist die intensiv leuchtende Feuerball-Lilie, die kurz vor der Regenzeit sprießt und den Waldboden bedeckt.

Klima

Vormittags liegen die Berge für gewöhnlich unter einer dichten Wolken- und Nebeldecke, die erst am frühen Nachmittag aufreißt. Nachts kann es empfindlich kühl werden. Während in den umliegenden Ebenen im Durchschnitt jährlich nur 50 bis 250 Millimeter Niederschlag fallen, sind es am Marsabit zwischen 800 und 1000 Millimeter. Von Januar bis März sowie von Juli bis Oktober ist es heiß und trocken, von April bis Juni sowie im November und Dezember heiß und feucht.

Im Park unterwegs

Der Marsabit-Nationalpark verfügt über eine reiche, aber versteckte Tierwelt. Weil der Park so dicht bewaldet ist, braucht man Zeit und Geduld, um sie zu entdecken. Fahren Sie daher langsam und verhalten Sie sich leise. An den Ufern der Kraterseen lassen sich die Wildtiere hingegen gut beobachten. Vor allem morgens und nachmittags kommen große Herden von Elefanten und Büffeln sowie vereinzelte Buschböcke und Zebras aus dem Wald.

Vom **Ahmed Gate** startend, erreicht man in etwa 15 Minuten den idyllischen **Gof Sokorte Dika**, wo sich die verlassene Marsabit Lodge befindet. Hier befindet man sich am höchsten Punkt des Parks, auf etwa 1700 Metern. Es lohnt sich, anzuhalten und das Treiben am Wasser zu beobachten. Hinter der Lodge führt die Straße sehr steil durch dichten Wald hinauf. Bleibt man auf dem Hauptweg, kommt man nach etwa 40 Minuten gemütlichem Fahren zum Lake Paradise. Man kann auch nach links in den Wald abbiegen, wobei es sich lohnt, eine geführte Safari an einem der Gates zu organisieren, da es im Park fast keine Beschilderungen gibt.

Am **Lake Paradise**, der elf Kilometer vom Ahmed Gate entfernt ist, befindet sich ein **Aussichtspunkt**, der über 150 Meter hohen Klippen thront und von dem man eine sagenhafte Aussicht auf den See hat. Im ruhigen Wasser des Süßwassersees lassen sich verschiedene Wasservögel und zahlreiche Büffel beobachten, außerdem Greifvögel und kleine Waldvögel.

Vom Aussichtspunkt kann man etwas weiter fahren und nach links in Richtung See abbiegen. In Begleitung eines KWS-Guides lässt sich der Lake Paradise ein wenig zu Fuß erkunden – vorausgesetzt, es sind keine Büffel in Sichtweite. Hier befindet sich auch der **Lake Paradise Special Campsite**.

▲ Karte S. 224

Wer wieder zurück zur Hauptstraße fährt und dieser nach Süden folgt, gelangt zu den so genannten **Singing Wells** am Grenzfluss des Nationalparks. Hier befinden sich Brunnen, an denen Hirten ihre Rinderherden und Kamele tränken. Seinen Namen verdankt die Brunnenanlage den alten Hirtengesängen, in deren Rhythmus die Hirten in einer Menschenkette Eimer für Eimer Wasser aus bis zu 15 Metern Tiefe schöpfen. Die Tiere werden vorwiegend morgens zur Tränke geführt. Die Straße führt wieder hinunter zum Gof Bongole und verlässt den Park durch das Karare Gate. Insge-

samt sind für diese Strecke zwei bis drei Stunden einzuplanen. Über die A 2 geht es zurück nach Marsabit.

Wenn der Nationalpark am Morgen und Vormittag in eine dichte Wolken- und Nebeldecke gehüllt ist, empfiehlt es sich, zunächst über das **Karare Gate** die trockenen Ebenen des Parks und des National Reserves zu besuchen. Nachmittags, wenn die Wolkendecke aufgeklart hat, kann man zum Mt. Marsabit fahren. Zu empfehlen ist ein Abstecher zum 2022 eröffneten Staudamm **Bakuli II**, der wunderbare Vogelbeobachtungen verspricht.

 Marsabit National Park

Park- und weitere Gebühren → S. 34
Tickets nur online auf www.ecitizen.go.ke.
Öffnungszeiten: tgl. 6–18 Uhr
Weitere Informationen: www.kws.go.ke

Nordkenia verfügt über wenig Infrastruktur. Marsabit ist nur durch die relativ neue Schnellstraße A 2 angebunden. Für den Nationalpark ist ein Fahrzeug mit Allradantrieb ein Muss. **Fahrzeit von Isiolo**: ca. 3,5 Std.; **von Moyale**: ca. 4 Std.

Marsabit wird von verschiedenen Busunternehmen von Nairobi und Isiolo aus angefahren (→ S. 116, 228). Zu den Parkgates direkt gibt es keine Verbindung mit öffentlichen Verkehrsmitteln. Durch die Nähe einiger Gates zur Stadt Marsabit kann man jedoch von dort ein Fahrzeug **Bodaboda** (Motorradtaxi) nehmen oder laufen. Bei der Anreise mit öffentlichen Verkehrsmitteln muss man jedoch noch den Transport innerhalb des Nationalparks organisieren. www.kws.go.ke

Im Nationalpark gibt es nur einige Campingplätze, die aber sehr gut sind. Dank der Nähe zur Stadt kann man auch problemlos in Marsabit unterkommen (→ S. 238).

Die beiden Public Campsites **Ahmed** und **Abdul** liegen an den gleichnamigen Park Gates. Zu den Einrichtungen gehören Picknicktische, Wasser, Latrinen und Duschen. Der Abdul-Zeltplatz verfügt zudem über ein Restaurant und eine Bar.

Der wahrscheinlich schönste Campingplatz im Nationalpark ist der **Lake Paradise Special Campsite**. Dieser malerische Platz auf einer kleinen Lichtung im Wald, direkt am Ufer des Lake Paradise, verfügt über keinerlei Einrichtungen. Reisende, die hier übernachten, müssen sich also vollständig selbst versorgen können – von Trinkwasser über Feuerholz bis zur Campingtoilette. Wegen der hier lebenden Büffel und Elefanten sollte mit den Rangern geklärt werden, ob ein Schutz während des Tages oder der Nacht benötigt wird. Die herrlichen Aussichten und die unvergleichlichen Möglichkeiten zur Vogelbeobachtung machen diese Herausforderung aber allemal wett.

Alle Campingplätze müssen über die Plattform http://kws.ecitizen.go.ke gebucht werden.

Innerhalb des Nationalparks gibt es lediglich das **Restaurant** und die **Bar** am **Abdul Gate**.

Der Norden

Die Ethnie der Somali

Die Ethnie der Somali gehört zu den südlichen kuschitischen Ethnien und kommt ursprünglich aus Somalia. Die nomadisch lebenden, Kamele hütenden Somali leben seit langem in den trockenen Wüsten im Nordosten Kenias. Tatsächlich kamen die kuschitisch-sprechenden Ethnien vor den bantusprachigen Ethnien nach Kenia. Heute prägen die Somali das Stadtbild vieler Städte im Nordosten Kenias, in denen sie die Mehrheit stellen. Viele Somali betreiben Hotels, Geschäfte und Werkstätten.

Die Somali sind stolz auf ihre enge Verbindung zur arabisch-muslimischen Kultur. Ihr genealogisches System führt die patrilineare Abstammung aller Somali auf die Quraish zurück, die Ethnie des Propheten Mohammed. Dies ist jedoch weniger historischer Fakt als ein Hinweis auf die tiefe Verbundenheit mit dem Islam. Dieser ist durch Handelskontakte zwischen der somalischen und der arabischen Küste wahrscheinlich im ersten Jahrtausend nach Christus nach Afrika gekommen. Diese Übermittlung des Islams und vieler arabischer Kulturelemente nach Somalia geschah über muslimisch-arabische Kaufleute, die eine Reihe von Küstensiedlungen an der somalischen Küste errichteten. Diese Kaufleute brachten den islamischen Glauben mit und heirateten einheimische Frauen. So entstand eine neue Kultur aus somalischen und arabischen Elementen. Diese Kultur, die sich zu verschiedenen Zeiten in unterschiedlichem Maße entwickelte und keineswegs überall in den Küstenhäfen einheitlich war, ist das somalische Pendant zur ausgedehnten Swahili-Gesellschaft an der ostafrikanischen Küste im Süden.

Innerhalb der somalischen Sprache gibt es drei Hauptdialekte, die von verschiedenen Gruppen gesprochen werden. Diese unterscheiden sich in etwa so stark wie Portugiesisch und Spanisch. Viele Somali sind außerdem mit dem Nordsomali vertraut. In dieser Sprache wurden zahlreiche Gedichte verfasst und Lieder komponiert. Musik, Geschichtenerzählen und Poesie nehmen bei den Somali einen hohen Stellenwert ein. Die somalische Sprache enthält eine beträchtliche Anzahl von Lehnwörtern aus dem Arabischen, und auch das Arabische selbst ist in der Region weit verbreitet.

Somali-Kinder

Über Laisamis zum Lake Turkana

Wer den Lake Turkana und die vielen spannenden Orte an seinem Ostufer besuchen möchte, nimmt am besten die Strecke über **Laisamis** und **South Horr.** Diese landschaftlich reizvolle Strecke wird auch die »Windparkstraße« genannt, weil sie durch das Lake Turkana Wind Power Project führt. Dieser beeindruckende Windpark mit 365 Windrädern wurde 2015 fertiggestellt. Für dieses Projekt wurde die Piste von Laisamis nach Loyangalani angelegt, sodass sich die Zugänglichkeit zur Ostseite des Sees sehr verbessert hat. Die Windparkstraße ist sicherer als die Strecke über North Horr, da hier mehr Verkehr herrscht und man im Notfall Hilfe bekommen kann.

Von Marsabit fährt man nach Laisamis auf der A 2. Wenn man in Laisamis die Abzweigung nach rechts nimmt, endet die Asphaltstraße nach einigen Kilometern, und man fährt auf sandig-steiniger Piste. Diese wird durchzogen von etlichen Luggas, wie dem Milgis, um den sich bei starkem Regen ein Überschwemmungsgebiet von etwa zehn Kilometern bilden kann. Dadurch verändert sich der Zustand der Straße nach jeder Regenzeit, und es ist wichtig, sich auch bei dieser Straße vor der Reise über ihren Zustand zu erkundigen. Die Regenzeiten sind von März bis Mai und Oktober bis November.

Von Laisamis nach Loyangalani geht es durch die Ausläufer der **Kaisut-Wüste**, in der man außer vereinzelten Büschen und Akazien fast keine Vegetation vorfindet. Dagegen sieht man immer wieder gewaltige Staubteufel über dem Wüstensand wüten. Die **Ndoto Mountains** ragen hinter Laisamis zunächst blaugräulich am entfernten Horizont auf. »Ndoto« bedeutet »Traum« auf Swahili und weist auf die fast unwirkliche Schönheit dieser Berge hin. In etwa eineinhalb Stunden fährt man, je nach Zustand der Straße, von Laisamis in das Dorf **Ngurunit**, das im Schatten der Ndoto Mountains liegt. Hier kann man die vielen Felsen der Umgebung sowie den breiten Lugga erkunden. Obwohl der Lugga ausgetrocknet scheint, befindet sich noch immer Wasser unter der Erde. Die Einheimischen graben hier Wasserlöcher in das Flussbett, und es herrscht immer reger Betrieb.

Von Ngurunit fährt man über Sand, steinige Passagen und Wellblechpiste weiter nach Norden durch die **Korante-Ebene**. Als Wellblechpiste, auch Waschbrettpiste genannt, bezeichnet man eine Fahrspur mit quer zur Fahrtrichtung liegenden Bodenwellen, die einem Wellblechmuster ähneln. Auf dieser Strecke wird man gut durchgeschüttelt und erreicht in etwa zwei Stunden South Horr.

South Horr liegt in einer reizvollen, zerklüfteten Landschaft in einem malerischen Tal. Die multikulturelle Dorfgemeinschaft, die sich aus Mitgliedern verschiedener Ethnien wie den Samburu und den Turkana zusammensetzt, spiegelt sich in der Kleidung und dem bunten Schmuck der Menschen wider, die man durch die Straßen des Dorfes schlendern sieht.

Von South Horr nach Loyangalani fährt man in den nördlichen Ausläufern der **Chalbi-Wüste**. Die Chalbi-Wüste mit ihren weiten Sanddünen hat sich aus dem prähistorischen Chalbisee gebildet. Dieser See währte vor 1,8 Millionen bis 10 000 Jahre vor Christus, trocknete mit der Zeit aus und formte die ausgedehnte Chalbi-Wüste.

Ab und zu sieht man Somalistrauße, Gerenuks und Nashornvögel unter den versprengten, trockenen Büschen und Akazien stehen. Von South Horr fährt

Der Süden

Ankunft am Turkanasee

man in etwa einer Stunde zum **Lake Turkana Wind Farm Project** und kann die Ausmaße dieser Anlage mit 365 Windturbinen bestaunen.

Kurz hinter dem Park kann man nach einer Kurve zum ersten Mal ein kleines Eck vom türkisblau funkelnden Lake Turkana erspähen. Nach einem kurzen Abstieg hinunter zum See, vorbei an kilometerlangen vulkanischen Felsen, zeigt sich das Jademeer in seiner ganzen Pracht. In der Ferne ist bereits der massive Mt. Kulal zu sehen. Auf der Fahrt zum See hinunter sind die South Island und der perfekte Kegel des Nabuyaton-Vulkans am Südufer zu sehen.

Lake Turkana

Der Turkanasee gehört seit 1997 zum UNESCO-Welterbe und ist einer der atemberaubendsten Orte des Landes. Der See erstreckt sich über 260 Kilometer Länge und 50 Kilometer Breite, der nördlichste Zipfel liegt bereits in Äthiopien. Mit insgesamt 6400 Quadratkilometern Fläche ist der See elfmal so groß wie der Bodensee und der größte permanente Wüstensee der Erde. Trotz dieses riesigen Sees ist das Umland extrem unwirtlich. Die Region gilt als die heißeste und windigste von ganz Kenia. Sie ist geprägt von weitläufigen Feldern aus rötlich-violetten zertrümmerten Lavafeldern, die aus dem Lavagestein unzähliger erloschener – und teilweise noch aktiver – Vulkane bestehen. Hie und da wachsen vereinzelte Akazien und Gräser, die weit auseinander liegenden Wasserlöcher sind umgeben von Borassus-Palmen. Der See selbst ist umrahmt von einsamen sandigen und felsigen Stränden. Im Gebiet leben hauptsächlich die drei nomadischen Ethnien Turkana, Rendille und Samburu sowie die kleinste Ethnie Kenias, die El Molo, die vorwiegend vom Fischfang leben.

Karte S. 224

Der Vulkanismus hat die gesamte Region maßgeblich geprägt. Der wichtigste Zufluss des Turkanasees ist der Omo, der im äthiopischen Hochland entspringt. Dieser mündete ursprünglich in den Indischen Ozean, und erst die Entstehung des Mt. Kulal schnitt die Verbindung zum Ozean ab und formte den abflusslosen See. Auch die Inseln, die sich aus dem bis zu 73 Meter tiefen See erheben, sind durch Vulkanismus entstanden. Die größten sind die **North Island** vor der Küste des Sibiloi-Nationalparks, die fünf Quadratkilometer große **Central Island** und die 39 Quadratkilometer messende **South Island** bei Loyangalani. Der **Nabuyaton-Vulkan** an der Südseite des Turkanasees ist mutmaßlich noch im 19. Jahrhundert ausgebrochen.

Südlich des Sees befindet sich das **Suguta-Tal**, in dem der winzige **Logipi-See** liegt. Diese Senke gehört zu den heißesten Gegenden der Erde: Die Mittagstemperaturen erreichen bis zu 50 Grad Celsius.

Fauna

Die alkalischen Bedingungen im Lake Turkana eignen sich hervorragend für Blaualgen, die das Wasser türkis färben und einer großen Flamingopopulation als Nahrung dienen. Beizeiten sieht man tausende der Tiere in den seichten Gewässern am Rande des Sees umherwaten. Der See ist jedoch besonders bekannt für die größte Krokodilpopulation in ganz Afrika mit etwa 12 000 Tieren. Die Badesachen sollten daher lieber im Koffer bleiben. Am Turkanasee befinden sich außerdem wichtige Rastplätze für Zugvögel, und im See leben rund 60 Fischarten, von denen manche endemisch sind. Vor allem die El Molo leben vom Fischfang, wobei die Bestände der wichtigsten Speisefische – Nilbarsch, Tilapia und Tigersalmler – rückläufig sind. Der See ist auch als Angelrevier sehr beliebt.

Wiege der Menschheit

Die Turkana-Region ist außerdem bekannt für einige der bedeutendsten Funde der Paläoanthropologie, was vermuten lässt, dass in diesem Teil des Ostafrikanischen Grabens die Wiege der Menschheit liegt. Wichtige Funde wurden im Sibiloi National Park (→ S. 253) und am Westufer des Sees gemacht. 1887 reisten der ungarische Graf Sámuel Teleki und der österreichische Leutnant Ludwig von Höhnel als erste Europäer an den See und benannten ihn nach dem habsburgischen Kronprinzen Rudolf. Erst

Dorf der El Molo am Turkanase

Der Norden

1975 erhielt das Gewässer den Namen der Turkana-Ethnie, die vor allem an seinem Westufer lebt. Im Sibiloi National Park befindet sich die erste Fundstelle eines **Homo rudolfensis**, der nach dem damaligen Rudolfsee benannt wurde. Auch wurden hier zum ersten Mal Turkanapithecus kalakolensis und Afropithecus turkanensis gefunden, zwei ausgestorbene Primatenarten, die vor rund 17 Millionen Jahren lebten.

Loyangalani

Ab dem Punkt, wo man den ersten Blick auf den Lake Turkana werfen konnte, fährt man in etwa 45 Minuten nach Loyangalani. Hier holpert man durch eine marsähnliche Landschaft aus flimmernden Lavabrocken, in die sich hie und da ein paar Gräser und vom Wind gekrümmte Akazien krallen. Auf der linken Seite der Straße erstreckt sich der See. Ab und zu lässt sich ein Krokodil an der Wasseroberfläche ausmachen. Der 5200-Seelen-Ort Loyangalani besteht zum Großteil aus den traditionell geflochtenen, kuppelförmigen Hütten und Behausungen von vorwiegend Turkana, Rendille, Samburu und Gabbra, die sich rein äußerlich kaum voneinander

Loyangalani

unterscheiden. Loyangalani ist ein Begriff der Samburu-Sprache und kann mit »Ort der vielen Bäume« übersetzt werden. Der Ort ist eine Oase mit dichten Borassus-Palmen-Hainen und natürlichen Quellen in der sonst kargen Landschaft.

Trotz seiner Abgelegenheit war Loyangalani in den 1980er Jahren ein beliebtes Reiseziel für Prominente. So flogen unter anderem Mick Jagger, David Bowie und Thomas Gottschalk ein, um Partys zu feiern. John le Carré recherchierte hier für seinen Roman *Der ewige Gärtner*, der 2001 erschien (→ S. 425). Am Pool der Oasis Lodge veranstaltete der bekannte Modefotograf und Künstler Peter Beard Fotoshootings für Modemagazine. Er schrieb zudem mit Alistair Graham *Eyelids of Morning* (→ S. 427), ein spannendes Buch über das Zusammenleben von Mensch und Krokodil am Turkanasee. Diese Zeiten sind jedoch längst vorbei, und heute kommen nur noch wenige Reisende nach Loyangalani.

Blick über den Turkanasee

Loyangalani

Die Straße, die vor einigen Jahren für das Lake Turkana Wind Power Project gebaut wurde, hat die Zufahrt nach Loyangalani erheblich verbessert.

Fahrzeit von South Horr: 2 Std. über raue Schotter-, Stein-, und Sandpiste.

Die Anreise mit Bussen nach Loyangalani ist umständlich, unsicher und extrem zeitaufwendig. Daher ist die Anreise mit öffentlichen Verkehrsmitteln generell nicht zu empfehlen. Wer es doch probieren möchte, sollte sich bei den Einheimischen vor Ort nach geeigneten Bussen erkundigen und viel Zeit und Geduld mitbringen. Vom Trampen in Lkws muss aus Sicherheitsgründen abgeraten werden.

Es gibt regelmäßige Flugverbindungen zwischen der **Landebahn in Loyangalani** und weiteren kenianischen Inlandsflughäfen. Zu buchen über Yellow Wings. www.yellowwings.com

Malabo Resort, im Norden von Loyangalani, Tel. +254/(0)724/705800; Banda ab 25 Euro. Schönes und simples Resort, von den runden Steinbandas hat man einen leichten Seeblick. Es gibt ein Restaurant, in dem liebevoll zubereitete kenianische Speisen serviert werden, und einen coolen Barbereich. Das Resort hilft beim Organisieren von Führungen zu den Attraktionen der Gegend und zeigt gerne den besten Ort am See für einen Sundowner. Facebook: Malabo Resort & Safaris Ltd
Palm Shade Camp, im Süden von Loyangalani, Tel. +254/(0)726/714768; DZ/VP

ab 63 Euro. Kleine, luftige Bandas, eingebettet in einen schönen Garten. Inmitten von Akazien und Doumpalmen kann auch gezeltet werden. Es gibt ein gutes Restaurant und eine Bar. Der Manager informiert Sie gern über Reisen in der Region und kann Ausflüge arrangieren.

In Loyangalani gibt es einige **Hotelis** und **Teestuben**, wobei das beste Essen in den Restaurants und Bars der oben genannten Unterkünfte serviert wird.

Desert Museum, Abzweigung C 77; tgl. 8.30–18 Uhr; Eintritt 500 Ksh Tickets über http://nmk.ecitizen.go.ke.

Lake Turkana Cultural Festival: Jährliches Festival im Mai an den Ufern des Turkanasees. Es gibt traditionelle Musik und Tänze der 12 im Norden Kenias lebenden Ethnien. Die Veranstaltung will das friedliche Miteinander der Kulturen im Norden fördern. www.visitturkanaland.com Facebook: Lake Turkana Cultural Festival

In Loyangalani gibt es kaum Einkaufsmöglichkeiten. Sie sollten sich bei der Anreise in einer der größeren Städte mit Lebensmitteln, Trinkwasser und genügend Benzin im Tank versorgen.

Die **Oasis Lodge** verfügt über eine schöne Poollandschaft, in der man sich gegen eine kleine Gebühr (500 Ksh) erfrischen kann. Es gibt auch ein gutes Restaurant und eine Bar.

■ **Desert Museum und Felsmalerien**
Das kleine, aber feine Desert Museum liegt außerhalb von Loyangalani auf einem Hügelrücken am Ufer des Lake Turkana. Es beherbergt eine kleine Dauerausstellung über die Schätze des Nordens und stellt die verschiedenen Kulturen der Region vor, die El Molo, Samburu, Rendille, Borana, Gabbra, Dassanech, Burji und Turkana. Auch über Flora und Fauna des Turkana-Beckens sowie dessen paläoanthropologische Bedeutung wird berichtet.

Der Norden

Im Umland von Loyangalani sind zudem die meisten Felsmalereien in ganz Ostafrika zu finden. Die Orte dieser Malereien liegen weit versprengt. Daher sollte man eine einheimische Person für eine Führung entweder über die eigene Unterkunft oder über das Museum engagieren.

El Molo Bay

Die El Molo sind die kleinste Ethnie Kenias und gehören zu den kleinsten Ethnien von ganz Afrika. Sie leben in einer malerischen Bucht am Ufer des Turkanasees etwas nördlich von Loyangalani. Die El Molo zählen etwa 1000 Menschen und sprachen früher eine ostkuschitische Sprache, die am engsten mit der Sprache der Dassanech- und Arbore-Ethnien verwandt ist, die am nördlichen Ende des Turkanasees in Äthiopien leben. Heute sprechen sie Samburu und haben eine Reihe von kulturellen Merkmalen der Samburu-Gesellschaft übernommen. Die viel gehörte Behauptung, dass die El Molo durch die Übernahme der Samburu-Sprache ihre ursprüngliche Sprache verloren hätten, ist jedoch nicht korrekt; sie wurde zum einen verschriftlicht und wird zum anderen noch immer gelehrt.

Die Herkunft der El Molo ist rätselhaft, und es bestehen verschiedene Theorien. Manche vermuten, dass die El Molo ursprünglich Viehzucht betrieben haben, ihre Herden jedoch verloren und sie den Fischfang aufnahmen. Eine andere Theorie besagt, dass die El Molo schon seit jeher vom Jagen, Sammeln und Fischen lebten und seit Jahrtausenden am Ufer des Lake Turkana leben, andere bezeichnen die El Molo als eine »moderne Variante« der spätsteinzeitlichen Wellenlinien-Kultur (von der Wavy-Line-Keramik), die vor 6000 bis 10 000 Jahren lebte. Traditionell leben die El Molo vom Fischfang. Mit Flößen aus zusammengebundenen Palmenstämmen, die im alkalischen Wasser nicht so schnell verrotten, fahren sie auf den See hinaus. Neben Fischen werden ab und zu auch Krokodile erlegt.

■ Besuch bei den El Molo

Reisende können die Dörfer besuchen, in denen man einen Eindruck vom Leben der Menschen bekommt, das eng mit dem See verbunden ist. Nehmen Sie sich eine einheimische Person für eine Führung mit. Die El Molo halten ein paar Ziegen, aber ein immer wichtigeres Geschäft für sie ist der Verkauf von filigranem Schmuck und die Erhebung von Gebühren für Fotos.

Vom Hügel hinter der Bucht genießt man einen atemberaubenden Ausblick über den See, kleine Inselchen und die Dörfer direkt am Ufer des Sees. Von den El-Molo-Dörfern kann man ein Boot mieten und zu sich zu einer der Inseln bringen lassen, wo man zahlreiche Wasservögel und Krokodile beobachten kann. Letztere sonnen sich meist mittags am Strand. Die Dörfer der El Molo in der El Molo Bay erreicht man, wenn man von Loyangalani aus der Straße nach North Horr folgt und einige Kilometer außerhalb der Stadt links hinunter zum See abbiegt.

Karte S. 224

▲ *Dorfszene in der El Molo Bay*

South Island National Park

Wer in Loyangalani übernachtet, kann einen Tagesausflug in den South Island National Park machen. Die größte Insel des Sees wurde 1983 als Nationalpark ausgewiesen und 1997 von der UNESCO zum Welterbe erklärt. Sie ist völlig unbewohnt, abgesehen von großen Krokodilpopulationen, giftigen Schlangen, wilden Ziegen und bis zu 350 Vogelarten. Eine enorme Anzahl an Giftschlangen und Wasservögeln konzentriert sich im Süden der Insel auf dem **White Rock**.

Bei der Schmuckherstellung

Auf der Insel befinden sich mehr als ein Dutzend Vulkane, und es wachsen nur wenige gelbgrüne Gräser und Büsche, was eine skurrile Landschaft erschafft. Von den Erhebungen bieten sich unglaubliche Aussichten auf den See und die Ufer. Im Osten lässt sich der Mt. Kulal erspähen, im Süden der Nabuyaton-Vulkan und im Norden der Mt. Porr.

ℹ South Island National Park

Park- und weitere Gebühren → S. 34
Tickets online auf www.ecitizen.go.ke.
Öffnungszeiten: tgl. 6–18 Uhr
Weitere Informationen: www.kws.go.ke.
Die Unterkünfte in Loyangalani können Bootstouren zur Insel organisieren.

Sibiloi National Park

Im abgelegensten Nationalpark Kenias am Ostufer des Turkanasees kann man nicht nur Wildtiere beobachten, sondern auch eine prähistorische Ausgrabungsstätte von Weltrang besichtigen. Sibiloi wird von vielen als »Wiege der Menschheit« bezeichnet. Der Sibiloi-Nationalpark wurde bereits 1973 ausgewiesen und zählt zum UNESCO-Welterbe. Hier befindet sich die drei Millionen Jahre alte paläontologische Stätte **Koobi Fora**, die 1972 von Dr. Richard Leakey und seinem Team entdeckt wurde. Dr. Leakey fand hier den Schädel eines Homo habilis, der

2,5 Millionen Jahre alt sein soll, und andere haben Beweise für den Homo erectus ausgegraben. Heute kann man die Fossilien einer Riesenschildkröte, die vor drei Millionen Jahren lebte, einer alten Krokodilart (Euthecodon brumpti), die bis zu 15 Meter lang wurde, und eines Mammuts mit großen Hauern (Elphas recki), eines Vorläufers des heutigen Elefanten, besichtigen. Der versteinerte Wald südlich dieser Stätten beweist, dass das Gebiet vor sieben Millionen Jahren üppig bewaldet war. Jedes Jahr legen Regen und Wind weitere Fossilien frei. Entfernen Sie niemals Fossilien von diesen Stätten!

Trotz der faszinierenden Vorgeschichte und der Fossilienfunde wird der Nationalpark nur selten besucht, was vor allem auf die beschwerliche Anreise zurückzuführen ist. Auf Nordkenia-Reisen spezialisiert ist das Reiseunternehmen **Gamewatchers Safaris** (Porini Adventures, → S. 403). Das National Museum of Kenya (NMK) unterhält ein kleines **Museum** in Koobi Fora mit vielen interessanten Fundstücken (www.museums.or.ke/koobi-fora, Eintritt 250 Ksh, Tickets über http://nmk.ecitizen.go.ke).

Übernachten kann man auf dem **Koobi Fora Campsite**, zu buchen über http://kws.ecitizen.go.ke.

Der Norden

Das Safari-Leben hat etwas an sich, das einen all seine Sorgen vergessen lässt und das Gefühl vermittelt, eine halbe Flasche Champagner getrunken zu haben – übersprudelnd vor herzlicher Dankbarkeit, am Leben zu sein.

Karen Blixen (eigene Übersetzung)

DER SÜDEN

Sonnenuntergang im Maasai Mara National Reserve

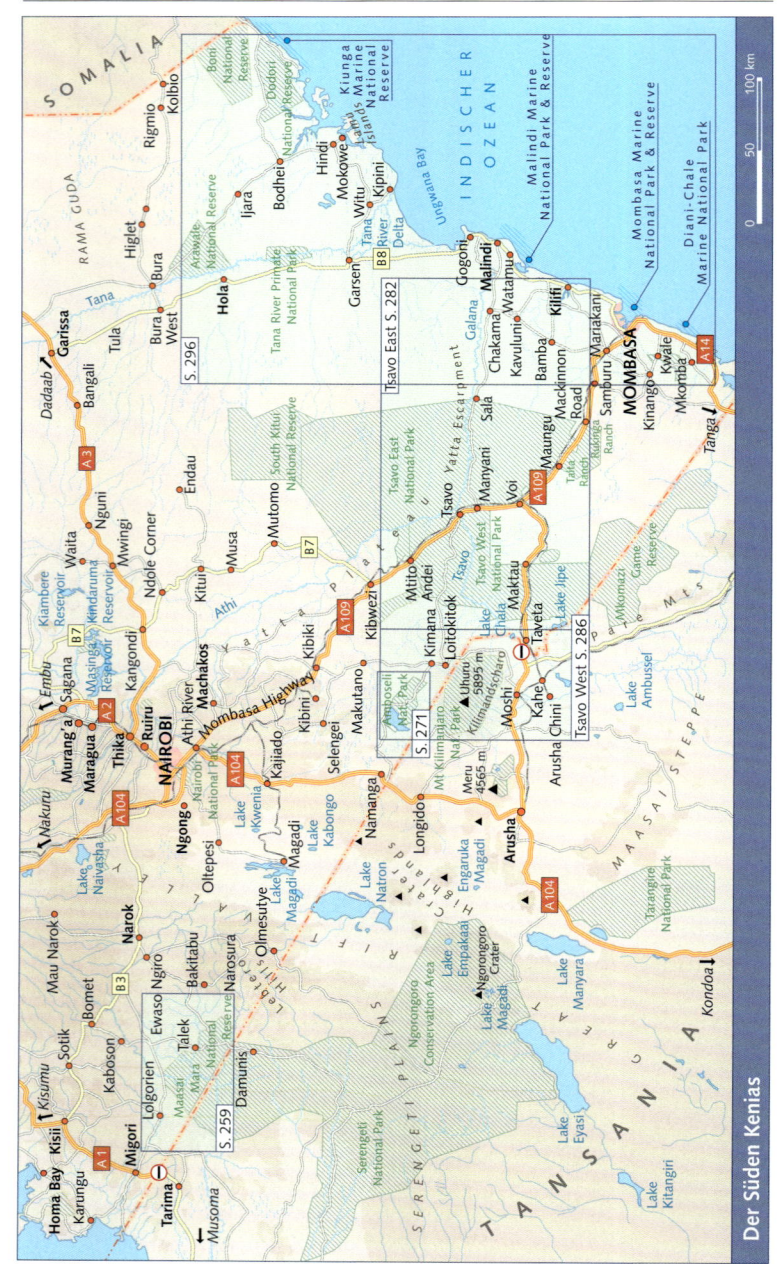

Überblick

Zwischen Inland und Küste durchzieht der Mombasa Highway den Süden Kenias und verbindet die zwei größten Städte des Landes, Nairobi und Mombasa. Entlang dieser Autobahn sowie im Südwesten des Landes erstrecken sich – aufgereiht wie Perlen an einer Kette – einige der spannendsten Naturschutzgebiete Kenias. Die größte und bekannteste Attraktion Südkenias ist das **Maasai Mara National Reserve** (→ S. 258), in dessen sattgrünem Savannengras zur Zeit der jährlichen Wildtierwanderung, der so genannten Migration, mehr als eine Million Gnus, hunderttausende Zebras, Topis und Thomson-Gazellen grasen. Jenseits dieses unvergleichlichen Naturparadieses erstrecken sich offene Savannen, Baobabwälder und weite Ebenen mit trockenen Dornbüschen.

Im Süden Kenias liegt außerdem einer der bekanntesten Nationalparks Afrikas, der **Amboseli-Nationalpark** (→ S. 271) mit seiner unverkennbaren Kulisse, in der der höchste Berg Afrikas thront, der Mount Kilimanjaro. Das Bild großer, gemächlich dahinziehender Elefantenherden mit dem schneebedeckten Berg im Hintergrund ist ein bekanntes Postkartenmotiv. Im Osten des Parkes befindet sich der riesige **Tsavo-Nationalpark** (→ S. 277), der größte Nationalpark Kenias, der in zwei Teile geteilt ist – **Tsavo East** (→ S. 281) und **Tsavo West** (→ S. 285). Tsavo ist für seine charakteristischen roten Elefanten berühmt. Zu bestaunen ist eine unglaublich artenreiche Tierwelt sowie kontrastreiche Landschaften – von endlos scheinenden Savannenebenen, die von Flüssen mit dichten Galeriewäldern an den Ufern durchbrochen werden, bis hin zu sanft gewellten Hügeln, kristallklaren Quellen und den Kegeln längst erloschener Vulkane. Im Süden Kenias trifft man auf verschiedene Ethnien, wie die Wataita, Wataveta und die weltbekannten in rote Tücher gekleideten Maasai, deren typische Rundsiedlungen (*manyatta*) man in der Nähe der einzelnen Naturschutzgebiete besuchen kann.

Der Süden

Zwei Millionen Tiere sind auf der Migration im Sommer unterwegs

Maasai Mara National Reserve

Das 1961 ausgewiesene Maasai Mara National Reserve ist eines der schönsten und meistbesuchten Naturschutzgebiete der Welt. In den Grassavannen des etwa 1500 Quadratkilometer großen Nationalreservats herrscht ein paradiesischer Wildreichtum mit einer enormen Anzahl an Pflanzenfressern und Raubtieren. In der Maasai Mara hat man das berauschende Gefühl der afrikanischen Weite, wenn man über die bis zum Horizont reichenden hügeligen Savannenebenen blickt, die von Akazienbusch und Bäumen gesprenkelt werden. Dieses Landschaftsbild ist im Namen des Naturschutzgebietes festgehalten, denn Mara heißt in Maa, der Sprache der Maasai, so viel wie »gefleckt«.

Die Maasai Mara ist besonders bekannt für eines der spektakulärsten Naturschauspiele der Welt, der größten Wildtierwanderung der Erde, der jährlichen Migration von insgesamt etwa zwei Millionen Gnus, Gazellen und Zebras von der in Tansania gelegenen Serengeti in die Maasai Mara auf der Suche nach frischen Weidegründen.

Das Naturschutzgebiet besteht aus zwei voneinander getrennten Gebieten, dem **Maasai Mara National Reserve** und dem **Mara Triangle**. Das weitläufige Maasai Mara National Reserve ist mehr als doppelt so groß wie das Mara Triangle. Die Wildtierdichte in letzterem ist sehr hoch und die Chancen, an einem einzigen Tag alle Big Five zu erspähen, sind groß. Die Maasai Mara ist zudem einer der besten Parks in Afrika, um Löwen, Leoparden und Geparden zu beobachten. Das Mara Triangle bildet ein Dreieck, das im Süden von der tansanischen Grenze, im Norden von der Hügelkette Oloololo Escarpment und im Osten vom Mara River begrenzt wird.

Im Norden und Osten des Maasai Mara National Reserves erstrecken sich einige von Maasai-Gemeinden verwaltete Schutzgebiete wie das **Mara North Conservancy** (→ S. 264). Die Maasai nutzen das Gebiet der Maasai Mara seit Jahrhunderten als Weidegründe für ihr Vieh. Die Etablierung des Reservats schnitt ihnen den Zugang zu einem Großteil ihrer Weidegründe ab, was bei den lokalen Maasai-Gemeinden zu Unmut führte. Die Lösung war die Schaffung des Mara North Conservancies (und weiterer privater Wildschutzgebiete) auf dem Land der Maasai, wo sich Wildtiere und Rinderherden das Land teilen. Das Mara North Conservancy ist ein wunderschönes privates Wildnisgebiet mit einer Fläche von mehr als 275 Quadratkilometern. Mit einem Besuch unterstützt man nachhaltigen Tourismus und lokale Gemeinden.

Wenngleich das Maasai Mara National Reserve, das Mara Triangle und das Mara North Conservancy unabhängig voneinander verwaltet werden, bilden sie doch ein zusammenhängendes Ökosystem und werden daher hier gemeinsam beschrieben.

Die Maasai Mara ist besonders bekannt für eines der spektakulärsten Naturschauspiele der Welt, der größten Wildtierwanderung der Erde. Jährlich wandern etwa zwei Millionen Huftiere von der in Tansania gelegenen Serengeti auf der Suche nach frischen Weidegründen in die Maasai Mara. Die Maasai Mara verfügt über mehr als 200 Lodges und Zeltcamps, was einen Hinweis darauf gibt, wie viele Menschen das Naturschutzgebiet während dieses Schauspiels zwischen Juli und Oktober beherbergen kann. Der Tourismus in der Maasai Mara ist jedoch ein zweischneidiges Schwert:

Karte S. 259

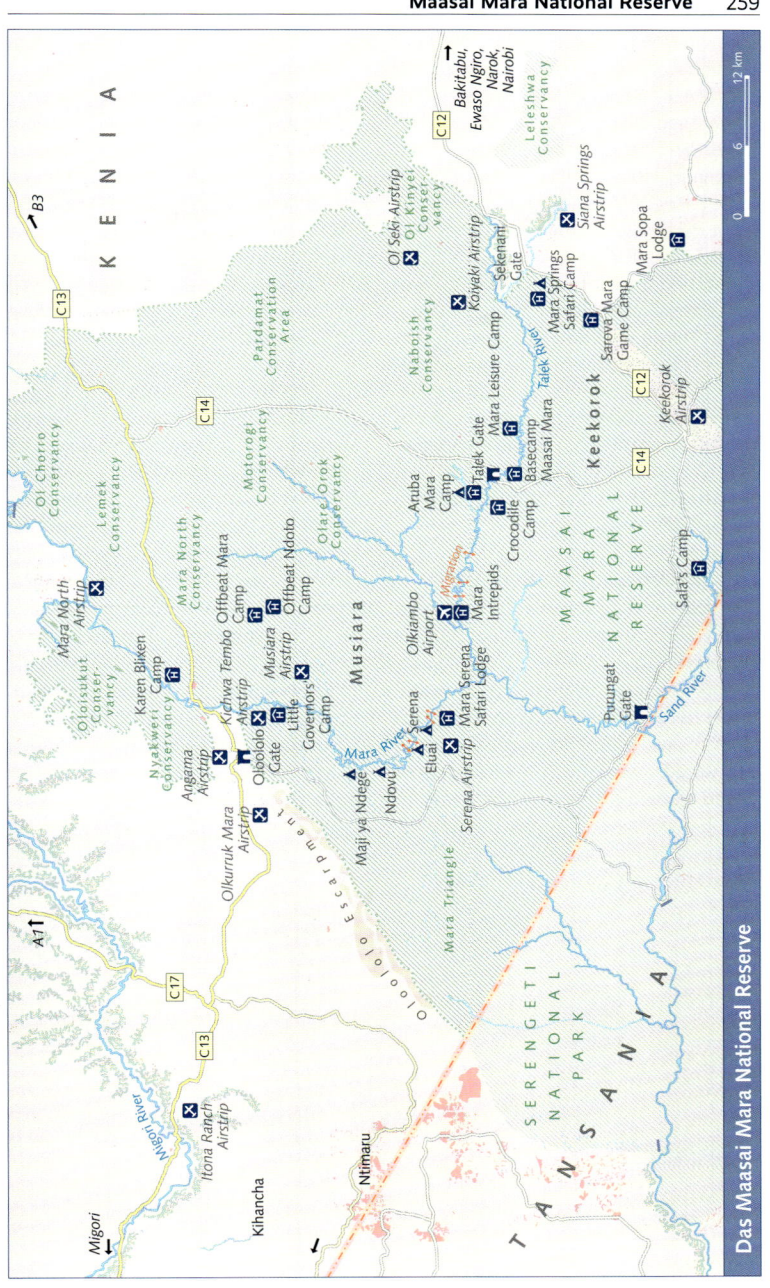

Das Maasai Mara National Reserve

Der Süden

Zum einen unterstützt er die Erhaltung des Schutzgebietes und stellt für die lokalen Maasai-Gemeinden eine wichtige Einnahmequelle dar. Andererseits schadet er dem Schutzgebiet durch den gestiegenen Holz- und Wasserverbrauch in der Region, unter anderem verursacht durch die unzähligen Camps und Lodges. Das Problem wurde jedoch erkannt, und viele touristische Unterkünfte steigen mehr und mehr auf holzsparende Herde und Solarenergie um. Ein weiteres Problem stellen die vielen Safaribusse dar, von denen einige die Grasnarbe durch Querfeldeinfahren auf der Jagd nach den besten Fotos schädigen. Achten Sie daher unbedingt darauf, dass Sie sich während Ihrer Safari an die ausgewiesenen Wege halten.

Der Naturraum Transmara

Der sogenannte Naturraum Transmara geht weit über die Grenzen des Maasai Mara National Reserves hinaus. Er erstreckt sich über die gemeindeverwalteten Naturschutzgebiete, wie das Mara North Conservancy im Norden, entlang des Mara-Flusses sowie die Loita Hills im Osten. Zudem geht die Maasai Mara im Süden in den Serengeti-Nationalpark in Tansania über. Diese Schutzgebiete bilden ein zusammenhängendes Ökosystem, und die Wildtiere können sich auf über 25 000 Quadratkilometern frei bewegen. Die Savannenebenen befinden sich vorwiegend auf Höhen zwischen 1500 und 1650 Metern. Einige Hügelketten, wie das Oloololo Escarpment, erreichen bis zu 2200 Meter. Die Savannenebenen werden von einigen Flüssen wie dem Mara und Talek River durchflossen.

Die große Migration

Die größte Attraktion des Maasai-Mara-Serengeti-Ökosystems ist die Äonen alte jährliche Wanderung von etwa zwei Millionen Wildtieren, die sogenannte Migration. Wenn am Jahresbeginn die Weidegründe der südlichen Serengeti erschöpft sind, machen sich zwei Millionen Gnus, Topi-Antilopen, Gazellen und Zebras auf ihre einjährige Rundreise von etwa 3000 Kilometern. Zunächst ziehen sie in den Westen der Serengeti. Von dort aus wandern sie nach Norden in die Region von Keekorok im Süden der Maasai Mara. Dort verteilen sie sich im Transmara-Gebiet. Erst wenn die Wei-

Elefantenfamilie im Nationalreservat

Am Marafluss

den fast vollständig abgegrast sind und der Regen in der Serengeti neues Gras hat sprießen lassen, begeben sich die riesigen Tierkolonnen, die bis zu 40 Kilometer lang sein können, wieder auf den Rückweg. Die Migration ist für das gesamte Ökosystem von großer Wichtigkeit, denn zum einen können sich die erschöpften Grasbestände erholen, zum anderen wird die Regenerierung der Gräser gerade durch das Weiden der Tiere stimuliert.

Die genauen Zeiten der Wanderung lassen sich nicht präzise voraussagen, denn sie richten sich nach den Regenfällen in der Region. Meist beginnt die Wanderung in die Mara zwischen Ende Juli und Anfang August, die Rückreise endet meist Ende November.

■ Flussquerungen

Auf ihrer Reise müssen die Tiere etliche Flüsse überqueren, darunter den Grumeti River, den Sand River, den Talek River und den Mara River, die während der Regenzeiten teilweise zu reißenden Strömen werden. Bei deren Überquerung spielt sich ein Drama ab, das tausende Tiere das Leben kostet. Vor allem die Überquerung des Mara-Flusses ist für die Tiere hoch riskant, denn in dem braunen, schäumenden Wasser warten einige der größten Krokodile Afrikas. Der Mara-Fluss schlängelt sich über eine Länge von 360 Kilometer, doch es gibt nur eine Handvoll Übergangsstellen, an denen sich zu den Stoßzeiten zehntausende Gnus und Zebras stauen. Die steilen Flussufer wurden hier über Jahrtausende von unzähligen Hufen verflacht, sodass eine Überquerung möglich ist. Wenn das Zögern bricht, was manchmal mehrere Stunden dauern kann, stürmt die gesamte Herde in einer riesigen Staubwolke in die Fluten. Der Fluss versinkt dann in heillosem Chaos, denn alle Tiere wollen ihn gleichzeitig überqueren. In diesem panischen Durcheinander brechen sich

Zebras und Büffel auf der Migration

überquerungen vorwärts. Man braucht Zeit und Geduld, um zu sehen, wie sie sich in Kolonnen aufstellen, und etwas Glück, um zur richtigen Zeit am richtigen Ort zu sein, wenn sie sich zum Überqueren entschließen.

Tierwelt im Nationalpark

Eine riesige Zahl an Herbivoren gelangt durch die Migration in die Maasai Mara, was aber nicht bedeutet, dass hier während der restlichen Monate keine Tiere vorzufinden sind. Tatsächlich leben in der Mara ganzjährig unzählige Zebras, Giraffen, Kongonis, Topis, Impalas, Wasserböcke, Gnus und viele kleine Antilopenarten, die über die Savannenlandschaft ziehen. Spitzmaulnashörner sind zwar sehr selten, aber in der Mara noch immer anzutreffen. Erstaunlich ist auch die hohe Raubtierdichte. Löwenrudel zählen hier bis zu 30 Tiere, und Hyänen, Geparden, Schakale und Löffelhunde sind ein häufiger Anblick. Internationale Bekanntheit durch zahlreiche Dokumentationen genießt die größte bekannte Koalition männlicher Geparden in der Mara, die Tano Bora, was in der Maa-Sprache »Die großartigen Fünf« bedeutet. Leider be-

viele Tiere die Knochen oder werden von der wilden Strömung des Mara-Flusses fortgeschwemmt und ertrinken. Die Krokodile kommen auf ihre Kosten, und auch Nilpferde fressen ab und zu das am Flussufer angeschwemmte Aas. Wieso sie das tun, weiß man nicht; man vermutet, dass die Hippos auf das Salz im Blut der Tiere aus sind.

Die Gnus und Zebras, die es über den Fluss geschafft haben, erwarten weitere Gefahren, denn für Löwen, Hyänen und andere Raubtiere sind die vielen verletzten Tieren eine leichte Beute. Das große Fressen lockt Geier und Marabu-Störche aus der gesamten Region an, die zu Hunderten über der Savanne kreisen. Insgesamt sterben jährlich etwa eine Viertel Millionen Tiere während der Migration. Das Spektakel der Flussüberquerungen ist nichts für schwache Nerven.

Dieses Bild ist jedoch nur eine Momentaufnahme der gesamten Reise. Das Spektakel der Migration besteht nicht nur aus einer Masse eilender Gnu- und Zebra-Herden, wie man sie im Fernsehen und in Dokumentarfilmen sieht. Die meiste Zeit grasen die Tiere und bewegen sich nur allmählich zu den zahlreichen Fluss-

▲ Karte S. 259

Nilpferd auf dem Weg ins Wasser

Geparden auf der Jagd

steht die Geparden-Koalition nicht mehr in ihrer ursprünglichen Zusammensetzung, da zwei ihrer Mitglieder 2022 getötet wurden. In den Akazien- und Galeriewäldern lassen sich oft Leoparden und verschiedene Affenarten wie Paviane, Meerkatzen und Colobus-Affen sichten. Die vielen Elefantenfamilien und die enormen Büffelherden bevorzugen die feuchteren Sumpfgebiete. Die ganzjährig Wasser führenden Flüsse Mara und Talek sind der Lebensraum von unzähligen Nilpferden und mächtigen Nilkrokodilen. Die Nilpferde sammeln sich an einigen tieferen Stellen in den Flüssen, die als Hippo Pools bezeichnet werden. Die bekanntesten Pools befinden sich in der Nähe der New Mara Bridge und am Zusammenfluss von Talek und Mara River. Die Avifauna mit unglaublichen 570 erfassten Vogelarten glänzt mit für offene Grassavannen typischen Vögeln, vor allem Strauße, verschiedene Trappenarten und die langbeinigen Sekretäre, die sich ausgezeichnet auf das Jagen von Schlangen verstehen. In den Wäldern leben zahlreiche Waldvögel, unter anderem verschiedene Nashornvögel, die durch ihren markanten Schnabel auffallen, und der bunt gefiederte Glanzhaubenturako. Außerdem sind in der Mara mehr als 50 verschiedene Greifvogelarten zu beobachten, darunter teils riesige Geier-Schwärme.

Vegetation

Die Landschaft der Maasai Mara wird von Kurzgrassavanne dominiert, aber auch Akazienwälder, Auwälder und felsige Hügel durchziehen die Ebenen. Für das Gedeihen des Grases der Savannenebenen sind sowohl Regenfälle als auch Beweidung und regelmäßige Savannenbrände wichtig.

Entlang der drei prominenten Flüsse der Maasai Mara – Sand, Talek und Mara – stehen dichte Galeriewälder. Der Mara-Fluss trennt das Mara Triangle vom Rest des Naturschutzgebietes ab. Hier befinden sich weitreichende Sumpfgebiete, die immer wieder überschwemmt werden. Das nahegelegene Oloololo Escarpment ist relativ kahl mit vereinzelten Wäldern an seinen Flanken.

Der Talek ist ein Zufluss des Mara Rivers. Nördlich von ihm liegt die Musiara-Region, die große Sumpfgebiete beherbergt. Der südlich verlaufende Sand River

Der Süden

ist ebenfalls ein Zufluss des Mara Rivers, führt jedoch nur nach Regenzeiten Wasser. In dem Gebiet zwischen Sand und Talek River liegt die Keekorok-Region mit sanft gewellten Hügeln, auf denen sich weite Grassavannen erstrecken.

Klima

Von März bis Mai herrscht die lange und im Oktober und November die kurze Regenzeit. Es regnet zumeist am Nachmittag, und die Wege können glitschig und schwer befahrbar werden. Die Temperaturen sind während der Regenzeiten kühler, den Rest des Jahres ist es meistens sonnig und trocken, und die Nachmittagstemperaturen erreichen bis zu 30 Grad Celsius.

Im Naturschutzgebiet unterwegs

Für eine Safari in die Maasai Mara sollte man mindestens drei Tage einplanen. So kann man jeweils einen ganzen Tag in einem Gebiet des Parks verbringen, beispielsweise im Gebiet von Keekorok in der Nähe des Sekenani Gates, im Gebiet um Musiara nördlich des Talek Rivers sowie einen im Mara Triangle im Westen des Naturschutzgebietes. Dabei ist es nicht möglich, konkrete Routenempfehlungen auszusprechen, denn die Tierkonzentrationen im Naturreservat verändern sich in Abhängigkeit der Futterquellen.

Das **Mara Triangle** weist besonders in der Trockenheit hohe Tierkonzentrationen auf, denn die Wildtiere finden in den hier liegenden Sumpfgebieten ganzjährig frisches Gras. Am Mara River findet man einige wichtige Flussübergänge der Migration. Einige wichtige Überquerungspunkte befinden sich in der Nähe der Mara Serena Lodge. In den Galeriewäldern entlang des Flusses lassen sich zahlreiche Wasservögel beobachten. In

dem braunen Wasser dümpeln Flusspferde, und auf den Sandbänken dösen mächtige Krokodile in der Sonne.

In der Region um **Keekorok** im **Maasai Mara National Reserve** lohnt es sich ebenfalls, entlang des Sand Rivers sowie der zahlreichen kleineren Nebenflüsse zu fahren. Diese Region, wie auch die Gegend um **Musiara**, ist sehr weitläufig, was es vor allem in den Regenzeiten erschwert, Wildtiere zu erspähen. In den Trockenzeiten hingegen sammeln sich die Tiere an den Wasserlöchern und Flüssen. Für die Maasai Mara benötigt man während der Trockenzeiten kein Fahrzeug mit Allradantrieb, während der Regenzeiten allerdings schon, da man leicht stecken bleiben kann und man hie und da einen Bach durchqueren muss. Fahren Sie nicht querfeldein, denn die Autoreifen schädigen die Grasnarbe. Um spätestens 19 Uhr sollten Sie wieder bei Ihrer Unterkunft sein.

■ Mögliche Routen

Eine Safari in der Mara könnte am Vormittag im Westen am **Sekenani Gate** starten, von wo man den Osten des Naturreservates erkunden kann. Zum Nachmittag hin könnte man sich zu einem der idyllisch gelegenen **Zeltplätze** (→ S. 267) an einem der Flüsse im Reservat begeben. Von hier aus kann man sich auf Safaris am frühen Morgen und späten Nachmittag aufmachen, wenn es etwas kühler ist und die Wildtiere aktiver sind. An den Parkgates gibt es detaillierte Karten zu kaufen, über die man sich in der Mara gut orientieren kann. Ansonsten sind wichtige Weggabelungen beschildert, und man kann sich anhand geographischer Punkte wie dem Oloololo Escarpment und dem Mara River orientieren.

Alternativ können Sie das **Mara North Conservancy** besuchen. Das private Naturschutzgebiet legt großen Wert auf

Karte S. 259

nachhaltigen Tourismus und hat eine der geringsten Fahrzeugdichten im Ökosystem, was auf die strengen Landnutzungspläne zurückzuführen ist.
Für alle, die die Mara besuchen, aber den typischen Safaribus-Trubel vermeiden wollen, ist das Mara North Conservancy genau das Richtige. Zudem werden hier neben der klassischen Autosafari auch viele weitere Aktivitäten (→ S. 268) angeboten, die im Nationalreservat nicht möglich sind.

 Maasai Mara

Obwohl es sich bei der Maasai Mara um ein National Reserve handelt, wird es nicht vom KWS, sondern vom Narok County verwaltet, und es gelten spezielle Regelungen.
Parkgebühren: Für das **Maasai Mara National Reserve** und **Mara Triangle** an den verschiedenen Parkgates zu entrichten. Das Ticket kostet 70 US-Dollar und ist 12 Std. lang gültig. Für Camping zahlt man 30 Euro pro Person und Nacht, der Park muss bis 10 Uhr vormittags verlassen werden, sonst fallen zusätzliche Gebühren an.
www.maratriangle.org
Öffnungszeiten: tgl. 6–18 Uhr.
Die Conservancy-Gebühren für das **Mara North Conservancy** werden bei der Buchung einer Unterkunft in diesem Naturschutzgebiet mit einbezogen.
Kartenmaterial: An den meisten Parkgates sind Übersichtskarten der Naturschutzgebiete mit dem genauen Verlauf der Pisten sowie Aussichtspunkten und schönen Picknickplätzen erhältlich.

Die Zufahrtsstraße zur Maasai Mara wurde in den letzten Jahren maßgeblich verbessert. Manche der Park-Gates sind aber nur über Pisten in schlechtem Zustand zu erreichen, so dass vor allem in den Regenzeiten ein Fahrzeug mit Allradantrieb unerlässlich ist.
Fahrzeit von Nairobi zum Sekenani Gate des Maasai Mara National Reserves: ca. 5 Std.
Von Naivasha zum Sekenani Gate: ca. 3,5 Std.
Die Anreise über das Sekenani Gate ist ideal, wenn man weiter in das Mara Tri-angle möchte. Dazu passiert man zudem das Purungat Gate nahe der Grenze zu Tansania.
Fahrzeit von Nairobi zum Mara North Conservancy: rund 5,5 Std., über Narok und Ololulunga. Die Gates Oloololo und Talek eignen sich für die Anreise zum Mara North Conservancy.
Fahrzeit von Kisumu am Lake Victoria zum Oloololo Gate: ca. 5 Std. Über das Oloololo Gate erreicht man den Westen des Parks.
Vom Versuch, mit öffentlichen Verkehrsmitteln zur Maasai Mara zu gelangen, ist abzuraten. Engagieren Sie ein Safariunternehmen, das sowohl die Anreise in den Park als auch die Safaris innerhalb des Naturschutzgebietes übernimmt, oder reisen Sie mit eigenem Fahrzeug an.

✈

Es gibt einige Landepisten im Reserve, die regelmäßig von weiteren kenianischen und ostafrikanischen Flughäfen angeflogen werden. Dazu gehören die Landepisten **Angama**, **Keekorok**, **Kichwa Tembo**, **Musiara**, **Mara North**, **Serena** und viele mehr. Zu buchen über Safarilink (www. flysafarilink.com), AirKenya (www.air kenya.com) und Yellow Wings (www.yel lowwings.com).

🛏 **Maasai Mara National Reserve**

Das Preisniveau in der Mara ist relativ hoch. Dennoch sind einige gute und günstige Übernachtungsmöglichkeiten vorhanden. Weitere Informationen:
www.maranorth.org
www.maratriangle.org
Mara Intrepids, am Talek River, Tel. +254/ (0)722/205894; DZ/VP ab 600 Euro. Luxuscamp im Zentrum des Reservats mit

Der Süden

Blick auf den Talek-Fluss. Es verfügt über elegante Safarizelte und Gebäude in einem natürlichen Design, einen Swimmingpool sowie fabelhafte Aussichten über die weiten Savannenebenen und den Talek-Fluss. www.heritage-eastafrica.com
Instagram: @maraintrepids

Mara Leisure Camp, am Talek River, Tel. +254/(0)737/799990; DZ/VP ab 333 Euro. Das Camp liegt am Talek-Fluss und bietet klassische Safarifahrten mit erfahrenen Maasai-Guides sowie Besuche bei verschiedenen lokalen Gemeinden im Talek-Gebiet an. Das Restaurant bietet köstliche Gerichte, und der Service ist gut. www.maraleisurecamp.co.ke
Instagram: @maraleisurecamp

Sarova Mara Game Camp, nahe Sekenani Gate, Tel. +254/(0)709/111000; DZ/VP ab 318 Euro. Luxuriöses Safaricamp, ideal im Herzen des Maasai Mara Wildreservats gelegen. Es bietet Zelte im Safari-Chic, ein hervorragendes Restaurant, eine Bar und einen Swimmingpool mit Poolbar. Von einigen der Zelte hat man einen spektakulären Blick auf die weiten Ebenen der Savanne.
www.sarovahotels.com/maracamp-masaimara, Instagram: @sarova_hotels

Basecamp Maasai Mara, am Talek River, Tel. +254/(0)725/279768; DZ/F ab 284 Euro. Wunderschön gelegenes Camp mit geräumigen Luxuszelten. Von erhöhten Holzplattformen und einer Hängebrücke kann man zahlreiche Wildtiere aus der Vogelperspektive beobachten. Das Camp legt großen Wert auf Nachhaltigkeit und Recycling und wurde von Ecotourism Kenya mit dem Öko-Siegel in Gold ausgezeichnet.
www.basecampexplorer.com
Instagram: @basecampexplorer

Mara Sopa Lodge, nahe Keekorok, Tel. +254/(0)20/3750235; DZ/VP ab 240 Euro. Hoch oben an den Hängen einer malerischen Hügelkette gelegene Lodge, eine der ersten, die im Maasai-Mara-Wildreservat gebaut wurde. Eingebettet in üppige Gärten sind charmante Hütten mit Kegeldächern. Es gibt einen Swimmingpool, und die Lodge wird ökologisch geführt. www.sopalodges.com
Instagram: @sopa_lodges

Crocodile Camp, am Talek Gate, Tel. +254/(0)713/538027; Safarizelt/VP 135 Euro. Schlichtes Camp in der Nähe des Talek Gates, eine gute Budget-Option. Die Zelte sind einfach, aber gemütlich. Das Personal ist hilfsbereit und das Essen ist gut. Hier kann man auch campen (10 Euro Pers./Nacht).
www.challenger-adventures.com/crocodilecamp
Instagram: @crocodilecamp2020

Mara Springs Safari Camp, nahe Sekenani Gate, Tel. +254/(0)722/511252; DZ/VP ab 105 Euro. Die einfachen Safarizelte sind klein und dunkel, aber sauber und günstig. Es gibt ein gutes Restaurant, und auf dem schönen Gelände in einem lichten Gelbfieberakazienwald kann man für 1000 Ksh pro Zelt und Nacht auch campen. www.mountainrockkenya.com/marasprings

Aruba Mara Camp, am Talek River, Tel. +254/(0)724/734090; Safarizelt ab 30 Euro pro Pers. u. Nacht. Das schöne Aruba Mara Camp am Talek River, das von einem deutschen Management geleitet wird, ist eine der wenigen guten Budget-Option in der Mara. Es gibt 3 Kategorien gemütlicher Safarizelte mit teils eigenen Badezimmern. Im Garten des Camps kann man auch mit eigenem Zelt für 8 Euro pro Person und Nacht zelten. Mahlzeiten können gegen einen Aufpreis hinzugebucht werden. Der Service ist gut.
www.aruba-safaris.com
Instagram: @aruba_mara_camp

🛏 Mara Triangle

Sala's Camp, am Sand River, Tel. +254/(0)725/675830; Luxus-Safarizelt/VP ab 2250 Euro. Ganz im Süden des Mara Triangle, fast schon in Tansania, liegt das schöne Camp am grünen Ufer des Sand River. Über Treppen gelangt man an das Flussufer und kann unzählige Tierarten,

von Waranen über Krokodile bis Elefanten aus nächster Nähe beobachten. Es ist eines der ersten Camps, in dem man die Migration verfolgen kann. Die Luxus-Safarizelte stehen auf erhöhten Holzplattformen mit kleinen Privatpools. Abseits der belebteren zentralen und nördlichen Bereiche des Reservats genießt man hier wunderbare Ruhe und Abgeschiedenheit. www.thesafaricollection.com
Instagram: @thesafaricollection
Little Governors' Camp, nahe Mara River, Tel. +254/(0)20/2734000; DZ/VP ab 880 Euro. Eines der besten Safaricamps in der Mara. Es liegt in einem sumpfigen Gebiet, das regelmäßig von Wildtieren besucht wird. Die Zelte sind geschmackvoll eingerichtet, und das Essen ist fabelhaft. www.governorscamp.com/experience
Instagram: @governorscampcollection
Mara Serena Safari Lodge, nahe Mara River, Tel. +254/(0)736/595900; DZ/VP ab 315 Euro. Schöne Lodge auf einem Hügel, verfügt über komfortable Räume in kleinen Steinhäuschen, die durch ihr natürliches Design mit der Umgebung verschmelzen. Es gibt einen Swimmingpool, von dem man einen herrlichen Blick auf zwei wichtige Flussüberquerungspunkte während der Migration hat. Durch die schöne Gartenanlage sieht man oft Warzenschweine und Klippschliefer rennen. Serena wirtschaftet nachhaltig. www.serenahotels.com/mara
Instagram: @serenahotels

 Mara North Conservancy

Offbeat Ndoto Camp, Mara North, Tel. +254/(0)704/909355; DZ/VP ab 1155 Euro. »Ndoto« bedeutet auf Swahili »Traum«, und es ist wahrhaftig wie ein Traum: mit unglaublichen Wildbeobachtungen, Privatsphäre und großer Gastfreundschaft ist es eines der beliebtesten Camps in Mara North. Die Safarizelte sind luxuriös, von der Veranda hat man einen atemberaubenden Blick über das Tal und im »Mess Tent« werden hausgemachte Köstlichkeiten serviert.

www.offbeatsafaris.com
Instagram: @offbeatsafaris
Offbeat Mara Camp, Mara North, Tel. +254/(0)704/909355; DZ/VP ab 934 Euro. Das kleine Camp liegt idyllisch an einer Flussbiegung im Schatten hoher Bäume, nicht weit entfernt vom Offbeat Ndoto Camp der gleichen Firma. Die Safarizelte sind rustikal-schick und mit schweren Holzmöbeln eingerichtet. Das Camp wird regelmäßig von allerlei Wildtieren besucht – von Giraffen bis Warzenschweinen. Das Personal ist hilfsbereit und verfügt über viel Wissen über das Ökosystem der Mara. Es führt Sie auf Fuß- und Reitsafaris.
www.offbeatsafaris.com
Instagram: @offbeatsafaris
Karen Blixen Camp, Mara North, Tel. +254/(0)711/579001; DZ/VP ab 473 Euro. Camp mit Blick auf den Mara-Fluss mit seinen Nilpferden und Krokodilen und in guter Lage, um die reiche Tierwelt von Mara North zu erleben. Einige der luxuriösen Safarizelte sind rollstuhlgerecht. Es gibt einen Swimmingpool, ein Spa und hervorragendes Essen.
www.karenblixencamp.com
Instagram: @karen_blixen_camp_masai_mara

Im Maasai Mara National Reserve sowie im Mara Triangle gibt es zahlreiche **Public** und **Special Campsites**. Alle Zeltplätze sind zu buchen über marabookings.co.ke, Public Campsites auch direkt am Parkgate. Vor allem die Zeltplätze, die an den Flussläufen des Sand, Talek und Mara River gelegen sind, sind zu empfehlen. Einige Zeltplätze verfügen über einfache sanitäre Anlagen mit Plumpsklo; andere bestehen lediglich aus einem von der Vegetation befreiten Platz. Auf Feuerholz, Wasser und sonstige Einrichtungen muss man weitestgehend verzichten. Achten Sie darauf, alle Wertsachen im Auto einzuschließen und auch Essbares sicher zu verstauen, denn an vielen Campingplätzen gibt es Pavia-

Der Süden

ne, die alles mitgehen lassen, was nicht niet- und nagelfest ist. Um sich vor allem nachts vor Raubtieren zu schützen, die durch das Camp streifen können, sollte man an einem der Parkgates Ranger engagieren, die gegen eine Gebühr Wache stehen.

Im Mara Triangle sind die Private Campsites **Maji ya Ndege** und **Ndovu** im Galeriewald am Mara River besonders schön gelegen.

Zu den empfehlenswerten Public Campsites zählen der **Zeltplatz in der Nähe der Serena Lodge** und der **Eluai-Zeltplatz** auf einem Hügel einige Fahrminuten von Serena entfernt. Ersterer liegt in einem schönen Waldstück mit hohen Bäumen; dafür hat letzterer einen wunderbaren Ausblick über die Savannenebenen und den Mara River. Beide verfügen über ein Klohäuschen und Feuerholz. An der Ranger-Station bei der Serena Lodge kann man sich Wasser (kein Trinkwasser) auffüllen lassen.

Die großen Lodges in der Mara wie Sopa, Sarova und Serena verfügen über ausgezeichnete Restaurants, bei denen man teilweise auch als Nicht-Übernachtungsgast speisen kann.

Wer zeltet oder in einer Selbstversorgungs-Unterkunft wohnt, sollte sich in der nahe gelegenen Stadt **Narok** mit Lebensmitteln und Trinkwasser eindecken. Die **Oltalet Mall** verfügt über den Supermarkt Tuskys, die Apotheke Good Life, einen Safaricom-Shop und weitere Läden. Ein weiterer gut ausgestatteter Supermarkt in Narok ist **Naivas**.

Viele Lodges und Zeltcamps bieten verschiedene Aktivitäten an. Beliebt ist der **Besuch der umliegenden Maasai-Dörfer**, bei denen man einen kleinen Einblick in die Lebensweise der Maasai erhält.

Viele Lodges bieten neben der klassischen Autosafari auch **Sundownerausflüge** und **Buschfrühstücke** an.

Ein ganz besonderes Highlight in der Mara sind **Ballonsafaris**. Diese werden von vielen der größeren Lodges auf Anfrage organisiert. Früh morgens über Tierherden und Savannenebenen hinwegzuschweben, ist ein wahrhaft einzigartiges Erlebnis, das noch lange in Erinnerung bleiben wird! Anschließend genießt man ein opulentes Frühstück am Landeplatz. Allerdings hat das Vergnügen natürlich seinen Preis, man zahlt zwischen 400 und 500 US-Dollar pro Person.

Im Mara North Conservancy auch **Reitsafaris** und **Fußsafaris** angeboten.

Viele Lodges haben **Swimmingpools**, in die man gegen eine kleine Gebühr springen darf.

Landschaft in der Maasai Mara

Die Ethnie der Maasai

Obwohl die Maasai nur eine kleine Gemeinschaft sind, sind sie wahrscheinlich eine der berühmtesten und meist beschriebenen Ethnien Ostafrikas. Ihre vorkoloniale Geschichte ist nach wie vor von Mythen umwoben. Die Maasai, manchmal auch Masai oder Massai geschrieben, sind Niloten, die Mitte des ersten Jahrtausends nach Christus nach Süden wanderten. Sie ließen sich in den Ebenen um den Turkanasee und später im kenianischen Hochland nieder.

Die Maasai spalteten sich schon früh in eine vorwiegend halbnomadische Gemeinschaft, die Iloikop, und eine nomadische Gemeinschaft, die Ilmaasai. In den Überlieferungen der Maasai heißt es, dass diese Teilung irgendwann nach ihrer Ankunft im kenianischen Hochland erfolgte. Es wird überliefert, dass die Maasai, als sie in diesem Gebiet auf andere Ethnien trafen, viele von ihnen in die Gemeinschaft aufnahmen. Die Maasai sind in über 20 unabhängige politische Gruppen unterteilt, die sich über Kenia und Tansania verteilen. Dazu gehören die Njemps in der Region des Baringosees und die Samburu nördlich des Laikipia-Plateaus.

Anfang des 18. Jahrhunderts waren die Maasai bereits in weiten Teilen des Rift Valleys fest etabliert und zogen als Nomaden auf der Suche nach Weideland durch diese Region. Auf dem Höhepunkt ihrer Macht in der Mitte des 19. Jahrhunderts besetzten die Maasai ein riesiges Gebiet, das vom Turkanasee im Norden bis nach Tansania im Süden reichte und etwa dreimal so groß war wie die Schweiz. Heute ist es auf die Hälfte seiner ursprünglichen Größe geschrumpft. Maasai-Krieger zogen auf Raubzügen in alle Himmelsrichtungen. Als Waffen verwendeten sie Schilde aus Büffelleder, Nashornkeulen und breitklingige Speere. Viehdiebstähle waren zu dieser Zeit gang und gäbe.

Die Maasai leben vorwiegend von der Rinder- und Ziegenzucht. Die Rinder dienen der Gewinnung von Milch, Blut, Häuten und Fleisch. Das Blut wird mit Hilfe von Miniaturpfeilen aus den Halsvenen der Rinder gewonnen. Mit dem Ertrag der Tierprodukte werden landwirtschaftliche Erzeugnisse von den Bantu-Ethnien gekauft sowie Perlen, Kaurimuscheln, roter Ocker und Tabak. Aber auch innerhalb der Maasai-Gemeinschaft entwickelten sich eine Reihe von bäuerlichen Gemeinschaften, die die Mitglieder der eigenen Ethnie versorgten.

Die Maasai praktizieren ein System der sozialen und politischen Organisation auf der Grundlage von Altersgruppen, das ausschließlich Männern vorbehalten ist. Die Aufnahme in eine Altersgruppe erfolgt durch die Beschneidung der Jungen im Alter von etwa 14 Jahren. Nach der Initiation treten die Jungen in den Rang eines Junior-Kriegers (Il-murran) ein und stellen bei Konflikten die Kampftruppe. Nach etwa 15 Jahren werden die jüngeren Krieger in den Rang eines älteren Kriegers befördert. Sie übernehmen die Verantwortung für das Vieh, das zuvor treuhänderisch für sie gehalten wurde. Diese Altersstufen bilden die traditionellen Verwaltungsorgane der Maasai. An der Spitze jeder Maasai-Gruppe steht ein Laiboni, der die religiöse Führung übernimmt. Durch den Laiboni werden Gebete an Enkai (Gott) gerichtet. Gebetet wird beispielsweise für Regen und die Heilung von Krankheiten. Heilige Bäume sind die Schreine, an denen Gebete und Opfer für Enkai dargebracht werden. Frauen nehmen an dieser politisch-sozialen Ordnung nicht teil. Ihnen wird in der Maasai-Gesellschaft eine minderwertige Rolle

Maasai-Hirten

zuteil. Typischerweise werden Maasai-Mädchen im Alter von zwölf Jahren weiblicher Genitalverstümmelung unterzogen. Sie kann zu schweren gesundheitlichen Problemen führen, von starken Blutungen bis zu Infektionen und Komplikationen bei Geburten. Die weibliche Genitalverstümmelung ist nur eine von vielen Formen der Diskriminierung in der Maasai-Gesellschaft. Nachdem die Frau dieses Ritual durchlaufen hat, wird sie bald darauf im Tausch gegen Vieh und Geld mit einem von ihrem Vater ausgewählten Mann verheiratet. Sie selbst hat dabei üblicherweise kein Mitspracherecht und wird zu einer von mehreren Ehefrauen ihres Gatten. Zu ihren Aufgaben gehört die Erziehung der Kinder, Kühe melken, Wasser holen, Wäsche waschen und Feuerholz sammeln. Maasai-Frauen wird meist die Schulbildung verwehrt. Diese Missstände werden von verschiedenen kenianischen und internationalen NGOs angegangen, und es besteht Hoffnung: Die Praktik der weiblichen Genitalverstümmelung wird von manchen Gemeinden nicht mehr angewandt, andere erwägen mittlerweile, Frauen das Recht zu erteilen, Kriegerinnen zu werden.

Die Ethnie sieht sich noch weiteren Herausforderungen gegenüber. Vor 1905 zogen die Maasai mit ihrem Vieh auf der Suche nach frischen Weidegründen durch viele Regionen. Diese saisonalen Bewegungen stellten das wichtigste Element des nomadischen Lebensstils der Maasai dar. Während der Kolonialzeit wurden die Maasai jedoch von den Briten von ihren Weidegründen vertrieben und in minderwertige Reservate gezwängt. Auch im postkolonialen Kenia sehen sich die Maasai durch ihre Ablehnung der Sesshaftigkeit mit Problemen konfrontiert. Die traditionelle nomadische Lebensweise ist im modernen Kenia durch privaten und staatlichen Landbesitz nicht mehr ohne Weiteres möglich. Einige Nationalparks schützen heute Naturlandschaften, die über Jahrhunderte von den Maasai als Weideland für ihr Vieh genutzt wurden. Diese so genannte »Landfrage« ist eine der größten Herausforderungen der Gegenwart für die Ethnie. Als Kompromiss wurden Nationalreservate und private Naturschutzgebiete gegründet, in denen es den Maasai erlaubt ist, ihr Vieh weiden zu lassen. Viele Maasai arbeiten heute im Tourismus als Safariguides oder Lagerwächterinnen und -wächter (askaris), und manche Maasai-Gemeinden verwalten Naturschutzgebiete und führen Zeltcamps.

Amboseli National Park

Der seit 1948 geschützte Amboseli-Nationalpark ist nach der Maasai Mara der beliebteste Park Kenias, vor allem wegen des spektakulären Blicks auf den höchsten Berg Afrikas, den 5895 Meter hohen Kilimandscharo, der bereits in Tansania liegt. Das Bild des schneebedeckten Kilimandscharo mit Elefanten im Vordergrund ist eines der bekanntesten Bilder von ganz Afrika und ein beliebtes Postkartenmotiv. Besonders am frühen Morgen hat man klare Sicht auf den Berg, der den Rest des Tages über meist in eine Wolkendecke gehüllt ist. Neben dem Kilimandscharo-Panorama sind die größte Attraktion des Parks die riesigen Elefantenherden, die man beim Grasen in einer reizvollen Landschaft aus offenen Ebenen, lichten Wäldern und Sumpfgebieten beobachten kann.

Mit 392 Quadratkilometern ist Amboseli ein kleiner Park. Trotz des heißen Klimas und bescheidener Niederschläge finden sich weitläufige Sumpfgebiete und ein großer See im Park, die vom Regen- und Schmelzwasser des Kilimandscharo gespeist werden. Der **Lake Amboseli** bedeckt zeitweise etwa ein Drittel der Parkfläche. In diesen Gebieten versammelt sich eine spektakuläre Vielfalt an Vögeln und Säugetieren, die von einer Population von etwa 1500 Elefanten dominiert wird. Der Amboselisee führt jedoch nur nach starken Regenfällen Wasser und liegt sonst als krustig-staubige Brache da. In der Mittagshitze erscheinen hier flirrende Fata Morganas, bei denen es sich bei genauem Hinsehen um dahinziehende Tiere handelt. Der Name des Parkes beruht auf eben diesem Umstand, denn Amboseli bedeutet in Maa so viel wie »salziger Staub«.

Der Amboseli-Nationalpark stand in seiner Geschichte mehrfach vor großen Herausforderungen. Das unverantwortliche Verhalten unzähliger Safarifahrzeuge schädigte den fragilen Vulkanascheboden, führte zu Bodenerosion und zum Absterben des Grases. Aus diesem Grund besteht ein striktes Verbot, jenseits der ausgewiesenen Pisten zu fahren. Dies führte zwar zur Verbesserung der Vegetation, doch auch die großen Elefantenherden schädigten die

Der Süden

Der Amboseli National Park

Auf der Seestraße unterwegs

bereits geschwächte Grasnarbe. Durch das stetige Bevölkerungswachstum in Kenia wurden außerdem die uralten Wanderungsrouten der Tiere vielerorts unterbrochen. So hatte die Vegetation nicht mehr genügend Zeit, sich von den permanent im Nationalpark befindlichen Elefanten zu erholen. Ein Zeichen der strapazierten Vegetation sind die vielen umgestoßenen Akazien. Jedoch wurde eine starke Regenerationsfähigkeit der Natur verzeichnet, wenn sie mithilfe von Zäunen eine Zeit lang vor Giraffen und Elefanten geschützt wird. Die Forschungen über die Dickhäuter werden vom renommierten Amboseli Elephant Research Project geführt.

Mensch und Natur

Das »Dach Afrikas« ist auch aus den Geschichten der Maasai, die seit Jahrhunderten in einer großen Gemeinschaft mit Löwen und Geparden, Maasai-Giraffen, allerlei Gazellenarten und Vögeln in dieser trockenen Landschaft leben, nicht wegzudenken. Amboseli ist somit auch aufgrund seiner Kulturgeschichte einzigartig. Der Amboseli-Nationalpark liegt innerhalb der traditionellen Weidegebiete der Maasai. Er wurde 1948 als

Nationalreservat gegründet, die Maasai waren weiterhin dazu berechtigt, ihr Vieh im Park weiden zu lassen und zu tränken. Der Park erhielt jedoch 1974 den Status eines Nationalparks, was den Maasai jegliche Nutzung der Parkfläche verbot. Dieser Schritt erzürnte verständlicherweise die lokalen Gemeinden, denn sie profitierten in keiner Weise vom Tourismus. Die Lösung des Konflikts lag schließlich darin, dass aus den Einnahmen durch den Tourismus der Ausbau der Infrastruktur (beispielsweise Schulen und Brunnen) finanziert wurde. Auch wurden Arbeitsstellen für die lokalen Gemeinden geschaffen, und eine Reihe von Maasai wurde zu Rangern ausgebildet. Einige Maasai-Gemeinden wandelten Teile ihrer Gruppenranches, die sich im Umland des Amboseli-Nationalparks befinden, in private Naturschutzgebiete um. So profitiert nicht nur die lokale Bevölkerung von den Einnahmen aus dem Tourismus; die Tiere haben zudem eine größere Fläche zur Verfügung, die über die Parkgrenzen hinausgeht. Amboseli ist nicht eingezäunt, und die Wildtiere können sich je nach Niederschlag und Nahrungsangebot über eine Fläche von insgesamt 8000 Quadratkilometern bewegen. In Anerkennung der besonderen Kombination von Ökologie und Kultur

Hyänenjunges spielt mit einem Knochen

Karte S. 271

Kronenkraniche sind meist paarweise anzutreffen

im Amboseli haben die UNESCO und die kenianische Regierung die Region 1991 zum Reservat »Der Mensch und die Biosphäre« erklärt, um die biologische Vielfalt zu erhalten, die nachhaltige wirtschaftliche Entwicklung vor Ort zu fördern und die lokale Infrastruktur zur Unterstützung von Bildung und Forschung zu verbessern.

Die Tierwelt

Neben Elefanten sind auch viele weitere Wildtiere im Amboseli zu Hause. In den Sümpfen leben Büffel, einige wenige Nashörner und Nilpferde. Auf den trockeneren Ebenen grasen Impalas, Thomson- und Grantgazellen sowie Gerenuks, Gnus und Zebras. In der Kategorie der Raubtiere lassen sich Löwen, Leoparden, Geparden, Schakale, Tüpfelhyänen und Wildhunde beobachten. Auch die Avifauna ist mit zahlreichen Arten vertreten. Mehr als 400 Vogelarten wurden im Amboseli-Nationalpark verzeichnet. In den Sumpfgebieten stelzen unzählige Wasservögel umher, wobei verschiedene Trappenarten, Glanzstare, Webervögel und Flughühner die Ebenen bevorzugen.

Vegetation

In den ausgedehnten Sumpfgebieten des Parks wachsen versprengt Papyrus, Binsen und Sauergräser. Die tiefer gelegenen Ebenen verwandeln sich nach Regenfällen in saisonale Sumpfgebiete. Die trockeneren Parkregionen bestehen aus Grassavanne mit vereinzelten Fieberakazienhainen und hoch aufragenden Doumpalmen. Die Gegenden außerhalb des Parks dagegen werden vor allem von Grassavannen dominiert, die mit Dornenbüschen gesprenkelt sind.

Klima

Im Park herrscht ein heißes, trockenes Klima mit durchschnittlich 350 bis 400 Millimeter Niederschlag pro Jahr. Die Trockenzeiten reichen von Januar bis Februar und von Juni bis Oktober. Die Regenzeiten sind im November und Dezember sowie von März bis Mai.

Im Park unterwegs

Der Nationalpark ist ganzjährig besuchbar, und man sollte zwei Tage im Park einplanen. In der Regenzeit können sich manche Regionen des Parkes in Sümpfe

Der Süden

Aussicht vom Observation Hill

verwandeln und Wege matschig werden. Daher ist ein Fahrzeug mit Allradantrieb vor allem in diesen Zeiten empfehlenswert. In den permanenten Sumpfgebieten, dem **Longinye Swamp**, dem **Ol Kenya Swamp**, dem **Ol Tukai Orok Swamp** und dem **Enkongo Narok Swamp**, lassen sich vielerlei Savannentiere beobachten, von Zebras bis Elefanten und Hippos. In der Trockenzeit sind Flächen mit frischem Gras für die Tiere ein wichtiges Futterreservoir. Auf den trockeneren Flächen entstehen in der Trockenzeit riesige Sandteufel, die den Vulkanstaub vom Boden in die Luft wirbeln. Der Park verfügt jedoch auch über einige kleine Wälder mit Akazien und Doumpalmen wie das Ol-Tukai-Wäldchen. Den **Observation Hill** am westlichen Rand des Enkongo-Narok-Sumpfes kann man erklimmen. Vom Gipfel eröffnet sich eine traumhafte Aussicht über die Ebenen und Sumpfgebiete des Parkes sowie auf den imposanten Kilimandscharo.

Die Orientierung fällt im Park durch gute Beschilderung und ein Nummernsystem relativ leicht. Am Parkgate werden Karten verkauft.

 Amboseli National Park

Park- und weitere Gebühren → S. 34
Tickets nur online auf www.ecitizen.go.ke.
Öffnungszeiten: tgl. 6–18 Uhr
Weitere Informationen: www.kws.go.ke
Haupttore sind das **Kimana Gate** im Osten und das **Meshanani Gate** im Norden des Parks.
Öffnungszeiten: tgl. 6–18 Uhr.

Fahrzeit von Nairobi: ca. 4 Std.

Die Straßenverhältnisse sind gut, jedoch benötigt man innerhalb des Parks während der Regenzeiten ein Fahrzeug mit Allradantrieb. Nachtfahrten auf der Mombasa Road sollte man vermeiden, da wegen unbeleuchteter Lastwagen und wahnwitziger Überholmanöver auf dieser Strecke häufig schreckliche Unfälle passieren.

Überlandbusse und Matatus verbinden zwar die größeren Städte entlang der

Karte S. 271

Mombasa Road, der Amboseli-Park selbst kann jedoch nicht mit öffentlichen Verkehrsmitteln erreicht werden. Der Transport zum und innerhalb des Nationalparks sollte der Einfachheit halber über ein Safariunternehmen organisiert werden, oder man reist mit dem eigenen Wagen an.

Über den **Amboseli Airstrip** gibt es Flugverbindungen mit dem Wilson Airport in Nairobi und anderen Inlandsflughäfen. Zu buchen über Safarilink (www.flysafarililink.com), AirKenya (www.airkenya.com) und Yellow Wings (www.yellowwings.com). Weitere Informationen: www.kws.go.ke und www.amboseli.com

Tortilis Camp, im Nationalpark, Tel. +254/(0)730/127000; DZ/VP ab 451 Euro. Das Camp hat eine erstklassige Lage inmitten des Parks und ist nach dem Charakterbaum der afrikanischen Savanne benannt, der flachkronigen Schirmakazie (Acacia Tortilis). Es liegt auf einem Hügel in einem malerischen Waldgebiet, von dem man schöne Aussichten auf den Kilimandscharo hat. Die Zelte sind geräumig und mit schönen Hartholzmöbeln ausgestattet. Es gibt eine Bar, einen Essbereich, in dem traditionelle norditalienische Mahlzeiten serviert werden, und einen Swimmingpool. Das Tortilis Camp ist eine Ökolodge und wird vollständig mit Sonnenenergie betrieben. Sie ist außerdem sehr kinderfreundlich. www.elewanacollection.com Instagram: @elewanacollection

Amboseli Serena Lodge, im Nationalpark, Tel. +254/(0)727/622500; DZ/VP ab 335 Euro. Große, elegant gestaltete Lodge mit einem von der Natur inspirierten Design. Einige Zimmer überblicken den tierreichen Enkongo-Narok-Sumpf. Es gibt ein hervorragendes Restaurant, eine gut bestückte Bar und einen Swimmingpool, der in einen üppigen Garten mit unzähligen bunten Blumen eingebettet ist. Die Lodge wird umweltfreundlich geführt.

www.serenahotels.com/amboseli
Instagram: @serenahotels

Ol Tukai Lodge, im Nationalpark, Tel. +254/(0)721/363163; DZ/VP ab 300 Euro. Die 1996 eröffnete Lodge liegt im Herzen von Amboseli, am Rande eines dichten Akazienwaldes. Ol Tukai ist schön gestaltet mit hoch aufragenden Makuti-Dächern, gepflegten Gärten, in denen hunderte Vögel um die Wette zwitschern, einem großen Swimmingpool und komfortablen Räumen. Einige Zimmer sind rollstuhlgerecht, und die Lodge wird umweltfreundlich geführt. www.oltukailodge.com Facebook: @oltukailodgeamboseli

Kibo Safari Camp, ca. 2 km vom Kimana Gate entfernt, Tel. +254/(0)721/380539; DZ/VP ab 305 Euro. Umweltfreundliches Camp mit 73 komfortablen Safarizelten verschiedener Größen sowie 10 luxuriösen Safarizelten im Privatflügel. Es gibt einen Swimmingpool und ein Spa. www.kibosafaricamp.com Instagram: @kibosafaricamp_amboseli

Amboseli Bush Camp, nahe Kimana Gate; gesamtes Camp ab 195 Euro. Rustikales Camp etwas außerhalb des Parkes, kann als Ganzes gebucht werden und eignet sich vor allem gut sfür Gruppen (Selbstversorgung). Mit gut ausgestatteter Küche, zwei gemütlichen Safarizelten mit Open-Air-Duschen und einem urigen Gemeinschaftsbereich. Das Camp liegt in der Nähe eines kleinen Wasserlochs, das regelmäßig von Wildtieren besucht wird. Zu buchen über Airbnb (Amboseli Bush Camp – Upper Camp). Instagram: @amboselibushcamp

Kimana Camp, am Kimana Gate, Tel. +254/(0)715/059635; DZ/VP ab 86 Euro. Gute Budget-Option in Amboseli, vom Kimana Gate aus gut zu erreichen. Die Safarizelte sind klein, aber fein. Zusätzlich gibt es einige Cottages. Die Badezimmer sind einfach, aber verfügen über warmes Wasser. Es gibt ein Restaurant und eine Küche. Auf dem Gelände kann man auch zelten (8 Euro Pers./Nacht). Vom Camp aus hat

Der Süden

man einen schönen Blick auf den Kilimand-scharo. Facebook: Kimana Amboseli Camp

Public Amboseli Campsite, 200 Meter von den Gebäuden der Parkverwaltung entfernt. Der Platz verfügt über einfache Einrichtungen, darunter Toiletten und fließendes Wasser. Feuerholz, Essen und Getränke muss man selbst mitbringen. Zu buchen über http://kws.ecitizen.go.ke. Alternativ kann man auf Anfrage auch bei der **Ol Tukai Lodge**, der **Amboseli Serena Lodge** und dem **Tortilis Camp** zelten.

Innerhalb des Parkes gibt es keinerlei Versorgungsmöglichkeiten. In den Restaurants der großen Lodges kann man zum Teil speisen, auch wenn man woanders übernachtet. Wer sich selbst versorgt, sollte sich vor Anreise mit Proviant und Trinkwasser eindecken, bei Anfahrt aus Nairobi am besten dort.

Klassische **Autosafaris** sind möglich, die großen Lodges können auch **Ballonsafaris** organisieren. Eine Heißluftballonfahrt über die elefantenreichen, staubigen Savannen und grünen Sümpfe des Amboseli ist ein atemberaubendes Erlebnis. Gegen eine Gebühr darf man bei einigen Lodges in den **Pool** springen. Wer sich für den Schutz von Elefanten interessiert, kann den im Amboseli beheimateten **Amboseli Trust for Elephants** (www.elephanttrust.org, Instagram: @amboseli_trust) besuchen.

Roter Elefant im Tsavo East National Park

Tsavo National Park

Im Süden Kenias befindet sich eine Wildnis von grenzenloser Weite, atemberaubender Schönheit und einer Tierwelt von epischem Ausmaß. Der Tsavo-Nationalpark, der mit rund 22 000 Quadratkilometern größer als Israel ist, ist Kenias größter Nationalpark. In den letzten Jahren haben sich die Menschen mit Landbesitz rund um den Tsavo-Nationalpark zusammengetan, um die **Tsavo Conservation Area** zu schaffen, die die geschützte Wildnis verdoppelt und es den Tieren ermöglicht, sich jenseits der Parkgrenzen in Sicherheit zu bewegen. Der Name »Tsavo« entwickelte sich aus dem Maasai-Begriff »Sabuk«, was »Savok« ausgesprochen wird. Tsavo wurde 1948 als einer der ersten Nationalparks in Kenia eröffnet.

Der Park wird vom Mombasa Highway und der Zugstrecke von Mombasa nach Nairobi in zwei Hälften unterteilt – **Tsavo East** und **Tsavo West**. Im Jahr 2017 wurde eine neue Eisenbahnstrecke neben der alten fertiggestellt, die Kenias größten Hafen, Mombasa, mit der Hauptstadt Nairobi verbindet. Die steilen Böschungen und Zäune hindern die Tiere daran, die Gleise zu überqueren und schränken ihre Bewegungsfreiheit ein. In früheren Trockenzeiten durchwanderten viele Wildtiere diese Gegend auf der Suche nach Nahrung und Wasser. Aus diesem Grund wurden spezielle Unterführungen gebaut, durch die die Tiere die andere Seite erreichen können. Die landschaftlich sehr kontrastreichen Hälften müssen getrennt voneinander besucht werden.

Bekannt ist der Tsavo-Nationalpark vor allem für seine tiefrote Lateriterde, die auch den Tieren einen roten Anstrich verleiht. Der Park verfügt über eine sehr hohe Population an Elefanten, und die so genannten »roten Elefanten« des Tsavo stellen ein ikonisches Bild der afrikanischen Wildnis dar.

Der Naturraum Tsavo

Die zerklüfteten, trockenen Landschaften von Tsavo sind typisch für weite Gebiete in den tieferen Lagen Kenias und Somalias. Die flache, felsige Basis dieser Landschaft besteht aus verwitterten präkambrischen Grundgesteinen: Gneis und Schiefer. Die präkambrische Ära reicht von 570 Millionen bis 4550 Millionen Jahre in die Vergangenheit. Die Gesteine des präkambrischen Grundgebirges bestehen hauptsächlich aus Sedimenten, die einer so großen Hitze ausgesetzt waren, dass sie sich in komplexe Formen verwandelten. Fragmente dieser Geschichte sind in Form von Sandsteinen und Schieferplatten im roten Staub zu sehen.

In scharfem Kontrast zu den weiten Ebenen von Tsavo East ist Tsavo West durch eine Reihe jüngerer Felsen und vulkanischer Ausbrüche gekennzeichnet, von denen die jüngsten nur wenige hundert Jahre alt sind. Diese quartären Vulkane, die aus dem präkambrischen Grundgebirge hervorbrechen, entstanden im Pleistozän, also vor 1,8 Millionen bis vor 10 000 Jahren. Die jüngsten Lavaströme, wie der Shetani Lawa Flow in der Nähe von Kilanguni, stammen aus unserer eigenen Epoche, dem Holozän. Bei einem Besuch des Tsavo-West-Nationalparks kann man den Lavastrom aus nächster Nähe betrachten.

In dieser Region wird die nach dem Tsavo benannte grüne Edelsteinart des Tsavorits abgebaut. Der Tsavorit ist ein sehr schöner Stein, der einen höheren Brechungsindex als Smaragd hat, was zu einer größeren Brillanz und Trans-

Krokodile am Galanafluss

parenz führt. Er ist extrem selten, und Steine von über fünf Karat bringen tausende Dollar ein. Der Tsavorit verdankt seine schöne grüne Farbe dem Element Vanadium. Heute wird er hauptsächlich in der Gegend von Kasigau sowie in den Taita Hills und im Lindi-Distrikt in Tansania abgebaut.

Die Tierwelt

Der Tsavo-Nationalpark ist ein vielfältiges Mosaik aus Felsen, verworrenem Busch und heißen, ausgedörrten Ebenen. Die Vielfalt der Lebensräume beherbergt eine der größten Wildtierpopulationen Kenias. Zu finden sind neben den Big Five – Löwe, Spitzmaulnashorn, Büffel, Elefant und Leopard – Krokodile und Nilpferde. Im südlichen Teil des Parks mit Glück Afrikanische Wildhunde. Spitzmaulnashörner trifft man in der Regel als Weibchen mit Jungtieren oder als einzelne Männchen an. Nach einer Tragzeit von 15 bis 16 Monaten wird ein einzelnes Kalb geboren. Die Jungtiere werden bis zu einem Jahr lang gesäugt und bleiben zwischen zwei und fünf Jahren bei der

Mutter. Spitzmaulnashörner können bis zu 40 Jahre alt werden.

Spitzmaulnashörner und Elefanten wurden im 20. Jahrhundert erbarmungslos gewildert, die Populationen haben sich aber in den letzten Jahren dank großangelegter Schutzmaßnahmen wieder erholt. Das enorme Gebiet des Tsavo ist heute Heimat der größten Elefantenpopulation Kenias. Über 13 000 Tiere streifen frei durch die weite Landschaft, darunter auch einige der so genannten »Super-Tusker«, die Elefanten mit den größten Stoßzähnen der Welt. Gegenwärtig lebt der Elefantenbulle Lugard in Tsavo, ein 50 Jahre alter Super-Tusker und einer der nationalen Schätze Kenias. Jeder Stoßzahn allein wiegt weit über 45 Kilogramm. Heute soll es in ganz Afrika nur noch 30 Super-Tusker geben, und ein Drittel davon lebt in Tsavo. Die meisten von ihnen erreichen dank dem strengen Schutz der KWS-Ranger ein hohes Alter. Faszinierend sind die roten Elefanten im Park. Roter Lateritstaub färbt die Haut der gewaltigen Tiere durch jahrelanges »Duschen« mit dieser Erde, die sie vor

Karte S. 282, 286

unliebsamen Insekten schützt und der Haut Kühlung verschafft. So trifft man nicht nur auf meterhohe rote Termitenbauten, sondern auch auf diese einzigartigen roten »wandelnden Felsen« in der ockerroten Savanne.

Während der Trockenzeiten konzentriert sich die Tierwelt auf die Flussläufe und Galeriewälder entlang der Uferbänke – ideal für Tierbeobachtungen. Zu sehen sind unter anderem Kleine Kudus, Zebras, Grant Gazellen, Impalas, Giraffen, Wasserböcke sowie Elen- und Oryxantilopen und das seltene Grevyzebra.

Auch die Vogelwelt konzentriert sich während der Trockenzeiten vor allem in den Galeriewäldern der Flussläufe. Über 500 Vogelarten wurden im Tsavo-Nationalpark erfasst, darunter Strauße, Turmfalken, Bussarde, Nashornvögel, Sekretäre und Reiher. Der Chor in der Morgendämmerung ist eine eklektische Mischung aus Geschnatter, Gepfeife und Melodien. Ein besonderes Spektakel sind die nomadischen Superkolonien des Blutschnabelwebers, die aus mehreren Millionen Vögeln bestehen. Der Blutschnabelweber ist die häufigste Wildvogelart der Welt. Wenn die Wasserquellen in Tsavo in den Trockenzeiten versiegen, versammeln sich diese Superkolonien an den letzten Wassertümpeln, aus denen sie in hypnotisierendem Rhythmus und großem Chaos am Wasser trinken. Zur Zeit des Vogelflugs im europäischen Winter finden sich bei den Wasserlöchern von Tsavo außerdem riesige Scharen von Zugvögeln ein. So lassen sich atemberaubende Vogelschwärme beobachten, deren Gezwitscher die Klangkulisse des Parks dominiert. Auch in Deutschland beheimatete Weißstörche und Graureiher umgehen in diesen wärmeren Gefilden die Härten des europäischen Winters.

In der Regenzeit trifft ein wahrer Schneesturm von weißen Pionierschmetterlingen in Tsavo ein. Millionen von ihnen füllen den Himmel auf ihrer Reise zur Küste. Diese riesigen Schwärme, die in der Regenzeit über die Blumen tanzen, sind für den Park lebenswichtig, denn sie bestäuben die Blüten und sind außerdem eine leichte Beute für Insektenfresser.

Der Süden

Nilgans mit Küken

Die Menschenfresser von Tsavo

Die Tsavo-Menschenfresser waren ein Paar männlicher Löwen, die zwischen März und Dezember 1898 für den Tod von Dutzenden Angestellten der Kenia-Uganda-Eisenbahn verantwortlich waren. Insgesamt sollen sie 140 Personen gefressen haben! Berühmt sind die Löwen der Region auch für ihre Irokesen-Mähnen. Es wird angenommen, dass die kürzere Mähne verhindern soll, dass sich die Tiere im dornigen Gestrüpp verfangen.

Im Rahmen des Baus einer Eisenbahnlinie, die Uganda mit dem Indischen Ozean bei Kilindini Harbour verbinden sollte, begannen die Briten im März 1898 mit dem Bau einer Eisenbahnbrücke über den Tsavo-Fluss in Kenia. Auf der Baustelle befanden sich Lager, in denen mehrere tausend vorwiegend indische Beschäftigte untergebracht waren. Geleitet wurde das Projekt von Oberstleutnant John Henry Patterson, der nur wenige Tage vor den ersten Vorfällen eintraf. Während der neunmonatigen Bauzeit pirschten sich zwei Tsavo-Löwen nachts an das Lager heran, zerrten die Opfer aus ihren Zelten und verschlangen sie. Die überlebenden Personen kamen bald zu dem Schluss, dass es sich bei den Löwen um Geister oder Teufel handeln musste. Die Besatzungen errichteten Lagerfeuer und Dornenzäune aus Flötenakazien um ihr Lager herum, um die Menschenfresser fernzuhalten, jedoch ohne Erfolg; die Löwen sprangen über die Zäune oder krochen hindurch. Als die Angriffe zunahmen, flohen hunderte Beschäftigte aus Tsavo und brachten die Bauarbeiten an der Brücke zum Stillstand. Schließlich traf bewaffnete Verstärkung ein. Patterson stellte Fallen auf und versuchte, die Löwen von einem Baum aus zu erlegen. Nach mehreren erfolglosen Versuchen erschoss er den ersten Löwen am 9. Dezember 1898. 20 Tage später wurde der zweite Löwe gefunden und getötet. Rätselhaft ist bis heute, warum die Tsavo-Löwen Appetit auf Menschen bekamen.

Die Tsavo-Menschfresser im Field Museum, Chicago

Es wird vermutet, dass sie Menschen als Nahrung bevorzugten, weil sie starke Zahnverletzungen hatten, und Menschen leichter zu jagen und zu kauen waren als ihre üblichen Beutetiere.

Patterson schrieb über seine Erlebnisse den Bestseller *The Man-eaters of Tsavo* (1907), der mehrmals verfilmt wurde: *Men Against the Sun (1952)*, *Bwana Devil* (1952), *The Ghost and the Darkness* (1996) und weitere. Patterson verkaufte die getöteten Löwen an das Field Museum of Natural History in Chicago, Illinois, wo sie bis heute zu sehen sind. Immer wieder gibt es Berichte von Einheimischen, die von Löwen angegriffen wurden. Seien Sie also ein wenig vorsichtig, wenn Sie an den Mzima-Quellen oder den Lugard-Fällen spazieren gehen – mit den Tsavo-Löwen ist nicht zu spaßen.

Die Lugard Falls

Vegetation

Tsavo erstreckt sich über ein weitläufiges Gebiet mit Savannen, Felsen und Bergen, Flüssen und Akazienwäldern in Höhenlagen von 230 bis 2000 Metern. Der Großteil des Parks besteht während der Trockenzeiten aus kilometerweiten flachen Gras- und Dornbuschsavannen sowie halbwüstenartigen Steppen mit vereinzelten Baobabs. Die Ebenen sind vielerorts mit dornigem Gestrüpp bedeckt und von lebensspendenden Flüssen durchzogen. Der Tsavo-Fluss, der von den fernen Osthängen des Kilimandscharo gespeist wird, durchschneidet den Tsavo-East-Nationalpark. Er vereinigt sich mit dem Athi und bildet den mächtigen Galana-Fluss – nach dem Tana der zweitlängste Fluss Kenias. Im Westen des Tsavo-East-Nationalparks fließt der Voi River. Der Tiva-Fluss fließt nur periodisch und trocknet in den Trockenzeiten aus. Einige Tage vor Beginn der Regenzeit werfen die in der ausgedörrten Landschaft stehenden Baobabs (Affenbrotbaum) grüne Blätter und extravagante weiße Blüten aus. Wenn der Regen kommt, verjüngen die Flüsse in Tsavo das Land, und die karge Steppe wird zum Paradies. Vom roten Staub befreit, bedeckt ein grasgrüner Teppich aus frischer Vegetation mit bunten Blumentupfern die Ebenen.

Der Tsavo-West-Nationalpark ist bergiger und feuchter, mit vereinzelten Sumpfgebieten, dem Jipesee an der Grenze zu Tansania und den glasklaren Mzima-Quellen.

Klima

Im Tsavo-Nationalpark herrscht ein afrikanisches Savannenklima mit Temperaturen zwischen 20 und 36 Grad Celsius und Niederschlägen von 200 bis 700 Millimeter pro Jahr. Am stärksten regnet es in den Monaten März, April, November und Dezember. Jeweils im Monat nach den starken Regenfällen ist die Natur grün und üppig. Ansonsten herrscht im Nationalpark ein sehr trockenes Klima vor.

Im Tsavo East unterwegs

Der Slogan des 13 750 Quadratkilometer umfassenden Tsavo-East-Nationalparks ist »The Theatre of the Wild«, und tatsächlich: Mit Glück und einem guten Guide kann man in diesem Park dramatische wie anrührende Momente aus dem Leben der hier beheimateten Tiere miterleben – eine Löwin auf der Jagd, eine Giraf-

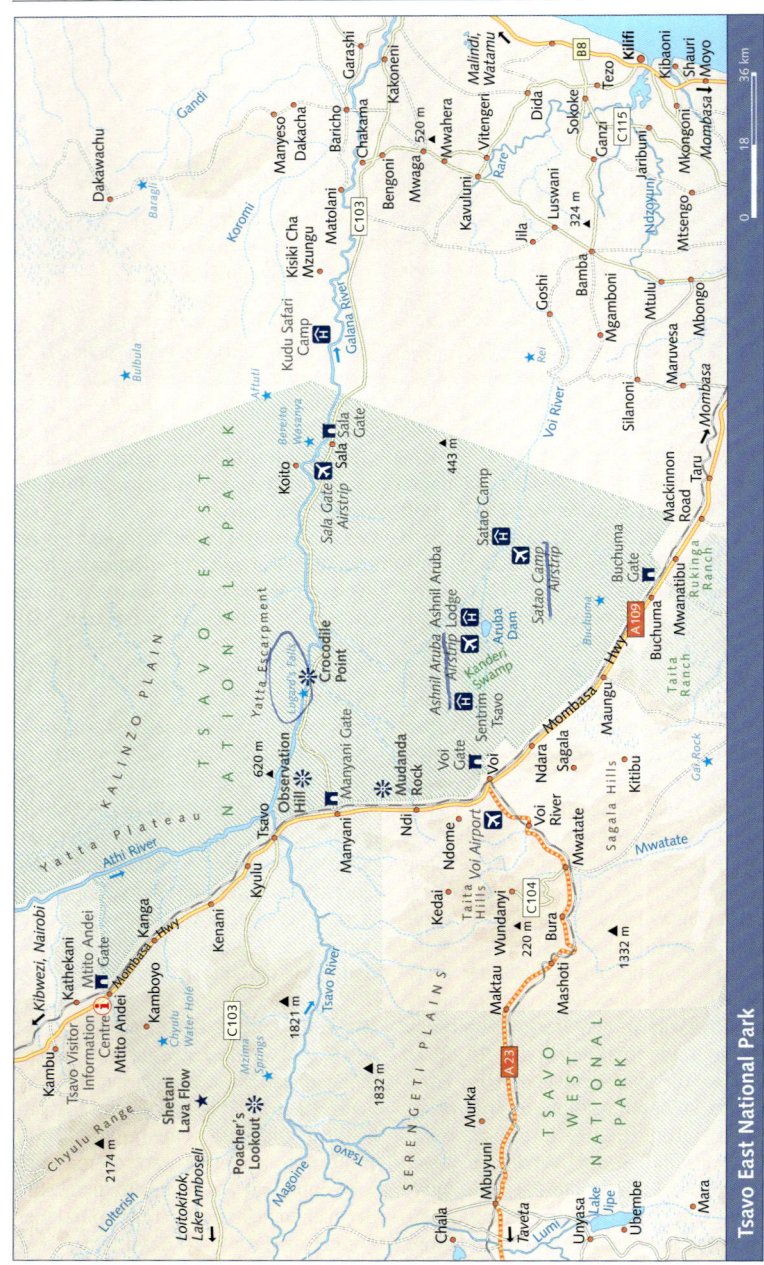

fenmutter, die ihr Junges verteidigt, Geparden-Geschwister beim Umhertollen und Vögel in der Balz.

Die meisten Attraktionen des Tsavo East befinden sich in seinem südlichen Teil, dessen Ebenen vom Galana River durchzogen werden. Besonders beeindruckend sind die **Lugard Falls**. Diese Wasserfälle wurden nach Frederick Lugard benannt, einem britischen Verwalter. Der Galana-Fluss hat an der Stelle der Stromschnellen der Lugard-Wasserfälle über Jahrtausende ein hunderte Meter breites Flussbett erschaffen, das geprägt ist von verschiedenfarbig marmorierten Felsen, zwischen denen schäumend die braunen Wassermassen stromabwärts rauschen. Ganzjährig kann hier eine große Vielfalt an Vögeln beobachtet werden – darunter Löffler, Nimmersatt, Graufischer, Sattelstorch und Kiebitz.

Direkt unterhalb der Lugard-Wasserfälle befindet sich der **Crocodile Point**. Von diesem etwa 100 Meter hoch gelegenen Felsen hat man einen sagenhaften Ausblick über den Galana-Fluss sowie über mächtige Krokodile, die sich häufig auf den Sandbänken sonnen. Auch zahlreiche Flusspferde lassen sich beobachten. Der schmale Streifen an Galeriewäldern entlang der Uferbänke zieht vor allem in der Trockenzeit eine Vielzahl an Tieren an, darunter Affen, Elefanten, Antilopen, Gazellen, Löwen und Leoparden. Auch am weiter südlich verlaufenden Voi River werden faszinierende Tierbeobachtungen ermöglicht. Auf Höhe der Ashnil Aruba Lodge befindet sich der 1952 erbaute **Aruba-Damm**, der den Voi-Fluss zu einem kleinen See staut und so eine grüne Oase und einen Badeplatz für unzählige Wildtiere bildet. In der Nähe dieser Lodge befindet sich eine Abzweigung vom Hauptweg, die man für eine Schleife durch den **Kanderi Swamp** nehmen kann. Dieses an den Voi-Fluss

grenzende Sumpfgebiet ist Jagdrevier von Leoparden. Halten Sie vor allem auf den Akazien Ausschau nach diesem scheuen Raubtier.

Ein weiterer Ort, an dem die Tiere ihren Durst stillen, ist der **Mudanda Rock**, etwa 30 Kilometer nördlich des Voi Gates. An der Ostseite dieses 1,6 Kilometer langen Inselbergs befinden sich etliche Wasserlöcher. Von hier aus hat man einen wunderbaren Ausblick auf die Tränken, an denen sich hunderte von Elefanten und allerlei andere Tiere vor allem während der Trockenzeiten tummeln.

Ein weiteres Merkmal des Parks bildet das **Yatta-Plateau** nördlich des Galana-Flusses, einer der längsten fossilen Lavaströme der Welt. Er ist etwa 300 Kilometer lang und hebt sich über 100 Meter hoch von seiner Umgebung ab. Ursprung des Lavastroms ist der in der Nähe von Nairobi gelegene Berg Ol Doinyo Sabuk. Dieser Teil des Parks, nördlich des Galana-Flusses, ist jedoch bisher nicht touristisch erschlossen.

Generell zu empfehlen sind Pirschfahrten am frühen Morgen bis Vormittag sowie am Nachmittag und Abend, wenn es kühler ist und die Tiere das Dickicht auf Futtersuche verlassen. Im Park bewegt man sich immer in einem Fahrzeug; die Erkundung zu Fuß ist nur an bestimmten Stellen erlaubt wie etwa den Lugard-Wasserfällen. Die Überquerung des Flusses sowie das Schwimmen im Fluss jedoch sind untersagt.

Auch der Mudanda-Felsen lässt sich gut zu Fuß ersteigen. Möchte man auch andere Gegenden zu Fuß erkunden, bedarf es bewaffneter Ranger. Eine solche **begleitete Fußsafari** lässt sich am Voi Gate, dem Haupteingang, in die Wege leiten. Da der Tsavo-East-Nationalpark sehr weitläufig ist, sollte man seinen Aufenthalt gut planen. Die Beschilderung im Park ist sehr gut.

Der Süden

Die Kulturen der Tsavo-Region

Die Ebenen von Tsavo werden seit Jahrtausenden bewohnt. Vor 5000 bis 10000 Jahren war Tsavo von den Vorfahren der heutigen kenianischen Jäger- und Sammlergruppen bewohnt, vor allem von den Waliangulu oder Sanye, die entfernt mit den Klick sprechenden Khoisan-Ethnien des südlichen Afrikas verwandt waren. Die Waliangulu waren für ihre Fähigkeiten bei der Elefantenjagd berühmt. Dazu benutzten sie massive, über 50 Kilogramm schwere Langbögen und in Gift getauchte Pfeile. Die Rinde und die Blätter des Pfeilgiftbaums (Acokanthera oppositifolia) wurden so lange gekocht, bis ein extrem giftiges Glykosid entstand, bekannt als »Oubain«.

In den weitgehend halbtrockenen Hügeln von Ukambani lebt seit mindestens fünf Jahrhunderten die bantusprachige Ethnie der Kamba. Diese Gebiete liegen nördlich des Nairobi-Mombasa Highway und erstrecken sich im Osten bis zum Tsavo-East-Nationalpark. Traditionell tauschten die Kamba Elfenbein gegen Perlen, Salz, Stoffe und Kupfer, für die sie von den Ethnien im Hochland Nahrungsmittel erhielten. Das Wissen der Kamba über das Landesinnere war für die Missionstätigkeit von großem Nutzen, Kamba wurden häufig als Guides angeheuert. Heute betreiben die Kamba vor allem Landwirtschaft und halten kleine Rinder-, Schaf- und Ziegenherden. In den letzten Jahrzehnten sind die Kamba für ihre raffiniert bewässerten Terrassenfelder bekannt geworden, auf denen sie Getreide wie Sorghum und Hirse anbauen. Auch für ihren traditionellen Tanz, bei dem die Tänzerinnen und Tänzer akrobatische Sprünge und Saltos vollführen, sind die Kamba berühmt. Der Tanz wird zum pulsierenden Rhythmus der Ngoma-Trommeln aufgeführt, die zunächst von der Sonne erwärmt werden, bis sie die richtige Klangfarbe haben, bevor sie zwischen den Beinen gehalten und gespielt werden. Gesänge und Tänze werden zu besonderen Anlässen aufgeführt.

Inmitten der kargen Taru-Wüste erheben sich die grünen Hänge der Taita-Hügel, der traditionellen Heimat der Bantu-sprachigen Taita-Ethnie. Ursprünglich lebten die Taita von der Jagd sowie dem Handel mit Elfenbein und dem Horn von Nashörnern mit den vorbeiziehenden Sklavenkarawanen. Mit der Abschaffung der Sklaverei im 19. Jahrhundert wandten sie sich zunehmend der Landwirtschaft und der Viehzucht zu. Die Taita sind für ihren Respekt vor ihren Ahnen bekannt. Viele Gruppen bewahren noch immer ihre heiligen Stätten und Höhlen, in denen die Schädel ihrer exhumierten Ahnen in Nischen aufbewahrt werden, um an die Verpflichtung der Lebenden gegenüber den Toten zu erinnern.

Westlich der Taita-Hügel, in den Wäldern und sumpfigen Ebenen um die Seen Jipe und Chala, leben die Taveta, die eine Mischung aus Subsistenzlandwirtschaft und traditionellem Hirtenleben betreiben. Angebaut werden unter anderem Bananen, Baumwolle, Zuckerrohr, Mangos und Avocados. Viele Menschen arbeiten heute auch im Gartenbau und auf den örtlichen Sisalplantagen. Sisal stammt ursprünglich aus Mexiko und wird in Kenia für vielerlei Zwecke verwendet. Die vielseitige Nutzpflanze liefert eine steife Faser, die zur Herstellung von Seilen und Bindfäden, aber auch für die Produktion von Papier, Stoffen, Schuhen, Hüten, Taschen und Teppichen verwendet wird.

Im Tsavo West unterwegs

Der 9065 Quadratkilometer große Tsavo-West-Nationalpark erstreckt sich unter endlosem Himmtel über sanfte Hügel und weite Ebenen von Trockenbusch und Grassavannen. Hier stößt man auf palmengesäumte Flüsse, vulkanische Krater und uralte Lavaflüsse.

Im Tsavo West gibt es allerlei Attraktionen, allen voran das **Ngulia Rhino Sanctuary.** Einst gab es in Tsavo rund 8000 Spitzmaulnashörner. In den 1970er und -80er Jahren wurden alle bis auf zehn wegen ihres Horns getötet. Die Gründung des Ngulia Rhino Sanctuary hat die Population der scheuen Tiere seitdem wieder auf über 100 Tiere anwachsen lassen, so dass man heute sehr gute Chancen hat, eines der scheuen Nashörner zu sehen. Das 80 Quadratkilometer große Schutzgebiet liegt an den Ausläufern der Ngulia-Hügel, und an klaren Tagen kann man im Westen die Silhouette des Kilimandscharo sehen. In den weitläufigen Ebenen kann es schwierig sein, Tiere zu erspähen. Vor allem in den Trockenzeiten sind die Chancen auf Tiersichtungen am Wasser am besten: an den Mzima Springs, am Tsavo River, am Jipe-See oder am Ziwani-Fluss.

Die **Mzima Springs** (Swahili für »lebendig«) sind eine der Hauptattraktionen des Tsavo West. Die kristallklaren Quellen werden zum Teil von dem unterirdischen Wasser des Chyulu-Hills-Gebirgszuges sowie des Kilimandscharo gespeist. Es dauert mehr als 20 Jahre, bis das Wasser in die darunter liegenden Ebenen sickert, wo es an den Mzima-Quellen austritt. Millionen Liter sprudeln täglich aus dem Boden und schaffen ein Feuchtgebiet, das so üppig und grün ist, dass es wie eine Fata Morgana inmitten des oft ausgedörrten Buschlands erscheint. Die Mzima-Quellen liegen 48 Kilometer von Mtito Andei entfernt und in der Nähe der Kilaguni Serena Safari Lodge. Bei einem Spaziergang am Ufer lassen sich Flusspferde und Krokodile bewundern, die in dem kristallklaren Wasser schwimmen. Die Mzima-Quellen wurden durch einen Film von Alan Root mit dem Titel Mzima: *Portrait of a Spring* (1972) bekannt, in dem das Leben von Krokodilen und Flusspferden verfolgt wird. Zu diesem Zweck wurde eine Beobachtungskammer in Mzima gebaut, in der heute das Unterwasser-Leben dieser scheuen Kreaturen beobachtet werden kann. Man sieht oft, wie sie auf dem Grund des Beckens auf Zehenspitzen gehen oder wie in Zeitlupe durch das Wasser paddeln.

Ein weiterer ausgezeichneter Aussichtspunkt ist der **Poacher's Lookout**. Er besteht aus einem strohgedeckten Pavillon auf einem Hügel, von dem aus man einen herrlichen Blick auf die darunter liegende Ebene hat, in der es von Wildtieren nur so wimmelt. Er eignet sich hervorragend für ein Picknick oder einen Sundowner, aber in der Regenzeit wird ein Fahrzeug mit Allradantrieb benötigt, um den Gipfel zu erreichen.

Besteigen lässt sich auch der tiefschwarze Kegel des **Chaimu-Kraters**, der sich aus dem Buschland inmitten eines Meeres aus versteinerten Lavaströmen erhebt. Der Kegel aus staubiger Schlacke ist so instabil, dass es nur wenigen Pflanzen gelungen ist, auf ihm Wurzeln zu schlagen. Ein Pfad führt vom Parkplatz zum Kraterrand hinauf, und obwohl der Aufstieg nicht leicht ist, lohnt sich die Mühe für einen herrlichen Blick über die dunstige Wildnis. Es ist ratsam, diese anstrengende Kletterpartie am frühen Morgen oder am späten Nachmittag zu unternehmen. Seien Sie bei der Erkundung vorsichtig, denn am Krater können sich Wildtiere aufhalten.

Der Süden

Ein interessantes Ausflugsziel im Tsavo West sind außerdem die **Ngulia-Hügel.** Entlang einer gut markierten Piste 30 Kilometer von Mzima Springs entfernt liegt der Ngulia-Steilhang, auf dem die Ngulia Safari Lodge steht. Dahinter erheben sich die zerklüfteten Gipfel der **Ngulia Hills,** eines Gebirgszugs mit steilen Klippen, der sich 610 Meter aus der Ebene erhebt und eine Höhe von 1800 Meter über dem Meeresspiegel erreicht.

Der Tsavo River fließt am Fuße der Ngulia Hills entlang, und sein Tal ist eine reizvolle Route nach Mtito Andei. Empfehlenswert ist auch die etwa 60 Kilometer lange Strecke, die vom Maktau Gate bergauf und bergab führt, bis sie schließlich auf den Mombasa Highway trifft. Im äußersten Südwesten des Parks liegt der **Lake Jipe,** mit Blick auf den Kilimandscharo. Der Jipe-See ist mit rund 40 Quadratkilometern Wasseroberfläche klein, aber fein. Der leicht alkalische, abflusslose See gilt als eines der wichtigsten Feuchtgebiete in Kenia und ist ein Zufluchtsort für eine schillernde Vielzahl von Sumpf- und Wasservögeln. An den schilfreichen Ufern leben Eisvögel, Kormorane und Gänse. Eine Besonderheit sind die Schwarzreiher, die im seichten Wasser mit ausgebreiteten Flügeln kleine Fische jagen. Im See lebt die endemische Buntbarschart Jipe tilapia. Boote können bei den KWS-Rangern gemietet werden.

 Tsavo National Park

Park- und weitere Gebühren → S. 34
Tickets nur online auf www.ecitizen.go.ke.
Öffnungszeiten: tgl. 6–18 Uhr
Weitere Informationen: www.kws.go.ke
Tsavo Visitor Information Centre, am Mtito Andei Gate des Tsavo West. Hier informieren KWS-Ranger über das Wetter, den Straßenzustand und die Wildtierbeobachtungen und geben tolle Safari-Tipps. Es gibt einen schattigen Picknickbereich, eine kleine Wildtierausstellung sowie einen Laden mit Safari-Ausrüstung, Souvenirs, Reiseführern und Karten.

 Tsavo West

In der Trockenzeit sind beide Nationalparks einfach befahrbar, nach Regenfällen benötigt man häufig ein Fahrzeug mit Allradantrieb.

Mtito Andei Gate: Hauptzugang zum Tsavo-West-Park. In Mtito Andei an der A 109 (Nairobi-Mombasa-Straße), nahe dem nördlichen Ende des Parks. **Fahrzeit von Nairobi:** ca. 4,5 Std.

Tsavo Gate: an der A 109, 48 km südlich des Mtito Andei Gate, direkt vor der Überquerung des Tsavo Rivers.

Chyulu Gate: Eine Straße vom Gate verbindet Tsavo West mit dem Amboseli-Park.

Maktau Gate: Zwischen Voi und Taveta, durch das Gate gelangt man an den Lake Jipe, wo noch das **Lake Jipe Gate** zu passieren ist.

Weitere Gates sind entweder veraltet oder werden nur sehr selten benutzt.

 Tsavo East

Manyani oder **Voi Gate:** Die beiden Tore eignen sich für die Anreise aus Nairob, beide liegen am Mombasa Highway. Das Voi Gate bildet den Haupteingang zum Park, und hier befinden sich auch die meisten Unterkünfte.

Voi oder Buchuma Gate: für die Anreise aus Mombasa.

Sala Gate: für die Anreise von Malindi und Watamu.

Die Überlandbusse, die Nairobi mit Mombasa verbinden (→ S. 114, 313) können einen an der **A 109-Schnellstraße** bei den Orten, die sich in der Nähe des Gates befinden, absetzen. Eine direkte Verbindung in die Nationalparks gibt es nicht.

Für Safaris innerhalb der Naturschutzgebiete muss man entweder ein Safariunternehmen engagieren oder mit eigenem Fahrzeug anreisen.

Der Süden

Der **Madaraka Express** (https://metickets. krc.co.ke) fährt von Nairobi und Mombasa aus die verschiedenen Städte in der Nähe der Parkgates wie Voi und Mtito Andei an. Eine direkte Verbindung in die Nationalparks gibt es nicht.

Man kann einen Inlandsflug vom Flughafen Wilson, Mombasa oder Jomo Kenyatta International Airport zu den verschiedenen **Landebahnen im Park** buchen. Sie befinden sich unter anderem bei der **Kilaguni Serena Lodge**, dem **Finch Hatton's Camp**, in der Nähe vom **Voi Gate**, der **Ashnil Aruba Lodge**, dem **Satao Camp** und dem **Sala Gate**. Zu buchen über Safarilink (www.flysafarilink.com) und Yellow Wings (www.yellowwings.com).
Weitere Informationen: www.kws.go.ke und www.tsavotrust.org

Tsavo West National Park

Finch Hatton's Luxury Tented Camp, im Nordwesten des Parkes, Tel. +254/ (0)709/534000; DZ/VP ab 790 Euro. Luxuriöses Zeltcamp, von den World Travel Awards in den Jahren 2020, 2021 und 2022 zum führenden afrikanischen Safaricamp ernannt. Es ist benannt nach Denys Finch Hatton, einem Freund von Karen Blixen, der während der Kolonialzeit in Kenia lebte. Die opulenten Safarizelte befinden sich rund um die Quellen und Pools des Nolturesh-Flusses. Zu den Einrichtungen gehören Restaurant, Bar, Spa, Fitnessraum und Swimmingpool.
www.finchhattons.com
Instagram: @finchhattons
Rhino Viewing Platform, im Rhino Sanctuary, Tel. +254/(0)700/604657; ganze Unterkunft 500 Euro (Selbstversorgung, Bettwäsche/Schlafsack ist mitzubringen). Im nördlichen Teil des Tsavo West, muss im Ganzen gebucht werden (bis zu 6 Pers.). Plattform mit Blick auf ein Wasserloch, an dem die ganze Nacht über etwas los ist: Nashörner, große Büffel-

herden und Elefanten, die alle versuchen, einen Schluck Wasser zu bekommen. Es kann durchaus laut werden. Kinder unter 6 Jahren sind auf der Plattform nicht erlaubt, um die Wildtiere nicht zu stören.
www.tsavotrust.org
Instagram: @tsavotrust
Severin Safari Camp, im Nordwesten des Parks, Tel. +254/(0)716/833222; DZ/VP ab 414 Euro. Kleines, luxuriöses Safaricamp mit schönen Zelten in der Nähe des Tsavo-Flusses inmitten eines wildreichen Gebiets, mit eigenem Wasserloch und herrlichem Blick auf den Kilimandscharo. Mit Bar, Restaurant, Swimmingpool, Spa und Fitnessraum.
www.severinsafaricamp.com
Instagram: @severinsafaricamp
Voyager Ziwani Tented Camp, im Süden des Parks, Tel. +254/(0)722/205894; DZ/VP ab 380 Euro. Schönes Zeltcamp etwas außerhalb an einem schattigen Flussufer. Zu den Einrichtungen gehören geräumige Safarizelte, Restaurant und Bar. Voyager Ziwani ist eine gute Basis, um den weniger besuchten südlichen Teil von Tsavo West zu erkunden.
www.heritage-eastafrica.com/voyager ziwani
Instagram: @heritagehotels_ke
Kilaguni Safari Serena Lodge, im Norden des Parkes, Tel. +254/(0)734/699865; DZ/VP ab 300 Euro. Kilaguni wurde 1962 eröffnet und ist somit die älteste Lodge in Tsavo West. Sie liegt im Herzen des Nationalparks an einem Wasserloch, das vor allem in den Trockenzeiten von einer Vielzahl an Wildtieren aufgesucht wird. Die Lodge bietet schöne Ausblicke auf den Kilimandscharo und die Chyulu Hills und ist geschmackvoll eingerichtet. Das Restaurant ist ausgezeichnet. Zusätzlich gibt es eine Bar, einen Swimmingpool und sogar eine kleine Tankstelle.
www.serenahotels.com/kilaguni
Instagram: @serenahotels
Man Eaters Camp, nahe des Tsavo Gates, Tel. +254/(0)722/201240; DZ/F ab 245 Euro. Das weit bekannte Man Ea-

▲ Karte S. 282, 286

ters Camp liegt nur 5 Min. vom Tsavo Gate entfernt. Es ist nach den menschenfressenden Löwen von Tsavo benannt (→ S. 280). Das Camp liegt idyllisch am Tsavo River, verfügt über ein sehr gutes Restaurant, eine Bar und einen schönen Swimmingpool, eingebettet in eine gepflegte Gartenanlage.
www.maneaterscamp.com
Instagram: @maneaterscamp

Ngulia Safari Lodge, im Norden des Parkes, Tel. +254/(0)794/671609; DZ ab 155 Euro. Diese große Lodge wurde 1969 eröffnet und liegt am Rande des Ndawe-Steilhangs unterhalb der Ngulia Hills. Sie bietet einen herrlichen Blick auf die Ebenen und ein Wasserloch neben der Terrasse. Zu den Einrichtungen gehören eine große Auswahl an komfortablen Zimmern, ein Restaurant, eine Bar und ein Swimmingpool. Benzin ist verfügbar.
www.safari-hotels.com/ngulia-safari-hotel
Instagram: @kenyasafarilodgeshotels

Lake Jipe Safari Camp, am Lake Jipe, Tel. +254/(0)717/356016; DZ/F ab 90 Euro. Safarizelte und Bandas. Das Camp ist ein guter Ausgangspunkt für den Besuch des Lake Jipe und des südlichen Teils des Tsavo West. Es ist schön und ruhig, mit Blick auf den Kilimandscharo und nur 500 Meter vom Seeufer entfernt.
www.lavenderhotels.co.ke
Instagram: @lakejipesafaricamp

Kitani Bandas, im Nordwesten des Parkes, Tel. +254/(0)716/833222; Banda ab 67 Euro. Kitani, das von denselben Betreibern wie das Severin Safari Camp geführt wird, liegt 2 km hinter seinem Schwestercamp. Die strohgedeckten Bandas verfügen über eine eigene Küche (Selbstversorgung), und die Einrichtungen von Severin können genutzt werden (einschließlich Pool und WLAN). Von der dritten Banda genießt man einen direkten Blick auf den Kilimandscharo.
www.severinsafaricamp.com
Instagram: @severinsafaricamp

Tsavo Inn, Abzweigung A 109, Mtito Andei, Tel. +254/(0)742/396339; DZ/F ab 55 Euro. Im Ort Mtito Andei, direkt am Mtito Andei Gate des Tsavo West. Fragen Sie nach Zimmer 7 und 8, die etwas ruhiger sind. Die Unterkunft verfügt über ein gutes Restaurant. Die Samosas sind besonders beliebt!
Facebook: Tsavo Inn

Lake Jipe Bandas, am Lake Jipe; Banda ab 50 Euro. Diese Bandas werden vom KWS vermietet. Die einfache Selbstversorgungs-Unterkunft kann 2 Personen beherbergen und liegt im äußersten Süden des Parks. Zu buchen über http://kws.ecitizen.go.ke.
www.kws.go.ke

Kamboyo Guest House, am Hauptquartier des KWS im Norden des Parks; ganzes Haus ab 230 Euro/Nacht. Das Gästehaus muss im Ganzen gebucht werden (Selbstversorgung, insg. 8 Personen), es verfügt über eine voll ausgestattete Küche. Zu buchen über http://kws.ecitizen.go.ke.
www.kws.go.ke

Tsavo East National Park

Innerhalb des Tsavo East gibt es einige schöne Unterkünfte und Zeltplätze. Viele Reisende übernachten auch in einer der schönen und günstig gelegenen Lodges der Stadt Voi (→ S. 290), in der Nähe des Voi Gates.

Satao Camp, Tel. +254/(0)20/2434600; DZ/VP ab 250 Euro. Stilvolles Camp mit 20 luxuriösen Zelten, nachhaltig bewirtschaftet. Es ist nicht umzäunt, sodass sich die Tiere im Garten des Camps aufhalten können. Häufig anzutreffen sind Impalas, Perlhühner, allerlei Vögel und Agamen. Das Camp hat eine Webcam am Wasserloch aufgestellt. Unter http://live.sataocamp.com kann man beobachten, welche Tiere sich gerade am Wasserloch aufhalten.
www.sataocamp.com
Facebook: Satao Camp

Ashnil Aruba Lodge, Tel. +254/(0)20/4971200; DZ/VP ab 205 Euro. Luxuriöse Lodge direkt am Aruba-Damm, der den Voi-Fluss zu einem kleinen See aufstaut. Der Ausblick vom Restaurant und der Ter-

Der Süden

rasse bietet Gelegenheit, Vögel, Antilopen und Elefanten an der Wasserstelle zu beobachten. Wenn man Glück hat, lassen sich auch Löwen beobachten.
www.ashnilhotels.com/aruba
Facebook: Ashnil Lodges and Camps
Kudu Safari Camp, Tel. +254/(0)115/ 992057; DZ/F ab 190 Euro. Luxuriöses Öko-Zeltcamp, einige Kilometer entfernt vom Sala Gate am Ufer des Galana-Flusses. Es gibt einen Infinitypool und ein Outdoor-Restaurant. Die luftigen Safarizelte sind elegant und komfortabel.
www.kudusafaricamp.com
Instagram: @kudu_camp
Sentrim Tsavo, Tel. +254/(0)796/890890, DZ/VP ab 174 Euro. Am Ufer des Voi River auf einer schattigen Lichtung unter Boskia-Bäumen. Das Camp verfügt über schöne Safarizelte mit einer eigenen warmen Dusche und Moskitonetzen. Zu den Einrichtungen gehören ein Restaurant, eine Bar und ein großer Swimmingpool. Von der Terrasse des Restaurants aus lassen sich die Wildtiere am nahe gelegenen Wasserloch beobachten.www.sentrim-hotels.com
Facebook: Sentrim Tsavo East Camp

▲ ▬▬▬▬▬▬▬▬▬▬▬

In den Nationalparks gibt es zahlreiche **Public** und **Special Campsites**. Vor allem die Zeltplätze, die an den Flussläufen des Tsavo, Athi, Galana und Voi River gelegenen Zeltplätze sind zu empfehlen. Einige Zeltplätze verfügen über einfache sanitäre

Voi

Voi ist eine kleine, aber immer belebte Stadt an der Kreuzung der Nairobi-Mombasa-Straße und der Straße nach Arusha in Tansania. Sie ist ein guter Ausgangspunkt für Fahrten in den Tsavo East National Park, da das **Voi Gate** nur einige Minuten östlich der Stadt liegt. In Voi gibt es einige Übernachtungsmöglichkeiten, was für Reisende, die den Tsavo East besuchen möchten, von Vorteil ist.

Anlagen mit Plumpsklo; andere bestehen lediglich aus einem von der Vegetation befreiten Platz. Auf Feuerholz, Wasser und sonstige Einrichtungen muss man weitestgehend verzichten. Achten Sie darauf, alle Wertsachen im Auto einzuschließen und auch Essbares sicher zu verstauen. Denn an vielen Campingplätzen gibt es Paviane, die alles mitgehen lassen, was nicht niet- und nagelfest ist. Um sich vor allem nachts vor Raubtieren zu schützen, die durch das Camp streifen können, sollte man an einem der Parkgates Ranger arrangieren, die gegen eine Gebühr über die Nacht Wache stehen.
Zu buchen sind die Zeltplätze über http:// kws.ecitizen.go.ke.

✖ ▬▬▬▬▬▬▬▬▬▬▬

Die großen Lodges von Tsavo East und West haben gute Restaurant- und Bareinrichtungen, die auch Nicht-Übernachtungsgäste nutzen können. Weitere Versorgungsmöglichkeiten findet man in den Orten in der Nähe der Parkgates wie Voi und Manyani.

◉ ≋ ▬▬▬▬▬▬▬▬▬

Neben klassischen Pirschfahrten in Safarifahrzeugen werden teilweise **Fußsafaris**, **Mahlzeiten in der Natur** und **Sundowner** angeboten. Die großen Lodges der Schwesterparks verfügen über schöne **Swimmingpools**, die man gegen eine kleine Gebühr nutzen darf.

Von Voi aus gelangt man zudem in etwa drei Stunden nach Mombasa. Auf dieser Strecke fährt man durch eine trockene Gegend mit spärlicher Vegetation, die von gigantischen Baobab-Bäumen dominiert wird. Diese riesigen Bäume können in ihren dicken Stämmen große Mengen an Wasser speichern und über 1000 Jahre alt werden. Je näher man der Küste kommt, desto üppiger und tropischer wird die Landschaft, und man sieht im-

Piste im Nationalpark Tsavo East

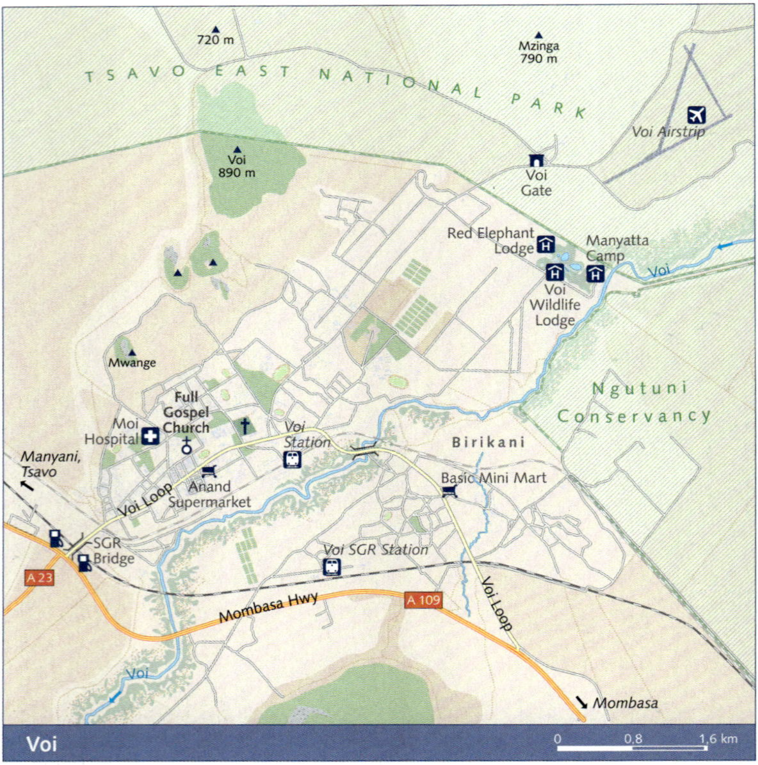

Map: Voi

Labels on map:
- 720 m
- Mzinga 790 m
- TSAVO EAST NATIONAL PARK
- Voi Airstrip
- Voi 890 m
- Voi Gate
- Red Elephant Lodge
- Manyatta Camp
- Voi
- Voi Wildlife Lodge
- Ngutuni Conservancy
- Mwange
- Full Gospel Church
- Moi Hospital
- Voi Station
- Birikani
- Manyani, Tsavo
- Voi Loop
- Anand Supermarket
- Basic Mini Mart
- SGR Bridge
- A 23
- Voi SGR Station
- Mombasa Hwy
- A 109
- Voi Loop
- Voi
- Mombasa
- Voi
- 0   0.8   1,6 km

mer mehr Palmen und Mangobäume am Straßenrand. Auch die Vorfreude auf die weißen Sandstrände der kenianischen Küste steigt, wenn man in einer Straßenkurve zum ersten Mal einen kleinen Zipfel des Indischen Ozeans erspäht.

 Voi

Fahrzeit von Nairobi: ca. 6 Std.
Von Mombasa: ca. 3 Std.

Die Überlandbusse, die Nairobi mit Mombasa verbinden (→ S. 114, 313), passieren bei ihrer Fahrt über die **Schnellstraße A 109** Voi und können Sie hier absetzen. Von Voi aus fahren zudem regelmäßig Busse und Matatus in die umliegenden Städte, beispielsweise nach Wundanyi und Taveta. Auch die tansanische Grenze wird angefahren.

Der **Madaraka Express** (https://metickets. krc.co.ke) fährt von Nairobi und Mombasa aus die verschiedenen Städte an, die sich in der Nähe der Parkgates befinden. Von Nairobi aus gelangt man mit dem Zug in etwa 4 Std. nach Voi (700 Ksh Economy Class). Von Mombasa dauert die Zugfahrt nach Voi knapp 2 Std. (290 Ksh Economy Class).

Manyatta Camp, am Voi Gate, Tel. +254/ (0)722/206998; DZ/VP ab 290 Euro. Die-

ses Camp befindet sich auf dem gleichen Gelände wie die Voi Wildlife Lodge. Vom Restaurant und den stationären Zelten hat man Ausblick auf einen kleinen Fluss, an dem Tierbeobachtungen möglich sind. Jedes Zelt verfügt über einen privaten kleinen Pool.
www.manyattacamp.com
Instagram: @manyattacamptsavo
Voi Wildlife Lodge, am Voi Gate, Tel. +254/(0)722/201240; DZ/VP ab 250 Euro. Diese Lodge ist besonders zu empfehlen aufgrund des sagenhaften Blicks auf ein Wasserloch, den man von der Terrasse, Bar und Pool hat. Über die Website der Lodge hat man zudem Zugang zu einer Webcam am Wasserloch.
www.voiwildlifelodge.com
Instagram: @voiwildlifelodge
Red Elephant Lodge, am Voi Gate, Tel. +254/(0)759/183945; DZ/VP ab 85 Euro. Ordentliche Zimmer, Bar und ein Restaurant, in dem sowohl lokale als auch internationale Küche frisch zubereitet werden. Auf dem Gelände der Lodge kann auch gecampt werden.
https://redelephantlodge.com
Impala Safari Lodge, Innenstadt, Tel. +254/(0)750/153694; DZ/F ab 63 Euro. Mitten in der Stadt; schöne Räume, gut bestückte Bar, gutes Restaurant und Swimmingpool.
Instagram: @impalasafarilodge254

Die Lodges und Hotels in Voi haben gute Restaurants und Bars, die auch Nicht-Gästen offenstehen.
In der Stadt gibt es einige kleinere Supermärkte, wie den **Anand Supermarket** und den **Basic Mini Mart**, in denen man sich mit den nötigsten Lebensmitteln eindecken kann. Wer mehr Auswahl möchte, sollte vor Ankunft in einer der größeren Städte einkaufen, beispielsweise in Mombasa.

Der Süden

Das Voi Gate, Einfahrt zum Tsavo East

Maji ya kifufu ni bahari ya chungu.
Das Wasser in einer Kokosnussschale ist für eine Ameise wie ein Ozean.

Swahili-Sprichwort

Bei Ebbe liegen am Diani Beach Korallenpools frei

DIE KÜSTE

Überblick

Wer glaubt, Kenia hat »nur« Safari-Reisen zu bieten, der irrt sich gewaltig. Denn Kenia hat ein weiteres touristisch sensationelles Ass im Ärmel – die Küste. Die Kombination aus Traumstränden, Korallenriffen, einem breiten Angebot an Wassersportarten, charaktervollen Hafenstädten mit historischen Altstädten, tropisch-üppigen Wäldern und gut ausgebauter Infrastruktur rundet eine Keniareise wunderbar ab.

An der kenianischen Küste befinden sich einige der schönsten palmengesäumten, weißen Sandstrände Afrikas wie der **Diani Beach** (→ S. 323). Diani Beach

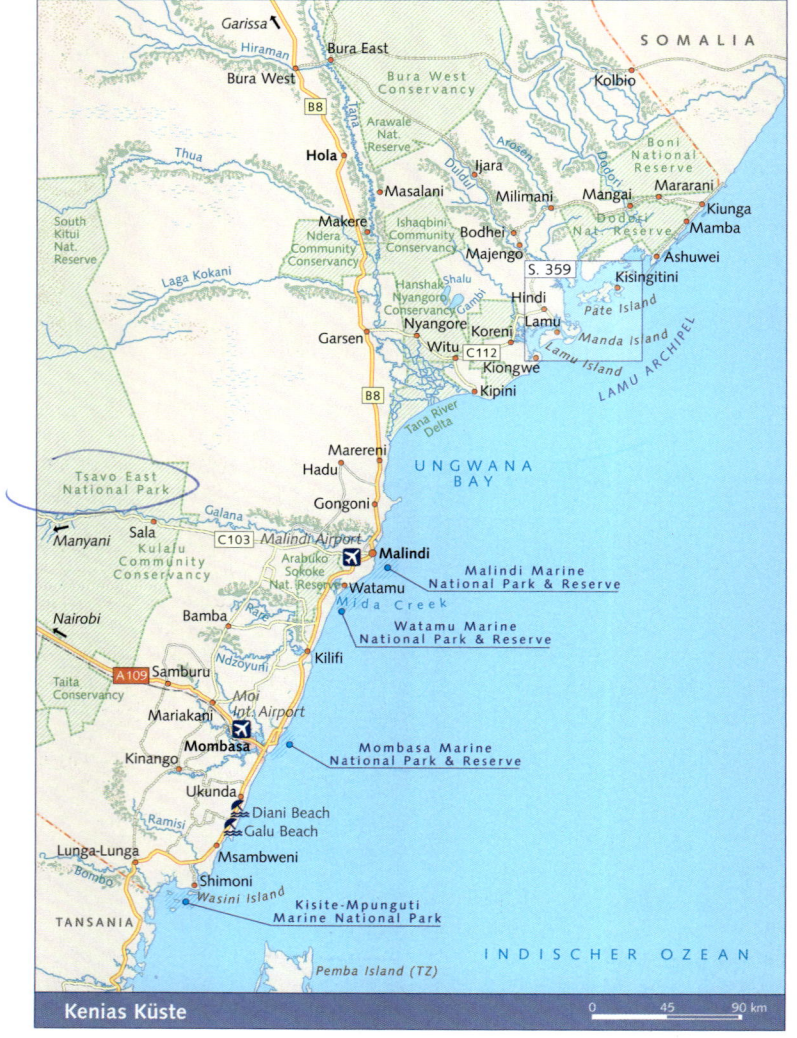

Kenias Küste

0   45   90 km

Kamele am Diani Beach

wurde sechsmal in Folge (2014 bis 2019) bei den World Travel Awards als Afrikas führendes Strandreiseziel ausgezeichnet. Dichte Mangrovenwälder und bunte Korallenriffe ziehen sich über hunderte Kilometer entlang der Küste und bieten einer Vielzahl an bunten Fischen einen Lebensraum. Die artenreichen Riffe sind durch Meeresnationalparks geschützt und ein wahres Tauch- und Schnorchel-Paradies. Besonders bekannte Schutzgebiete finden sich in **Watamu** (→ S. 341) und **Kisite-Mpunguti** (→ S. 337). Das türkisblau schimmernde Wasser des Indischen Ozeans lädt zu zahlreichen Wassersportaktivitäten wie **Kite- und Windsurfing** ein, auch **Hochseefischen** ist im Angebot. Auf einer Fahrt mit einem der traditionellen Segelboote der Swahili, einer **Dhau** (englisch Dhow), können Sie die einzigartige Atmosphäre der kenianischen Küste erleben und einen der atemberaubenden

flammendroten Sonnenuntergänge über dem Indischen Ozean genießen.

Auch an Land gibt es viel zu entdecken, vor allem den küstennahen **Arabuko-Sokoke-Regenwald** (→ S. 343), der vielen seltenen und endemischen Tierarten einen Rückzugsort bietet. Ein weiteres Highlight der Küste ist die spannende Swahili-Kultur, eine Verschmelzung afrikanischer, arabischer, indischer, persischer und europäischer Einflüsse. Diese zeigt sich vor allem in den Altstädten von **Lamu** (→ S. 358) und **Mombasa** (→ S. 301) mit ihren engen Gassen. Überbleibsel lange vergangener Handelsposten und Städte wie die rätselhaften **Ruinen von Gede** (→ S. 346) sind stumme Zeugen der Vergangenheit.

Küstenklima und beste Besuchszeiten

Generell herrschen die meiste Zeit des Jahres tropische Temperaturen von etwa

Die Küste

25 bis 32 Grad Celsius, und die Luftfeuchtigkeit liegt bei etwa 75 Prozent. Im Januar und Februar weht starker Wind von Norden (Kaskazi), was die perfekten Bedingungen für Kitesurfing darstellt. Das Wetter ist angenehm, da es zwar heiß ist, aber immer eine Brise weht. Auch für Tauchen, Schnorcheln und Hochseefischen ist das Wetter ideal, wobei die See etwas rau werden kann, wenn der Wind auffrischt.

Im März lassen die Winde nach und es herrschen bis Ende Mai gute Bedingungen für Ausflüge und Aktivitäten. Im Juni ist Regenzeit, und viele Hotels bleiben geschlossen. Ab Juli beginnt wieder die Kitesurfing-Saison, wenn der Wind aus dem Süden (Kuzi) weht. Es regnet immer wieder, und die Temperaturen sinken. Durch die raue See ist diese Zeit nicht für Ausflüge in die Meeresnationalparks oder Hochseefischen geeignet. Zum August hin klart das Wetter auf, und die Temperaturen steigen an. Im September ist die See meist ruhig, bei abnehmendem Wind. Besuche in den Meeresnational-parks und Hochseefischen sind wieder möglich. Ende des Monats sind die Bedingungen zum Tauchen gut, von Oktober bis November sind sie bei sehr ruhiger See und guten Sichtverhältnissen ideal. Es ist heiß und windstill mit gelegentlichen Regenschauern. Im Dezember weht der Wind wieder aus dem Norden, was die Kitesurfing-Saison einleitet.

Von November bis April lassen sich vor der Küste mit etwas Glück Walhaie und Delfine beobachten.

Tipp

Es gibt zahlreiche Hotels, Gästehäuser und Hostels an der Küste Kenias. Wer lieber in einem Ferienhaus wohnen möchte, sollte sich Kilifi Konnection (www.kilifi konnection.com) ansehen. Die Website bietet eine Übersicht über zahlreiche Ferienhäuser unter anderem in Kilifi, Diani, Lamu, Malindi und Watamu. Viele der Unterkünfte liegen in außerordentlich schöner Lage direkt am Strand oder auf Klippen, mit viel Privatsphäre und Swimmingpool.

▲ *Der Jiloresee im Arabuko Sokoke Forest*

Die Ethnien der kenianischen Küste

Zur Küstenbevölkerung gehören unter anderem die Swahili, Mijikenda, Pokomo, Sanye, Waata und Orma. Diese Ethnien prägen mit ihren verschiedenen Kulturen maßgeblich die kenianische Küste. Sie werden hier basierend auf dem Buch *Discovering the Kenyan Coast. Shared Influences and Common Heritage* von Herman Kiriama, Marie-Pierre Ballarin, Jimbi Katana und Patrick Abungu vorgestellt (2004). Die Zusammenfassung wichtiger Eckpunkte der Geschichte der kenianischen Küste ist auf → S. 44 zu finden. An dieser Stelle sollen die Swahili- und Mijikenda-Gruppen etwas genauer betrachtet werden.

Swahili

Die Swahili sind die am weitesten verbreitete und zahlenmäßig größte Ethnie an der kenianischen Küste. Sie leben an der Küste Ostafrikas und prägen diese seit Jahrhunderten. Der Begriff »Swahili« ist auf das arabische Wort »sahil« zurückzuführen, das als »Küste« übersetzt werden kann. Im 14. Jahrhundert nach Christus verwendeten arabische Reisende dieses Wort, um die spezifische Gruppe von Menschen zu bezeichnen, die die Küste von der Mündung des Flusses Juba in Somalia bis zum Kap Delgado in Mosambik bewohnten.

Die Swahili sind eine Bantu-Ethnie, die im Laufe der Zeit durch Handelskontakte zahlreiche Einflüsse aufnahm. Dazu zählt unter anderem die Konvertierung zum Islam durch den langanhaltenden Kontakt mit arabischen Handelsreisenden sowie die Swahili-Küche, die von der arabischen und indischen Küche beeinflusst ist. Zu den übernommenen Gerichten gehören Pilau, Biryani und verschiedene Fleisch- und Gemüsecurrys. Auch in der Sprache Swahili finden sich zahlreiche arabische portugiesische, deutsche, indische, englische und chinesische Lehnwörter, die Einflüsse verschiedener historischer Perioden widerspiegeln. Trotzdem bleibt Swahili in seinem Grundklang und seiner Grammatik eine afrikanische Sprache und ist eng mit den Bantusprachen der Region verwandt. An der Swahili-Küste werden verschiedene Dialekte gesprochen.

Die Hauptreligion der Swahili ist heute der Islam, der um das 8. Jahrhundert nach Christus an die Küste kam; die früheste Moschee an der Swahili-Küste stammt aus dem 9. Jahrhundert und befindet sich auf der Insel Pate im Lamu-Archipel. Vor der Ankunft des Islam richteten sich die Swahili nach den Traditionen ihrer Ahnen. Das zentrale Thema war der Glaube an Gott (Mungu), dem Schöpfer des Universums, und an die Kräfte von Mittlerinnen und Mittlern, die als Koma (Geister) bekannt sind. Zahlreiche traditionelle Glaubensvorstellungen der Bantu haben noch immer einen starken Einfluss. So ist die Erhaltung heiliger Stätten wichtig. Zu den häufig anzutreffenden heiligen Stätten gehören Wälder, Höhlen und große Bäume (vor allem Affenbrotbäume). Hier finden sich Gegenstände wie Weihrauchgefäße, zerbrochene Töpferwaren, Kokosnussschalen und Stoffstücke. Zum anderen gibt es bis heute traditionelle Heilerinnen und Heiler, die die Fähigkeit besitzen, mit der Geisterwelt zu kommunizieren, was sie an heiligen Stätten tun. Obwohl diese Praxis im Islam nicht erlaubt ist, werden während der Kommunikation mit der Geisterwelt islamische Verse und Gebete neben den afrikanischen verwendet.

EXTRA

Kunst spielt im Leben vieler Swahili eine wichtige Rolle. Zu den charakteristischen Kunstformen zählen Poesie, Malerei, Bildhauerei, Stickerei, Töpferei und Stuckarbeiten an den Wänden von Häusern. Der islamische Einfluss zeigt sich darin, dass viele Kunstwerke alle Formen der Schöpfung mit Ausnahme menschlicher Figuren darstellen.

Auch Kleidung und Schmuck enthalten künstlerische Elemente. Islamische Kunstelemente sind eingearbeitet in die Kofia (verzierte Mützen, die muslimische Männer tragen) und Gebetsteppiche. Muslimische Swahili-Frauen tragen in der Öffentlichkeit das Buibui, ein weites, meist schwarzes Gewand, das sie von Kopf bis Fuß umhüllt und oft nur das Gesicht frei lässt. Schmuckdesigns sind vom jahrhundertelangen Überseehandel mit Indien, dem Nahen Osten und der arabischen Halbinsel beeinflusst.

Mijikenda

Während die Swahili das Küstengebiet und die dem Festland vorgelagerten Inseln bewohnen, leben die Mijikenda sowohl an der Küste als auch im unmittelbaren Hinterland. Die Mijikenda sind ein Zusammenschluss von neun verwandten Gruppen, die sich auf eine gemeinsame Abstammung berufen. Ursprünglich siedelten die Ahnen dieser Gruppen in sechs Dörfern (kayas) im Landesinneren. Später kamen drei weitere Kayas hinzu. Heute gibt es rund 50 Kayas.

Ab dem späten 19. Jahrhundert begannen die Mijikenda mit der Kultivierung von Gebieten abseits der Wälder. Die Stätten der ursprünglichen Kaya-Siedlungen

Der Kaya-Kinondo-Wald ist den Digo heilig

wurden von den lokalen Gemeinschaften unter der Leitung ihrer Ältesten als heilige Orte und Begräbnisstätten beibehalten. Das Fällen von Bäumen und die Zerstörung der Vegetation in der Umgebung dieser Stätten ist verboten. So blieben die Kaya-Stätten als die wenigen verbliebenen Flecken einheimischen Waldes erhalten, während die umliegenden Gebiete nach und nach in Ackerland umgewandelt wurden.

Die Kayas waren nicht nur zentralisierte Wohndörfer und politisch-religiöse Komplexe, sondern ihre physische Gestaltung war Ausdruck der kulturellen Ideale der Mijikenda. In den meisten Kayas werden Zeremonien zum Wohle der Gemeinschaft abgehalten, darunter Gebete für gute Ernte, Fruchtbarkeit, Regen, Heilung und Frieden.

Die Großzahl der heutigen Kayas wurde von der kenianischen Regierung entweder als nationales Denkmal oder als Waldreservat ausgewiesen (→ S. 327).

Mombasa

1,2 Millionen Menschen wohnen in der zweitgrößten Stadt Kenias, die das wirtschaftliche und politische Zentrum der Küstenregion ist. Mombasa liegt auf einer 14 Quadratkilometer großen Insel, die von zwei Meeresarmen eingefasst wird – im Norden vom Port Tudor und im Süden vom Port Reitz. Die Insel ist durch Brücken und Fähren mit dem Festland verbunden, das seit den 1930er-Jahren bebaut wurde und längst zum Stadtgebiet gehört. Mombasa verfügt über den größten Hafen Ostafrikas, über den der Großteil der Im- und Exporte für Kenia, Uganda, Ruanda, den östlichen Kongo und den Südsudan laufen. Die Stadt ist aufgrund ihrer strategisch günstigen Lage seit jeher ein wichtiger Handelsposten und Machtfaktor an der Ostküste Afrikas. Mombasa ist ein Zentrum der Swahili-Kultur, die Mehrheit ihrer Einwohner gehören dem muslimischen Glauben an. Die pulsierende Hafenstadt ist gleichzeitig ein Schmelztiegel verschiedenster Kulturen und Religionen. Größere Bevölkerungsgruppen stellen die Mitglieder der Mijikenda-Ethnie sowie arabische, somalische und indische Gemeinschaften, die sich hauptsächlich zu Handelszwecken in Mombasa niederließen. Die größten Religionen, die in der Stadt praktiziert werden, sind der Islam, das Christentum und der Hinduismus. Diese multikulturelle Stadtgemeinschaft spiegelt sich sowohl in der Kleidung der Menschen als auch in der Vielfalt der Gotteshäuser wider, an denen man bei einem Spaziergang durch die Altstadt vorbeikommt. Dazu zählen zahlreiche filigran verzierte Moscheen, eine imposante katholische Kathedrale sowie Jain-, Sikh- und Hindu-Tempel mit beeindruckender Architektur.
Wegen der Hitze und der feuchten Luft während des Tages beginnt das Straßenleben in Mombasa erst abends richtig. Die engen, verwinkelten Gassen der Altstadt erwachen dann zum Leben, und man kann einen ersten Eindruck vom Rhythmus des Swahili-Lebens bekommen, bevor man sich zu den Traumstränden nördlich oder südlich der Stadt aufmacht.

Geschichte der Stadt

Mombasa steht seit jeher im Mittelpunkt der wichtigsten Ereignisse an der ostafrikanischen Küste. Die Stadt ist geprägt von einem florierenden Überseehandel, der Begegnung verschiedener Kulturen und Religionen sowie der Eroberung durch die portugiesischen, omanischen und britischen Kolonialmächte.
Die Dokumentation der Stadtgeschichte jedoch ist lückenhaft und von Legenden

Altstadtgasse Ndia Kuu in Mombasa

Swahili-Haus in der Altstadt

umwoben. Das genaue Gründungsdatum von Mombasa ist unbekannt, wird jedoch auf etwa 900 nach Christus datiert. Die Gründung wird mit einer Herrscherin aus der vorislamischen Zeit in Verbindung gebracht: Die Königin Mwana Mkisi soll die ursprüngliche Siedlung auf der Insel Mombasa gegründet haben. Der Legende nach war Mwana Mkisi die Vorfahrin der ältesten Geschlechter Mombasas innerhalb der Thenashara Taifa, der so genannten »Zwölf Nationen«. Familien, die mit den Zwölf Nationen verbunden sind, werden noch immer als die ursprüngliche Bevölkerung der Stadt angesehen. Diese Legenden können als Anerkennung der bantusprachigen Ursprünge der Swahili-Gesellschaft gelesen werden. Shehe Mvitaff löste die Dynastie von Mwana Mkisi ab und errichtete die erste Moschee aus Stein auf der Insel Mombasa, Mnara, um das Jahr 1300 der christlichen Zeitrechnung.

Archäologische Funde im Meer vor Mombasa und an der Küste belegen, dass schon vor 2000 Jahren ein reger Überseehandel zwischen dem ptolemäischen Ägypten, dem indischen Subkontinent und Ostafrika herrschte. Mombasa war ein wichtiges Zentrum für den Handel mit Gewürzen, Gold und Elfenbein. Südarabische Handelstreibende aus Oman und Jemen kamen wahrscheinlich erst ab dem 6. Jahrhundert an die ostafrikanische Küste. Sie gründeten eine Reihe an Handelsposten, aus denen sich mit der Zeit autonome Städte entwickelten. Diese Städte wurden zu den Zentren der Swahili-Kultur.

Im 9. Jahrhundert stieg die einflussreiche arabische Swahili-Familie Mazrui zu einer der mächtigsten Familien Ostafrikas auf. Sie handelte unter anderem mit Gewürzen und Sklaven und trug maßgeblich zum wirtschaftlichen Aufschwung Mombasas und ihres Umlandes bei. Die Familie errichtete Häuser und Geschäfte unweit des Fort Jesus. Auch heute noch genießt die Familie Mazrui großen Einfluss in Kenia.

Immer wieder wurde Mombasa schriftlich erwähnt. Der marokkanische Geograph Ibn Batuta beschrieb Mombasa im Jahre 1332 als eine muslimisch geprägte Stadt mit zahlreichen Moscheen und festen Gebäuden. Während der Zeit seines Besuches herrschte in Mombasa die Shirazi-Dynastie (etwa 1300–1573). Regelmäßige Aufzeichnungen über Mombasa wurden jedoch ab der Ankunft der Portugiesen im 15. Jahrhundert angefertigt. Die Blütezeit von Mombasas Handel war das 15. Jahrhundert, als sie als eine der mächtigsten Handelsstädte an der ostafrikanischen Küste galt. Der Lebensstandard war hoch und die Portugiesen berichteten bei ihrer Ankunft in der Stadt davon, dass einige Menschen golddurchwirkte Kleider trugen und in

▲ Karte S. 304

mit feinen Holzschnitzarbeiten verzierten Häusern lebten.

Vom 16. bis 17. Jahrhundert war Mombasa unter portugiesischer Herrschaft. Im Jahre 1593 begann die Kolonialmacht mit dem Bau von Fort Jesus, das ihren strategischen Standort sichern sollte. Das mächtige Fort wurde während der kommenden drei Jahrhunderte immer wieder belagert und befand sich in ständig wechselndem Besitz. Diese Zeit war von brutalen Kämpfen und Zerstörungen geprägt. Trotz des erfolgreichen Überseehandels im Indischen Ozean war die von Portugal angestrebte dauerhafte Präsenz nicht realisierbar. Ende des 17. Jahrhunderts nahmen omanische Streitkräfte Mombasa ein, und Portugal gab seinen Anspruch auf die Küste endgültig auf.

Im späten 19. Jahrhundert war Mombasa die Metropole einer Plantagengesellschaft, die von Sklavenarbeit abhängig war. Elfenbeinhandel blieb eine wichtige Quelle wirtschaftlichen Wohlstands. Mombasa war zu dieser Zeit die wichtigste Hafenstadt Ostafrikas und diente dem Handel mit anderen afrikanischen Hafenstädten, dem persischen Reich, der arabischen Halbinsel, Indien und China.

Die Stadt kam 1895 unter britische Verwaltung und wurde bald zur Hauptstadt des Protektorats Britisch-Ostafrika und zum Endpunkt der Ugandabahn, mit deren Bau 1896 begonnen wurde. Für den Bau der Eisenbahn wurden viele Beschäftigte aus Britisch-Indien geholt, und die Stadt erlebte einen Aufschwung. Der Sultan von Sansibar übergab die Stadt 1898 formell an Großbritannien. Die Briten beendeten den Sklavenhandel (den sie durch Schuldknechtschaft ersetzten, ein sklavereiähnliches Abhängigkeitsverhältnis), betrieben regen Handel mit Elfenbein, Tropenholz und vielen weiteren Produkten und schufen sich somit ein Standbein in Ostafrika. Der Eisenbahnbau von der Ostküste nach Zentralafrika war ein wichtiger Faktor in den Expansionsbestrebungen Großbritanniens. Sie ersetzten außerdem den Schiffsverkehr mit den traditionellen Dhaus (Segelbooten) durch motorbetriebene Schiffe. Der damals neue Hafen im Westen der Insel entwickelte sich zum wichtigsten Umschlagplatz Ostafrikas. 1907 verlegten die Briten Verwaltungssitz in die neue Hauptstadt Nairobi im Innenland Kenias. Mombasa blieb ein wichtiger Ort für die

Die Küste

Am Hafen von Mombasa

Mombasa, Übersicht

0   0,7   1,4 km

Uganda-Eisenbahn und wurde im Jahre 1920, als Kenia zur britischen Kolonie wurde, zur Hauptstadt des separaten britischen Küstenprotektorats.

Heute ist die Stadt eine belebte Küstenmetropole und ein Zentrum der Swahili-Kultur. Es bietet sich an, einen oder zwei Tage in Mombasa zu verbringen und die verschiedenen Stadtviertel zu erkunden, bevor man möglicherweise an einen der Traumstrände Kenias weiterreist.

Orientierung

Das Zentrum Mombasas liegt auf einer etwa fünf Kilometer langen und bis zu dreieinhalb Kilometer breiten Insel, die über drei Brücken und eine Fähre mit dem Festland verbunden ist. Die **New Nyali Bridge** im Osten der Insel verbindet Mombasa mit der nördlichen Küste, an der sich zahlreiche schöne Strände sowie die Städte **Watamu** (→ S. 341), **Malindi** (→ S. 351) und **Lamu** (→ S. 358) befinden. Im Nordwesten der Stadt verbindet die A 109, die in die Mombasa Road übergeht, den **Moi International Airport** mit dem Stadtzentrum. Die **Likoni-Fähre** im Süden der Insel ist die einzige Verbindung von Mombasa mit der kenianischen Südküste, an der sich die langen Sandstrände des berühmten **Diani Beach** (→ S. 323) entlangziehen. Die Hauptverkehrsstraßen **Mombasa Road** und **Nyerere Road** teilen Mombasa in zwei Hälften: In der südwestlichen Hälfte liegen die großen Hafen- und Industriegebiete, und in der nordöstlichen Hälfte erstrecken sich weitläufige Wohn- und Gewerbegebiete sowie das moderne Geschäftszentrum. Die berühmte **Altstadt** von Mombasa mit ihren verzweigten Gässchen, historischen Gebäuden und dem wuchtigen **Fort Jesus** liegt im Osten der Insel. Ein weiteres Wahrzeichen Mombasas, die berühmten **Tusks**, befinden sich auf der **Moi Avenue**. Wenn man der New Nyali Bridge nach Norden auf das Festland folgt, gelangt man nach **Nyali**, dem feinsten Wohnviertel der Stadt.

Sicherheit

Mombasa ist im Vergleich zu Nairobi deutlich sicherer, aber die Straßen leeren sich nach Einbruch der Dunkelheit dennoch ziemlich schnell, so dass es eine gute Idee ist, ein Uber oder Tuk Tuk zu nehmen, anstatt nachts alleine herumzulaufen. In Mombasa herrscht ein gewisses Maß an Straßenkriminalität, Wertgegenstände wie Schmuck und teure Uhren sollten daher besser nicht zur Schau getragen werden. Die Likoni-Fähre ist mit dem Gedränge beim Betreten und Verlassen der Fähre ein Hotspot für Taschendiebstähle.

Altstadt

Die bewegte Geschichte Mombasas spiegelt sich vor allem in der farbenfrohen historischen Altstadt wider. Hier, in den charakteristischen engen Straßen und Gässchen, finden sich die meisten Attraktionen von Mombasa, und es gibt allerlei zu entdecken: alte Häuser mit kunstvoll geschnitzten Swahili-Türen, kleine Straßen-Cafés, von denen der Geruch von aromatischem Kaffee durch die Gassen weht und sich mit dem Aroma exotischer Gewürze, die an kleinen Marktständen

verkauft werden, vermischt, bis hin zum Fort Jesus an der Uferlinie der Stadt. Von den Minaretten der vielen Moscheen in der Altstadt hört man immer wieder den Ruf der Muezzine. Man sieht Frauen in bunten Shalwar kameez, schwarzen Buibui oder grell gemusterten Kangas.

Für die Swahili-Küste sind vor allem die kunstvoll geschnitzten **Holztüren** charakteristisch. Als Mjomi sind die Schnitzkünsterlinnen und -künstler bekannt, sie schnitzen und gravieren in Holz, Gold, Silber, Messing und Eisen. Ihre Arbeiten sind auf Türen, Truhen, Fenstern und Möbeln zu sehen. Viele Swahili-Türen sind mit Messingspitzen versehen. Dies könnte eine Abwandlung der indischen Praxis sein, Türen mit scharfen Eisenspitzen zu versehen, um zu verhindern, dass sie von Kriegselefanten eingetreten werden. Elefanten gibt es an der Küste Kenias nicht mehr, und die Messingbeschläge, die man heute sieht, dienen lediglich der Dekoration. Die Kunst der Holzschnitzerei, die Teil des omanischen Lebensstils ist, zeugt von den vielfältigen Einflüssen am westlichen Indischen Ozean.

In der Altstadt

Die Küste

Die meisten Gebäude in der Altstadt von Mombasa sind nicht sehr alt. Außer dem Fort Jesus und Teilen verschiedener älterer Moscheen – wie die Säule der Mbaraki-Moschee – stammen die meisten Gebäude aus der Zeit ab Anfang des 19. Jahrhunderts. Dies ist auf die turbulente Vergangenheit Mombasas mit ihren ständigen Zerstörungen und regelmäßigem Wiederaufbau zurückzuführen. Auch die alte Stadtmauer ist bis auf einige Fundamente vollständig verschwunden.

In der Nähe der Hauptgasse der Altstadt, der **Ndia Kuu** (→ S. 307), befinden sich jedoch noch Gebäude, die den klassischen Swahili-Baustil aufweisen. Elemente wie lange schmale Räume, natürliche Kühlungssysteme in Form von Lüftungsöffnungen in den Wänden, elegante Balkone, Swahili-Holztüren mit Steinbänken vor den Eingängen und Flachdächer sind typische Elemente dieses Stils.

Schlendern Sie durch die Altstadt und machen Sie immer wieder Abstecher in die Seitenstraßen. Es ist schwer, sich hier zu verirren. Die verwinkelten Gassen, die die Altstadt mit der Digo Road verbinden, sind wunderbar belebt, mit Marktständen, an denen alles von Kangas (bedruckte Tücher, die von Frauen getragen werden) und Handyzubehör bis hin zu Baobab-Samen und gebratenen Taro-Wurzeln verkauft wird.

Mombasa, Innenstadt

0   250   500 m

Da sich nur wenige Reisende in die Altstadt Mombasas verirren, erhält man
ziemlich viele »Muzungu«-Zurufe und
wird teilweise belästigt. Es ist daher
unbedingt zu empfehlen, einen lokalen
Guide für eine Führung durch die Altstadt zu engagieren, beispielsweise bei
den Guides der **Old Town Guides Association**, die am Eingang zum Fort Jesus warten. Prüfen Sie den Ausweis der
Guides und klären Sie den Preis vorab.

Im Fort Jesus

Fort Jesus

Die größte Attraktion Mombasas ist
das Fort Jesus am südöstlichen Rand
der Altstadt. Die Festung wurde 1958
zum Nationalmonument erklärt und beherbergt ein interessantes **Museum**, das
über den ehemaligen Kasernen errichtet
wurde. Ausgestellt wird unter anderem
Keramik, die die Vielfalt der Kulturen
widerspiegelt, die an der Küste Handel
trieben. Es zeichnet außerdem die wech-
selvolle Geschichte der Festung mithilfe
von Karten und Fotos, Funden aus ver-
sunkenen Schiffen oder Ausgrabungen,
Dhau-Modellen, Kanonen und vielen
weiteren Objekten nach.

Die Festungsanlage wurde von dem Italiener João Batista Cairato (Giovanni Bat-
tista Cairati), dem Chefarchitekten Portugals in Indien, geplant und von 1593
bis 1596 errichtet. Die prominente Festung steht an strategisch herausragender
Stelle auf einem fossilen Korallenriff und
wacht über die schmale Einfahrt zum alten Hafen am Ende der Nkrumah Road.
Die meterdicken Korallenmauern machen
es zu einem imposanten Bauwerk, auch
wenn es an manchen Stellen beschädigt
ist. Das Gebäude wurde zwischen 1631
und 1875 immer wieder umkämpft, und
die Kontrolle über die Festung wechselte
mehrmals. Vom Fort hat man einen
wunderschönen Ausblick über das Meer
und die Stadt.

Die Altstadtgasse Ndia Kuu

Eine der schönsten Gassen in der Altstadt
von Mombasa ist die Ndia Kuu, die direkt am Fort Jesus beginnt. Hier reihen
sich viele charmante Swahili-Häuser aus
Korallenstein mit kunstvoll geschnitzten
Balkonen und Eingangstüren aus dem
19. Jahrhundert aneinander. Die Straße
bildete bis Anfang des 20. Jahrhunderts
zusammen mit dem Government Square
das Geschäftsviertel Mombasas mit europäischen und indischen Läden, Regierungsgebäuden, Banken und vielem
mehr. Zu dieser Zeit hieß die Straße
La Raposeira, viele Inder und Europäer
lebten hier.

Shree Parshva Vallabh Jain Temple

Etwas außerhalb der Altstadt von Mombasa liegt der beeindruckende Shree
Parshva Vallabh Jain Temple in der Digo
Road. Er wurde 1963 zu einem großen
Teil aus weißem Marmor errichtet. Am
auffälligsten sind die vielen verzierten
Kuppeln, Balustraden und Pagoden, die
den Tempel zieren, sowie die beiden Ele-
fantenstatuen, die den Tempeleingang

Die Küste

bewachen. Streifen Sie Ihre Schuhe am Eingang ab, bevor Sie das Innere des Tempels betreten.

Mackinnon Market

Direkt um die Ecke des Jain-Tempels, auf der Abdel Nasser Road, befindet sich der Mackinnon-Markt. Das Gebäude wurde Anfang des 20. Jahrhunderts an jener Stelle erbaut, an der sich früher der Sklavenmarkt von Mombasa befand. Im Innern erwartet Sie eine stimmungsvolle Reizüberflutung, und es herrscht großes Gedränge zwischen den vielen Ständen mit exotischen Gewürzen. Neben Gewürzen wird hier eine große Vielfalt an Waren angeboten, von frischem Obst und Gemüse über Fleisch und Fisch bis hin zu Haushaltswaren. Der Markt ist nach dem Gründer der Imperial British East African Company, William Mackinnon (1823–1893), benannt.

Die Tusks

Das moderne Wahrzeichen Mombasas sind die Tusks, vier riesige Elefantenstoßzähne, die die mehrspurige Moi Avenue überspannen. Die Stoßzähne aus Aluminium wurden 1952 zum Gedenken an den Besuch von Königin Elisabeth II. von der britischen Verwaltung errichtet. Die Tusks liegen direkt am schattigen Uhuru Garden, in dessen Mitte ein Springbrunnen in der Form des afrikanischen Kontinents liegt. Dieser Park ist das Zuhause einer riesigen Kolonie an Fledermäusen. Ganz in der Nähe der Tusks befindet sich das Büro der Tourist Information Mombasas (→ S. 312).

Nyali und Bamburi

Nyali und Bamburi sind wohlhabende Vororte von Mombasa, die auf dem Festland nördlich der Insel liegen und über die Nyali-Brücke erreicht werden können. Hier befinden sich einige sehr empfehlenswerte Restaurants und gehobene Hotels, von denen sich die meisten direkt am schönen **Nyali Beach** befinden, der zum Schwimmen und Schnorcheln einlädt.

■ Mamba Village

Das Mamba Village in Nyali ist eine der größten Krokodilfarmen Afrikas mit etwa 10 000 Reptilien. Neben Krokodilen beherbergt der Tierpark auch Schlangen sowie Aquarien mit tropischen Fischen,

▲ *Die Tusks, eines der Wahrzeichen der Stadt*

Die Viertel Nyali und Bamburi

Die Küste

Schildkröten und Korallen. Der Pflanzenpark von Mamba Village stellt exotische Flora aus, darunter Orchideen und fleischfressende Pflanzen.

Zudem gibt es einen kleinen **Vergnügungspark**, der vor allem für Kinder ein schönes Ausflugsziel bietet. Um 17 Uhr kann man bei der Fütterung der Tiere zuschauen.

■ Bombolulu Workshop & Cultural Centre (BWCC)

Die 1969 gegründeten Bombolulu-Werkstätten sind ein Programm der Association for the Physically Disabled of Kenya (APDK), in dessen Rahmen mehr als 150 Menschen mit körperlichen Behinderungen in der handwerklichen Produktion ausgebildet und be-

Boma im Bombolulu Cultural Centre

schäftigt werden. Alle handgefertigten Produkte – darunter Kunsthandwerk aus Holz und Leder, filigraner Schmuck, handbedruckte Textilien und farbenfrohe Sisaltaschen –, werden im hauseigenen Laden angeboten.

Auf dem gleichen Gelände befindet sich das **Bombolulu Cultural Centre**, eine Art Freiluftmuseum mit Bomas verschiedener kenianischer Ethnien. Zu besonderen Ereignissen gibt es hier traditionelle Unterhaltung und Musik sowie exzellente Swahili-Küche. Im Rahmen einer geführten Tour können die Werkstätten und das Kulturzentrum besucht werden.

■ **Haller Park**
Der Haller Park, auch Bamburi Nature Trail genannt, wurde 1971 auf einem ehemaligen Korallensteinbruch der Bamburi-Zementfabrik gegründet. Der schweizerische Ökologe René Haller wurde damit beauftragt, den Steinbruch sozusagen wieder zum Leben zu erwecken. Der dichte Wald, der heute hier zu sehen ist, wurde 1971 durch die An-

pflanzung schnell wachsender, salztoleranter Kasuarinenbäume auf dem kahlen Steinbruchboden geschaffen. Nach fünf Jahren begannen die Kasuarinen, den umliegenden Steinbruch zu besiedeln. Nach zehn Jahren hatten die Bäume eine Höhe von 30 Metern erreicht und eine Humusschicht von zehn Zentimetern gebildet. Dank der fruchtbaren Böden und des ausgeglichenen Mikroklimas wuchsen weitere neue und empfindlichere Pflanzen.

Heute ist der Haller Park eine üppige Oase mit dichtem Wald, der einen Lebensraum für zahlreiche Pflanzen und Tiere bietet. In Wildgehegen leben Büffel, Antilopen, Flusspferde, Krokodile und Schlangen. Riesige Landschildkröten laufen frei durch das Gelände und grasen auf den Wiesen. Im Wald lassen sich Vögel und Schmetterlinge beobachten. Es gibt außerdem ein **Tierwaisenhaus**, ein **Schmetterlingshaus** und eine **Fischfarm.** Die Orientierung im Park ist durch zahlreiche Wegweiser einfach. Ab 15 Uhr kann man bei der Fütterung der Tiere zusehen.

Landschildkröte im Haller Park

Karte S. 309, 304

Am Nyali Beach

Mombasa Marine National Park & Reserve

Die Strände, Korallenriffe und Seegraswiesen des Naturreservates, das sich vor der Küste Mombasas erstreckt, umfassen 200 Quadratkilometer und sind seit 1986 geschützt. Inmitten des Naturreservats liegt der zehn Quadratkilometer große **Mombasa Marine National Park**, der einen höheren Schutzstatus genießt. Während man im Reserve angeln darf, ist dies hier verboten.

Das Meeresnationalreservat von Mombasa ist Teil des Korallenriffsystems entlang der Ost- und Südküste Afrikas. Wie die Korallenriffe anderswo sind auch die Korallengärten des Meeresnationalparks biologisch vielfältiger als der umgebende Ozean und beherbergen unzählige Meereslebewesen, darunter Fangschreckenkrebse, Kartoffel-Zackenbarsche, Riesenmuscheln, Tintenfische sowie zahlreiche Seeigel, Quallen und Seesterne. An Land gibt es große Nistkolonien von Seevögeln mit international bedeutenden Beständen von Krabbenregenpfeifern und Rosenseeschwalben. Die Strände werden auch von Meeresschildkröten als Nistgrund genutzt.

Beliebte Aktivitäten im Meeresnationalpark sind Tauchen und Schnorcheln im herrlich klaren Wasser, Angeln, Bootsfahrten, Vogelbeobachtung, Wasserski und Windsurfen. Schnorchel- und Tauchausrüstungen können in den Hotels und bei den Wassersportanbietern gemietet werden. In den Park gelangt man mit dem Boot von verschiedenen Punkten am Strand: vom **Serena Gate** am Strand des Serena Hotels, vom **Severin Gate** am Strand des Severin Hotels, vom **Travellers Gate** am Strand des Travellers Hotels, vom **Nyali Gate** am Mombasa Marine Park Headquarters und vom **Voyager Gate** am Voyager Beach Resort (tgl. 6–18 Uhr, Parkgebühren → S. 34, Tickets nur online über www.ecitizen.go.ke).

Die Küste

Mombasa-Informationen

Allgemeine Informationen

■ Tourismusinformationen

Tourismus-Informationszentrum, Moi Avenue/Aga Khan Rd, nur einige Meter von den Tusks entfernt. Hier erhalten Sie Informationen zum Reisen in Mombasa und an der Küste.
Weitere Informationen:
www.mombasa-city.com

■ Wichtige Telefonnummern

Nächstgelegene Polizeistation: 112 oder 999
Krankenwagen: +254/(0)721/225285 (St. John's Ambulance, www.stjohnkenya.org)

■ Banken und Wechselstuben

Der Geldwechsel ist fast in allen Banken möglich. Die meisten Banken verfügen auch über Geldautomaten (ATM). In der Regel werden VISA- und Mastercards problemlos akzeptiert. Zu den renommierten Banken im Land zählen **Stanbic**, **Standard Chartered**, **KCB**, **Equity** und **Absa**. Weitere Informationen → S. 389

■ Post

Es gibt in Mombasa zahlreiche Postämter und DHL-Stationen. Hier seien zwei Büros beispielhaft genannt.

Moschee in Mombasa

General Post Office, neben Bima Towers, Digo Rd; Mo–Fr 8–17 Uhr.
www.posta.co.ke
DHL, Baywood Building, Moi Ave, Tel. +254/(0)20/6925839; Mo–Fr 8.30–19 Uhr, Sa 9–13 Uhr.
www.logistics.dhl/ke-en

■ Internet und Mobilfunk

SIM-Karten und Internet- sowie Mobilfunk-Pakete gibt es in einem der zahlreichen **Safaricom-** (www.safaricom.co.ke) und **Airtel-Shops** (www.airtelkenya.com). Die Läden finden sich in den meisten der großen Shoppingmalls. Die Mobilfunk- und Internetnetze sind in Mombasa gut ausgebaut und bieten hohe Geschwindigkeiten.

An- und Abreise

■ Mit dem Flugzeug

Moi International Airport (MBA), 10 km nordwestlich der Stadt. Nur wenige direkte Verbindungen nach Europa, aber viele Verbindungen mit Inlandsflughäfen sowie Flughäfen im ostafrikanischen Ausland. Zu buchen über die **Airlines Safarilink** (www.flysafarilink.com), Fly540 (www.fly540.com), **Jambojet** (www.jambojet.com), **Kenya Airways** (www.kenya-airways.com) und **Yellow Wings** (www.yellowwings.com).
www.kaa.go.ke
In die Innenstadt fährt man ca. 20 Min. Eine Fahrt mit den gelben **Flughafentaxis** in die Innenstadt kostet etwa 1500 Ksh (ca. 12 Euro), nachts wird es teurer. Auch Fahrten über die Transport-Apps Uber oder Bolt können bestellt werden. Viele Hotels bieten auch einen **Hoteltransfer**, der im Vorfeld bestellt werden muss. Die Fahrt mit öffentlichen Verkehrsmitteln in die Innenstadt ist umständlich und nicht zu empfehlen.

■ Mit dem Auto

Die größte Zufahrtsstraße nach Mombasa ist der **Nairobi-Mombasa-Highway**

(A 109), der die Hauptstadt mit Mombasa verbindet. Mit dem Norden ist Mombasa durch die **Küstenstraße B 8** verbunden, mit dem Süden durch die **A 14**.

■ Mit der Bahn

Die 2017 eröffnete Hochgeschwindigkeits-Eisenbahnlinie Nairobi–Mombasa, der **Madaraka Express** (https://metickets.krc. co.ke) revolutionierte das Reisen auf der Strecke zwischen den beiden größten Städten Kenias. Von Nairobi nach Mombasa dauerte eine Zugreise zuvor etwa 18 Std. und wurde durch den Madaraka Express auf rund 5 Std. verkürzt. Die von Kenya Railways betriebene Strecke soll im Laufe der nächsten Jahre ausgebaut werden und auch andere Städte erreichen.

Derzeit gibt es täglich eine Abfahrt um 15 Uhr von Mombasa nach Nairobi (Ankunft 20.08 Uhr) oder einen Nachtzug, der in Mombasa um 22 Uhr startet und um 3.45 Uhr in der Früh in Nairobi ankommt. Die gleichen Abfahrtszeiten gelten in die entgegengesetzte Richtung. Alternativ kann man auf dieser Strecke auch die Orte Voi, Mtito Andei, Mariakani, Miaseny, Kibwezi, Emali und Athi River anfahren.

■ Überlandbusse

Wie auch bei den Matatus sollte man sich bei Überlandbussen über die Sicherheitsrisiken im Klaren sein: das Personal fährt oft zu schnell und ist übermüdet, die Busse befinden sich teilweise in schlechtem technischen Zustand, und es kommt immer wieder zu Unfällen und Pannen. Taschendiebstähle im Bus sind häufig, man sollte sein gesamtes Gepäck unter dem Sitz oder auf dem Schoß verstauen und Wertsachen am Körper tragen. Es gibt unterschiedliche Preiskategorien, je nach Komfort und Fahrtdauer.

Für die An- und Abreise aus Mombasa gibt es verschiedene Busbahnhöfe und Abfahrtsorte. Die meisten Busbüros und Abfahrtsstellen befinden sich an der **Abdel Nasser Rd**, der **Mombasa Rd** und der **Jomo Kenyatta Ave**.

Von der **Nyerere Ave** verkehren regelmäßig Matatus zur **Likoni-Fähre**, über die man zu den Stränden und Städten südlich von Mombasa gelangt. Auf der anderen Seite gibt es einen Matatu-Stand direkt am Fähranleger.

Überlandbusse in entferntere Landesteile sollten immer mindestens 24 Std. im Voraus reserviert werden. Die meisten Fernbusse fahren am frühen Morgen oder am späten Abend. Wenn Sie die Wahl haben, entscheiden Sie sich für Ersteres, denn nach Einbruch der Dunkelheit steigt das Unfallrisiko.

Eine **Tagesfahrt nach Nairobi** dauert mindestens 8 Std., eine Nachtfahrt 10 bis 12 Std. Nach Nairobi fahren verschiedene Busgesellschaften, unter anderem Coast Bus und Mash Poa.

Coast Bus, Mwembe Tayari Rd, Tel. +254/ (0)722/206445. Abfahrt in der Mwembe Tayari Rd. Zuverlässiges Busunternehmen, das nicht nur die Städte an der Küste anfährt, sondern auch weitere große Städte in ganz Kenia.
www.coastbus.co.ke

Modern Coast Express, Mombasa Rd, Tel. +254/(0)709/897000. Abfahrt in der Mombasa Rd. Zuverlässiges Unternehmen, Busse in die größeren kenianischen und ostafrikanischen Städte.
www.modern.co.ke

Mash Poa, Kenyatta Ave, Tel. +254/ (0)730/889000. Abfahrt von der Kenyatta Ave und Mombasa Rd. Es werden zahlreiche Orte Kenias und ostafrikanische Städte angefahren.
www.mashpoa.com

Tahmeed, Mombasa Rd, Tel. +254/ (0)724/581902. Abfahrt in der Mombasa Rd. Die Busse steuern viele kenianische Städte sowie ostafrikanische Städte an.
www.tahmeedexpress.com

Dreamline Express, Mombasa Rd, Tel. +254/(0)721/966000. Abfahrt in der Mombasa Rd. Zuverlässiges Unternehmen, das Mombasa mit zahlreichen kenianischen und ostafrikanischen Städten verbindet.
www.dreamline.co.ke

Mit dem Tuk Tuk durch die Stadt

Unterwegs in Mombasa
■ Matatu, Tuk Tuk und Taxis
Der öffentliche Nahverkehr in Mombasa ist nicht unbedingt für Neuankömmlinge zu empfehlen. Die meisten Linien sind überlastet und voll und definitiv keine gute Idee, wenn man schnell von A nach B muss. Hier gibt es Tuk Tuks, Taxis, die Transport-Apps Uber und Bolt sowie Mietwagen als Alternative.

Mit Minibussen, **Matatus**, lässt sich jeder Ort in Mombasa und Umgebung erreichen und sie sind das günstigste Transportmittel Kenias. Allerdings werden die meisten Verkehrsunfälle in Kenia durch Matatus verursacht, die für ihren halsbrecherischen Fahrstil bekannt sind. Oftmals sind die Fahrzeuge in technisch fragwürdigem Zustand, und Taschendiebstahl ist an der Tagesordnung. Um das richtige Matatu sowie geeignete Haltepunkte zu finden, fragen Sie am besten das Personal Ihrer Unterkunft. Alternativ sind die dreirädrigen **Tuk Tuks** eine preisgünstige Transportmöglichkeit. Verhandeln Sie den Fahrpreis vor Antritt der Fahrt.

Wer es bequemer möchte, kann die Transport-Apps **Uber** und **Bolt** oder reguläre **Taxis** benutzen. Bei Uber und Bolt sind die Fahrpreise festgelegt, bei Taxis verhandelbar. Um Streitigkeiten zu vermeiden, sollte man die Fahrpreise vor dem Beginn jeder Fahrt ausmachen.

■ Autoverleiher
In Mombasa gibt es verschiedene gute Autoverleiher. Dazu zählen **Avis** (Moi International Airport, Tel. +254/(0)736/750006, www.avis.co.ke), **Car Hire Mombasa** (Tel. +254/(0)739/443344, www.carhiremombasa.co.ke), **Budget** (Tel. +254/(0)20/2386420, www.budget.co.ke) und **Glory Car Hire** (Moi Ave, +254/(0)722/388729, www.glorykenya.com).

Unterkünfte
■ Obere Preisklasse (ab 200 Euro)
Voyager Beach Resort, Mt Kenya Rd, Nyali, Tel. +254/(0)20/4446651; DZ/VP ab 430 Euro. Eines der besten Strandresorts in Nyali. Die Zimmer sind hell und luftig, das Restaurant serviert internationale sowie traditionelle Swahili-Küche. Schöne Poollandschaft inmitten eines tropischen Gartens. www.heritage-eastafrica.com/voyagerbeachresort
Instagram: @heritagehotels_ke

Whitesands Sarova Hotel, Malindi Rd, Bamburi, Tel. +254/(0)709/111000; DZ/F ab 290 Euro. Schönes Hotel direkt am Strand, mit hellen Räumen im Swahili-Stil, einem üppigen Garten und Swimmingpool. Das Whitesands verfügt über ein exzellentes Restaurant und bietet zahlreiche Aktivitäten an.
www.sarovahotels.com
Instagram: @sarovawhitesands

Serena Beach Resort & Spa, Shella Serena Rd, Bamburi, Tel. +254/(0)732/125000; DZ/F ab 255 Euro. Schönes Strandresort direkt am Shanzu Beach. Der große Swimmingpool liegt eingebettet in einen Garten mit hohen Kokospalmen. Elegante Räume mit Swahili-Décor, erstklassiges Restaurant und Spa. Das Resort ist bekannt dafür, nachhaltig zu wirtschaften und sich für den Schutz von Meerestieren zu engagieren.
www.serenahotels.com/serena-beach
Instagram: @serena.mombasa

Tamarind Village, Cement Silo Rd, Mkomani, Tel. +254/(0)722/205160; Ferienwohnung ab 202 Euro. Diese schönen Apartments (Selbstversorgung) werden von den Besitzern des ausgezeichneten Restaurants Tamarind (gleich nebenan) und des Carnivore in Nairobi (→ S. 121) angeboten. Sie sind im schicken Swahili-Stil gestaltet, und die Aussicht von den Balkonen über die Bucht und die Altstadt von Mombasa ist unschlagbar. Es gibt ein Fitnesscenter, ein Spa und einen Swimmingpool.
www.tamarind.co.ke
Facebook: Tamarind Group

■ **Mittlere Preisklasse (100–199 Euro)**

Bamburi Beach Hotel, Malindi Rd, Bamburi, Tel. +254/(0)722/203600; DZ/VP ab 190 Euro. Schöne Hotelanlage mit direktem Zugang zum Strand. Die Zimmer sind mit eleganten Swahili-Möbeln ausgestattet. Es gibt eine schöne Strandbar und einen tollen Swimmingpool.
www.bamburibeachkenya.com
Instagram: @bamburibeachkenya

PrideInn Paradise Beach Resort, Malindi Hwy, Bombolulu, Tel. +254/(0)709/374000; DZ/F ab 165 Euro. Das schöne Strandresort im Norden Mombasas wurde 2021 und 2022 von den World Travel Awards zu Kenias führendem Familienresort gekürt. Es verfügt über ein hervorragendes Restaurant, ein Spa, einen Aquapark für Kinder sowie einen großen Pool.
www.prideinn.co.ke
Instagram: @prideinnparadisebeachresort

PrideInn Mombasa City, Haile Selassie Rd, Mombasa Island, Tel. +254/(0)709/532100; DZ/F ab 126 Euro. Eher neutrales Business-Hotel, zentral gelegen, mit Restaurant und Bar.
www.prideinn.co.ke
Instagram: @prideinn

Royal Court Hotel, Haile Selassie Rd, Mombasa Island, Tel. +254/(0)722/412867; DZ/F ab 100 Euro. Modernes Hotel mit ordentlichen Zimmern in direkter Nachbarschaft zur Altstadt. Mit Restaurant, von

dem man einen schönen Ausblick über die Stadt genießt, und Kasino.
www.royalcourtmombasa.co.ke
Instagram: @royalcourtmombasa

■ **Untere Preisklasse (40–99 Euro)**

Kenya Bay Beach Hotel, Malindi Rd, Bamburi, Tel. +254/(0)725/991500; DZ/F ab 85 Euro. Hotel am schönen Bamburi Beach mit Swimmingpool, geräumigen Zimmern, einem guten Restaurant und Spa.
www.kenyabay.com
Instagram: @kenyabay

Lotus Hotel, Cathedral Ln, Mombasa Island, Tel. +254/(0)722/612517; DZ/F ab 82 Euro. Kleines Hotel in der Nähe der Altstadt von Mombasa. Die Zimmer sind ordentlich, und die Bar mit Restaurant einladend. Das Personal ist zuvorkommend.
www.lotushotelmombasa.com
Instagram: @lotus.hotel.mombasa

Regency Park Hotel, Kwashibu Rd, Mombasa Island, Tel. +254/(0)729/555587; DZ/F ab 60 Euro. Günstiges Hotel mit kleinen, sauberen Zimmern im Zentrum von Mombasa, ganz in der Nähe der Altstadt. Im Restaurant werden typische kenianische Speisen serviert.

Die Bucht von Mombasa

■ **Backpacker-Unterkünfte**
  (bis 40 Euro)

Tulia House Backpackers, neben City Mall, Nyali, Tel. +254/(0)711/955999; DZ/F ab 25 Euro. Schönes Hostel, guter Ausgangspunkt für die Erkundung von Mombasa. Die Schlafsäle, Hängematten und Privatzimmer sind gut gepflegt und sauber. Im Garten und am Swimmingpool finden Grillabende, Parties und Bierpong-Spiele statt. www.tuliabackpackers.com
Instagram: @tuliabackpackersmombasa

Jundan Palace Hotel, Gusii St, Mombasa Island, Tel. +254/(0)725/376784; DZ/F 24 Euro. Günstiges Hotel im Stadtzentrum mit kleinen, sauberen Zimmer. Das Personal ist freundlich und hilfsbereit. Alles in allem eine gute Budget-Option.
Facebook: Jundan Palace Hotel Mombasa

Gastronomie

Mombasa verfügt über unzählige Restaurants mit Landesküchen aus der ganzen Welt. Weitere Restaurants und Cafés auf www.eatout.co.ke. Über die Apps Jumia und Uber Eats lässt sich Take Away bestellen.

■ **Kenianische Küche**

Barka Restaurant, Makadara Rd, Mombasa Island, Tel. +254/(0)722/881009. Belebtes, kantinenartiges Restaurant mit einfachen kenianische Speisen. Dazu gehört natürlich Nyama Choma, aber auch Biryani Kenyan Style.
https://barkarestaurant.co.ke

Liwaza Lounge & Café, Mombasa Rd, Mombasa Island, Tel. +254/(0)20/2090902. In diesem beliebten Restaurant stehen kenianische Klassiker wie Mbuzi Fry und Coconut Fish Masala auf der Speisekarte. Aber auch kenianischer Kaffee und Gebäck können hier genossen werden. www.liwaza.com

The Dhow House Bar & Restaurant, Barracks Ln, Nyali, Tel. +254/(0)722/881995. Schönes Gartenlokal, serviert werden kenianische Speisen und leckere Cocktails. Am Wochenende gibt es Live-Musik.
www.dhowhouse.co.ke
Instagram: @thedhowhousenyali

■ **Internationale Küchen**

Tamarind Restaurant, Cement Silos Rd, Nyali, Tel. +254/(0)20/5139327. Zweifellos das beste Restaurant Mombasas. Es werden raffinierte internationale Speisen serviert, von fangfrischen Austern als Vorspeise, doppelt gegartem Schweinebauch als Hauptspeise und hausgemachter Pannacotta als Nachspeise. Von der Terrasse des Tamarind hat man einen schönen Blick auf den Hafen. Besonders am Wochenende wird es voll – frühzeitig einen Tisch bestellen!
www.tamarind.co.ke
Instagram: @tamarindmombasa

Forodhani Restaurant, Sir Mbarak Hinawy Rd, Mombasa Island, Tel. +254/(0)724/401551. In der Altstadt, von der ansprechenden Terrasse hat man einen schönen Blick über die Meeresbucht. Auf der Speisekarte stehen Swahili- und indische Gerichte wie Curries mit Fisch und Garnelen sowie internationale Gerichte wie die opulente Seafood Platter.
Instagram: @forodhani.msa

Tarboush Restaurant, Makadara Rd, Mombasa Island, Tel. +254/(0)11/3204671. Beliebtes Restaurant am Rande der Altstadt, serviert wird eine bunte Mischung internationaler Speisen von Mutton Biryani und Samosas bis zu Burgern.
Instagram: @tarboush.msa

Yul's Restaurant, Mkomani Rd, Bamburi, Tel. +254/(0)41/5485950. Beliebtes Strandlokal im Stadtteil Bamburi. Hier gibt es leckere Gerichte mit Meeresfrüchten, Pizza, aber auch Eiscreme und Cocktails.
www.aquadrom-yuls.com
Instagram: @yuls_aquadrom

Galaxy Chinese Restaurant, Mama Ngina Dr, Mombasa Island, Tel. +254/(0)726/894002. Von der Terrasse des Restaurants hört man die Wellen des Ozeans rauschen. Es werden leckere chinesische Gerichte serviert, darunter eine große Auswahl an Gerichten mit Meeresfrüchten.

Roberto's Restaurant, Links Rd, Nyali, Tel. +254/(0)723/223399. Wunderbares italienisches Restaurant mit vielen leckeren

Pizzen aus dem Steinofen und klassischen Pasta-Gerichten.
Instagram: @robertosmombasa

Misono Restaurant, Links Rd, Bamburi, Tel. +254/(0)722/530204. Beliebtes japanisches Restaurant, es gibt leckeres Sushi, gebratenen Reis und verschiedene Nudelgerichte. Instagram: @misono_ke

Bollywood Bites, Nyali Rd, Nyali, Tel. +254/(0)786/470006. Zahlreiche indische Curries stehen auf der Speisekarte. Das Restaurant ist rein vegetarisch. Probieren Sie die allseits beliebte Vorspeise Pani Puri!
Instagram: @bollywoodbitesmsa

Shehnai Restaurant, Fatemi House, Mombasa Island, Tel. +254/(0)722/871111. Das beliebte Curryhaus serviert nordindische Speisen, vegetarische und nichtvegetarische Speisen. Besonders gut ist das Chicken Biryani. Der Schärfegrad der Gerichte kann auf Wunsch der Gäste angepasst werden.
Instagram: @shehnairestaurant

Jahazi Seafood Grill, Serena Rd, Bamburi, Tel. +254/(0)41/5485721. Beliebtes Restaurant im Serena Hotel, hat leckere Gerichte mit frisch gefangenem Hummer, Krabben und anderen Meeresfrüchten auf der Speisekarte.

■ Cafés

MN Kafé, Kaunda Ave, Mombasa Island, Tel. +254/(0)711/665233. Im coolen MN Kafé gibt es Kaffeespezialitäten, Fast Food wie Pommes und Chicken Wings, aber auch Gebäck, cremige Milkshakes und kreative Eisbecher. www.mnkafe.com
Instagram: @mnkafe

Cafesserie, Malindi Rd, Nyali, Tel. +254/(0)20/2023769. Schönes Café in der City Mall Nyali mit einer großen Auswahl an Kuchen und Brunch-Gerichten, Bagel-Sandwiches und Smoothies. www.cafesserie.com
Instagram: @cafesseriekenya

Sehenswürdigkeiten

Fort Jesus, Nkurumah Rd, Mombasa Island, Tel. +254/(0)726/520759; tgl. 8.30–18 Uhr, 1200 Ksh, Tickets über https://nmk.ecitizen.go.ke. Am Eingang des Forts warten Tourguides, die eine Führung durch die Festung und das Museum geben können. Es gibt ein kleines Restaurant im Fort. www.fortjesusmombasa.com
Instagram: @fortjesusmombasa

Aussicht vom Fort Jesus

Mamba Village, Links Rd, Nyali, Tel. +254/ (0)718/156491; Mo–Fr 10–19 Uhr, Sa u. So 10–21.30 Uhr, 800 Ksh. www.mambavillagecentre.co.ke Instagram: @mambavillagemsa
Bombolulu Workshop & Cultural Centre, Abzweigung Nyali Rd, Bamburi, Tel. +254/ (0)20/2399716; Mo–Fr 8–17 Uhr, Eintritt zum Kulturzentrum 750 Ksh. Es werden geführte Touren angeboten, die man in Anspruch nehmen sollte. Die Führung ist kostenlos, ein Trinkgeld sollte jedoch gegeben werden. www.bomboluluworkshop.co.ke Instagram: @official_bomboluluworkshop
Haller Park, Malindi Rd, Bamburi, Tel. +254/ (0)41/2101000; tgl. 8–17 Uhr, 1800 Ksh. Fütterungen der Tiere am Nachmittag. www.haller.org.uk

Mombasa am Abend
■ Kinos
Nyali Cinemax, Nyali Rd, Tel. +254/ (0)786/470007. Das beste Kino der Stadt, präsentiert werden sowohl Hollywood- als auch Bollywood-Filme. www.nyalicinemax.com Instagram: @nyalicinemax

■ Go-Kart
Mombasa Go-Kart, Abzweigung Malindi Rd, Bamburi, Tel. +254/(0)721/485247; Di–Sa 16–22 Uhr, So 13.30–22 Uhr. Cooler abendlicher Treffpunkt mit Go-Karting, Zip-Lining, Bowling, Paintball, Open-Air-Restaurant und Bar. www.mombasa-gokart.com Instagram: @mombasagokart

■ Shows
Enchanting Sound & Light Show, Fort Jesus, Tel. +254/(0)726/520759; Do–So 18–20.30 Uhr, 4000 Ksh. Lichtshow mit Feuerwerk und Nachttour. Samstags Themenabend mit DJ, Abendessen und Getränken. www.fortjesusmombasa.com Instagram: @fortjesusmombasa

Mombasa bei Nacht
Mombasa hat einige coole Bars, aber nur eine kleine Auswahl an Clubs.

■ Clubs
The Lounge, Abzweigung Malindi Rd, Nyali. Cooler Club mit gut bestückter Bar bei der City Mall Nyali. Instagram: @thelounge_mombasa
Club Hypnotica, im Nyali Centre, Links Rd, Nyali. Hier tanzt man in Schwarzlicht. Am Wochenende ist immer etwas los. Instagram: @clubhypnoticamombasa

■ Bars
Bob's Bar, Links Rd, Nyali. In dieser coolen Bar sitzt man auf erhöhten Hockern an Holzfässern als Tischen. Am Wochenende gibt es hier Live-Musik. Instagram: @bobsbarmombasa
Moonshine Beach Bar, Reef Hotel, Mount Kenya Rd, Nyali. Entspannte Bar direkt am Strand, es gibt Cocktails und eiskaltes Bier. Die Strandparties im Moonshine sind legendär! www.reefhotelkenya.com/restaurant Instagram: @reefhotel
Tapas Cielo Bar & Restaurant, im Nyali Centre, Links Rd, Nyali. Kombiniert ein Restaurant, das gute Steaks und Burger serviert, mit einer coolen Bar. www.tapascielo.com Instagram: @tapascielo
Yul's Restaurant (→ S. 316). Am Wochenende wird in dem beliebten Restaurant auch gefeiert. www.aquadrom-yuls.com

Einkaufen
■ Märkte
Mackinnon Market, Abdel Nasser Rd, Mombasa Island. Dieser überdachte Marktplatz inmitten des Stadtzentrums bietet eine große Auswahl an Waren: Obst, Gemüse, Kosmetik und Kleidung. Hier geht es hektisch zu, und man muss hart feilschen.
Kongowea Market, Abzweigung Links Rd, Nyali. Auf diesem Markt unter freiem Himmel gibt es alles – von Obst und Gemüse über Schuhe und Kleidung bis hin zu

Souvenirs. Es ist chaotisch und laut. Um die günstigen Preise für Einheimische zu erhalten, muss man knallhart verhandeln.

■ Einkaufszentren

Nyali Centre, Links Rd, Nyali. Großes Einkaufszentrum mit Schuh- und Bekleidungsläden, einem Naivas-Supermarkt, einem Java-Café, Fast Food-Restaurants, einer Apotheke, Bankfilialen, einem Safaricom-Shop und vielem mehr.
www.nyalicentre.com

Likoni Mall, nahe Likoni Ferry. Moderne Shoppingmall mit zahlreichen Einkaufsläden, Restaurants, einem Naivas-Supermarkt und ATMs.
https://likoni-mall.business.site

■ Landestypisches, Handwerkliches, Andenken

Bombolulu Gift Shop, Abzweigung Nyali Rd, Bamburi. Im Geschenkeladen der Bombolulu Workshops werden handgefertigte Souvenirs verkauft. Dazu gehören Figürchen aus Seifenstein, Taschen, Kleidung, Schmuck und Holzschnitzereien.
www.bomboluluworkshop.co.ke
Instagram: @official_bomboluluworkshop

Yusufi Antiques & Gallery, Sir Mbarak Hinawy Rd, Tel. +254/(0)722/800400. Eine wahre Fundgrube an afrikanischen Kunstobjekten. Angeboten werden filigran geschnitzte Holzobjekte, Masken, insbesondere aus Westafrika und dem Kongo, sowie antike Möbel und Gemälde.

Akamba Handicraft Industry Cooperative Society, Obama Rd, Tel. +254/(0)20/2654362. Diese Kooperative beschäftigt zahlreiche Angestellte aus Kenia, die eine große Bandbreite an Souvenirs und Kunstobjekten herstellen. Darunter sind Figuren aus Holz und Seifenstein, nachgebildete Maasai-Schilde und kunstvolle Masken.
Instagram: @akamba_handicraft

■ Lebensmittel

Wer es abenteuerlich mag, kann sich in das Gewühl der Obst- und Gemüsemärk-

te der Stadt stürzen. Ansonsten gibt es eine Reihe moderner Supermärkte mit guter Auswahl in den oben genannten Einkaufszentren.

Naivas, Digo Rd/an der Likoni Ferry/Nyali Centre. In Nairobi sowie im ganzen Land gibt es etliche Naivas-Filialen. Gute Auswahl an Lebensmitteln, vor allem frisches Obst und Gemüse, vieles davon stammt vom Lake Naivasha.
www.naivas.co.ke

Carrefour, City Mall Nyali. Großer Supermarkt mit sehr guter Auswahl an Lebensmitteln, Obst und Gemüse, Kosmetik und vielem mehr.
www.carrefour.ke

Chandarana Foodplus, Kaunda Ave/Nyali Plaza/Airport Centre. Kenianische Supermarkt-Kette mit einer breiten Auswahl an Lebensmitteln und Haushaltswaren.
www.foodplus.co.ke

Roberto's Italian Shop & Sandwiches, Nyali Rd, Tel. +254/(0)773/433777. Der Besitzer des Roberto's Restaurant (→ S. 316 führt diesen kleinen Laden mit allerlei Delikatessen aus Italien. Es gibt auch eine

Eingang zum Mackinnon-Markt

Frischetheke mit Oliven, Käse, Salami und erstklassigen hausgemachten Sandwiches. www.robertosmombasa.com

Für Kinder

Mombasa ist eine relativ kinderfreundliche Stadt mit einigen Orten, an denen Aktivitäten für die Kleinen angeboten werden. Viele Hotels haben Swimmingpools und schöne Gärten, in denen gespielt werden kann. In den meisten Einkaufszentren gibt es Spielplätze oder Hüpfburgen. Das **Mamba Village** (→ S. 308), der **Haller Park** (→ S. 310) und besonders der **Mombasa-Marine-Nationalpark** (→ S. 311) sind Orte, an denen Kinder Tieren nahekommen können.

Sport und Freizeit

Einige Hotels verfügen über Swimmingpools; öffentliche Schwimmbäder sind weniger zu empfehlen. Viele Hotels der oberen Preisklasse verfügen außerdem über ihre eigenen Fitnessstudios und Spas, wie das **Maisha Spa** im Serena Hotel, das **Maya Spa** im Diani Reef Hotel und das **Uzuri Spa** im Leopard Beach Hotel. Die meisten Strandhotels und Resorts können Schnorcheltouren, Tauchen, Windsurfing und vieles mehr organisieren.

■ Joggen und Spazierengehen

Haller Park, Malindi Rd, Bamburi, Tel. +254/ (0)41/2101000. Im Haller Park (→ S. 310) gibt es einen Abschnitt mit einem Wildtierpark und Gehegen. Ein weiterer Abschnitt ist ein beliebter Ort für Einheimische und Reisende zugleich für jede Art von Bewegung an der frischen Luft. www.haller.org.uk

■ Segeln

Mombasa Yacht Club, Taib Bin Nasir Rd, Mombasa Island, Tel. +254/(0)740/ 097216. Der Segelclub besteht seit mehr als 100 Jahren an der Küste von Kilindini. Es werden Segelregatten im Hafen von Kilindini sowie weitere Veranstaltungen organisiert. Segelunterricht gibt es nur für Mitglieder.

www.mombasayachtclub.com
Instagram: @mombasa_yacht_club

■ Tauchen

Peponi Divers, im Bahari Beach Hotel, Mount Kenya Rd, Tel. +254/(0)722/ 412302. Der Mombasa Marine National Park ist ein beliebter Tauchplatz, besonders interessant ist hier Wracktauchen. Tauchfahrten können auch von den gehoberen Hotels in Mombasa und Umgebung organisiert werden. www.peponidivers.ch Facebook: Peponi Scuba Diving Mombasa

■ Fahrradtouren

Bike the Coast, Abzweigung Malindi Rd, Bamburi, Tel. +254/(0)721/485247. Das Go-Kart-Zentrum organisiert auch Fahrradtouren an der Küste Kenias. Man fährt durch kleine Dörfer, Palmen- und Mangobaumwälder mit wunderschönen Ausblicken auf Meeresbuchten und Strände. Eine typische Tour umfasst eine Strecke von 23 bis 31 km und dauert ca. 2,5– 3,5 Std. www.mombasa-gokart.com Instagram: @mombasagokart

■ Golf

Nyali Golf & Country Club, Links Rd, Nyali, Tel. +254/(0)726/414477. Golfbegeisterte finden in Nyali einen gepflegten Golfplatz, den man über eine Tagesmitgliedschaft bespielen kann. Es gibt außerdem ein Restaurant. www.nyaligolf.com Facebook: Nyali Golf & Country Club

Ärztliche Hilfe

Aga Khan Hospital, Vanga Rd, Mombasa Island, Tel. +254/(0)41/5051000. Zuverlässiger Service und 24-Stunden-Notfalldienst. www.agakhanhospitals.org/mombasa

■ Apotheken

Eine besonders empfehlenswerte Apothekenkette ist **Good Life**. Sie ist gut ausgestattet und ist in den Einkaufszentren Nyali City Mall und Likoni Mall zu finden. www.goodlife.co.ke

Südlich von Mombasa

Südlich von Mombasa erstreckt sich ein 100 Kilometer langer Küstenstreifen, der geprägt ist von weißen, palmgesäumten Sandstränden, Ferienorten mit vielen schönen Hotels, Restaurants und Bars sowie einem großen Angebot an Wassersportaktivitäten. Die Meeresnationalparks mit bunten Korallengärten und die heiligen Wälder der Mijikenda sowie artenreiche Mangrovenwälder bilden ein wahres tropisches Naturparadies.

Wer an die Südküste möchte, muss die **Likoni-Fähre** nehmen, die die Insel Mombasa mit dem südlichen Festland verbindet. Die Fährschiffe, auf denen immer viel los ist, setzen tagsüber im Viertelstundentakt und nachts jede volle Stunde über die Hafeneinfahrt Port Reitz. Die Überfahrt dauert eine Viertelstunde und ist ohne Fahrzeug kostenlos, die Überfahrt mit dem Auto kostet bis zu 300 Ksh. Man muss erwähnen, dass Reisende oft am Fähranleger und beim Anlegen auf dem Festland in Likoni belästigt werden. Die Fähre ist außerdem für Taschendiebstähle berüchtigt. Wesentlich entspannter ist es, bereits in Mombasa ein Taxi oder ein Uber zu nehmen und sich direkt an den Zielort an der Südküste bringen zu lassen.

Die nach Süden führende Straße ab Likoni führt durch eine üppige Küstenlandschaft mit Kokospalmenhainen sowie Mango-, Cashewnuss- und Papayabäumen. Nach etwa einer Stunde Fahrtzeit erreicht man den **Diani Beach** (→ S. 323) mit seinen langen, weißen Sandstränden. Diani Beach ist ein sehr belebter Ort, da er das Ziel der meisten Reisenden an der Südküste ist. Die zahlreichen Hostels und Hotels bieten ein reiches Angebot an Unterhaltung, Aktivitäten und ein lebhaftes Nachtleben. Etwas ruhiger und beschaulicher geht es am südlicher gelegenen **Galu Beach** (→ S. 327) zu. Noch weiter in Richtung Tansania folgt das unbekanntere Schnorchel- und Tauchparadies von

Mit der Likoni-Fähre geht es Richtung Süden

Unterkünfte

1 Almanara Luxury Boutique & Villas
2 Kinondo Kwetu
3 Four Twenty South
4 The Sands at Nomad
5 Diani Sea Lodge
6 Swahili Beach Resort & Spa
7 Diani Reef Beach Resort & Spa
8 Bahari Dhow Beach Villas
9 Baobab Beach Resort & Spa
10 Safina Cottages
11 Flamboyant B & B
12 Soul Breeze Beach Resort
13 Kenyaways B & B
14 Diani Marine Divers Village
15 Stilts Eco-Lodge
16 Diani Backpackers

Restaurants

1 Swahili Pot
2 Coast Dishes
3 Shashin-Ka
4 Piri Pirie's
5 Jolly
6 Ali Barbour's Cave

Cafés, Bars & Clubs

1 Kokkos Café and Bistro
2 Java Coffee House
3 Club Shakatak

Mombasa
Tiwi
A14   C 213

G o m b a t o

Diani Beach
Hospital

Leisure
Golf Club

Ukunda

M w a m a n g a

The Gate Mall   Diani Beach Rd

Diani Bikes Center

Pilli Pipa
Carrefour

M a g u t u

Ukunda
Airstrip

Diani Shopping
Center
Diani Beach

K o n a   y a   M u s a

Quest Kiteboarding

Diani Beach Rd

Diving The Crab
Diani Turtle Watch

Shimba Hills

Kaya
Muhaka
Forest

C108

Wakuluzu – Friends of the
Colobus Trust

Ukunda-Ramisi Rd

H20 Extreme

M w a b u n g o

Galu Beach

Skydive Diani

N y u m b a   M b o v u

Kona Ya Chale   G o d a   K i n o n d o

Kaya
Kinondo
Forest

I N D I S C H E R   O Z E A N

A14   C 213

Ramisi

Diani Beach

0   2   4 km

Der perfekte Tropenstrand: Diani Beach

Msambweni und der **Shimoni-Halbinsel** (→ S. 335). Vor der Küste liegen die Insel **Wasini** sowie die Meeresparks **Kisite** und **Mpunguti** (→ S. 337), die einige beeindruckende Korallenriffe schützen. Beim kleinen Ort **Lunga-Lunga** kann man in das Nachbarland Tansania einreisen.

Sicherheit

An den Stränden der Südküste von Mombasa ist Vorsicht geboten. Egal ob tagsüber oder nachts: Wertgegenstände sollten nicht mit an den Strand genommen werden, Vorsicht vor Taschendiebstählen. Von nächtlichen Strandspaziergängen alleine ist generell abzuraten.

Ukunda

Von der belebten Stadt Ukunda biegt nach links die Straße zum Diani Beach ab, gesäumt von Supermärkten, Werkstätten, Tankstellen, Banken und Restaurants. Es gibt in der Stadt einige Unterkünfte, die meisten Reisenden übernachten aber in Diani Beach.

Diani Beach

In rund 40 Kilometer Entfernung von Mombasa liegt Diani Beach, einer der Haupttouristenorte an Kenias Küste. Diani Beach gilt als einer der schönsten Strände Afrikas und wurde von 2014 bis 2019 durchgehend als »Africa's Leading Beach Destination« von den World Travel Awards ausgezeichnet. Diani Beach wird oft als Sammelbegriff für eine Reihe von miteinander verbundenen Stränden südlich von Mombasa verwendet.

Die beiden Hauptstrände sind **Diani** und **Galu Beach**, eine 15 Kilometer lange Strecke mit puderweißem Sand. Auf der Diani-Seite befinden sich die meisten der großen Hotelanlagen mit weitläufigen Gärten, während am Galu Beach einige kleinere Hotels und Ferienhäuser zu finden sind. Diani Beach ist vor allem bei deutschen Reisenden beliebt; auf den Speisekarten der Restaurants findet man daher oftmals deutsche Hausmannskost, viele Angestellte sprechen Deutsch, und einige Hotels unterstehen deutschem Management.

Die Küste

Bei Ebbe lassen sich allerhand Tiere beobachten

Der blendendweiße und ultrafeine Sand dieses schönen Strandes, der von Kokospalmen gesäumt wird, kann bei Ebbe bis zu 150 Meter breit sein. Geschützt wird er durch eine flache Lagune, gefolgt von einem Korallenriff, das sich etwa einen Kilometer von der Niedrigwasserlinie entfernt befindet. Die Lagune und das Korallenriff bieten ideale Bedingungen zum Schwimmen, Schnorcheln, Tauchen, Kite- und Windsurfen. In Diani gibt es eine große Auswahl an Supermärkten, Cafés, Bars, Restaurants und Banken sowie natürlich an Souvenirgeschäften.

■ **Strandspaziergang**

Große Flächen und Teile des der Küste vorgelagerten Korallenriffs sind bei Ebbe zugänglich. In den freigelegten Korallenpools werden oft interessante Meerestiere gefangen: Seesterne, Seegurken, kleine Fische und Krabben. Hier auf Erkundungstour zu gehen, ist vor allem für Kinder ein Erlebnis. Es lohnt sich, dabei Wasserschuhe zu tragen: Es gibt überall Seeigel, auf die man auf keinen Fall treten sollte! Nicht nur, weil die Stacheln sehr schmerzhaft und schwer zu entfernen sind; sondern auch, weil manche Seeigelarten giftig sind. Eine Gezeiten-App ist hilfreich.

■ **Wakuluzu**
 – Friends of the Colobus Trust

Das Waldökosystem der Küstengebiete Kenias mit ihrem Reichtum an endemischen Arten wird von Conservation International (www.conservation.org) als einer der wichtigsten globalen Hotspots der biologischen Vielfalt aufgeführt. Zu den hier beheimateten Primaten gehört der vom Aussterben bedrohte Angola-Stummelaffe (Colobus angolensis palliatus) mit seinem hübschen schwarz-weißen Fell. Diese vom Wald abhängige Art ernährt sich ausschließlich von Blättern, Blüten und Früchten und verfügt über ein speziell angepasstes Verdauungssystem. Ihr unverwechselbares Aussehen hat den Stummelaffen einen besonderen Platz als Statussymbol in lokalen Kulturen verschafft. Das Fell der Affen wurde zur Herstellung von Kleidung und Accessoires verwendet, was beim Träger einen höheren Status symbolisierte.

Die größte Bedrohung für diese Primaten ist heute die Zerstörung ihres Lebensraums. In Kenia sind die einst ausgedehnten Küstenwälder auf einen fragmentierten Flickenteppich entlang des schmalen Küstenstreifens reduziert worden. Diese empfindliche Ressource setzt sich zusammen aus ausgewiesenen Waldreservaten, von den Gemeinden verwalteten Waldgebieten, einschließlich der heiligen Kaya-Wälder der Mijikenda, sowie aus Waldgebieten in Privatbesitz. Leider schreitet der Verlust und die Zerstörung der Wälder aufgrund des Drucks durch die Ausdehnung der Landwirtschaft sowie des steigenden Holzbedarfs durch eine wachsende Bevölkerung weiter voran.

Wakuluzu wurde 1997 als gemeinnützige Organisation gegründet, um die Erhaltung der Stummelaffen zu fördern und die Bedrohungen für ihr Überleben zu bekämpfen. »Wakuluzu« ist der einheimische Name für die Stummelaffen. Die Organisation konzentriert sich mit ihren Schutzprogrammen auf die Erhaltung des Lebensraums, die Bewältigung von Konflikten zwischen Menschen und Primaten, Bildung und Forschung. Die Straßen, die heute den Küstenlebensraum der Colobus-Affen zerschneiden, stellen eine der größten Bedrohungen für die Tiere dar. Der Verein hat daher an Dianis Küstenstraße waagerechte Strickleitern angebracht, die so genannten »Colobridges«, Colobus-Brücken, auf denen die Affen die Straße sicher überqueren können.

Ein Besuch der Naturschutzorganisation beginnt mit einem Einführungsvideo, gefolgt von einer Führung, bei der man viel Spannendes über das Schutzprogramm und die Stummelaffen erfährt – beispielsweise, dass Angola-Stummelaffen keine Daumen und damit nur vier Finger haben. Auf dem Gelände des Colobus Trust gibt es zudem einen Naturlehrpfad. Wenn Sie einen verletzten, kranken oder toten Affen oder einen Galago (Bushbaby) sehen, rufen Sie bitte das 24/7-Notfallteam der **Colobus Conservation** unter +254/(0)711/479453 an. Die Organisation besitzt eine eigene Tierklinik für Primaten und einen Tierarzt in Bereitschaft.

Auf → S. 413 erfahren Sie, wie Sie die Arbeit der Naturschutzorganisation außerdem unterstützen können.

■ Diani Turtle Watch

In den Gewässern Kenias sind fünf verschiedene Schildkrötenarten zu finden. Am Diani Beach sind die faszinierenden Tiere fast das ganze Jahr über zu beobachten, wie sie an den Sandstränden ihre Eier ablegen oder in den nahegelegenen Korallenriffen auf Futtersuche sind. Die Naturschutzinitiative Diani Turtle Watch wurde 2012 ins Leben gerufen und ist seither äußerst erfolgreich. Im **Marine Education Centre** des Hotels The Sands at Nomad, von wo aus Diani Turtle Watch operiert, lernt man bei einer geführten Tour viel Spannendes über Schildkröten. Beispielsweise legen Schildkrötenweibchen ihre Eier an demselben Strand ab, an dem sie geboren wurden. Aber woher wissen sie, wohin sie schwimmen müssen? Es gibt mehrere Theorien, aber keine davon ist bisher bestätigt worden. Eine Theorie besagt, dass die weiblichen Schildkröten sowohl den Winkel als auch die Intensität des Erdmagnetfelds erkennen können. Damit sind sie möglicherweise in der Lage, Breiten- und Längengrad zu bestimmen, was die Navigation zu praktisch jedem Ort ermöglicht. Eine andere Theorie besagt, dass die Jungtiere sich die einzigartigen Eigenschaften ihres Geburtsstrandes einprägen, während sie sich noch im Nest befinden oder während ihrer ersten Reise vom Nest zum Meer.

Das älteste Meeresschildkrötenfossil der Welt beweist, dass Schildkröten schon vor mehr als 120 Millionen Jahren in den Meeren schwammen – als die Dinosaurier noch auf der Erde lebten. Das älteste Meeresschildkrötenexemplar der Welt stammt aus der Kreidezeit vor etwa 145 Millionen bis 65 Millionen Jahren. Heute sind die meisten Schildkrötenarten vom Aussterben bedroht oder gefährdet; die größte Gefahr für das Überleben der Arten geht dabei von Menschen aus.

Im Jahr 2021 wurden von Diani Turtle Watch 100 Meeresschildkrötennester im Diani-Chale Meeresschutzgebiet registriert. 70 dieser Nester wurden umgesiedelt, während 30 an Ort und Stelle belassen wurden. Von etwas mehr als 11 200 geschlüpften Meeresschildkröten haben es über 8900 sicher zurück ins Meer geschafft. Die Erfolgsquote lag somit bei 80 Prozent!

Die Küste

Schildkröten-Schutz an der kenianischen Küste

Weltweit gingen die Bestände der Meeresschildkröten in den vergangenen Jahren stark zurück, auch in Ostafrika. Bedroht werden die Reptilien vor allem durch die Souvenirindustrie, die Zerstörung von Nestern an Stränden und Wilderei. Ein weiteres Problem ist Plastikmüll im Meer. Schildkröten verwechseln Plastiktüten oft mit Quallen, die einen wichtigen Teil ihrer Beutetiere darstellen. An den Plastiktüten ersticken die Tiere dann qualvoll.

Aufgrund all dieser Bedrohungen genießen Schildkröten an der kenianischen Küste besonderen Schutz. Die lokale Naturschutzorganisation Local Ocean Conservation (www.localocean.co, @localoceanco) überwacht mit ihren Programmen Watamu Turtle Watch in Watamu und Diani Turtle Watch in Diani Beach insgesamt bis zu 200 Schildkrötennester an der kenianischen Süd- und Nordküste. Jede Nacht patrouillieren Mitglieder der Organisation an den Stränden, um für die Sicherheit der Schildkröten und ihrer Nester zu sorgen. Nester, die durch natürliche Umstände oder durch Menschen gefährdet sind, werden von geschultem Personal umgesiedelt. Im Durchschnitt schützt und überwacht Local Ocean etwa 50 Nester pro Jahr in Watamu und bis zu 150 in Diani.

Zudem werden in enger Zusammenarbeit mit der Fischereigemeinschaft jedes Jahr hunderte Schildkröten gerettet. Seit 1998 führt Local Ocean in Zusammenarbeit mit dem KWS ein Programm durch, das einen Anreiz bieten soll, beim Fischen als Beifang gefangene Meeresschildkröten freizulassen, anstatt sie zu töten. Für jede gerettete Schildkröte wird den Fischern und Fischerinnen eine Entschädigung gezahlt. Jede Schildkröte wird untersucht, vermessen, gewogen und mit einer Markierung versehen. Ist die Schildkröte gesund, wird sie zum Watamu Marine National Park transportiert, wo sie wieder ins Meer entlassen wird. Bis heute wurden mehr als 19 000 Schildkröten gerettet, und die gesammelten Daten haben unglaubliche Einblicke in das Verhalten und die Physiologie der Schildkröten ermöglicht. Wie Sie diese Organisation unterstützen können, erfahren Sie auf → S. 413.

Echte Karettschildkröte am Strand von Watamu

Galu Beach

Reisenden, die Ruhe bevorzugen, ist Galu Beach am südlichen Ende der Diani Beach Road zu empfehlen. An diesem eher unbekannteren Strand gibt es nur wenige Hotels und Ferienhäuser, keinen Massentourismus und kaum so genannte Beachboys und -girls (→ S. 334). Die Hauptattraktion am Galu Beach ist neben Wasseraktivitäten an Land der heilige Kaya-Kinondo-Wald der Mijikenda.

■ Kaya Kinondo Forest

Kaya-Wälder sind Naturräume, die unter dem Schutz der Mijikenda stehen. Mijikenda ist ein Sammelbegriff für neun Ethnien, die in verschiedenen Gegenden an der kenianischen Küste leben, aber ähnliche Kulturen und Sprachen haben. In den dichten Kaya-Wäldern finden sich die heiligen Stätten der Mijikenda. Der Begriff »Kaya« kann übersetzt werden mit Zuhause, Dorf oder Siedlung.

Der Zugang zu den Kayas erfordert die Begleitung von akkreditierten Kaya-Guides, die die Traditionen kennen, die während des Aufenthalts im Kaya respektiert werden müssen.

Innerhalb der Wälder werden noch heute traditionelle Landnutzungsformen praktiziert und die biologische Vielfalt gefördert. Während es erlaubt ist, Medizinalpflanzen und Honig aus dem Wald zu entfernen, ist das Sammeln von Feuerholz und das Fällen von Bäumen strengstens untersagt. Kaya-Wälder zeichnen sich durch eine vielfältige Tier- und Pflanzenwelt aus. Mit etwas Geduld und Glück kann man in diesen ungestörten Naturparadiesen bunt schillernde Nektarvögel, Affen, Eichhörnchen, Zibet- und Ginsterkatzen sowie Warane und zahlreiche Schmetterlingsarten beobachten. Insgesamt gibt es etwa 40 Kayas entlang der kenianischen Küste. Im Jahr 2008 wurden elf Kayas – darunter auch der

Ritueller Ort der Digo im Kaya Kinondo Forest

Kaya Kinondo – in die UNESCO-Liste des Weltkulturerbes aufgenommen.

Der Kaya Kinondo am Galu Beach ist ein 30 Hektar großer Rest des einstmals weitläufigen Diani- und Jadini-Urwalds, er beherbergt insgesamt 187 Baumarten sowie 45 Schmetterlingsarten. Im Wald finden sich die heiligen Stätten der Digo-Ethnie.

Die Tour mit einem Guide der örtlichen Digo-Gemeinde beginnt im **Kaya Kinondo Cultural Centre**, wo man ein traditionelles Tuch erhält, das man aus Respekt vor den Geistern des Waldes um die Taille trägt. Dieses Tuch wird in Swahili als *kaniki* und in Digo als *gushe* bezeichnet. Im Kulturzentrum gibt es einige Informationstafeln, und hier kann man auch Flechtwaren kaufen, die von den Frauen der Digo-Gemeinde hergestellt wurden. Man läuft über Korallenfelsen, die überall aus dem Boden hervorragen und über flache, freiliegende Wurzeln, die wegen der Korallenfelsen nicht in die Erde eindringen konnten. Von den hoch aufragenden Bäumen hängen Lianen herab, die teilweise so stark sind, dass man sie

Die Küste

als Schaukel oder Hängematte benutzen kann. Bei einer Tour durch den Kaya Kinondo Forest lernt man viel über die Lebensweise der Digo, aber auch über die Küstenflora und -fauna.

Im Kaya Kinondo gibt es ein Gemeinschaftsprojekt, das das soziale und wirtschaftliche Wohlergehen der am Wald lebenden Gemeinden nachhaltig fördert. Die Gemeinden pflanzen unter anderem neue Bäume im Wald. Mit einem Besuch hilft man also, den Wald zu erhalten und unterstützt die Gemeinde auf nachhaltige Weise.

 Südküste/Diani Beach

Um an die Südküste Kenias zu gelangen, setzt man zunächst mit der **Likoni Ferry** über. Diani Beach liegt an der Küstenstraße A 14. Zu den Strandresorts zweigt in Ukunda die Diani Beach Rd ab. Galu Beach liegt etwas südlich von Diani Beach am Ende der Diani Beach Rd. **Fahrzeit Mombasa–Diani Beach**: ca. 1,5 Std.

Vom Bus- bzw. Matatu-Bahnhof an der Likoni-Fähre fahren regelmäßig Matatus in Richtung Süden. Erkundigen Sie sich vor Ort, welches Matatu Diani Beach anfährt. Wem der Trubel am Matatu-Stand zu viel ist, schnappt sich einfach ein Tuk Tuk direkt von Likoni oder bestellt ein Uber.

Es gibt tägliche Flugverbindungen zwischen dem **Ukunda Airstrip** in der Nähe von Diani Beach und weiteren Inlandsflughäfen. Zu buchen über Safarilink (www.flysafarilink.com), Jambojet (www.jambojet.com), Kenya Airways (www.kenyaairways.com) und Yellow Wings (www.yellowwings.com).

Obere Preisklasse (ab 200 Euro)

Almanara Luxury Boutique & Villas, Diani Beach Rd, Diani Beach, Tel. +254/(0)711/852026; DZ/VP ab 626 Euro. Inmitten der hoch aufragenden Palmen und tropischen Gärten bietet Almanara Gartenvillen, ein spektakuläres Boutique-Hotel, ein Spa, Swimmingpool und das erstklassige Restaurant Sails (→ S. 331). Almanara setzt sich zudem für Nachhaltigkeit ein durch die Verwendung eines Wasseraufbereitungssystems und Solarenergie. Das Luxushotel unterstützt eine Reihe lokaler Organisationen, wie den Colobus Conservation Trust und Local Ocean Conservation.
www.almanararesort.com
Instagram: @almanaraluxuryvillas
Kinondo Kwetu, Diani Beach Rd, Galu Beach, Tel. +254/(0)710/898030; DZ/VP ab 380 Euro. Boutique-Hotel am ruhigen Galu Beach. Die Lodge wurde 2021 und 2022 von den World Travel Awards zu Kenias führendem Resort gekürt. Das Hotel ist wunderschön gestaltet im Swahili-Design und dekoriert mit unzähligen Antiquitäten. Es gibt zwei Pools, die in einem tropischen Palmen- und Baobabgarten liegen. Das Essen ist ausgezeichnet, der Service ebenso. Es werden zahlreiche Aktivitäten angeboten, darunter Strandausritte, Ausflüge in die Meeresnationalparks, Kajaktouren und Tauchen. Das Hotel verwendet ausschließlich Solarstrom.
www.kinondo-kwetu.com
Instagram: @kinondokwetu
Four Twenty South, Diani Beach Rd, Galu Beach, Tel. +254/(0)722/901806; DZ/VP ab 320 Euro. Herrliche, etwas abgelegene Unterkunft am nördlichen Ende des Galu Beach, benannt nach dem Breitengrad, an der sie liegt. Jedes der sechs rustikal-schicken Strandhäuser verfügt über einen Privatkoch bzw. -köchin, stilvolle Strandmöbel und frische Blumen. Die detailverliebten Ferienhäuser sind ideal für Gruppen.
www.fourtwentysouth.com
Instagram: @fourtwentysouth
The Sands at Nomad, Diani Beach Rd, Diani Beach, Tel. +254/(0)709/538888; DZ/F ab 300 Euro. Schönes Strandresort mit Spa, Swimmingpool, Bar, Strandrestaurant Nomad Beach (→ S. 331) und

luftigen, hellen Räume. Es werden zahlreiche Ausflüge in die Umgebung angeboten, darunter Schnorchel- und Tauchtouren sowie Kajakausflüge. The Sands ist bemüht, seinen ökologischen Fußabdruck zu verkleinern. Es gibt ein Verbot von Plastikflaschen und regelmäßige Strandsäuberungen. Recycelter Plastik- und Glasmüll wird zu Dekorationen verarbeitet, die Teile des Hotels schmücken. Wenn man selbst Müll am Strand gesammelt hat, kann man diesen in den Recycling-Containern am Strandrestaurant entsorgen. www.thesandsatnomad.com Instagram: @sandsatnomad

Diani Sea Lodge, Diani Beach Rd, Diani Beach, Tel. +254/(0)7915/77141; DZ/VP ab 206 Euro. Diese Lodge mit deutschem Management hat komfortable und geräumige Zimmer, einen schönen, großen Swimmingpool und bietet zahlreiche Aktivitäten an. Viele der Angestellten sprechen Deutsch. www.dianisealodge.de Instagram: @diani_sea_lodge_kenya

⌂ Mittlere Preisklasse (100–199 Euro)

Swahili Beach Resort & Spa, Diani Beach Rd, Diani Beach, Tel. +254/(0)111/050140; DZ/F ab 188 Euro. Elegante Hotelanlage, in einer Mischung aus Swahili-Chic und marokkanischem Design gestaltet, mit vergitterten Paravents, abgerundeten Türbogen und stilvollen Hartholzmöbeln. Es gibt einige ausgezeichnete Restaurants, 3 Pools, eine Strandbar und ein Spa. www.swahilibeach.com Instagram: @swahilibeach

Diani Reef Beach Resort & Spa, Diani Beach Rd, Diani Beach, Tel. +254/(0)709/481000; DZ/F ab 165 Euro. Das Resort befindet sich auf einem weitläufigen und ruhigen Gelände mit schönem Garten; mit hervorragendem Restaurant, großem Swimmingpool, Bar, Maya Spa und modernen Fitnesseinrichtungen. Es wurde in den letzten Jahren mehrfach als Kenias bestes Beach Resort ausgezeichnet. www.dianireef.com Instagram: dianireefbeachresort

Bahari Dhow Beach Villas, Diani Beach Rd, Ukunda, Tel. +254/(0)727/618559; DZ/F ab 163 Euro. Resortanlage mit einfachen und komfortablen Zimmern im Swahili-Stil; riesiger Swimmingpool, Café und Restaurants. Zahlreiche Wassersportaktivitäten und Ausflüge können organisiert werden. www.baharidhow.com Facebook: Bahari Dhow Beach Villas, Diani, Kenya

Baobab Beach Resort Spa, Diani Beach Rd, Diani Beach, Tel. +254/(0)709/154000; DZ/VP ab 148 Euro. Schöne Resortanlage, gespickt mit Baobabs und Palmen. Mehrere Pools, Restaurant und Spa. Die Unterkunft organisiert zahlreiche Aktivitäten, darunter Schnorcheln, Windsurfen und Tauchen. Es wurde 2020 und 2022 zu Afrikas bestem Familien-Resort gekürt. www.baobab-beach-resort.com Instagram: @baobabbeachresort

⌂ Untere Preisklasse (40–99 Euro)

Safina Cottages, Diani Beach Rd, Diani Beach, Tel. +254/(0)717/599100; Cottage ab 84 Euro. Kleines Ferienparadies unter deutscher Leitung auf einem schönen und ruhigen Grundstück im Herzen von Diani Beach. Die Anlage besteht aus sechs Cottages mit jeweils zwei Schlafzimmern und einem großen Swimmingpool. In nur wenigen Gehminuten erreicht man den Strand. www.safina-diani.com Facebook: Safina Cottages

Flamboyant Bed & Breakfast, Diani Beach Rd, Diani Beach, Tel. +254/(0)723/506853; DZ/F ab 63 Euro. Ferienhäuser direkt am Strand. Flamboyant verfügt über einen fantastischen Swimmingpool, der in einen üppige Garten eingebettet ist. Das Preis-Leistungs-Verhältnis ist unschlagbar! www.flamboyantbedandbreakfast.com Instagram: @flamboyant_bed_and_break fast

Soul Breeze Beach Resort, Diani Beach Rd, Tel. +254/(0)743/211231; DZ/F ab 52 Euro. Coole Unterkunft direkt am Strand von Diani. Die Zimmer sind luftig und simpel, es gibt einen Pool und ein

Die Küste

gutes Restaurant. Die Bar ist eine beliebte Partylocation (→ S. 332).
www.soulbreezebeachresort.com
Instagram: @soulbreezediani

Kenyaways B & B, Diani Beach, Diani Beach Rd, Tel. +254/(0)728/886821; DZ/F ab 50 Euro. Charaktervolles Ferienhaus mit dem coolen Strand-Bar-Restaurant The Salty Squid (→ S. 331). Die schönen Zimmer im rustikalen Küstenstil sind mit eigenem Bad ausgestattet und individuell dekoriert. Hier befindet sich das Kitesurfing Centre H2o Extreme (→ S. 333). Die Lage von Kenyaways direkt am Strand ist ein weiteres Highlight.
www.thekenyaway.com
Facebook: Kenyaways Kite Village

Diani Marine Divers Village, Diani Beach Rd, Diani Beach, Tel. +254/(0)707/629060; DZ/F ab 44 Euro. Schönes Resort unter deutscher Leitung, verfügt über die erstklassige Tauchbasis Diani Marine (→ S. 333). Es gibt edle Villen in einer großzügigen tropischen Umgebung und riesige Zimmer im Swahili-Stil. Alle Räume sind von gepflegten Palmengärten umgeben und nur wenige Minuten vom Pool- und Barbereich sowie vom Strand entfernt. Ein absoluter Geheimtipp in Diani!
www.dianimarine.com
Instagram: @dianimarine

🛏 **Backpacker-Unterkünfte (bis 40 Euro)**

Stilts Eco-Lodge, Diani Beach Rd, Diani Beach, Tel. +254/(0)711/831119; DZ/F ab 32 Euro. Diese Ökolodge bietet umweltbewussten Rucksackreisenden vier Unterkunftsmöglichkeiten: Zelte auf Holzplattformen inmitten von üppigem Grün, luxuriöse Safarizelte mit eigenem Bad und Klimaanlage, strohgedeckte Baumhäuser mit Terrassen und rustikale Hütten. Im Garten der Lodge kann man auch campen. In der erhöhten Bar mitten in einem kleinen Küstenwald findet jeden Donnerstag ein Karaoke-Abend statt, der oft zu einer rauschenden Party ausartet. Die Bar wird auch von den ansässigen Buschbabies besucht.
Instagram: @stiltsbackpackers

Diani Backpackers, Diani Beach Rd, Diani Beach, Tel. +254/(0)700/71366; DZ/F ab 30 Euro. Das beste Hostel von Diani mit schönem Pool und bunt gemusterten Poolliegen, schönen Cottages und Zimmern. Es gibt einige komfortable Schlafsäle – der kreativste ist der Baobab Dorm, in dessen Mitte ein echter Affenbrotbaum wächst! Im Garten des Hostels kann man auch campen. Es gibt eine 24-Stunden-Bar, an der einige der besten Parties von Diani gefeiert werden. Zum Strand sind es ein paar Gehminuten.
www.dianibackpackers.com
Instagram: @dianibackpackers

Alle großen Hotels haben Restaurants, die auch Gästen von außen offenstehen. Daneben gibt es viele Restaurants mit facettenreichen Landesküchen. Eine Übersicht der Restaurants gibt es auf www.ownbrand.me/diani-restaurants.

Kenianische Küche:

Swahili Pot Restaurant, Ukunda Rd, Tel. +254/(0)722/719253. Kleines Lokal mit Tischen im Freien mit guter kenianischer Hausmannskost und leckeren Swahili-Gerichten. Beliebt sind der Kachumbari-Salat und Nyama Choma mit verschiedenen Soßen und Marinaden.

Coast Dishes, Diani Beach Rd, Tel. +254/(0)722/410745. Kleines Restaurant, das vor allem bei Einheimischen beliebt ist und eine gute Möglichkeit, den vielen teuren touristischen Restaurants in Diani zu entkommen. Probieren Sie eine Portion der Spezialität des Hauses, das deftige Ziegen-Biryani.

Internationale Küchen :

Shashin-Ka, Diani Beach Rd, Tel. +254/(0)720/747803. Auf der Speisekarte dieses beliebten japanischen Restaurants stehen authentische Nudel- und Reisgerichte sowie leckere Sushi-Varietäten mit fangfrischem Fisch.

Piri Pirie's Restaurant, Diani Shopping Centre, Diani Beach Rd, Tel. +254/(0)706/169111. Charmantes Restaurant, man sitzt draußen auf Holzbänken unter stimmungsvollen Lichterketten. Serviert werden unter anderem deftige Wraps, frittierter Fisch, Burger und Milkshakes. www.piripiries.com; Instagram: @piripiries

Jolly, Diani Beach Rd, Tel. +254/(0)703/560860. Im Jolly gibt es die beste Pizza von Diani. Auch die Lasagne und der italienische Wein sind All-Time-Favourites.

Ali Barbour's Cave, Diani Beach Rd, Tel. +254/(0)714/456131. Das bekannteste Restaurant in Diani. Es befindet sich in einer Korallenhöhle, von deren zerklüfteten Wänden marokkanische Laternen hängen. Das romantische Ambiente eignet sich besonders gut für Candlelight Dinners. Die Gerichte mit Meeresfrüchten, von Austern bis gegrillten Calamari, sind ausgezeichnet. www.alibarbours.com Instagram: @alibarbours

The Salty Squid, im Kenyaways B & B, Diani Beach Rd, Tel. +254/(0)758/515609. Die Spezialität des Hauses ist – wie der Name schon sagt – Tintenfisch, der auf unterschiedliche Weise zubereitet wird. Daneben gibt es frische Salate und leckere Curries. www.saltysquidbar.com Instagram: @saltysquidkenya

Nomad Beach, Diani Beach Rd, Tel. +254/(0)738/333888. Das Strandrestaurant des The Sands at Nomad Hotels ist eines der besten in Diani. Man sitzt auf weißen Steinbänken und bunten Kanga-Kissen direkt am Strand und hat einen fantastischen Blick aufs Meer. Besonders beliebt sind das Sushi und die Kokosnusskrabben mit Ingwer. Das Restaurant wirtschaftet nachhaltig – Sie werden nur biologisch abbaubare Papierstrohhalme in Ihren Drinks finden. www.nomadbeachbar.com Instagram: @nomadbeachbar

Sails Beach Bar & Restaurant, Diani Beach Rd, Tel. +254/(0)717/073953. Das Sails befindet sich in den Almanara Luxury Villas direkt am Strand. Gespeist wird unter einem Baldachin aus wogendem weißem Segeltuch. Zu den Spezialitäten des Hauses gehören fantasievolle Fischgerichte. Auch ein originelles Dessert

wie die Mint-Eiscreme sollte man sich nicht entgehen lassen. Abends sollte reserviert werden. www.almanararesort.com Instagram: @almanararaluxuryvillas

Spice Route, Diani Beach Rd, Tel. +254/(0)11/1050140. Stimmungsvolles Restaurant im schönen Swahili Beach Resort, serviert das beste indische Curry in Diani. Gute Auswahl an fleischlosen Gerichten: Probieren Sie als Vorspeise die Mixed Vegetable Kebabs und als Hauptspeise das Malai Kofta. www.swahilibeach.com Instagram: @swahilibeach

Kokkos Café and Bistro, Diani Beach Rd, Tel. +254/(0)721/565567. Hier gibt es alles, von BBQ-Rippchen und saftigen Burgern bis zu Eiskaffee und eiskaltem Bier. Der selbstgemachte Schoko-Brownie und Bananenkuchen sind ebenfalls sehr empfehlenswert. Instagram: @kokkoscafediani

Java Coffee House, Center Point Building, Diani Beach Rd. Kaffee, Kuchen und andere Backwaren, Burger, Wraps und vieles mehr. www.javahouseafrica.com Instagram: @javahouseafrica

Das Nachtleben von Diani Beach spielt sich in coolen Clubs und trendigen Strandbars ab. In Diani ist jeden Tag Wochenende – nachts ist immer etwas los! Nehmen Sie ein Uber oder Tuk Tuk von Tür zu Tür – nachts sollte man im Ort oder am Strand nicht zu Fuß gehen.

Diani Backpackers, Diani Beach Rd. Eigentlich kein Club, aber im Diani Backpackers finden einige der besten Parties statt. Es gibt regelmäßige Karaoke- und Filmabende. Samstags ist Party angesagt mit DJs, Face Painting mit fluoreszierenden Farben und Beer Pong. Es gibt eine gut bestückte Bar und eine separate Shooters Bar. www.dianibackpackers.com Instagram: @dianibackpackers

Die Küste

Stilts Eco-Lodge, Diani Beach Rd. In der auf Stelzen stehenden offenen Bar des Stilts werden jedes Wochenende rauschende Feste gefeiert. Donnerstags ist Karaoke angesagt, was regelmäßig in eine Party bis in die frühen Morgenstunden ausartet. Instagram: @stiltsbackpackers

Shakatak, Diani Beach Rd. Beliebter Club mit Biergarten, direkt gegenüber der Diani Sea Lodge. Es gibt regelmäßige Parties mit verschiedenen Themen.
www.shakatak-kenya.com
Facebook: Shakatak Disco Bar

Nomad Beach Bar, Diani Beach Rd. Das Nomads ist nicht nur ein schönes Restaurant (→ S. 331), sondern auch eine beliebte Strandbar. Abends ist hier immer etwas los. www.nomadbeachbar.com
Instagram: @nomadbeachbar

Soul Breeze, Diani Beach Rd. Die Strandbar im Soul Breeze Beach Resort ist allseits beliebt. Es gibt einen Billiardtisch und gute Musik. www.soulbreezebeachresort.com
Instagram: @soulbreezediani

Piri Pirie's Bar, Diani Shopping Centre, Diani Beach Rd. Nicht nur ein beliebtes Restaurant (→ S. 330), sondern auch eine entspannte Bar, die abends immer gut besucht ist. Es gibt einen Billardtisch, und es werden immer wieder Filmabende veranstaltet. www.piripiries.com
Instagram: @piripiries

The Salty Squid Beach Bar, im Kenyaways B & B, Diani Beach Rd. Im Salty Squid gibt es nicht nur ein gutes Restaurant (→ S. 331), sondern auch eine coole Strandbar. Gute Musik, guter Vibe.
www.saltysquidbar.com
Instagram: @saltysquidkenya

Wakuluzu – Friends of the Colobus Trust, Diani Beach Rd, Tel. +254/(0)711/479453; Mo–Sa 8–17 Uhr, Führung 750 Ksh.
www.colobusconservation.org
Instagram: @colobusconservation

Diani Turtle Watch, Marine Education Centre im The Sands at Nomad, Diani Beach Rd, Tel. +254/(0)758/961322; tgl. 9–16 Uhr. www.thesandsatnomad.com/marine-centre
Fb: Marine Education Centre

Kaya Kinondo Forest, Diani Beach Rd, Tel. +254/(0)791/663325; Führung 1000 Ksh.
Facebook: Kaya Kinondo Project Official

Diani Shopping Centre, Diani Beach Rd. Mit Supermarkt Chandarana Foodplus, Good-Life-Apotheke, der coolen Weinbar The Wine Box und einem kleinen Farmshop der Firma Brown's Food Co. mit verschiedenen Käsesorten, Wurstaufschnitten und Dips. Außerdem Safaricom Shop, Kleidungs- und Souvenir-Boutiquen und Bankfilialen. www.dianishopping.com

The Gate Mall, Ukunda-Ramisi Rd, Ukunda. Kleines Shoppingcentre mit Safaricom Shop, einem Schuhgeschäft, Fastfood-Restaurants, Bankfilialen und einem Naivas-Supermarkt.

Carrefour, Diani Beach Rd. Großer Supermarkt mit sehr guter Auswahl an Lebensmitteln, Obst und Gemüse, Kosmetik und vielem mehr. www.carrefour.ke

Chandarana Foodplus, Diani Shopping Centre, Diani Beach Rd. Kenianische Supermarkt-Kette mit einer breiten Auswahl an Lebensmitteln und Haushaltswaren. www.foodplus.co.ke

Naivas, The Gate Mall, Ukunda-Ramisi Rd, Ukunda. Gute Auswahl an Lebensmitteln, vor allem frisches Obst und Gemüse, vieles davon vom Lake Naivasha. www.naivas.co.ke

Entlang der Küstenstraße Diani Beach Road gibt es zahlreiche kleine Verkaufsstände und Shops, die verschiedenste Souvenirs wie Kikoys, Holzfiguren und Schlüsselanhänger anbieten. Hier ist Verhandeln angesagt!

Diani Bikes Center, Diani Beach Rd, Tel. +254/(0)713/959668. Verleih von Fahrrädern und E-Bikes. Es werden auch

geführte Ausflüge mit dem Fahrrad in die umliegenden Dörfer und Wälder angeboten. www.dianibikeskenya.com
Facebook: Diani Bikes Kenya

Diani Marine Diving, Diani Beach Rd, Tel. +254/(0)707/629060. Erstklassige Tauchbasis, die verschiedene Tauchkurse für Menschen mit und ohne Vorkenntnisse anbietet (auch Unterkünfte, → S. 330). www.dianimarine.com
Instagram: @dianimarine
Diving The Crab, Diani Beach Rd, Tel. +254/(0)723/108108. Gute Tauchbasis mit verschiedenen Zentren an der kenianischen Küste und einem guten Kurs-Angebot. www.divingthecrab.com
Instagram: @divingthecrab
Pilli Pipa, Diani Beach Rd, Tel. +254/(0)722/205120. Wassersport-Experte, bietet Bootsausflüge, Schnorcheln, Tauchen (auch Nacht-Tauchen), Dhau-Safaris und Delfin-Beobachtungen an. www.pillipipa.com
Facebook: @PilliPipa

Quest Kiteboarding, Diani Beach Rd, Tel. +254/(0)11/5038265. Guter Anbieter von Kitesurfing-Kursen für Menschen mit und ohne Vorkenntnisse. Man kann auch Ausrüstung ausleihen. www.questkiteboarding.com

Instagram: @quest_kiteboarding
Kitemotion, beim Soul Breeze Beach Resort und Flamboyant Boutique Hotel, Diani Beach Rd, Tel. +254/(0)792/443761; Mai–Sept. und Mitte Dez.–März. Professionelle Kite-Schule, bietet eine Vielzahl an Kitesurfing-Kursen an. www.kitemotion.pl
Instagram: @kitemotion_kenya
H2o Extreme, Diani Beach Rd, Tel. +254/(0)712/121974. Bekanntes Wassersport-Zentrum, das Kitesurfing, Windsurfing, Surfing, Kajakfahren, Body Boarding und Skim Boarding anbietet. www.h2o-extreme.com
Instagram: @h2oextremedianibeach

Skydive Diani, Diani Beach Rd, Tel. +254/(0)701/300400. Für Adrenalinjunkies gibt es in Diani Beach Skydiving dieses bewährten Anbieters. www.skydivediani.com
Instagram: @skydivediani

Diani Beach Hospital, Diani Beach Rd, Tel. +254/(0)700/999999. Gut ausgestattetes Krankenhaus mit 24-Stunden-Notfalldienst. www.dianibeachhospital.com
Good Life Pharmacy, Diani Shopping Centre, Diani Beach Rd, Tel. +254/(0)713/796069; Mo–Sa 7–19 Uhr. www.goodlife.co.ke

Die Küste

Achtung, Seeigel: Ebbe am Diani Beach

Beachboys und Beachgirls

Die so genannten Beachboys und Beachgirls sind an allen touristisch beliebten Stränden Kenias – von Mombasa bis zu Ferienorten wie Malindi und Diani – vertreten. Bei einem Spaziergang am Strand wird man mit großer Wahrscheinlichkeit angesprochen: »Jambo! Woher kommst du? Oh, Deutschland. Deutschland ist super. Wie geht's? Hakuna matata, nur reden.« Oft können die Beachboys und -girls etwas Deutsch sprechen, sie beherrschen die meistverbreiteten Sprachen unter den Reisenden. Sie wollen am Strand alles verkaufen, von lokal hergestelltem Schmuck, Kamelritten am Strand, Safaris und Bootsausflügen bis hin zu Madafu, einer beliebten Kokosnussmilch. Die hartnäckigen Verkaufsstrategien können lästig sein. Reisende mit wenig Keniaerfahrung kennen oft weder die üblichen Preise noch die gängigen Verhandlungsstrategien, und es fehlt häufig der Vergleich zu anderen Orten.

Aber lassen Sie uns etwas genauer hinsehen: Beachgirls und -boys sind oft junge Einheimische, die am Strand verschiedene Waren verkaufen möchten. Mit ihren Einnahmen unterstützen sie in den meisten Fällen ihre in Armut lebenden Familien. Mit manchen Beachboys und -girls lassen sich interessante und nette Gespräche führen, durch die man mehr über Land und Leute erfährt. Manch andere sind unfreundlich, und, wenn man sich belästigt fühlt, sollte man sich freundlich und abweisend verhalten. Ein konsequentes »Siku ngine, asante!« (Ein andernmal, danke!) oder »Hapana, rafiki!« (Nein, mein Freund/meine Freundin!) reicht meist aus.

Es werden aber nicht nur Andenken verkauft. Die kenianische Küste ist seit langem als Hotspot für Sextourismus bekannt. Dazu gehört auch die Ausbeutung von Kindern, insbesondere von jungen Mädchen. Auch Deutsche sind unter den Freiern von minderjährigen Prostituierten an den Küsten. Prostitution ist in Kenia offiziell verboten. Eine gemeinsame Studie des Kinderhilfswerks der Vereinten Nationen und der kenianischen Regierung aus dem Jahr 2006 schätzte, dass ein Drittel aller Mädchen im Alter von 12 bis 18 Jahren in vier Küstendistrikten in Gelegenheitssex gegen Geld verwickelt war. Der Handel mit Beachboys und Beachgirls in Übersee ist ein weiterer Aspekt des größeren Phänomens der sexuellen Ausbeutung junger Menschen, das durch die Ungleichheit zwischen der Armut der Einheimischen und dem relativen Reichtum der Besuchenden angetrieben wird. Viele Beachboys aus den Küstenregionen leben mit »Sponsorinnen«, oft viel älteren, hauptsächlich europäischen Frauen. Die meisten Beachboys sind im Alter von 16 bis 25 Jahren und lassen sich von der Aussicht auf einen luxuriösen Lebensstil oder eine gute Ausbildung blenden und reisen mit den Frauen nach Europa. Es ist schwer zu sagen, wie viele Beachboys Opfer des Menschenhandels geworden sind. Die kenianische Regierung gab an, im Jahr 2020 landesweit 383 Opfer von Menschenhandel identifiziert zu haben, darunter 155 Männer und Jungen.

Sollten Sie verdächtiges Verhalten im Hinblick auf Sextourismus oder Menschenhandel beobachten, können Sie sich an die **Teen Watch Organisation** wenden, eine Nichtregierungsorganisation mit Sitz in Mombasa (www.tracekenya.org, Trace Kenya Hotline: +254/(0)722/499302). Sie hat allein in den letzten zwei Jahren mehr als 200 Jungen gerettet, die Opfer von Menschenhandel wurden.

Msambweni

Msambweni ist eine kleine Stadt im Südosten Kenias, etwa 55 Kilometer südlich von Mombasa; benannt ist sie nach
dem Msambwe-Baum, der in Msambweni heimisch ist. Einige der Bäume
stehen am Mkunguni Beach im Dorf
Sawa Sawa.
Die Haupteinnahmequelle in Msambweni
ist der Fischfang, aber es werden auch
Kokospalmen, Cashewnüsse und Früchte
angebaut. Touristisch ist der Ort vor
allem als Schnorchelbasis bekannt. Die
landschaftlich reizvolle Gegend zeichnet
sich durch ruhige, weiße Sandstrände
aus, umgeben von Felsen und Klippen.
Msambweni ist eine gute Ausgangsbasis
für Ausflüge in den **Kisite-Mpunguti Marine National Park** (→ S. 337).

Boote bei Msambweni

 Msambweni

Fahrzeit Mombasa–Msambweni: ca. 2
Std. über die Küstenstraße Ukunda-Ramisi
Road (A 14).

Es verkehren regelmäßig Busse und Matatus von und nach Msambweni.
Matatus auf dem Weg zur tansanischen
Grenze können Sie an der Abzweigung
Msambweni absetzen. Von hier aus können Sie ein Tuk Tuk zu Ihrem Zielort nehmen.

Msambweni Beach House, Abzweigung
Ukunda-Ramisi Rd, Tel. +254/(0)723/
697346; DZ/VP ab 340 Euro. Traumhafte
Unterkunft mit einer Reihe an luxuriösen
Strandvillen in minimalistischem Swahili-
Chic und mit jeweils eigenem Swimmingpool. Diese sind eingebettet in einen üppigen, palmenbestandenen Garten und
thronen auf einer Klippe direkt am feinweißen Sandstrand.
www.msambweni-beach-house.com
Facebook: @msambwenibeachhouse

Mbuyu Beach Bungalows, Abzweigung
Ukunda-Ramisi Rd, Tel. +254/(0)707/000
823; Bungalow/HP ab 70 Euro. Schöne
Bungalows unter deutscher Leitung direkt am Strand inmitten eines tropischen
Gartens. Die Bungalows sind stilvoll eingerichtet und werden mit Solarenergie betrieben. Hängematten und ein Pool laden
zum Entspannen ein.
www.mbuyubeach.com
Facebook: Mbuyu Beach – Msambweni - Kenya
SawaSawa Beach House, Abzweigung
Ukunda-Ramisi Rd, Tel. +254/(0)799/
212776; DZ/F ab 56 Euro. Schöne Unterkunft mit einem großen Pool und einem
Restaurant, das einfache internationale und kenianische Küche serviert. Einfache und saubere Zimmer mit Swahili-
Dekoration.
www.sawasawabeachhouse.com
Facebook: SawaSawa-BeachHouse

In Msambweni gibt es keine größeren
Supermärkte, daher sollte man sich vor
der Anreise noch in Ukunda (→ S. 323)
mit Lebensmitteln eindecken.

Die Küste

Fischerboot vor der Wasini-Insel

Die Umgebung von Msambweni

■ Shimoni

Von Msambweni aus lässt sich ein schöner Ausflug in den südlich gelegenen Kisite-Mpunguti Marine National Park (→ S. 337) machen, ein einzigartiges Meeresökosystem. In der kleinen Stadt Shimoni befindet sich der Hauptsitz des Kenya Wildlife Service, der den Meeresnationalpark verwaltet, und hier kann man ein Boot für einen Ausflug in den Nationalpark buchen.

Shimoni ist auch bekannt als Schauplatz des Sklavenhandels im 18. und 19. Jahrhundert. Man kann ehemalige Sklavenhöhlen besuchen, die sich bis zu sieben Kilometer landeinwärts von der Küstenlinie erstrecken. Die historische Stätte wird von einem Gemeinschaftsprojekt verwaltet, dessen Erlöse den lokalen Gemeinden zugutekommen.

■ Wasini Island

Ein schöner Tagesausflug ist zur Wasini-Insel möglich. Diese schmale, nur etwa fünf Kilometer lange Insel liegt nur wenige hundert Meter vor der Küste von Shimoni und besteht aus schroffem Korallenstein. Auf der idyllischen Insel gibt es einige kleine Dörfer, die von dichtem Mangrovenwald umgeben sind. Die lokale Bevölkerung lebt vor allem vom Fischfang. Auf Wasini gibt es weder fließendes Wasser noch Strom, Autos oder Motorräder. Wer dem Rummel von Diani, Mombasa oder Malindi für einen Tag entgehen möchte, ist hier richtig.

Auf Wasini Island arbeitet die REEFolution Foundation (www.reefolution.org), gemeinsam mit den lokalen Gemeinden stellt sie geschädigte Korallenriffe wieder her. In den letzten Jahrzehnten hat sich der Zustand dieser empfindlichen Ökosysteme an der kenianischen Küste aufgrund natürlicher und anthropogener Stressfaktoren verschlechtert. REEFolution zieht in so genannten »Korallenbaumschulen« Korallenfragmente auf. Hier können die Korallen unter optimalen Bedingungen wachsen, bis sie bereit sind, in künstliche Riffe eingesetzt zu werden. Wie Sie die gemeinnützige Initiative unterstützen können, erfahren Sie auf → S. 414. Weitere Informationen auf www.wasini.com.

▲ Karte S. 296

Kisite-Mpunguti Marine National Park

Der Kisite-Mpunguti Meerespark liegt vor der Südküste Kenias und der Insel Wasini. Er wurde 1978 ausgewiesen und umfasst den 28 Quadratkilometer großen Kisite Marine National Park und das 11 Quadratkilometer messende Mpunguti Marine National Reserve. Dieses Meeresschutzgebiet gilt als eines der schönsten in Kenia. Die Unterwasserwelt mit exotischen Korallengärten und bunten Flachwasserriffen bietet großartige Tauch- und Schnorchelmöglichkeiten. Besonders bekannt ist das Naturschutzgebiet für die häufigen Sichtungen von Delfinen und Schildkröten und dafür, dass man hier auch außerhalb der normalen Tauchsaison tauchen kann.

Ein Ausflug in den Meerespark kann von den meisten Unterkünften an der Südküste, von Diani bis Shimoni, organisiert werden. Während im Nationalpark nur Schnorcheln und Tauchen erlaubt ist, darf im Gebiet des Reserves auch geangelt werden. Im an den Park grenzenden **Pemba-Kanal**, der für seine reichen Fischgründe bekannt ist, bieten sich Hochseeangelausflüge an (Informationen zum Park → S. 34, die besten Besuchszeiten → S. 297, Tickets nur über www.ecitizen.go.ke).

Nördlich von Mombasa

Die Küste von Mombasa bis zur somalischen Grenze erstreckt sich über insgesamt fast 400 Kilometer. Dieser Küstenabschnitt zeichnet sich aus durch weiße Sandstrände, idyllische Buchten, historische Städte, Mangroven- und Regenwälder sowie Meeresnationalparks, deren Korallenriffe Myriaden von Fischen ein Zuhause bieten. An der Nordküste also gibt es eine gute Infrastruktur mit der Hauptverkehrsstraße B 8, zahlreichen Hotels und Einkaufsmöglichkeiten. Im Hinterland von **Watamu** (→ S. 341) mit seinen wunderschönen Badestränden befindet sich das **Arabuko Sokoke National Reserve** (→ S. 343). Dieser Küstenregenwald beherbergt viele einzigartige Tierarten und ist eines der letzten verbliebenen Waldstücke eines riesigen tropischen Küstenwaldes, der sich einst

Die Küste

Am Strand von Watamu

entlang der ostafrikanischen Küste erstreckte. Etwas nördlich befindet sich **Malindi** (→ S. 351), das mit seinem Meeresnationalpark jedes Jahr Tausende zum Schnorcheln und Tauchen anzieht. Bei Malindi befindet sich auch ein Flughafen, der die Anreise einfach gestaltet. Außerdem gelangt man in nur eineinhalb Stunden Fahrtzeit zum Sala Gate des **Tsavo East National Parks** (→ S. 281). Der krönende Abschluss des nördlichen Küstenstreifens ist **Lamu** (→ S. 358), dessen Altstadt eine Hochburg der Swahili-Kultur und seit 2001 eine UNESCO-Welterbestätte ist. Die Stadt Lamu liegt auf einer kleinen Insel, die wiederum Teil des Lamu-Archipels ist. Von einem Besuch in Lamu wird von offizieller Seite immer wieder abgeraten aufgrund der Nähe der Stadt zur somalischen Grenze und Überfällen somalischer Terrorgruppen in der Vergangenheit. Sie können jedoch beruhigt sein – solche Zwischenfälle sind die absolute Ausnahme. Die bequemste und sicherste Art, nach Lamu zu reisen, ist über den Flughafen der Stadt, den Manda Airport.

Sicherheit

Ebenso wie für die Südküste von Mombasa ist an den Stränden der Nordküste Vorsicht geboten. Egal ob tagsüber oder

nachts: Nehmen Sie keine Wertgegenstände mit an den Strand und nehmen Sie sich vor Taschendiebstählen in Acht. Von nächtlichen Strandspaziergängen alleine ist generell abzuraten.

Kilifi

Die Straße von Mombasa in die etwa 56 Kilometer nördlich gelegene Stadt Kilifi ist gesäumt von weiten Sisal- und Cashewnussplantagen und einigen imposanten Baobab-Riesen. Kilifi selbst liegt an der landschaftlich reizvollen Mündung des Goshi Rivers und am **Kilifi Creek**. Dieser zerklüftete Meeresarm reicht etwa 15 Kilometer landeinwärts, und in seinem türkisblauen Wasser ankern moderne Jachten neben traditionellen Dhaus. Mit seinen endlosen weißen Sandstränden ist Kilifi eine erholsame Oase für einen Badeurlaub und ein Wassersport-Paradies. Von Schnorcheln und Tauchen im der Küste vorgelagerten Korallenriff, Dhau-Segeln entlang des Riffs und Kajakfahren auf dem Creek ist für alle etwas dabei. An Land kann man die **Ruinen von Mnarani** besuchen (Tickets über https://museums.or.ke). Im Mai und Oktober kann man mit etwas Glück nachts ein besonderes Phänomen beobachten. Dann leuchtet das Meer nämlich manchmal durch biolumi-

▲ *Am Strand von Kilifi*

neszierendes Plankton und funkelt wie ein Sternenhimmel, während man mit den Füßen das dunkle Wasser bewegt.

Mnarani Ruins

Die Mnarani-Ruinen befinden sich auf einer steilen Klippe über dem Kilifi Creek. Der Name Mnarani leitet sich von »mnara« ab, was sich auf ein Minarett oder eine Säule bezieht.

Mnarani wurde erstmals im frühen 14. Jahrhundert besiedelt, und die erste **Moschee** wurde 1425 nach Christus errichtet. In den Mnarani-Ruinen kann man die Ruinen dieser Moschee mit ihren kunstvollen Inschriften und Steinmetzarbeiten sowie einige historische **Gräber** besichtigen. Mnarani wurde im 16. Jahrhundert verlassen. Auf dem Gelände befinden sich außerdem riesige Affenbrotbäume und eine **Strandpromenade** mit Blick auf den Kilifi Creek und das offene Meer.

Manarani ist ein landschaftlich reizvoller, friedlicher Ort, der sich hervorragend für ein Picknick eignet.

 Kilifi

Fahrzeit von Mombasa: knapp 1,5 Std. über die Malindi Road (B 8).

Matatus fahren regelmäßig von Kilifi nach Norden und Süden vom **Busbahnhof beim Oloitiptip Market** im Stadtzentrum ab.

Kilifi Bay Beach Resort, Bofa Rd, Tel. +254/(0)725/888560; Chalet/Frühstück ab 150 Euro. Schönes Resort im Swahili-Stil, direkt am Strand; helle, komfortable Zimmer mit eleganten Hartholzmöbeln. Die Zimmer mit Meerblick sind besonders empfehlenswert. Es gibt eine coole Bar, einen schönen Swimmingpool und ein Restaurant.
www.madahotels.com
Instagram: @kilifibaybeach
Mnarani Club, Abzweigung B8, Tel. +254/(0)20/8070501; DZ/F ab 100 Euro. Großes Resort in der Nähe der Mnarani-Ruinen. Es gibt einen geschwungenen Infinitypool, ein gutes Restaurant und ein Spa. Das Resort verfügt außerdem über eine Tauch- und Segelschule. Die Zimmer mit Blick auf die Bucht und das Meer sind die schönsten.www.mnarani.net
Instagram: @mnaraniclub
Salty's Kitesurf Village, Bofa Rd, Tel. +254/(0)794/449196; DZ ab 50 Euro. Etwas nördlich vom Kilifi Creek, direkt am Strand. Die Räume sind hell und komfortabel. Es gibt ein Wellnesscenter, ein gutes Restaurant und eine Beach Bar. Ohne Zweifel eine der schönsten Unterkünfte Kilifis mit einem unschlagbaren Preis-Leistungs-Verhältnis! www.saltyskitesurf.com
Instagram: @saltys.kite.village
Distant Relatives Ecolodge & Backpackers, Seahorse Rd, Tel. +254/(0)702/232323; Banda ab 36 Euro. Die Ökolodge vermietet gemütliche Bandas mit Makuti-Dach und Duschen unter freiem Himmel. Das Gelände mit schönem Garten und Swimmingpool liegt direkt am Kilifi Creek. Hier trifft man viele Backpacker, die Stimmung ist gut, und am Wochenende gibt es regelmäßig Parties. Im Garten der Ökolodge kann man auch campen.
www.kilifibackpackers.com
Instagram: @distantrelativeskilifi

Nautilus Restaurant, Old Ferry Rd, Tel. +254/(0)713/762748. Restaurant in Schweizer Besitz, serviert werden französische und schweizerische Küche sowie verschiedene Gerichte mit Meeresfrüchten – von Austern als Vorspeise über gebratene Garnelen und Hummer. Aber es gibt auch vegetarische und vegane Gericht. Besonders schön ist die Aussicht über die Bucht bei Sonnenuntergang.
www.nautilusrestaurant.co.ke
Instagram: @nautilus.kilifi
The Food Movement, zwischen Takaungu Creek und Kilifi Creek. Etwas südlich von

Die Küste

Kilifi liegt dieses wunderbare Restaurant mit Café, Bar, Bekleidungsläden und einem kleinen Souvenirmarkt versteckt in einem tropischen Wäldchen. Die hippe Einrichtung beinhaltet einen in eine Bar umgebauten Landcruiser, Lampen aus recycelten Flaschen und viel moderne Kunst. Es gibt außerdem einen Co-Working-Bereich mit Bücherregal und WLAN. Im Restaurant werden frische Salate, deftige Wraps und Burger und vieles mehr serviert. Ein absoluter Geheimtipp!
Instagram: @the.food.movement
Salty's Café, Bofa Rd, Tel. +254/(0)794/449196. Das schöne Strandlokal mit Bar im Salty's Kitesurf Village serviert eine Auswahl an Gerichten, die mit Zutaten des eigenen Bio-Gartens zubereitet werden. Auf der Speisekarte stehen Burger, Wraps, Pizza und frische Meeresfrüchte. Das Restaurant und die entspannte Bar haben Blick aufs Meer und gemütliche Sitzsäcke laden zum Verweilen ein.
www.saltyskitesurf.com
Instagram: @saltys.kite.village
Distant Relatives Restaurant, Seahorse Rd, Tel. +254/(0)702/232323. Auch wer nicht hier übernachtet, kann in dem schön am Kilifi Creek gelegenen Restaurant speisen. Auf der Speisekarte stehen Sandwiches, Burger und Buddha-Bowls. Die Pizza wird im Steinofen gebacken.
www.kilifibackpackers.com
Instagram: @distantrelativeskilifi
Kilifi Boatyard, Boat Yard Rd, Tel. +254/(0)722/442334. Das Boatyard-Restaurant liegt – wie der Name andeutet – an einer Bootswerft, an der moderne Yachten, kleine Fischerboote und traditionelle Dhaus ankern. In dem Lokal direkt an der Landungsbrücke gibt es fangfrischen Fisch, frittierte Calamari und Pommes frites.
Instagram: @kilifiboatyard

Die besten Parties in Kilifi finden im **Salty's** und im **Distant Relatives** statt. Jeden Monat gibt es im Distant Relatives eine **Full Moon Party**.

Naivas, an der B 8. Gute Auswahl an Lebensmitteln, vor allem frisches Obst und Gemüse, vieles davon stammt vom Lake Naivasha.
www.naivas.co.ke

Mnarani Ruins, Bowles Rd, Tel. +254/(0)799/474316 ; tgl. 8.30–18 Uhr, 500 Ksh.
www.museums.or.ke/mnarani
Instagram: @museumsofkenya

Beneath the Baobabs Festival: Zeitgenössisches afrikanisches Festival für alternative und elektronische Musik, das jedes Jahr in Kilifi stattfindet (normalerweise um den Jahreswechsel, vom 30. Dezember bis zum 2. Januar).
www.beneaththebaobabs.com
Instagram: @beneaththebaobabs

Salty's Kitesurf Village, Bofa Rd, Tel. +254/(0)794/449196. Kitesurfing-Kurse und Verleih von Ausrüstung, unter anderem Stand-up-Paddleboards, mit denen man den Takaungu Creek etwas südlich von Kilifi und den Kilifi Creek erkunden kann.
www.saltyskitesurf.com
Instagram: @saltys.kite.village
3degreessouth, Mnarani Club, Tel. +254/(0)714/783915. Dieser Wassersportverein bietet zahlreiche Aktivitäten an, von Tauchen, Segeln und Windsurfen bis Wasserski und Wakeboarding.
www.3degreessouth.co.ke
Instagram: @3degreessouthkenya
Wakawaka Dhow, Old Ferry Beach, Tel. +254/(0)745/138017. Bootstour-Unternehmen, bietet Ausflüge auf einem historischen Dhau-Segelboot an. Man kann das Boot für eine private Feier mieten, einen Segeltörn unternehmen und vieles mehr.
Instagram: @wakawaka_dhow

▲ Karte S. 296

Watamu

Watamu liegt auf einer kleinen Landzunge an der flachen Bucht Mida Creek. Die wichtigsten Wirtschaftszweige der Stadt mit rund 30 000 Einwohnern sind Tourismus und Fischerei. Einige der besten Sandstrände Afrikas finden sich hier. Im strandnahen Wasser liegen schroffe Felsen und malerische Inselchen, die aus Überresten von fossilen Korallenriffen bestehen. Bei Ebbe können einige von ihnen zu Fuß erreicht werden.

Der Küste vorgelagert sind Korallenformationen, die in verschiedenen Buchten und Stränden angeordnet sind: Garoda Beach, Turtle Bay, Blue Lagoon Bay, Watamu Bay, Ocean Breeze, Kanani Riff und Jacaranda Beach. Sie sind als Teil des **Watamu-Marine-Nationalparks** (→ S. 342) geschützt. Der Meerespark gilt als eines der besten Schnorchel- und Tauchgebiete an der Küste Ostafrikas. Besonders bemerkenswert ist auch der **Mangrovenwald** (→ S. 342) von Watamu. Die Mangroven weisen eine große Vielfalt an Flora und Fauna auf, und vor allem Vögel lassen sich hier gut beobachten. In der Umgebung von Watamu befinden sich einige Ausflugsziele: Im Hinterland von Watamu erstreckt sich der artenreiche **Arabuko-Sokoke-Wald** (→ S. 343), der eine hohe Zahl an endemischen und bedrohten Arten schützt. Dieses Naturschutzgebiet kann man nicht nur mit dem Auto besuchen, sondern auch zu Fuß oder auf dem Fahrrad. Ganz in der Nähe befinden sich die

Die Küste

Watamu und Umgebung

0   1,2   2,4 km

Aussicht vom Ocean Sports Resort in Watamu

Ruinen von Gede (→ S. 346), eine archäologische Stätte und historische Swahili-Küstensiedlung, die lange im dichten Urwald der Küste verborgen war. Wer sich für Reptilien interessiert, sollte der **Watamu Snake Farm** (→ S. 347) einen Besuch abstatten.

Watamu Marine National Park & Reserve

Die Korallenbänke vor der Küste Watamus sind seit 1968 durch einen Meeresnationalpark geschützt und zählen zu den schönsten der ostafrikanischen Küste. Das Meeresschutzgebiet bildet einen zehn Quadratkilometer großen Streifen vom südlichen Ende der Blue Bay bis zur Whale Island und zur Mündung des Mida Creek. Seine schönsten Korallengärten liegen nur 300 Meter vom Ufer entfernt und beherbergen etwa 600 Fischarten, 110 Steinkorallen-Arten und unzählige weitere Tiere. Der Park wurde 1979 von der UN zum Biosphärenreservat erklärt. In der reichen Unterwasserwelt leben zudem seltene Arten wie die Grüne Meeresschildkröte und der größte Fisch der Erde, der Walhai. Auch der **Mida Creek** mit seinen vogelreichen, 32 Quadratkilo-

meter großen Mangrovenwäldern und Wattgebieten gehört zum Nationalpark. Der Marine Park ist außerdem ein Wassersport-Paradies. Durch die Passatwinde herrschen oft gute Windverhältnisse zum Windsurfen. Es kann auch geschnorchelt und getaucht werden, man kann Wasserski fahren und Glasbodenboot-Touren unternehmen. Die verschiedenen Anbieter von **Tauch- und Schnorcheltouren** (→ S. 350) führen zu den besten Plätzen im Schutzgebiet. Nicht nur in den Korallenriffen kann getaucht werden, sondern auch zum einzigen Schiffswrack in Watamu, der *Shakwe*, einem ehemaligen Garnelentrawler, der etwa 1988 gesunken ist. Es liegt in einer Tiefe von etwa 14 Metern und ist etwa 20 Meter lang.

Die **Eintrittsgebühren** müssen an einem der Eintrittspunkte am Strand, dem Hauptquartier des National Parks am südlichen Ende der Halbinsel von Watamu, beim Gate in der Turtle Bay oder in der Blue Bay gezahlt werden (tgl. 6–18 Uhr, Parkgebühren → S. 34, Tickets nur über www.ecitizen.go.ke, Informationen zum Küstenklima und beste Besuchszeiten → S. 297).

Arabuko Sokoke Forest Reserve

Der Arabuko Sokoke Forest ist eines der letzten verbliebenen Stücke des einst riesigen ostafrikanischen Küstenregenwalds. Er erstreckt sich über etwa 420 Quadratkilometer im Landesinneren bei Watamu. Im Jahre 1975 wurde der Wald zum Forest Reserve erklärt und erhielt 1979 zusammen mit dem Watamu Marine National Park & Reserve von der UN den Status eines Biosphärenreservats.

Der Wald beherbergt eine unglaubliche Artenvielfalt mit einer Vielzahl endemischer und bedrohter Arten. Zu diesen zählen vor allem kleine Tiere wie Vögel, Schmetterlinge, Amphibien, Reptilien, Insekten und Kleinsäuger. Auch größere Waldtiere können mit etwas Glück im Dickicht erspäht werden. Dazu zählen die scheuen Buschböcke, Wasserböcke oder einer der etwa 250 im Wald lebenden Elefanten. Außerdem wurden im Wald mehr als 600 Pflanzenarten verzeichnet. Diese hohe Artenvielfalt entstand durch drei sehr verschiedene Waldzonen, die sich je nach Niederschlag und Bodenverhältnissen entwickelt haben. Einige einheimische Ethnien sammeln seit Jahrtausenden Medizinalpflanzen, Honig und Kopal, ein Baumharz, das als Lack und Spachtelmasse verwendet wird. Holz aus dem Wald wird als Brennstoff sowie für den Schiffs- und Hausbau genutzt. Dies stellt eine der größten Herausforderungen für das Waldschutzgebiet dar. Im Jahre 1963 rodeten die Briten große Waldflächen und legten stattdessen Sisal- und Cashewnuss-Plantagen an. Zusätzlich steigt die Bevölkerungszahl sowie die Nachfrage nach Holz für Gebäudebauten und die touristische Souvenirindustrie immer weiter.

Aufgrund der Nähe menschlicher Siedlungen zum Wald kommt es auch immer wieder zu Konflikten zwischen Mensch und Tier. Wenn Elefanten angrenzende Felder auf Nahrungssuche verwüsten oder in der Trockenzeit zum Trinken an den Sabaki-Fluss wandern, kann es zu gar tödlichen Zwischenfällen kommen. Auch unter Affen und Nilpferden, die in den Regenzeiten vom Fluss zum Grasen in den Wald ziehen, leiden die Gemeinden. Um diese schleichende Zerstörung des Waldes durch Übernutzung und den Human Wildlife Conflict (HWC) einzudämmen, engagieren sich seit Anfang der 1990er Jahre lokale und internationale Naturschutzorganisationen in Zusammenarbeit mit den benachbarten Gemeinden für den Erhalt des Waldes. Totholz sowie Medizinalpflanzen dürfen beispielsweise weiterhin entnommen werden. Ein wirtschaftlich sehr erfolgreiches Projekt, von dessen Erfolg die Gemeinden direkt profitieren, ist das Schmetterlingsaufzuchtprojekt **Kipepeo Project** (→ S. 345, 350).

■ Tierwelt

Die Vielzahl an endemischen und bedrohten Arten, die im Arabuko-Sokoke-Wald leben, machen Expeditionen in den Wald einzigartig. Allein 267 Vogelarten

Weg im Arabuko-Sokoke-Wald

Die Küste

Blaustirn-Blatthühnchen

wurden im Wald verzeichnet, darunter viele bedrohte und endemische Arten. Zu letzteren zählen der Golandweber, die Sokoke-Zwergohreule und der Sokoke-Pieper.

Im Wald lebt auch das vom Aussterben bedrohte Goldene Rüsselhündchen, ein Nagetier mit einer rüsselartigen Schnauze. Es ist etwa so groß wie ein Hase und ernährt sich von Insekten, die es am Waldboden jagt. Das Rüsselhündchen teilt sich seinen Lebensraum mit verschiedenen Ducker-Arten, dem Wasserbock und dem Moschusböckchen. Die größten Tiere des Waldes sind die Elefanten und Wildbüffel, die sich die meiste Zeit über im Dickicht aufhalten. In den frühen Morgenstunden und am Abend begegnet man ihnen manchmal, wenn sie auf ihren uralten Wegen den Wald passieren.

In den Baumkronen schwingen sich Steppenpavian, Weißkehlmeerkatze und Grüne Meerkatze durch die Äste. Der Wald ist auch Zuhause für etwa ein Drittel der kenianischen Schmetterlinge: 260 verschiedene »fliegende Blüten« flattern durch den Wald, darunter die bildhübschen Schwalbenschwänze. Viel seltener

zu sehen sind die vielen Schlangenarten, die im Wald leben, darunter die Afrikanische Felspython, die größte Schlange in Arabuko. Sie ist eine Würgeschlange, deren Biss zwar kein Gift enthält, jedoch extrem schmerzhaft sein kann. Zu den im Wald zu findenden Giftschlangen gehören Puffottern, Waldkobras (Schwarzweiße Hutschlange) und Grüne Mambas. Am Arabuko Sokoke Elephant Swamp lassen sich unzählige Frösche und Kröten sehen und vor allem hören. Außergewöhnlich schön ist der giftige Gestreifte Wendehalsfrosch (Phrynomantis bifasciatus). Zwischen den Wasserlilien sieht man grell-bunte Libellen schwirren und Wasservögel umherstelzen. Ab und zu sieht man hier auch einen Waran auf der Jagd.

■ **Vegetation**

Der Arabuko-Sokoke-Wald ist aufgeteilt in verschiedene Vegetationszonen. Entlang der Küstenstraße B 8 verläuft das feuchteste Waldgebiet von Arabuko Sokoke, das von Mischwald bedeckt wird. Dieser Teil des Waldes ist mit etwa 70 Baumarten sehr artenreich. Hier wachsen unter anderem Glücksbohnen-Bäume (Afzelia quanzensia), ein wertvolles Hartholz. Weiter im Inland folgt ein Waldgebiet auf nährstoffarmem Sandboden, auf dem trockenes Buschland wächst. Hier finden sich zahlreiche Exemplare der Hartholzart Brachystegia spiciformis. Viele Bäume werden von Epiphyten bedeckt, auch »Greisenbärte« genannt. Diese Flechten hängen überall an Ästen und Baumstämmen. Im Westen des Waldes erstreckt sich Cynometra-Wald auf rötlichen Sandböden. Dieser Waldteil ist nach der dominierenden Baumart Cynometra benannt. Auch viele Euphorbienbäume (Baum-Wolfsmilch) gedeihen in diesem trockenen Gebiet. Am nordöstlichen Waldrand befindet sich der

Arabuko Sokoke Elephant Swamp. Auf einer Waldlichtung liegt hier ein kleines Sumpfgebiet, das fast das ganze Jahr über Wasser führt. Der Sumpf ist bedeckt von unzähligen Seerosen mit lila Blüten.

■ Klima

In Arabuko Sokoke herrscht ein heißes und feuchtes Küstenklima. Die durchschnittlichen Nachmittagstemperaturen liegen bei 30 Grad Celsius. Obwohl es etwas abkühlt, ist es nachts mit Temperaturen von etwa 21 Grad immer noch warm. Es regnet das ganze Jahr über ab und zu, aber die meisten Niederschläge fallen während der kurzen Regenzeit von Oktober bis November und während der langen Regenzeit von März bis Mai.

■ Unterwegs im Forest Reserve

Der Wald eignet sich wunderbar für einen Tagesausflug. Eingang zum Wald und Startpunkt der Wanderwege ist die **Arabuko Sokoke Forest Station**. Sie liegt etwa zwei Kilometer von der Straßenabzweigung nach Watamu entfernt. Im Umkreis der Forststation gibt es ein gut ausgebautes Wegenetz und einen Naturlehrpfad. Diesen äußeren Teil des Arabuko-Sokoke-Waldes kann man zu Fuß erkunden. Viele gehen hier joggen oder fahren Fahrrad. Letzteres ist jedoch wegen einiger sandiger Passagen mühsam. Der innere Teil des Walds ist durch Elefantenzäune abgegrenzt und nur mit einem Fahrzeug zugänglich. An der Station werden auch geführte Wanderungen organisiert.

Trotz der relativ guten Beschilderung der Wege ist es unbedingt zu empfehlen, für die Exkursionen im Wald **Guides der Arabuko Sokoke Forest Guides Association** (ASFGA) zu engagieren. So erhält man viele spannende Informationen über Fauna und Flora des Waldes. Die Guides wissen auch, wo verschiedene Vogelarten ihre Nester haben, und man hat gute Chancen, einige seltene Arten zu erspähen. Für Führungen sollte man sich im Voraus bei der Arabuko Sokoke Forest Station erkundigen.

Am **Arabuko Sokoke Elephant Swamp** hat man gute Chancen, frühmorgens Elefanten und Büffel beim Trinken zu beobachten, daher sollte man eine Safari so früh wie möglich beginnen. Zum Elephant Swamp gelangt man auch über eine Straße außerhalb des Parks, muss den Park also nicht unbedingt betreten.

Im Norden des Parkes befindet sich der **Lake Jilore**, der sich wunderbar für Vogelbeobachtungen eignet. Hier findet man unter anderem den Brandweber, Eisvögel und zahlreiche weitere Wasser- und Stelzvögel. Dieser See lässt sich zu Fuß erkunden. Wer entlang der C 103 wieder gen Süden fährt, kann außerdem Ausblicke auf den Sabaki-Fluss genießen. Auch ein Ausflug zutm **Nyari Viewpoint**, von dem man einen wunderschönen Ausblick auf den Küstenwald und den Mida Creek genießt, lohnt sich.

Wer sich für Schmetterlinge interessiert, sollte dem Schmetterlingsaufzuchtprojekt **Kipepeo Project** einen Besuch abstatten. Von diesem erfolgreichen Projekt profitieren die lokalen Gemeinden direkt und nachhaltig.

Die Küste

Fischer auf dem Jiloresee

Arabuko Sokoke Forest

Die **Parkgebühren** (696 Ksh) sind zu entrichten an der Gede Forest Station an der B 8 bei Gede. An der Gede Forest Station befindet sich auch ein kleines **Visitor Centre** mit einer interessanten Ausstellung über den Arabuko-Sokoke-Wald.
Öffnungszeiten: tgl. 6–18 Uhr
Arabuko Sokoke Forest Guides Association: Lizensierte Guides aus der lokalen Gemeinschaft und weitere Informationen finden sich auf:
www.friendsarabukosokoke.org

Übernachten Sie am besten in Watamu (→ S. 348) und unternehmen einen Tagesausflug in den Park.

Die Ruinen von Gede

Die Ruinen von Gede liegen auf dem gleichen Gelände wie das Kipepeo Project und eine kleine Rettungsstation für Schlangen, inmitten eines 45 Hektar großen Urwalds. Der Name »Gede« leitet sich vom Galla-Wort für »kostbar« ab. Die Ruinen sind umgeben von Geheimnissen, noch hat niemand herausgefunden, welches Schick-

▲ *Überreste der Stadt Gede*

Einen Zeltplatz gibt es im Wald nicht. Es ist jedoch erlaubt, **wild zu campen** (986 Ksh pro Pers. und Nacht), sofern man sich komplett selbst versorgen kann. Am Nyari Viewpoint wurde zur Zeit der Recherche ein Zeltcamp der Tierschutzorganisation Sheldrick Trust erbaut, das 2024 öffnen soll.

Auf **geführten Touren** lassen sich Vögel und Schmetterlinge beobachten. Auch geführte **Nacht-Safaris** können im Küstenwald unternommen werden.
Im äußeren Waldteil, in den Elefanten nicht eindringen können, können Sie auch auf eigene Faust **Fahrrad fahren** oder **joggen**.

sal dieser Swahili-Stadt widerfahren ist. Ihr Ursprung geht auf das 12. Jahrhundert zurück, doch wurde sie im 15. und 16. Jahrhundert mit neuen Stadtmauern wiederaufgebaut. Die Stadt wurde wohlhabend und erreichte im 15. Jahrhundert ihre Blütezeit. Vom enormen Reichtum zeugen eine Ansammlung von **Moscheen**, ein prächtiger **Palast**, **Steingräber** und **Häuser**. Eines der Gräber, das **Dated Tomb**, trägt die islamische Jahreszahl 802, was dem Jahr 1399 nach christlicher Zeitrechnung entspricht. Auch Reste von Häusern gibt es noch, von denen eines den mysteriösen Namen **Haus der Scheren** trägt. Über einigen Mauern wachsen Bäume mit weit auslaufenden Oberflächenwurzeln.
In der ersten Hälfte des 17. Jahrhunderts verließen die letzten Familien die Stadt. Dass Gede schließlich der Natur überlassen wurde, ist vermutlich auf eine Reihe von Faktoren zurückzuführen, vor allem auf den Überfall der Wazimba, einer Ethnie an der ostafrikanischen Küste, im Jahr 1589, den Umzug des Scheichs von Malindi und der Portugiesen nach Mombasa im Jahr 1593 sowie den sin-

◀ Karte S. 341

kenden Grundwasserspiegel, der sich in der Vertiefung des Brunnens vor der Großen Moschee zeigt, und schließlich die Bedrohung durch die Galla, eine nomadische Ethnie aus Somalia. Die lange vom Dschungel verborgene Ruinenstadt ist die erste intensiv erforschte Stätte an der Küste. Sie wurde Ende des 19. Jahrhunderts wiederentdeckt und 1927 als historisches Monument ausgewiesen. Zwei Jahre später wurde Gede zum geschützten Denkmal erklärt, es wurden Arbeiten zur Erhaltung der bröckelnden Mauern durchgeführt und weitere Teile der Ruinen freigelegt. Zahlreiche Funde wie chinesisches Porzellan und persische Töpferwaren verweisen auf den weitreichenden Überseehandel der Swahili-Bevölkerung. Die Ruinen sind aber nicht nur eine wichtige archäologische Stätte, sondern auch ein heiliger Ort für die umliegenden Gemeinschaften.

Die Ruinen von Gede sowie das Kipepeo Project und der kleine **Snake Park** auf dem gleichen Gelände sind ein schönes Ausflugsziel in der Nähe von Watamu, für das man drei bis vier Stunden Besuchszeit einplanen sollte. Hier können auch Weißkehlmeerkatzen gefüttert und eine ethnographische Ausstellung mit Fundstücken der Ausgrabungsstätte von Gede besucht werden.

Das Schlangenmelken dient der Herstellung von Gegengiften

Watamu Snake Farm

Die Watamu Snake Farm wird von East African Reptiles betrieben, einem Forschungs- und Bildungszentrum für Reptilien mit Sitz in Watamu. Die Arbeit des Forschungszentrums umfasst das Melken von Schlangen für die medizinische Forschung und die Herstellung von Gegengift, bei dem man bei einem Besuch der Snake Farm zuschauen kann. East African Reptiles bietet außerdem einen »Schlangenentfernungsdienst« in Watamu und Umgebung an. Schlangen

aus Gärten oder Gebäuden werden in der Wildnis wieder ausgesetzt. Über die Notfallnummer (+254/(0)729/403599) sind Zweigstellen der Organisation in ganz Kenia erreichbar und können helfen – egal ob bei einem Schlangenbiss oder bei der Entfernung einer Schlange. **East African Reptiles** fördert ein Aufklärungsprogramm, um der einheimischen Bevölkerung das richtige Vorgehen bei einem Schlangenbiss beizubringen, die Bedeutung von Schlangen zu vermitteln und zu erklären, warum man sie nicht töten sollte. Denn vor allem aus Unkenntnis und Angst werden häufig auch harmlose Schlangen getötet. Wie Sie die wichtige Arbeit von East African Reptiles unterstützen können, erfahren Sie auf → S. 413.

Bei einer Führung durch die Watamu Snake Farm erfährt man viel Spannendes über die giftigen und nicht giftigen Schlangen Schlangen und andere Reptilien im Forschungszentrum. Watamu ist eine der schlangenreichsten Regionen Kenias, und die Mitarbeitenden von East African Reptiles organisieren auch **Schlangensafaris**.

Die Küste

Watamu

www.discoverwatamu.com
www.wondersofwatamu.com
Fahrzeit Mombasa–Watamu: rund 2,5 Std. über die Malindi Road (B 8).
Alternativ kann man auch durch den **Tsavo East National Park** und das Sala Gate nach Watamu reisen.

Regelmäßige Matatus fahren zwischen Mombasa und Watamu sowie den anderen Küstenstädten. Erkundigen Sie sich vor Ort, welches das richtige Matatu ist.

✈

Der **Flughafen Malindi** (MYD, → S. 355) liegt ganz in der Nähe von Watamu und kann zur Anreise genutzt werden. Flüge sind über Fly540 (www.fly540.com), Safarilink (www.flysafarilink.com) und Yellow Wings (www.yellowwings.com) buchbar. Weitere Informationen:

Hemingway's, Mida Creek Rd, Tel. +254/(0)709/188000; DZ ab 500 Euro. Das Hemingway's wurde 2021 von den World Travel Awards zum besten Strandresort in Kenia ernannt. Die großen Zimmer sind luxuriös, es gibt ein hervorragendes Restaurant, schöne Swimmingpools, ein modernes Spa und einen Fitnessraum. www.hemingways-collection.com
Instagram: @hemingwayscollection
The Rock and Sea, Mida Creek, Tel. +254/(0)799/670253; DZ ab 200 Euro. Stylische Zimmer und komfortable Zelte mit durchsichtigen »Blasen«, die tolle Aussichten ermöglichen. Es gibt einen schönen Swimmingpool, eingebettet in einen dichten, wilden Garten. Es gibt außerdem eine Open-Air-Bar und ein hervorragendes Restaurant. www.therockandsea.com
Instagram: @rockandseawatamu
Watamu Treehouse, Turtle Bay Rd, Tel. +254/(0)712/810055; DZ/F ab 165 Euro. Das Baumhaus ist ein mehrstöckiger Turm, der weit über die Baumkronen der umliegenden Bäume ragt. Von den oberen Räumen hat man einen sagenhaften Ausblick über das Meer, die Bucht und Watamu. Es werden verschiedene Yoga- und Meditations-Kurse angeboten. www.treehouse.co.ke
Instagram: @watamutreehouse
Turtle Bay Beach Resort, Turtle Bay Rd, Tel. +254/(0)721/830604; DZ/VP ab 150 Euro. Schönes Strandresort direkt am Sandstrand. Es ist umgeben von einem großen tropischen Garten und verfügt über 3 Restaurants, Bar und Swimmingpool. Das zugehörige Turtle Bay Dive and Watersport Center (→ S. 350) bietet zahlreiche Wassersportaktivitäten an. www.turtlebaykenya.com
Facebook: Turtle Bay Beach Resort Watamu
Ocean Sports Resort, Mida Creek Rd, Tel. +254/(0)724/389732; DZ/F ab 88 Euro. Das Resort wurde von den World Travel Awards 2021 und 2022 zum führenden Sportresort in Afrika gekürt. Es verfügt über schöne Zimmer, eine Bar, ein ausgezeichnetes Restaurant und ein Spa. Das Sportangebot reicht von verschiedenen Wassersportarten über Radtouren bis zu Boxkursen.www.oceansports.net
Instagram: @oceansportskenya
Watamu Beach Cottages, Turtle Bay Rd, Tel. +254/(0)728/986066; DZ/F ab 45 Euro. Schöne Cottages direkt am Strand und der Mida-Bucht, eine gute Budget-Option. Es gibt einen Salzwasser-Swimmingpool, einen Fitnessraum, eine coole Bar und ein gutes Restaurant. www.watamubeachcottages.com
Instagram: @watamubeachcottages
Mida Ecocamp, Abzweigung B8, Tel. +254/(0)729/213042; Bungalow/F ab 25 Euro. Entspannte Ökolodge in einem schönen Küstenwäldchen in der Nähe des Mida Creek. Das Camp wird mit Solarstrom betrieben und von der lokalen Giriama-Community verwaltet. Im Garten der Ökolodge kann auch gecampt werden. www.midaecocamp.com
Instagram: @mida_creek_eco_camp

◄ Karte S. 341

Crab Shack, Mida Creek, Tel. +254/
(0)725/315562. Seafood-Restaurant am
Ende eines erhöhten Holzstegs, der durch
einen Mangrovenwald am Mida Creek
führt. Schöne Aussichten auf die Bucht und
den Sonnenuntergang. Serviert werden
Krabben-Samosas, gegrillte Calamari und
Hummer. Betrieben wird das charmante
Lokal von der Dabaso Creek Conservation
Group und der lokalen Giriama-Gemeinde.
www.dabasocreek.wixsite.com/crabshack
Instagram: @crabshackdabaso

Pilipan Restaurant, Turtle Bay Rd, Tel. +254/
(0)713/993776. Luftige Außenterrasse
im Swahili-Stil, mit Blick auf den mangro-
venbewachsenen Prawn Lake. Viele kreative Fusion-Gerichte, darunter Camembert-
Samosas, Thunfisch-Carpaccio und indisches Garnelen-Curry. Es gibt außerdem
eine stilvolle Bar mit einer großen Auswahl
an Cocktails. Facebook: Pilipan Restaurant

Hosteria Romana, Watamu Beach Rd,
Tel. +254/(0)711/867275. Italienisches
Restaurant mit schönem Ambiente. Auf
der Speisekarte stehen leckere Pizzen aus
dem Steinofen, Vorspeisen mit Büffelmoz-
zarella, Ravioli und andere Pastagerichte.
Am Wochenende sollte man reservieren.
Instagram: @hosteriaromanawatamu

Ocean Sports Restaurant, Mida Creek
Rd, Tel. +254/(0)724/389732. Das Ocean Sports betreibt ein hervorragendes Restaurant, das sich auf einer luftigen Terrasse mit Meerblick befindet. Probieren Sie
als Vorspeise fangfrische Austern und als
Hauptspeise das hervorragende Sushi.
www.oceansports.net
Instagram: @oceansportskenya

Tamu Beach Bar & Restaurant, Watamu
Beach Rd, Tel. +254/(0)769/218514.
Beliebte Strandbar mit Restaurant; mari-
time Köstlichkeiten wie Shrimp-Cocktail,
Thunfisch-Carpaccio und Seafood Pasta.
Instagram: @tamubeachbarandrestaurant

Bistro Watamu, Jacaranda Rd, Tel. +254/
(0)727/988524. Hübsches Café unter
deutscher Leitung, das sich zu einem kleinen Garten hin öffnet. Es gibt frisch ge-
backene Kuchen und Torten, zum Beispiel
die klassische Schwarzwälder Kirschtorte.
Es werden außerdem herzhafte Quiches,
Sandwiches und saftige Burger serviert.

Non Solo Gelato, Abzweigung Turtle Bay
Rd, Tel. +254/(0)703/440695. Eisbecher,
italienische Kaffeespezialitäten, ein gutes
Frühstück und Paninis.
Instagram: @nonsologelatobyanna

Das Nachtleben von Watamu ist nicht ver-
gleichbar mit Diani Beach. Zwei beliebte
Treffpunkte sind die Bar des Ocean Sports
Resorts und das Lichthaus.

Ocean Sports Bar, Mida Creek Rd. Besonders die Full Moon Parties sind ein Spektakel. Musik und Stimmung sind gut, und
es wird auf dem Sand getanzt.
www.oceansports.net
Instagram: @oceansportskenya

Lichthaus, Temple Point Resort, Turtle
Bay Rd. Luftige Bar direkt am Mida Creek.
Gutes Essen, gute Musik und gute Stim-
mung! Von einem Holzsteg kann man ins
Wasser springen oder in Netzen über dem
Wasser entspannen.
Instagram: @lichthaus_watamu

Blue Marmalade, Jacaranda Rd, Tel. +254/
(0)741/377199. Kleiner Supermarkt mit
einer guten Auswahl an Lebensmitteln, al-
koholischen Getränken und Haushaltswaren. Instagram: @bluemarmeladewatamu

Shakir, Watamu Rd, Tel. +254/(0)721/
209244. Kleiderladen mit handgefertigten Schals und bunt gemusterten Kleidern,
Naturhanf-Taschen, Kikoys und Baumwollteppichen. www.shakirmalindi.com

Coast and Shabby, Jacaranda Rd,
Tel. +254/(0)707/998497. Dieses Haus-
haltswarengeschäft verkauft recycelte Möbel und Dekoartikel. Coast and Shabby
arbeitet mit typischen Swahili-Designs
und Textilien mit fantasievollen Mustern.
Instagram: @coastandshabby

Die Küste

Gede Ruins, Kipepeo Project und einen kleinen **Snake Park** kann man zusammen besuchen, das Ticket kostet 950 Ksh. Am Eingang warten Guides der lokalen Giriama-Gemeinde, die Führungen (500 Ksh) anbieten und viel Spannendes erzählen können. Tickets über https://nmk.ecitizen.go.ke.
Ruinen von Gede, Gede-Watamu Rd, Tel. +254/(0)42/32065; tgl. 7–18 Uhr, letzter Eintritt 17.30 Uhr.
www.museums.or.ke/gede-museum
Instagram: @museumsofkenya
Kipepeo Project, bei den Gede-Ruinen, Tel. +254/(0)719/671161; tgl. 8–17 Uhr. Hier lernen Sie viel über die Aufzucht von Schmetterlingen und wie das Projekt die Lebensbedingungen vieler Einheimischer verbessert. Mit Naturlehrpfad und Museum. www.kipepeo.org
Instagram: @kipepeo.kenya
Watamu Snake Farm, Jacaranda Rd, Tel. +254/(0)723/386558; tgl. 10–12 Uhr und 14–16.30 Uhr, Schlangenmelken Mo–Fr 11 Uhr.
www.taaf-eastafricanreptiles.org
Instagram: @eastafricanreptiles
Seven Islands Festival: Jährliches Musikfestival, bei dem beliebte ostafrikanische Musikerinnen, Musiker und DJs auftreten. Tickets auf www.mtickets.com.
Instagram: @sevenislandsfestival

Schnorchelausflüge zu den Korallenriffen können von den meisten Unterkünften organisiert werden. Schnorchelausrüstung kann ausgeliehen werden. Der Zustand der Ausrüstung ist jedoch in manchen Fällen fragwürdig, und Flossen findet man kaum. Dhau-Touren können vom Hemingway's-Hotel organisiert werden.
Tribe Watersports, Turtle Bay Rd, Tel. +254/(0)718/553355. Bekannter Wassersportanbieter, zu den möglichen Aktivitäten gehört Kitesurfing, Stand-Up-Paddling, Wakeboarding, Wasserski und Wind Winging.
www.tribe-watersports.com
Instagram: @tribewatersports

Aqua Ventures, im Ocean-Sports Hotel, Tel. +254/(0)703/628102. Renommierter Anbieter von Tauchkursen und Tauchausflügen an der kenianischen Küste.
www.diveinkenya.com
Instagram: @aqua_ventures_diving
Turtle Bay Dive Center, Mida Creek Rd, Tel. +254/(0)715/386302. Dieses von einem deutschen Ehepaar geleitete Tauchzentrum bietet Tauchkurse, Tauchausflüge und den Verleih von Ausrüstung an. Außerdem werden Windsurfing und Segeln angeboten. Boogie Boards, Kanus, Tretboote und Stand-Up-Boards können ausgeliehen werden. www.turtle-dive.com
Instagram: @turtlebaydivecenter

Die Fischgründe vor Watamu sind für das Hochseeangeln weltbekannt. In vielen Fällen wird nach dem Prinzip »Catch and Release« vorgegangen: Die Fische werden gefangen, gewogen, man schießt ein Foto und lässt den Fisch wieder frei – vorausgesetzt, der Fisch hat sich nicht zu stark verletzt und die Kunden stimmen zu. In Watamu werden auch regelmäßig Angelwettbewerbe veranstaltet. Man kann Boote beim Ocean Sports Resort und beim Hemingways Hotel mieten. Renommierte Unternehmen sind außerdem:
Captain Andy's, Mida Creek, Tel. +254/(0)723/974666. Anbieter von Hochsee-Angeltrips und Vermieter von Booten.
www.captainandyskenya.com
Instagram: @captainandyskenya
Unreel Fishing, im Ocean Sports, Tel. +254/(0)758/987491. Operiert vom Ocean Sports aus und bietet Angelausflüge verschiedener Längen an.
Facebook: Unreel Fishing Kenya

Good Life Pharmacy, Jacaranda Rd, Tel. +254/(0)740/633730. Eine besonders empfehlenswerte und gut ausgestattete Apotheke gegenüber dem Supermarkt Blue Marmelade.
www.goodlife.co.ke

Malindi

Malindi mit seinen etwa 120000 Einwohnern liegt an der Malindi-Bucht an der Mündung des Sabaki-Flusses, etwa 120 Kilometer nordöstlich von Mombasa. Der Tourismus ist der wichtigste Wirtschaftszweig, die Stadt ist vor allem bei italienischen Reisenden sehr beliebt. Malindi verfügt über einige Sehenswürdigkeiten (→ S. 353), die die bewegte Geschichte widerspiegeln und einige Gebäude in klassischer Swahili-Architektur. Die Hauptattraktion stellt jedoch der artenreiche **Malindi Marine National Park & Reserve** (→ S. 354) dar, der als ältester Meerespark Afrikas gilt. Die Mehrheit der Bevölkerung von Malindi ist muslimisch. Vor der Küste von Malindi befindet sich die **San-Marco-Plattform**, ein in italienischem Besitz befindlicher ehemaliger Raketenstartplatz. Das dazugehörige **Luigi Broglio Space Center** (BSC) wurde nach ihrem Gründer, dem Raumfahrtpionier Luigi Broglio, benannt. Das BSC wurde in den 1960er Jahren im Rahmen einer Partnerschaft zwischen dem Luft- und Raumfahrtforschungszentrum der Universität Sapienza in Rom und der NASA entwickelt und diente von 1967 bis 1988 als Station für den Start italienischer und internationaler Satelliten. Während die Bodenstation weiterhin für die Satellitenkommunikation genutzt wird, wird die Plattform derzeit nicht als Startplatz verwendet.

Geschichte der Stadt

Die Stadt entwickelte sich vom 5. bis 10. Jahrhundert als Teil der entstehenden Swahili-Kultur und wurde zu einem wichtigen Knotenpunkt im Handelsnetz, das den Indischen Ozean umspannte. Die Swahili-Siedlung Ma-Lin wurde bereits in chinesischen Aufzeichnungen des 9. Jahrhunderts erwähnt, und auch der kurdische Geograph Abu al-Fida (1273–1331) schrieb über Malindi. Ab dem 11. Jahrhundert hatten die Swahilis den Zwischenhandel entlang der Küste in ihrer Hand: somalische, ägyptische, nubische, arabische, persische und indische

Die Küste

Vasco-da-Gama-Säule in Malindi

INDISCHER OZEAN

B8 ↑ *Mambrui*

Casino Rd

Malindi Bay

Italian Supermarket
Falconry Of Kenya
Cake Mania
Naivas
Karen Blixen
Good Life Pharmacy
Lo Sfizio
7 to 7 Supermarket

Golden Beach

Tsavo

C103

Uhuru
Gardens
Malindi
Museum
Curio
Market
Odinga St
Juma Shakir
Mosque
Malindi
Round
About
Old
Market
Pizza O
Malindi
Mall
Baobab
New
Market
County Hall
Office
St.
Mary
Casuarina Rd
Portuguese
Chapel
Vasco
da Gama
Pillar

Baby Marrow

Hospital Rd
Scorpio
Villas

Malindi
Airport

B8

*Gede,
Mombasa*

Silversand Rd

Silversand Beach

Malindi Handicraft
Cooperative Society
Ndoro
Sculpture
Garden
Aqua
Ventures
Diamond Dream
of Africa
Kilili Baharini
Resort & Spa
Rosada
Beach

Malindi Marine
National Park & Reserve

Tropical Beach

Casuarina Rd

Casuarina
Beach
Eintritt
Malindi Marine
National Park
Villa Fortuna
Malindi
Mayungu Rd
Oyster Rd
Marine Park Rd

↓ *Watamu*

Mnazini Rd

0   0,7   1,4 km

Malindi

Handelnde tauschten hier ihre Waren. Malindis Haupteinnahmequelle war der Export von Elfenbein und Nashorn sowie von landwirtschaftlichen Produkten wie Kokosnüssen, Orangen, Hirse und Reis. Im Jahr 1414 wurde die Stadt von der Flotte des Chinesen Zheng He besucht; der Herrscher von Malindi schickte ihm eine Giraffe als Geschenk. Im Jahre 1498 erreichte Vasco da Gama Malindi und wurde herzlich willkommen geheißen, ganz im Gegensatz zu dem feindseligen Empfang, der ihm in Mombasa bereitet wurde. Die Herrscher von Malindi nutzten die portugiesische Militärmacht, um sich gegenüber der rivalisierenden Stadt Mombasa durchzusetzen. Malindi unterstützte Portugals erfolgreiche Bemühungen um die Eroberung Mombasas im Jahre 1505. Der Niedergang von Mombasa führte zum Aufschwung von Malindi. Malindi wuchs, als andere Swahili, aber auch arabische, persische und indische Händlerinnen, Handwerker und Seeleute in die neue mächtige Stadt strömten.

Malindi blieb das Zentrum der portugiesischen Aktivitäten in Ostafrika bis 1593, als Portugal seinen Hauptstützpunkt nach Mombasa verlegte. Danach ging es mit der Stadt allmählich bergab, bis sie Ende des 17. Jahrhunderts fast verschwunden war. 1845 besuchte der Deutsche Ludwig Krapf die Stadt und stellte fest, dass sie von Pflanzen überwuchert und unbewohnt war.

Erst ab 1860 kam wieder Leben in Hafen und Stadt, als Sultan Majid von Sansibar Malindi zu einem Zentrum des Sklavenhandels machte. Im Jahr 1890 kam Malindi unter britische Verwaltung und der Sklavenhandel wurde abgeschafft. Malindi wurde 1903 offiziell zur Stadt ernannt und entwickelte sich zu Beginn des 20. Jahrhunderts zu einer touristischen Destination. Auch der Schriftsteller

Markt mit Second-Hand-Ware in Malindi

Ernest Hemingway besuchte die Stadt, was Malindis Bekanntheit förderte.

Sehenswürdigkeiten

■ Vasco da Gama Pillar

Die Vasco-da-Gama-Säule ist eines der ältesten erhaltenen europäischen Denkmäler in Subsahara-Afrika. Sie wurde 1498 von dem portugiesischen Seefahrer Vasco da Gama errichtet, um Schiffe im Hafen willkommen zu heißen. Sie besteht aus einheimischem Korallenstein und wird gekrönt von einem Kreuz aus Lissabonner Kalkstein, auf dem das Wappen Portugals zu sehen ist.

■ Portuguese Chapel

Die kleine Kapelle, von den Portugiesen im 15. Jahrhundert im südlichen Teil der Stadt errichtet, ist eine der ersten christlichen Kirchen in Ostafrika. Franz Xaver, ein römisch-katholischer Missionar, begrub hier zwei Seeleute, die während einer Reise nach Indien im Jahr 1542 gestorben waren. Die Kapelle wird heute von den römisch-katholischen Gläubigen genutzt, und ein Teil des Gebäudes stammt noch aus dem 16. Jahrhundert.

Die Küste

■ **Malindi Museum**

Das Malindi-Museum ist in einem Gebäude aus dem 19. Jahrhundert untergebracht, das als **House of Columns** bekannt ist und während der Kolonialzeit als erstes Krankenhaus im Distrikt Malindi diente. Es wurde auch als Büro für die Fischereibehörde, den KWS und die Abteilung für Viehzuchtentwicklung genutzt. Das charmante zweistöckige Gebäude mit Dachterrasse befindet sich an der Strandpromenade, wenige Meter vom Malindi-Pier und dem Fischmarkt entfernt. Das Museum beherbergt Wechselausstellungen und dient auch als Informationszentrum.

■ **Juma Mosque**

Südlich der Government Road und der Malindi Jetty befindet sich die Juma-Moschee, die an dem Ort errichtet wurde, an dem sich bis Ende des 19. Jahrhunderts der Sklavenmarkt von Malindi stattfand. Bei der Moschee stehen zwei Säulengräber, die wahrscheinlich aus dem 15. Jahrhundert stammen.

Malindi Marine National Park & Reserve

Der Malindi Marine National Park & Reserve zieht sich von Watamu bis in den Norden nach Malindi parallel zur Küste. Er erstreckt sich über 213 Quadratkilometer und bildet mit dem Watamu Marine National Park & Reserve die ältesten geschützte Unterwasserregionen Afrikas. In den Lagunen und Riffen leben über 100 Steinkorallenarten und mehr als 600 Fischarten. An Land kommen sechs Mangrovenarten und unzählige Vogelarten dazu. Der Artenreichtum dieses Meeresschutzgebietes ist seit 1968 geschützt, es wurde 1979 von der UNESCO zum Biosphärenreservat erklärt. Der Park ist Heimat einer großen Vielfalt an faszinierenden Meereslebewesen, dazu gehören Oktopusse, Delfine, Quallen und Schildkröten. Der Strand wird bevölkert von Krebsen, darunter Einsiedlerkrebse, die verlassene Muscheln als Häuschen nutzen. Jedes Jahr im September findet die Wanderung von Buckelwalen vor der Küste Kenias statt, und man hat die Möglichkeit, diesen schwimmenden Riesen bei einer Bootstour zu begegnen.

Neben dem Schwimmen im kristallklaren, warmen Wasser des Indischen Ozeans kann man in diesem maritimen Paradies verschiedenen Freizeitaktivitäten nachgehen, wie Glasbodenbootfahrten, Vogelbeobachtung, Wasserski, Windsurfen, Kitesurfen, Kajakfahren, Schnorcheln und Tauchen. Ein guter Sonnenschutz und ein T-Shirt, das beim Schnorcheln vor der Sonne schützt, sollte bei diesen Aktivitäten nie fehlen. Verlassen Sie das Naturschutzgebiet so, wie Sie es vorgefunden haben: Nehmen Sie keine Muscheln mit, berühren Sie auf keinen Fall die Korallen und hinterlassen Sie keinen Müll. Der Eingang zum Park ist am Strand und wird über eine Abzweigung von der Marine Park Road erreicht (tgl. 6–18 Uhr, Tickets auf www.ecitizen. go.ke, Gebühren → S. 34, Informationen zum Küstenklima und beste Besuchszeiten → S. 297).

Webervogel in Malindi

▲ Karte S. 352

Malindi

Informationen: www.malindi.info

Fahrzeit Mombasa–Malindi: rund 2,5 Std. über die Malindi Road (B 8). Alternativ kann man auch durch den Tsavo East National Park und das Sala Gate nach Malindi reisen.

Matatus und Busse fahren regelmäßig zwischen Mombasa und Malindi sowie den anderen Küstenstädten. Die Büros der Busunternehmen befinden sich **gegenüber dem alten Markt** im Zentrum von Malindi.
Die wichtigsten Busunternehmen sind **Tawakal** (Tel. +254/(0)705/090122, Jamhuri St), **Tahmeed** (Tel. +254/(0)711/756970, Jamhuri St) und **Simba Coaches** (Tel. +254/(0)774/471112, Tana St). Sie verbinden Malindi mit Lamu, Mombasa, Nairobi und vielen weiteren Städten in Kenia.

Der **Flughafen Malindi** (MYD) bietet regelmäßige Flugverbindungen mit Nairobi und weiteren kenianischen und ostafrikanischen Flughäfen. Zu buchen über Fly540 (www.fly540.com), Safarilink (www.flysafarilink.com) und Yellow Wings (www.yellowwings.com).

Kilili Baharini Resort & Spa, Casuarina Rd, Tel. +254/(0)770/206500; DZ/F ab 248 Euro. Wunderschön gestaltetes Tropenresort unter italienischer Leitung, direkt am Strand. Es verfügt über 5 Pools, 2 Bars ein Strandrestaurant sowie ein Wellnesscenter.
www.kililibaharini.com
Facebook: @KililiBaharini
Diamond Dream of Africa, Casuarina Rd, Tel. +254/(0)720/607075; DZ/VP ab 245 Euro. Das schöne Strandresort wurde 2021 und 2022 von den World Travel Awards zu Afrikas führendem All-Inclusive-Resort gewählt. Es liegt am Sandstrand von Malindi und bietet ein Schönheits- und Wellnesscenter mit Aussicht auf den Ozean und elegante Suiten mit eigener Terrasse. Das À-la-carte-Restaurant serviert eine Auswahl an Menüs mit Meeresfrüchten, und die Poolbar serviert Drinks, frische Früchte und Snacks. Das Wassersportzentrum organisiert eine Vielzahl an Wassersportaktivitäten.
https://dreamofafrica.diamondsresorts.com
Instagram: @diamonds_dreamofafrica
Barefoot Beach Camp, Abzweigung B8, Tel. +254/(0)722/421351; DZ/F ab 180 Euro. Etwa eine halbe Stunde nördlich von Malindi liegt das Barefoot Beach Camp am ruhigen Mambrui Beach. Übernachtet wird in komfortablen Safarizelten mit großen Betten und Badezimmern. Im Garten kann auch gecampt werden. Das Essen ist ausgezeichnet.
Instagram: @barefootbeachcampkenya
Che Shale, Lamu Rd, Tel. +254/(0)722/230917; DZ/F ab 135 Euro. Wunderschönes kleines Strandresort am Mambrui Beach. Die Bandas sind mit Makuti-Dächern gedeckt und aus Naturmaterialien gebaut. Das Essen ist hervorragend, es gibt zahlreiche leckere Meeresfrüchte-Gerichte. Es werden verschiedene Aktivitäten angeboten, darunter Kitesurfing.
www.cheshale.com
Instagram: @cheshalehotel
Scorpio Villas, Casuarina Rd, Tel. +254/(0)700/437680; DZ/F ab 55 Euro. Diese hübschen Villen liegen direkt am Meer und verfügen über 4 Pools. Die hellen Zimmer sind mit dunklen Holzmöbeln mit Swahili-Schnitzereien ausgestattet. Das Preis-Leistungs-Verhältnis ist unschlagbar!
www.scorpio-malindi.com
Villa Fortuna Malindi, Crocodile Rd, Tel. +39/(0)347/625215; DZ/F ab 38 Euro. Schönes Bed & Breakfast, nur wenige Minuten vom Strand entfernt. Es gibt einen Swimmingpool und große, gut eingerichtete Zimmer. Der Garten versinkt in

Die Küste

einem Meer aus purpurner Bougainvillea und scharlachrotem Hibiskus. Man wird von der italienischen Gastgeberin empfangen. Der Koch zaubert köstliche italienische Gerichte.
Facebook: B&B »Villa Fortuna« Malindi-Kenya

Restaurant Karen Blixen, Lamu Rd, Tel. +254/(0)705/144744. Beliebtes, rustikales Restaurant; es gibt Spezialitäten mit Meeresfrüchten, italienische Gerichte und Pizza.
Pizza O, Casuarina Rd, Tel. +254/(0)711/480046. Das schöne Strandlokal mit luftiger Terrasse gehört zu den besten italienischen Lokalen in Malindi. Es werden italienische Klassiker wie Spaghetti alla Carbonara, Risotto ai Funghi und Tiramisu serviert.
www.osteriabeachrestaurant.com
Instagram: @osteria_malindi
Baobab Restaurant, Sea Front Rd, Tel. +254/(0)722/829867. Schönes Lokal direkt am Strand mit einem schönen Ausblick auf den Indischen Ozean. Zu essen gibt es unter anderem Swahili-Curries mit Fisch und würziger Kokosmilch.
Rosada Beach Restaurant, Casuarina Rd, Tel. +254/(0)42/2130846. Das Restaurant, dessen Pizzen weit bekannt sind, liegt direkt am Strand. Zum Rosada gehört auch eine Strandbar.
Baby Marrow, Silversand Rd, Tel. +254/(0)700/766704. Eines der besten Restaurants an der Küste. Elegantes Ambiente, auf den Tisch kommen gegrillte Meeresfrüchte, Pizza und andere italienische Speisen. www.babymarrowrestaurant.com
Facebook: Baby Marrow Art & Food Malindi

Lo Sfizio Coffee Shop, an der B8, Tel. +254/(0)112/601883. Italienisches Café in der Innenstadt von Malindi, das aromatischen Kaffee und Gebäck serviert. Probieren Sie unbedingt die Mozzarella-Samosas! Keine Kartenzahlung möglich. Direkt neben dem Café befindet sich ein empfehlenswerter Laden, der Honig aus verschiedenen kenianischen Regionen verkauft.
Instagram: @losfizio_malindi
Cake Mania, Lamu Rd, Tel. +254/(0)713/654584. Von einem tropischen Garten umgebenes Café mit schöner Veranda. Hier lassen sich in aller Ruhe ein Eiskaffee und einer der hausgemachten Cupcakes genießen. Instagram: @cakemania_mld

Das Nachtleben von Malindi ist nicht vergleichbar mit Diani Beach. Hier trifft man sich abends vor allem in den Bars der Strandresorts und Hotels.

Shakir, Silversand Rd, Tel. +254/(0)722/602123. Cooler Kleiderladen mit handgefertigten Schals und bunt gemusterten Kleidern, Naturhanf-Taschen, Kikoys und Baumwollteppichen. www.shakirmalindi.com
Malindi Handicraft Cooperative Society, Innenstadt, Tel. +254/(0)723/036781. Wer noch Souvenirs braucht, sollte dieses große Souvenirgeschäft besuchen. Hier gibt es schöne Holzschnitzereien, Figürchen aus Seifenstein und vieles mehr.
7 to 7 Supermarket, Lamu Rd, Tel. +254/(0)721/341340. Hier bekommt man alles, von frischem Obst und Gemüse über Kosmetik bis Haushaltswaren.
Naivas, in der Festival Mall an der B 8. Gute Auswahl an Lebensmitteln, vor allem frisches Obst und Gemüse, vieles davon vom Lake Naivasha. www.naivas.co.ke
Italian Supermarket, Lamu Rd. In diesem kleinen Supermarkt gibt es typisch italienische Produkte wie Limoncello, Wurst- und Käsespezialitäten und Gelato.

Malindi Museum, Silversand Rd, Tel. +254/(0)42/31479; tgl. 8.30–18 Uhr, 500 Ksh, Tickets über www.ecitizen.go.ke.
www.museums.or.ke/malindi-museum
Instagram: @museumsofkenya

Die meisten Hotels und Strandresorts in Malindi können Wassersportaktivitäten für Sie organisieren.

Das **Che Shale** (→ S. 355) bietet Dhau-Touren, Hochseefischen und Kitesurfing an.

Blue Fin bietet Tauchkurse und Ausflüge in den nahe gelegenen Meerespark an. Seriöser Tauchanbieter, der von mehreren Resorts in der Stadt operiert. www.bluefindiving.com

Aqua Ventures, im Driftwood Beach Club. Ebenfalls ein guter Tauchanbieter. www.diveinkenya.com Instagram: @aqua_ventures_diving

Malindi Cultural Festival: Eine der größten kulturellen Veranstaltungen an der ostafrikanischen Küste, findet jedes Jahr im April statt. Es hat zum Ziel, den Tourismus und das vielfältige afrikanische Kulturerbe zu fördern. Auf dem Programm stehen Musik, Tanz, Kunst und Kulinarisches der Küstenregion.

Good Life Pharmacy, an der B8, Tel. +254/(0)734/204871. Empfehlenswerte und gut ausgestattete Apotheke direkt an der Hauptstraße B 8. www.goodlife.co.ke

Die Küste

Strand in Malindi

Lamu-Archipel

Das Lamu-Archipel bietet Reisenden ein einzigartiges Inselerlebnis. Es liegt an der Nordküste Kenias und setzt sich zusammen aus den größeren Inseln Pate, Manda und Lamu Island. Zu den kleineren Inseln gehören Kiwayu, Ndau und Manda Toto. Die größte Stadt des Archipels ist Lamu Town auf der Insel Lamu. Sie ist die älteste kontinuierlich bewohnte Siedlung von ganz Kenia und wurde 1370 gegründet. Die Stadt gehört zum UNESCO-Weltkulturerbe. Auf Manda Island und Pate Island gibt es einige archäologische Stätten mit Überresten antiker Siedlungen, die beliebte Tagesausflugsziele von Lamu aus sind.

Die meisten Menschen im Archipel gehören dem Islam an, und es gibt in Lamu Town einige Moscheen. Die meisten Musliminnen tragen die schwarzen Gewänder des Buibui, während Männer die weißen Gewänder des Kanzu oder einen bunten Kanga und die Kopfbedeckung Kofia tragen. Sowohl Frauen als auch Männer sollten darauf achten, sich respektvoll zu kleiden, das heißt, Schultern und Knie zu bedecken.

Lamu Island

Interessanterweise gibt es auf der Insel nur zwei Autos: Das eine gehört der Stadtverwaltung, und das andere ist kurioserweise ein Krankenwagen für Esel. So stören keine Motorgeräusche die Ruhe der Insel, und keine Abgase verschmutzen die frische Meeresluft. Esel werden als Transportmittel an Land, die traditionellen Dhau-Segelboote auf dem Wasser verwendet.

■ Lamu Town

Lamu gilt als Entstehungsort der Swahili-Kultur, geprägt vom jahrhundertelangen Handel mit Oman und anderen Ländern am Indischen Ozean. Zu den Handelswaren gehörten Getreide, Früchte, Mangrovenholz, Schildpatt, Elfenbein und Gewürze. Lamu war auch am Sklavenhandel beteiligt. Alle handelnden Kulturen hinterließen ihre Spuren in der Swahili-Kultur.

Die Stadt Lamu hat ein entspanntes Inselflair. Auf einem Spaziergang durch die engen Gässchen der Altstadt kommt man vorbei an traditionellen **Swahili-**

Meeresbucht im Lamu-Archipel

Das Lamu-Archipel

Die Küste

Steinhäusern mit weißen Steinbänkchen vor kunstvoll geschnitzten Holztüren, kleinen **Märkten**, die nach Gewürzen duften, und Plätzen, über die eine erfrischende Brise weht.

An der Strandpromenade von Lamu befindet sich das **Lamu-Museum** in einem typischen Swahili-Haus des 19. Jahrhunderts. Hier kann man eine Ausstellung mit verschiedenen Objekten der Swahili-Kultur besuchen. Dazu zählen antike Möbel, Musikinstrumente, Kunst- und Gebrauchsgegenstände sowie Kunsthandwerk. Besondere Highlights sind die schön verzierten Dhau-Modelle.

Das **Lamu Fort** am alten Marktplatz, gleich hinter der Strandpromenade, wurde zwischen 1813 und 1821 mit omanischer Hilfe erbaut. Anfänglich diente es als Stützpunkt, von dem aus die Omanis ihre Kontrolle über die ostafrikanische Küste festigten, doch später

verlor die Stadt ihre wirtschaftliche Bedeutung. Während der britischen Kolonialbesatzung und nach der Unabhängigkeit Kenias wurde das Fort als Gefängnis genutzt. Heute beherbergt es ein **Umweltmuseum** und eine Bibliothek und wird häufig für Gemeindeveranstaltungen genutzt. Vom ersten Stockwerk hat man einen schönen Ausblick auf die Altstadt.

Im späten 19. Jahrhundert, bevor Großbritannien beschloss, die deutsche Expansion in Tanganjika im Keim zu ersticken, betrachteten die Deutschen Lamu als idealen Stützpunkt, von dem aus sie das Landesinnere ausbeuten konnten. Das alte **Postamt**, das von der Deutsch-Ostafrikanischen Gesellschaft eingerichtet wurde, ist heute ein kleines **Museum**, in dem alte Fotos der Stadt und einige wenige Erinnerungsstücke aus der Zeit der deutschen Präsenz ausgestellt werden.

Werkstatt in Lamu

Das **Swahili House Museum** befindet sich in der Nähe der Strandpromenade. Es ist ein Beispiel für ein Swahili-Haus aus dem 18. Jahrhundert und gibt einen Einblick in die traditionelle Bauweise der Swahili-Häuser. In diesem ehemaligen Wohnhaus findet sich alles, was zum damaligen Leben gehörte. Bei einer Führung erfährt man viel Spannendes über das Alltagsleben einer Swahili-Familie.

Esel sind das Rückgrat der Wirtschaft in Lamu Town und in den kleinen Küstendörfern auf den Inseln des Archipels. Da es keine motorisierten Fahrzeuge gibt, werden Waren, Koffer, Baumaterialien und Menschen mit Hilfe von Packeseln transportiert. An der Strandpromenade von Lamu befindet sich die Klinik des **Donkey Sanctuary Kenya**. Es hilft seit über 30 Jahren beispielsweise dabei, durch die Verbesserung der Konstruktion der Karren und des Geschirrs die Wirbelsäule der Tiere zu schützen, Wunden zu vermeiden und dafür zu sorgen, dass die Karren gut ausbalanciert sind. Da es auf einigen der Inseln im Archipel keinen tierärztlichen Dienst gibt, ist das Team

Karte S. 359

von Donkey Sanctuary Kenya nach wie vor die einzige Anlaufstelle für Notfälle. Wie Sie das Esel-Hilfszentrum unterstützen können, erfahren Sie auf → S. 414.

■ **Shela Beach**
Der Shela Beach am südöstlichen Zipfel der Insel ist über einen etwa halbstündigen Spaziergang oder per Wassertaxi zu erreichen. Die schönen weißen Strandstände sind von hohen Sanddünen gesäumt.

■ **Mangrove Forest**
Lamus beeindruckende Mangrovenwälder lassen sich auf einer Dhau-Tour erkunden. Kenia verfügt über etwa 530 Quadratkilometer Mangrovenwälder, von denen sich mehr als zwei Drittel um Lamu konzentrieren.

Mangrovenwälder sind nicht nur Ökosysteme, die für zahlreiche Tier- und Pflanzenarten eine wichtige Rolle spielen. Auch Menschen an der Küste nutzen sie seit Jahrhunderten. Die alte Tradition des Handels mit Mangrovenholz lebt in Lamu fort. Es wird unter anderem für die Gewinnung traditioneller Medizin und als Bau- und Brennholzlieferant genutzt. Mangrovenholz war seit Urzeiten eines der wichtigsten Exportgüter der Swahili-Küste. 1982 aber verbot die Regierung jeglichen Export von Mangrovenholz, um der übermäßigen Abholzung der Wälder Einhalt zu gebieten. Inzwischen haben sich die Bestände deutlich erholt. Durch das Bevölkerungswachstum an der Küste wächst die Nachfrage nach Lamus »braunem Gold« jedoch wieder, und es wird nach nachhaltigen sowie alternativen Nutzungsmöglichkeiten gesucht, wie etwa Bienenhaltung oder Ökotourismus. Vielerorts treten Wiederaufforstungsmaßnahmen in Kraft, und gerodete Flächen werden mit jungen Mangrovenbäumen bepflanzt.

Lamu-Archipel

Infos: www.lamuholiday.com, www.lamu.
go.ke,Facebook: lamuhomesandsafaris
Die schnellste, sicherste und einfachste
Art der Anreise ist mit dem Flugzeug. Es
gibt tägliche Flüge zwischen dem **Manda
Airport** (LAU) bei Lamu und vielen weiteren ostafrikanischen Städten mit Fly540
(www.fly540.com), Safarilink (www.fly
safarilink.com) und Yellow Wings (www.
yellowwings.com). Die Überfahrt vom
Festland nach Lamu Town erfolgt mit
einem **Wassertaxi**.
Weder die Anreise mit dem eigenen Auto
noch mit dem Bus kann empfohlen werden. **Fahrzeuge** sind auf den Inseln **nicht
erlaubt**. Die Städte auf dem Festland vor
Lamu können über **Busse** und **Matatus** erreicht werden. Die Sicherheitslage auf der
Straße zwischen Malindi und Lamu ist jedoch nicht stabil, es kam in der Vergangenheit vereinzelt zu bewaffneten Überfällen.

The Fort of Shela, Shela, Lamu Island,
Tel. +254/(0)721/436894; 990 Euro (nur
komplett buchbar, bis zu 6 Pers.). Diese
Unterkunft an einem einsamen Abschnitt
des Shela Beach wirkt wie ein wuchtiges
omanisches Fort. Die herrliche Abgeschiedenheit und die minimalistischen Swahili-
Zimmer kreieren ein ganz besonderes
Ambiente. Mahlzeiten kann man hinzubuchen. www.thefortshela.com
Instagram: @thefortshela
The Majlis Hotel, Manda Island, Tel. +254/
(0)773/777066; DZ/HP ab 500 Euro.
Wunderschönes Hotel mit klassischer Swahili-Architektur auf Manda Island. Es gibt
eine riesige Poollandschaft, eine Bar, ein
exzellentes Restaurant und ein Spa. Es
werden zahlreiche Wassersportaktivitäten angeboten. www.themajlisresorts.com
Instagram: @themajlisresort_lamu
Peponi Hotel, Shela, Lamu Island, Tel. +254/
(0)722/203082; DZ/F ab 310 Euro. Eines
der besten Hotels am Platz und einer der
wenigen Orte, an denen Alkohol ausgeschenkt wird. Es liegt direkt am Wasser,
die luftigen Zimmer mit Meerblick sind
im Swahili-Stil gestaltet. Das Restaurant
ist das beste in Lamu, und es werden zahlreiche Wassersportaktivitäten organisiert.
Das Peponi Hotel setzt sich außerdem für
den Schutz der in Lamu lebenden Schildkröten ein. www.peponihotel.com
Instagram: @peponi_hotel
Manda Bay, Manda Island, Tel. +254/
(0)716/579999; DZ/VP ab 300 Euro.
Herrlich ruhig im Nordosten der Insel Manda gelegen, umgeben von einem Palmen-
garten und einem Mangrovenwald. Die
Zimmer sind komfortabel und im Swahili-
Stil eingerichtet. Es werden zahlreiche
Wassersportarten sowie Bootsausflüge
zu den Takwa-Ruinen angeboten (im 17.
Jahrhundert aufgegebene einstige Han-
delsstadt, Tickets über https://museums.
or.ke). www.mandabay.com
Instagram: @mandabay_hotel
Banana House, Shela, Lamu Island,
Tel. +254/(0)721/275538; DZ/F ab
140 Euro. Boutique-Hotel und Wellness-
Center mit dem Charme eines eleganten
Privathauses. Die 16 Zimmer verteilen sich
auf 3 Häuser in einem üppigen tropischen
Garten. Die Küche serviert Gerichte mit
frischen Bio-Lebensmitteln, es gibt einen
Pool, Yogakurse und andere Wellness-Pro-
gramme. www.bananahouse-lamu.com
Instagram: @bananahouselamu
Lamu House, Lamu Town, Lamu Island,
Tel. +254/(0)792/469577; DZ/F ab
130 Euro. Das Hotel bewahrt den Charme
der traditionellen Swahili-Architektur und
verfügt über 10 Zimmer, 3 Pools und ein
Restaurant. Von der Dachterrasse hat man
einen wunderbaren Ausblick über die la-
byrinthartige Altstadt von Lamu und den
Indischen Ozean. www.lamuhouse.com
Instagram: @lamuhouse
Fatuma's Tower, Shela, Lamu Island,
Tel. +254/(0)716/572370; DZ/F ab
124 Euro. Diese originelle Unterkunft befindet sich in einem restaurierten 200 Jahre
alten Turm, der einst einer Swahili-Adli-
gen gehörte. Heute ist Fatuma's Tower ein
friedlicher Ort mit einem üppigen Garten,

Die Küste

kleinem Swimmingpool und ausgezeichnetem Essen. www.fatumastower.com Instagram: @fatumastower
Subira House, Lamu, Lamu Island, Tel. +254/(0)726/916686; DZ/F ab 60 Euro. Das schöne Swahili-Haus inmitten der Altstadt von Lamu zeichnet sich durch anmutige Bögen und bunte Gärten mit Brunnen aus. Das Haus wurde vor etwa 200 Jahren für den Sultan von Sansibar gebaut. Es gibt luftige Zimmer und ein wunderbares Restaurant. www.subirahouse.com Instagram: @subira_house_lamu
Stopover Guest House, Lamu, Lamu Island, Tel. +254/(0)731/398895; DZ/F ab 45 Euro. Schönes Gästehaus an der Uferpromenade. Die Zimmer sind einfach und geräumig und es gibt ein beliebtes Restaurant, das Swahili-Küche serviert. Instagram: @stopoverguesthouselamu
Jambo House, Lamu Town, Lamu Island, Tel. +254/(0)713/411714; DZ/F ab 36 Euro. Freundliches Gästehaus unter deutscher Leitung in der Altstadt. Die Zimmer sind gemütlich, das Personal zuvorkommend und das Preis-Leistungs-Verhältnis unschlagbar! www.jambohouse.com Instagram: @jambohouselamu
Wildebeeste Hostel, Lamu Town, Lamu Island, Tel. +254/(0)720/996998; DZ ab 18 Euro. Einfache und saubere Zimmer, hilfsbereites Personal.

Einige der Hotels und Resorts in Lamu haben ausgezeichnete Restaurants, die auch Nicht-Gästen offenstehen. Dazu zählt das **Moonrise-Restaurant** im Lamu House mit Swahili-Küche, das **Stopover-Restaurant** im gleichnamigen Guest House sowie das hervorragende Restaurant im **Peponi-Hotel**. Hier stehen internationale Gerichte der italienischen und französischen Küche sowie Meeresfrüchte auf der Speisekarte. Auch das Restaurant des **Kijani-Hotels** ist empfehlenswert. Daneben gibt es weitere gute Restaurants auf Lamu Island.
Sea Suq, Shela, Lamu Island, Tel. +254/(0)728/718192. Süßes kleines Restaurant an der Strandpromenade von Shela. Leckere und preisgünstige Speisen, von gegrilltem Fisch mit Pommes frites bis Samosas und Curry mit Reis und Chapatis. Instagram: @sea_suq_cafe
Seafront Café, Lamu Town, Lamu Island. Kleines Restaurant mit kenianischer und Swahili-Küche. Beim Essen kann man das bunte Treiben an der Strandpromenade beobachten. Instagram: @sea_front_cafe
Labanda Restaurant, Lamu Town, Lamu Island. Wunderschön im Swahili-Stil gehaltenes Restaurant an der Strandpromenade. Hier gibt es gebratenen Fisch mit Ugali und Sukuma Wiki (Grünkohl) und weitere kenianische Speisen.

Whispers Café, Lamu Town, Lamu Island, Tel. +254/(0)701/481468. Beliebtes Café in der Altstadt. Auf der kleinen von Korallensteinwänden umrahmten Terrasse genießt man Chai, Eiskaffee, hausgemachten Bananenkuchen oder ein Sandwich. Facebook: Whispers Coffee Shop
Gelamu Café, Shela, Lamu Island. Versteckt im Labyrinth der Sträßchen von Shela, serviert Gelamu ausgezeichnetes hausgemachtes Eis mit saisonalen Geschmacksrichtungen. Es verfügt zudem über einen hübschen Laden, in dem Taschen, Kunst und Kissen verkauft werden. Instagram: @gelamu_cafe
Lamu ist zum Feiern eher weniger geeignet. Nur in den **Bars der Strandresorts** und Hotels ist abends was los, und nur in bestimmten Bars wird Alkohol ausgeschenkt. Eine gute Location für Sundowner ist die **Floating Bar & Restaurant**, vor der Küste von Lamu Town, mit dem Wassertaxi erreichbar. In der Bar mit kleinem Restaurant gibt es gegrillten Fisch und Rippchen. Die Bar schenkt auch Alkohol aus. Hier ist die Stimmung gut, und es ist immer etwas los. Instagram: @floatingbarlamu

In den schmalen Gässchen der Altstadt von Lamu Town gibt es viele kleine Läden mit Souvenirs und Kleidung. Grundnahrungsmittel erhält man in etlichen Läden, Obst und Gemüse auf dem Markt in der Altstadt.

Lamu Silversmith, Lamu, Lamu Island, Tel. +254/(0)711/945354; Mo–Sa 8–17.30, So 8–12.30 Uhr. Schöner, handgemachter Silberschmuck.

Baraka Gallery, im Whispers Café, Lamu Town, Lamu Island. Kleiner Souvenirladen mit Holzschnitzereien, Figuren, Masken, Kleidung, Schmuck und vielem mehr.

Lulu Stories, Shela, Lamu Island. Wunderschönes kleines Geschäft mitten in der verwinkelten Innenstadt. Gut sortierte Auswahl an Artikeln aus Kenia und Ostafrika. www.lulu-stories.com
Instagram: @lulu.stories

Wer mehrere Sehenswürdigkeiten – German Post Office Museum, Swahili House Museum, Lamu Fort und Lamu Museum (alle tgl. 8.30–18 Uhr) – besuchen möchte, fragt nach dem **Museums-Package**. Das kostet 3000 Ksh pro Person und kann im Lamu-Museum gekauft werden. Tickets über https://nmk.ecitizen.go.ke.
Instagram: @museumsofkenya

Lamu Yoga Festival: 5-tägiges Festival im Dorf Shela, aber auch auf der Insel Manda und in der Altstadt von Lamu. Vom Yoga am Strand bis zur Meditation im Mondlicht ist alles dabei. www.lamuyoga.org
Facebook: @Lamuyoga

Lamu Cultural Festival: Jährliche einwöchige Feier der verschiedenen Kulturen Lamus. Es werden traditionelle Swahili-Poesie, Dhau-Rennen, ein Esel-Rennen sowie Musikaufführungen und Ausstellungen geboten. www.lamuholiday.com

Maulid Festival: Anlässlich der Geburt des Propheten Mohammed wird dieses Fest seit über 100 Jahren auf Lamu gefeiert, mit viel Gesang, Tanz und religiösen Zeremonien. www.lamu.go.ke/maulid-festival

Lamu Fishing Competition: Jährlicher Angelwettbewerb im November.
www.lamu.go.ke/fishing-competition

Shela Hat Contest: Die ausgefallensten Kopfbedeckungen werden prämiert (Februar). www.shela-hat-contest.com
Geplant sind neue Events wie das Amu Seafood Cuisine Festival, das Governor's Dhow Race Festival und der Amu Triathlon Contest.

Die meisten Hotels und Strandresorts in Lamu können zahlreiche **Wassersportaktivitäten** organisieren. Das **Peponi-Hotel** (→ S. 361) bietet unter anderem Dhau-Touren, Hochseefischen und Surfing an.

Tusitiri Dhow, Lamu Town, Lamu Island. Exklusives Luxus-Dhau in Lamu, auf dem man Tagesausflüge oder mehrtägige Touren machen kann.
www.enasoitcollection.com
Instagram: @tusitiri_dhow

Hippo Dhow, Shela, Lamu Island. Das Hippo-Dhau legt in Shela ab und bietet verschiedene Bootsausflüge – Mittagessen, halber Tag, Sonnenaufgang und Sonnenuntergang – rund um die Inseln des Archipels und die Mangrovenkanäle an. Bei einem Mittagessen auf dem schönen Segelboot werden einige der besten Meeresfrüchte des Archipels aufgetischt. Buchen Sie über eine Nachricht auf: Instagram @hippodhow

Es lohnt sich, eine **geführte Stadttour** durch die Altstadt von Lamu zu unternehmen. Dabei lernt man viel über das Leben auf der Insel, Swahili-Kultur und den hier praktizierten Islam. Die meisten Unterkünfte können eine Tour organisieren.
Ein besonderes Erlebnis ist eine Wellness-Behandlung im **Natural Lamu Beauty Spa** im Banana House in Shela. Das Spa arbeitet mit natürlichen Produkten aus lokal bezogenen Zutaten. Die Produkte von Natural Lamu kann man auch vor Ort kaufen.

Natural Lamu Beauty Spa, Shela, Lamu Island, Tel. +254/(0)791/332919.
www.natural-lamu.com
Instagram: @natural.lamu

Die Küste

Möge die afrikanische Sonne immer durch deine Augen scheinen und möge der Klang ihrer Trommeln immer in deinem Herzen schlagen.

Afrikanisches Sprichwort

Boote am Ufer des Victoriasees

Überblick

Der Westen Kenias bietet einige Attraktionen abseits der ausgetretenen Pfade, denn nur wenige Reisende besuchen diesen Teil Kenias. Man hat daher die Sehenswürdigkeiten und Naturjuwele oft fast für sich allein. Westkenia wird dominiert vom **Lake Victoria** (→ S. 372), dem flächenmäßig größten See Afrikas und dem größten tropischen See der Welt. Hier lässt sich die malerische Insel **Rusinga** (→ S. 382) besuchen. Am Victoriasee liegt die drittgrößte Stadt Kenias, **Kisumu** (→ S. 376), das kulturelle und politische Zentrum der **Luo-Ethnie** (→ S. 381), die die zweitgrößte Bevölkerungsgruppe Kenias stellt.

Im Westen Kenias liegt das weitestgehend unbekannte Naturjuwel des tropischen **Kakamega-Regenwaldes** (→ S. 368), der den östlichsten Ausläufer der gigantischen Kongo-Regenwälder bildet. In diesem dampfenden Urwald ist eine riesige Vielfalt an Vogel- und Schmetterlingsarten zu Hause, viele davon lassen sich nirgendwo sonst in Kenia beobachten. Das bunte Kaleidoskop dieser unterschiedlichen Landschaften spiegelt sich auch in der kulturellen Vielfalt der Region wider. Die fruchtbaren Hochländer Westkenias werden von den Mitgliedern der Kalendjin-Ethnie bewirtschaftet. Die Luo, die vor allem an den Ufern des Victoriasees leben, haben sich auf den Fischfang spezialisiert. Nördlich des Victoriasees leben die Luhya (auch Abaluyia oder Luyia genannt), die hier weitläufige Zuckerrohrplantagen betreiben. Und schließlich wohnt in den Bergen von Kisii die ethnische Gruppe der Gusii, die für ihre Steinschnitzkunst bekannt ist. Hier wird der weiche Seifen- oder Speckstein gebrochen und zu Figuren verarbeitet, die überall im Land als Souvenirs verkauft werden.

Kakamega

Die Hauptstadt der Western Province liegt etwa 50 Kilometer nördlich von Kisumu. Manche behaupten, dass der seltsam anmutende Name der Stadt von dem Umstand herrührt, dass europäische Siedler Ugali, das lokale Grundnahrungsmittel, probierten. Sie versuchten, den Essstil der Luhya nachzuahmen und den Ugali durch eine »kneifende« Bewegung der Finger zu essen. Kakamega bedeutet in der Luhya-Sprache so viel wie »kneifen«. Andere behaupten, dass der Name der Stadt von der Nandi-Ethnie herrührt, die das Gebiet vor den Luhya bewohnte. Sie nannten die Gegend »Kokomego«, was so viel wie »viele Gebäude« bedeutet und auf die wachsende Bevölkerung hindeutet. Daraus entstand möglicherweise der Name »Kakamega«. Kakamega

▲ *Ein Haubenzwergfischer am Victoriasee*

gilt als die wichtige Stadt der Luhya, der zweitgrößten ethnischen Gruppe in Kenia nach den Kikuyu. Viele Luhya betreiben Landwirtschaft, sie bauen verschiedene Feldfrüchte wie Erdnüsse, Sesam, Mais, Baumwolle und Zuckerrohr an. Die Landwirtschaft profitiert von den sehr hohen jährlichen Niederschlagsmengen in der Region. Auch Viehzucht ist unter den Luhya verbreitet.

Die Western Province ist eine der am dichtesten besiedelten Gebiete Kenias und hat eine der höchsten Wachstumsraten; die Bevölkerungszahlen von Kakamega County explodierten in weniger als zwei Jahrzehnten von rund 40 000 Einwohnern auf gegenwärtig

fast zwei Millionen! Dies ist vor allem auf die traditionelle polygame Lebensweise der hier beheimateten Luhya zurückzuführen. Ein Mann kann mehrere Ehefrauen haben, wodurch Familien sehr groß werden und bis zu 30 Kinder zählen können. Polygamie war in der Vergangenheit weit verbreitet. Jedoch muss das Ackerland der Familie auf alle Kinder aufgeteilt werden, was dazu führte, dass das Land in winzige Parzellen aufgeteilt werden musste, die zu klein sind, um eine Familie zu ernähren. Die Praktik der Polygamie wurde von den meisten Luhya als problematisch angesehen und wird heute nur noch von wenigen Menschen praktiziert.

 Kakamega

Kakamega ist mit den Städten in der Region gut vernetzt.
Fahrzeit Kisumu–Kakamega: ca. 1 Std.
Fahrzeit Eldoret–Kakamega: 2,5 Std.

Von Nairobi aus kann man nach Kakamega mit **Easy Coach** (www.easycoach.co.ke; abseits der Mumias Road) fahren. Es gibt außerdem regelmäßige Verbindungen nach **Nakuru** und weitere Städte der Region. Die Matutus zu diesen Zielen fahren hinter dem Markt ab.

Matatus nach Kisumu fahren in der Nähe der Total-Tankstelle am nördlichen Stadtrand ab. Erkundigen Sie sich vor Ort, welches Matatu für Sie das richtige ist.

Es gibt regelmäßige Flugverbindungen zwischen der **Landebahn in Kakamega (GGM)** und weiteren kenianischen Inlandsflughäfen. Zu buchen über Yellow Wings (www.yellowwings.com).

Die meisten Reisenden passieren Kakamega lediglich auf ihrer Reise in den Kakamega-Wald. Wer einen längeren Zwischenstopp in Kakamega einlegen möchte,

dem seien die folgenden Unterkünfte empfohlen.
Kakamega Golf Hotel, Khasakhala Rd, Tel. +254/(0)728833974; DZ/F ab 90 Euro. Wahrscheinlich die beste Unterkunft in Kakamega. Zentrale Lage, saubere und moderne Zimmer, Swimmingpool und gutes Restaurant.
www.golfhotelkakamega.com
Kakamega Guesthouse, Kisumu–Kakamega Rd, Tel. +254/(0)787/351981; DZ/VP 30 Euro. Einfaches Gästehaus, eine gute Budget-Option. Es liegt mitten im Stadtzentrum an der vielbefahrenen A 1. Die Zimmer sind ordentlich und das Personal hilfsbereit.
Empfehlenswert sind die **Restaurants** der oben genannten Unterkünfte.

Chandarana Foodplus, Holden Mall. Kenianische Supermarkt-Kette mit einer großen Auswahl an Lebensmitteln und Haushaltswaren.
www.foodplus.co.ke

In der Holden Mall findet sich eine Filiale der empfehlenswerten Apothekenkette Good Life.
www.goodlife.co.ke

Der Westen

Kakamega Forest National Reserve

Der Kakamega-Wald ist ein Überbleibsel des artenreichen guineisch-kongolesischen Regenwaldes, der einst ganz Zentralafrika bis an die Küste des Indischen Ozeans überzog. Vor tausenden Jahren kam es aufgrund von Klimaveränderungen zur Entstehung und der allmählichen Ausbreitung der Sahara, was das riesige Waldgebiet immer weiter schrumpfen ließ. Die Gebiete, die noch übrig waren, wurden in den letzten drei Jahrhunderten weitestgehend gerodet. Das Motto des Waldschutzgebietes ist »Canopy of Natural Beauty« und verweist auf die Schönheit des Waldes, die sich unter dem Blätterdach der hohen Bäume entfaltet.

Das Kakamega Forest National Reserve liegt im Becken des Victoriasees, etwa 50 Kilometer nördlich der Stadt Kisumu, in der Nähe zur ugandischen Grenze. Der Wald umfasst etwa 238 Quadratkilometer, von denen derzeit etwas weniger als die Hälfte als einheimischer Wald erhalten ist. Im Norden des Waldes befindet sich das rund 45 Quadratkilometer große **Kakamega-Nationalreservat**, das 1985 den Status eines nationalen Waldreservats erhielt. Der Wald liegt in hügeligem Gelände zwischen 1500 und 1600 Metern Höhe. Die Flüsse Isiukhu und Yala durchfließen den Wald und münden in den Victoriasee. Hier finden sich zahlreiche Tier- und Pflanzenarten, die es in keinem anderen kenianischen Naturschutzgebiet gibt. 400 Schmetterlingsarten sind im Park zuhause, etwa 330 Vogelarten, 30 Schlangenarten und 7 Primatenarten, darunter die vom Aussterben bedrohte Brazza-Meerkatze. 380 verschiedene Baumarten gibt es im Reservat.

Der Status des Nationalreservats erlaubt es der lokalen Bevölkerung, den Wald zu bestimmten Zwecken zu nutzen; dazu gehören das Sammeln von Medizinalpflanzen und Honig sowie die Nutzung zu rituellen Zwecken. Abholzung ist streng verboten, doch immer wieder kommt es zu Regelbrüchen, vor allem wegen der steigenden Bevölkerungszahlen. Tourismus ist eine alternative Arbeitsquelle für Einheimische; mit einem Besuch fördert man die nachhaltige Wirtschaftsentwicklung in der Gegend. Bei einer Führung durch den Wald mit den ausgezeichneten lokalen Guides erfährt man viele interessante Dinge über die Flora und Fauna von Kakamega.

Die Tierwelt

Die Tierwelt des Kakamega-Waldes ist von Arten, die mit den Regenwäldern im Kongobecken assoziiert werden, geprägt und ist vor allem für seine kleineren Lebewesen bekannt. Es gibt im Wald nur wenige große Säugetierarten wie scheue Buschböcke und verschiedene flinke Duckerantilopen. Wer Glück hat, erspäht

Ein seltener Bindenschwanztrogon

Karte: vordere Umschlagklappe

Chamäleon im Kakamega-Wald

eines der selten zu beobachtenden Riesenwaldschweine. In der Vergangenheit gab es in Kakamega Elefanten, Büffel, Leoparden und sogar die seltene Bongo-Antilope. Diese Arten sind jedoch im Wald schon seit langem ausgerottet, die meisten fielen der Wilderei zum Opfer. Oft zu sehen sind wiederum verschiedene Primatenarten. Immer wieder sieht man die schönen schwarz-weißen Colobus-Affen, Diademmeerkatzen und Kongo-Weißnasenmeerkatzen akrobatisch von Baum zu Baum springen. Die seltenste Affenart von Kakamega ist die weißbärtige Brazza-Meerkatze. Zu den in Kakamega häufig vorkommenden Reptilien zählen Schlangen, wie die aggressive Kakamega-Waldkobra, die giftige Gabunviper, die vor allem in Westafrika heimisch ist, und die größte afrikanische Schlange, der Felsenpython. Auch der bis zu zwei Meter lange Nilwaran, bunte Agamen und Chamäleons kommen vor. Zu den weiteren im Park lebenden Tieren zählen Eichhörnchen und Flughörnchen, die bis zu 50 Meter von Baum zu Baum segeln können, Fledermäuse und

Flughunde mit bis zu einem Meter Flügelspannweite, Afrikanische Klauenotter, Mungos und Stachelschweine. Insekten gibt es in Hülle und Fülle, und einige von ihnen haben ein einzigartiges Aussehen, wie die gut getarnten Gespenstschrecken, die leuchtend grünen Gottesanbeterinnen und die markant gemusterten Goliathkäfer. Zu den Insekten zählen auch die zahlreichen bunten Schmetterlinge, für die Kakamega bekannt ist. Rund 400 Schmetterlingsarten sollen im Wald leben. Zu den schönsten zählen der Diademfalter und verschiedene Schwalbenschwänze.

Kakamega ist jedoch vor allem ein wichtiges Reiseziel für vogelkundlich Interessierte mit über 80 Vogelarten, die man sonst nur aus Westafrika kennt. Zu den bekanntesten zählen der vom Aussterben bedrohte Graupapagei, der auffällige Grauwangen-Hornvogel, dessen krächzende Schreie besonders in der Dämmerung zu hören sind, der blaue Riesenturako und der markante Rossturako. Ab Oktober gesellen sich um die 30 Zugvogelarten aus Europa zu den heimischen Arten.

Der Westen

Wilde Bananenstaude

Vegetation

Der Kakamega-Regenwald besteht aus einem Mosaik verschiedenster Vegetationsformen. Hier mischen sich die Waldtypen des artenreichen guineisch-kongolesischen Regenwalds und des Waldes, der typisch ist für das ostafrikanische Rift Valley. Fast ein Viertel aller Pflanzen von Kakamega kommt nirgendwo sonst in Kenia vor. Neben dichten Urwaldflächen findet man natürliche Waldlichtungen, Sumpfgebiete und Flüsse vor, die eine große Pflanzenvielfalt beherbergen. Hunderte von Baumarten wachsen hier, darunter einige der größten Hart- und Weichhölzer Afrikas, wie Olea welwitschii, Prunus africana und verschiedene Croton-Arten.

Wie andere Regenwälder auch ist Kakamegas Vegetation in Schichten aufgebaut: Zuoberst finden sich vereinzelte, aus dem geschlossenen Kronendach des Waldes herausragende Baumriesen von bis zu 45 Metern. Einige davon sind prächtige Würgefeigen, die vielen ethnischen Gemeinschaften in Kenia als heilig gelten. Die Baumkronzone folgt einige Meter darunter. An den Ästen der Bäume wachsen Epiphyten wie Farne, Flechten und Orchideen, und von den Baumstämmen hängen lange Lianen. Am Waldboden, zu dem nur ein kleiner Teil des Sonnenlichts dringt, wachsen schattenliebende Büsche, Gräser, Blumen und Farne.

Klima

Der Kakamega-Wald ist sehr feucht, und es kann das ganze Jahr über regnen. Die stärksten Niederschläge fallen während der langen Regenzeiten (März bis Mai), im Juni ist es etwas trockener. Während der kurzen Regenzeiten im Oktober und November wird es wieder feuchter. Dezember bis Februar sind die trockensten Monate. Die Temperatur ist das ganze Jahr über ziemlich konstant und liegt zwischen 20 und 30 Grad Celsius.

Karte: vordere Umschlagklappe

Im Nationalreservat unterwegs

Für den Besuch des Kakamega-Regenwaldes sollte man mindestens zwei Tage einplanen. Es werden Wanderungen (auch nachts), Waldspaziergänge sowie Vogel- und Schmetterlingsbeobachtungen angeboten. Der Kakamega-Wald ist durchzogen von einem Netz aus Wanderwegen verschiedener Länge und Schwierigkeit. Startpunkte für Wanderungen sind die **Isecheno Forest Station** und die **KWS-Station von Buyangu**.

Vögel lassen sich im ganzen Wald beobachten. Besonders schöne Plätze zur Vogelbeobachtung aber finden sich entlang des **Ikuywa River** sowie im Wald hinter der Isecheno Forest Station. Die Monate Juni bis August eignen sich hervorragend für die Beobachtung, da viele Vögel nach den Regenfällen im April und Mai brüten. Zugvögel sind von November bis April anzutreffen. Fernglas und Vogelbestimmungsbuch oder -App nicht vergessen! Die besten Monate für Schmetterlingsbeobachtungen sind August und September, wenn der Wald

Zitrusschwalbenschwanz

in einem farbenfrohen Durcheinander versinkt.

Zu den weiteren Highlights des Regenwaldes zählen die reizvollen **Wasserfälle am Yala Trail** und die **Isiukhu-Wasserfälle**, wo man schwimmen darf. Ein besonderes Erlebnis ist der Blick bei Sonnenaufgang vom **Buyangu Hill** über den dampfenden Urwald.

 Kakamega Forest National Reserve

Park- und weitere Gebühren → S. 34
Öffnungszeiten: tgl. 6–18 Uhr
Tickets nur online auf www.ecitizen.go.ke
Weitere Informationen: www.kws.go.ke

Die Anreise ist am einfachsten mit dem eigenen Fahrzeug.
Fahrzeit von Kitale: rund 2 Std.
Fahrzeit von Eldoret: ca. 2,5 Std.

Von allen Städten der Region gibt es regelmäßige Bus- und Matatu-Verbindungen nach Kakamega. Die Stadt liegt in der Nähe des Parkgates.
Innerhalb des Waldes erfordern die Wanderwege Anfahrten von bis zu 8 km. Daher muss man sich bei der Benutzung von öffentlichen Verkehrsmitteln auf gehörige

Umstände einstellen. Diese Art der Anreise ist nicht zu empfehlen.

Für die Anreise mit dem Flugzeug kann man die **Landebahn in der nahe gelegenen Stadt Kakamega** (GGM, → S. 367) nutzen.

Rondo Retreat Centre, im Kakamega-Wald, Tel. +254/(0)56/2030268; DZ/HP ab 220 Euro. Das Centre besteht aus einigen charmanten Cottages, die inmitten eines bunten Blumengartens liegen. Angeboten werden Wanderungen und Vogelbeobachtungen.
www.rondoretreat.com
Instagram: @rondo_retreat
Isukuti Guest House, im Kakamega-Wald; ganzes Haus 50 Euro; muss über http://

kws.ecitizen.go.ke gebucht werden. Schönes, rustikales Gästehaus des KWS, auf einer idyllischen Waldlichtung gelegen. Das Guesthouse ist mit Küche und Bad ausgestattet und bietet Raum für maximal 3 Personen.
www.kws.go.ke

Udo's Guest House and Campsite, im Kakamega-Wald; Banda 40 Euro; zu buchen über http://kws.ecitizen.go.ke. Diese vom KWS verwalteten Hütten für je 2 Personen sind nach Udo Savalli benannt, einem bekannten Ornithologen. Die Zimmer sind ordentlich, es gibt Toiletten, Eimerduschen und einen gemeinschaftlichen Koch- und Essplatz. Den Rest müssen Sie selbst mitbringen.

Auf dem schönen Gelände mit hohen Bäumen kann man auch campen (20 Euro Pers./Nacht).
www.kws.go.ke

Im Kakamega-Wald gibt es keinerlei Versorgungsmöglichkeiten. Wer campt oder in einer der Selbstversorgungs-Unterkünfte übernachtet, sollte sich in Kakamega mit Proviant und reichlich Trinkwasser eindecken.

Der Kakamega-Wald ist am besten über Wanderungen zu erkunden. Die **Begleitung durch lokale Guides** ist dabei unerlässlich – nicht nur zur besseren Orientierung, sondern auch, weil man bei einer geführten Wanderung viel Spannendes über die Flora und Fauna des Waldes lernt. Kontaktieren Sie den KWS unbedingt mindestens 24 Stunden im Voraus und organisieren Sie eine Führung.
Auch das Rondo Retreat Centre kann Führungen organisieren.

Lake Victoria

Mit einer Fläche von fast 60 000 Quadratkilometern ist der Victoriasee der flächenmäßig größte See Afrikas, der größte tropische See der Welt und der zweitgrößte Süßwassersee der Welt nach dem Lake Superior in Nordamerika. Der Victoriasee liegt in einer flachen Senke in Ostafrika. Zu Kenia zählen nur 6 Prozent der Fläche des Sees, während 45 Prozent zu Uganda und 49 Prozent zu Tansania gehören.

Geologisch gesehen ist der Victoriasee mit einem Alter von etwa 400 000 Jahren relativ jung. Während des Miozäns befand sich das heutige Einzugsgebiet des Sees auf der Westseite eines angehobenen Gebiets, das als kontinentale Wasserscheide fungierte, wobei die Flüsse auf der Westseite in das Kongobecken und die Flüsse auf der Ostseite in den Indischen Ozean flossen. Als sich das Ostafrikanische Grabensystem bildete,

hob sich die östliche Wand des Albertine-Grabens und kehrte die Entwässerung allmählich in Richtung des heutigen Victoriasees um. Durch die Öffnung des ostafrikanischen Hauptgrabens und des Albertine-Grabens wurde das Gebiet zwischen den Grabenwänden abgetragen, wodurch das heutige Becken des Victoriasees entstand.

Die ersten Aufzeichnungen über den Victoriasee stammen von arabischen Händlern, die auf der Suche nach Gold, Elfenbein, anderen wertvollen Gütern und Sklaven die Routen ins Landesinnere befuhren. Der See war den Einheimischen seit Jahrhunderten bekannt, die für ihn mehrere Namen in lokalen Sprachen hatten, lange bevor er von einem Briten bei einer Expedition Mitte des 19. Jahrhunderts »entdeckt« und nach Königin Victoria benannt wurde. Der Victoriasee erhält 80 Prozent seines Wassers aus

Sonnenuntergang am Lake Victoria

Abendstimmung am See

direkten Niederschlägen, den Rest aus Flüssen und tausenden kleinen Bächen. Der größte Fluss, der in den See fließt, ist der Kagera River, dessen Mündung sich am Westufer des Sees befindet. Der Victoriasee wird ausschließlich durch den Nil in der Nähe von Jinja (Uganda) am Nordufer des Sees entwässert. Damit ist der Victoriasee die Hauptquelle des längsten Nilarms. Der oberste Abschnitt des Nils wird im Allgemeinen als Victoria-Nil bezeichnet, bis er den Albertsee erreicht. In Kenia sind die wichtigsten Zuflüsse der Sio, Nzoia, Yala, Nyando, Sondu Miriu, Mogusi und Migori. Seit 1900 sind die Fähren auf dem Victoriasee ein wichtiges Transportmittel zwischen Uganda, Tansania und Kenia. Die wichtigsten Häfen am See sind **Kisumu**, **Mwanza**, **Bukoba**, **Entebbe**, **Port Bell** und **Jinja**. Die größte kenianische Stadt am Ufer des Lake Victoria ist **Kisumu** (→ S. 376). Die Stadt liegt am Winam Gulf, wo außerdem einige kleine, pittoreske Inselchen wie **Rusinga Island** (→ S. 382) zu finden sind.

Flora und Fauna

In der Region des Victoriasees leben zahlreiche Säugetierarten wie Flusspferde, verschiedene Otterarten, Sumpfmangusten und Sitatunga-Antilopen. Der Victoriasee und seine Feuchtgebiete beherbergen eine große Population von Nilkrokodilen sowie verschiedene, teilweise endemische Schildkrötenarten.

Der Victoriasee war früher sehr reich an Fischen, mit vielen endemischen Arten, von denen jedoch ein hoher Prozentsatz in den letzten 50 Jahren ausgestorben ist. Die Hauptgruppe im Victoriasee sind Buntbarsche mit mehr als 500 Arten. Das sind weit mehr Fischarten als in den meisten anderen Seen der Welt. Der Victoriasee ist mit einer Reihe von Umweltproblemen konfrontiert. Seit den 1950er Jahren wurden zahlreiche Arten in den See eingeführt, wo sie invasiv wurden und eine Hauptursache für das Aussterben vieler endemischer Buntbarsche sind.

Zu diesen Arten gehört vor allem der berüchtigte Nilbarsch (Lates niloticus). Er wurde zum Fischen in das Gewässer eingeführt und kann bis zu zwei Meter lang und 200 Kilogramm schwer werden. Das vollständige Verschwinden vieler endemischer Buntbarscharten ist ein dramatisches Beispiel für ein vom Menschen verursachtes Aussterben in einem

Ökosystem und hat verheerende Folgen für den See und für die lokale Fischerei. Zu den einheimischen Fischen, die keine Buntbarsche sind, gehören Afrikanische Salmler, verschiedene Arten Welse, der Stachelaal, Sardinen, Elefantenfische und der Marmorierte Lungenfisch. Im Victoriasee leben außerdem verschiedene Arten von Süßwasserkrabben, Garnelen, Süßwasserschnecken und Muscheln – viele davon sind endemisch. Zwei der Schneckengattungen sind Zwischenwirte des Parasiten, der Bilharziose (Schistosomiasis) verursacht. Infektionen des Menschen mit diesem Parasiten sind im Victoriasee häufig, vom Schwimmen im See ist daher abzuraten.

Ein weiteres Umweltproblem im Victoriasee stellt die Wasserhyazinthe dar. Die Einleitung großer Mengen ungeklärter Abwässer sowie landwirtschaftlicher und industrieller Abwässer in den See in den letzten 30 Jahren hat die Nährstoffkonzentration von Stickstoff und Phosphor im Wasser stark erhöht und ein massives Wachstum der Wasserhyazinthe ausgelöst, die den See in den späten 1990er Jahren kolonisierte. Diese invasive Pflanze schafft sauerstoffarme Bedingungen im Wasser, die die Zersetzung von Pflanzenmaterial verhindern und die Toxizität und das Krankheitsrisiko für Fische und Menschen erhöhen. Gleichzeitig bildet die Pflanze dichte Matten, die ein Hindernis für Boote und Fähren darstellt. Sie beeinträchtigt außerdem die Stromerzeugung aus Wasserkraft und blockiert die Wasserzufuhr für die Industrie. Andererseits haben Wasserhyazinthenmatten möglicherweise auch positive Auswirkungen auf das Fischleben, da sie ein Hindernis für die Überfischung darstellen und das Wachstum von Fischen ermöglichen; in den letzten Jahren sind sogar einige Fischarten wieder aufgetaucht, die als ausgestorben galten. 2013 wurde im Bezirk Kisumu ein Biogas-Kraftwerk errichtet, das Wasserhyazinthen nutzt. Die Biomasse kann als organischer Dünger verwendet werden.

Der Westen

Nilpferde im Victoriasee

Kisumu

Kisumu ist nach Nairobi und Mombasa die drittgrößte Stadt in Kenia und zählt etwa 400 000 Einwohner. Die Stadt liegt am nordöstlichen Rand des Winam-Golfs, einem langen, flachen Arm, der aus dem Hauptteil des Victoriasees herausragt. Kisumu ist nicht nur eine wichtige politische Stadt, sondern auch eines der bedeutendsten Industrie- und Handelszentren Kenias. Kisumu ist der wichtigste Umschlagplatz für die landwirtschaftlichen Erzeugnisse der Provinzen Nyanza und Western sowie ein Verkehrsknotenpunkt für die Region der Großen Seen im Westen Kenias. Kisu-

mu ist eine wichtige Stadt für die Luo-Ethnie, die etwa 90 Prozent der Stadtbevölkerung stellt. Der Name der Stadt bedeutet in der Sprache der Luo so viel wie »Ort des Handels«.

Kisumu gilt als eine der ältesten Siedlungen in Kenia. Historische Aufzeichnungen zeigen, dass Kisumu schon lange vor der Ankunft der europäischen Kolonialmächte von verschiedenen Gemeinschaften wie den Nandi, Kalendjin, Kisii, Maasai, Luo und Luhya zu unterschiedlichen Zeiten bewohnt wurde. Ende des 19. Jahrhunderts machten die Briten Kisumu zu einem alternativen Endbahnhof und Ha-

Hotels

1 Balmoral Beach
2 Imperial Hotel Express
3 Acacia Premier Hotel
4 Souvereign
5 Milimani Beach Resort

0   0,9   1,8 km

fen für die damals im Bau befindliche Uganda-Eisenbahn und benannten den Ort in »Port Florence« um. Namensstifterin war die Ehefrau des leitenden Eisenbahningenieurs, Florence Preston. In den 1930er und 40er Jahren entwickelte sich die Stadt zu einem führenden Zentrum für Handel, Verwaltung und militärische Einrichtungen. In den 1960er Jahren war der Anteil südasiatischer Einwohner an der Bevölkerung deutlich höher als der der Einheimischen, und auch heute noch ist das Stadtbild von Kisumu von zahlreichen südasiatischen Einwohnern geprägt. Nach der Unabhängigkeit Kenias wurde der Hafen durch die Entwicklung des internationalen Handels sowie durch die Verschiffung von Waren nach Uganda, Tansania, Burundi, Ruanda und in die Demokratische Republik Kongo belebt. Derzeit ist Kisumu eine der am schnellsten wachsenden Städte Kenias. Die Industrie konzentriert sich auf die Verarbeitung landwirtschaftlicher Produkte, das Brauereiwesen und die Textilherstellung. Kisumu liegt nicht weit von Kogelo entfernt, einem Dorf, das als Heimatstadt von Barack Obama Senior bekannt ist, dem Vater des 44. Präsidenten der Vereinigten Staaten von Amerika.

In Kisumu herrscht das feucht-heiße Klima des Victoria-Beckens, das an das Klima an der Küste des Indischen Ozeans erinnert. Es gibt keine echte Trockenzeit, und das ganze Jahr über fallen erhebliche Niederschläge.

Kisumu bietet sich aufgrund der Lage am Victoriasee und der guten Verkehrsverbindungen als Ausgangsbasis für Reisen durch Westkenia an. Die Stadt selbst hat nur wenige Sehenswürdigkeiten zu bieten.

Kisumu Museum

Das 1980 eröffnete Kisumu Museum liegt auf einem zehn Hektar großen Grundstück mit schönen Grünflächen. Es informiert anhand interessanter Ausstellungsstücke über das Alltagsleben und die Kulturen der Lake-Victoria-Region. Zu sehen sind eine kulturhistorische Galerie, ein traditionelles Luo-Gehöft (*Bergi-dala*) sowie ein Fischaquarium und ein Schlangenpark.

Impala Sanctuary

Das Kisumu Impala Sanctuary liegt am Ufer des Victoriasees und beherbergt Impalas, die seltene Sitatunga-Antilope sowie Großkatzen, Büffel, Giraffen, Geparden und verschiedene Primatenarten. Im

Markt in Kisumu

Der Westen

Schutzgebiet gibt es Campingplätze, die alle einen schönen Blick auf den Victoriasee bieten. Hier kann man auch Vögel beobachten und Fahrten mit dem Glasbodenboot auf dem See unternehmen. Negativ zu erwähnen ist jedoch, dass die Tiere in ihren Gehegen einen teils traurigen Anblick abgeben. Die Notwendigkeit eines Sanctuaries mit Nutzung von Gehegen ist etwas fragwürdig, da die Wildtiere in Kenia in freier Wildbahn heimisch sind.

Kibuye Market

Der lebhafte Markt am Jomo Kenyatta Highway erstreckt sich über ein riesiges Gelände. Hier findet man alles von frischem Obst und Gemüse bis zu Schuhen, Tontöpfen und Perücken.

Hippo Point

Hippo Point ist ein kleines Gebiet am Victoriasee einige Kilometer südwestlich der Innenstadt von Kisumu.

Hier kann man spazieren gehen, den Sonnenuntergang über dem See genießen, eine Bootstour machen und Reiher beobachten, wie sie in der weiten Matte aus Wasserhyazinthen auf die Jagd gehen. Und ab und zu sieht man auch ein Nilpferd.

 **Kisumu**

Weitere Informationen: https://visitkisumu.go.ke
Kisumu ist durch ein gut ausgebautes Straßennetz mit ihrem Umland und anderen größeren Städten Kenias verbunden. **Fahrzeit von Nairobi**: rund 6,5 Std. **Von Eldoret**: ca. 3 Std.

Vom großen **Bus- und Matatu-Bahnhof am Hauptmarkt** fahren Busse und Matatus zu etlichen Zielen in Kenia. Die guten Überlandbusse von Easy Coach (Jomo Kenyatta Hwy, www.easycoachltd.co.ke) fahren am Parkplatz hinter der United Mall ab. Hier befindet sich auch das Buchungsbüro des Unternehmens. Es gibt täglich Busse nach Nairobi, Nakuru und Kampala.

Nachtzug Nairobi–Kisumu: Jeden Freitag um 18.30 Uhr, Ankunft in Kisumu um 6.30 Uhr. Zwischenstopps in Naivasha, Nakuru, Njoro, Molo, Elburgon, Fort Ternan, Londiani, Muhoroni, Miwani, Chemelil, Kibigori und Kibos.
Nachtzug Kisumu–Nairobi: Jeden Sonntag um 18.30 Uhr, Ankunft in Nairobi um 6.35 Uhr. Eine Fahrkarte für die erste Klasse nach Kisumu kostet 2000 Ksh, eine Fahrkarte für die Economy-Klasse 600 Ksh. www.krc.co.ke/the-kisumu-safari-train

Der internationale **Flughafen von Kisumu** (KIS) bietet regelmäßige Flüge nach Nairobi und zu anderen ostafrikanischen Städten. **Jambo Jet** (www.jambojet.com), Kenya Airways (www.kenya-airways.com), Safarilink (www.flysafarilink.com) und Yellow Wings (www.yellowwings.com) bieten tägliche Flüge.

Acacia Premier Hotel, Achieng Oneko Rd, Tel. +254/(0)713/555365; DZ/F ab 160 Euro. Modernes Hotel mitten in der Stadt und eines der schönsten. Die Zimmer sind schick eingerichtet, das Personal ist zuvorkommend und das Essen im Restaurant sehr gut. Es gibt auch eine Rooftop-Bar mit Swimmingpool. www.acaciapremier.com Instagram: @acaciapremierhotel
Imperial Hotel Express, Oginga Odinga Rd, Tel. +254/(0)713/555365; DZ/F ab 130 Euro. Modernes Business-Hotel mit sauberen, schicken Zimmern. Es liegt ideal mitten in der Stadt und verfügt über ein gutes Restaurant. www.imperialexpress.com Instagram: @imperialhotel_express
Sovereign Hotel, Lolwe Dr, Tel. +254/(0)723/973888; DZ/F ab 123 Euro. Elegantes Hotel in direkter Nachbarschaft zum Impala-Park. Schicke Zimmer, Swimmingpool und gutes Restaurant.

www.sovereignhotel.co.ke
Instagram: @sovereignhotelkisumu
Milimani Beach Resort, Dunga Rd, Tel. +254/(0)792/672962; DZ/F ab 84 Euro. Direkt am Ufer des Victoriasees, etwas südlich vom Hippo Point. Die bunten Zimmer sind ordentlich, das Essen ist gut und das Personal freundlich. www.milimanibeachresort.com
Instagram: @milimanibeach
Balmoral Beach Hotel, Kakamega Rd, Tel. +254/(0)722/716050; DZ/F ab 53 Euro. Nur 20 Min. entfernt vom Flughafen von Kisumu und direkt am Ufer des Victoriasees. Moderne Zimmer, schöner Garten und Ausblick auf den See.

Zu empfehlen sind neben den Restaurants der oben genannten Unterkünfte die folgenden Lokale.
Tilapia Beach Restaurant, Marine Dr. Einer der besten Orte in Kisumu, um frischen Fisch aus dem See zu probieren. Das schöne Freiluftlokal liegt direkt am Ufer und serviert allerlei Fischspezialitäten.
Garam Masala, Mega City Mall, an der A1, Tel. +254/(0)709/752713. Schönes und beliebtes indisches Restaurant. Hier gibt es verschiedene vegetarische und nicht-vegetarische Curries, aber auch internationale Speisen wie Rippchen mit Pommes frites.
Al-Noor Cafeteria, Oginga Odinga Rd, Tel. +254/(0)722/802894. Moderne Cafeteria, serviert werden kenianische Klassiker wie Ugali mit Eintopf und Kohl sowie Swahili-Biryani.
The Laughing Buddha Lounge & Café, Achieng Rd, Tel. +254/(0)728/270013. Es gibt Burger, Pommes frites, indische Gerichte und vieles mehr. Auch die Milchshakes sind nicht schlecht.
Java House, West End Mall und United Mall. Kaffeespezialitäten, Kuchen und andere Backwaren, Burger, Wraps und vieles mehr.
www.javahouseafrica.com
Instagram: @javahouseafrica

Kisumu's Nachtleben ist etwas ruhiger als in das in der Hauptstadt, aber es gibt einige coole Bars und beliebte Clubs.
Dunga Hill Camp, nahe Dunga Beach. Dieses entspannte Camp direkt am Ufer des Victoriasees ist ein beliebter Treffpunkt für den Sundowner. Nach Sonnenuntergang ist die Bar vor allem am Wochenende voll. Es gibt auch ein Restaurant, das leckeren Fisch aus dem Victoriasee serviert.
Facebook: @dungahillcamp
Acacia Premier Hotel, Achieng Oneko Rd. Moderne Rooftop-Bar mit guter Musik und einer großen Auswahl an Cocktails, Bieren und Weinen. Wer möchte, kann auch in den Swimmingpool neben der Bar springen. www.acaciapremier.com
Instagram: @acaciapremierhotel
Africana Rooftop Bar & Restaurant, Omolo Agar Rd. Gut bestückte Rooftop-Bar, außerdem gibt es leckere kenianische Gerichte. Gespielt werden Afrobeat, Dancehall und Reggae.
Instagram: @africanarooftopbar

The West End Shopping Mall, Achieng Oneko Rd. In dieser modernen Mall gibt es Bekleidungsläden, Schnellimbisse, Schuhgeschäfte, ein Java Coffee House, Schuh- und Technikgeschäfte, Bankfilialen und den gut ausgestatteten Supermarkt Foodplus.
Naivas Supermarket, Achieng Oneko Rd. Gut ausgestatteter Supermarkt direkt in der lebendigen Innenstadt. Mit Bäckerei, Metzgerei und einem kleinen Café.
Kibuye Market, am Jomo Kenyatta Hwy. Auf diesem Open-Air-Markt geht es laut zu. Angeboten wird alles Mögliche, von frischem Obst und Gemüse über Schuhe und Second-Hand-Kleidung bis zu Küchenutensilien. Vergessen Sie nicht, zu handeln!

Kisumu Museum, Busia Rd, Tel. +254/(0)41/2004975; tgl. 8–17 Uhr, 500 Ksh, Tickets über https://nmk.ecitizen.go.ke.

www.museums.or.ke/kisumu-museum
Instagram: @museumsofkenya
Impala Sanctuary, Harambee Rd,
Tel. +254/(0)20/3530417; tgl. 8–17
Uhr, 20 US-Dollar, Tickets nur über www.
ecitizen.go.ke. www.kws.go.ke

Im **Nyanza Club** (Lolwe Dr, www.nyanza
club.com) kann man Golf, Tischtennis,
Tennis, Snooker und Squash spielen und
auch übernachten.

Die größeren Hotels von Kisumu haben
teilweise **Swimmingpools**, die man gegen eine kleine Gebühr benutzen darf.
Das Schwimmen im Victoriasee kann aufgrund der Bilharziose-Gefahr nicht empfohlen werden.

Bootsausflüge können beim Kisumu
Yacht Club (Harambee Rd, Tel. +254/
(0)780/021450) organisiert werden.

Aga Khan Hospital, Aga Khan Rd,
Tel. +254/(0)57/2020005. Gut ausgestattetes Krankenhaus mit einem zuverlässi-
gen Service und 24-Stunden-Notfalldienst.
www.agakhanhospitals.org/Kisumu
Good Life Pharmacy, Mega Plaza, Apin-
di St, Tel. +254/(0)717/468386; Mo–Fr
8–20 Uhr, Sa/So 10–20 Uhr.
www.goodlife.co.ke

Karte: vordere Umschlagklappe

▲ *Inseln im Victoriasee*

Die Ethnie der Luo

Die Luo, die zur Gruppe der Niloten gehören, sind die viertgrößte Ethnie Kenias und machen etwa elf Prozent der Bevölkerung aus. Die meisten Luo leben am Victoriasee, ihr Zentrum ist Kisumu. Wahrscheinlich um 1000 nach Christus entwickelten sich die Niloten als eigenständige Gruppe, sie lebten in den Grasebenen des Sudan. Ab dem 14. Jahrhundert begannen die ersten Luo-Gruppen langsam und über mehrere Generationen hinweg nach Uganda zu wandern. Sie erreichten ab dem 16. Jahrhundert den Victoriasee. Die Landschaft dort ähnelt mit ihren Flüssen, Hügelketten und dem Seeufer der ursprünglichen Heimat der Luo. »Luo« bedeutet »Sumpf« und weist auf die großen Sumpfgebiete des Sudan südlich des Zusammenflusses von Weißem Nil und Bahr al Ghazal hin. Viele Jahrhunderte vor den Luo zogen bereits Gruppen von Jägern und Sammlern durch das Land, jagten Tiere und suchten in den tropischen Wäldern nach Honig und Früchten. Später gab es kuschitische Ethnien im Nyanza-Gebiet, die große Viehherden hielten und Getreide und Gemüse anbauten. Noch später kamen bantusprachige Ethnien in das Siedlungsgebiet der Luo. Sie brachten Getreidesamen, Reis und Bananen mit, sie benutzten eiserne Hacken und Speere und stellten Töpferwaren her. Ursprünglich hatten die Luo von der Viehzucht gelebt, aber der rasche Bevölkerungsanstieg und die Grenzen der Kolonialmächte bewirkten einen akuten Landmangel. Dieser und die Dezimierung ihrer Herden durch die Rinderpest führten dazu, dass die Luo von ihren Bantu-Nachbarn lernten und nun Landwirtschaft und Fischfang betreiben. Auf ihren Ländereien bauen sie Mais, Maniok, Zuckerrohr und Baumwolle an.

Westkenia war zu Beginn des 20. Jahrhunderts ein Schwerpunkt der christlichen Mission. Dies führte einerseits schon früh zum Entstehen von intellektuellen Eliten – europäische Bildung wurde an die weitergegeben, die das Christentum annahmen. Andererseits bewirkte die Christianisierung die Herausbildung einer unüberschaubaren Zahl von Sekten und kirchlichen Abspaltungen, die oftmals auch traditionelle afrikanische Religionselemente aufweisen. In der Politik spielen die Luo eine sehr einflussreiche Rolle. Während der Unabhängigkeitsbewegung waren unter den führenden Persönlichkeiten in Politik und den Gewerkschaften viele Luo, darunter Tom Mboya und der ehemalige Vizepräsident Oginga Odinga, der später die Opposition gegen den Einparteienstaat von Präsident Moi anführte. Die Luo gründeten 1921 die Young Kavirondo Association und kämpften auf politischem Wege gegen die Diskriminierung durch die englische Kolonialregierung.

Die traditionelle Religion der Luo basiert auf dem Glauben an das übergeordnete Wesen Nyasi und an die Sonne, Chieng. Eine große Rolle spielen die Geister der Ahnen, denn diese bestimmen die Herkunftslinien und die Beziehungen zu anderen Luo. Das komplizierte Clansystem beeinflusst das Leben in vielen Fragen bis heute, etwa bei der Heirat oder im Streitfall. Die Luo gehören zu den wenigen kenianischen Ethnien, die zur Initiation keine Beschneidungen vornehmen. Wie bei den meisten anderen nilotischen Ethnien wurden früher Mädchen wie Jungen bei Erreichen der Pubertät die unteren Schneidezähne ausgeschlagen, doch ist dieser Brauch praktisch ausgestorben. Die Polygamie ist bei den Luo noch relativ weit verbreitet. Die Luo sind für ihre Musik bekannt, in der verschiedene Instrumente aus Kürbissen und Darm- oder Drahtsaiten verwendet werden.

Die Umgebung von Kisumu

■ **Rusinga Island**

Die kleine Rusinga-Insel ist ein reizvoller, doch selten besuchter Ort am Victoriasee. Sie liegt an der Mündung des Winam-Golfs, ist etwa 16 Kilometer lang und an ihrer breitesten Stelle 5 Kilometer breit. Die meisten Einwohner von Rusinga leben vom Fischfang sowie von der Subsistenzlandwirtschaft und bauen vor allem Mais und Hirse an. Im Westen der Insel gibt es einige saubere Strände. Hier kann man auch eine Bootstour unternehmen.

Die Insel ist bekannt als ehemaliger Wohnsitz des damals beliebten Politikers Tom Mboya, der vor seiner Ermordung im Jahr 1969 weithin als Nachfolger von Jomo Kenyatta als Präsident der neuen Nation Kenia gehandelt wurde. Die Grabstätte Mboyas befindet sich auf der Insel.

Doch vor allem, wer sich für Paläontologie interessiert, sollte Rusinga einen Besuch abstatten. Die Insel ist nämlich für ihre außerordentlich reichhaltigen und bedeutenden Fossilienschichten ausgestorbener Säugetiere aus dem Miozän bekannt, die auf 18 Millionen Jahre datiert werden.

Die Insel war nur oberflächlich erforscht worden, bis Mary und Louis Leakey Mitte des 20. Jahrhunderts mit systematischen Untersuchungen und Ausgrabungen begannen. Ende 1948 hatte man bereits etwa 15 000 Fossilien aus dem Miozän gesammelt. Inzwischen sind tausende Fossilien aus fünf großen Fundorten bekannt. Eines der bedeutendsten Fundstücke ist der 17,5 Millionen Jahre alte Schädel eines Hominiden. Die Fossilien sind so gut erhalten geblieben, da sie unter einem Vulkanascheregen begraben wurden.

 **Rusinga Island**

Rusinga Island ist über eine Brücke mit dem Festland verbunden. Von Kisumu aus erreicht man Rusinga über die C 19 in ca. 3 Std. Alternativ kann man von Kisumu aus eine **Fähre nach Mbita nehmen**, der Ort liegt direkt vor der Brücke auf die Insel (pro Pers. 150 Ksh, Fahrzeuge ab 900 Ksh). Die Überfahrt dauert 1 Std.

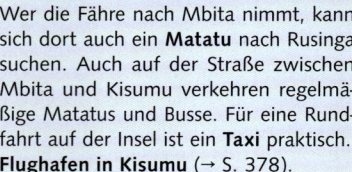

Wer die Fähre nach Mbita nimmt, kann sich dort auch ein **Matatu** nach Rusinga suchen. Auch auf der Straße zwischen Mbita und Kisumu verkehren regelmäßige Matatus und Busse. Für eine Rundfahrt auf der Insel ist ein **Taxi** praktisch. **Flughafen in Kisumu** (→ S. 378).

Rusinga Island Lodge, im Westen der Insel, Tel. +254/(0)733/121148. DZ/VP ab 180 Euro. Eine der schönsten Unterkünfte am Victoriasee, direkt am Ufer. Es gibt einen schönen Garten mit großen, alten Bäu-

men, einen kleinen Strandabschnitt und einen Swimmingpool. Übernachtet wird in einem der strohgedeckten Bungalows mit jeweils eigener Terrasse und Blick auf den See. Die Lage ist idyllisch und ruhig. Auch Vögel lieben das– 370 Vogelarten wurden bereits gezählt!
www.rusinga.com
Instagram: @rusingaislandlodge
Wayando Beach Eco Lodge, im Norden der Insel, Tel. +254/(0)708/593513; DZ/F ab 50 Euro. Schöne Ökolodge mit hellen Räumen und einem weitläufigen Garten mit Hängematten. Es gibt ein Restaurant mit Bar; auf dem Gelände kann man auch zelten.
www.wayandobeachecolodge.com
Facebook: Wayando Beach Eco Lodge, Rusinga Island
Zu empfehlen sind die **Restaurants** der beiden oben genannten Unterkünfte, bei denen man auf Anfrage speisen kann. Wer sich selbst versorgt, deckt sich am besten in Kisumu mit Proviant und Trinkwasser ein.

Die oben genannten Unterkünfte können **Bootstouren** und **Angeltrips** organisieren.

Rusinga Cultural Festival; im Dezember. Größte kulturelle Veranstaltung im Westen Kenias. Zwei Tage lang gibt es nichts anderes als Musik, Mode, Film, Essen, Kunst, Literatur und Sport. Ziel des Festivals ist es, die Kluft zwischen den Kulturen zu überbrücken und somit Frieden und Stabilität zu fördern.
www.rusingafestival.co.ke
Facebook: Rusinga Cultural Festival
http://www.shela-hat-contest.com

Rusinga Island

Der Westen

Reisetipps von A bis Z

Alleine reisen als Frau

Kenia als ausländische Frau auf eigene Faust zu entdecken ist generell möglich, wobei man aber ein dickes Fell haben muss. Um das Reisen einfacher zu gestalten, gebe ich hier ein paar Tipps, die aus meiner eigenen Erfahrung stammen. Zunächst einmal muss gesagt werden, dass sowohl männliche als auch weibliche Reisende in Kenia, sei es im Matatu, im Restaurant oder beim Spazierengehen, oftmals von wildfremden Menschen angesprochen werden. Dahinter stecken in den meisten Fällen keine bösen Absichten, sondern Neugier gegenüber »Muzungus«, also Fremden, die von weither angereist sind. Jedoch wird man als alleinreisende Frau deutlich häufiger vor allem von Männern angesprochen, was lästig werden kann. In unangenehmen Situationen hat es sich als hilfreich erwiesen, durch selbstbewusstes Auftreten Distanz zu schaffen. In extrem aufdringlichen Fällen kann es helfen, die Swahili-Sätze »Toka hapa!« (»Verschwinde!«) und »Wachana na mimi!« (»Lass mich in Ruhe!«) anzuwenden.

Zu den Tipps, die für beide Geschlechter gleichermaßen nützlich sind, zählen Aufmerksamkeit gegenüber Taschiendieben, Vorsicht bei Reisen in der Nacht und, beispielsweise an der Küste keine einsamen

Schilder am Diani Beach

nächtlichen Strandspaziergänge zu unternehmen. Ein immer wieder betontes Thema ist die Kleidung. Männer und Frauen sollten gleichermaßen darauf achten, sich besonders im ländlichen Raum und bei dem Besuch eines Gotteshauses angemessen zu kleiden, also Knie und Schulterpartien zu bedecken. Besonders bei heißen Temperaturen bietet sich leichte, lange Baumwoll- oder Leinenkleidung an, die nicht nur vor unerwünschten Blicken, sondern auch vor der Sonne und Moskitos schützt. Touristische Orte wie Nairobi, Lodges in Nationalparks sowie die Strände an der Küste sind Ausnahmen. Über Plattformen wie Couchsurfing (www.couchsurfing.com) sowie in Hostels und Backpackerunterkünften lassen sich gut Bekanntschaften schließen, mit denen man Ausflüge organisieren kann.

Anreise

■ Mit dem Flugzeug

Die beiden einzigen Flughäfen mit Verbindungen nach Europa liegen in **Nairobi** (Jomo Kenyatta International Airport, JKIA) und **Mombasa** (Moi International Airport, MIA). Der JKIA wird von vielen Fluglinien angeflogen. Je nach Saison schwanken die Preise zwischen 500 und 900 Euro in der Economy Class.

Die Einreise erfolgt für gewöhnlich über den **Jomo Kenyatta International Airport** (JKIA) in Nairobi, nur wenige Kilometer südöstlich der Innenstadt gelegen. Am Schalter kann ein Touristenvisum bis maximal drei Monate ausgestellt werden (50 US-Dollar). Am bequemsten ist es, dieses in Vorbereitung auf die Reise online zu beantragen (www.evisa.go.ke).

Lufthansa bietet tägliche Direktflüge von Frankfurt nach Nairobi an. **Turkish Airlines** hat gute Verbindungen mit Zwischenstopp in Istanbul von vielen Flughäfen aus Deutschland, Österreich und der Schweiz. Für einen einfachen und sicheren Transport vom Flughafen stehen **Flughafen-**

taxis 24 Stunden am Tag zur Verfügung, sie sind gelb oder mit einer gelben Linie gekennzeichnet. In den Großstädten gibt es auch **Uber-** und **Bolt-Dienste**.

■ Auf dem Landweg

Nur wenige reisen über den Landweg nach Kenia, was im Falle des **Südsudans** sowie **Somalias** vorwiegend an der teilweise unübersichtlichen Lage im Grenzgebiet beziehungsweise an der politischen Situation in diesen Ländern liegt. Von der Einreise in die beiden Länder ist aufgrund der instabilen Sicherheitslage abzuraten.

Die Einreise über **Uganda** und **Tansania** wird häufiger genutzt. Es empfiehlt sich immer, zeitnah aktuelle Reiseempfehlungen bei der zuständigen Botschaft einzuholen. Unbedingt sollte man vor Antritt der Reise ein gültiges Visum haben. Der Link für die Antragsseite ist auf den Webseiten der zuständigen Botschaften angegeben (→ S. 389).

Die Einreise von **Äthiopien** nach Kenia erfolgt über Moyale. Die mittlerweile gut ausgebaute Straße führt über Marsabit, Laisamis und Nanyuki nach Nairobi. In der Vergangenheit kam es im Grenzgebiet teilweise zu bewaffneten Überfällen. Bereiten Sie sich vor einer Reise in diese Region gut vor, informieren Sie sich unmittelbar vor Reiseantritt bei den örtlichen Behörden über die aktuelle Sicherheitslage und lassen Sie große Vorsicht walten.

■ Mit Bus und Bahn

Die Einreise über alle geöffneten Grenzübergänge ist prinzipiell mit öffentlichen Verkehrsmitteln möglich, bedarf aber der nötigen Gelassenheit für lange Wartezeiten und mögliche Unwägbarkeiten. Zwischen Kenia und den Nachbarländern verkehren keine Eisenbahnlinien. In der Regel reist man bis zur Grenzstadt mit Überlandbussen, macht den Grenzübertritt und die Einreise zu Fuß und reist dann mit Bussen weiter. Innerhalb Kenias gibt es jedoch verschiedene Zugstrecken. Weitere Einzelheiten → S. 398.

■ Mit dem Auto

Eine Anreise mit eigenem Fahrzeug über den Landweg ist aufgrund von Konflikten in verschiedenen Ländern des Nahen Ostens sowie des nordöstlichen Afrikas nur bedingt möglich. Es gibt Möglichkeiten, das Fahrzeug in Südeuropa an die ostafrikanische Küste zu verschiffen, was über internationale Speditionen organisiert werden kann. Eine derartige Tour erfordert eine lange und genaue Planung. Erkundigen Sie sich vorab genau über die Sicherheitslage der einzelnen Regionen, die durchfahren werden müssen.

Fahrten direkt von den Nachbarstaaten nach Kenia bereiten bis auf den Südsudan und Somalia keine Probleme. Es gelten jedoch spezielle Aus- und Einreisebestimmungen für Kraftfahrzeuge, die man im Vorfeld der Reise unbedingt auf ihre Aktualität prüfen sollte. Bisweilen reicht für in Ostafrika zugelassene Fahrzeuge meist ein Versicherungsnachweis. Die Fahrt mit einem **Mietwagen** über die Grenzen ist meistens wegen der Mietbedingungen nicht möglich. Weitere Informationen → S. 387

Ärztliche Versorgung
→ S. 392

Ausrüstung und Kleidung

Regenkleidung ist besonders in der Regenzeit unabdingbar, und der Schirm kann auch als Sonnenschirm genutzt werden. In der heißen Jahreszeit im Hochland, im feucht-heißen Küstenklima sowie im wüstenhaften Norden Kenias ist **weite Leinen- und Baumwollkleidung** angenehm. Diese sollte keine zu helle Farbe haben, da die Kleidung sonst schnell verschmutzt. Zum Schutz gegen Moskitos, aber auch vor der Sonne sollten auf kurze Hosen und Hemden oder ärmellose Blusen verzichtet werden. Moskitonetze sind in den guten Lodges fast immer vorhanden, in billigeren Unterkünften oftmals nicht.

Die Sonne in Äquatornähe sticht unbarmherzig, deshalb gehören eine gute **Kopfbedeckung**, die auch den Nacken vor Sonne

Unterwegs im Aberdare-Nationalpark

schützt, **Sonnencreme** (am besten Lichtschutzfaktor 50), Lippenschutz und Sonnenbrille mit UV-Filter ins Reisegepäck.
Im Hochland wird es schon unmittelbar nach Sonnenuntergang um etwa 18.30 Uhr sehr frisch. Viele Inlandgebiete Kenias liegen rund 2000 Meter hoch, Nairobi immerhin auf etwa 1700 Meter. Denken Sie demnach an einen **warmen Pullover oder eine Jacke** für die kühlen Abende und Nächte. Wenn Sie die Vier- und Fünftausender des Landes besteigen, wo es teilweise Nachtfrost und Schneefall gibt, sollten Sie warme Kleidung, Handschuhe, Mütze und Regenschutz nicht vergessen. Wichtig sind **feste Schuhe**, zum Wandern am besten bequeme knöchelhohe Trekkingstiefel und gegebenenfalls Wanderstöcke. Vergessen Sie nicht, neue Schuhe gut einzulaufen und kaufen Sie Schuhe besser etwas zu weit, denn in der Wärme schwellen Füße an. Je nach Reiseart empfiehlt sich statt eines sperrigen Koffers eher eine große Reisetasche oder ein Rucksack.
Kleine **Vorhängeschlösser** zur Sicherung des Gepäcks sind unerlässlich.
In Kenia wird sehr auf gepflegtes Auftreten geachtet. Man braucht aber keinen für jeden Anlass prall gefüllten Koffer, denn man kann in vielen Hotels Kleidung auch waschen lassen. In Nairobi kleiden sich heutzutage viele Menschen freizügiger als in der Vergangenheit. Lassen Sie sich von diesem Eindruck jedoch nicht täuschen. Auf dem Land gelten immer noch formelle Kleidungsstile, denen man Respekt zollen sollte. Knie und Schultern sollten bedeckt sein. Dies gilt auch für den Besuch von Gotteshäusern.
Für **Wanderreisen** sollte man sich genau überlegen, ob man die gesamte Campingausrüstung mitbringt. Zelte lassen sich in Nairobi kaufen. Vielerorts, beispielsweise am Mt. Kenya, kann man Zelte auch ausleihen. Alle weiteren Campingutensilien wie Aluminiumtöpfe und -geschirr, Camping-Gas-Kocher und Moskito-Raumspray lassen sich günstig in den großen Supermärkten in Kenia kaufen. Auch gibt es Outdoorläden wie Decathlon in einigen Shoppingmalls in Nairobi. Viele Reiseveranstalter stellen ebenfalls eine gute Ausrüstung. Treten Sie am besten im Vorfeld der Reise mit Ihrem Veranstalter in Kontakt und klären Sie die Qualität der verfügbaren Ausrüstung ab, um sich unnötiges Gepäck zu sparen. Einen **Schlafsack** braucht man für einen Keniaurlaub nur, wenn man campt. Für Reisende, die keine Bergtouren an den hohen Bergen über 2500 Meter planen, reicht ein leichter Schlafsack völlig aus. LED-Stirnlampen sind ein äußerst nützliches Ausrüstungsteil vor allem beim Zelten, aber auch bei Stromausfall. Gut ausgestattete Wanderreisen-Anbieter → S. 403
Vergessen Sie für Safaris nicht eine **Foto- und Videokamera** mit gutem Zoom, auch ein Fernglas gehört zur Safariausrüstung. Wer an Vögeln interessiert ist, nimmt Vogelbestimmungsbuch oder -App mit (Empfehlung → S. 427).
Für die wichtigen **Reisedokumente** (Reisepass, Visum, Flugticket etc.) sollte man für Notfälle an separater Stelle eine **Kopie** im Gepäck haben, sich die Dokumente als Scan selbst per E-Mail senden oder in der Cloud ablegen.

Packliste in aller Kürze

- Reisepass, der noch mindestens sechs Monate nach Ausreise gültig ist
- Visum
- Kopie Ihres Reisepasses (vom Pass getrennt aufbewahren)
- Versicherungsunterlagen und evtl. Notfallnummern (falls abgeschlossen)
- An Geldwechsel denken (→ S. 389, 411)
- Gürteltasche oder Brustbeutel
- Reiseapotheke mit den wichtigsten und persönlichen Medikamenten (→ S. 395)
- Mückenschutzmittel, Mittel gegen Flohstiche*
- Flüssiges Desinfektionsmittel zur Reinigung der Hände*
- Sonnencreme für Haut und Lippen (mindestens Lichtschutzfaktor 20)*
- UV-beständige Sonnenbrille
- Breitkrempiger Hut (oder andere Kopfbedeckung, die auch Nacken und Ohren schützt)*
- feste, am besten knöchelhohe Wanderschuhe
- LED-Stirnlampe oder Taschenlampe (mit Batterien oder mit Aufladung durch USB-Kabel)
- Kamera mit Ersatzbatterien/-akkus mit gutem Zoom
- Steckdosen-Adapter*
- ausreichend Speicherplatz bzw. genügend Filmmaterial
- leichte Sommerbekleidung aus Leinen oder Baumwolle
- warme Kleidung für die Abende und Nächte
- Pullover und leichte Jacke
- Badelatschen zum Duschen und für den Strand*
- Handtücher*
- eventuell Schlafsack oder Hüttenschlafsack
- Fernglas
- eventuell Wanderstöcke
- kleine Vorhängeschlösser*
- Regenschutz*
- eventuell Vogelbestimmungsbuch*

Die mit * markierten Artikel sind auch in Nairobi oder Mombasa erhältlich.

Autofahren

Selbst fahren in Kenia ist nur Personen mit Reise- und Fahrerfahrung in Subsahara-Afrika zu empfehlen. Autos lassen sich in den größeren Städten, vor allem in Nairobi und in den touristisch erschlossenen Küstenorten mieten. Hier gibt es eine Vielzahl von **Autovermietungen**, die sich bezüglich des Zustands des Wagens, des Preises und der Leistungen grundlegend voneinander unterscheiden. Ein genauer Vergleich der einzelnen Angebote lohnt sich daher. Wer in Kenia ein Auto mieten möchte, muss Ausweis sowie nationalen und internationalen Führerschein vorlegen und mindestens 25 Jahre alt sein. Wer bei den großen internationalen Autovermietern von Deutschland, der Schweiz oder Österreich aus mietet oder den Wagen online bestellt, erhält zum Teil bessere Angebote. Grundsätzlich sind Pkw billiger als Fahrzeuge mit Allradantrieb. Wer jedoch auf Safari geht, kommt um die Allradversion in den meisten Fällen nicht herum.

Das **Straßennetz** Kenias ist gut ausgebaut und wird stetig erweitert. Auch die Versor-

Achtung Linksverkehr: Straße von Nanyuki Richtung Norden

Reisetipps von A bis Z

gung durch Tankstellen und Werkstätten ist fast überall im Land gegeben, abgesehen von den entlegenen Gegenden. Nachts sollte man das Auto generell in einem bewachten Innenhof abstellen. Während der Fahrt sollten Sie das Auto zur Sicherheit von innen verriegeln und in Nairobi die Fenster nicht ganz herunterkurbeln.

Wer selbst hinter dem Steuer sitzen möchte, sollte daran denken, dass in Kenia **Linksverkehr** herrscht. Es kommt oft zu chaotischen Verkehrsverhältnissen, vor allem in dem dichten Verkehr der kenianischen Großstädte. Oft wechseln Fahrzeuge die Spur, ohne zu blinken, Busse und Matatus halten ohne Vorwarnung mitten auf der Fahrbahn, und regelmäßig muss man Slalom um riesige Schlaglöcher fahren.

In Wohngegenden ziehen sich für gewöhnlich sogenannte **Speed Bumps** über die Straße – kleine Teerwälle, die jedoch oft nicht markiert und deshalb leicht zu übersehen sind. **Steine oder Zweige auf der Fahrbahn** ersetzen häufig das Warndreieck und weisen auf einen Unfall oder eine Panne hin. In ländlichen Gebieten kreuzen ohne jede Vorwarnung **Kühe, Schafe oder Ziegen** die Straße. Hier sollte man vor allem nachts auch auf **Wildtiere** achten.

Für diejenigen, die nicht selbst fahren möchten, seien Reisen mit einem erfahrenen Reiseunternehmen, das Fahrzeug und Fahrer oder Fahrerin stellt, zu empfehlen. Diese Art von Reisen ist viel komfortabler und befreit einen von den Risiken einer potenziellen Selbsthaftung. Das Spektrum an organisierten Reisen ist in Kenia breit gefächert und Sie können sich Ihre Reise individuell zusammenstellen lassen. Von Bergtouren auf einige der höchsten Gipfel Afrikas, über Safaris in einigen der bekanntesten Naturschutzgebiete Kenias, bis hin zum entspannten Badeurlaub ist für jeden Geschmack und für jedes Budget etwas dabei.

Baden

Kenia ist mit seinen langen weißen **Sandstränden am Indischen Ozean** ein absolutes Badeparadies. Man sollte jedoch in der richtigen Jahreszeit kommen (→ S. 297). Schwimmen und Baden ist in **Kenias Seen** generell nicht zu empfehlen. Eventuelle Ausnahmen sind in den Regionalkapiteln erwähnt. Neben dem **Bilharziose**-Erreger gibt es in vielen Seen auch Nilpferde und Krokodile, die Badenden gefährlich werden können. Trotzdem wird man überall im Land Einheimische baden sehen.

Viele Luxushotels in Nairobi, in touristischen Zentren und Lodges in den Nationalparks verfügen über **Swimmingpools**. Oft können sich dort auch Nicht-Hotegäste Tageskarten zum Schwimmen kaufen.

Zeltplatz im Ragati Conservancy

Banken und Bankautomaten

In allen größeren und kleineren Städten in Kenia gibt es verschiedene Banken, die über ATMs/Bankautomaten verfügen, bei denen man sowohl mit VISA- als auch mit Mastercard Bargeld abheben kann. Erkundigen Sie sich bei Ihrer Bank nach den Gebühren, die beim Abheben im außereuropäischen Ausland fällig werden. Die Öffnungszeiten der Banken sind für gewöhnlich Mo–Fr 8.30–17 Uhr und Sa 8.30–12 Uhr. An Sonn- und Feiertagen haben Banken geschlossen. Am internationalen **Flughafen in Nairobi** befinden sich Wechselstuben und Geldautomaten, wo man direkt bei Einreise einen kleinen Startbetrag wechseln kann. Sie sollten nur in **akkreditierten Wechselstuben** (Forex Bureau) Geld wechseln.

Es ist nicht nötig, die gesamte Reisekasse während der Reise mitzuführen, ein Grundstock an Devisen in Euro oder US-Dollar ist aber für Notfälle hilfreich. Über **Western Union** (www.westernunion.com) oder **MoneyGram** (www.moneygram.com) kann man sich in dringenden Fällen schnell Geld aus Europa schicken lassen, die Schnelligkeit hat aber natürlich ihren Preis. Weitere Informationen → S. 411.

Barrierefreies Reisen

Barrierefreies Reisen ist in Kenia nur mit guter Vorbereitung und guter Betreuung vor Ort möglich. Einige Hotels und Lodges der oberen Preisklasse wie Sarova (www.sarovahotels.com) und Hemingways (www.hemingways-collection.com) haben Erfahrung im barrierefreien Service und Unterkünfte in beliebten touristischen Regionen, beispielsweise in Nairobi, in der Maasai Mara und an der Küste. Sarova bietet noch weitere Optionen, etwa in Naruru, Kisumu und Samburu.

Ein Reiseunternehmen, das sich auf barrierefreies Reisen in Ostafrika spezialisiert hat, ist **Go Africa Safaris & Travel** (www.go-africa-safaris.com). Das kenianische Reiseunternehmen verfügt über lokales Wissen und Erfahrung und stellt individuelle Safaris zusammen.

Botschaften und diplomatische Vertretungen

In Deutschland

Botschaft der Republik Kenia in Berlin
Rheinbabenallee 49
D-14199 Berlin
Tel. +49/(0)30/2592660
office@kenyaembassyberlin.de
www.kenyaembassyberlin.de
Mo–Fr 9–16 Uhr, an kenianischen und deutschen Feiertagen geschlossen.

In Österreich

Botschaft der Republik Kenia in Wien
Andromeda Tower, 16th Floor
Donau-City-Str. 6
A-1220 Wien
Tel. +43/(0)1/7123919
office@kenyaembassyvienna.at
www.kenyaembassyvienna.at
Mo–Fr 9–13 und 14–17 Uhr, an kenianischen und österreichischen Feiertagen geschlossen.

In der Schweiz

Botschaft der Republik Kenia in Bern
Eigerstr. 2, CH-3007 Bern
Tel. +41/(0)31/3710592
consular@kenyaembassy-bern.ch
www.kenyaembassy-bern.ch
Mo–Fr 9–13 und 14–17 Uhr, an kenianischen und schweizerischen Feiertagen geschlossen.

In Kenia

Botschaft der Bundesrepublik Deutschland in Nairobi
Ludwig Krapf House
Riverside Drive 113, Nairobi
Tel. +254/(0)20/4262100
Notfallnummer:
+254/(0)721/322443
rkinfo@nair.auswaertiges-amt.de
www.nairobi.diplo.de/ke-de
Mo–Fr 8–12 Uhr, Mo–Do auch 13.30–15 Uhr, an kenianischen und deutschen Feiertagen geschlossen.

Österreichische Botschaft in Nairobi
Off Limuru Road, gegenüber Muthaiga-Mini-Market
Tel. +254/(0)20/460022
Notfallnummer: +254/(0)733/635651

nairobi-ob@bmeia.gv.at
www.bmeia.gv.at/oeb-nairobi
Öffnungszeiten unterschiedlich und nach
Terminvereinbarung, an kenianischen und
österreichischen Feiertagen geschlossen.
Schweizer Botschaft
Rosslyn Green Estate, Rosslyn Green Drive,
abseits der Red Hill Rd
Tel. +254/(0)730/694000
Notfallnummer: +41/(0)800/247365
nairobi@eda.admin.ch
www.eda.admin.ch/nairobi
Mo–Fr 9–12 Uhr, an schweizerischen und
kenianischen Feiertagen geschlossen.

Einkaufen

In einfacheren **Läden in Städten und Dörfern** findet man allerlei einfache Konsum-
güter wie Batterien und Toilettenartikel,
jedoch hat man oftmals wenig Auswahl.
Auf den **täglichen Märkten** gibt es immer
eine Auswahl an frischem Obst und Gemüse
sowie Eier und Fleisch.
In allen größeren Städten kann man in **Einkaufszentren** und Supermärkten Lebensmittel, elektronische Geräte, Bücher und
vieles mehr einkaufen. Empfehlenswerte
Einkaufszentren in Nairobi sind beispielsweise das **Sarit Centre** im Stadtviertel
Spring Valley, **The Village Market** in Gigiri und **The Hub** im Stadtviertel Karen.
Wer heimische Kost vermisst, dem seien
die Produkte der 1984 gegründeten Firma
Country Meat Products empfohlen. Sie
wird geleitet von dem Deutschen Jamal Em-
merich. Produziert werden allerlei Fleisch-
produkte, von Knackwurst über Frankfur-
ter und Kassler bis Landjäger. Die Produkte
kann man direkt bei der Firma bestellen
oder auch in den Supermärkten Foodplus
und Carrefour kaufen (Tel. +254/(0)722
760688, www.cmp.co.ke).
Der Preis für die meisten Produkte auf
Märkten wie Lebensmittel und Dinge des
alltäglichen Bedarfs können verhandelt
werden. Gleiches gilt für Handwerkliches
auf Souvenirmärkten. Hier wird sogar erwartet, dass Sie nicht den zuerst genannten Preis bezahlen. → Souvenirs, S. 406.

Einreisebestimmungen und Visum

Wer die deutsche, österreichische oder
Schweizer Staatsangehörigkeit besitzt, benötigt für die touristische Einreise einen
noch mindestens sechs Monate gültigen
Reisepass und ein gebührenpflichtiges Visum, das online als **e-Visum** (www.evisa.
go.ke) beantragt werden kann. Bei Ankunft
am Flughafen von Nairobi kann man das
visa on arrival beantragen. Dazu müssen
die am Ankunftsgate ausliegenden Formulare ausgefüllt und in Dollar oder Euro
bezahlt werden. Wer bereits ein digitales
Visum hat, muss dieses nur ausdrucken
und kann sich direkt in die Warteschlange
für e-Visa begeben. Personen, die auf dem
Landweg einreisen, sollten bereits vor der
Einreise im Besitz eines gültigen Visums
sein. Ein touristisches Visum wird je nach
Reisedauer für einen oder drei Monate ausgestellt. Eine Verlängerung ist in Nairobi
beim **Immigration Office** möglich. Es befindet sich im Nyayo House (9th Floor, Kenyatta Avenue, Tel. +254/(0)11/0922065,
www.immigration.go.ke, Öffnungszeiten
Mo–Fr 8–17 Uhr). Jedoch sollte man hierfür Zeit und Geduld mitbringen.
Innerhalb Kenias genügt bei eventuellen
Polizeikontrollen eine Kopie der Passseite
mit dem Passbild und jene mit dem Ein-
reisestempel beziehungsweise dem Visum
vollkommen aus, das Originaldokument
kann im Hotel aufbewahrt werden.

Elektrizität

Kenias Städte sind allesamt an die Stromversorgung angebunden; in einigen Dörfern ist das (noch) nicht der Fall. Der Ausbau der Infrastruktur zur Stromversorgung
schreitet jedoch stetig voran.
Die Wechselspannung in Kenia beträgt
240 Volt, ist also 10 Volt höher als die
in Deutschland, was aber keine negativen
Auswirkungen auf elektrische Geräte hat.
Jedoch kommt es immer wieder zu Span-
nungsschwankungen, die manchmal so
stark sind, dass empfindliche Geräte wie
Laptops Schaden nehmen können. Dies
lässt sich mit einem zwischengeschalteten

Laden in Ukunda am Diani Beach

Spannungsstabilisator verhindern. Lediglich **schmale deutsche Zweipolstecker** ohne Erdung passen in die kenianischen Steckdosen. Dazu muss man die Sicherheitsraste des dritten Pols, der sich oben befindet, mit einem spitzen Gegenstand, beispielsweise einem Kugelschreiber, eindrücken und dadurch entriegeln.

Steckdosenadapter erhält man aber auch in jedem kenianischen Elektroladen, oder man nimmt diese aus der Heimat mit. Die gängigen Batteriegrößen werden in Kenia hergestellt und sind überall zu kaufen. Mittlerweile gibt es in Einkaufszentren auch Recycling-Möglichkeiten. Eine umweltfreundliche Alternative sind Ladegeräte in Solarversion.

Feiertage

In Kenia gibt es einige religiöse und politische nationale Feiertage. Die politischen Feiertage werden normalerweise mit Paraden und Präsidentenansprachen gefeiert. Zu den festgelegten Feiertagen kommen noch die mit variablem Datum hinzu.

Vor allem an der kenianischen Küste werden die muslimischen Feiertage groß gefeiert. Dazu zählt unter anderem das Eid al-Fitr, das Ende des Fastenmonats Ramadan, und das Maulid, das Fest zum Geburtstag des Propheten Mohammed. Besonders berühmt ist das **Maulid von Lamu** mit seinem bunten Rahmenprogramm, zu dem Gläubige aus ganz Ostafrika kommen. Die muslimischen Feiertage richten sich nach dem Mondkalender und verschieben sich jährlich um mehrere Tage. Die voraussichtlichen Daten für den Ramadan in den folgenden Jahren sind 11. März bis 10. April 2024 und 28. Februar bis 29. März 2025. An der stark muslimisch geprägten Küste bleiben am Freitag viele Geschäfte geschlossen. Festlichkeiten verschiedener Ethnien sowie anderer Gesellschaftsgruppen wie der südasiatischen Gemeinden werden lediglich regional gefeiert.

Staatliche Feiertage

1. Januar: Neujahr
Karfreitag und Ostermontag*
Eid al-Fitr*
1. Mai: Tag der Arbeit
1. Juni: Madaraka Day (der Tag im Jahr 1963, an dem Kenia die Kontrolle über seine inneren Angelegenheiten erlangte)
10. Oktober: Moi Day (Gedenken an den zweiten Präsidenten Kenias)
20. Oktober: Mashujaa Day (Gedenken an den Tag, an dem der erste kenianische Präsident von den Briten inhaftiert wurde)

Abend im Mugie Conservancy

12. Dezember: Jamhuri Day (Jahrestag der Unabhängigkeit)
25. und 26. Dezember: Christmas Day und Boxing Day (Der Name rührt angeblich daher, dass an diesem Tag früher die Weihnachtsgeschenke aus Schachteln (»Boxes«) ausgepackt wurden.)
* Variable Feiertage

Fotografieren und Filmen

Das Fotografieren und Filmen des Präsidenten, der Nationalflagge, militärischer Anlagen, von Regierungsgebäuden und Polizeikräften ist in Kenia nicht gestattet. Ansonsten sollte man die allgemeinen Regeln der Höflichkeit und des Anstandes einhalten. Viele Menschen lassen sich nicht gerne fotografieren und reagieren zu Recht verärgert, wenn sie ungefragt abgelichtet werden. Fragen Sie, bevor Sie ein Bild schießen und erklären Sie, warum Sie fotografieren, beispielsweise um Freunden und Familie in der Heimat zu zeigen, wie man in Kenia lebt. Respektieren Sie auch, wenn Menschen in der Öffentlichkeit Ihrem Fotowunsch widersprechen. Im Gegensatz dazu ist vielen Mitgliedern der Ethnien der Maasai und Samburu, aber auch anderer Ethnien, bewusst, dass Reisende an Fotos von Menschen in traditioneller Kleidung interessiert und bereit sind, für ein solches Bild zu bezahlen. Daher wird ein kleiner Betrag verlangt. Wenn Sie das Foto wirklich möchten und bereit sind, dafür zu zahlen, sollten Sie den Preis vorher aushandeln. Man benötigt häufig kleine Tricks, um Portraits fotografieren zu können. Es bietet sich an, Menschen ein kleines Fotoalbum auf dem Smartphone mit Portraits vergangener Reisen zu zeigen oder auch Bilder aus der eigenen Heimat. Wenn ein persönliches Vertrauens- und kein Geschäftsverhältnis besteht, entstehen oft ausdrucksstärkere Bilder. Sie könnten die Situation mit einer Unterhaltung oder einer witzigen Bemerkung etwas lockern, bevor Sie das Bild machen. Die besten Aufnahmen gelingen am frühen Morgen und am späten Nachmittag. Nutzen Sie die so genannte »Goldene Stunde« der Fotografie, wenn die Sonne ein warmes Licht auf die Landschaft wirft und die Farben besonders intensiv leuchten.

Gesundheit

Bei einer Reise in die Tropen stellt sich immer die Frage nach möglichen Gesundheitsrisiken. Jedoch sind für Kenia keine gesonderten Vorsichtsmaßnahmen zu treffen. Die Risiken, schwer zu erkranken, sind verhältnismäßig gering. Reisestil, Reisezeit, Aufenthaltsdauer und -orte sind ebenfalls entscheidend zur Definition des Risikos.

Beispielsweise sind viele Hochlandregionen Kenias nicht von klassischen Tropenkrankheiten wie Malaria betroffen. Je nach Reiseroute wird eine Malariaprophylaxe nicht zwingend empfohlen. Eine **reisemedizinische Beratung** bei einem tropenmedizinischen Institut vor Abreise kann hier Licht ins Dunkel bringen und wird dringend angeraten.

Vor Ort empfehlen sich einige einfache Grundregeln. Ausschließlich **Wasser** sicheren Ursprungs trinken, beispielsweise Flaschenwasser, nie Leitungswasser. Eiswürfel nur, wenn Sie auch sicher mit sauberem Wasser hergestellt wurden. Nur gefiltertes oder abgekochtes Wasser benutzen, auch zum Zähneputzen.

Bei Nahrungsmitteln gilt: kochen, selbst schälen oder desinfizieren. Fisch und Fleisch sollte man nur durchgekocht genießen, außer in guten Restaurants in den größeren Städten oder touristischen Hotels und Lodges. Zudem sollte man auf **Hygiene** achten und sich regelmäßig die Hände mit Seife waschen sowie Hände und Gebrauchsgegenstände wie Handy und Kamera desinfizieren.

Am Äquator ist die **Sonneneinstrahlung** höher als in Mitteleuropa. Sonnenhut und -creme schützen vor Sonnenbränden. Achten Sie gegen Dehydrierung darauf, regelmäßig zu trinken und sich auch einmal im Schatten aufzuhalten.

In den größeren kenianischen Städten gibt es gut ausgebildete **Ärzte und Ärztinnen**. Für schwere Verletzungen oder Krankheiten, die auf dem Land nicht behandelt werden können, bieten die **Flying Doctors** (www.flydoc.org) eine spezielle Evakuierungsversicherung nach Nairobi an (→ S. 397).

■ Malaria und Denguefieber

Malaria kommt das ganze Jahr über landesweit vor. Während der Regenzeit ist das Risiko in den Regenwaldgebieten und an der Küste erhöht. Kein beziehungsweise ein geringes Risiko besteht in Nairobi und den Hochlandregionen über 2000 Metern. Die Übertragung erfolgt durch den Stich nacht-aktiver Anopheles-Mücken. Unbehandelt verläuft insbesondere die gefährliche Malaria tropica bei nicht-immunen Menschen häufig tödlich. Die Erkrankung kann auch noch Wochen bis Monate nach dem Aufenthalt ausbrechen. Beim Auftreten von Fieber in dieser Zeit sollte man ärztliche Hilfe in Anspruch nehmen und auf den Aufenthalt in einem Malariagebiet hinweisen. Für die Malariaprophylaxe sind verschiedene verschreibungspflichtige Medikamente (beispielsweise Malarone, Doxicyclin, Lariam) auf dem deutschen Markt erhältlich. Die Wahl sollte unbedingt vor der Einnahme in einem tropenmedizinschen Institut besprochen werden (z.B. wegen Unverträglichkeit mit anderen Medikamenten). Malariamittel sind verschreibungspflichtig.

Das **Denguefieber** wird in Kenia vor allem in den Küstenregionen durch tagaktive Aedes-Mücken übertragen. Die Erkrankung geht in der Regel mit Fieber, Hautausschlag und ausgeprägten Gliederschmerzen einher. In seltenen Fällen treten insbesondere bei Kindern schwerwiegende Komplikationen mit möglicher Todesfolge auf. Insgesamt sind Komplikationen bei Reisenden aber selten.

Schützen Sie sich tagsüber und nachts durch Mückenschutzspray (zum Beispiel Autan Tropical) konsequent vor Mückenstichen. Tragen Sie beim Aufenthalt im Freien in Malariagebieten weitgehend körperbedeckende Kleidung und wenden Sie insektenabwehrende Mittel an unbedeckten Hautstellen an. Im Wohnbereich sind Anti-Insekten-Kerzen, Räucherspiralen und Verdampfer praktisch. Schlafen Sie vor allem in Risikogebieten unter einem (imprägnierten) Moskitonetz.

■ Bilharziose

Vom Baden in den Gewässern Kenias sollte man wegen der Biharziose-Gefahr generell absehen. Die Bilharziose wird beim Baden, Waten oder anderen Freizeitaktivitäten im oder am Süßwasser durch das Eindringen der Wurmlarven in die Haut übertragen. Vom Baden in Süßwassergewässern sollte

daher in ganz Kenia konsequent abgesehen werden. Ausnahmen bilden die alkalischen Seen des Landes, die frei von den Erregern sind. Jedoch sollte man bei diesen dennoch die Gefahr durch Nilpferde und Krokodile beachten.
Risikogebiete für Bilharziose in Kenia sind vor allem der Victoriasee, der Tana River und der Jipesee.

■ Giftige Tiere
In allen tropischen und vielen subtropischen Ländern kommen eine Reihe teilweise gefährlicher **Giftschlangen** vor, deren Biss schwere Körperschäden und auch den Tod bewirken kann. Greifen Sie nicht in Erdlöcher oder -spalten, unter Steine, Reisig, Zweige und ähnlich unübersichtliches Material. Das Forschungs- und Bildungszentrum East African Reptiles entfernt Schlangen sicher aus dem Lebensbereich von Menschen und setzt sie in Naturschutzgebieten wieder aus. Auch bei Schlangenbissen kann man deren Notfallnummer anrufen (Tel. +254/(0)729/403599). Weitere Informationen bei der Taylor Ashe Antivenom Foundation: www.taaf-eastafricanreptiles.org.
Auch kommen einige recht giftige **Spinnen- und Skorpionarten**, daneben auch andere Tiere mit potenziell starker Giftwirkung (beispielsweise bestimmte auffällig gefärbte Schmetterlingsraupen, Hundertfüßer) vor. Wie üblich in den Tropen gilt: Vorsicht, wohin man greift, wohin man tritt und wohin man sich setzt oder legt. Vor Benutzung von Bettdecken, Kleidungsstücken, Schuhwerk, Kopfbedeckungen sollte man möglicherweise vorhandene Tiere oder Insekten durch sorgfältiges Ausschütteln entfernen.

■ Impfschutz
Bei der direkten Einreise aus Deutschland sind Pflichtimpfungen nicht vorgesehen, bei der Einreise aus einem Gelbfiebergebiet muss ein internationaler Impfausweis mit Gelbfieberimpfung vorgewiesen werden (ausgenommen sind Kinder unter einem Jahr). Die **Standardimpfungen** gemäß aktuellem Impfkalender des Robert-Koch-Institutes für Kinder und Erwachsene sollten anlässlich einer Reise überprüft, vervollständigt oder aufgefrischt werden (siehe www.rki.de).
Lassen Sie sich rechtzeitig vor Abreise in einem reisemedizinischen Institut in Ihrer Nähe beraten. Bedenken Sie, dass einige Impfungen über einen längeren Zeitraum verabreicht werden müssen, bevor Immu-

Puffotter am Baringosee

nität besteht. Manche gesetzlichen Krankenkassen übernehmen die Kosten für Reiseimpfungen.

Informationen zu Impfungen oder zur Malaria-Prophylaxe erhält man bei folgenden Tropeninstituten:

Institut für Internationale Gesundheit
Augustenburger Platz 1
13353 Berlin
Tel. +49/(0)30/45056700
https://internationale-gesundheit.charite.de
Institut für Hygiene und Öffentliche Gesundheit Universitätsklinikum Bonn
Sigmund-Freud-Str. 25
53127 Bonn
Tel. +49/(0)228/28715520
www.ihph.de
Zentrum für Reisemedizin am Städtischen Klinikum Dresden-Friedrichstadt
Friedrichstr. 39
01067 Dresden
Tel. +49/(0)351/4803805
www.khdf.de
Bernhard-Nocht-Institut für Tropenmedizin
Bernhard-Nocht-Str. 74
20359 Hamburg
Tel. +49/(0)40/428180
www.bnitm.de
Tropeninstitut München
Abteilung für Infektions- und Tropenmedizin der Universität München
Leopoldstr. 5
80802 München
Tel. +49/(0)89/218013500
www.klinikum.uni-muenchen.de
Eine Liste reisemedizinisch qualifizierter Arztpraxen finden Sie unter www.frm-web.de/aerztelisten.

■ **Reiseapotheke**
Zur Grundausstattung einer kleinen Reiseapotheke zählen: antibakterielle Creme, Breitbandantibiotikum, Antibiotika für spezielle Durchfallerkrankungen, Elektrolytersatz bei Durchfall, Aktivkohletabletten, Schmerzmittel, entzündungshemmende Medikamente, Desinfektionslösung, kleine Splitterpinzette, sterile Handschuhe, Verbandspäckchen, Dreieckstuch, Pflaster, Blasenpflaster, Verbandstoff, Fieberthermometer, Wunddesinfektion, Lutschtabletten gegen Halsschmerzen, Mückenschutzmittel, Sonnencreme, Lippenbalsam und persönliche Medikamente.

Kenianische **Apotheken** sind vor allem in den großen Städten gut ausgestattet. Dennoch sollten Sie Medikamente, die Sie regelmäßig einnehmen müssen, in ausreichenden Mengen mitführen.

■ **Krankenversicherungen**
→ Versicherungen, S. 410

Grenzübergänge
→ Anreise, S. 384

Internet
Das Internet in Kenia funktioniert je nach Region nicht immer reibungslos. In den urbanen Zentren ist die Verbindung stabil, im ländlichen Raum kommt es hie und da zu Störungen oder langsamen Datenübertragungsraten. Die meisten Hotels und Lodges verfügen über kostenloses WLAN, das oftmals einwandfrei funktioniert. Wer mobil bleiben will und sich nicht auf das Hotel-WLAN verlassen möchte, sollte sich bei Ankunft am Flughafen in Nairobi oder in einer der vielen Shoppingmalls in Nairobi eine günstige **kenianische SIM-Karte** der Anbieter Safaricom oder Airtel kaufen (Reispass muss vorgezeigt werden). Laden Sie die SIM-Karte mit Guthaben in Form von Scratch Cards auf und buchen Sie eine Internetflat für die Zeit Ihres Aufenthalts. Bei Benutzung einer deutschen SIM-Card entstehen durch die hohen Roaming-Gebühren schnell horrende Telefonrechnungen.

Korruption
Korruption durchdringt das Alltagsleben und ist in allen sozialen und wirtschaftlichen Bereichen Kenias präsent. Auch Reisende können mit Situationen konfrontiert werden, bei denen von ihnen ein Bestechungsgeld verlangt wird. Verkehrspolizisten und -polizistinnen halten Fahrzeuge

Reisetipps von A bis Z

beispielsweise an und behaupten, der Fahrer hätte einen Regelverstoß begangen. Sollte das nicht der Fall sein, hat es sich als hilfreich erwiesen, auf ruhige Art die Sachlage zu erklären und mit viel Geduld zu versuchen, diese schwierige Situation zu lösen. Oftmals spielen Beamte ihre Machtposition jedoch aus und zwingen Personen, mit auf die Polizeistation zu kommen, um die Anschuldigungen in einem langwierigen Verfahren zu widerlegen. Reisende müssen selbst entscheiden, ob sie bereit sind, diese Farce mitzumachen und dafür ihre wertvolle Urlaubszeit und ihre Nerven zu opfern; oftmals sind korrupte Beamte bereits damit zufrieden, wenn man ihnen Snacks oder ein Softgetränk anbietet. Bei weiteren Drangsalierungen übergeben viele Menschen in einer solchen Situation einen kleinen Betrag. Lassen Sie sich nicht in den Geldbeutel schauen und geben Sie außerdem auf keinen Fall wichtige Dokumente wie Reisepass oder Führerschein her! Falls Sie sich wirklich nicht aus der Situation befreien können, könnten Sie als letzte Option die Botschaft anrufen und um Hilfe bitten (→ S. 389).

LGBTQIA+

LGBTQIA+ ist eine Abkürzung für Lesbian, Gay, Bi, Trans, Queer und Intersexual und Asexual (lesbisch, schwul, bisexuell, trans, queer, intersexuell, asexuell und weitere). Die LGBTQIA+-Gemeinschaft sieht sich in Kenia mit Menschenrechtsverletzungen und Diskriminierungen konfrontiert. Sexuelle Praktiken zwischen Männern sind in Kenia strafbar und können mit Gefängnisstrafen von mehreren Jahren geahndet werden. Gleichgeschlechtliche sexuelle Handlungen von Frauen sind zwar nicht ausdrücklich gesetzlich verboten, aber Lesben, bisexuelle Frauen und Transgender-Personen werden in der kenianischen Verfassung nicht anerkannt und gesellschaftlich diskriminiert. Der Staat erkennt keine Beziehungen zwischen Personen des gleichen Geschlechts an, und die gleichgeschlechtliche Ehe ist in der kenianischen Verfassung seit 2010

verboten. Es gibt keinen ausdrücklichen Schutz vor Diskriminierung aufgrund der sexuellen Ausrichtung und der Geschlechtsidentität. Adoptionen sind gleichgeschlechtlichen Paaren untersagt.

Menschen, die sich selbst mit einer oder mehrerer Kategorien von LGBTQIA+ identifizieren, können auf einer Reise in Kenia Diskriminierungserfahrungen und Gewalt ausgesetzt werden. Es kam in der Vergangenheit zu homophoben Attacken gegen Menschen, die ihre Homosexualität in der Öffentlichkeit zeigten oder darüber redeten. Vereinzelt erlauben Hotels gleichgeschlechtlichen Paaren nicht, in einem Doppelzimmer zu übernachten. Paare müssen dann in einem Zweibettzimmer schlafen. Durch einen Beschluss der kenianischen Filmklassifizierungsbehörde (KFCB) Ende 2022 wurden alle Filme mit LGBTQIA+-Inhalten in Kenia illegal. Im Jahr 2018 verboten die kenianischen Behörden *Rafiki*, einen Film über die Liebesgeschichte zweier Frauen, und im Jahr 2021 untersagte die KFCB das Zeigen des Dokumentarfilms *I am Samuel*, eine Geschichte über einen schwulen kenianischen Mann.

Dennoch wächst die öffentliche Unterstützung langsam, und verschiedene Organisationen setzen sich für den Schutz und die Verbesserung der Rechte der LGBTQIA+-Community ein, beispielsweise die Gay and Lesbian Coalition of Kenya.

www.galck.org

Medizinische Versorgung

Die medizinische Infrastruktur in Kenia ist – im Gegensatz zu den Nachbarländern – relativ gut ausgebaut. In allen großen Städten gibt es Krankenhäuser, englischsprechende Ärztinnen und Ärzte verschiedener Fachbereiche sowie gut ausgestattete Apotheken. Die medizinische Versorgung im ländlichen Raum ist weniger gut und erfolgt über Krankenstationen, die allerdings nur einfache Eingriffe vornehmen können. Die Standards reichen von akzeptabel bis mangelhaft, vielfach ist eine Versorgung technisch, apparativ und hygienisch problematisch. Hinweise zu Krankenhäusern und privaten Kliniken mit gutem Standard finden Sie in den jeweiligen Reisekapiteln. Die deutsche Botschaft Nairobi verfügt über eine Regionalarztdienststelle. Sie ist mit einem Arzt und einer medizinisch-technischen Assistentin (MTA) besetzt und nach telefonischer Vereinbarung grundsätzlich für alle EU-Bürger während der Öffnungszeiten ansprechbar. Informationen und Telefonnummern finden Sie auf der Website der Botschaft (www.nairobi.diplo.de/ke-de).

Auch wenn Behandlungskosten üblicherweise niedrig sind, lohnen sich dennoch ein ausreichender **Reisekrankenversicherungsschutz** und eine **Reiserückholversicherung**. In privaten Einrichtungen und je nach Behandlungsart können die Kosten recht schnell teuer werden. Auch Evakuierungsflüge sind kostspielig. Weitere Informationen → Versicherungen, S. 410.

Notfall

Die telefonischen Notfallnummern in Kenia, die Sie kostenlos anwählen können, sind die **112** und **999** für Polizei und Krankenwagen. Während es in vielen kleineren Orten Polizeistationen gibt, verfügen nur die größeren Städte Kenias über Feuerwachen und Ambulanzen. Sofern möglich, sollte man sich besser mit einem privaten Fahrzeug ins Krankenhaus bringen lassen. Sind Sie in abgelegenen Naturschutzgebieten unterwegs, kann oft zu viel Zeit vergehen, bis medizinische Hilfe eintrifft. Eine Evakuierungsversicherung bei den **Flying Doctors of East Africa** (www.flydoc.org) ist für alle Kenia-Reisenden zu empfehlen (Maisha Tourist Air Ambulance Cover, 16/24 US-Dollar für 30 Tage). Die kleinen Maschinen fliegen auch abgelegene Regionen an und landen abseits jeder Landebahn, um Verletzte zu bergen. Notrufe können rund um die Uhr abgesetzt werden unter der Telefonnummer **+254/(0)20/6992299**. Bei Safaris in abgelegene Gebiete sollte man mit einem Tourveranstalter reisen, der über Funkgeräte verfügt. Zusätzlich können Sie sich in die Krisenvorsorgeliste **ELEFAND** (www.krisenvorsorgeliste.diplo.de) des Auswärtigen Amtes eintragen. Ob Auslandsreise oder Daueraufenthalt im Ausland, mit der Eintragung in diese Liste werden Sie im Krisen- und Katastrophenfall von den deutschen Auslandsvertretungen schnell informiert und gegebenenfalls in Krisenbewältigungsmaßnahmen einbezogen.

■ Ausweisverlust

Wird Ihr Reisepass gestohlen, sollten Sie dies umgehend bei der örtlichen Polizei melden und den Verlust protokollieren lassen. Über die diplomatische Vertretung Ihres Landes erhalten Sie damit einen Ersatz-Reisepass.

Auch bei anderen Notfällen medizinischer oder rechtlicher Art sind die Botschaften bemüht, zu helfen. Notfallnummern der Botschaften und diplomatischen Vertretungen → S. 389.

■ Diebstahl

Bei Diebstahl ist es sinnvoll, die Tat zur Anzeige zu bringen. Auf der Polizeistation müssen Sie ein englisches Protokoll erstellen lassen, um es bei Ihrer Versicherung einreichen zu können. Dieser bürokratische Akt ist oft mit einem erheblichen Zeitaufwand verbunden. Demnach sollten Sie selbst abwägen, ob Sie kleine Diebstähle zur Anzeige bringen möchten.

■ Verlust von Geldkarten

Beim Verlust von Kreditkarten sollten Sie diese umgehend sperren lassen. Für deutsche Geldkarten gibt es die einheitliche Sperrnummer +49/(0)116116. Alternativ ist der Sperr-Notruf auch unter +49/(0)30/40504050 erreichbar. Österreichische VISA- und Mastercards sperrt man unter +43/(0)171/7014500. Die Schweiz verfügt über keine zentrale Sperrnummer. Notieren Sie sich die Notfallnummer Ihrer Bank vor der Reise.

■ Verkehrsunfall

Die größte Gefahr bei einem Kenia-Urlaub geht vom Straßenverkehr aus. Wichtig ist,

LKW mit weisem Spruch

im Falle eines Unfalls die Unfallstelle unverändert zu lassen, bis die Polizei den Fall aufnimmt, selbst wenn Sie dadurch den Verkehr behindern. In Nairobi ist dies in der Regel kein Problem, fast überall gibt es Verkehrspolizei. Besonders auf dem Land sind Polizeistationen jedoch rar gesät, und man sollte ein Fahrzeug zur nächsten Polizeistation schicken.

In manchen Situationen kommt es zu Gewalt gegen am Unfall beteiligte Fahrer und Fahrerinnen. Daher kann es ratsam sein, nicht auszusteigen und die Türen zu verriegeln, bis die Polizei kommt. Besonders Bodaboda-Fahrer (Motorradtaxis) reagieren oftmals gewalttätig, vor allem gegenüber Frauen am Steuer. Sobald die Polizei vor Ort ist, sollten Sie ein Protokoll und ggf. ein schriftliches Schuldeingeständnis von den Beteiligten einholen, damit der Schaden von der Versicherung übernommen werden kann. In schwierigen Situationen kann es hilfreich sein, die Botschaft einzuschalten (→ S. 389).

Öffentliche Verkehrsmittel
■ Busse und Matatus
Das Hauptverkehrsmittel vieler Einheimischer sind Busse und Matatus. In den größeren Städten Kenias gibt es sowohl ein Linienbussystem, das vom **Kenya Bus Service** (KBS) betrieben wird, als auch private

Sammeltaxis, sogenannte Matatus. Beide Verkehrsmittel sind sehr preisgünstig und für Reisende mit kleinem Budget unschlagbar. Sie verbinden die Stadtzentren mit den Vororten und folgen zumeist ähnlichen Strecken. Die Busse des KBS fahren nach festgelegten Fahrplänen; die Matatus fahren immer dann, wenn sie voll sind. Wer es eilig hat, sollte also ein Matatu wählen, das bereits gut gefüllt ist. Der niedrige Preis schlägt sich jedoch auch im geringen Komfort nieder. Matatus sind für den Großteil der tödlichen Unfälle auf Kenias Straßen verantwortlich. Dennoch sind Matatu-Fahrten bei vielen Reisenden beliebt, denn die Busse sind oftmals mit bunten Motiven bemalt – von Fußball- über Rap-Stars bis hin zu Charakteren aus Fernsehserien. Außen und innen sind manchmal bunt blinkende Lichter angebracht, im Innenraum läuft oft laute Musik, und manche Matatus besitzen sogar einen Fernseher. Eine Fahrt mit einem Matatu ist also ein besonderes Spektakel. Wer es erleben möchte, findet sich an einer der Matatu-Abfahrtstellen der jeweiligen Stadt ein. Am besten fragen Sie das Personal Ihrer Unterkunft, mit welcher Linie Sie an das gewünschte Ziel kommen.

■ Überlandbus
In fast alle Landesteile gibt es Verbindungen mit Überlandbussen. Das regionale und landesweite Streckennetz hat einen Fahrplan mit festgelegten Zwischenstopps und regelmäßigen Abfahrtszeiten, die in der Regel eingehalten werden. Auch in den Nachbarstaaten existieren grenzüberschreitende Linien. Im Norden Kenias hingegen gibt es nur wenige Verbindungen mit öffentlichen Verkehrsmitteln.

Für Fernstrecken erhalten Sie Ihre **Fahrkarte** am Tag vor Abreise im Ticketbüro am Busbahnhof der jeweiligen Buslinie. Bei einigen Busunternehmen kann man auch online buchen. Die Preise für viele Strecken sind sehr günstig, wobei es in den Bussen oftmals an Komfort mangelt. Das Unfallrisiko auf den Straßen steigt enorm, sobald es dunkel wird.

Im Durcheinander der Busbahnhöfe sollten Sie Ihr Gepäck nicht aus den Augen lassen, bis es sicher verstaut ist; **Taschendiebstähle** sind hier häufig. Stationen, Abfahrtszeiten und Preise sind auf der Website des jeweiligen Busunternehmens oder im Ticketbüro zu erfahren.

■ Bahn

Bereits zu Beginn des 20. Jahrhunderts wurde in Kenia eine Zugstrecke erbaut, die Kenia mit Uganda verband. Die so genannte **Uganda Railway** wurde 2017 erneuert. Mittlerweile gibt es mit **Kenya Railways** (www.krc.co.ke) Verbindungen zwischen Nairobi, Mombasa und Kisumu. Die Züge verfügen über First und Economy Class, beide sind komfortabel und relativ günstig. Die Tickets müssen **online** gebucht werden (https://metickets.krc.co.ke) und können nur mit **m-pesa** bezahlt werden. Bezahlung mit Kredit- oder Debitkarte ist nicht möglich, jedoch geplant. Nach Zahlung erhalten Sie eine Bestätigung per SMS mit Ihrer Buchungsnummer, die Sie am Bahnhof vorzeigen.

Seien Sie mindestens eine Stunde vor Abfahrt des Zuges am Bahnhof.

■ Taxi, Transport-Apps, Bodaboda und Tuk Tuk

In allen größeren kenianischen Städten gibt es Taxis, Bodabodas (Motorradtaxis) und an der Küste Tuk Tuks (dreirädrige Motorräder). Die Fahrpreise sind Verhandlungssache und sollten vor Fahrtantritt festgelegt werden. Während Taxis relativ teuer sind, zahlt man bei Bodabodas und Tuk Tuks relativ wenig. Fahrten mit den Transport-Apps **Uber** und **Bolt** sind ebenfalls günstige Alternativen.

Das Preisniveau liegt im Allgemeinen deutlich unter dem in Deutschland, Österreich und der Schweiz. Erkundigen Sie sich in Ihrem Hotel nach den genauen Streckenpreisen. Aus Sicherheitsgründen sollte man vor allem abends nicht zu Fuß gehen.

■ Inlandsflüge

Falls Sie wenig Zeit haben oder längere Busfahrten vermeiden wollen, bieten sich Inlandsflüge an. Inlandsflughäfen und kleine Landebahnen in Naturschutzgebieten gibt es überall im Land.

Die staatlichen Fluglinien **Air Kenya** und **Kenya Airways** fliegen vom Jomo Kenyatta International Airport sowie dem Wilson

Reisetipps von A bis Z

Straßensperre in der Maasai Mara

Airport in Nairobi unter anderem die Inlandsflughäfen von Lamu, Malindi, Mombasa, Kisumu und Eldoret an. Auch die tansanischen Flughäfen in Dar es Salaam, Kilimanjaro und Sansibar sind nur einen Katzensprung entfernt. Für Inlandsflüge reicht es normalerweise, etwa eine Stunde vor Abflug am Flughafen zu sein.

Man kann außerdem auf kleineren Charter-Flügen direkt in Nationalparks und Reserves fliegen. In vielen Naturschutzgebieten gibt es Landepisten, und einige Luxus-Lodges besitzen sogar ihre eigenen Landebahnen. Das hat natürlich seinen Preis.

Es ist ein ganz besonderes Erlebnis, Kenias atemberaubende Landschaften aus der Vogelperspektive zu genießen – seien es die wüstenhaften, mit uralten Vulkankegeln gespickten Ebenen Nordkenias, der verschneite und von Bergwäldern überzogene Mt. Kenya, das Rift Valley mit seinen imposanten Felsformationen und Seen, oder die mit Kokospalmen bestandenen Sandstrände.

Öffnungszeiten

Die Ladenöffnungszeiten sind in Kenia nicht gesetzlich vorgeschrieben und variieren lokal. Die besten Zeiten, um auf geöffnete Türen zu stoßen, liegen zwischen 9 und 17 Uhr. Vereinzelt haben muslimische Geschäfte an den christlichen Feiertagen geöffnet und umgekehrt. Dass alles geschlossen ist, kommt eigentlich nie vor. Die Öffnungszeiten von staatlichen Behörden sind in der Regel Mo–Fr 8–17 Uhr. Gleiches gilt für Banken, wobei Öffnungszeiten variieren können, und Banken auch samstagvormittags geöffnet haben. In Städten gibt es oft verlängerte Öffnungszeiten.

Post

Die kenianische Post (www.posta.co.ke/posta) hat Filialen in allen größeren und kleineren Städten des Landes. Versenden Sie Ihre Post jedoch am besten in den größeren Städten und rechnen Sie mit einer Versandzeit von etwa zwei bis drei Wochen. Postämter sind generell in der Woche 8–17 und samstags 9–12 Uhr geöffnet. Postkarten, Briefe und Pakete nach Übersee sind sehr preisgünstig. Briefmarken können in Postämtern sowie einigen Schreibwaren- und Souvenirläden, Hotels und Lodges gekauft werden.

Die kenianische Post arbeitet relativ zuverlässig, für wirklich wichtige Sendungen jedoch kann man den versicherten Versand eines internationalen Paketzustellers nutzen. DHL (www.dhl.com) und UPS (www.ups.com) haben mehrere Filialen in Nairobi und anderen Großstädten.

Preisniveau

Von sehr günstigen Rucksackreisen bis hin zu teuren Reisen ist alles möglich. Generell sollte man wissen, dass viele touristische Dienstleistungen oder Hotels gemessen an Standard oder Service teuer sind. Das macht individuelle Reisen in Kleingruppen mit eigenem Fahrzeug und in Mittelklassehotels oft teurer als Vergleichbares in anderen Ländern Afrikas.

Viele im traditionellen Stil gebauten Lodges verlangen Preise ab 100 Euro. Gute Mittelklassehotels mit qualitativ hochwertigem Standard findet man schon ab etwa 40 Euro, sehr einfache Unterkünfte auf dem Land mit weniger hohen Standards sind schon für fünf bis zehn Euro zu mieten.

Grundnahrungsmittel wie Brot, Gemüse oder Obst und Waren des täglichen Bedarfs sind günstig, importierte Produkte hingegen wesentlich teurer als in Europa. Landestypische einfache Restaurants verkaufen traditionelles Essen häufig für ein bis drei Euro. Vor allem in Nairobi hat man eine Auswahl an vielen Restaurants verschiedener Landesküchen – wie indisch, japanisch, italienisch oder äthiopisch – mit Gerichten zu etwas höheren Preisen (sieben bis zwölf Euro). In Nairobi kann man in den Top-Restaurants der Hauptstadt gut und gerne mit 20 bis 25 Euro pro Person rechnen. In touristischen Restaurants kosten Getränke mehr als in einfachen Restaurants.

Öffentliche Verkehrsmittel sind sehr preiswert. Überlandbusse, Stadtbusse und Matatus sind die günstigsten Verkehrsmittel.

Alternativen sind Bodabodas (Motorradtaxis), Transport-Apps wie Uber und Bolt in den größeren Städten und vor allem an der Küste das dreirädige Tuk Tuk für kürzere Strecken. Taxis sind teurer, wobei die Fahrpreise noch deutlich unter denen in Deutschland liegen. Sowohl für Bodaboda als auch für Tuk Tuk und Taxi verhandelt man den Streckenpreis vor Antritt der Fahrt; Taxameter gibt es in Kenia nicht. Zugfahrten (https://metickets.krc.co.ke) sind sowohl in der Economy als auch in der First Class günstig.

Auch der Zug ist ein günstiges Transportmittel

Für den **Eintritt zu Museen, Nationalparks und Sehenswürdigkeiten** zahlen Reisende (Non-Residents) einen höheren Preis als Einheimische (Citizens/Residents). Die Preise sind immer ausgezeichnet und stets an einen offiziellen Kassierer gegen Erhalt einer Quittung zu zahlen. Bei Nationalparks gilt das Ticket 24 Stunden (Maasai Mara: 12 Std.). Hinzu kommen noch unterschiedliche Gebühren für Fahrzeuge, Guides, Ranger und Camping (→ S. 34). **Preisbeispiele für Nairobi (Stand Mitte 2023)**

1 Liter Trinkwasser: 50–100 Ksh
1 Tee im Café: 20 Ksh
1 Mandazi: 5–20 Ksh (je nach Verkaufsperson)
1 Chapati: 20 Ksh
1 Banane: 5–10 Ksh (je nach Verkaufsperson)
1 Mango: 10 Ksh
1 Avocado: 10–30 Ksh
1 vegetarisches Gericht in einem Hoteli: 100 Ksh (je nach Verkaufsperson)
1 nicht-vegetarisches Gericht in einem Hoteli: 180–200 Ksh
1 Flasche Bier: 200–250 Ksh
1 Liter Diesel: 200 Ksh

Reisen mit Kindern

Kenia ist ein sehr kinderfreundliches Reiseland. Während einer Safari können Kinder der Natur nahekommen und auf spielerische Art und Weise vieles über Flora und Fauna lernen. Auch an der Küste gibt es zahlreiche Angebote. Viele Hotels haben kindgerechte Pools, Unterhaltungs- und Betreuungsangebote. In Einkaufszentren gibt es Spielbereiche für Kinder, manchmal mit Hüpfburgen und Bällebädern. Auch viele Restaurants mit Außenbereich haben einen Spielplatz mit Rutschen und Schaukeln.

Für den Aufenthalt in Hotels und die Teilnahme an Ausflügen bis zu einem Alter von zwölf Jahren wird meist die Hälfte des Erwachsenenpreises verlangt. In den Nationalparks zahlen auch Jugendliche bis zu 18 Jahren nur die Hälfte. Eintritt und Unterkunft sind für Kinder unter drei Jahren in der Regel kostenfrei.

Reiseveranstalter in Deutschland, Österreich und der Schweiz

Viele Reiseveranstalter bieten kombinierte Reisen an, zum Beispiel Kenia und Tansania (Maasai Mara und Serengeti), oder haben zusätzliche Badetage an den Stränden des Indischen Ozeans oder auch auf Sansibar als Verlängerung im Programm.

a & e erlebnis:reisen
Hans-Henny-Jahn-Weg 19
22085 Hamburg
Tel. +49/(0)40/27143470
www.ae-erlebnisreisen.de
Facebook: a&e erlebnis:reisen – Begegnungen in Augenhöhe erleben
Kenia-Rundreise und Individualreisen.
Akwaba Afrika
Michaelisstr. 3

04105 Leipzig
Tel. +49/(0)341/22387160
www.akwaba-afrika.de
Afrika-Spezialist, Trekking, Rundreisen, Selbstfahrerreisen.

Chamäleon Reisen
Pannwitzstr. 5
13403 Berlin
Tel. +49/(0)30/3479960
www.chamaeleon-reisen.de
Instagram: @chamaeleon.reisen
Erlebnis- und Safarireisen.

DAV Summit Club
Anni-Albers-Str. 7
80807 München
Tel. +49/(0)89/642400
www.dav-summit-club.de
Instagram: @davsummitclub
Wanderreisen durch den Mount Kenya National Park mit Besteigung des höchsten Berges des Landes, Besteigung des Kilimandscharo und Safari im Amboseli-Nationalpark.

Diamir Erlebnisreisen
Berthold-Haupt-Str. 2
01257 Dresden
Tel. +49/(0)351/312070
www.diamir.de
Instagram: @diamirerlebnisreisen
Gruppenreisen, Safari- und Fototouren, auch in den Norden Kenias.

Geoplan
Geisbergstr. 39
10777 Berlin
Tel. +49/(0)30/34649810
www.geoplan-reisen-de
Maßgeschneiderte Privatreisen in ganz Kenia.

Hauser Exkursionen
Spiegelstr. 981241 München
Tel. +49/(0)89/2350060
www.hauser-exkursionen.de
Instagram: @hauserexkursionen
Expeditionen zum Mount Kenya und Safaris in einigen der beliebtesten Nationalparks Kenias.

Ikarus Tours
Am Kaltenborn 49–51
61462 Königstein/Ts.
Tel. +49/(0)6174/29020
www.ikarus.com
Instagram: @ikarustours
Kulturreisen und Safaris in ganz Kenia.

Karawane Reisen
Schorndorfer Str. 149
71638 Ludwigsburg
Tel. +49/(0)7141/28480
www.karawane.de
Instagram: @karawanereisen
Individual-, Rund- und Kleingruppenreisen in die beliebtesten Nationalparks.

Nature Tours
Neuengasse 30, CH–3001 Bern
Tel. +41/(0)31/3130010
www.nature-tours.ch
Instagram: @nature_tours_ch
Individual- und Gruppenreisen mit Fokus auf Safaris in den beliebtesten Nationalparks.

Studienerlebnisreisen Kneissl Touristik
Linzer Straße 4–6
A–4650 Lambach
Tel. +43/(0)7245/20700
www.kneissltouristik.at
Instagram: @kneissltouristik
Kultur- und Erlebnisreisen durch die schönsten Nationalparks.

Studiosus Reisen
Riesstr. 25, 80992 München
Tel. +49/(0)89/50060
www.studiosus.com
Facebook: Studiosus Reisen München
Kultur- und Erlebnisreisen durch die schönsten Nationalparks.

Terra Vista Erlebnisreisen
Am Marktplatz 11, 28844 Weyhe
Tel. +49/(0)4203/4370880
www.terravista-erlebnisreisen.de
Facebook: @terravista.erlebnisreisen
Safaris, Kleingruppen- und Familienreisen durch einige der beliebtesten Nationalparks Kenias, historische Städte und an die Küste.

Via Verde Reisen
Beethovenallee 33
53173 Bonn
Tel. +49/(0)228/92616390
www.via-verde-reisen.de
Instagram: @viaverde.reisen
Spezialveranstalter mit Fokus auf ökotouristische Touren. Angeboten werden Reisen

abseits der klassischen Safari-Routen sowie Ranger-Kurse.

Weltweitwandern
Gaswerkstr. 99
A–8020 Graz
Tel. Österreich: +43/(0)316/5835040,
Tel. Deutschland: +49/(0)89/30704268
www.weltweitwandern.at
Instagram: @weltweitwandern
Kombinierte Wander- und Kulturreise durch den Ostafrikanischen Grabenbruch mit Besteigung des Mount Kenya sowie Safaris in einigen der schönsten Nationalparks Kenias.

Wigwam Naturreisen & Expeditionen
Lerchenweg 2
87448 Waltenhofen/Allgäu
Tel. +49/(0)8379/92060
www.wigwam-tours.de
Instagram: @wigwamtours
Geführte Privatreisen sowie Rundreisen in kleinen Gruppen.

Wikinger Reisen
Kölner Str. 20
58135 Hagen
Tel. +49/(0)2331/9046
www.wikinger-reisen.de
Instagram: @wikinger.reisen
Klassische Safaris und Wandersafaris durch einige der schönsten Nationalparks Kenias, Erkundung der Rift-Valley-Seen sowie privater Schutzgebiete.

World Insight Erlebnisreisen
Alter Deutzer Postweg 99
51149 Köln
Tel. +49/(0)2203/9255700
www.world-insight.de
Instagram: @worldinsight
Erlebnisreisen in Kleingruppen, von aktiv bis komfortabel.

Reiseveranstalter in Kenia

Vor allem für sehr individuelle Reisewünsche kann es sinnvoll sein, spezialisierte Agenturen vor Ort zu kontaktieren. Jedoch ist die Anzahl an Veranstaltern so stark gestiegen, dass man schnell überfordert sein kann. Deswegen hier ein paar Empfehlungen für zuverlässige deutsch- und/oder englischsprachige Agenturen:

Bunson Travel
95A, Limuru Road, Nairobi
Tel. +254/(0)722/205910
www.bunsontravel.com
Instagram: @bunsontravel
Maßgeschneiderte Individualreisen in ganz Kenia, sowohl in den Regionen Laikipia und Samburu als auch Mount Kenya als auch die Küste.

East African Reptiles
Tel. +254/(0)723/386558
www.taaf-eastafricanreptiles.org
Instagram: @eastafricanreptiles
Schlangensafaris von 2 bis 14 Tagen. Begleitet werden die Touren von dem Schlangenexperten Kyle und seinem Team, die in einigen von Kenias abgelegensten Gegenden nach allen Arten von Schlangen suchen.

Enchanting Travels
Abzweigung Waiyaki Way, Muthangari, Nairobi
Tel. +254/(0)20/3867551
In Deutschland:
Am Bahnsteig 4
82024 Taufkirchen
Tel. +49/(0)89/20194148
www.enchantingtravels.com
Instagram: @enchanting.travels
Zuverlässiges Reiseunternehmen mit Sitz in München und Nairobi. Individuell zugeschnittene Reisen auf Deutsch und Englisch.

Gametrackers Safaris
Lodge Road, Ongata Rongai, Nairobi
Tel. +254/(0)731/309513
www.gametrackersafaris.com
Instagram: @gametrackerske
Zahlreiche englischsprachige Safaris, von klassischen, kulturellen, Familien-, Gruppen-, Luxus- und individuellen Safaris bis Vogelbeobachtung und reinen Camping-Safaris.

Gamewatchers Safaris
Tel. +254/(0)743/646161
www.porini.com
Instagram: @porini_adventures
Reiseexperte für ganz Kenia, deckt auch die Region Nordkenia ab. Auf einer organisierten Tour kann man den Turkanasee, die Chalbi-Wüste, Loyangalani und weitere Destinationen im Norden Kenias besuchen.

Reisetipps von A bis Z

Go Africa Safaris & Travel
Tel. +254/(0)202/353884
www.go-africa-safaris.com
Instagram: @go_africa_safaris
Dieses kenianische Reiseunternehmen hat sich auf barrierefreies Reisen in Ostafrika spezialisiert. Es verfügt über lokales Wissen und Erfahrung und stellt individuelle Safaris zusammen.

Karisia Safaris
Tel. +254/(0)721/371694
www.karisia.com
Instagram: @karisiawalkingsafaris
Luxus-Wander- und Kamelsafaris. Die englischsprachen Touren starten meist auf der Tumaren Ranch, etwa 50 Kilometer nördlich von Nanyuki. Die Länge der Safari ist frei wählbar.

Kenya Experience
+254/(0)746/619273
www.kenya-experience.com
Unter deutscher Leitung, organisiert Camping- und Luxus-Safaris, Tagesausflüge, Bergbesteigungen und Reisen an die Küste.

Kibo Slopes Safaris
Watermark Business Park, Ndege Road
Karen, Nairobi
Tel. +254/(0)719/381519
www.kiboslopes.com
Instagram: @kiboslopes
Österreichisch-kenianischer Spezialist für Berg- und Wandertouren in Ostafrika, bietet Erkundungen abseits der ausgetretenen Pfade in ganz Kenia an.

Natural World Safaris
Nairobi Safari Centre, Sports Road
Westlands, Nairobi
Tel. +254/(0)704/001122
www.naturaltoursandsafaris.com
Instagram: @naturalworldkenya
Zuverlässiger, englischsprachiger Reiseveranstalter mit Sitz in Nairobi und Mombasa. Organisiert klassische Safaris sowie Wander- und Kamelsafaris in verschiedenen Naturschutzgebieten sowie Aufenthalte an der Küste.

Offbeat Safaris
The Stables Karen, Karen Road, Karen, Nairobi
Tel. +254/(0)704/909355
www.offbeatsafaris.com
Instagram: @offbeatsafaris
Klassische Safaris in ganz Kenia sowie mehrtägige anspruchsvolle Reitsafaris in den Naturschutzgebieten Amboseli, Maasai Mara und Laikipia.

Phoenix Safaris
Village Market, Limuru Road
Gigiri, Nairobi
Tel. +254/(0)733/261646
www.phoenix-safaris.com
Instagram: @phoenixsafaris
Deutsch-kenianische Firma, bietet Rundreisen durch Kenia sowie klassische Safaris und Flugsafaris an.

Rift Valley Adventures
Marura Lane
Nanyuki
Tel. +254/(0)707/734776
www.riftvalleyadventures.com
Instagram: @riftvalleyadventures
Englischsprachige Ausflüge verschiedener Länge: Wandern, Bergsteigen (auch Mount Kenya), Klettern, Mountainbiking sowie Kajak- und Kanu-Fahrten.

Sunworld Safaris
Riverside Lane
Lavington, Nairobi
Tel. +254/(0)714/018914
www.sunworld-safari.com
Instagram: @sunworldsafaris
Bietet Foto-, Familien- und Naturschutzsafaris mit deutschsprachigen Guides in ganz Kenia an.

Tropic Air Kenya
Tel. +254/(0)20/2033032
www.tropicairkenya.com
Instagram: @tropicairkenya
Atemberaubende Helikopter-Safaris bis in die abgelegensten Ecken Kenias. Diese Luxus-Safaris werden nur auf Englisch durchgeführt.

Wild Rides Kenya
rides@wildrideskenya.com
Instagram: @wildrideskenya
E-Bike-Safaris in landschaftlich reizvollen Gegenden und Naturschutzgebieten in ganz Kenia.

Sicherheit

Kenia kann als recht sicheres Reiseland bezeichnet werden. Im Vergleich zu den nördlichen Nachbarländern Somalia, Sudan und Äthiopien, die von jahrzehntelangen Konflikten geprägt sind, gilt Kenia als ein Hafen des Friedens mit einer stabilen Politik, einer boomenden Wirtschaft und einer gut ausgebauten Infrastruktur. Dennoch gibt es weiterhin Kriminalität, denn wie in den meisten Ländern des Globalen Südens existieren auch in Kenia extreme soziale Gegensätze. Vor allem in **Nairobi** prallen die Welten der Armut und des Reichtums ungebremst aufeinander. Hier muss man sich vor allem vor **Taschendiebstahl** und **Trickbetrug** in Acht nehmen. Im Rest des Landes, und vor allem in ländlichen Regionen, ist die Lage entspannter. Nairobi hatte lange den Beinamen »Nairobbery« und ist bis heute der Brennpunkt der Kriminalität in Kenia, obwohl sich die Sicherheitslage in den letzten Jahren deutlich verbessert hat. Diebe und Diebinnen besitzen einen geschulten Blick dafür, wer Unsicherheit ausstrahlt, und viele Reisende werden vor allem während der ersten Tage in Nairobi ausgenommen. »Mwizi« bedeutet auf Swahili übrigens Dieb.

Auf Ausflügen in die Stadt sollte man nur das Nötigste an Bargeld mitnehmen und Wertsachen und Papiere im Hotel deponieren. Falls eine größere Summe benötigt wird, sollte diese an einer separaten Stelle am Körper aufbewahrt werden, sodass man für die täglichen Ausgaben nur an die leicht zugängliche Tageskasse geht. Alternativ zahlt man mit **m-pesa,** was bequem und bargeldlos funktioniert. Neben großen Bargeldsummen zieht auch wertvoller Schmuck Aufmerksamkeit auf sich. Sollten Sie einen Tagesrucksack mitnehmen, tragen Sie diesen im Trubel der Stadt am besten auf dem Bauch. Die teure Kamera können Sie in einem Jutebeutel oder einer Plastiktüte mitnehmen, was unauffälliger ist.

Bei **Trickbetrügereien** gibt es einige gängige Vorgehensweisen, die schnell erkannt werden können. Oft wird durch eine herzerweichende Geschichte Mitgefühl geweckt oder ein schlechtes Gewissen gemacht. Um sich vor Betrügereien zu schützen, muss man sich in Nairobi eiskalt verhalten und Fremde auf der Straße freundlich, aber bestimmt abwimmeln. Damit tut man manchen Leuten Unrecht; aber wer helfen möchte, kann besser eine der vielen Organisationen unterstützen, die in Kenia hervorragende Arbeit für Waisen, Straßenkinder, AIDS-Kranke und vieles mehr leisten (Liste unterstützenswerter Organisationen → S. 413). Überfälle auf Reisende sind selten, kommen aber ab und zu in Nairobi vor, berüchtigt ist vor allem der Uhuru-Park. Im nächtlichen Nairobi sollte man auf jeden Fall lieber ein Taxi nehmen, anstatt zu laufen.

An der Küste kann es, vor allem in **Mombasa** und den **Hochburgen des Tourismus,** zu kriminellen Vorfällen kommen, wobei dies nicht mit Nairobi vergleichbar ist. Nicht gefährlich, aber teilweise etwas aufdringlich können die so genannten **Beachboys und -girls** werden (→ S. 334). Dies sind junge Männer und Frauen, die am Strand alles von Andenken bis hin zu Safaris verkaufen wollen. Aufgrund der vielen Beschwerden über die Belästigungen an den Hotelstränden wurde eine Tourist Police ins Leben gerufen, was die Lage spürbar verbessert hat. Trotzdem sollte man keine Wertgegenstände mit an den Strand nehmen und nächtliche Strandspaziergänge vermeiden.

Sollten Sie trotz allem Opfer von Betrug oder Diebstahl werden, finden Sie im Kapitel »Notfall« Hinweise, wie Sie möglichst zügig Hilfe und Ersatz für verlorenes Geld oder Dokumente erhalten (→ S. 397).

Entlang der **Grenzen zu Kenias Nachbarländern** ist Vorsicht geboten. Aus Krisengebieten kommen teilweise automatische Waffen nach Nordkenia. Auf einigen Überlandstrecken im Norden besteht die Gefahr von **Überfällen.** Daher sollte man sich vor dem Aufbruch in diese Region nach der aktuellen Situation erkundigen, beispielsweise auf den Websites der Botschaften (www.kenyaembassyberlin.de, www.bmaa. gv.at, www.eda.admin.ch) oder beim Auswärtigen Amt (www.auswaertiges-amt.de). Auch in der »Nation« (www.nation.africa/kenya), der größten Tageszeitung Kenias, lässt sich gut verfolgen, in welchen Gegenden Vorsicht angebracht ist. Es ist empfehlenswert, in den nördlichen Gebieten mit erfahrenen und mit der Region vertrauten Reiseveranstaltern unterwegs zu sein.

Souvenirs

Andenken werden in ganz Ostafrika nicht »Souvenirs«, sondern »Curios« genannt. Eine große Auswahl findet man in Nairobi beispielsweise auf dem **Nairobi City Market** und dem **Maasai Market** (→ S. 128). Artikel sehr guter Qualität lassen sich in vielen geschmackvollen Läden in Shoppingmalls in Nairobi und Mombasa kaufen. Einige beziehen ihre kunsthandwerklichen Artikel aus sozialen Projekten, dadurch sind die Preise zu Recht etwas erhöht.

Typische Curio-Artikel umfassen die auch heute zum eigenen Gebrauch hergestellten **Nackenstützen** verschiedener Ethnien wie Turkana, Samburu und Maasai. Diese kleinen dreibeinigen Holzschemel sind teilweise kunstvoll mit Perlen, Schnitzereien oder Einlegearbeiten verziert.

Berühmt ist Kenia auch für seine bunten **Seifensteine** (Specksteine), die zu kleinen Figürchen, Schalen oder Schachfiguren geschnitzt werden.

Beliebt sind auch die grellbunten **Kangas**. Diese Tücher sind zumeist mit Swahili-Redewendungen bedruckt, und viele Frauen tragen sie auf dem Land und an der Küste als Wickelrock. Man kann sie in Läden der Kenya Kanga Collection auch als Hosen, Blusen, Dekoartikel und Taschen kaufen (www.kenyakangacollection.com).

Kikois, eine weitere Art bunter Baumwolltücher, sind in verschiedenen Läden ebenfalls als Shorts, Handtücher und Bademäntel erhältlich, z.B. von der Marke Kikoy Co. (www.kikoy.com).

Äußerst beliebte kunsthandwerkliche Souvenirs in Kenia sind außerdem geflochtene **Körbe**, die es in allen Größen und Formen gibt. Aber auch geflochtene **Bodenmatten** und **Sonnenhüte** sind erhältlich.

Besonders kunstvoll sind die bunten **Perlenstickereien** verschiedener Ethnien, etwa der Maasai und Samburu. In mühevoller Kleinarbeit werden Schmuck, Schlüsselanhänger, Gürtel und Kalebassen gestaltet. Ansonsten sind noch die in ganz Afrika beliebten **Bao-Spiele** und **Solitaire** mit Murmeln aus Halbedelsteinen schöne Souvenirs. In den Supermärkten finden Sie den

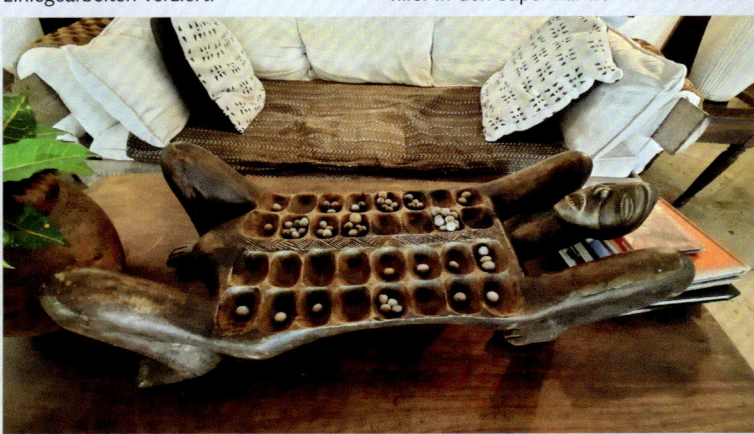

Bao-Spiele sind beliebte Mitbringsel

hochwertigen kenianischen **Kaffee** und **Tee**. Was Sie unter allen Umständen boykottieren sollten, sind **Souvenirs, die aus Wildtieren** hergestellt wurden, wie Felle und Häute, Elfenbeinprodukte, Schildkrötenpanzer, Muscheln und Korallen. Auch archäologische Gegenstände sowie geschützte Pflanzenarten sind tabu. Die Ausfuhr aus Kenia und der Import nach Deutschland ist in den meisten Fällen ohne besondere Genehmigung aus gutem Grund verboten und wird mit hohen Geldstrafen geahndet.

Schmuck in der El Molo Bay

Strafrechtliche Vorschriften

Verboten ist es, **militärische und sicherheitsrelevante Einrichtungen** (etwa Flughäfen, Eisenbahn, Brücken, Regierungsgebäude) und Militär sowie Polizei zu fotografieren. Auch der Aufenthalt in Kenia **ohne gültige Aufenthaltsgenehmigung** sowie die Erwerbstätigkeit ohne Arbeitserlaubnis sind Vergehen, die in der Regel mit Inhaftierung bis zur Ausreise und Geldstrafen geahndet werden. **Homosexuelle Handlungen** sind in Kenia strafbar und können mit Gefängnisstrafen geahndet werden. Der Besitz und **Konsum von Marihuana** ist in Kenia verboten.

Telefonieren

Das kenianische Telefonnetz ist gut ausgebaut. Die zwei größten Anbieter sind **Airtel** und **Safaricom**. Festnetzanschlüsse sind nur noch vereinzelt und bei offiziellen Stellen vorhanden. Ansonsten funktioniert das Mobilfunknetz gut, wobei es in ländlichen und entlegenen Gegenden oft zu Funklöchern kommt.

Es kann sich lohnen, eine **kenianische SIM-Karte** anzuschaffen und eine Internet- und Telefon-Flat für die Zeit des Keniaurlaubs zu kaufen. Inlandsgespräche und SMS sind sehr günstig. Ferngespräche ins Ausland können über WhatsApp, FaceTime oder Skype getätigt werden. Alle Karten laufen über ein Prepaid-System, über das sie mit überall erhältlichem Guthaben in Form von Scratch Cards aufgeladen werden können. Die SIM-Karten sind überall im Land in den Airtel- und Safaricom-Shops verfügbar, meist in den Shoppingmalls der Städte. Zum Kauf wird der Reisepass benötigt. Die internationale Vorwahl für Kenia lautet **+254**, wenn Sie vom Ausland nach Kenia telefonieren möchten. Um von Kenia ins Ausland zu telefonieren, wählt man die Landesvorwahl +49 für Deutschland, +43 für Österreich und +41 für die Schweiz. Bei Festnetztelefonen wird das + ersetzt durch 00. Anschließend ist die Ortsvorwahl ohne die Null zu wählen, gefolgt von der Teilnehmernummer.

Trinkgeld

Trinkgelder sind in Kenia üblich, sollten jedoch nicht wahllos vergeben werden, sondern nur als Anerkennung einer erbrachten Leistung. In Restaurants kann man etwa fünf Prozent des Rechnungsbetrags als Trinkgeld auf dem Tisch lassen, wobei viele Hotels und Restaurants bereits eine Servicegebühr von zehn Prozent auf die Rechnung aufschlagen. Taxifahrer erwarten in der Regel kein Trinkgeld, bei guter Fahrweise und Zuvorkommenheit kann man aber trotzdem eines geben.

Bei **begleiteten Reisen** sollte man auch an eine Anerkennung für Guides, Fahrer und Kochpersonal denken. Pro Person sollte man mit einem täglichen Trinkgeld von 500 bis 1000 Ksh rechnen. Für Gruppen-

Ndongoro Log Cabin im
Ragati Conservancy

reisen bietet es sich an, eine Kasse für Trinkgelder einzuführen und einer Person das Auszahlen von Trinkgeldern zu überlassen, um eine faire Verteilung zu ermöglichen.

Unterkunft
■ Hotels und Hostels
Generell sollte man wissen, dass viele touristische Hotels gemessen am Standard oder ihrem Service teuer sind. Kenia ist kein ideales Land für Rucksackreisende mit kleinem Budget, wobei es je nach Region und Ort durchaus einige relativ preisgünstige Übernachtungsmöglichkeiten gibt. Vereinzelt gibt es schöne und preisgünstige Hostels vor allem in Nairobi und an der Küste, die in den jeweiligen Reisekapiteln beschrieben werden. Renommierte Hotels können entweder direkt über ein Buchungsformular auf der Homepage gebucht werden oder man kann einen Veranstalter bitten, die Reservierungen für einen zu tätigen. In den meisten Hotels kann mit Kreditkarte gezahlt werden.

■ Lodges und Zeltcamps
Authentischer als die meisten Hotels sind Unterkünfte, die verschiedene Elemente afrikanischer Architektur aufgreifen wie Makuti-Dächer, die aus den getrockneten Blättern der Kokosnusspalme hergestellt werden. In den Nationalparks befinden sich vielerorts **Lodges**, die mit Naturstein und Holz erbaut wurden und sich an wunderschönen Plätzen befinden, die einen Fluss, ein Wasserloch oder eine Salzlecke überblicken, die viele Wildtiere anlocken. **Tented Safari Camps** sind Camps mit luxuriösen Zelten, die im hinteren Teil ein gemauertes Badezimmer besitzen. Die Zelte stehen unter einem Dach auf festem Fundament und sind mit edlen Möbeln eingerichtet. Von der Veranda hat man meist idyllische Ausblicke. Viele dieser Unterkünfte beziehen ihren gesamten Strom aus Solarenergie, verfügen über ein intelligentes Wassersystem und ernten Gemüse und Obst im eigenen ökologisch angelegten Garten. Einige dieser Unterkünfte unterstützen zudem lokale Gemeinden unter anderem durch die Schaffung von Arbeitsplätzen oder werden von Mitgliedern der Gemeinden verwaltet. Solche Unterkünfte sind besonders empfehlenswert, da sie sowohl im Hinblick auf die Wirtschaft als auch auf Umwelt und Klima nachhaltig sind. Sie haben jedoch oftmals einen höheren Preis.

■ Ferienhäuser
Mittlerweile äußerst populär in Kenia ist die Buchung und Vermietung von Unterkünften durch Airbnb (www.airbnb.com). Bei manchen Ferienhäusern kann man eine Person hinzubuchen, die das Kochen übernimmt.

■ Camping und Bandas
Kenias Naturschutzgebiete eignen sich hervorragend für Camping. Fast alle Nationalparks verfügen über ausgewiesene Zeltplätze, die sich in folgende Kategorien aufteilen: **Public Campsites** sind öffentlich zugänglich; **Special Campsites** müssen im Voraus beim KWS-Hauptquartier in Nairobi gebucht werden (www.kws.go.ke) und sind aufgrund einer Buchungsgebühr teurer. Dafür hat man den Zeltplatz ganz für sich allein. Die Infrastruktur ist in beiden Kategorien häufig sehr einfach, Wasserversorgung oder gar Duschen sind eher die

Ausnahme. Feuerholz gibt es häufig. Wegen der wilden Tiere sollte man das Feuer die ganze Nacht über auf kleiner Flamme brennen lassen und sich in der Dunkelheit nicht aus dem Lichtkegel des Feuers bewegen. Zwischenfälle mit Tieren sind jedoch sehr selten. Es ist immer ratsam, eine gute und umfassende Campingausrüstung mitzubringen oder aber einem Reiseveranstalter die Organisation zu überlassen. Camping außerhalb der Nationalparks ist eher unüblich.

Im ganzen Land gibt es außerdem **gemeindebasierte Tourismusprojekte**, in denen die Lokalbevölkerung kleine Hütten, die Bandas genannt werden, verwaltet. Hier kann man kostengünstig übernachten und oftmals lokale Speisen probieren. Die Erlöse fließen direkt an die Gemeinde. Entsprechende Projekte werden in den einzelnen Reisekapiteln erwähnt.

Verhaltenstipps

Grundsätzlich gibt es nicht viele Dinge, die Sie beachten sollten, um in Kenia einen Fauxpas zu vermeiden. Wenn Sie sich bemühen, sich den lokalen Gepflogenheiten anzupassen und ein paar Floskeln Swahili zu sprechen, wird sich Ihr Gegenüber sehr freuen. Generell sind die Einheimischen Gästen gegenüber sehr nachsichtig.

■ Begrüßung

Zur Begrüßung gibt man sich in Kenia die rechte Hand. Bei alten Leuten oder Respektspersonen unterstützt die linke Hand den rechten Arm beim Händedruck. Seien Sie höflich zu alten Menschen, ihnen wird großer Respekt entgegengebracht und sie werden zuerst begrüßt. Ältere Herren spricht man mit der respektvollen Form »Mzee« an, ältere Damen mit »Mama«. Für eine Begrüßung kann man sich etwas länger Zeit nehmen und zum Beispiel nach dem Befinden der Familie fragen.

■ Betteln

Kenia ist zwar ein aufstrebendes Land des Globalen Südens, doch es gibt noch immer viel Armut. Besonders in Nairobi sieht man viele Obdachlose und Straßenkinder. Wie damit umzugehen ist, ist letztendlich eine schwierige Frage, die man persönlich für sich beantworten muss. Bei einer spontanen Begegnung ist es immer schwierig abzuschätzen, wie groß die Not wirklich ist. In der Regel sollte man Kindern eher nichts geben, um ihnen nicht die Option des Schulbesuches zu nehmen. Verdienen sie nämlich mit dem Betteln Geld für ihre Familien, dann schicken die Eltern sie häufig nicht mehr zum Unterricht. Außerdem gibt es besonders in Nairobi auch organi-

Zeltplatz im Longonot-Nationalpark

Reisetipps von A bis Z

sierte Banden, die Kinder gezielt zum Betteln schicken und ihnen das Geld wieder abnehmen. Alten oder Menschen mit Behinderungen hingegen kann man eher etwas zustecken. Viele Einheimische verfahren selbst nach diesen Regeln und geben Bedürftigen kleine Geldbeträge.

Es gibt überall im Land Hilfsorganisationen, die sich der Obdachlosen, Armen und Waisenkinder annehmen und sehr gute Arbeit leisten. Dabei achten sie bestimmte gesellschaftliche Normen, die Reisende oftmals nicht kennen. Es empfiehlt sich, gezielt an Hilfsprojekte zu spenden, anstatt selbst Almosen im Land zu verteilen. Unterstützenswerte Hilfsprojekte → S. 413.

■ Einladungen

Bei Einladungen sollten Sie Essen oder Trinken nicht ablehnen. Es reicht aber völlig aus, wenn Sie ein wenig probieren. Den Teller leer zu essen, signalisiert, dass Sie noch nicht satt sind. Man wird Ihnen dann unaufgefordert den Teller nachfüllen. Wenn Sie sich unwohl fühlen oder gerade gegessen haben, ist eine Ablehnung durchaus akzeptabel. Es wird trotzdem, weil es der Höflichkeitsetikette entspricht, mehrmals nachgefragt, ob Sie wirklich nichts möchten.

Auf **gepflegte Kleidung** sollte geachtet werden. Besonders zu feierlichen Anlässen empfiehlt es sich, festliche Kleidung zu tragen. In Kenia legen die Menschen sehr viel Wert auf ein gepflegtes Äußeres und saubere Kleidung. Wer abgenutzte oder dreckige Kleidung trägt, kann sich schlicht nichts Neues leisten. Denken Sie auch daran, bei dem Besuch von Amtsstuben und beim Grenzübertritt ordentliche Kleidung zu tragen. Das **Schuhwerk** ist ebenfalls ein Zeichen von Status, und viele Einheimische achten sehr auf saubere Schuhe.

■ Besuch in Gotteshäusern

Beim Betreten von **Moscheen** und **Tempeln** südasiatischer Religionen (etwa Hindu, Sikh, Jain) sind die Schuhe auszuziehen und am Eingang abzustellen. Normalerweise kommt hier nichts weg, aber teure Markenschuhe sollten Sie eher nicht mitbringen. Beim Eintreten in christliche Kirchen können Sie Ihre Schuhe anbehalten. Für die Gotteshäuser jeglicher Religion gilt, dass Männer und Frauen gleichermaßen Schulterpartien und Knie mit etwas längerer, lockerer Kleidung bedecken müssen. Die Schulterpartien können Sie auch mit einem leichten Tuch bedecken. Eine Kopfbedeckung ist nicht notwendig. Während der Zutritt zu den Kirchen unproblematisch ist, wird in Moscheen nichtmuslimischen Menschen oftmals kein Einlass gewährt. Dennoch gibt es vereinzelt Ausnahmen für Männer, sofern sie die Bekleidungsregeln einhalten.

■ Schwierige Situationen

Bleiben Sie freundlich, aber bestimmt. Wenn Ihnen der Kragen platzt und Sie gegenüber einer anderen Person ausfällig werden, erreichen Sie oftmals nichts. Besonders dann, wenn Ihr Gegenüber das Gesicht verliert, stoßen Sie mit großer Wahrscheinlichkeit auf Trotz und kommen zu keiner Lösung. Oftmals erweist sich eine beständige, aber freundliche Hartnäckigkeit als erfolgversprechender als Unfreundlichkeit und beleidigende Worte. Auf Ämtern und bei der Polizei nützt es ebenso wenig, sich aufzuregen, im schlimmsten Fall verlieren Sie Verbündete. Rechnen Sie einfach mit längeren Wartezeiten.

Versicherungen

Auf jeden Fall sinnvoll ist eine **Reisekrankenversicherung,** da die Kosten für eine ärztliche Behandlung in Kenia nicht von den gesetzlichen Krankenversicherungen in Deutschland, Österreich und der Schweiz übernommen werden. Fast alle großen Versicherungsanbieter haben auch einen Reiseschutz unter ihren Produkten. Ein Vollschutz ohne Summenbeschränkung sowie die Übernahme der Kosten für einen Rücktransport im Schadens- oder Krankheitsfall sind empfehlenswert. Der Abschluss einer Jahresversicherung und Familienpakete sind häufig besonders günstig. Bei einer Evakuierung aus medizinischen Gründen

(Rettungsflug) lässt sich über die **Flying Doctors of East Africa** (www.flydoc.org) eine lokale Evakuierungsversicherung abschließen; dies ist für alle Kenia-Reisenden dringend zu empfehlen (→ S. 397).

Bei einer **Pauschalreise** sollte man über den Abschluss einer **Reiserücktrittsversicherung** nachdenken, die sich besonders für teure Reisen lohnt. Die Versicherungsbedingungen sind hier genaustens zu beachten. Meistens bieten Ihnen Reiseveranstalter direkt mit der Buchung schon eine **Reisegepäckversicherung** an. Diese lohnt sich aber meistens nur in Ausnahmefällen, denn die Liste an Ausschlussgründen ist lang. Prüfen Sie lieber, ob Ihre **Hausratversicherung** auch im Ausland gültig ist.

Es empfiehlt sich immer, alle Notfallnummern und Policenummern während der Reise griffbereit zu haben. Eventuell lassen sich dann auch teure Vorauszahlungen an Krankenhäuser und andere Einrichtungen einsparen. Sammeln Sie alle Rechnungen und Belege, die Datum, Namen, Bericht über Art, Umfang und Kosten der Behandlung sowie Medikamente in Englisch enthalten müssen.

Währung und Zahlungsmittel

Die Währung in Kenia ist der **Kenia Schilling** (Ksh). Der Wechselkurs zum Euro beträgt 1 Euro = 156 Ksh beziehungsweise 100 Ksh = 0,64 Euro (Stand Oktober 2023). Der »Shilling«, unterteilt in 100 Cent, wird umgangssprachlich auch »Bob« genannt. Banknoten gibt es im Wert von 50, 100, 200, 500 und 1000 Schilling, Münzen im Wert von 1, 5, 10, 20 und 40 Schilling (selten). Man sollte besonders auf dem Land auf eine kleine Stückelung des Geldes achten, da oft nicht genügend Wechselgeld vorhanden ist. Es empfehlen sich zwei Geldbörsen: eine für den täglichen Gebrauch mit den Tagesgeldern und eine zweite mit den großen Beträgen.

Bankautomaten sind überall im Land in größeren und kleineren Städten vorhanden, und sowohl Visa- als auch Mastercard funktionieren. In den meisten Hotels, Restaurants und bei den meisten Reiseagenturen und Safariunternehmen kann mit Kreditkarte gezahlt werden.

Besonders praktisch ist die Zahlung mit dem mobilen Zahlservice **m-pesa**, mit dem Sie Waren und Dienstleistungen bargeldlos bezahlen können (Lipa na m-pesa). Sie können mit Ihrem mobilen Gerät auch Geld einzahlen, abheben, überweisen und Kredite aufnehmen. Kenia ist ein absoluter Vorreiter bei diesem mobilen Bezahlsystem, das Stück für Stück auf weitere afrikanische Länder wie Tansania, Mosambik, Ghana, Ägypten und Südafrika ausgeweitet wurde. m-pesa ist ein wichtiger Service in Kenia, und in manchen Restaurants oder Nationalparks kann man nur bargeldlos oder manchmal sogar nur mit m-pesa bezahlen.

Der **amerikanische Dollar** nimmt in Kenia die Rolle einer Zweitwährung für ausländische Reisende ein. In großen Hotels, bei Safari-Unternehmen, an den Nationalpark-Gates und bei Fluggesellschaften wird normalerweise in US-Dollar gezahlt. Zudem gibt es in den größeren Städten und am Flughafen in Nairobi lizensierte Wechselstuben (Forex Bureau). Weitere Informationen → S. 389.

Zeitzone

In Kenia ist es zwei Stunden später als in der Mitteleuropäischen Zeitzone. Während der europäischen Sommerzeit beträgt die Differenz nur eine Stunde. So hat man nach dem Flug nach Kenia keinen Jetlag, der einen in den ersten Tagen quälen könnte. Da Kenia am Äquator liegt, beträgt die Tageslänge über das gesamte Jahr hinweg etwa 12 Stunden, und es wird immer um etwa 19 Uhr dunkel.

Zollbestimmungen

Prinzipiell sind alle Gegenstände erlaubt, die man für die Reise benötigt. Eine Kamera und ein Laptop sind für persönliche Zwecke gestattet. Weitere elektronische Geräte müssen beim Zoll deklariert werden, vor allem, wenn sie wertvoll sind. Das ist besonders für professionelle Fotografen und Fotografinnen relevant. Besser, man klärt dies im Vorfeld mit der kenianischen Botschaft ab, denn für journalistische Tätigkeiten und für Filmschaffende gelten gesonderte Regeln. Derzeit gibt es keine Beschränkung für die Einfuhr von Landeswährung und Fremdwährung durch Reisende. In Kenia ansässige Personen können bis zu 500 000 kenianische Schilling und eine unbegrenzte Menge an Fremdwährung einführen. Für die Ausfuhr von Devisen aus dem Land gelten für Einheimische und ausländische Gäste dieselben Regeln, allerdings müssen Beträge ab 500 US-Dollar beim Zoll angemeldet werden. Die Ein- und Ausfuhr von Waffen und Drogen aller Art ist strikt verboten. Die Einfuhr und der Besitz jeder Art pornographischen Materials sind verboten. Auch bei der Ausfuhr von Steinen, Pflanzen und Tierprodukten (Leder, Federn, etc.) kann es zu Problemen kommen. Weitergehende Zollinformationen und rechtsverbindliche Auskünfte erhalten Sie bei der Botschaft Ihres Ziellandes.

■ Zollbestimmungen bei der Einreise in die EU

Bei Rückkehr in die EU/Schweiz gelten verschiedene Beschränkungen. Die wichtigsten **Freigrenzen** für die Einreise im Flug- und Seeverkehr sind: 200 Stück Zigaretten oder 100 Stück Zigarillos oder 50 Stück Zigarren oder 250 Gramm Rauchtabak (ab 17 Jahren), 4 Liter nicht schäumende Weine, 16 Liter Bier; andere Waren zur persönlichen Verwendung oder als Geschenk im Wert von 430 Euro pro Person. Reisende bis 15 Jahren: 175 Euro. Für die Schweiz: 300 SFr pro Person. Bei Überschreitungen dieser Mengen- und Wertgrenzen müssen die Waren angemeldet und versteuert werden (roter Kanal). Hierbei fallen Abgaben von 15 % bzw. 17,5 % des Kaufpreises (bis 700 Euro Warenwert) an. Bei Kaufpreisen über 700 Euro liegen die Abgaben zwischen 19 % und 35 %. Hohe Abgaben bei Zigaretten und Spirituosen! Als **verbotene Waffen** sind eingestuft: Springmesser, Butterflymesser, Faustmesser, Schlagringe,

Wurfsterne, Stockdegen, Stahlruten, ausländische Elektroschocker und Reizstoffsprays u.a.

Als **artengeschützte Produkte** gelten zum Beispiel Korallen (auch am Strand gefundene), verschiedene Schnecken- und Muschelarten, Schlangen- und Krokodilleder, Elfenbein, Schildkröten, Whisky mit eingelegter Kobra, verschiedene Tierfelle, Kakteen, Orchideen, bestimmte Kaviarsorten.

Arzneimittel: Erlaubt ist die Menge eines üblichen Drei-Monats-Eigenbedarfs. Anabolika sind in jedem Fall verboten.

Markengefälschte Produkte aller Art: Für den eigenen Gebrauch und als Geschenk sind diese in geringer Stückzahl erlaubt.

Drogen: Auch Kleinmengen sowie Hanfsamen, Kokatee und Kokablätter sind verboten. Gegebenenfalls auch im Ausland gekaufte starke Schmerz- und Beruhigungsmittel.

Feuerwerkskörper: Einfuhr verboten.

Lebensmittel: Für Fleisch, Wurst, Käse, Milchprodukte und Eier aus nicht EU/EWR Ländern gilt ein generelles Einfuhrverbot.

Pflanzensanitäre Vorschriften: Pflanzen mit Wurzeln oder Erde ohne Pflanzengesundheitszeugnis aus nichteuropäischen Ländern sind einfuhrverboten (aus Mittelmeeranrainerstaaten jedoch frei). Auch für bestimmte frische Früchte in größeren Mengen gelten Verbote.

Barmittel über 10 000 Euro (Schweiz: 10 000 SFr) sind dem Zoll bei Aus- und Einreise schriftlich und ohne Aufforderung anzumelden.

Für selbst aufgegebene Postsendungen gelten gesonderte Regelungen und eine Freigrenze von 45 Euro Warenwert. Internetbestellungen und Sendungen von Firmen über 22 Euro sind abgabenpflichtig. Die Zollbestimmungen und die Steuersätze für die Schweiz und Österreich können davon etwas abweichen.

Weitere Infos unter: www.zoll.de, www.bmf.gv.at, www.ezv.admin.ch.

Für die Liste der Zollbestimmungen Dank an Christian Dettenhammer

Hilfsorganisationen und -projekte

David Sheldrick Wildlife Trust: Stiftung, die sich für den Erhalt und Schutz von Wildtieren und deren Lebensräumen einsetzt. Die Projekte in ganz Kenia umfassen unter anderem die Bekämpfung der Wilderei, die Bereitstellung von tierärztlicher Hilfe, die Rettung und Handaufzucht von Elefanten- und Nashornwaisen sowie anderer Tierarten, die ein Leben in freier Wildbahn genießen können, wenn sie erwachsen sind.
www.sheldrickwildlifetrust.org
Instagram: @sheldricktrust

East African Reptiles: Die 1980 gegründete Organisation (früher bekannt als Bio-Ken) ist ein Forschungs- und Bildungszentrum, das sich zum Ziel gesetzt hat, sowohl Menschen als auch Schlangen zu retten. East African Reptiles entfernt Schlangen aus Häusern, Autos und Gärten, außerdem werden Gegengifte produziert.
www.taaf-eastafricanreptiles.org
Instagram: @eastafricanreptiles

Grevy's Zebra Trust: 2007 gegründete Stiftung, deren Ziel es ist, das gefährdete Grevyzebra (Equus grevyi) in Kenia zu erhalten.
www.grevyszebratrust.org
Instagram: @grevyszebratrust

Kenana Knitters: Kenana Knitters wurde 1998 in Njoro gegründet, um Frauen im ländlichen Raum mit ihren Spinn- und Strickkünsten ein Einkommen zu ermöglichen. Mehr als 300 Strickerinnen sowie über 200 Spinnerinnen spinnen Wolle zu Garn. Dies geschieht mit Hilfe von recycelten Fahrrädrädern, die zu Spinnrädern umgebaut wurden.
www.kenanaknitters.com
Instagram: @kenana.knitters

Kenya Bird of Prey Trust: Diese Stiftung hat sich die Aufgabe gesetzt, die Greifvogelpopulationen in Kenia zu verstehen, zu schützen und wiederherzustellen, und zwar durch Feldüberwachung, evidenzbasiertes Greifvogelmanagement, Aufklärung der Bevölkerung und Aufbau von Kapazitäten. Die Stiftung arbeitet eng mit dem KWS, den kenianischen Nationalmuseen und anderen Organisationen zusammen.
www.kenyabirdofpreytrust.org
Facebook: The Kenya Bird of Prey Trust

Kenya Kesho: Hilfsorganisation, die sich dafür einsetzt, gefährdeten jungen Menschen an der Küste durch einen langfristigen, ganzheitlichen Ansatz den Zugang zu Bildung und Beschäftigung zu erleichtern. Durch Kenya Kesho werden bedürftige Kinder gestärkt und ausgebildet – unabhängig von ethnischer Zugehörigkeit, Geschlecht oder Religion. So haben sie die Chance, den Teufelskreis der Armut zu durchbrechen.
www.keshokenya.org
Instagram: @kenyakesho

Kenya Red Cross Society: Das kenianische Rote Kreuz wurde 1965 gegründet. Die Organisation engagiert sich in Kenia in den Bereichen Lebensunterhalt, Verringerung des Katastrophenrisikos und Anpassung an den Klimawandel, Bereitschaft und Reaktion auf Notfälle, Wasserversorgung und Abwasserentsorgung sowie Geflüchteten-Arbeit.
www.redcross.or.ke
Instagram: @redcrosske

Land & Life Foundation: Diese Stiftung hat zum Ziel, eine Zukunft zu schaffen, in der Gemeinschaften und Wildtiere in Schutzgebieten gemeinsam gedeihen und die Natur für die nächsten Generationen erhalten bleibt. Vier zentrale Maßnahmen werden dabei verfolgt: die Sicherung von Land für den Naturschutz, der Schutz von Arten und ihrer Umwelt, die Schaffung greifbarer Vorteile für die Menschen, die mit den Wildtieren leben, und die Ausbildung von jungen Leuten im Naturschutz.
www.landandlife.foundation
Instagram: @landandlifefoundation

Local Ocean Conservation: Gemeinnützige Organisation, die für den Schutz der kenianischen Meeresumwelt kämpft: durch eine effektive Verwaltung, die Zusammenarbeit mit lokalen Gemeinden und kommerziellen Interessengruppen sowie die nachhal-

tige Nutzung natürlicher Ressourcen. Diani Turtle Watch und Watamu Turtle Watch sind wichtige Programme der Organisation.
www.localocean.co
Instagram: @localoceanco

Moyo Foundation: In Zusammenarbeit mit dem Mugie Conservancy setzt sich die Moyo Foundation mit Gesundheits- und Sozialprogrammen für eine nachhaltige Entwicklung und das Engagement der Gemeinde ein.
www.themoyofoundation.org
Instagram: @themoyofoundation

New Hope Initiative: Diese Initiative arbeitet hauptsächlich im informellen Stadtviertel (»Slum«) von Kibera in Nairobi, der einer der größten der Welt ist. Hier sorgt sie mit ihren Projekten für Bildung, Gesundheit, Sicherheit, Arbeit und Hoffnung.
www.newhopeinitiative.org/projects/kenya
Instagram: @newhopeinitiative

Ocean Sole Africa: Das Ziel der Organisation ist, aus den Millionen Tonnen Plastikmüll, die im Indischen Ozean und in Kenias Wasserstraßen gesammelt werden, soziale und wirtschaftliche Möglichkeiten zu schaffen. Im Laufe der Jahre hat Ocean Sole dies an mehreren Fronten getan: Herstellung von Upcycling-Kunstwerken vor allem aus alten Flip Flops, Schaffung von Beschäftigungsmöglichkeiten, Veranstaltung von Bildungsworkshops und Reinigung von Stränden.
www.oceansole.org
Instagram: @oceansole

REEFolution: Infolge der globalen Erwärmung und menschlicher Einflüsse sind über 50 Prozent der weltweiten Korallenriffe in den letzten 30 Jahren abgestorben und bis zu 90 Prozent könnten innerhalb des nächsten Jahrhunderts absterben. Um das Blatt zu wenden, stellt die niederländische Stiftung Korallenriffe wieder her. REEFolution arbeitet mit lokalen Gemeinden zusammen, was die langfristige Fortsetzung der nachhaltigen Bewirtschaftung von Korallenriffen gewährleistet.
www.reefolution.org
Instagram: @reefolutionkenya

Reteti Elephant Sanctuary: Erste Elefantenauffangstation in Afrika, die sich im Besitz einer lokalen Gemeinde befindet. In Reteti werden Elefantenwaisen aufgenommen, aufgezogen und wieder ausgewildert.
www.reteti.org
Instagram: @r.e.s.c.u.e

Seedballs Kenya: Seedballs Kenya produziert kleine Kügelchen aus Kohle, die Saatgut kenianischer Baumarten enthalten. Verkauft werden die Kugeln in bis zu 25-Kilo-Säcken, und sie werden von Privatpersonen sowie Lodges und Firmen in ganz Kenia verstreut. Dies soll zur Wiederaufforstung karger und gerodeter Landschaften beitragen.
www.seedballskenya.com
Instagram: @seedballskenya

The Donkey Sanctuary: Organisation, die sich für den Schutz und die Verbesserung der Lebensqualität von Eseln und der mit ihnen lebenden Gemeinschaften einsetzt. In ganz Kenia sind Esel oftmals Transportmittel und Lastentier zugleich. The Donkey Sanctuary setzt sich außerdem gegen das in Kenia legale Schlachten von Eseln zur Gewinnung ihrer Felle ein.
www.thedonkeysanctuary.org.uk
Instagram: @donkeysanctuary

East African Wildlife Society (EAWS): Diese Organisation ist eine wichtige Stimme des Naturschutzes in der ostafrikanischen Region. Sie arbeitet mithilfe von evidenzbasierter Lobbyarbeit und der Einbindung verschiedener wichtiger Interessengruppen. Die thematischen Schlüsselbereiche von EAWS sind Wildtiere, Forstwirtschaft, Feuchtgebiete und das Meer.
www.eawildlife.org
Instagram: @eawildlife

Throttle the Bottle: Kampagne, die sich für die Verringerung der Verwendung von Einwegplastikflaschen einsetzt, die eine Plage in den Landschaften Afrikas sind. Die Flaschen verseuchen den Boden und die Wasserquellen mit Giftstoffen und werden von Tieren gefressen – oft mit katastrophalen Folgen. Die Kampagne arbeitet mit über 250 Camps und Lodges in ganz

Ostafrika sowie Tourismusverbänden und Umweltgruppen zusammen, die wiederverwendbare Wasserflaschen aus rostfreiem Stahl nutzen. www.throttle-the-bottle.org Facebook: Throttle the Bottle

Umoja Women: Die Stiftung des Umoja-Dorfes setzt sich für die Verbesserung der Lebensqualität von Mädchen und Frauen in Samburu ein. Sie betreiben unter anderem Kampagnen gegen weibliche Genitalverstümmelung, schaffen Stipendien für gefährdete Mädchen und setzen Geschlechterparität in lokalen Gemeinden und politischen Vertretungen um. Zudem sorgen die Umoja Uaso Women Group und die Umoja Muehlbauer Academy für eine ständige Versorgung mit sauberem und sicherem Trinkwasser.
www.umojawomen.or.ke

Wakuluzu – Friends of the Colobus Trust: Gemeinnützige Organisation, die sich für den Schutz der kenianischen Küstenwälder einsetzt, um das langfristige Überleben der vom Aussterben bedrohten Colobus-Affen und anderer Primaten an der Südküste Kenias, hauptsächlich in Diani, zu si

chern. Colobus Conservation wurde 1997 gegründet und arbeitet eng mit anderen Organisationen und lokalen Gemeinschaften zusammen.
www.colobusconservation.org
Instagram: @colobusconservation

Wema Centre: Nichtregierungsorganisation mit Sitz in Mombasa, die seit ihrer Gründung im Jahr 1993 entscheidend dazu beiträgt, das Leben von über 10 000 Straßenkindern zu verändern. Das Wema Centre arbeitet mit den zuständigen Regierungsstellen zusammen, um Kinder von der Straße zu holen und ihnen Zugang zu Bildung, Ernährung, Gesundheit, Unterkunft, psychosozialen Diensten und Familienzusammenführung zu ermöglichen.
www.wemacentre.org
Instagram: @wemacentre

WWF Kenya: WWF Kenya setzt sich für klimagerechte ländliche Lebens- und Wirtschaftsweisen sowie für die Wiederherstellung von Lebensräumen wie Wäldern und Meeresökosystemen ein.
www.wwfkenya.org
Instagram: @wwf_kenya

Reisetipps von A bis Z

Weißkehlmeerkatze im Küstenwald

Sprachführer Swahili

Allgemeine Wendungen

Deutsch	Swahili
Ja	Ndio
Nein	Hapana
Ok	Sawa
Ich verstehe.	Nina elewa.
Ich verstehe nicht.	Sija elewa.
Ich weiß nicht.	Sijui.
Bitte!	Tafadhali!
Danke!	Asante!
Vielen Dank.	Asante sana.
Keine Ursache!/Gern geschehen!	Karibu!
Guten Morgen!	Asubuhi njema!
Guten Tag!	Siku njema!
Gute Nacht!	Usiku mwema!
Gute Reise!	Safari njema!
Willkommen!	Karibu!
Auf Wiedersehen!	Kwaheri!
Bis später!	Tuta onana baadaye!
Haben Sie einen schönen Tag!	Uwe na siku njema!
Wie geht es Ihnen?	Habari gani?
Mir geht es gut.	Muzuri sana.
Mir geht es schlecht.	Ninajisikia vibaya.
Nein, es ist nicht nötig.	Hapana, sio lazima.
Entschuldigung!	Pole!
Komm herein!	Ingia ndani!
Woher kommen Sie?	Unatoka wapi?
Ich komme aus Deutschland.	Mimi nina toka Ujerumani.
Wie heißen Sie?	Jina lako ni nani?
Ich heiße ...	Jina langu ni ...
Gehen wir!	Twende!

Einkaufen

Geschäft	duka
Markt	soko

Deutsch	Swahili
Geld	pesa
Fisch	samaki
Fleisch	nyama
Rinder-/Ziegenfleisch	nyama ya ng'ombe/mbuzi
Huhn	kuku
Milch	maziwa
Obst	matunda
Ananas	ananasi
Guave	mapera
Banane	ndizi
Limette	ndimu
Mango	
Papaya	
Gemüse	mboga
Karotte	karoti
Kartoffeln	viazi
Zwiebeln	vitunguu
Knoblauch	kitungu
Gurke	matango
Tomaten	nyanya
Kohl	kabichi
Erdnüsse	nyugu
Cashewnüsse	korosho
Ich möchte …!	Ningependa …!
Ich möchte nichts kaufen.	Sitaki kununua chochote.
Das gefällt mir.	Naipenda hiyo.
Das gefällt mir nicht.	Sipendi.
Wieviel kostet es?	Bei gani?
Ich möchte bezahlen.	Nataka kulipa.
Das ist zu teuer.	Hii ni ghali sana.

Im Restaurant

Essen	chakula
Frühstück	chai ya asubuhi
Mittagessen	chakula cha mchana
Abendessen	chakula cha usiku

Deutsch	Swahili
Löffel	kijiko
Gabel	uma
Messer	kisu
Teller	sahani
Tasse	kikombe
Glas	glasi
Flasche	chupa
Salz	chumvi
Pfeffer	pilipili
Zucker	sukari
Wo gibt es ein Restaurant?	Restaurant uko wapi?
Möchten Sie etwas essen?	Unataka kula?
Ja, gerne! Ich möchte … essen.	Ndio! Tafadhali, rinataka kula …
Vielen Dank, ich möchte nichts.	Asante sana, nisingependa chochote.
Guten Appetit!	Karibu chakula!
Es ist lecker/es schmeckt gut.	Ni tamu.
Welche Speisen gibt es?	Kuna chakula gani?
Ich möchte … trinken.	Tafadhali, ninataka kunywa …
Die Speisekarte, bitte!	Letee menu, tafadhali!
Was kostet ein Essen?	Chakula ni bei gani?
Was ist das?	Hiyo ni nini?
Prost!/Zum Wohl!	Chini juu!/Kwa afia!
Kellner, Kellnerin	mhudumu
Die Rechnung, bitte.	Niletee cheti, tafadhali.

Speisekarte

bia	Bier
chai	Tee
chai masala	gewürzter Tee
chapati	Fladenbrot
kahawa	Kaffee
kuku na wali	Huhn mit Reis
maharagwe	Kidneybohnen
mahindi	Maiskolben
maji	Wasser
maji ya machungwa/maembe	Wasser

Deutsch	Swahili
mandazi	Süßes Krapfengebäck
mayai	Eier
mchuzi	Soße
mihogo	Maniok
mishkaki	Fleisch-Bratspieße
mkate	Brot
nduzi na nyama	Kochbananen mit Fleisch
nyama choma	Gegrilltes Fleisch (Rind, Ziege, Huhn)
pilau	Reisgericht der Küste
samosa	Dreieckige Teigtaschen mit Füllung
siagi	Butter
Soda	Softgetränk
sukuma wiki	Grünkohl
tilapia	Victoriaseebarsch
ugali	Mais-, Hirse- oder Maniokbrei
viazi vitamu	Süßkartoffeln
wali	Reis

Im Hotel

Hotel	hoteli
Toilette	choo
Dusche	bomba la mvua
Gepäck	mzigo
Rechnung	bili
Wo gibt es hier ein Hotel?	Kuna hoteli gani hapa?
Haben Sie noch ein Zimmer?	Una chumba?
Können Sie mir das Zimmer zeigen?	Unaweza kunionyesha chumba?
Wieviel kostet das Zimmer?	Chumba ni shillingi ngapi?
Gibt es ein Zimmer mit Dusche?	Kuna chuma chenya bafu?
Können Sie das Zimmer zurechtmachen?	Unaweza kunitengeneza chumba?
Es ist schmutzig.	Ni chafu.
Das Licht geht nicht.	Taa haifanyi kazi.
Es gibt kein Wasser/Toilettenpapier.	Hakuna maji/karatasi ya choo.
Ich möchte frühstücken.	Nataka kupata chakula cha asubuhi.

Sprachführer

Deutsch	Swahili

Orientierung

Wo?	Wapi?
(nach) rechts	(upande wa) kushoto
(nach) links	(upande wa) kulia
geradeaus	moja kwa moja
nach vorn	mbele
nach hinten	kwa nyumba
nach oben	juu
nach unten	chini
gegenüber	kinyume na
weit	mbali
nah	karibu
hier	hapa
da	hapo
(dr)innen	ndani
(dr)außen	nje

Orte

Bahnhof	kituo cha treni
Brücke	daraja
Dorf	kijiji
Kirche	kanisa
Haus	nyumba
Hotel	hoteli
Museum	makumbusho
Stadt	mji

Toilette

Seife	sabuni
Handtuch	kitambaa cha mkono
Wo ist die Toilette?	Choo ni wapi?
Gibt es kein Wasser/Toilettenpapier?	Hakuna maji/karatasi ya choo?
Es ist besetzt.	Inakaliwa.

Unterwegs

Ich habe mich verlaufen.	Nimepotea njia.
Wie komme ich zum/zur ...?	Nawezaje kufika ...?

Deutsch	Swahili
Ich will aussteigen!	Nataka kushuka!
Wo muss ich aussteigen?	Nishuke wapi?
Gibt es einen Bus [nach]...?	Kuna basi kwenda ...?
Wo ist der Busbahnhof?	Kitui cha basi kiko wapi?
Wie komme ich nach ...	Nitafikaje ...?
Ist dieser Platz frei?	Je, kiti hiki kina mtu?
Wie lange fahren wir?	Tunaendesha gari hadi lini?
Gibt es eine Pause?	Je, kuna mapumziko?
Wann fahren wir los?	Tunaondoka lini?
Sind wir da?	Tuko hapa?
Wo ist mein Gepäck?	Mzigo yangu iko wapi?
Wo kann ich ein Auto mieten?	Ninaweza kukodisha gari wapi?
Wohin führt dieser Weg?	Njia hii inaelekea wapi?
Ich möchte tanken.	Nataka kujaza petroli/diesel.
Gibt es eine Tankstelle?	Kuna kituo cha mafuta?
Gibt es einen Reifendienst?	Kuna huduma ya tairi?
Was kostet die Reparatur?	Gharama ya ukarabati ni nini?
Darf ich ein Foto machen?	Naweza kupiga picha?
Nein, es ist verboten.	Hapana, ni haramu.

Krankheit oder Notfall

Hilf mir!	Nisaidie!
Polizei	polisi
Arzt/Ärztin	daktari
Allergie	mzio
Apotheke	duka la madawa
Bauchschmerzen	maumivu ya tumbo
Durchfall	kuharisha
Erbrechen	kutapika
Kopfschmerzen	maumivu ya kichwa
Medikament	dawa
Anzeige	tangazo
Botschaft	ujumbe
Dieb	mwizi
Polizeistation	Kituo cha polisi
Ich bin krank.	Mimi ni mgonjwa.

Sprachführer

Deutsch	Swahili
Bringt mich ins Krankenhaus!	Ni peleka hospitali!
Ich hatte einen Unfall.	Nilipata ajali.
Mir ist übel.	Mimi ni mgonjwa.
Ich habe Fieber.	Nina homa.
Ich habe eine Wunde.	Nina kidonda.
Ich habe Schmerzen.	Nina maumivu.
Ich habe meine Papiere verloren.	Nili poteza karatasi zangu.
Ich wurde überfallen.	Nili tekwa nyara.

Zahlen

0	sifuri
1	moja
2	mbili
3	tatu
4	nne
5	tano
6	sita
7	saba
8	nane
9	tisa
10	kumi
11	kumi na moja
12	kumi na mbili
13	kumi na tatu
14	kumi na nne
15	kumi na tano
16	kumi na sita
17	kumi na saba
18	kumi na nane
19	kumi na tisa
20	ishirini
21	ishirini na moja
22	ishirini na mbili
30	thelathini
40	arobaini
50	hamsini

Deutsch	Swahili
60	sitini
70	sabini
80	themanini
90	tisini
100	mia moja
200	mia mbili
300	mia tatu
1000	elfu moja
2000	elfu mbili
3000	elfu tatu
1 000 000	milioni moja

Zeit

jetzt	sasa
heute	leo
morgen	kesho
übermorgen	keshokutwa
gestern	jana
vorgestern	juzi
morgens	asubuhi
mittags	mchana
abends	jioni
nachts	usiku
täglich	kila siku
langsam	pole pole
schnell	haraka
Minute	dakika
Stunde	saa
Tag	siku
Woche	wiki
Wochenende	wikendi
Montag	jumatatu
Dienstag	jumanne
Mittwoch	jumatano
Donnerstag	alhamisi
Freitag	ijumaa

Deutsch	Swahili
Samstag	jumamosi
Sonntag	jumapili
Wie spät ist es?	Saa ngapi?

Auf Safari

Affe	tumbili
Elefant	tembo
Flusspferd	kiboko
Gazelle	swala
Gepard	duma
Giraffe	twiga
Hyäne	fisi
Krokodil	mamba
Leopard	chui
Löwe	simba
Nashorn	kifaru
Schlange	nyoka
Vogel	ndege
Zebra	punda milia
Auf geht's!	Twende!
Gute Reise!	Safari njema!
Komm!	Kuja!
Geh!	Enda!

Informationen im Internet

Hilfreiche Internetadressen sind in den entsprechenden Kapiteln angegeben. Zusätzlich sind folgende Websites zu empfehlen:

www.standardmedia.co.ke
Kenianisches Nachrichtenmagazin The Standard.

www.magicalkenya.com
Die offizielle Seite des Tourismusministeriums mit Informationen rund um das Reisen in Kenia.

www.ecotourismkenya.org
Kenia nimmt eine Vorreiterrolle im nachhaltigen Tourismus ein und hat eine große Auswahl an umweltfreundlichen Unterkünften zu bieten. Eine gute Übersicht finden Sie bei Ecotourism Kenya.
Facebook: @ecotourismkenya

Literatur und Film

»Zuhause ist nicht dasselbe, wenn wir von einer Reise zurückkommen oder ein Buch schließen.«
Annie Gottlieb, Voyage to Paradise (eigene Übersetzung)

Eine gute Internetseite, auf der man zeitgenössische kenianische Literatur findet, ist Kwani (www.kwani.org, Facebook: Kwani Trust). Von den in diesem Kapitel vorgestellten Büchern und Filmen gibt es manche lediglich in der englischen Version.

Kurzgeschichten

Kimani, Peter: Nairobi Noir, 2020. Sammlung von Kurzgeschichten von Ngũgĩ wa Thiong'o, Makena Onjerika, Rasna Warah, Stanley Gazemba, Kinyanjui Kombani und anderen.

Mwachiro, Kevin: Invisible Stories from Kenya's Queer Community, Nairobi 2014. Als Journalist und Aktivist hat Kevin Mwachiro die Aufgabe übernommen, Geschichten aus der vorwiegend unsichtbaren LGBTQIA+-Gemeinschaft zu sammeln. Obwohl die Frage der sexuellen Orientierung und der Geschlechtsidentität in Kenia ein sehr kontroverses Thema ist, kämpft die queere Gemeinschaft in den letzten Jahren darum, sichtbarer zu werden und setzt sich lautstark gegen Diskriminierung und für die Achtung der Würde der Community ein.

Romane

Zu empfehlen sind die zahlreichen Titel der kenianischen Autoren und Autorinnen Ngũgĩ wa Thiong'o, Meja Mwangi, Grace Ogot und Binyavanga Wainaina.

Drayson, Nicholas: A Guide to the Birds of East Africa, 2008. Die Liebesgeschichte zwischen Mr. Malik und Rose Mbikwa, beide sind Mitglieder der East African Ornithological Society und nehmen an wöchentlichen Vogelwanderungen teil. Drayson erzählt auf ungemein komische Art von Mr. Maliks Versuchen, das Herz von Rose zu erobern und von einer Wette, bei der es gilt, innerhalb einer Woche so viele Vogelarten wie möglich zu identifizieren.

Fox, James: Weisses Verhängnis. Die letzten Tage in Kenya, 1990. Roman des britischen Journalisten James Fox, der von dem ungeklärten Mord an Josslyn Hay im Jahr 1941 handelt. Hay, Earl of Erroll, war ein britischer Auswanderer in Kenia. Das Buch wurde 1987 verfilmt.

Huxley, Elspeth: Murder on Safari, 1938. Dieser Roman beschreibt einen Diebstahl und Mord auf einer kenianischen Safari vor der Kulisse Kenias in den 1930er Jahren.

Le Carré, John: Der ewige Gärtner, 2001. Politthriller des britischen Schriftstellers John le Carré aus dem Jahr 2001. Er handelt von einem britischen Diplomaten-Ehepaar, das die illegalen Machenschaften

Anhang

eines multinationalen Pharmakonzerns in Afrika aufdeckt. Im Jahr 2005 erschien die gleichnamige Verfilmung.

Zweig, Stefanie: Nirgendwo in Afrika, 1995. Stefanie Zweig war eine deutsch-jüdische Schriftstellerin und Journalistin. Ihr autobiografischer Roman Nirgendwo in Afrika basiert auf ihrem frühen Leben in Kenia, wohin ihre Familie aus Nazi-Deutschland geflohen war. Die Verfilmung des Romans (2001) wurde mit dem Academy Award für den besten fremdsprachigen Film ausgezeichnet.

Memoiren

Benuzzi, Felice: No Picnic on Mount Kenya, 1948. Der Autor, ein italienischer Kriegsgefangener in Kenia, erzählt von seinem Ausbruch aus dem Kriegsgefangenenlager und seiner tagelangen Flucht durch gefährliches Gelände. Das Ziel ist der Mount Kenya, den er mit improvisierter Ausrüstung und spärlichem Proviant besteigt.

Dinesen, Isak: Jenseits von Afrika, 1937. Die Memoiren der dänischen Autorin Karen Blixen sind weltbekannt. Sie erzählen die Ereignisse der 17 Jahre, in denen Blixen in Kenia, dem damaligen Britisch-Ostafrika, lebte. Blixen beschreibt das Leben auf ihrer Kaffeeplantage und die Menschen, die ihr Leben dort beeinflusst haben. Sie veröffentlichte das Buch ursprünglich unter dem männlichen Pseudonym Isak Dinesen, da Autorinnen zur damaligen Zeit wenig Respekt entgegengebracht wurde. Blixen hat weitere Werke über Kenia geschrieben.

Gallmann, Kuki: Ich träumte von Afrika, 1991. Die Erinnerungen der Autorin reichen von der Faszination, die der Kontinent in ihrer Kindheit auf sie ausübte, bis zu ihrer Entscheidung von 1972, nach Kenia umzuziehen, um mit ihrem Mann und ihrem Sohn eine Farm in der Laikipia-Ebene zu betreiben. Gallmann hat weitere Werke über Kenia geschrieben.

Hemingway, Ernest: Die Wahrheit im Morgenlicht. Eine afrikanische Safari, 1999. In diesem Reisebericht beschreibt Hemingway seine Erlebnisse während verschiedener Safaris in Kenia in den 1950er Jahren. Hemingway schrieb weitere Bücher über seine Erfahrungen in Kenia.

Huxley, Elspeth: The Flametrees of Thika: Memories of an African Childhood, 1959. In ihren Memoiren beschreibt Huxley ihre Kindheit in Kenia. Die Familie kaufte ein 500 Hektar großes Stück Land, das sie mit der Hilfe ihrer kenianischen Angestellten in eine funktionierende Farm umwandelten. Das Buch wurde 1981 in einer Fernsehserie adaptiert.

Lolosoli, Rebecca: Mama Mutig, 2011. Die Gründerin des Dorfes Umoja (→ S. 233) beschreibt in diesem Buch ihr Leben in der Ethnie der Samburu, die ungleiche Behandlung von Frauen und Männern, die Gründung des Dorfes Umoja und alle Widrigkeiten, denen sie standzuhalten hatte.

Maathai, Wangari: Unbowed: A Memoir, 2006. In ihrer Autobiografie berichtet die Friedensnobelpreisträgerin von 2004 über ihre Kindheit, ihre Ausbildung in den Vereinigten Staaten und ihre Rückkehr nach Kenia. Sie geht zudem auf ihr Leben als Umweltschützerin und politische Aktivistin sowie auf ihre Arbeit im kenianischen Parlament ein.

Patterson, John Henry: Die Menschenfresser von Tsavo, 1907. Dieses halb-autobiografische Buch des britischen Soldaten Patterson schildert seine Erlebnisse in Ostafrika, wo er 1898 den Bau einer Eisenbahnbrücke über den Tsavo-Fluss in Kenia überwachte. Zu dieser Zeit griffen zwei Löwen die Belegschaft der Eisenbahn an, bis Patterson sie schließlich nach monatelangem Terror und zahlreichen Opfern tötete. Diese Geschichte wurde 1996 als Der Geist und die Dunkelheit von Stephen Hopkins verfilmt.

Seal, Mark: Ich gab mein Herz für Afrika. Das mutige Leben der Joan Root, 2009. Seal beschreibt die ergreifende Lebensgeschichte der Naturforscherin, Filmemacherin und Naturschützerin Joan Root. Sie setzte sich unter anderem für den Schutz des Naivasha-Sees ein und war eine Vorreiterin von Naturdokumentationen.

Natur

Adamson, Joy: Frei geboren. Die Geschichte der Löwin Elsa, 1960. Adamson schildert ihre Erfahrungen bei der Aufzucht des Löwenbabies Elsa. Der internationale Bestseller wurde in 33 Sprachen übersetzt und 1966 als gleichnamiger Film mit einem Academy Award ausgezeichnet. Adamson hat weitere Bücher über ihre Arbeit mit Großkatzen in Kenia geschrieben.

Alistair, Graham/Beard, Peter: Eyelids of Morning, 1990. Das Buch beschreibt auf spannende Weise das Zusammenleben von Mensch und Krokodil am Turkanasee.

Stevenson, Terry/Fanshawe, John: Birds of East Africa, 2020. Ein Must-Have für alle Vogelfans. Es beschreibt ausführlich die insgesamt 1381 Vogelarten Ostafrikas. Die App-Version des Buches ist »eGuide to Birds of East Africa«. Sie listet nicht nur die Vogelarten Ostafrikas auf, sondern kann auch das Gezwitscher der Vögel abspielen.

Kultur

Kenyatta, Jomo: Facing Mount Kenya, 1938. Anthropologische Studie über die Ethnie der Kikuyu, verfasst vom gebürtigen Kikuyu und ersten kenianischen Präsidenten. Die Einleitung des Buches schrieb der berühmte Anthropologe Bronisław Malinowski, der Kenyatta während seines Studiums als Mentor begleitete.

Filme

African Paradise, 1941, Osa und Martin Johnson. Diese Dokumentation und viele weitere des amerikanischen Ehepaares entstanden auf Reisen in Kenia und weiteren Ländern und beschreiben die Kulturen und die Tierwelt der Region. Das Ehepaar veröffentlichte auch verschiedene Bücher über ihre Kenia-Erfahrungen.

Der ewige Gärtner, 2005, Fernando Meirelles. Verfilmung des gleichnamigen Buches. Der Geist und die Dunkelheit, 1996, Stephen Hopkins. Verfilmung des gleichnamigen Buches.

Frei geboren – Königin der Wildnis, 1966, James Hill. Verfilmung des gleichnamigen Buches.

I am Samuel, 2020, Pete Murimi. Dieser Film zeigt die bewegende Geschichte von Samuel, der im ländlichen Kenia aufwächst. Als er auf der Suche nach Arbeit und einem neuen Leben in die kenianische Hauptstadt zieht, verliebt er sich in Alex. Trotz aller Widerstände gedeiht die Liebe der beiden Männer. In Kenia hat die Filmklassifizierungsbehörde (KFCB) das Zeigen des Films verboten.
www.watchiamsamuel.org

Jenseits von Afrika, 1985, Sydney Pollack. Verfilmung des gleichnamigen Buches von Isak Dinesen (Tanja Blixen).

Men Against the Sun, 1952, Brendan J. Stafford. Weitere Verfilmung der Geschichte über die Löwen, die die Belegschaft der Eisenbahn während des Baus der Uganda Railway angriffen.

Nirgendwo in Afrika, 2001, Caroline Link. Verfilmung des gleichnamigen Buches.

Rafiki, 2008, Wanuri Kahiu. Rafiki (Swahili für Freund oder Freundin) beschreibt die Geschichte einer Romanze, die sich zwischen den jungen Frauen Kena und Ziki entwickelt. Sie müssen sich vielen Herausforderungen stellen, unter anderem familiärem Druck und der Diskriminierung von Mitgliedern der LGBTQIA+-Gemeinschaft in Kenia. Der Film hatte seine internationale Premiere bei den Filmfestspielen bei Cannes und war der erste kenianische Film, der auf dem Festival gezeigt wurde.

Schnee am Kilimandscharo, 1952, Henry King. Verfilmung der gleichnamigen, von Hemingway verfassten Kurzgeschichten mit Gregory Peck, Susan Hayward und Ava Gardner in den Hauptrollen.

To Walk with Lions, 1998, Carl Schultz. Der in Samburu gedrehte Film schildert das Leben von George Adamson, Joy Adamsons Ehemann, der sich ebenfalls für den Schutz von Löwen einsetzte.

Anhang

Naturdokumentationen

Mzima – Haunt of the Riverhorse, 2001, Mark Deeble, Victoria Stone. Diese mit dem Peabody Award ausgezeichnete Dokumentation portraitiert die paradiesische Mzima-Quelle (→ S. 285) im trockenen Südkenia.

Mzima: Portrait of a Spring, 1972, Alan Root. Die Mzima-Quellen wurden durch diesen Naturfilm von Alan Root bekannt, in dem das Unterwasserleben von Krokodilen und Flusspferden verfolgt wird. Root kreierte zudem zahlreiche weitere sehenswerte Naturdokumentationen.

Shaba, 2021, Ami Vitale. Erzählt wird die Geschichte der Elefanten-Waisin Shaba. Sie war Zeugin des Todes ihrer Mutter, die von Wilderern erschossen wurde. Shaba wurde vom Reteti Elephant Orphanage im Norden Kenias aufgenommen.

The Ivory Game: Das Elfenbein-Komplott, 2016, Kief Davidson, Richard Ladkani. Die komplexe, internationale Problematik der Wilderei von Elfenbein in Afrika wird detailliert erklärt und kritisch beleuchtet.

Unsere wunderbaren Nationalparks, 2022, Netflix. Diese Doku-Reihe behandelt in ihrer zweiten Folge die Tsavo-Nationalparks in Kenia. Der Erzähler dieser beeindruckenden Naturdokumentation ist der ehemalige US-Präsident Barack Obama.

Über die Autorin

Tatjana Singh ist die jüngste Autorin beim Trescher Verlag. Sie studierte Ethnologie an den renommierten Universitäten von Freiburg im Breisgau und Halle an der Saale. Ihre ethnologische Perspektive bereichert diesen Kenia-Reiseführer maßgeblich, da sie verschiedene Thematiken und Diskurse des Afrika-Kontextes kritisch aufgreift und fundiert behandelt. Reiseführer wiederholen zudem viel zu oft veraltete Begriffe und Redensarten, die zu einer Weiterführung von Klischees und obsoleten Denkweisen führen. Dieser Reiseführer distanziert sich von einer solchen unreflektierten Schreibweise und macht immer wieder bei gewissen Themen auf Begriffsproblematiken und aktuelle Diskurse aufmerksam.

Tatjana Singh reiste vor mehr als zehn Jahren zum ersten Mal nach Ostafrika, wo sie ihre Leidenschaft für Menschen, ihre Kulturen und Religionen sowie für die atemberaubenden Naturlandschaften Ostafrikas entdeckte. An einen Freiwilligendienst in Ruanda schlossen sich zahlreiche private Reisen nach Ostafrika und Forschungsaufenthalte in Kenia im Rahmen ihres Ethnologie-Studiums an. Seit ihrer ersten Reise nach Kenia im Jahr 2013 hat sie die Begeisterung für dieses Land nicht mehr losgelassen. Seit 2020 lebt und arbeitet sie in Deutschland und Kenia gleichermaßen in den Bereichen Tourismus und Bildungsarbeit.

Immer wieder zieht es sie hinaus in die spektakulären Landschaften Kenias, um auf Expeditionen in die spannende Natur des Landes einzutauchen. Dabei kommt es häufig zu spontanen Gesprächen und Begegnungen mit Kenianern und Kenianerinnen, die einen besonderen Zugang zum Land ermöglichen. Ihre Erfahrungen hat sie in diesem Reiseführer verarbeitet, in dem sie durch ihren ethnologischen Blick versucht, ein ganzheitliches Bild von Kenia zu entwerfen. Damit ist sie eine der wenigen, die den afrikanischen Kontinent mit der Vielfalt seiner Gesichter zeigen, dokumentieren und bereisen.

Erhalten Sie einen Einblick in ihre Reisen und Erlebnisse in ihrem Instagram-Account @tatjana.t.singh.

Danksagung

Wenn ein Buch erscheint, dann steht immer die Autorin beziehungsweise der Autor im Vordergrund. Doch über einen Zeitraum von insgesamt rund zwei Jahren von ersten Gedanken, Recherchen und dem Schreiben bis hin zur Veröffentlichung stehen noch viel mehr Menschen im Hintergrund eines Reiseführers, als auf den ersten Blick ersichtlich ist. Trotz unzähliger Reisen in Kenia können nie alle Informationen nur von einer Person kommen. Nur mit der Hilfe und der Zeit freundlicher Unterstützerinnen und Unterstützer war es mir möglich, diesen Reiseführer in die Tat umzusetzen. Ich hoffe, an alle gedacht zu haben.

Mein Dank geht an meine kenianischen Freunde und Freundinnen, die mir über die Monate zahlreiche Informationen lieferten, mir vor Ort mit Rat und Tat zur Seite standen und mich auf noch unbekannte Erlebnisse und Sehenswürdigkeiten aufmerksam machten. Dank euch kann ich den Leserinnen und Lesern nun ein gutes Gefühl vermitteln, wie es ist, an bestimmten Orten Kenias zu sein und Lust zu machen, diese zu bereisen. Danke auch für die Gastfreundschaft von guten Freunden und Freundinnen, die mich während meiner Reisen immer wieder aufnehmen und mir ein Gefühl des Zuhauseseins in Kenia geben. Vielen herzlichen Dank dafür an meine guten Freundinnen Faye, Helen, Kaila, Tiff, Mango und Vivi sowie meine Freunde Felix, Amit und Cedric. Vielen Dank auch an Sylvia für ihre Unterstützung. Und zu guter Letzt ein großes Danke an Abhi, der auf meinen Reisen stets an meiner Seite ist und ohne den dieser Reiseführer nicht möglich gewesen wäre.

Mein Dank gilt auch den sorgsamen Mitarbeitenden von lokalen Tourismusverwaltungen, Nationalparks, Hotels und kenianischen Veranstaltern, die mich auf meinen Reisen mit allem Notwendigen versorgten und unterstützten.

Ein besonderer Dank gilt auch dem Trescher Verlag und allen Mitarbeitenden, die diesem Buchprojekt von Anfang an offen und interessiert gegenüber waren. Dank an Detlev von Oppeln und an meine Lektorin Corinna Grulich, die zu allen Fragen mit Rat und Tat bereit standen.

Nicht zuletzt sei auch meine Familie erwähnt, die mir in den letzten Jahren immer mit Begeisterung für meine Ideen und Reisen entgegengetreten ist und ohne die ich nicht da wäre, wo ich heute bin. Es ist schön, dass es euch gibt.

Verziehen sei mir, wenn ich hier nicht alle Brückenbauenden zu Land und Leuten der letzten Jahre nennen kann. Allen, die ihren Anteil zu meinem Verständnis Kenias beigetragen haben, ein herzliches Dankeschön.

Blauwangenspint am Lake Baringo

Anhang

Register

A

Abagusii 72
Abakuria 72
Abaluyia 69, 72, 74, 366
Aberdare-Gebirge 22, 31,
86, 177
Aberdare National Park
175
Abu al-Fida 351
Adamson, George 204
Adamson, Joy 101, 145,
204
Afmadu 240
Aga Khan 68
Agīkūyū 71
Ägypten 72
Ahnenkult 67
Akamba 43
Alleine reisen als Frau 384
Amboseli National Park
271
Anreise 384
Arabuko Sokoke Forest
Reserve 31, 87, 343
Arbore 252
Aruba-Damm 283
Athi 71
Athi-Fluss 23
Attenborough, David 144
Ausrüstung und Kleidung
385
Ausweisverlust 397
Autofahren 387
Azania 44

B

Baden 388
Bahn 399
Ballsport 85
Bandas 37
Banken und Bankauto-
maten 389
Bantu 69, 74
Bantu-Ethnien 299
Baringosee 22
Barrierefreies Reisen 389
Batian 192
Beard, Peter 250
Begrüßung 409
Benga 80
Berliner Konferenz 75
Besuch in Gotteshäusern
410
Betteln 409
Bevölkerung 55
Big Five 204, 258, 278
Bilharziose 393
Bismarck, Otto von 50
Blixen, Karen 78, 107, 176
Bodaboda 399
Bogoriasee 22, 139
Boran 74
Borana 225, 227, 232,
238, 242
Botschaften und diplomati-
sche Vertretungen 389
Britisch Ostafrika 51
British East Africa
Company 48
Broglio, Luigi 351
Bucht von Kilifi 24
Buffalo Springs National
Reserve 229
Burji 251
Busaidi-Dynastie 47
Busse 398

C

Cairato, João Batista 307
Cansell, Youri 236
Carré, John le 250
Chala 284
Chalbi-Wüste 23
Charlemagne → Karl der
Große
Chebet, Evans 85
Chege, Sam 81
Chogoria 190
Chogoria-Route 196
Christliche Kirchen 65
Conservancies 31
Creeks 24
Crescent Island Game
Sanctuary 143
Cricket 85
Crocodile Point 283

D

da Cama, Vasco 45, 353
Dassanech 251, 252
Denguefieber 393
Diani Beach 323
Diani Turtle Watch 325
Diebstahl 397
Dodori-Fluss 24
Dorobo 43
Drayson, Nicholas 78
Duldul-Fluss 24
Dürre 28

E

East African Association 53
Eburran-Kultur 43
Einkaufen 390
Einladungen 410
Einreise 16
Einreisebestimmungen und
Visum 390
Eisenbahn 48, 51
Elektrizität 390
Elementaitasee 22
El Karama Conser-
vancy 219
El Molo 69, 74, 225, 248,
252
El Molo Bay 252
Elsamere Conservation
Centre 145
Embu 172
Energiesektor 61
Englisch 74
Erster Weltkrieg 52
Ethnien 69
Ethnische Religionen 66

Ewaso-Ngiro-Fluss 23, 230, 232

F

Fadhili William 80
Feiertage 391
Festivalkalender 81
Festivals 81
Fischer, Gustav Adolf 151
Fotografieren 16, 392
Frühgeschichte 41
Funsport 87
Fußball 85
Fußsafaris 87

G

Gabbra 58, 74, 225, 238, 240, 242, 250
Galana-Fluss 281
Galu Beach 327
Game Walks 87
Gartenbau 60
Gede 346
Geld 16
Gesundheit 17, 392
Giftige Tiere 394
Graham, Alistair 250
Green Belt Movement 33
Grenzübergänge 385
Großbritannien 48, 303
Großer Grabenbruch 21
Group Ranches 32
Guides 37
Gusii 43, 366

H

Hadzan 70
Haller, René 310
Hall Tarns 196
Harambee 54
Helgoland-Sansibar-Vertrag 50
Hell's Gate National Park 30, 62, 86, 150
Hemingway, Ernest 78
Hexerei 66

Hilfsorganisationen und -projekte 413
Hinduismus 68
Hippo Point 378
Höhnel, Ludwig von 249
Homo erectus 253
Homo habilis 43, 253
Homo rudolfensis 43, 250
Hotels und Hostels 408
Huxley, Elspeth 78

I

Ibn Batuta 302
Ikuywa River 371
Il Chamus 167
Impala Sanctuary 377
Imperial British East African Company 50
Impfschutz 394
Inder 69
Indische Küche 89
Indischer Ozean 24
Informeller Sektor 63
Inlandsflüge 399
Innenpolitische Konflikte 58
Instrumente 80
Interethnische Konflikte 55
International Inventories Programme 49
Internet 395
Isiolo 227
Isiukhu 368
Islam 45, 67
Ismailiten 68
Iten 85

J

Jal, Emmanuel 81
Jelimo, Pamela 85
Jemps 70
Jipe-See 284
Johnson, Osa und Martin 242
Jua Kali 63
Jubaland 68

K

Kaffeetouren 135
Kagera River 374
Kaisut-Wüste 23
Kakamega 87, 366
Kakamega Forest National Reserve 31, 368
Kalendjin 43, 69, 71, 74, 167, 366
Kamau, Daniel 81
Kamau, Johnstone 53
Kamba 74, 284
Kamerun 69
Kampi ya Samaki 167
Kanderi Swamp 283
Kapsabet 85
Kartenmaterial 39
Kaya Kinondo Forest 327
Keino, Hezekiah Kipchoge 85
Kenia-Safari-Kodex 38
Kenya African National Union (KANU), 54
Kenya African Union (KAU) 53
Kenya Bird of Prey Trust 144
Kenyatta, Jomo 53, 66, 72, 192
Kenyatta, Uhuru 29, 54
Kenya Wildlife Service 30
Kibaki, Mwai 54
Kikuyu 43, 54, 55, 66, 69, 71, 74, 172, 177, 191, 227
Kikuyu Central Association 53
Kilifi 338
Kilifi Creek 338
Kilimandege Sanctuary 144
Kilimandscharo 22
Kimathi, Dedan 177
Kipchoge, Eliud 85
Kipepeo Project 345
Kipsigis 74

Kiptum, Kelvin 85
Kisite-Mpunguti Marine
    National Park 337
Kisumu 376
Kitesurfen 86
Kiwayu Island 358
Kleidung 16
Klettern 86
Klima und Reisezeit 24
Kolonisierung 50
Kongokonferenz 50
Koobi Fora 41
Koroli-Wüste 23
Korruption 55, 58, 395
Kosgei, Brigid
    Jepscheschir 85
Krapf, Johann Ludwig 65
Krapf, Ludwig 353
Kuschiten 70
Kuschitische Sprachen 74
Küste 24
Küstenklima 26
KWS (Kenya Wildlife
    Service) 31, 34

L

Laetoli Footprints 42
Laikipia 211
Laikipia-Plateau 172
Laikipia-Region 31
Laisamis 247
Lake Baringo 166
Lake Bogoria 167
Lake Elementaita 157
Lake Jipe 287
Lake Nakuru 71
Lake Nakuru National Park
    162
Lake Turkana 248
Lake Victoria 372
Lamu-Archipel 24, 358
Lamu Island 358
Lamu Town 44, 358
Landfrage 270
Landwirtschaft 59
Leakey-Familie 41

Leakey, Louis 102
Leakey, Mary und
    Louis 382
Leakey, Richard 31, 253
Leichtathletik 85
Lettow-Vorbeck, Paul von
    52
LGBTQIA+ 396
Lingala 80
Literatur 76
Liyongo, Fumo 76
Lodges und Zeltcamps 408
Lokedi, Sharon 85
Lolosoli, Rebecca 235
Longicharo-Insel 167
Longonot-Vulkan 23
Loruk 167
Loyangalani 250
Lugard Falls 283
Lugard, Frederick 283
Luggas 220
Luhya → Abaluyia
Luluyia 72
Luo 43, 55, 69, 74, 80,
    366, 381
Luo-Abasuba 72
Luyia → Abaluyia

M

Maasai 43, 49, 61, 66,
    70, 71, 74, 177, 191,
    235, 242, 257, 258,
    269
Maasai Mara National
    Reserve 258
Mackinder Valley 197
Mackinnon Road 50
Mackinnon, William 50,
    308
Magadisee 22
Majid, Sultan von Sansi-
    bar 353
Maji ya Chumvi 232
Makalia Falls 165
Makenzi, Paul 65
Makuti 60

Malaria 393
Malika 80
Malindi 45, 351–357
Malindi Marine National
    Park & Reserve 354
Malinowski, Bronisław 53
Mambrui Beach 355
Manda Island 358
Manda Toto 358
Mangrove Forest Lamu
    360
Mapangala, Samba 80
Marigat 167
Marsabit 238
Marsabit National Park 241
Matatu 398
Mau-Mau-Organisation 54,
    172, 177
Mazrui-Familie 47
Mazuri-Familie 302
Mbembe, Achille 49
Mbere 74
Mboya, Tom 55, 382
Medizinische Versorgung
    396
Menschenfresser von
    Tsavo 280
Meru 43, 74, 172, 191,
    202, 227
Meru National Park 204
Mida Creek 342
Migrationsbewegungen 43
Mijikenda 43, 74, 299,
    300
Misiani, D.O. 80
Misiri 72
Mnarani Ruins 339
Moi, Daniel arap 54
Mombasa 24, 44, 301–
    320
    *Allgemeine Informatio-
        nen* 312
    Altstadt 305
    An- und Abreise 312
    Ärztliche Hilfe 320
    Bamburi 308

Bamburi Nature Trail
(Haller Park) 310
Bombolulu Workshop
& Cultural Centre
(BWCC) 309
Einkaufen 318
Fort Jesus 47, 307
Gastronomie 316
Geschichte 301
Haller Park 310
Kinder 319
Mackinnon Market 308
Mamba Village 308
Mombasa am Abend
318
Mombasa bei Nacht 318
Mombasa Marine
National Park
& Reserve 311
Ndia Kuu 307
Nyali 308
Nyali Beach 308
Orientierung 304
Sehenswürdigkeiten 317
Shree Parshva Vallabh
Jain Temple 307
Sicherheit 305
Sport- und Freizeit-
möglichkeiten 320
Tusks 308
Unterkünfte 314
Unterwegs in
Mombasa 314
Mombasa Highway 50
Motorsport 87
Mount Elgon 22, 73
Mount-Elgon-Region 72
Mount Kenya 22, 71
Mount Kenya National Park
191
Mount Longonot 22
Mount Longonot National
Park 155
m-pesa 411
Msambweni 335
Mt. Kenya 31, 66, 86

Mt. Marsabit 31
Mt. Ngiro 66
Mudanda Rock 283
Mugie Conservancy 216
Musik 78
Musikstile 80
Mwana Mkisi 302
Mwangi, Meja 77
Myra, Mercy 81
Mzima Springs 285

N

Nairobi 71, 94–131
Allgemeine Informatio-
nen 112
Alliance Française 109
All Saints Cathedral 103
American Embassy
Memorial Garden 104
An- und Abreise 113
Arboretum 104
Ärztliche Hilfe 131
Bomas of Kenya 105
Central Park 103
City Market 103
David Sheldrick Elephant
Orphanage 105
Einkaufen 128
Für Kinder 130
Gastronomie 119
Giraffe Centre 107
Goethe-Institut 109
Jamia Mosque 102
Karen 104
Karen-Blixen-Museum
107
Karura Forest 104
Kenya Cultural Centre
108
Kenyatta International
Convention
Centre (KICC) 102
Kitengela Glass 109
Kunstgalerien und Kultur-
zentren 108

Kuona Trust Art
Centre 108
Langata 104
Nairobi am Abend 125
Nairobi bei Nacht 126
Nairobi Gallery 108
National Archives 102
National Museum 101
National Theatre 108
Orientierung 100
Railway Museum 103
Sehenswürdigkeiten 124
Sicherheit 101
Sport- und Freizeit-
möglichkeiten 130
Stadtbesichtigungs-Tipps
109
Stadtgeschichte 95
Stadtzentrum 101
Uhuru Park 103
Unterkünfte 118
Unterwegs in
Nairobi 116
Veranstaltungen und
Feste 127
Nairobi National Park 132
Naivasha 140
Naivashasee 22, 140
Nakuru 160
Nakurusee 22
Namunyak Wildlife
Conservancies 236
Nandi 366
Nanyuki 186
Naro Moru 185
Naro-Moru Route 196
Nationalparks 29
Nationalparks und
Safari 34
Nationalreservate 29, 29
Naturschutzgebiete 29
Naturschutzgebühren 34
Ndau Island 358
Ndungu, Hezeh 81
Nelion 192
Ng'ang'a, Wangūhū wa 71

Ngare Mara River 232
Ngulia Hills 287
Ngulia Rhino
    Sanctuary 285
Ngurunit 247
Nil 374
Niloten 69
Nilotische Sprachen 74
Njemps 269
Nomaden 225
Northern Five 204, 229
Notfall 397
Nyahururu 210
Nyeri 172

O

Odera, Pete 81
Odinga, Raila 55, 58
Öffentliche Verkehrs-
    mittel 398
Öffnungszeiten 400
Oginga, Odinga 54
Ogot, Grace 77
Okiek 43
Ol Doinyo Lengai
    (Tansania) 66
Ol Doinyo Sabuk 23
Olduvai-Schlucht 42
Olepangi Farm 200
Ol-Kokwe-Insel 167
Olooloo Escarpment 260
Ol Pejeta Conservancy 212
Oman 47
Omanis 47
Omo 249
Orma 74, 299
Ostafrikanische Gemein-
    schaft (EAC) 74
Ostafrikanischer Graben 22
Ostafrikanischer Graben-
    bruch 138

P

Paläontologie 41
Pate Island 358
Patterson, John Henry 280

Point Lenana 192
Pokomo 74, 299
Pokot 44, 235
Portugal 45, 303
Post 400
Preisniveau 400
Private Game
    Sanctuaries 31
Protektorat Britisch-Ost-
    afrika 51, 303
Protektorat Tanganjika 52

R

Rabai 65
Ragati Conservancy 200
Ranger 37
Rebmann, Johannes 65
Regenzeiten 25
Reiseapotheke 395
Reisen mit Kindern 401
Reiseveranstalter 401
Reiten 87
Religion 64
Rendille 43, 44, 58, 74,
    167, 225, 235, 238,
    240, 242, 248, 250
Republik Kenia 54
Reteti Elephant
    Sanctuary 236
Rift Valley 137
Rift-Valley-Seen 23
Root, Alan 285
Root, Joan und Alan 144
Rugby 85
Rugwati, Francis 80
Ruinen von Gede 346
Rusinga Island 382
Ruto, William 55, 58

S

Sabaki-Fluss 345
Safari 34, 38
Said, Seyyid 47
Sakuye 240
Samburu 43, 58, 61, 66,
    70, 74, 225, 227, 232,

    235, 242, 247, 248,
    250, 269
Samburu National
    Reserve 229
Sansibar 45
Sanye 284, 299
Savoy, Bénédicte 49
Sawa Sawa 335
Schiiten 68
Schildkröten 326
Schnorcheln 86
Schwierige Situationen 410
Sendeo 197
Serengeti-Maasai-Mara-
    Ebenen 28
Shela Beach 360
Sheldrick, Daphne und
    David 105
Sheng 74
Shetani Lawa Flow 277
Shimoni 336
Shirazi-Dynastie 302
Sibiloi-Nationalpark 42
Sibiloi National Park 253
Sicherheit 16, 405
Sigana 81
Simba Col 197
Sirimon-Route 197
Smith, Donaldson 222,
    242
Sodaseen 139
Soldier Settlement
    Scheme 52
Somali 43, 61, 67, 74,
    225, 227, 238, 246
South Horr 247
South Island National Park
    253
Souvenirs 406
Speisen und Getränke 88
Sport 85
Sprachen 74
Sprachführer Swahili 416
Staatsform 58
Strafrechtliche
    Vorschriften 407

Sudan 70
Südniloten 43
Sunniten 67
Swahili 44, 74, 242, 299
Swahili-Küche 89, 299
Swahili-Kultur 358
Swahili-Küste 44
Swaminarayan-Sekte 69

T

Taarab 80
Taita 74, 284
Taita-Hügel 284
Tana-Fluss 24
Tanz 78
Taru-Wüste 284
Tauchen 86
Taveta 74, 284
Taxi 399
Telefonieren 407
Teleki, Sámuel 249
Terere 197
Tharaka 74
The Forest 135
Thenashara Taifa 302
Thiong'o, Ngũgĩ wa 77
Thomas, Joseph 210
Thomson, Joseph 177
Thuku, Harry 52
Tierwanderung 28
Tierwelt 27
Timau 200
Tooth Col 197
Tourismus 62
Transmara 260
Transport-Apps 399
Trekking 86
Tribalismus 70
Trinkgeld 407
Tropeninstitute 395
Tsavo National Park 277
Tsavorit 277
Tuktuk 399
Turkana 44, 58, 61, 70, 74, 167, 225, 235, 247, 248, 250

Turkanasee 22, 41

U

Überlandbus 398
Ugandabahn 51, 69, 95, 103, 160, 303
Uganda-Eisenbahn 192
Ukambani 284
Ukunda 323
Umoja 233
Unabhängigkeit 53, 54
UNESCO 248, 253, 354 358
Unterkunft 17, 408
Unterwegs im Land 17

V

Vegetation 27
Verhaltenstipps 409
Verkehrsunfall 397
Verlust von Geldkarten 397
Verständigung 16
Victoriasee 21, 43, 70, 72
Vitale, Ami 237
Voi 290
Voi River 281
Vulkane 155, 277

W

Waata 299
Waciuma, Charity 77
Währung 411
Wainaina, Binyavanga 77
Wakuluzu – Friends of the Colobus Trust 324
Wälder 31
Waliangulu 284
Wangari Maathai 33
Wasini Island 336
Wassersport 86
Wataita 257
Watamu 341
Watamu Marine National Park & Reserve 342
Watamu Snake Farm 347

Wataveta 257
Westliche Bantu-Ethnien 72
White Highlands 52, 172
Wiege der Menschheit 41
Wilderei 106
Windsurfen 86
Wirtschaft 59

X

Xaver, Franz 353

Y

Yatta-Plateau 23, 283

Z

Zahlungsmittel 411
Zauberei 66
Zeitzone 411
Zelten 37
Zentrale Bantu 71
Zentrales Hochland 172
Zheng He 353
Zollbestimmungen 411
Zweiter Weltkrieg 52

Bildnachweis

Kartenregister

Stadtpläne

*Kisumu 376
*Malindi 352
*Mombasa, Innenstadt 306
*Mombasa, Übersicht 304
*Mombasa, Viertel Nyali und Bumbari 309
*Nairobi, Innenstadt 98/99
*Nairobi, Karen und Langata 105
*Nairobi, Übersicht hintere Umschlagklappe
*Naivasha und Lake Naivasha 140
*Nakuru 160
*Nanyuki 186
*Voi 292
*Watamu und Umgebung 341

Übersichtskarten

Amboseli National Park 271
*Diani Beach 322
Kenia, Übersicht vordere Umschlagklappe
Kenianischer Grabenbruch 138
*Kenias Küste 296
*Lamu-Archipel 359
Maasai Mara National Reserve 259
Mount Kenya National Park 191
Norden Kenias 224
Samburu und Buffalo Springs National Reserves 230/231
Süden Kenias 256
Tsavo East National Park 282
Tsavo West National Park 286
Zentrales Hochland 173

Der Natur ganz nah.
Individuell & nachhaltig.

Akwaba Afrika
Die Experten für Afrikareisen.

Telefon +49 341 2238 7160
Website www.akwaba-afrika.de

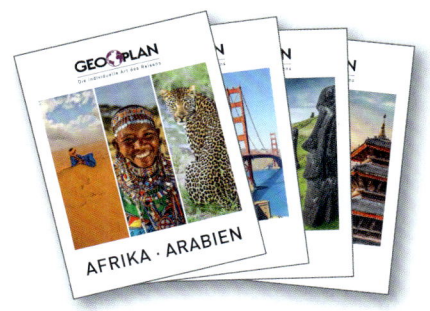

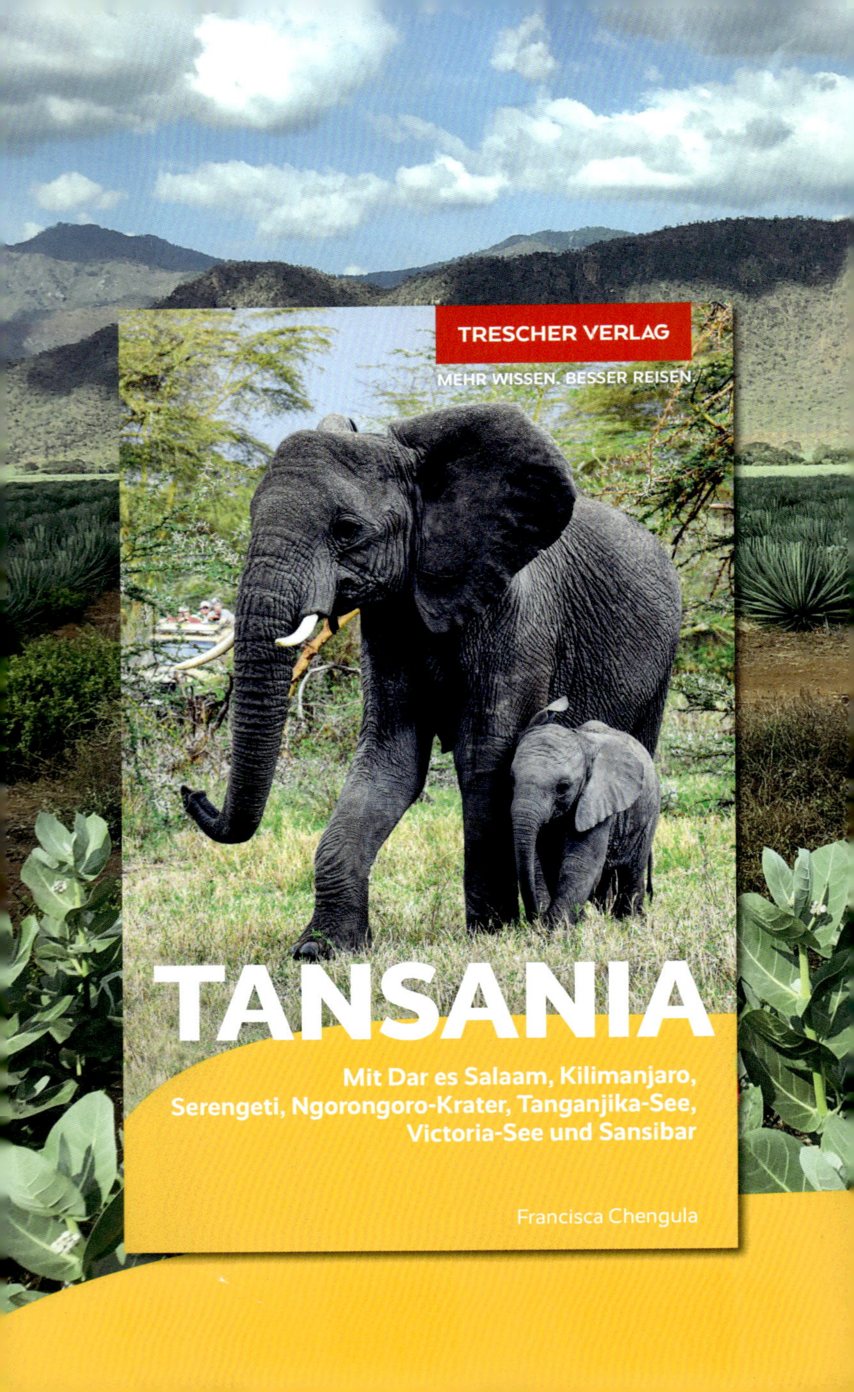

TRESCHER VERLAG

MEHR WISSEN. BESSER REISEN.

TANSANIA

Mit Dar es Salaam, Kilimanjaro, Serengeti, Ngorongoro-Krater, Tanganjika-See, Victoria-See und Sansibar

Francisca Chengula

Kartenlegende

🚢	Autofähre	🗼	Leuchtturm	★	Sehenswürdigkeit
🚉	Bahnhof	🎵	Markt	♦	Burg
$	Bank	☪	Moschee	♦	Kirche
🍸	Bar	🏛	Museum	†	Friedhof
⛲	Brunnen	🦌	Naturschutzgebiet	🅰	Zeltplatz
🏰	Burg/Festung	🎵	Oper	▲	Berggipfel
🏰	Burgruine	P	Parken	∘—∘	Seilbahn
🚌	Busbahnhof	P	Parkhaus		
☕	Café	✉	Post		
🅰	Campingplatz	✕	Restaurant		
🗼	Denkmal	🏺	Ruine/Ausgrabungsstätte		Autobahn
✚	Dorfkirche	⛵	Segeln		Schnellstraße
🚢	Fähre	★	Sehenswürdigkeit		Hauptstraße
✈	Flughafen	🚠	Seilbahn		sonstige Straßen
⚓	Hafen	🏖	Strand	E 65	Europastraße
🕳	Höhle	🛒	Supermarkt	A 65	Autobahn
🏠	Hotel	✡	Synagoge	243	Bundesstraße
@	Internetcafé	🎭	Theater		Eisenbahn
🎬	Kino	🚪	Tor	⊖	Grenzübergang
⚏	Kirche	ℹ	Touristeninformation		Staatsgrenze
♦	Kloster	🗼	Turm	■	Hauptstadt
♦	Klosterruine	🦁	Zoo	●	Stadt/Ortschaft
✚	Krankenhaus				

Zeichenlegende

ℹ	Allgemeine Informationen	💻	Cafés
🚗	Anreise mit dem Auto	🍸	Bars, Nachtleben
🚌	Anreise mit dem Bus	🏛	Museen
🚆	Anreise mit dem Zug	🛍	Einkaufsmöglichkeiten
🚕	Anreise mit dem Taxi	🐎	Reitmöglichkeiten
✈	Airstrips, Flughäfen	🤿	Tauchschulen, Tauchmöglichkeiten
🏨	Hotels, Lodges, Zeltcamps	🏄	Wind-/Kite-Surfen, Schulen und Verleih
🅰	Campingplätze		
✕	Restaurants	🔍	Sonstige Sportmöglichkeiten

Kartenregister → S. 436